彩插一　李纲手迹《近被诏书帖》
（纸本，现藏台北故宫博物院）

昭武李綱伯紀邀華陽王仲義豐南建
溪吳巖夫民膳臨川陳安節巽達淮海
同靈運元仲遊鼓山靈源洞豐甫之子
昇執姪伯紀之事經拊易綸季言錫張

□□□□□元年五月二日

彩插二　福州鼓山石刻

彩插三　寧化草蒼祠詩碑

（現藏無錫碑刻陳列館）

彩插四　福州李綱墓園（一）

彩插五　福州李綱墓園（二）

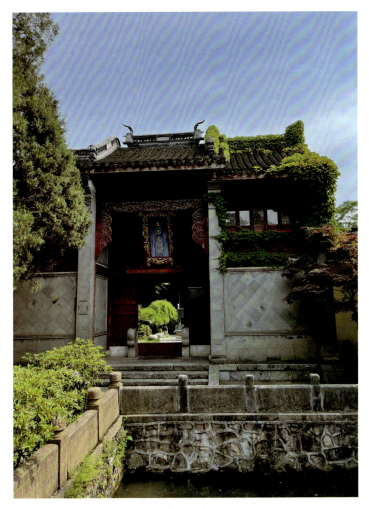

彩插六　無錫李綱祠（一）

彩插七　無錫李綱祠（二）

国家出版基金项目
NATIONAL PUBLICATION FOUNDATION

『十三五』國家重點出版物出版規劃項目

唐宋文學編年繫地譜叢刊　王兆鵬　陳冠明　主編

李綱作品編年繫地譜

李欣　著

中国教育出版传媒集团

高等教育出版社·北京

圖書在版編目（CIP）數據

李綱作品編年繫地譜 / 李欣著 . —北京：高等教育出版社，2023.8

（唐宋文學編年繫地譜叢刊 / 王兆鵬，陳冠明主編）

ISBN 978-7-04-059433-1

Ⅰ . ①李… Ⅱ . ①李… Ⅲ . ①李綱（1083-1140）-年譜 Ⅳ . ① K827=442

中國版本圖書館 CIP 數據核字 (2022) 第 173525 號

李綱作品編年繫地譜

LIGANG ZUOPIN BIANNIANXIDIPU

策劃編輯	孫 璐	責任編輯 孫 璐 鄭韻揚	封面設計 王凌波	版式設計	王艷紅
責任繪圖	裴一丹	責任校對 胡美萍	責任印製 趙義民		

出版發行	高等教育出版社		咨詢電話	400-810-0598
社　　址	北京市西城區德外大街 4 號		網　　址	http://www.hep.edu.cn
郵政編碼	100120			http://www.hep.com.cn
印　　刷	北京盛通印刷股份有限公司		網上訂購	http://www.hepmall.com.cn
開　　本	787 mm×1092 mm　1/16			http://www.hepmall.com
印　　張	39.5			http://www.hepmall.cn
字　　數	610 千字		版　　次	2023 年 8 月第 1 版
插　　頁	3		印　　次	2023 年 8 月第 1 次印刷
購書熱綫	010-58581118		定　　價	126.00 元

本書如有缺頁、倒頁、脱頁等質量問題，請到所購圖書銷售部門聯繫調換

《唐宋文學編年繫地譜叢刊》總序

王兆鵬

　　《唐宋文學編年繫地譜叢刊》，是我主持完成的國家社會科學基金重大招標項目"唐宋文學編年繫地信息平臺建設"的綫下成果，綫上成果爲 2017 年上綫的"唐宋文學編年地圖平臺"。綫上地圖平臺的作家活動和作品編年繫地數據，是從綫下的作家年譜和編年的別集、總集中挖掘提取而來。作家年譜，大多是利用前賢今彦已有的著述成果，部分爲我們團隊成員新近撰著。我們的著述，之所以稱"編年繫地譜"，而不沿用"年譜"之名，是因其從學術理念到操作範式，與傳統的年譜都有顯著不同。

一、編年、繫地觀念探源

　　編年和繫地，向來被分隔在兩個學科。編年是史學的任務，繫地則是地理學的職責。中國史學，重編年而輕繫地，編年的傳統要比繫地的觀念早得多。編年體史書，始於《春秋》；"編年"的概念，《春秋公羊傳·隱公六年》《春秋穀梁傳·桓公元年》就已明確提出：

　　　　夏，五月，辛酉，公會齊侯盟於艾。秋，七月，此無事何以書？《春秋》雖無事，首時過則書。首時過則何以書？《春秋》編年，四時具，然後爲年。[1]

---

[1] 何休解詁，徐彦疏，刁小龍整理《春秋公羊傳注疏》卷三，上海古籍出版社 2014 年版，第 91~92 頁。

冬，十月，無事焉。何以書，不遺時也。《春秋》編年，四時具，而後爲年。[1]

編年體和紀傳體，是中國史書的兩種基本體式。唐劉知幾《史通·六家》說：

爲紀傳者則規模班、馬，創編年者則議擬荀、袁。[2]

班、馬，指班固《漢書》和司馬遷《史記》，荀、袁指荀悦《漢紀》和袁宏《後漢紀》。胡應麟《經籍會通》卷二亦謂：

編年，昉自《春秋》，荀悦、袁宏浸盛，至李燾《長編》一千六十三卷，極矣。[3]

除了《資治通鑑》《續資治通鑑長編》《續宋中興編年資治通鑑》和《靖康要錄》《中興小紀》《建炎以來繫年要錄》這類編年體史書，《皇宋通鑑長編紀事本末》《三朝北盟會編》《宋史紀事本末》等紀事本末體史書和《唐會要》《宋會要輯稿》等會要體史書，也帶有編年性質，只是分類分事編年而已。甚至紀傳體史書中的本紀，也是編年敘事。因我國編年史盛行，編年觀念深入人心，因而編撰以個體生平行實爲中心的年譜，也往往以編年爲主。

相較於"編年"的觀念和實踐，人物事迹的"繫地"觀念，要滯後很多。就管見所及，直到中唐時期繫地意識才産生。白居易贈元稹詩《十年三月三日，別微之於澧上。十四年三月十一日夜，遇微之於峽中。停舟夷陵，三宿而別，言不盡者以詩終之。因賦七言十七韻以贈，且欲記所遇之地與相見之時，爲他年會話張本也》[4]，所言"記所遇之地與相見之時"，體現出一種比較自覺

---

[1] 范寧注，楊士勳疏，黃侃經文句讀《春秋穀梁傳注疏》卷三，上海古籍出版社 1990 年版，第 27 頁。

[2] 劉知幾撰，浦起龍釋《史通通釋》卷一，上海古籍出版社 1978 年版，上冊第 16 頁。

[3] 胡應麟《少室山房筆叢》卷二，上海書店出版社 2001 年版，第 22 頁。

[4] 謝思煒《白居易詩集校注》卷一七，中華書局 2006 年版，第 1428 頁。

的繫地編年意識。詩題明確記述所遇之地與相見之時，目的是作爲人生歷程的記憶，以便"他年會話"時有所依憑。雖然白居易是就創作而言，但對後來作家年譜的編撰和詩文別集的編纂有直接的啓發意義和實質性影響。

到了北宋，人們已意識到編詩文集應該編年又繫地。蘇軾就有這樣的編年繫地意識。元豐四年（1081），陳師道之兄陳傳道（字師仲）寫信告知謫居黃州的蘇軾，説在爲他編次《超然》《黃樓》二集，蘇軾回信時特地叮囑，編詩集，不必按古體、律詩分類編次，而應以時間爲先後，"以日月次之，異日觀之，便是行記"[1]。行記，即行程日記。詩集按年月先後編次，多年之後，就可以當作行記來看。蘇軾雖然只説按時間月日編次，但其中也隱含空間定位之意。因爲詩人行迹所至，也包含相關地點區域，只是他没有特別強調繫地而已。從詩集題作《超然集》《黃樓集》來看，實已隱含繫地之意。《超然集》當是輯録蘇軾在密州時所作詩，而《黃樓集》則是收録他在徐州期間的作品。後來南宋楊萬里自編詩集，分別題爲《江湖集》《荆溪集》《西歸集》《南海集》《朝天集》《江西道院集》等，一地一集，就是繼承蘇軾的依地分集法。在蘇軾的觀念裏，詩歌可以當作"行記"來閱讀，編年繫地之後，能反映詩人一生或某個階段的活動軌迹和心路歷程。這與白居易"欲記所遇之地與相見之時，爲他年會話張本"的編年繫地意識，是一脈相承的。

蘇軾在詩歌創作實踐中，也常把詩歌當行記來寫。最典型的莫過於他早年在鳳翔所作《壬寅二月，有詔令郡吏分往屬縣減決囚禁。自十三日受命出府，至寶鷄、虢、郿、盩屋四縣。既畢事，因朝謁太平宫，而宿於南溪溪堂，遂並南山而西，至樓觀、大秦寺、延生觀、仙遊潭。十九日乃歸，作詩五百言，以記凡所經歷者寄子由》，題目將所行之時與所行之地記述得清清楚楚，詩作更是逐日記述所"經歷"之地與見聞。詩中蘇軾自注：

> 十三日宿武城鎮，即俗所謂石鼻寨也，云：孔明所築。是夜二鼓，寶鷄火作，相去三十里，而見於武城。

---

[1] 蘇軾《答陳師仲主簿書》："見爲編述《超然》《黃樓》二集，爲賜尤重。從來不曾編次，縱有一二在者，得罪日，皆爲家人婦女輩焚毁盡矣。不知今皆在足下處。"（孔凡禮點校《蘇軾文集》卷四九，中華書局 1986 年版，第 4 冊第 1428～1429 頁）

十四日，自寶雞行至虢。聞太公磻溪石在縣東南十八里，猶有投竿跪餌兩膝所著之處。

十五日至郿縣，縣有董卓城，其城象長安，俗謂之小長安。

是日晚，自郿起至清秋鎮宿。道過太白山，相傳云：軍行鳴鼓角過山下，輒致雷雨。山上有湫，甚靈，以今歲旱，方議取之。

十六日至盩厔，以近山地美，氣候殊早。縣有官竹園，十數里不絶。

十七日，寒食。自盩厔東南行二十餘里，朝謁太平宮二聖御容。此宮乃太宗皇帝時，有神降於道士張守真，以告受命之符所爲立也。神封翊聖將軍，有殿。

十八日，循終南而西，縣尉以甲卒見送。或云，近官竹園，往往有虎。

是日遊崇聖觀，俗所謂樓觀也，乃尹喜舊宅。山腳有授經臺，尚在。遂與張果之同至大秦寺早食而別。有太平宮道士趙宗有，抱琴見送，至寺，作《鹿鳴》之引，乃去。又西至延生觀。觀後上小山，有唐玉真公主修道之遺迹。下山而西行十數里，南入黑水谷，谷中有潭名仙遊潭。潭上有寺三，倚峻峰，面清溪，樹林深翠，怪石不可勝數。潭水，以繩縋石數百尺不得其底，以瓦礫投之，翔揚徐下，食頃乃不見。其清澈如此。遂宿於中興寺。寺中有玉女洞，洞中有飛泉，甚甘，明日以泉二瓶歸至郿。又明日，乃至府。[1]

此詩儼然是一周"行記"，詩與注相互印證，沿途所歷之地，每日所見之景與所遇之事，巨細無遺。蘇軾"以記凡所經歷者寄子由"，與白居易"記所遇之地與相見之時"寄元稹，如出一轍。

蘇軾這類詩作並非個案。他同期在鳳翔所作《七月二十四日，以久不雨，出禱磻溪。是日宿虢縣。二十五日晚，自虢縣渡渭，宿於僧舍曾閣。閣故曾氏所建也。夜久不寐，見壁間有前縣令趙薦留名，有懷其人》《二十六日五更起行，至磻溪，天未明》《是日自磻溪，將往陽平，憩於麻田青峰寺之下院翠麓

[1] 王文誥輯注，孔凡禮點校《蘇軾詩集》卷三，中華書局1982年版，第1冊第122~129頁。

亭》《二十七日，自陽平至斜谷，宿於南山中蟠龍寺》《是日至下馬磧，憩於北山僧舍。有閣曰懷賢，南直斜谷，西臨五丈原，諸葛孔明所從出師也》[1]，也是逐日記述遊歷之地，無不體現出以詩爲"行記"的意識。

如果説蘇軾是在創作上記時記地，隱含編年繫地的意識，那麼，賀鑄在整理編次自己的詩集時，就表現出明確而自覺的編年與繫地並重的觀念。紹聖三年（1096），四十五歲的賀鑄"裒拾"平生所爲詩歌，自編成《慶湖遺老詩集》，並給每首詩加上題注，標明創作的時間、地點和創作緣由，以記錄人生軌迹、留下生命印記。他在自序中宣稱：

> 隨篇敘其歲月與所賦之地者，異時開卷，回想陳迹，喟然而歎，莞爾而笑，猶足以起予狂也。[2]

"隨篇敘其歲月與所賦之地"，就是在每篇詩歌題下標注創作時間和地點，如《黄樓歌》題注：

> 熙寧丁巳，河決白馬，東注齊、宋之野。彭城南控呂梁，水匯城下，深二丈七尺。太守眉山蘇公軾，先詔調禁旅，發公廩，完城堞，具舟檝，拯溺療饑，民不告病。增築子城之東門，樓冠其上，名之曰黄，取土勝水之義。樓成水退，因合宴以落。坐客三十人，皆文武知名士。明年春，蘇公移守吴興，是冬，謫居黄岡。後五年，轉徙汝海。余因賦此以道徐人之思。甲子仲冬彭城作。[3]

又如《彭城三詠》題注：

> 元豐甲子，余與彭城張仲連謀父、東萊寇昌朝元弼、彭城陳師仲傳

---

[1] 王文誥輯注，孔凡禮點校《蘇軾詩集》卷四，中華書局 1982 年版，第 1 冊第 173~179 頁。
[2] 賀鑄《慶湖遺老詩集》卷首《慶湖遺老詩集序》，景印文淵閣《四庫全書》，臺灣商務印書館 1986 年版，第 1123 冊第 197 頁。
[3] 賀鑄著，王夢隱、張家順校注《慶湖遺老詩集校注》卷一，河南大學出版社 2008 年版，第 3 頁。

道、臨城王適子立、宋城王玐文舉，採徐方陳迹分詠之。余得戲馬臺、斬蛇澤、歌風臺三題，既賦焉。戲馬臺在郡城之南，斬蛇澤在豐縣西二十里，歌風臺在沛縣郭中。[1]

另如《三鳥詠》題注：

元祐戊辰三月，之官歷陽石磧戍。日從事於田野間，始聞提壺、竹雞、子規三鳥。其聲殊感人，因賦之以寄京東朋好。[2]

這仿佛是自編的詩歌年譜。詩作的時間、地點、寫作背景，敘述得一清二楚。賀鑄編詩集時“隨篇敘其歲月與所賦之地”，與白居易“記所遇之地與相見之時”、蘇軾“記凡所經歷者”的觀念，也是一脈相承、先後呼應的。

至於“繫地”概念，到南宋初才正式出現。鄭樵（1104—1162）著有《集古繫時錄》十卷、《繫地錄》十一卷，首次將“繫時”（編年）與“繫地”並舉。陳振孫《直齋書錄解題》謂此二書“大抵因《集古》之舊，詳考其時與地而繫之，二書相爲表裏”[3]。鄭樵將歐陽脩的《集古錄》，重新按時間先後和地區分佈編成《集古繫時錄》《繫地錄》二書，相互參證，體現出明確的編年與繫地並重的理念。雖然鄭氏是編次金石目錄，但與詩文別集的編次是相通的。

鄭樵《集古繫時錄》《繫地錄》二書久佚，幸而《嘉泰會稽志》還保存有《繫地（錄）》三則佚文，可略見一斑：

桐柏山《金庭館碑》，沈約造，兒珪之正書，永元三年三月。石已亡。《繫地》云：“在嵊縣東七十二里本觀內。”[4]

---

[1] 賀鑄著，王夢隱、張家順校注《慶湖遺老詩集校注》卷一，河南大學出版社2008年版，第5~6頁。
[2] 賀鑄著，王夢隱、張家順校注《慶湖遺老詩集校注》卷一，河南大學出版社2008年版，第12~13頁。
[3] 陳振孫撰，徐小蠻、顧美華點校《直齋書錄解題》卷八，上海古籍出版社1987年版，第237頁。
[4] 施宿《嘉泰會稽志》卷一六《碑刻》，《宋元方志叢刊》，中華書局1990年版，第7018頁。

唐虞世南碑……《繫地》云:"貞觀二年立,在會稽南二十里。龜趺猶存,碑已亡矣。"[1]

　　王右軍祠堂記……《繫地》云:"范的書,碑無書人姓名、歲月。趙德父《金石録》附唐末,在府城蕺山戒珠寺。"[2]

《嘉泰會稽志》所引《繫地》,應該就是鄭樵的《繫地録》。《繫地録》詳載前代石碑所存地點方位,便於讀者尋訪。其後,陳思《寶刻叢編》、王象之《輿地碑記目》也沿例"繫地"編次碑目。[3] 人物事迹和作品繫地的理念,到南宋已完全確立。

二、年譜的源流和傳統觀念

　　年譜的起源,據現有考古發掘的文獻,最早可追溯至秦始皇時期。1975年12月,在湖北省雲夢縣睡虎地發掘出十二座戰國末至秦代的墓葬,其中十一號墓出土大量秦代竹簡。經整理,第一篇《編年記》記載一位名"喜"的人物,他很可能就是墓主。睡虎地秦墓竹簡整理小組《睡虎地秦墓竹簡》卷首《出版説明》據《編年記》考明,喜生於秦昭王四十五年(前262),在秦始皇時歷任安陸御史、安陸令史、鄢令史及鄢的獄吏等與司法有關的職務。《編年記》止於秦始皇三十年(前217),是年喜四十六歲。根據醫學部門對墓主人骸骨的鑑定,死者剛好是四十多歲的男子。[4] 由於《編年記》有喜的行年事迹,謝巍在追溯年譜的起源時將《編年記》徑稱《喜之譜》,説:"春秋至秦代間出現了士大夫自編的年譜,以睡虎地的秦簡《喜之譜》來説,其編譜的目的是爲了記述國家、家庭、個人的大事,它的作用類似後世的墓文。自漢代以後,它逐漸變爲專記個人歷史的一種體裁。"[5] 謂《編年記》具有年譜的雛形尚可,直

[1] 施宿《嘉泰會稽志》卷一六《碑刻》,《宋元方志叢刊》,中華書局1990年版,第7019頁。
[2] 施宿《嘉泰會稽志》卷一六《碑刻》,《宋元方志叢刊》,中華書局1990年版,第7023頁。
[3] 永瑢等《四庫全書總目》卷八六《寶刻叢編提要》:"是書蒐録古碑,以《元豐九域志》京府州縣爲綱,其石刻地理之可考者,案各路編纂。"(中華書局1965年版,上冊第737頁)
[4] 參睡虎地秦墓竹簡整理小組編《睡虎地秦墓竹簡》,文物出版社1990年版,第1~2頁。
[5] 謝巍編撰《中國歷代人物年譜考録》卷首《論年譜的作用和價值(代序)》,中華書局1992年版,第1頁。

接稱之爲《喜之譜》則依據不足。任何一種文體，從起源發展到定型，都有一個漫長的分合過程。後世的多種文體和詩體，都可以在《尚書》《詩經》中找到端倪，但不能直接説起源於《尚書》《詩經》。就《編年記》而言，後世的年譜、墓誌、傳記、行狀等文體樣式，都可以從中找到端倪，但並無直接的淵源關係。睡虎地秦墓竹簡整理小組將此定名爲《編年記》，是比較客觀、合適的，名實相副。

至於“年譜”之名，始見於《漢書》卷三〇《藝文志》著録“《古來帝王年譜》五卷”[1]。《古來帝王年譜》前有《黄帝五家曆》《顓頊曆》《夏殷周魯曆》《律曆數法》《帝王諸侯世譜》等，《漢書·藝文志》將其歸屬於“曆譜十八家”。[2]小序説：“曆譜者，序四時之位，正分至之節，會日月五星之辰，以考寒暑殺生之實。故聖王必正曆數，以定三統服色之制，又以探知五星日月之會。凶阨之患，吉隆之喜，其術皆出焉。此聖人知命之術也，非天下之至材，其孰與焉！道之亂也，患出於小人而強欲知天道者，壞大以爲小，削遠以爲近，是以道術破碎而難知也。”[3]王先謙補注引沈欽韓曰：“《隋志》：‘漢初得《世本》，敘黄帝以來祖世所出。而漢又有《帝王年譜》。’”[4]循名責實，與後世通常所説的“年譜”完全不同。

《北齊書·宋顯傳》載：“顯從祖弟繪，少勤學，多所博覽，好撰述。魏時，張緬《晉書》未入國，繪依准裴松之注《國志》體，注王隱及《中興書》。又撰《中朝多士傳》十卷，《姓系譜録》五十篇。以諸家年歷不同，多有紕繆，乃刊正異同，撰《年譜録》，未成。河清五年並遭水漂失。”[5]宋繪所著五部史書，《隋書·經籍志》無一著録。據行文及六朝通行的主流門閥意識，《年譜録》與《姓系譜録》一樣，都是“譜系”類著作。清張澍《古今姓氏書目考證·姓氏書總目》，先後並列宋繪《姓氏譜録》《年譜録》[6]，可證。

歐陽脩《新五代史》卷七一《十國世家年譜》，其實是五代十國時期的紀

[1] 班固撰，顔師古注《漢書》，中華書局 1962 年版，第 6 冊第 1766 頁。
[2] 班固撰，顔師古注《漢書》，中華書局 1962 年版，第 6 冊第 1765~1766 頁。
[3] 班固撰，顔師古注《漢書》，中華書局 1962 年版，第 6 冊第 1767 頁。
[4] 王先謙《漢書補注》，中華書局 1983 年版，第 899 頁。
[5] 李百藥《北齊書》卷二〇，中華書局 1972 年版，第 1 冊第 271 頁。
[6] 張澍《姓韻》，三秦出版社 2003 年版，下冊附録第 8 頁。

年表。《十國世家年譜》的寫作原委是："十國皆非中國有也，其稱帝改元與不，未足較其得失，故並列之。作《十國世家年譜》。"[1] 此"年譜"爲年表、圖表，所列縱爲年份，橫爲十國之名，是"年世圖譜"之意。

年譜之中，有一種稱爲"行年考"。所謂"行年"，意爲行事編年。"行年記"最早出現在唐初。《新唐書·藝文志》著錄劉仁軌《劉氏行年記》二十卷，譜牒研究者見有"行年"二字，以爲是年譜之始，實則不然。《新唐書》將此歸入"雜史類八十八家"[2] 之一。《舊唐書·劉仁軌傳》説："仁軌身經隋末之亂，輯其見聞，著《行年記》行於代。"[3]《宋史·藝文志》"傳記類四百一部"著錄劉仁軌《河洛行年記》十卷，即《劉氏行年記》，然已散佚一半。這是一部隋末亂世群雄逐鹿中原的行年載錄及人物傳記。古代《行年記》大多屬此類。宋劉摯（1030—1098）有《劉忠肅公行年記》一卷，陳振孫《直齋書錄解題》卷七《傳記類》著錄[4]，這是最早的名爲"行年記"的自編年譜。謝巍《中國歷代人物年譜考錄》已著錄。[5] 劉摯爲仁宗嘉祐間進士，官至尚書右僕射，謚忠肅。李燾《續資治通鑑長編》卷四〇二哲宗元祐二年（1087）六月"王巖叟既辭起居舍人"事下原注："張舜民事已用王巖叟繫年編修。劉摯《行年記》三年六月八日載其事，大略與巖叟同，今附注此。……此一段事予奪適當，《時政記》備書之。"[6] 因爲是朝廷大臣，故所記兼及國家大事。與年譜相比，"行年記"相對靈活，不必如年譜，必須從生到死有始有終。"行年考"取譜主某一段即可，不必有始，鮮克有終，而且往往就是因爲譜主生年或卒年不詳，故用"行年考"形式。發展到後來，也有有始有終者，這就與年譜沒有區別，只是名稱不同而已。

作家年譜，始於北宋中葉。現存最早的年譜，應是神宗元豐七年（1084）呂大防所作《杜工部年譜》《韓吏部文公集年譜》。這是作家年譜的兩部開山之作。呂大防在《杜工部年譜後記》《韓吏部文公集年譜後記》中説：

[1] 歐陽脩撰，徐無黨注《新五代史》，中華書局1974年版，第3冊第873頁。
[2] 歐陽脩、宋祁《新唐書》卷五八，中華書局1975年版，第5冊第1469頁。
[3] 劉昫等《舊唐書》卷八四，中華書局1975年版，第8冊第2796頁。
[4] 陳振孫撰，徐小蠻、顧美華點校《直齋書錄解題》，上海古籍出版社1987年版，第211頁。
[5] 謝巍編撰《中國歷代人物年譜考錄》，中華書局1992年版，第161頁。
[6] 李燾撰，上海師範大學古籍整理研究所、華東師範大學古籍整理研究所點校《續資治通鑑長編》，中華書局1992年版，第27冊第9781~9782頁。

予苦韓文杜詩之多誤，既讎正之，又各爲年譜，以次第其出處之歲月，而略見其爲文之時，則其歌時傷世、幽憂切歎之意，粲然可觀。[1]

注重譜主的活動編年和作品編年，即“出處之歲月”和“爲文之時”，成爲後來作家年譜的基本範式。現存宋人所撰作家年譜，都注重考實譜主的活動歲月，而不注重考明譜主的行止地理。南宋紹興五年（1135）文安禮《柳文年譜後序》也説：

予以先生文集與唐史參考，爲時年譜，庶可知其出處，與夫作文之歲月，得以究其辭力之如何也。[2]

文安禮所説“作文之歲月”，與吕大防所言“次第其出處之歲月”，以見其“爲文之時”，是一樣的意思，都只重視作品編年，而不大顧及繫地。

早在吕大防撰杜甫年譜的二十年前，曾鞏在宋敏求編次的李白詩集基礎上爲李白詩編年，也只强調考其詩作年月之先後，而未提及考明創作地點。英宗治平元年（1064）曾鞏作《李白詩集後序》説：

《李白詩集》二十卷，舊七百七十六篇，今千有一篇，雜著六十篇者，知制誥常山宋敏求字次道之所廣也。次道既以類廣白詩，自爲序，而未考次其作之先後。余得其書，乃考其先後而次第之。[3]

所謂“考其先後而次第之”，就是考明詩作創作時間，按創作年代的先後來編次詩集。其後薛仲邕在曾鞏等人編年的基礎上，“取唐史諸紀傳與李陽冰、魏顥、樂史、宋敏求、曾鞏所序述，參校文集”，撰爲《李翰林年譜》，也是注重

---

[1] 佚名《分門集注杜工部詩》卷首《年譜》，《四部叢刊》，高等教育出版社 2016 年版，第 143 冊第 216~217 頁；吕大防等撰，徐敏霞校輯《韓愈年譜》，中華書局 1991 年版，第 6 頁。

[2] 童宗説撰，張敦頤音辨，潘緯音義《增廣注釋音辨唐柳先生集》附録，《四部叢刊》，高等教育出版社 2016 年版，第 155 冊第 765 頁。

[3] 曾鞏撰，陳杏珍、晁繼周點校《曾鞏集》卷一二，中華書局 1984 年版，第 193 頁。此文編年，參李震《曾鞏年譜》，江西人民出版社 2019 年版，第 151 頁。

譜主李白的行蹤及其創作時間，所謂"先生遍遊宇内，篇什最多，然往往不著歲月，故可考者少"[1]，而不大留意李白的行經之地和寫作之地。

元明清人作年譜，也大多承傳宋人所作年譜的範式，重時而輕地。如元人李庭《跋陶淵明年譜序》說：

> 詩家之有年譜尚矣。所以著出處之實，記述作之由。千載之後，使人誦其詩，而知其志。……六十三年之間，災變廢興，班班可考。[2]

所謂"著出處之實"，凸顯的是譜主活動的時序，行止出處的地理非所措意。清代著名史學家章學誠曾說：

> 年譜之體，仿於宋人。考次前人撰著，因而譜其生平時事與其人之出處進退。而知其所以為言，是亦論世知人之學也。[3]

清沈峻《沈存圃自訂年譜》也強調年譜是"詳敘世系，詮次歲月"[4]。近人朱士嘉《中國歷代名人年譜目錄序》亦謂："敘一人之道德、學問、事業，纖悉無遺而繫以年月者，謂之年譜。"[5]二人都是強調時間維度的編年，而忽略空間維度的繫地。

唐宋時代在詩歌創作和別集編次上已形成的編年繫地並重的觀念，並沒有被年譜所吸收採納。自北宋以來形成的作家年譜體例和觀念，都只重編年，而不注重繫地。雖然歷來的年譜並非完全忽視譜主活動的地點，但編年意識自覺強烈，而繫地意識相對淡薄。加之年譜作者，大多不熟悉歷史地理，連翁方

---

[1] 薛仲邕《李翰林年譜・跋》，北京圖書館編《北京圖書館藏珍本年譜叢刊》，北京圖書館出版社1999年版，第9冊第428頁。

[2] 李庭《寓庵集》卷八《跋陶淵明年譜序》，《元人文集珍本叢刊》，新文豐出版股份有限公司1985年版，第50頁。

[3] 章學誠《韓柳二先生年譜書後》，《章學誠遺書》，文物出版社1985年版，第70頁。

[4] 沈峻《沈丹厓年譜》，北京圖書館編《北京圖書館藏珍本年譜叢刊》，北京圖書館出版社1999年版，第110冊第482頁。

[5] 朱士嘉《中國歷代名人年譜目錄序》，李士濤編纂《中國歷代名人年譜目錄》卷首，商務印書館1941年版，第1頁。

綱這樣的大學者，也"於史學地理，實非所長"[1]，以致所編《元遺山年譜》不無缺失。一般學者對歷史地理就更加生疏。清代地理學家顧祖禹曾感慨：《大明一統志》一向稱爲善本，然"於山川條列，又復割裂失倫，源流不備。夫以一代之全力，聚諸名臣爲之討論，而所存僅僅若此。何怪今之學者，語以封疆形勢，惘惘莫知"[2]。編撰一代地理志的學者對山川地理、封疆形勢尚且莫知其詳，那一般學者對地理的陌生就更不用説了。歷來年譜的作者重編年而輕繫地，與知識結構的局限不無關係。

三、"編年繫地譜"的理念與範式

鑑於歷代年譜重時間編年而輕空間繫地的缺失，我們梳理了史上編年與繫地的學理資源，在 2012 年度國家社會科學基金重大項目"唐宋文學編年繫地信息平臺建設"的投標書中，明確標舉"繫地"概念，並在項目成果《唐宋文學編年繫地譜叢刊》中堅持編年與繫地並重的理念，力圖改變傳統作家年譜重時輕地的觀念和以時間爲中心的"時間＋人物＋事件（活動）＋作品"的四要素範式，而轉變爲時地並重的"時間＋地點＋人物＋事件（活動）＋作品"的五要素範式，作家活動和作品寫作的時間、地點信息一併考實。本叢刊體制上與年譜相同，但特別注重繫地，既編年又繫地。體例上，在每年年份、年歲的綱目之下，首先標明譜主"在某地"活動或"居某地"，以凸顯繫地的宗旨。

地點信息，也不滿足於落實到州縣級行政區，而是盡可能細化到具體的地點、場所，以便讀者深入瞭解譜主創作地點、場所的自然地理環境和人文環境，考察不同地理環境對作家創作心態的影響。[3]

我們這套叢刊，力圖構建年譜的新觀念、新範式，強調編年與繫地並重，並非空無依傍，而是有先例可循。

《分門集注杜工部詩》卷首所輯宋呂大防《杜工部年譜》、蔡興宗《杜工部年譜》、魯訔《杜工部草堂詩年譜》三家年譜，雖簡略疏陋，且理念上仍注

---

[1] 李光廷《廣元遺山年譜》卷首，北京圖書館出版社影印室編《遼金元名人年譜》，北京圖書館出版社 2005 年版，第 8 頁。
[2] 顧祖禹撰，賀次君、施和金點校《讀史方輿紀要》卷首《總敍》，中華書局 2005 年版，第 12 頁。
[3] 參肖鵬、王兆鵬《宋詞的深度閱讀與現場還原》，《中國文化研究》2016 年第 4 期。

重譜主"出處之歲月"和"爲文之時"，但在寫作實踐中还是偶有繫地之举。如吕大防《杜工部年譜》："乾元二年庚子，是年棄官之秦州，自秦適同谷，自同谷入蜀。時有遣興三百首。""大曆三年己酉，離峽中，之荊南，至湘潭。大曆五年辛亥，有《追酬高適人日》詩。是年夏甫還襄、漢。卒於岳陽。"蔡興宗、魯訔也援例跟進。蔡興宗《杜工部年譜》：乾元"二年己亥，春三月，回自東都。有《新安吏》《石壕吏》《潼關吏》《新婚別》《垂老別》《無家別》詩"；"上元元年庚子，是歲春，卜居成都浣花溪上，賦詩至多"；大曆"四年己酉，春，初發岳陽，泛洞庭，至潭州"。魯訔《杜工部草堂詩年譜》：開元"二十五年丁丑，史云公少不自振，客遊吴、越、齊、趙"；大曆"五年庚戌，公年五十九。春去潭，至衡。……秋已還潭，暮秋北首。其卒當在衡、岳之間，秋冬之交"[1]。

　　清代浦起龍《讀杜心解》卷首《發凡》更明確强調繫地："編杜者，編年爲上，古近分體次之，分門爲類者乃最劣。蓋杜詩非循年貫串，以地繫年，以事繫地，其解不的也。余此本則寓編年於分體之中。"[2] 卷首又有《少陵編年詩目譜》，年份之下，均有"繫地"。如"玄宗開元間"下注："二十四年後，公年二十五，下第遊齊、趙。""開元二十九年至天寶三載"下注："此四年，俱在東都。""天寶四載"下注："是年，再遊齊州。""天寶五載至十三載"下注："此九年，俱在長安。""大曆四年"下注："是年，自岳之潭州，尋之衡州，又回潭州。""大曆五年"下注："春，在潭州。""夏，潭有臧玠之亂，遂入衡州。欲如郴州依舅氏崔偉，至耒陽，不果。""秋冬之間，回湖，欲北還，未遂，竟以旅卒，年五十九。"[3] 浦起龍認爲，如果不是"以地繫年，以事繫地"，會影響對杜詩的準確理解，故《發凡》之後，作《少陵編年詩目譜》示範。職是之故，後人在研究杜詩的過程中，很注重"讀萬卷書，行萬里路"，"學杜萬里行"。詩、地互證，書、路結合，是杜詩研究的一大特點。

　　類似浦起龍所説"以地繫年，以事繫地"的編年、繫地方式，明代著作已

---

[1] 佚名《分門集注杜工部詩》卷首，《四部叢刊》，高等教育出版社2016年版，第143冊第237、267~268頁。
[2] 浦起龍《讀杜心解》，中華書局1961年版，第8頁。
[3] 浦起龍《讀杜心解》，中華書局1961年版，第19~60頁。

經出現。明鄭若曾（1503—1570）撰《籌海圖編》，嘉靖四十一年（1562）三月，范惟一《籌海圖編序》曰："功實不明，則忠勇不奮，死事者不錄，志士無所勸矣。自望海堝之戰，迄於維揚之捷，以事繫地，以地繫年，以年繫月。凡發縱之元臣，戮力之諸帥，死綏之士卒，握節之群黎，核其功次，紀其履實，使勞臣猛將勳名爛然，可勒旂常，而忠魂烈節昭揭日月，兼慰冥漠。此良史紀事之體也。"[1] 所謂"以事繫地，以地繫年，以年繫月"，是指鄭若曾《籌海圖編》卷八上《嘉靖以來倭夷入寇總編年表》，此表縱爲嘉靖年份，橫列惠潮、漳泉、興福、温台、寧紹、杭嘉、蘇松、常鎮、淮揚九個地區。[2]"以事繫地，以地繫年，以年繫月"，井井有條，一目瞭然，故被稱爲"良史紀事之體"。

清同治五年（1866），李光廷在翁方綱《元遺山年譜》基礎上作《廣元遺山年譜》，也是時地並重。陳澧序説：

讀遺山詩文，辭章之學也，爲之年譜，則史學也。史學豈可不明地理哉？李君明地理，故於元兵伐金所至之地，瞭如指掌。由是遺山奔走流寓之地，皆瞭如指掌。而凡遺山之詩文，皆可因其地而知其時。遺山詩千三百六十一首，李君考得時地者，千二百七十九首。其不可知者，八十二首而已。[3]

李光廷兼擅史學與地理學，對元好問奔走流寓之地及行走路綫，瞭若指掌，故對其詩文，皆能"因其地而知其時"，時地並重，時地互證。李光廷在《自敘》中更明確標舉"繫年"與"繫地"並重的理念：

嘗取先生文集讀之，見其流移所寓，道里所經，以月繫年，以人繫地。始知先生年譜，自作已竟。而歌謠慷慨，唱吟遥俯，即境見心，標旨

［1］鄭若曾撰，李致忠點校《籌海圖編》附錄，中華書局 2007 年版，第 993 頁。
［2］鄭若曾撰，李致忠點校《籌海圖編》，中華書局 2007 年版，第 491~568 頁。
［3］李光廷《廣元遺山年譜》卷首，北京圖書館出版社影印室編《遼金元名人年譜》，北京圖書館出版社 2005 年版，第 7~8 頁。

斯在。爰乃以文爲經，以詩爲緯，考之輿圖，以求其蹤迹；博之史集，以
證其交遊。[1]

　　“以月繫年，以人繫地”正是賀鑄編詩集時“隨篇敘其歲月與所賦之地”的觀
念和鄭樵“繫時”“繫地”並重理念在年譜中的實踐與發展。只是這類年譜如
空谷足音，鮮有迴響。

　　綜觀年譜、別集編年的歷史，古人雖有“繫地”的實踐，但一直沒有確立
“繫地”意識，或者説，沒有“繫地”的著述意識；現當代的作家作品研究和
年譜著作，未能很好地繼承前人“繫地”的方法，也幾乎沒有“繫地”的著述
實踐。

　　我們在總結前賢撰述年譜經驗教訓的基礎上，希望改變年譜原有的傳統觀
念，建立年譜的新範式，期待今後的作家年譜，能“編年”與“繫地”並重，
不僅編次譜主的“出處之歲月”和“作文之歲月”，還要“考之輿圖，以求其
蹤迹”，博之方志，以明其地理環境。爲求名實相副，我們這套叢刊，特將
“年譜”之名，改爲“編年繫地譜”和“行年繫地譜”，以凸顯編年繫地並重的
新觀念和新範式。

　　我們這套叢刊的選題，有兩類來源：一是補闕新譜，二是增廣舊譜。補闕
新譜，是原無其譜，我們補闕而新撰，爲唐宋文學編年地圖補充所需作家行迹
數據；增廣舊譜，是在原有年譜基礎上進行修訂，以完善原譜所缺的編年繫地
信息。

　　無論是補闕新譜還是增廣舊譜，我們都是編年與繫地並重。編年考訂，我
們不輕忽；繫地信息，更是力爲補苴。繫地考證，我們最爲著力的是六個方
面：出生地、任職地、經行地、寓居地、創作地和終老地。

　　譜主的出生地，以前的年譜不太在意。有些作家的出生地確實不可考，有
些則是可考而未考。比如宋南渡之際葛勝仲的出生地，我的舊作《葛勝仲年
譜》就闕而未考，因史無明載，當時也沒有特別留意。這次明確了繫地觀念、
建立年譜新範式之後，重新檢閱有關文獻，發現葛勝仲的出生地其實可考。葛

────────────

[1] 李光廷《廣元遺山年譜》卷首，北京圖書館出版社影印室編《遼金元名人年譜》，北京圖書館出
　　版社 2005 年版，第 9~10 頁。

勝仲生於熙寧五年（1072），乃父葛書思熙寧六年中進士第。葛書思進士及第前，居家鄉江陰（今屬江蘇）。進士及第後，爲侍養父母，也未曾出仕，而居鄉養親。葛勝仲爲乃父撰寫的《朝奉郎累贈少師特謚清孝葛公行狀》載："中六年進士第，調睦州建德縣主簿。方是時，通議公（按，勝仲祖父葛密）以清節高尚，退老於家。""遂投劾侍養，自爾居親側，積十餘年。"[1]葛勝仲之父因侍養之需，熙寧六年中進士前後均在家鄉居家養親，而葛勝仲在乃父進士及第前一年出生，自當生於家鄉江陰。這次修訂《葛勝仲行年繫地譜》，即將葛勝仲出生地考定在家鄉江陰。又如秦檜是江寧（今江蘇南京）人，但並非生於故里。陳思晗《秦檜行年繫地譜》據范成大《吳船錄》和祝穆《方輿勝覽》的記載，將其出生地考定在黃州（今湖北黃岡）臨皋亭。

有些作家的出生地，前賢所考，時或有誤。本叢刊盡可能予以訂正。如范仲淹是蘇州人，南宋樓鑰《范文正公年譜》說范仲淹出生於徐州："公生於徐州節度掌書記官舍。"[2]而郭紅欣《范仲淹作品編年繫地譜》在給范仲淹作品編年時，注意到范仲淹《與韓魏公書》其二十曾自言生於真定："真定名藩，生身在彼。自識別以來，卻未得一到。"[3]范仲淹出生時，其父范墉任真定府節度掌書記，故范仲淹實生於真定府（今河北正定）官舍，而非徐州。

譜主的任職地，以往的年譜也時常缺乏應有的交代説明。古人做官，如果是朝官，任職地自然在京城；如果是在地方州縣任職，其地自然就在當地州縣，似乎不言自明。久而久之，形成習慣，任職地可以默認爲職官所在地。但有些路級官司，如宋代的安撫司、常平司、提點刑獄司、轉運司等治所，並不一定在同一地方。如：南宋江南西路安撫司在隆興府（今江西南昌），而提刑司在贛州（今屬江西）；南宋荆湖北路安撫司在江陵府（今湖北荆州），轉運司則在鄂州（今湖北武漢），而常平司在鼎州（今湖南常德）。後人所作宋人年譜，常常沒有注明這些官司所在地。比如，鄧廣銘先生的《辛稼軒年譜》，載述淳熙二年（1175）六月十二日"稼軒出爲江西提點刑獄"，但未言明江西提

---

[1] 葛勝仲《丹陽集》卷一五，《宋集珍本叢刊》，綫裝書局2004年版，第32冊第641頁。
[2] 樓鑰《范文正公年譜》，《范文正公全集》，影印清康熙歲寒堂刻本，浙江文藝出版社1998年版。
[3] 范仲淹《范文正公尺牘》卷中，《范文正公全集》，影印清康熙歲寒堂刻本，浙江文藝出版社1998年版。

刑司在何地，好在接敘“秋七月初，離臨安，至江西贛州就提刑任”[1]，讀者尚可明白辛棄疾是去江西贛州任江西提刑。然而該譜續述淳熙三年辛棄疾“調京西轉運判官”[2]，卻沒有注明京西轉運司在何地，以致唐宋文學編年地圖平臺錄入數據時，無法給辛棄疾的這段行程進行空間定位，不得不自行查考有關著述予以補明。

這提醒我們，譜主的任職地，撰寫年譜時必須一一考明或標注，而不能依傳統年譜的慣例，只是依相關職官而“默認”其地。特別是宋高宗建炎年間，金兵南侵，政局不定，高宗行朝，先後流轉於建康、平江、越州、明州、溫州、台州等地。[3] 當時扈從行在的大臣，也隨朝轉徙，當時的任職地自不能默認在南京（今河南商丘）或臨安（今浙江杭州），而須嚴密考證，力求準確繫地。

作家的經行地，指行迹過往之地。詩人因遷徙、遠遊、貶謫、赴任，常常從此地到彼地。以前的年譜，只關注目的地，而不重視經行地點和經行路綫。我以前做年譜，就是如此。比如拙撰《鄧肅年譜》，述鄧肅建炎元年（1127）十月罷職後，就直接說回到福建沙縣故里：“十月，罷左正言，回鄉里。有《亦驥軒記》和《偶題》諸詩。”[4] 而沒交代從哪里出發，途經哪些地方，沿途走的是什麼路綫。這次修訂，有了明確的繫地意識，注意其經行地和經行路綫，就發現他途中經過徽州，而將綱目改爲：“十月，罷左正言，從南京回鄉里。途經徽州，有七言、五言《偶成》詩。”並參考李常生所作蘇轍從績溪至杭州的路綫圖[5]，推知鄧肅離南京後，當是乘船沿運河南下到杭州，再逆浙江、新安江經桐廬、建德、青溪抵徽州，然後過婺源，越玉山，穿浦城、建陽，回到沙縣。有了繫地意識，關注譜主的經行地，就豁然發現以前未編年的鄧肅兩首五言、七言律詩《偶成》，原來就作於此次過徽州途中，從而爲這兩首詩作了相應的編年和繫地。

有了繫地觀念，注意經行地的行蹤路綫，也能發現舊譜中的一些失誤。如

[1] 鄧廣銘《辛稼軒年譜》，上海古籍出版社 1979 年版，第 42~43 頁。
[2] 鄧廣銘《辛稼軒年譜》，上海古籍出版社 1979 年版，第 50 頁。
[3] 參王明清《揮麈錄》第三錄卷一，上海書店出版社 2001 年版，第 176~177 頁。
[4] 王兆鵬、王可喜、方星移《兩宋詞人叢考》，鳳凰出版社 2007 年版，第 268 頁。
[5] 李常生《蘇轍行蹤考》，城鄉風貌工作室 2020 年版，第 510 頁。

拙著《吕本中年譜》，將《舟行次靈璧二首》繫於政和四年（1114）的揚州。[1]
修訂時細核吕本中這年前後的行蹤，發現政和三年他離京回揚州，沿汴河南
下，途經南京（今河南商丘），過靈璧（今屬安徽），涉泗上（今江蘇盱眙），
越寶應（今屬江蘇），下高郵（今屬江蘇），夏秋間回到揚州。政和四年至五年
他一直居揚州。此後多年，吕本中也無舟次靈璧的行迹記述，表明他到靈璧
只有這一次。從詩作内容看："往來湖海一扁舟，汴水多情日自流。已去淮山
三百里，主人無念客無憂。"[2] 也可見其行程方向是離京城開封後沿汴水南下到
淮南，正與吕本中政和三年的行迹相合。《舟行次靈璧二首》應該是政和三年
吕本中回揚州途中過靈璧時所作，而非作於揚州，也不可能是其政和四年居揚
州後返回至靈璧所作。

　　譜主的經行地，還要注意空間位移、行程變化的合理性。年譜作者，往
往注意文獻的可靠性，注重譜主的行程有無文獻依據作支撐，而不大留意譜
主行程路綫變化是否合理。比如，《黄庭堅年譜新編》載，徽宗建中靖國元年
（1101）春天，黄庭堅離貶所出川，沿長江東下。正月初離江安，經瀘州，過
合江；二月三日，到漢東；二月二十六日，寓萬州；三月，至峽州。所至之
處，都有文獻依據。二月三日到達漢東，更有黄庭堅《題校書圖後》爲證：
"建中靖國元年二月甲午，江西黄庭堅自戎州來，將下荆州，泊舟漢東市。"[3]
從文獻上看，黄庭堅這次出峽行程似乎没有問題。但録入數據與地圖結合後就
會發生疑問。正月至三月間，黄庭堅一直是乘船沿江出峽東下，可二月三日，
忽然離開長江三峽去漢水流域的湖北隨縣（在今湖北隨州），當月又重返長江
逆流而上三峽，回到萬州（今屬重慶），再沿江東下到宜昌。這顯然不合常理。
原來問題出在"漢東市"的理解和空間定位上。宋代隨州，又名漢東郡，故宋
人多用漢東指隨州，於是年譜作者很自然地想到這個漢東就是隨州，而没有考
慮到行程距離的可能性和空間的合理性。課題組請作者鄭永曉先生復核，"漢
東市"是否爲四川境内長江邊上的市鎮。結果鄭先生在《大清一統志》查到江

［1］王兆鵬《兩宋詞人年譜·吕本中年譜》，文津出版社（臺北）1994年版，第345頁，
［2］吕本中撰，沈暉點校《東萊詩詞集》，黄山書社1991年版，第92頁。
［3］鄭永曉《黄庭堅年譜新編》，社會科學文獻出版社1997年版，第342頁。

津縣西南一百五十里的江邊有"漢東市"[1]。重新確定"漢東市"位於長江邊上的江津（今屬重慶）後，黃庭堅的行程就豁然貫通：過了合江，到江津漢東，再經萬州，出峽赴宜昌。這次鄭先生修訂黃庭堅行年繫地譜，對舊譜的失誤就做了訂正。

爲了減少繫地的錯誤，我們在撰寫《唐宋文學編年繫地譜叢刊》時，要求每位作者手邊常備中國歷史地圖，以便像李光廷撰《廣元遺山年譜》那樣"考之輿圖，以求其蹤迹；博之史集，以證其交遊"[2]。地理學家考察古代地理，要求史地互證，用清代著名地理學家顧祖禹的説法就是："以古今之方輿，衷之於史，即以古今之史，質之於方輿。史其方輿之嚮導乎，方輿其史之圖籍乎？"[3]我們今天做古人的年譜，考察其流寓經行之地，必須"考之輿圖"，"質之於方輿"。

作家的寓居地，指在他鄉異縣的寄寓之地。古代方志中的人物志，常有"流寓"或"寓賢"一類，專門介紹非本籍而在本地居住的名賢勝士，如：《嘉靖清苑縣志》卷五，在"名宦志""人物志"之外專設"寓賢志"，録"寓居"本地的"賢人君子"[4]；《崇禎吳縣志》卷五一《人物·寓賢》也是收録"寓迹"本地的"歷世高賢"[5]。古人離家至他鄉寓居的原因有很多，或因任職，或因貶謫，或因依附，或因侍親，或因避難。本叢刊既重視編年繫地，要求考實譜主每年的行止及其所在地，就必須考訂譜主每年的寓居地，而無論寓居期間譜主有無事件可述可載。比如，葛勝仲十九歲時曾隨父居楚州漣水縣，四十七歲罷官後，又僑居漣水兩年。十九歲時尚未及第，本無事可載，四十七歲罷官後也無要事可述。過往的年譜可能會付之闕如，而拙撰《葛勝仲行年繫地譜》則予以考實。葛勝仲《題佛本行經》自述："元祐庚午歲，侍先君官此邑。丁内艱，

---

[1] 和珅等《大清一統志》卷二九五，景印文淵閣《四庫全書》，臺灣商務印書館 1986 年版，第 481 冊第 97 頁。

[2] 李光廷《廣元遺山年譜》卷首，北京圖書館出版社影印室編《遼金元名人年譜》，北京圖書館出版社 2005 年版，第 9~10 頁。

[3] 顧祖禹《讀史方輿紀要》卷首《凡例》，中華書局 2005 年版，第 1 頁。

[4] 李廷寶《嘉靖清苑縣志》卷五，《天一閣藏明代方志選刊續編》，上海書店 1990 年版，第 1 冊第 232 頁。

[5] 王焕如《崇禎吳縣志》卷五一，《天一閣藏明代方志選刊續編》，上海書店 1990 年版，第 19 冊第 365 頁。

嘗誦萬壽經藏。後二十有八年自大司成出領宮祠寓居，再閱大藏。"[1] 又據葛勝仲《朝奉郎累贈少師特諡清孝葛公行狀》所載"知楚州漣水縣丞"[2]，知其父葛書思當時爲漣水縣丞。"此邑"，即漣水縣（今屬江蘇）。葛勝仲先是侍居此地，二十八年後再寓居此地兩年。

又如，紹聖四年（1097）葉夢得考取進士後，授丹徒縣尉。按照一般年譜的慣例，會將這兩件事一併敘述，途中經過何地、住在何處，不會顧及。而拙撰《葉夢得行年繫地譜》，則查考葉夢得《避暑録話》所述："歐陽文忠公在揚州，作平山堂，壯麗爲淮南第一，上據蜀岡，下臨江南數百里，真、潤、金陵三州，隱隱若可見。……余紹聖初始登第，嘗以六、七月之間館於此堂者幾月。屬歲大暑，環堂左右，老木參天，後有竹千餘竿，大如椽，不復見日色。"[3] 據以考知其自京師開封赴丹徒，沿汴河南下，途經揚州，曾寓居平山堂近一月。這類寓居地信息，本叢刊都注意考訂。

作品創作地，是我們編年繫地譜特別著力的部分。古人給作家詩人編年譜，只注重行事出處的編年，雖然也給作品編年，但不太著意。今人做的年譜，注重作品編年，但又忽略繫地。比如，歐陽脩的名作《朝中措·送劉仲原父出守維揚》，劉德清先生《歐陽脩紀年録》據歐陽脩《集賢院學士劉公墓誌銘》和《續資治通鑑長編》所載，考定此詞作於嘉祐元年（1056）閏三月九日[4]，但没説作於何地。其後，胡可先、徐邁《歐陽脩詞校注》所定此詞作年相同，也同樣没有考證其創作地點。其實，此詞"輯評"中録有傅幹《注坡詞》一則記載："公在翰林，金華劉原父出守維揚，公出家樂飲餞，親作《朝中措》詞。"[5] 明確説明《朝中措》詞是歐陽脩任翰林學士時在汴京的家宴上所作。弄清此詞是在家中私宴上所作，對理解詞人的創作心態和詞作主旨大有

---

[1] 葛勝仲《丹陽集》卷九《題佛本行經》，《宋集珍本叢刊》，綫裝書局 2004 年版，第 32 冊第 590 頁。

[2] 葛勝仲《丹陽集》卷一五《朝奉郎累贈少師特諡清孝葛公行狀》，《宋集珍本叢刊》，綫裝書局 2004 年版，第 32 冊第 642 頁。

[3] 葉夢得《石林避暑録話》卷一，影印宛委堂本，上海書店 1990 年版，第 2 頁。

[4] 劉德清《歐陽脩紀年録》，上海古籍出版社 2006 年版，第 280 頁。嚴傑《歐陽脩年譜》繫年相同（南京出版社 1993 年版，第 194 頁）。

[5] 歐陽脩著，胡可先、徐邁校注《歐陽脩詞校注》，上海古籍出版社 2015 年版，第 36 頁。

助益。[1] 歐陽脩此詞本可繫地而未繫地，不是沒有相關文獻史料，而是受年譜和別集箋注長期形成的重編年輕繫地的傳統觀念所限，沒有想到應該爲作品繫地。

又如南宋首任宰相李綱，傳存詩文作品甚多。今人趙效宣《李綱年譜長編》只注意爲其活動編年，將李綱的行實細化到月日，但對李綱作品的編年繫地則很簡略。李綱《梁溪先生文集》中的詩文，基本上是按年編次，而《李綱年譜長編》就把李綱同一年所作詩文篇目全編列在一起，至於每篇作品，寫於何地，作於何月，則不再細考。這次本叢刊的作者之一李欣所撰《李綱作品編年繫地譜》，就專力考證李綱作品的作時與作地。比如建炎二年（1128），李綱貶謫鄂州（今湖北武漢）居住，他從江蘇無錫出發，經宜興、溧陽，歷安徽寧國，越歙縣，宿休寧，過黟縣，自江西鄱陽泛舟至星子，出南康，遊廬山，過九江湓浦，登琵琶亭，訪陶淵明故居，下德安，由武寧，出分寧，入湖北通城，居崇陽。未到達鄂州，就命移澧州（今湖南澧縣），於是經湖北赤壁，趨湖南臨湘、岳陽，渡洞庭湖，過華容，至澧州。沿途所作詩文，有三百多篇，《李綱年譜長編》原來只是列目一處，不分先後，不分地域。而《李綱作品編年繫地譜》則一一考證每篇詩文所涉地名的具體方位，結合譜主的交遊唱和，確定每篇詩文的寫作時日與地點，從而完整地呈現出李綱建炎二年的行程路綫和創作歷程。跟李光廷一樣，做到了“考之輿圖，以求其蹤迹；博之史集，以證其交遊”[2]。

本叢刊的部分編年繫地譜，是在已有年譜基礎上進行增訂的，尤其注重作品的編年繫地。如范仲淹傳世詩文作品近 820 篇，南宋樓鑰《范文正公年譜》比較注重作品編年，然編年作品不足三成，僅有 230 餘篇，至於繫地非所措意。而郭紅欣新撰《范仲淹作品編年繫地譜》，編年繫地作品達 769 篇，九成多的作品都已編年繫地。

終老地，指作家晚年的養老地或去世地。宋代文士，葉落歸根的意識似乎

［1］參肖鵬、王兆鵬《歐陽脩〈朝中措〉詞的現場勘查與詞意新解》，《北京大學學報（哲學社會科學版）》2018 年第 1 期。
［2］李光廷《廣元遺山年譜》卷首，北京圖書館出版社影印室編《遼金元名人年譜》，北京圖書館出版社 2005 年版，第 9～10 頁。

沒有我們想象的那麼强烈，有的退休後不住家鄉，而選擇在他鄉終老。蘇軾平生對故鄉眉山念茲在茲[1]，晚年卻沒有回鄉終老的打算，最後是在常州買房終老並病逝。友人張劍曾注意到這個現象，並做了合乎情理的分析："宋代的兩個大文豪廬陵歐陽脩和眉山蘇洵開創了宋以降的家譜體例（歐蘇譜式），强調敬宗收族，但是歐陽脩晚年退居於安徽潁州（今阜陽），蘇洵的兒子蘇轍晚年也退居於河南許州（今許昌），他們爲什麼不回到各自的家鄉居住？也許其中一個重要原因，正是敬宗收族的觀念，使宋代官員一旦入仕，照顧族人似乎成爲一種義務，有的甚至爲之入不敷出，負擔過重，故不得不有所逃避。清代於此，似過之而無不及。常見達官顯宦，因食指浩繁，而負債累累者。對於他們，家鄉既是樂土的象徵，又是煩惱的淵藪。"[2] 本叢刊的作者之一葉燁曾著《北宋文人的經濟生活》一書，其中第三章"北宋文官的開支狀況"第一節"北宋文官的家庭、家族成員贍養開支"，也專門探討過宋代官員入仕後有照顧族人義務因而增加經濟負擔的問題。[3] 宋代作家，究竟是選擇在他鄉終老的多還是在故鄉終老的多，不在家鄉終老的原因是否與避免人情困擾、減輕經濟負擔有關，只有在切實弄清宋代作家的終老情況之後，才能作出具體的統計分析。所以本叢刊對作家的養老地和去世地，也頗爲留意，能考證清楚的都會儘量考證。比如：葛勝仲、葛立方父子，本是江蘇江陰人，晚年卻定居湖州，最後都在湖州去世；葉夢得是江蘇蘇州人，也同樣是在湖州終老；福建邵武人李綱，早年生活在江蘇無錫，晚年卻退居福建福州；王之望出生於故鄉湖北穀城，晚年則定居浙江台州，並終老於斯。當然，也有在故鄉終老的，如劉一止生於湖州歸安，致仕後還鄉居歸安養老，直到去世。

出生地、任職地、經行地、寓居地、創作地、終老地，是繫地的六大構成要素，也是本叢刊繫地的六大著力點。

四、撰寫編年繫地譜的學術團隊

一個重大項目，要能產出一批成果，搭建一個平臺，培養一支隊伍。我們

---

[1] 參王兆鵬、陳朝鮮《蘇軾的鄉思情結及其化解方式》，《貴州社會科學》2019 年第 4 期。
[2] 張劍《華裘之蚤——晚清高官的日常煩惱》，中華書局 2020 年版，第 57 頁。
[3] 參葉燁《北宋文人的經濟生活》，百花洲文藝出版社 2008 年版，第 95 頁。

已在網上建立起唐宋文學編年地圖平臺，日後將上下延展，把它打造成中國文學知識圖譜平臺，融中國文學編年地圖和中國文學史料數據於一體。本叢刊，則是我們項目團隊産出的第一批成果。在建設平臺和撰寫年譜過程中，我們也鍛煉、培養了一支既精通文獻考據又熟悉數字人文技術、擅長處理數據的學術隊伍。

本叢刊的學術團隊，老中青結合，既有年長資深的專家教授，也有初出茅廬的研究生。大家精誠團結，時常共享文獻資料，分享考訂心得，相互支持，共同進步。

團隊中最年長資深又起關鍵作用的是陳冠明教授。冠明先生和易誠篤，學問高深而爲人低調。我與他相識較晚。2002 年 5 月，在重慶西南師範大學中文系主辦的"中國唐代文學學會第十一屆年會暨唐代文學國際學術研討會"上，他提交的大會論文《崔融年譜》，引起我的注意，於是相識。2007 年，他寄贈由上海古籍出版社出版的力作《杜甫親眷交遊行年考》，我拜讀一過，深服其引證豐富、考訂扎實，從時人無可著力處而大力開拓。2011 年 9 月，在河南大學主辦的"中國宋代文學學會第七屆年會暨宋代文學國際學術研討會"上，他的長篇論文《論〈文苑英華〉的分類體系》引發與會者的關注，我也印象深刻。再次相逢後，他又惠贈《蘇味道年譜》《李嶠年譜》兩部大著，我越發佩服他對唐代文史的造詣之深。2012 年，我的重大項目"唐宋文學編年繫地信息平臺建設"獲准立項後，特邀他加盟。他又帶來新著《唐代裴度集團平叛日曆考》，分贈給團隊成員學習。爲提高叢刊的學術水準、保障叢刊的學術品質，我請他合作任叢刊主編，負責審稿。他果然不負所託，且讓我大喜過望。2019 年元月，我給他兩篇青年學者寫的篇幅較短的年譜審閱，一個月後，收到他的回復，讓我大爲驚歎：當今居然有這樣無私、認真、負責的主編！我給他的是兩個文檔，他回復的竟有六個文檔。每篇年譜原稿之外，另加一篇補充史料和審讀劄記。其中一篇原稿不到一萬字，而他補充的史料竟有一萬五千字，大大超過了原稿的篇幅。每篇審讀劄記，也都有兩三千字，詳列原譜存在的問題，提出改正的意見，指點史料的綫索，建議寫作的規範。審讀了幾篇年譜稿後，他專門寫了一篇八千多字的"撰稿建議"。我參酌他的意見，調整了叢刊格式規範和體例，並將他的建議發給團隊成員學習參照。

他的意見和建議，既是平生經驗的積累，也是調查研究之所得。比如地方志的注釋格式，五花八門，團隊成員無所適從。我請他提出一個折中方案，結果他竟花了一個多月的時間調查多種文史研究專著和目錄學著作中有關方志的著錄情況，寫出兩篇各兩萬多字的調研報告：《地方志書名標示亂象的考察及其建議》《〈唐宋文學編年繫地譜叢刊〉的另一種創新——關於地方志、地方文獻史料的徵引與利用》，詳細闡述了地方志的來龍去脈、著錄案例和本叢刊注釋的方案。我著實被他的專業精神、敬業精神所震撼！本叢刊的學術水準是否達到預期的精品目標，我不敢說，但有了陳冠明先生的審稿把關，質量是有保障的。

他既是主編，又是作者，而且唯有他一人貢獻了兩部書稿：《初唐學士宰輔創作群體編年繫地譜》和《中唐裴度創作群體編年繫地譜》。前者是在未刊稿《文章四友李嶠蘇味道崔融杜審言年譜》基礎上修訂而成，後者則融合了《裴度年譜》《唐代藩鎮動亂平叛編年史表》兩部書稿的成果。二著積累多年，又重加修訂，自是精審。

熊飛教授，是我多年的老朋友。他早年在咸寧師專學報編輯部工作時，我們就多有交往。他長於考據，一直致力於唐人生平的考訂，2000年調往廣東韶關學院任教後，就專力做張九齡和張說的研究，先後在中華書局出版《張九齡集校注》《張說集校注》，又曾出版《張九齡年譜新編》和《張說年譜新編》。他在原來兩種年譜基礎上增訂《盛唐張說張九齡詩文編年繫地譜》，可謂駕輕就熟。

上海師範大學李定廣教授，近年因中央廣播電視總臺熱播的系列節目《中國詩詞大會》而爲人矚目。他是該節目的學術總負責人，其廣博的學識和嚴謹的態度得到節目組和廣大觀衆的一致認可。作爲他碩士時代的老師，我自感欣慰。他擅長文獻考訂，曾與陳伯海先生合著《唐詩總集纂要》，考訂歷代唐詩總集版本源流、內容及編者生平；又先後出版《羅隱年譜》《羅隱集繫年校箋》，對晚唐詩人詩壇尤爲諳熟。這次他與其高足裘江博士合作，由點及面，由羅隱而擴展至晚唐其他詩人，撰寫《晚唐詩人行年繫地譜》，自然是遊刃有餘。

中國社會科學院文學研究所鄭永曉研究員，與我的研究方向相同，都治宋代文學，因而相識甚早。後來他從劉揚忠先生攻讀碩士、博士學位，而我跟揚忠先生關係至爲親密，於是跟他又多了一份親切感。他先治文獻，後來致力於古典文學與技術的融合，在數字人文方面多有開拓。我主持的"唐宋文學編年繫地信息平臺建設"項目，從申報到完成結項，都得到他的有力支持。2020年春天，與他商討黃庭堅一篇作品繫地的疑問，得到他的快速回應並最終得以解決。這次我建議他將舊著《黃庭堅年譜新編》修訂爲《黃庭堅行年繫地譜》，他欣然應允。因他此前編撰有《黃庭堅全集輯校編年》，對黃庭堅作品的編年早就成竹在胸，再完善作品的繫地信息，自然是得心應手。

陳才智研究員，是鄭永曉的同事，人如其名，才學與智慧兼具。他治學嚴謹，做一個專題力求竭澤而漁，掌握所有資料。前幾年我主持一項國家社科基金項目，在廣泛搜集20世紀海內外有關唐代文學研究的論著目錄基礎上，做計量學術史的統計分析，自以爲搜羅的目錄比較完備。在一次學術會議上，他瞭解我所做的項目後，主動將他多年收集整理的白居易研究論著目錄電子文檔，無償地發給我參考。我一對比，發現無論體量還是文獻來源的覆蓋面，他的目錄比我搜集的都要豐富完備得多。2019年在江西南豐曾鞏研討會上，知他著有《白居易詩集編年》書稿，打磨了多年還沒出版，於是動員他按我們編年繫地譜的體例要求，修訂成《白居易詩歌編年繫地譜》，收入本叢刊。承他俯允，大爲快慰。

內蒙古大學金傳道博士，出於名校名門，師從復旦大學陳尚君教授，頗得乃師真傳，也長於考據。我們原本不熟悉，我是在讀了他的《徐鉉年譜》後，邀請他加入我的團隊的，並請他將《徐鉉年譜》轉錄成徐鉉活動編年繫地數據。他接到任務後，又快又好地完成，可謂盡心盡力。從此，我們的信任與友誼俱增。後來本叢刊在團隊內組稿，他又自告奮勇，將積累多年的《王珪年譜》修訂成《王珪行年繫地譜》，並且很快完稿。陳冠明先生審閱後，很讚賞他用力之深、搜羅的文獻史料之富。收到修改意見後，他又抱病修訂，精益求精，令人感刻。

朱光立博士，是我老友莫礪鋒教授與英國愛丁堡大學聯合培養的博士生，又是我師兄鍾振振教授指導的博士後。他喜歡做文獻考據，2008年在愛丁堡讀博時，就常來電郵，跟我交流分享他發現的域外所藏文獻信息，讓我大開眼界。他一直稱我爲師叔，我也視他爲及門。博士後出站，他攜筆從戎，到中國人民解放軍國防大學政治學院任技術軍官，現爲上校。他雖在軍營，但還是堅持做文獻研究。他的博士學位論文是《尤袤研究》，其中輯考尤袤的生平事迹創獲甚豐。博士研究生畢業後他又一鼓作氣，繼續做同時的蕭德藻、徐夢莘和李結等中興時期詩人、學者、畫家的生平考證。此次他按本叢刊的規範要求，將考證成果擴展爲《南宋中興詩人行年繫地譜》。他身披戎裝，頗有軍人雷厲風行的作風，遇事反應迅速，我給團隊成員發的通知，他總是第一個回復。他的這部書稿，也成爲本叢刊第一部正式推出的著作。

本叢刊有著作24部、作者30人，其中20餘人是我的及門弟子。考據，本是"唐門硬功"，是先師唐圭璋先生傳承的"家法"。我治學，也是從考據做起。本科畢業論文是《張元幹生平事迹考》，後來擴展爲碩士學位論文《張元幹年譜》，讀博士時修訂出版。在寫博士學位論文《宋南渡詞人群體研究》之前，按唐師的要求，寫了十幾家南渡詞人年譜稿，以深入瞭解南渡詞人及其創作背景。博士畢業後，將葛勝仲、葛立方父子與葉夢得、呂本中、向子諲五家年譜修訂爲《兩宋詞人年譜》，由臺北文津出版社出版。後來又主持完成國家社科基金項目《兩宋詞人叢考》，2007年在鳳凰出版社出版。

我一直琢磨著，怎樣結合自己多年做年譜的經驗教訓，快速而有效地將唐門家法傳授給學生。受電腦程序的啓示，我將文獻考據的方法，像電腦程序那樣分成若干步驟，一步一步地教學生如何查找史料，如何整理史料，如何剪輯運用史料，寫成初稿後怎樣根據有關綫索再去發掘間接史料、隱性史料。從2005年開始，我在武漢大學碩士生課堂教學中進行這種"程序式教學法"的試驗，教學效果比預期的還好。經過一學期的課堂教學和寫作實踐，門下碩士生和旁聽的博士生基本能掌握考據的步驟和方法，並寫出有學術含量的考據論文，大多公開發表。2008年我在北京大學出版社出版的《詞學研究方法十講》，就是這一教學方法的課堂實錄。此後每屆碩士、博士生，我都堅持用這種方法教學，並不斷改進和完善，教學效果比較顯著。本叢刊中的15部著作，可以說是這種教學方法的實踐性成果。

王可喜教授，一直在湖北科技學院做管理工作。2005年春，他到武漢大學跟隨我做訪問學者。當時我正在用程序式教學法給研究生講考據方法課，没有任何考據經驗的他，認真聽課，課後實踐，寫出初稿後給我修改，一學期下來，就寫出《南宋詞人王質沈瀛李洪生卒年小考》和《南宋詞人易祓行年考》等論文，當年就在《文學遺產》和《中國韻文學刊》刊出。《南宋詞人沈瀛李處全生平考略》，次年又在《文史》發表。幾年後，他又跟隨我讀博，並順利取得博士學位。他的《兩宋作家行年繫地譜》就是以博士論文《宋代詩人叢考》爲基礎，幾經修訂打磨而成的。

方星移教授，長期在黃岡師範學院任教，她跟可喜君同時到我門下做訪問學者，一樣用功，也一樣有收穫。一樣没有考據基礎的她，一年後就寫出李光、汪藻、劉一止、王之望年譜，後結集爲《宋四家詞人年譜》出版。她和可喜又在同一年晉升教授。我的程序式教學法，他倆應用實踐的效果最爲突出。她的《宋南渡詩人行年繫地譜》就是在《宋四家詞人年譜》基礎上增擴而成。原著没有注意繫地，這次在作品編年繫地方面用力甚多，學術含量又提升不少。因爲我的書稿題作《宋南渡詞人行年繫地譜》，爲避免混淆，她的書就以"南渡詩人"爲名，以相區别。

湖州師範學院潘明福教授，早年在貴州大學跟隨房開江教授讀碩士時，就能嫻熟地做考據。考入我門下讀博之後，發表了《〈兩宋詞人叢考〉小補》《宋七家詞人考略》等多篇考據論文，他的考據功夫更加老練堅實。近些年，他致力於湖州地方文化名人和南宋中後期文士群體的生平考證。這次他選擇前人没有做過年譜的四位宰輔大臣進行考訂，結集爲《南宋四名臣行年繫地譜》，以補宋人年譜之未備。譜主雖是名臣，亦爲作家，都有詩文傳世。

武漢大學譚新紅教授，早年跟隨我讀碩士研究生，後負笈杭州，師從吳熊和先生攻讀博士學位。在吳先生的嚴格要求和熏陶下，他很快掌握了考據方法。博士學位論文做的是《清詞話考述》，出版後頗獲好評。吳先生親炙於夏承燾，夏先生是詞學領域年譜之學的開拓者。新紅君傳承著唐、夏兩門的考據功夫，做起作家年譜來自是遊刃有餘。夏竦年譜，他積累材料多年，曾發表論文《夏竦年譜新編》。合作者黃貞子是他的博士生，文静聰慧，是有民國範的才女，讀碩士階段也聽過我的考據方法課，發表有《道潛〈參寥子詩集〉版本考述》。這次師生合作，《夏竦行年繫地譜》更臻完善。

河南科技大學應用工程學院、三門峽職業技術學院郭紅欣教授，大學畢業後工作了十幾年，三十幾歲才考入武漢大學讀碩士。雖然學術研究的起步比較晚，但他基礎好，悟性高，上手快，聽我的課後，總能找到自己感興趣的論文題目，寫出有學術含量的論文。他做事細緻認真，跟我合作編教材、做項目、錄數據，總是出色完成任務。《范仲淹作品編年繫地譜》雖然是他第一部考據性的專著，但創獲甚多。他將范仲淹 94% 的作品都做了編年繫地，較之南宋樓鑰《范文正公年譜》，編年繫地作品的比重提高了六成多。這是不小的學術進步。

柯貞金副研究員，也是當了十來年的中學老師後，年過三十才考取武漢大學的碩士研究生。所以，他特別珍惜這來之不易的學習時光。一邊聽我的考據方法課，一邊寫作實踐，陸續寫成版本考和作家生平考的論文，論文修訂之後都公開發表。研究生畢業後，他到廣東輕工職業技術學院做行政管理工作，本可以不做學問，但他不放棄對學術的追求，一直堅持做宋代作家的生平考證，而且由點及面，由個體而考及群體。2013 年，他參加我的重大項目，做作家數據錄入，發現數據的來源文獻中前人所作楊時和游酢等年譜，編年繫地信息多有不確和缺失，於是重加增訂；又見粵籍作家的活動數據匱乏，於是爲李昴英、崔與之等作家作品進行編年繫地考證，結集爲《兩宋閩粵作家行年繫地譜》，糾謬補闕，多有貢獻。

武漢紡織大學李欣副教授，是我的首屆博士生，長期致力於南北宋之交的詩人詩壇研究，文獻考據與理論闡釋兼擅。讀博士期間，她就發表論文《程俱年譜》，後來在博士學位論文基礎上出版專著《宋南渡詩壇的格局與變遷》。我主持的第一個重大項目立項後，她負責錄入李綱的活動數據，發現所依據的趙效宣《李綱年譜長編》雖對李綱行事出處的編年做得很深入，對作品的編年卻比較粗略，更缺乏繫地。於是，她自己動手來訂補。補多了，漸漸積累了好幾萬字的劄記和史料。我建議她乾脆另寫一部《李綱作品編年繫地譜》，以與趙先生的年譜相互補充參證。一年後，她就寫出二十萬字的初稿，我看過之後，提了些修訂意見，結果越修訂發掘的文獻史料越多，篇幅擴展到四十多萬字，比趙先生的《李綱年譜長編》多了一倍。更重要的是，她將李綱的絕大部分作品做了準確的編年和繫地，爲進一步研究李綱和南渡詞壇詩壇，提供了豐富可靠的史料和經過嚴謹考訂的編年繫地成果。

西安外事學院陳小青副教授，是位富有遠見、敢作敢爲又能作能爲的女學者，文靜優雅的外表下潛藏著風風火火的工作熱情。她原是新疆塔里木大學生命科學系負責實驗的技術員，因爲趕上武漢大學援疆的機遇，考上了武漢大學的在職研究生。順利拿到碩士學位後，她又考取我的博士研究生。雖是理科出身，文獻基礎比較薄弱，但讀博之後，她很快就進入學術狀態，聽完一學期的考據方法課程，就寫成《范鎮年譜》，並公開發表。因唐宋文學編年地圖數據採集的需要，我建議她的博士學位論文做北宋初期散文的編年繫地考證，爲全面系統地給《全宋文》編年繫地做前期的探索。結果她如期完成，三年就順利拿到了博士學位。《全宋文編年繫地初考》就是在她博士學位論文基礎上修訂而成，學術含量更上層樓。

葉燁副教授，是我第三屆博士生。他的女友劉學早一年在我門下讀博士，爲了愛情，他也努力考入我門下，畢業後又雙雙到中南大學任教，成就一段佳話。讀博士期間，他就學會了考證，發表有《北宋詞人王仲甫王觀事迹考辨》一文。王仲甫和王觀兩位詞人，常被混淆爲一人，葉燁經過細心考辨，最終考定真身是兩人，了結了一段詞史公案。因做博士學位論文《北宋文人的經濟生活》，他廣泛考察和熟悉了宋人的行事出處和典章制度。後來我主編《宋才子傳校箋》，他又做了米芾等人傳記的考釋。故而此次他做《劉敞行年繫地譜》，就輕車熟路。時賢雖做過《劉敞年譜》，但記事簡略，作品編年幾未措意。葉燁此稿，不僅細密梳理了劉敞的行蹤履迹，更著力考訂其作品編年繫地和譜主交遊人物，創獲多多。

朱興豔，是我 2005 年在上海大學任特聘教授時指導的碩士生。我給這些碩士生也講過考據方法，並鼓勵他們碩士學位論文選做年譜，爲今後的學術發展打好文獻基礎。選擇什麼樣的作家來做年譜練習，初入門的學生往往感到爲難。我擬定過選擇譜主的三條原則：一是前人沒做過年譜，不用回避重複的；二是有詩文集傳世，本人作品中含有豐富的活動信息的；三是最好有傳記資料的，如行狀、墓誌銘、神道碑或正史本傳等。興豔據此選擇了前賢未曾做過年譜的南宋中興四大名臣之一的趙鼎爲譜主。爲了廣泛搜羅資料，她從趙鼎的家鄉山西聞喜縣檔案館找到趙鼎的族譜。畢業時，她寫成二十多萬字的《趙鼎年譜》提交碩士學位論文答辯，得到答辯委員會的一致好評。畢業後，爲愛情，她隨男友到廣東河源開放大學任教，現在是高級講師。雖然在成人高校工作，但她一直繫念學術，打磨增訂趙鼎年譜，曾專程去浙江常山，得到趙鼎家族墓葬的第一手資料。她最終完成的《趙鼎行年繫地譜》，篇幅增加到五十多萬字，學術含量的提升也不啻倍蓰。

邵大爲，本是工科女。在武漢理工大學最牛的材料學院讀本科時，偶然到武漢大學蹭聽文學課，不料不可救藥地愛上了古代文學。畢業後又一不小心考取武漢大學文學院的研究生，跟我研習唐宋文學。後來又順利跟我讀博。她的博士學位論文，我原本想讓她發揮理科專業背景的優勢，沿著碩士學位論文的理路繼續做古代文學的定量分析。誰知她對文獻考據更感興趣，博士學位論文做以黃鶴樓爲中心的文化名樓興廢史的考訂，發表了相關系列論文。沒承想，幾年後她就成長爲文化名樓研究專家。《北宋詩人行年繫地譜》，是她與同門趙瑞華、田甘、黃盼、黃俊傑、吳瓊合作的成果。幾篇不足單獨成書的年譜，合爲一書。雖文出衆手，但幾經修訂，齊整如一，質量可觀。趙瑞華、黃盼、吳瓊，是譚新紅教授指導的博士生，但平時都是跟我指導的博士生一同上課和活動，我一併視作及門，不分彼此，他們也互認同門，關係親密。她們三人所作的沈與求、張昇、王洙行年繫地譜，原本都是課堂作業，幾經修訂後都曾公開發表。田甘和黃俊傑是我門下博士，所作崔鷗、孫何兄弟的行年繫地譜，最初也是課堂練習，修訂成文後也分別在學術期刊上揭載。這次再增廣繫地信息，一併收入。他們不計較排名的先後，甚至不在意姓名是否上封面和版權頁，合作精神讓我感動。

江卉，原是廈門大學劉榮平副教授的碩士生。而劉榮平是我指導的碩士，酷愛考據，博士畢業後不遺餘力地整理研究詞籍文獻，所編《全閩詞》考校精審，有逾前修。他指導的研究生，個個能做考證。受其熏陶，江卉君也喜做考據，讀碩士時就發表過《范純仁行年考》。到武漢大學跟我讀博後，得到進一步鍛煉，在范純仁行年考的基礎上，將范純仁三位兄弟純佑、純禮、純粹一併囊入考訂。畢業後，她又細加打磨，不斷修訂《范純仁兄弟行年繫地譜》，力求完善。

鄭棟輝，以讀書爲至樂。他在武漢大學跟隨我讀碩士、博士多年，閱讀廣泛，又過求勝解，寫作追求完美。畢業論文《張耒行年繫地譜》遲遲不能結稿，原因是，本以爲可考的都考了，該搜集的史料都搜集到位了，結果再讀書，發現某篇未編年繫地的作品仍可以編年繫地，某篇已編年繫地的作品還有史料可以補證得更加堅確，於是遷延往復，不斷修補。畢業後，他又再三打磨增廣，直到心滿意足爲止。

王豔和陳思晗，是我在中南民族大學指導的研究生。王豔博士在讀，碩士階段學習中國現當代文學，在古代文學的考據上原本沒有任何基礎，但悟性很高。陳思晗剛剛碩士畢業，之前也沒有文獻考據的經歷，然性格沉静，好學深思，才情既富，又極用功。2018 年春，我給二人講了一學期的考據方法課，他們就能運用自如。選擇譜主做練習時，我建議二人考慮從前賢不願意爲之做年譜的反面人物來試手，比如蔡京、秦檜之類。蔡京、秦檜因入《宋史·姦臣傳》，而被永遠釘在歷史的恥辱柱上。然歷史上公認的姦臣，並不是以姦臣的面目步入歷史舞臺的，他們也許壓根就沒想到自己將成爲被歷史唾罵的姦臣。他們從能臣甚或忠臣（如秦檜）最終走向姦臣，經歷了怎樣的人生裂變，受到什麼環境的影響，有著怎樣的心路歷程，需要我們以實事求是的態度去探討。編年繫地譜，也許不可能直接回答這些問題，但可以爲解決這些問題提供翔實的史料依據。於是，王豔選做蔡京，思晗選做秦檜。一學期結束，他們各自寫出了四萬多字的像模像樣的年譜。其後，利用每月同門讀書會的機會，他們分別主講，同門逐字逐句討論，我再從史料的運用、觀點的論證、語言的表述、注釋的規範和史源的拓展、綫索的發現等方面予以點評和提示。一年下來，兩種行年繫地譜打磨得日益成熟。原計劃蔡京、秦檜行年繫地譜合成一書。隨著史料的不斷發掘，一家行年繫地譜就有二十多萬字，於是各自獨立成書，又因蔡京、蔡卞兄弟同列《宋史·姦臣傳》，故蔡卞一併考述，分別爲《蔡京蔡卞行年繫地譜》和《秦檜行年繫地譜》。

站在今天的文學立場來看，蔡京兄弟和秦檜這樣的姦臣似乎不能稱爲作家。殊不知，他們都有詩文傳世[1]，只是受因人廢言傳統的影響，三人留存作

---

[1]《全宋詩》《全宋文》都録存有蔡京、蔡卞和秦檜的詩文作品，《全宋詞》還録存蔡京詞一首。時賢另有輯補，見姚大勇《蔡京詩詞補遺》（載《江海學刊》2000 年第 4 期）、吳宗海《〈全宋詞〉蔡京詞補遺》（載《南京師範大學文學院學報》2003 年第 3 期）。

品不多。蔡氏兄弟曾同爲中書舍人，共掌朝廷書命，時人豔羨不已[1]；又先後任翰林學士，爲朝廷"主筆"。更讓我們想象不到的是，蔡卞死後曾被謚爲"文正"。"文正"，在宋代謚號中是非常崇高的榮譽，南宋李心傳就說："大臣謚之極美者有二，本勳勞，則'忠獻'爲大；論德業，則'文正'爲美。"[2]北宋時期，只有王旦、范仲淹和司馬光等寥寥幾位名高德劭者被謚爲"文正"。人們都熟悉宋仁宗賜謚夏竦爲"文正"卻被劉敞等大臣駁回的故事。[3]而蔡卞被謚爲"文正"，雖與徽宗本人的態度和宣政年間特殊的政治環境有關，但畢竟是朝廷對其人的蓋棺論定，反映了特定時期朝廷對他的評價。一個曾被謚爲"文正"的名臣最終卻被列入《姦臣傳》，這種現象本身就值得探究。而秦檜本是文章高手，在獨相專權的十幾年間，左右著當時的文壇風向，是與特定時期文學發展密切相關的政治人物。爲他們撰編年繫地譜，有助於瞭解南北宋之際文壇的風尚及其變遷。

從 2012 年度國家社科基金重大項目"唐宋文學編年繫地信息平臺建設"立項至今，歷時八年。團隊成員團結協作，埋頭苦幹，繼推出綫上唐宋文學編年地圖平臺之後，又奉獻出這套《唐宋文學編年繫地譜叢刊》，令人欣慰。本叢刊 2018 年獲國家出版基金資助，2019 年又列入"十三五"國家重點出版物出版規劃項目。這是對本叢刊的肯定，也是對我們作者團隊的鞭策。期待讀者不吝指教，使我們不斷進步、不斷完善。

---

[1] 脱脱等《宋史》卷四七二《姦臣二·蔡京傳》："使遼還，拜中書舍人。時弟卞已爲舍人，故事，入官以先後爲序，卞乞班京下。兄弟同掌書命，朝廷榮之。"（中華書局 1977 年版，第 39 册第 13721 頁）

[2] 李心傳撰，徐規點校《建炎以來朝野雜記》甲集卷九《大臣謚之極美者》，中華書局 2000 年版，第 189 頁。

[3] 陸游撰，李劍雄、劉德權點校《老學庵筆記》卷七："夏文莊，初謚文正，劉原父持以爲不可，至曰：'天下謂竦邪，而陛下謚之'正'。'遂改今謚。宋子京作祭文，乃曰：'惟公温厚粹深，天與其正。'蓋謂夏公之正，天與之，而人不與。當時自有此一種議論。"（中華書局 1979 年版，第 93 頁）脱脱等《宋史》卷三一九《劉敞傳》亦載："夏竦薨，賜謚文正。敞言：'謚者，有司之事，竦行不應法。今百司各得守其職，而陛下侵臣官。'疏三上，改謚文莊。"（中華書局 1977 年版，第 30 册第 10383 頁）

目　　録

隨父過建安赴池州。

《唐宋文學編年繫地譜叢刊》凡例

　　唐劉知幾《史通·序例》說:"夫史之有例,猶國之有法。國無法,則上下靡定;史無例,則是非莫準。"故製定本叢刊凡例。

　　編年繫地譜是對傳統年譜的更新升級,旨在創立年譜新範式,強調編年與繫地並重,而著意突出繫地。

　　一、爲凸顯繫地要素,譜主每年事迹、活動,首先交代所處地點。

　　二、本叢刊主要是爲作家撰編年繫地譜,故特別注重作品之編年繫地。編年繫地作品篇名,都在二級綱目中呈現,以求醒目。

　　三、各家編年繫地譜,結構上暗分卷首、正文、附錄三個部分。卷首考述譜主字號、籍貫、世系及著述,正文考訂譜主活動、創作的編年繫地,附錄選輯譜主主要傳記資料。

　　傳統的行狀、墓誌銘,往往首述名諱字號、里籍居所、祖宗家世,次述履歷言行、卒葬謚贈,末述妻室、子孫及詩文著述。今稍作調整,將祖宗、子孫部分合併爲世系,將詩文著述移至卷首,以求條理清晰、層次分明。

　　世系,大致考上下八代。往上可考至高祖,往下可考至曾孫。曾孫以下如有名望、影響者,也可酌情考述。

　　著述,主要考述譜主的著述及版本。版本要盡可能考明傳刻源流。如時賢已有相關研究成果,應盡量取資參考。

　　譜主活動、創作的編年繫地,逐年考述。無事迹可考年份,亦立綱目,以求年譜的完整性。

　　每年首列年份和譜主年歲。爲求簡省,綱目中一般不出譜主姓名,若人物較多,則列譜主姓名,以免混淆。譜主統一稱姓名,不稱字號、謚號,亦不用"先生""公"等稱謂。

一年如有多項事迹可考，則按時間先後，依次立綱目。原則上一事立一目，如路經多地，則一地立一目。作品可單獨列綱目，也可與事件、時地並列。

綱目分兩級。一級綱目，位於年份、年歲之下，概述該年主要事迹，包含三方面信息：該年主要活動地點、任職情況或重要事件、可考的編年繫地作品的統計數目。此條屬總括性質，爲二級綱目中所列事迹及寫作活動之概要。二級綱目，提示譜主言行事迹、寫作活動的要點。各二級綱目之下，引證史料，並作考辨分析。若某年行事簡略，可只立一級綱目，而不強分二級。

事迹有年月日可考者，則依年月日先後順序列述。如某事僅知在某年內，不詳具體月日，可放在當年年末交代。如知某事或寫作在某個季節，就放在相應季節之末考述。僅知其事或作品在某個時段而不能確定在某年，可在該時段的末年考述，並做相應説明。

傳記資料，正史本傳列於最前，餘者大致按其成書時代先後排列。

四、爲使書前目録兼具譜主年表的功用，特將年份年歲與一級綱目列入目録，使讀者能快速瞭解譜主一生的主要事迹和創作活動。

五、各書之末，附引用文獻和索引（包括人名索引、地名索引和編年繫地作品索引），以便读者查用檢索。索引與目録、譜文三者交相爲用，共同構成立體的信息系統。

書末索引均爲全書索引，索引條目依音序排列。

人名索引中的人名包括姓名與字號，括號中爲其字、號、別名等。

地名索引中兩個行政區劃連書的地名分開録入，不録省市縣州府等政區名，但單字地名則保留政區名，如涇縣。山水名、村名、里名保留後綴，如東湖、白石里等。

六、有關時間、地點的處置方式。

文中用年號或干支紀年的，括注公元年，如"太平興國八年（983）"。同屬二級綱目下（包括腳注）的年號括注，遵循承上省略及類推原則，以免重複冗贅。

古籍多以干支記日，重要的干支日，標注數字日期。

文中涉及古地名者，括注今地名。屬行政區劃者，括注治所今地名，如"柳開時知潤州（今江蘇鎮江）"。古今地名一致者，則只括注今屬省份，如

"范仲淹知蘇州（今屬江蘇）"。

七、有關注释的處置方式。

正文正規徵引，一般要求"書名＋卷數＋篇名"，腳注只注作者、書名、版本、頁碼，不再出現卷數、篇名，以免疊床架屋；正文非正規徵引，即在行文中雖出引文，但未出現書名、卷數、篇名，則在腳注中補充相關信息。

特別常用的文獻，如譜主本集、常見的史書等，可採取簡省方式出注。即只在首見時詳注版本，還可約定簡稱，以後出現則用"書名簡稱＋卷數＋篇名"的形式，並在引文後括注頁碼。

著述責任者的著録：如無分工責任者，"撰""著""修"省略；有分工責任者，則不省略。著述責任者最多列兩位，原書署名有三位及以上的，就在第一人後加"等"字。對於既有編寫者又有主編的叢書套書，一般只著録所引之書的編寫者，不録主編。著述責任者中國人一律不注朝代，外國人以方括號注明國別。

八、其他。

引文或書名中，[ ]表補入，（ ）表説明。

《李綱作品編年繫地譜》前言

　　李綱（1083—1140），宋南渡時期傑出政治家、軍事家、文學家，文韜武略，心懷天下，然幾經貶謫，壯懷難酬。宣和元年（1119），開封大水成災，他向徽宗皇帝上書，當以盜賊外患爲憂，並獻賑濟災民之策，遠見卓識不被採納，反因忠言逆耳遠謫沙縣。七年冬，金兵大舉南侵，他慷慨上疏，先後獻禦戎五策、捍禦大寇二十事，冒死進諫徽宗禪讓帝位，刺臂血書明抗敵之志。靖康元年（1126），金人圍攻開封，他臨危受命，挺身而出，指揮京城保衛戰，逼退金師，然因強烈反對議和罷黜出京。建炎元年（1127）五月，高宗召爲首任宰相，他再上十議，規劃内政、積極置措邊防，但爲相僅七十五天，就因力主收復失地、反對退避東南而落職。李綱罷後，車駕東幸，兩河郡縣相繼淪陷，中原盜賊蜂起，南宋頓現困窘局勢。李綱之才，可安邦興國，然徽宗、欽宗、高宗皆棄而不用，致使半壁山河淪喪，朝廷舉步維艱。李綱一生忠義耿直，剛正不阿，人品經濟，炳然史冊。《宋史》列傳獨占兩卷篇幅，足以凸顯其重要歷史地位。

　　李綱爲一代名賢，故宋以來，爲之撰年譜者不絶。南宋時其弟李綸撰有《梁溪先生年譜》，門人鄭昌齡也有同名年譜，清代有黃宅中《李忠定公年譜》和楊希閔《李忠定公年譜》等，然皆比較簡略。今人趙效宣《李綱年譜長編》後出轉精，對李綱行止事迹，考訂尤詳。但作品編年則較簡略，大多是將同一年所作篇目彙列一處，而於具體創作時地鮮有考訂。本書誤者考正，謬者糾駁，缺者增補，略者參詳，重在考訂李綱作品之創作時地。李綱平生勤於筆耕，有《李綱全集》一百八十卷傳世，作品數量甚多。除《靖康傳信録》《建炎進退志》《建炎時政記》外，現存詩一千五百七十四首、散文一千一百六十五篇、詞五十四首、賦二十三篇。作品大體編年排列，但具體創作時地，多模糊不清，故本書詳徵史乘方志，一一予以考實，爲進一步研究李綱其人其作，提供知人論世之助。

字號

李綱，字伯紀，一字天紀。

《宋史》卷三五八《李綱傳上》："李綱字伯紀。"[1] 李綱季弟李綸所撰《宋丞相故特進觀文殿大學士致仕隴西郡開國公食邑四千四百户食實封一千七百户贈太師謚忠定李公行狀》載："公諱綱，字伯紀。"[2] 然陳瓘《了翁先生與衛公書別幅》云："天紀所言，天下亦有厭之者乎？" 序曰："忠定公實衛公長子，天紀，舊字也。"[3] 忠定公，李綱也。

號梁溪。

李綱多以梁溪居士、梁溪病叟、梁溪拙翁自稱，如《李綱全集》卷一五《江上值雪戲成短歌》"梁溪居士初歸來"[4]，卷一六二《書陳居士傳後》"梁溪居士李某書"（第1488頁），卷一七《序》"梁溪病叟序"（第213頁），卷一三三《松風堂記》"梁溪病叟，蒙恩歸自海上"（第1285頁），卷九《題吏隱軒》"梁溪拙翁前柱史"（第96頁），卷一三九《送丹霞宗本遊徑山序》"梁溪拙翁序"（第1328頁）。唯本集卷三《藥杵臼後賦》"梁溪先生年甫始衰"（第17頁），梁溪先生亦自稱也。《咸淳毗陵志》卷一八《人物三》、《乾隆江南通志》卷一三八《人物志》又謂李綱"自號梁溪漫叟"[5]。

---

[1] 脫脫等《宋史》，中華書局1977年版，第32冊第11241頁。《宋史》卷三五八《李綱傳上》、卷三五九《李綱傳下》簡稱《宋史》本傳，以下所引，俱據此本，僅注頁碼。

[2] 李綱著，王瑞明點校《李綱全集》附錄二，岳麓書社2004年版，第1695頁。《宋丞相故特進觀文殿大學士致仕隴西郡開國公食邑四千四百户食實封一千七百户贈太師謚忠定李公行狀》原簡稱《李綱行狀》，本書簡稱《行狀》，以下所引，俱據此本，僅括注頁碼。

[3] 李綱著，王瑞明點校《李綱全集》附錄三，第1762頁。

[4] 李綱著，王瑞明點校《李綱全集》，第181頁。《李綱全集》簡稱本集，以下所引，俱據此本，僅括注頁碼。

[5] 史能之《咸淳毗陵志》，《宋元方志叢刊》，中華書局1990年版，第3冊第3124頁；趙弘恩等修，黃之雋等纂《乾隆江南通志》，《中國地方志集成·省志輯·江南》，鳳凰出版社2011年版，第5冊第613頁。

籍貫

邵武人。

《宋史》本傳："李綱……邵武人也，自其祖始居無錫。"（第 11241 頁）《行狀》："邵武軍邵武縣八龍鄉慶親里李綱……其先系出有唐，有以宗室爲建州刺史者，卒官因家焉。皇朝太平興國四年[1]，析建州置邵武軍，故今爲邵武人。"（第 1695 頁）據楊時《龜山集》卷三二《李修撰墓誌銘》載，李綱父夔，"其先江南人。唐末避亂徙家邵武，故今爲邵武人"[2]。《嘉靖邵武府志》卷一一《李忠定公世家》載："邵武慶親里人。其先來自光州固始，世居無錫。五世祖（名無考）居邵武，仕閩，官至尚書。"[3]黃宅中《李忠定公年譜》亦載："先世自光州固始徙居無錫，五世祖再遷福建邵武軍，居邵武縣八龍鄉慶親里。"[4]本集卷二《擬騷》曰："帝混元之苗裔兮，歷漢唐而揚英。散枝葉於天壤兮，遭五季而遁族於甌閩。"（第 8 頁）故李綱其先爲唐宗室，後自光州固始徙居無錫，五世祖再遷福建邵武軍，係邵武縣（今屬福建）八龍鄉慶親里人。八龍鄉慶親里今稱"邵武市水北鄉一都李家坊"[5]。《嘉慶重修一統志》卷四三二《邵武府一》謂"李綱宅，在邵武縣東三十五里渠裏村"[6]，誤也。

世系

高祖待，仕閩，以武力顯，閩亡，退處田野。

楊時《龜山集》卷三二《李修撰墓誌銘》："公諱夔……曾祖諱待，仕

---

[1]"太平興國四年"實爲"太平興國五年"，可詳參趙效宣《李綱年譜長編》，臺灣商務印書館 1980 年版，第 2 頁。

[2]楊時《龜山集》，景印文淵閣《四庫全書》，臺灣商務印書館 1986 年版，第 1125 冊第 400 頁。

[3]邢址修，陳讓纂《嘉靖邵武府志》，《天一閣藏明代方志選刊》，上海古籍書店 1964 年版，第 30 冊。

[4]黃宅中輯，王景賢、謝宗本編《李忠定公年譜》，影印清道光十五年（1835）黃宅中刻本，《無錫文庫》，鳳凰出版社 2012 年版，第 3 輯第 60 頁。

[5]何聖庠、傅喚民《李綱的鄉里、出生地考》，《福建論壇》1986 年第 2 期。

[6]穆彰阿等《嘉慶重修一統志》，中華書局 1986 年版，第 27 冊 21844 頁。

閩，以武力顯，閩亡，退處田野。"[1] 李夔，李綱父也，故待爲李綱高祖。又，本集卷一六五《祭高祖妣文》載："玄孫具位李綱。謹以清酌庶羞蔬果香茗之奠，昭祭於高祖司徒、高祖妣夫人朱氏之墓。"（第 1522～1523 頁）

曾祖僧護，隱德不仕。

楊時《龜山集》卷三二《李修撰墓誌銘》："祖諱僧護……皆隱德不仕。"[2]《行狀》："曾祖僧護，故贈少保。曾祖母廖氏成國夫人、龔氏茂國夫人、盧氏昭國夫人。"（第 1695 頁）本集卷一六五《祭曾祖妣祖妣文》云："曾孫男具位李綱。謹以清酌庶羞蔬果香茗之奠，昭祭於曾祖贈太保五郎、曾祖妣成國太夫人廖氏、茂國太夫人龔氏、昭國太夫人盧氏、先祖贈太傅十八郎、祖妣豐國太夫人黃氏、崇國太夫人饒氏之墓。"（第 1523 頁）

祖賁，隱德不仕。

楊時《龜山集》卷三二《李修撰墓誌銘》："考諱賁，皆隱德不仕。考以公貴，贈正議大夫。妣黃氏，資政殿大學士履之姊，累贈高平郡太君。繼妣饒氏，累贈廣平郡太君。皆改贈太碩人。"[3]《行狀》云："祖賁，故贈太保。祖母黃氏泰國夫人、饒氏魏國夫人。"（第 1695 頁）

父夔，字斯和，官至中大夫、充右文殿修撰。

李夔（1047—1121），字斯和。《宋史》本傳："父夔，終龍圖閣待制。"（第 11241 頁）楊時《龜山集》卷三二《李修撰墓誌銘》："宣和三年閏五月二十有七日，中大夫、右文殿修撰、隴西縣開國男、食邑三百户李公以疾終於家。歲八月二十有八日，葬於常州無錫縣開元鄉湛岘之原，與其夫人吳氏同穴。……公諱夔，字斯和……享年七十有五。"[4]《行狀》云："父夔，故任中大夫、充右文殿修撰，贈太師，追封衛國公。"（第 1695 頁）

母吳氏，奉議郎吳桓之女。

吳氏（1058—1101），吳桓之女，處州龍泉（今屬浙江）人。楊時《龜山集》卷三二《令人吳氏墓誌銘》："中大夫右文殿修撰李公諱夔之夫人吳

---

[1] 楊時《龜山集》，景印文淵閣《四庫全書》，第 1125 冊第 400 頁。

[2] 楊時《龜山集》，景印文淵閣《四庫全書》，第 1125 冊第 400 頁。

[3] 楊時《龜山集》，景印文淵閣《四庫全書》，第 1125 冊第 400 頁。

[4] 楊時《龜山集》，景印文淵閣《四庫全書》，第 1125 冊第 400～403 頁。

氏，其先越州山陰人，仕唐，爲諫大夫。董昌之亂，義不屈，遁居括州。故今爲括蒼劍川人。……父桓，故任奉議郎知湖州長興縣。……建中靖國元年，李公自簽書平江軍節度判官廳公事被召爲太學博士。既登舟，而夫人感疾，遂不起，實正月七日也。以其年三月十八日葬於常州無錫縣開元鄉歷村湛峴山之原，享年四十有四。初封仁和、仁壽二縣君，李公之舅右丞黃公以夫人之賢奏賜冠帔。既沒，累贈永嘉濮陽郡君，改贈令人。"[1]然《行狀》謂李綱"母吳氏韓國夫人。……處州龍泉人"（第1695頁）。案，處州龍泉即括蒼劍川，括蒼爲括州治所。大曆十四年（779）五月，避唐德宗李适諱，括州改爲處州。

妻張氏，秘閣修撰張根之女。

《行狀》："公娶鄱陽張氏，故直龍圖閣、贈左金紫光禄大夫根之女，故資政殿大學士、會稽郡公黃公履之外孫，累封越國夫人，以長子進封魯國太夫人。"（第1750頁）李綱《梁溪先生年譜》云："夫人，鄱陽人，秘閣修撰、贈少師根之女。"[2]鄱陽爲饒州古郡名，張氏實爲饒州德興（今屬江西）人。

弟三人：維，字仲輔；經，字叔易；綸，字季言。

楊時《龜山集》卷三二《李修撰墓誌銘》："子男四人，曰綱……曰維，承事郎，前監在京諸司糧料。曰經，通仕郎，試補太學上舍生，未赴殿試。曰綸，通仕郎。"[3]案，《蘆川歸來集》卷一〇《宣政間名賢題跋》李綱題跋後附"宣和甲辰……後四年，歲在戊申，仲冬既望，李維仲輔、李經叔易同觀於梁溪拙軒，時季言如義興未還"[4]。據知，李維字仲輔，李經字叔易，季言當爲李綸字。

姊妹三人：長早卒，次適張端禮，次適周梀。

楊時《龜山集》卷三二《李修撰墓誌銘》："女三人：長蚤卒。次適奉議

［1］楊時《龜山集》，景印文淵閣《四庫全書》，第1125冊第405頁。

［2］李綱編，彭邦明校點《梁溪先生年譜》，吳洪澤、尹波主編《宋人年譜叢刊》，四川大學出版社2002年版，第6冊第4077頁。

［3］楊時《龜山集》，景印文淵閣《四庫全書》，第1125冊第404頁。

［4］張元幹《蘆川歸來集》，上海古籍出版社1978年版，第206~207頁。書中所引張元幹《蘆川歸來集》，未注明版本信息者，皆據此本。

郎杭州司儀曹事張端禮，次適迪功郎衢州司工曹事周琳。"[1]張端禮（1082—1132），字南仲，處州龍泉人。[2]"周琳"實爲"周栱"（1081—1124），字復本，處州遂昌（今屬浙江）人。[3]

有子八人。

《行狀》："子男八人，長曰儀之，奉議郎，主管南外敦宗院，後公九年卒；次曰宗之，右宣教郎，主管台州崇道觀，後公十一年卒；次曰集之，右通直郎，新差充福建路提點刑獄司幹辦公事；次曰潤之，早卒；次曰望之，早卒；次曰茂之，後公一百餘日卒；次曰秀之，右宣義郎，新差充福建路轉運司幹辦公事；次曰申之。"（第 1750 頁）

女七人。

《行狀》："女七人，長早卒；次適右宣教郎、前福建路轉運司主管文字黃訦；次曰住，早卒；次曰惠，早卒；次適右從政郎、福建路安撫司准備差遣張坦；次適進士范端贊；次許嫁右承務郎、監潭州南嶽廟常裗。"（第 1750~1751 頁）

孫男至少十人。

《行狀》："孫男九人，長曰震，右承務郎、監潭州南嶽廟；次曰泰，右承務郎，後公十年卒；次曰升，右承務郎；次曰晉，右承務郎；次曰蒙；次曰同；次曰謙；次曰需；次曰頤。"（第 1751 頁）又有李大有，字景溫，慶元五年（1199）進士。案，梁克家《淳熙三山志》卷三一《人物》載："李大有，字景溫。綱之孫，夔之曾孫，經之姪孫，終奉議郎。"[4]《福建通志》卷三五《選舉三》"慶元五年己未曾從龍榜"載："李大有，綱孫，朝奉郎。"[5]

孫女至少六人。

《行狀》："孫女六人，長適進士鄒煜，早卒；次適右宣義郎、通判溫州

[1] 楊時《龜山集》，景印文淵閣《四庫全書》，第 1125 冊第 404 頁。

[2] 李綱著，王瑞明點校《李綱全集》卷一六九《宋故朝請郎主管南京鴻慶宮張公墓誌銘》，第 1558~1561 頁。

[3] 李綱著，王瑞明點校《李綱全集》卷一七〇《宋故袁州士曹掾周公墓誌銘》，第 1566~1567 頁。

[4] 梁克家《淳熙三山志》，《宋元方志叢刊》，中華書局 1990 年版，第 8 冊第 8082 頁。

[5] 郝玉麟等修，謝道承等纂《福建通志》，景印文淵閣《四庫全書》，臺灣商務印書館 1986 年版，第 529 冊第 81 頁。

軍州事呂虛己；次適進士張蒙；次適右迪功郎、新德安府司户參軍余永弼；次許嫁將仕郎傅伯高。"（第 1751 頁）餘不詳。

綜上所考，列李綱世系表如圖一：

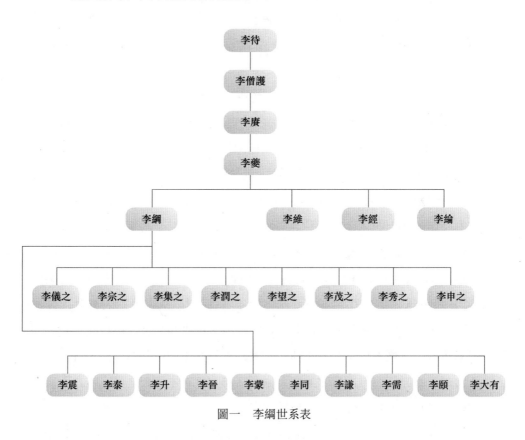

圖一　李綱世系表

著述

李綱著述頗豐，有詩文集一百八十卷、詞五十四首傳世。

《宋史》本傳："綱有著《易傳》內篇十卷、外篇十二卷，《論語詳説》十卷，文章、歌詩、奏議百餘卷，又有《靖康傳信録》《奉迎録》《建炎時政記》《建炎進退志》《建炎制詔表劄集》《宣撫荆廣記》《制置江右録》。"（第 11273 頁）記載與《行狀》同。據知，李綸作《行狀》時，李綱文集蓋已初步編次，但尚未釐定。

李綱文集刊印始於選本《李忠定公奏議》，凡八十卷。宋淳熙三年

（1176），李綱子秀之搜集表章奏劄八十卷，嘉定二年（1209），李綱孫李大有刻印。全本《梁溪文集》，凡一百八十卷，初刻於嘉定六年，時權知邵武軍姜注將李大有所得合政路、帥府所紀一百七十卷及《傳信録》《時政記》《進退志》附益十卷全帙付梓。此書板後遭火災毁壞五百板，趙以夫嘗於紹定六年（1233）補刻。宋刻一百八十卷本今殘存三十八卷，藏於上海圖書館。

　　元、明兩代，李綱全集似再未重刊。然明正德十一年（1516），胡文静、蕭泮刻有《宋丞相李忠定公奏議》，凡六十九卷、附録九卷，天啓二年（1622）重修，今皆有著録。此外，明崇禎十二年（1639），有家祠選刊全集本《新刻秘書藏本宋忠定公全集選》，選刻奏議十五卷、文十六卷、詩六卷、《靖康傳信録》三卷、《建炎進退志》四卷，卷首冠以本傳一卷、行狀三卷。此本有康熙四十四年（1705）李榮芳重修本、乾隆二十七年（1762）徐時作遞修崇禎本。崇禎本及重修、遞修本，今收藏尚富。

　　清代，《四庫全書》本《梁溪集》所録汪如藻家藏一百八十卷本《梁溪集》，出於宋嘉定邵武刊本。道光十四年（1834），里人陳徵之得錢氏抄本一百八十卷、附録六卷全集，擬付梓，今國家圖書館、上海圖書館、南京圖書館等藏有《梁溪全集》十餘部，皆著録爲道光十四年刻本，恐不確，此本或當刻於道光年間。傅增湘據朱翼庵（文鈞）舊寫本所校之道光本，對其文字時有釐正增補，此校本藏於國家圖書館。[1]

　　今人王瑞明以道光本《梁溪全集》爲底本，以文淵閣《四庫全書》本、傅增湘校本、殘存之宋刻本等爲校本，編纂而成《李綱全集》，凡一百八十卷附録六卷。

　　以上著述皆未收詞作。李綱詞，清佚名輯抄《宋元人詞》收《梁溪詞》一卷，清光緒十四年（1888）王鵬運四印齋刻本《四印齋所刻詞》有《南宋四名臣詞集》一卷，收李綱《梁溪詞》一卷五十首，唐圭璋編纂《全宋詞》，又據别本補入四首（其中殘篇二首），共五十四首詞。

---

[1] 祝尚書《宋人別集敘録（增訂本）》，中華書局2020年版，第754~763頁。

宋神宗元豐六年癸亥（1083），一歲

閏六月十日，生於秀州華亭。

本集卷二《擬騷》云：“歲昭陽之淵獻兮，閏夏甲申吾以降。”（第 8 頁）卷七《抵沙陽之夕民居延火》自注：“余生辰己未火，甲申水。”（第 59 頁）鄭昌齡據此推出李綱生於是年“閏六月初十日子時”[1]。趙效宣《李綱年譜長編》亦云閏六月初十日。[2] 然黃宅中《李忠定公年譜》、楊希閔《李忠定公年譜》謂正月十二日[3]，不知何據。今從鄭昌齡之説。

時李綱父夔爲華亭（今上海松江）縣尉。黃宅中《李忠定公年譜》：“衛公尉華亭……生公於官舍。”[4] 楊希閔《李忠定公年譜》亦云：“公生於華亭官舍。”[5] 本集卷二六《讀東坡書有感》自注：“先公太師尉秀州華亭日，與僧靈照師相善，嘗下村視澇，夢照師曰：‘本欲渡南海，與公有緣，故先託化。’是夕，衛國太夫人亦夢，有僧開帳而寢。既歸，相與語，異之。遣人候靈照，則以見夢之夕入滅矣。已而余生，人皆以爲靈照後身也，故云。”（第 349 頁）

神宗元豐七年甲子（1084），二歲

隨父居邵武。

時李綱父夔丁母憂，居邵武，李綱當隨之。楊時《龜山集》卷三二《李修撰墓誌銘》載李夔“中元豐三年進士第，釋褐，調秀州華亭尉。……丁繼母饒氏太碩人憂”[6]。黃宅中《李忠定公年譜》載元豐七年，李綱“祖母盧氏

---

［1］鄭昌齡編《梁溪先生年譜》，影印明萬曆三十九年（1611）趙琦美抄本《梁溪先生文集》，《無錫文庫》，鳳凰出版社 2012 年版，第 3 輯第 1 頁。

［2］趙效宣《李綱年譜長編》，第 3 頁。

［3］黃宅中輯，王景賢、謝宗本編《李忠定公年譜》，《無錫文庫》，第 3 輯第 60 頁；楊希閔編，彭邦明校點《李忠定公年譜》，吳洪澤、尹波主編《宋人年譜叢刊》，四川大學出版社 2002 年版，第 6 冊 4103 頁。

［4］黃宅中輯，王景賢、謝宗本編《李忠定公年譜》，《無錫文庫》，第 3 輯第 60 頁。

［5］楊希閔編，彭邦明校點《李忠定公年譜》，吳洪澤、尹波主編《宋人年譜叢刊》，第 6 冊 4103 頁。

［6］楊時《龜山集》，景印文淵閣《四庫全書》，第 1125 冊第 400~401 頁。

夫人葬於上陂菜坑，取名泠水浸枯蝼，即今一都李家灣，地土名楊梅頭"[1]；紹聖四年（1097），"祖母饒氏夫人故，葬於三都許源"[2]。案，李夔服除，元祐中任松溪縣尉；而紹聖四年，時在陝西延安任職，任滿後改授他職。故李夔丁繼母饒氏憂當在元豐七年，黃宅中實誤。復案，本集卷六八《經過邵武軍乞往祖塋展省奏狀》謂"契勘邵武軍係臣鄉里，有祖塋去城七里，久不展省"（第720頁）。而"李綱祖父李贇墓葬於一都李家坊下沙，此處距現市治約七華里"[3]，則李綱祖母是年當葬於邵武。李夔丁母憂期間，李綱當隨之。

神宗元豐八年乙丑（1085），三歲

隨父居邵武。

宋哲宗元祐元年丙寅（1086），四歲

隨父居邵武。

哲宗元祐二年丁卯（1087），五歲

隨父赴松溪。

時李綱父夔爲松溪（今屬福建）縣尉，兼主簿。楊時《龜山集》卷三二《李修撰墓誌銘》謂李夔"服除，調建州松溪縣尉，兼主簿"[4]。本集卷一六三《慶餘長老開堂疏跋尾》曰："右建州大中寺長老慶餘師《再開堂疏》，先公太師所作也。元祐中，先公任松溪尉，師住邑之中峰寺，語道相契，數以手帖往還。時參政呂公謫居建安，嘗詢衲僧中可與語者，先公以師對。"（第1503頁）案，李綱元祐五年（1090）前後，嘗至建安，時父夔松

---

[1] 黃宅中輯，王景賢、謝宗本編《李忠定公年譜》，《無錫文庫》，第3輯第60頁。
[2] 黃宅中輯，王景賢、謝宗本編《李忠定公年譜》，《無錫文庫》，第3輯第60頁。
[3] 何聖庠、傅喚民《李綱的鄉里、出生地考》，《福建論壇》1986年第2期。
[4] 楊時《龜山集》，景印文淵閣《四庫全書》，第1125冊第401頁。

溪任滿，赴池州任時途經此地，李綱隨之。故今年李綱應隨父赴松溪任。

哲宗元祐三年戊辰（1088），六歲

隨父居松溪。

哲宗元祐四年己巳（1089），七歲

隨父居松溪。

宋官制三年任滿，是年李綱父夔仍在松溪任縣尉兼主簿，李綱隨之。

哲宗元祐五年庚午（1090），八歲

隨父過建安赴池州。

隨父過建安。

李綱父夔松溪任滿，赴池州任，途經建安（今福建建甌）。案，本集卷七《天寧老齊珏錄慶餘師開堂疏見示》云："一別閩山三十年，重來相見兩依然。煩師錄示當時語，猶喜曹溪一派傳。"（第56頁）此詩作於宣和元年（1119）途經建安時。逆推三十年，當爲是年前後，時李綱父夔赴池州任，當途經此地，李綱隨之。

隨父赴池州。

時李綱父夔爲池州（今屬安徽）軍事推官。楊時《龜山集》卷三二《李修撰墓誌銘》載李夔"調建州松溪縣尉，兼主簿。秩滿，移池州軍事推官"[1]。李夔元祐二年（1087）在松溪任上，宋官制三年任滿，今年赴池州新任。案，本集卷一四《同天寧聰老遊齊山次杜牧之韻》自注曰："余童稚時，侍親池幕，迄今幾三十年矣。"（第166頁）此詩作於宣和三年（1121），李夔元祐七年池州任滿，正應"迄今幾三十年矣"。據知，李夔今年赴池州任

---

[1] 楊時《龜山集》，景印文淵閣《四庫全書》，第1125冊第401頁。

時，李綱當隨之。

哲宗元祐六年辛未（1091），九歲

隨父居池州。

哲宗元祐七年壬申（1092），十歲

隨父居池州。

形神俱清，器識絕人，自幼有大志，嘗得陳瓘賞識。

　　宋官制三年任滿，是年李綱父夔仍在池州任軍事推官，李綱隨之。《行狀》云："公形神俱清，器識絕人，自幼有大志，舉動必合於規矩法度，見者知其必將名世。……先是，父友故贈諫議大夫了齋陳公瓘識公於幼時，每謂人曰：'李公有子。'"（第1695～1696頁）陳瓘識幼時李綱，時間不可確考，姑繫於此。陳瓘（1057—1124），字瑩中，號了翁，又號了齋、了堂，南劍州沙縣（今屬福建）人。[1]《宋史》卷三四五有傳。

哲宗元祐八年癸酉（1093），十一歲

隨父赴杭州。

　　時李綱父夔爲錢塘（今浙江杭州）知縣。楊時《龜山集》卷三二《李修撰墓誌銘》云："改官，降次等，授宣義郎。……差知無爲軍廬江縣，改福州懷安縣。未赴。從故龍圖閣直學士陳公軒辟知杭州錢塘縣事。"[2]李夔元祐七年（1092）池州任滿，今年赴杭州新任，李綱當隨之。

---

[1] 陳宣子編，吳洪澤校點《陳了翁年譜》，吳洪澤、尹波主編《宋人年譜叢刊》，四川大學出版社2002年版，第6冊第3452頁。
[2] 楊時《龜山集》，景印文淵閣《四庫全書》，第1125冊第401頁。

哲宗元祐九年、宋哲宗紹聖元年甲戌（1094），十二歲

隨父居杭州。

哲宗紹聖二年乙亥（1095），十三歲

隨父居杭州。

居杭州三年期間，嘗遊飛來峰、西湖。

　　本集卷五《靈隱宮》云：“我昔曾遊飛來峰，白猿晝掛峰上松。”（第31頁）《張南仲置酒心淵堂值雨》曰：“自別西湖日置懷，卻因謫宦得重來。”（第32頁）二詩作於宣和元年（1119），李綱在此之前遊飛來峰、西湖，當爲隨父居杭州期間事。

　　飛來峰又名天竺山、靈鷲峰，在杭州靈隱山東南。《輿地紀勝》卷二《臨安府》載：“飛來峰。晏殊《地志》云：‘晉咸和中，西天僧慧理歎曰：“此是中天竺國靈鷲山之小嶺，不知何年飛來。”故號。’”[1]《方輿勝覽》卷一《臨安府》云：“飛來峰，又名天竺山。乃葛仙翁得道之所。”[2]《嘉慶重修一統志》卷二八三《杭州府》載：“飛來峰，在錢塘縣靈隱山東南。……亦名靈鷲峰。”[3]

　　西湖，在杭州西，山川秀發，十景聞名。案，《輿地紀勝》卷二《臨安府》載：“西湖。在州西，周迴三十里。其源出武林泉。山川秀發，景物華麗，樓觀參差，映帶左右，爲天下之勝。”[4]《方輿勝覽》卷一《臨安府》云：“西湖。在州西，周迴三十里。其澗出諸澗泉，山川秀發。四時畫舫遨遊，歌鼓之聲不絕。好事者嘗命十題，有曰平湖秋月、蘇堤春曉、斷橋殘雪、雷峰落照、南屏晚鐘、麴院風荷、花港觀魚、柳浪聞鶯、三潭印月、兩峰插雲。”[5]

---

［1］王象之著，李勇先校點《輿地紀勝》，四川大學出版社2005年版，第1冊第94頁。

［2］祝穆撰，祝洙增訂，施和金點校《方輿勝覽》，中華書局2003年版，第4頁。

［3］穆彰阿等《嘉慶重修一統志》，第17冊第13807頁。

［4］王象之著，李勇先校點《輿地紀勝》，第1冊第79頁。

［5］祝穆撰，祝洙增訂，施和金點校《方輿勝覽》，第7頁。

哲宗紹聖三年丙子（1096），十四歲

隨父赴延安。

時夏人入寇，圍城甚急，常騎馬繞城上，示無所畏。

　　李綱父夔時任陝西經略安撫司勾當公事。案，楊時《龜山集》卷三二《李修撰墓誌銘》："故觀文殿大學士呂公惠卿帥鄜延，辟充經略安撫司勾當公事。初，公之尉松溪，呂公謫居建州，得公之文，奇之，一見如故，以是首辟公置幕下。"[1]又，《行狀》云："年十有四，從先衛公官延安，時夏人入寇，圍城甚急。舊法邊城被圍，乘城者以日計功，僚屬子弟皆登城冀賞。公獨不從，然時時騎繞城上，示無所畏。寇退，朝廷以言者謂濫賞報罷，眾以是愧。"（第 1695 頁）延安，今屬陝西。

哲宗紹聖四年丁丑（1097），十五歲

隨父居延安。

哲宗紹聖五年、宋哲宗元符元年戊寅（1098），十六歲

隨父居延安。

哲宗元符二年己卯（1099），十七歲

大約是年，隨父赴蘇州。

大約是年，過華陰，觀太華山。

　　大約是年，李綱父夔延安任滿，"累賞轉奉議郎，除江淮荊浙等路制置發運司勾當公事。未赴。改授簽書平江軍節度判官廳公事"[2]。本集卷一五八《華山辯》云："元符間，予西遊過華陰，縱觀太華自平地陡起數萬仞，氣象

---

[1] 楊時《龜山集》，景印文淵閣《四庫全書》，第 1125 冊第 401 頁。
[2] 楊時《龜山集》卷三二《李修撰墓誌銘》，景印文淵閣《四庫全書》，第 1125 冊第 401 頁。

雄偉，與衆山之邐迤不可同日語也。"（第1467頁）則李綱觀太華山，當爲隨父赴任途中事也。《太平寰宇記》卷二九《華州》載太華山在華陰"縣南八里。《山海經》云：'太華之山，削成而四方，其高五千仞，廣十里，鳥獸莫居。……'遠而望之，有若華狀，故名華山"[1]。華陰，今屬陝西。

遊廬山。

    本集卷一八《再遊廬山感懷二首》詩序曰："余幼嘗一到廬山，再遊已三十年矣，感懷二首。"（第229頁）此二詩作於建炎二年（1128），逆推，"幼嘗一到廬山"大約爲今年事。

隨父至蘇州。

    時李綱父夔任簽書平江軍節度判官廳公事，李綱當隨之。《宋史》卷八八《地理志四》載："平江府，望，吳郡。太平興國三年，改平江軍節度。本蘇州，政和三年，升爲府。"[2]

哲宗元符三年庚辰（1100），十八歲

隨父居蘇州。

宋徽宗建中靖國元年辛巳（1101），十九歲

葬母於無錫，丁母憂。

正月七日，隨父母自蘇州登舟，擬赴開封，母病逝。

    時李綱父夔自簽書平江軍節度判官廳公事被召爲太學博士，既登舟，妻感疾而逝。案，楊時《龜山集》卷三二《令人吳氏墓誌銘》："中大夫右文殿修撰李公諱夔之夫人吳氏……建中靖國元年，李公自簽書平江軍節度判官廳公事被召爲太學博士。既登舟，而夫人感疾，遂不起，實正月七日也。"[3]

---

[1] 樂史撰，王文楚等點校《太平寰宇記》，中華書局2007年版，第2冊第618~619頁。
[2] 脱脱等《宋史》，第7冊第2174頁。
[3] 楊時《龜山集》，景印文淵閣《四庫全書》，第1125冊第405頁。

三月十八日，葬母於無錫縣開元鄉歷村湛峴山之原。

楊時《龜山集》卷三二《令人吳氏墓誌銘》："夫人感疾，遂不起……以其年三月十八日葬於無錫縣開元鄉歷村湛峴山之原。"[1]李綸《梁溪先生年譜》載是年"正月七日，丁韓國夫人憂。……公廬毗陵錫山塋次，書釋氏《妙法蓮華經》七卷，置槨中"[2]。無錫（今屬江蘇），乃李綱祖居地。錫山，在無錫縣西五里。然李綱母墓在湛峴山，而非錫山也。案，《咸淳毗陵志》卷一五《山水》："錫山，在縣西五里。唐陸羽云：'惠山之東峰，當周秦間，嘗産鉛錫，漢興遂乏，因以名縣。'"[3]縣乃無錫縣也。《古今圖書集成·方輿彙編·職方典》卷七二一《常州府部彙考十五》載："太師李夔墓，在湛峴山。夔，丞相綱父也。先是，綱葬母楚國吳夫人，手植松柏數萬株，規畫甚整。及父卒，合葬焉。先後各廬墓三年。按，《舊志》：'墓在錫山。'誤。按，湛峴在嶂利之北，去錫山十餘里。《舊志》因《墓誌》有'廬墓錫山'之語，遂訛焉。《誌》，楊文靖所作，其曰錫山者，猶云無錫爾，非指山而言。"[4]湛峴山，《咸淳毗陵志》《無錫縣志》俱無記載，待考。

宋徽宗崇寧元年壬午（1102），二十歲

居無錫，丁母憂。

徽宗崇寧二年癸未（1103），二十一歲

服除，赴開封。

居無錫，丁母憂。

三年丁憂期間，李綱手植松柏數十萬。案，《行狀》載："公將冠，丁韓國夫人憂，廬毗陵錫山塋次凡三年，哀感閭里，手植松柏數十萬，處畫規摹，他

---

[1] 楊時《龜山集》，景印文淵閣《四庫全書》，第 1125 冊第 405 頁。

[2] 李綸編，彭邦明校點《梁溪先生年譜》，吳洪澤、尹波主編《宋人年譜叢刊》，第 6 冊第 4077 頁。

[3] 史能之《咸淳毗陵志》，《宋元方志叢刊》，第 3 冊第 3080 頁。

[4] 陳夢雷等編纂，蔣廷錫重校《古今圖書集成·方輿彙編·職方典》，縮小影印康有爲所藏銅活字原印本，中華書局 1934 年版，第 118 冊第 34 頁。

人莫擬。"（第 1695 頁）本集附錄四《祭文·邵撫幹》云："公未及冠，嘗居母喪，寢苫枕塊，廬處墓旁。公之居廬，啜粥面墨，豈惟不葷，滋味不識。自旦及暮，自昏及明，晝夜百刻，各有課程。雞鳴而起，始終佛事，東方則明，左圖右史。退食之餘，周旋山間，手植松檜，百萬成行。午未及申，溫尋舊學；晚而汲井，灌溉所植。夜親燈火，刻意詩書；漏下四鼓，苫塊與俱。雞之復鳴，佛事如故，率履有常，不改其度。供佛之初，公必宴坐，戒定慧光，照耀其所。至今里人，語或感泣，如公之孝，世豈易及？"（第 1790~1791 頁）

四月服除，赴開封。

丁母憂三年，實際二十七月，故是年四月，李綱服除。時李綱父夔在京師，或任屯田員外郎。案，楊時《龜山集》卷三二《李修撰墓誌銘》載："今上即位，覃恩轉承議郎，勳武騎尉，賜五品服。以太學博士召道，除太常博士，轉朝奉郎，遷知大宗正丞事。因職事奏疏上四事……除屯田員外郎。以論鄜延進築功，特遷兩官，轉朝請郎，勳雲騎尉。"[1] 李綱父夔建中靖國元年（1101）以太學博士召道，除太常博士，遷知大宗正丞事，任上因職事奏疏遷官，除屯田員外郎，時或在此任上。

時逢印清禪師住相國寺智海禪院，隨父多訪之。

本集卷一三九《佛印清禪師語錄序》云："崇寧間，余侍先公太師，守官京師，時佛印清禪師住相國之智海，道價特高，學者雲集。先公暇日多造其室，余亦侍行，辱知照甚厚。"（第 1328 頁）印清禪師，法名智清，俗姓葉氏，泉州同安（今福建廈門）人。[2]

徽宗崇寧三年甲申（1104），二十二歲

隨父居開封，補國子監生第一。

補國子監生第一。

《行狀》云："既冠，補國子監生第一。方先衛公之入上庠也，名在第

---

[1] 楊時《龜山集》，景印文淵閣《四庫全書》，第 1125 冊第 401~402 頁。
[2] 李綱著，王瑞明點校《李綱全集》卷一三九《佛印清禪師語錄序》，第 1328 頁。

一。而公繼之，每試必上列，聲稱籍甚。"（第1695頁）又見李綸《梁溪先生年譜》。

嘗至德興吳園，迎娶張氏。

張氏出自饒州德興望族，乃張根之女。李綸《梁溪先生年譜》云："是歲夫人張氏來歸。夫人，鄱陽人，秘閣修撰、贈少師根之女。"[1] 本集卷一四《吳園》云："當時親迎到吳園，屈指重來十七年。"（第161頁）此詩作於宣和二年（1120），逆推十七年，正是今年。鄱陽爲饒州古郡名，張氏實爲饒州德興人，吳園爲德興張氏世居地。案，《輿地紀勝》卷二三《饒州》載："吳闉縣。在德興縣南七里。世傳吳王嘗馳馬於此。又有吳王鑄印堆、鳳凰臺、走馬堤、淬劍池、大小花山，參政張燾居之，亦名吳園。"[2]《明一統志》卷五〇《饒州府》、《江西通志》卷四一《古迹》所載與之同。

張根（1061—1120），字知常，饒州德興人。案，汪藻《浮溪集》卷二四《朝散大夫直龍圖閣張公行狀》載張根"子四人。燾，太學博士。熹，將仕郎。輝、煥，未官。女七人，適秘書郎黃伯思、起居郎李綱、太學博士李富國、大府寺丞薛良顯、杭州監稅范渭、寶應縣丞虞澹，一人尚幼"[3]。本集卷一七〇《宋故龍圖張公夫人黃氏墓誌銘》云："男四人，長曰燾，太學博士；曰熹，將士郎；曰輝，曰煥，未冠。……女七人，皆通詩禮，夫人所自訓也，長適秘書郎黃伯思，次適某；次適太常博士李富國；次適太府寺丞薛良顯；次適監杭州都稅務范謂；次適楚州寶應縣丞虞澹；其一尚幼。"（第1571頁）二文記載基本一致，但文字稍有出入："未官"與"未冠"，"范渭"與"范謂"等，孰是孰非，存疑待考。

德興張氏家族乃兩宋時期江西著名大家族之一。自北宋時期起，其家族子孫歷代仕宦，出了不少名人[4]，如張潛、張根、張樸、張燾等，其中，發明膽銅法、著有《浸銅要略》之張潛是德興張氏家族顯赫人物，張氏世系成員可詳參孫承平《〈甲道張氏宗譜〉和張潛的散佚著作》一文。[5]

---

［1］李綸編，彭邦明校點《梁溪先生年譜》，吳洪澤、尹波主編《宋人年譜叢刊》，第6冊第4077頁。

［2］王象之著，李勇先校點《輿地紀勝》，第2冊第1098頁。

［3］汪藻《浮溪集》，景印文淵閣《四庫全書》，臺灣商務印書館1986年版，第1128冊第221頁。

［4］張熙惟、閻鋼《歷代張氏望族》，山東人民出版社1997年版，第338頁。

［5］孫承平《〈甲道張氏宗譜〉和張潛的散佚著作》，《黃山學院學報》2006年第6期。

徽宗崇寧四年乙酉（1105），二十三歲

隨父居開封，舉進士預貢。

時李綱父夔在京師，任禮部員外郎，李綱當隨之。案，楊時《龜山集》卷三二《李修撰墓誌銘》載："久之，遷禮部員外郎。……遷朝奉大夫，勳飛騎尉。……兩以考課，被賞。改司封員外郎，長、貳相與舉留之。復還禮部，轉朝散大夫，勳驍騎尉。然公雅意，欲就閒曠，力請外補，除知蔡州。朝廷惜其去，留爲宗正少卿。……轉朝請大夫。"[1] 李綱父夔先任屯田員外郎，久之，遷禮部員外郎，兩以考課，被賞，朝廷留爲宗正少卿，轉朝請大夫。而李綱於大觀元年（1107）閏十月，以父任朝請大夫、守宗正少卿，奏補假將仕郎。自大觀元年逆推兩年即今年，李綱父夔當在禮部員外郎任上。又，李綸《梁溪先生年譜》謂是年"舉進士預貢"[2]。

徽宗崇寧五年丙戌（1106），二十四歲

隨父居開封。

八月七日，長子儀之生。

時李綱父夔在京師，任禮部員外郎，李綱當隨之。李綸《梁溪先生年譜》謂是年"八月七日，長子儀之生"[3]。

宋徽宗大觀元年丁亥（1107），二十五歲

隨父居開封，奏補假將仕郎。

十月三十日，次子宗之生。

李綸《梁溪先生年譜》謂是年"十月三十日，子宗之生"[4]。

---

[1] 楊時《龜山集》，景印文淵閣《四庫全書》，第 1125 冊第 402 頁。
[2] 李綸編，彭邦明校點《梁溪先生年譜》，吳洪澤、尹波主編《宋人年譜叢刊》，第 6 冊第 4078 頁。
[3] 李綸編，彭邦明校點《梁溪先生年譜》，吳洪澤、尹波主編《宋人年譜叢刊》，第 6 冊第 4078 頁。
[4] 李綸編，彭邦明校點《梁溪先生年譜》，吳洪澤、尹波主編《宋人年譜叢刊》，第 6 冊第 4078 頁。

閏十月，奏補假將仕郎。

《行狀》："舉進士未第，以先衛公遇郊祀恩，補假將仕郎。"（第1695頁）李綸《梁溪先生年譜》載是年"閏十月，公以父任朝請大夫、守宗正少卿，遇宗祀大禮，奏補假將仕郎"[1]。據知，是年李綱在奏補假將仕郎之前，嘗參加進士考試，但未及第。

是年，結識許份。

本集卷一六六《宋故龍圖閣直學士許公神道碑》："公諱份，字子大，文定公第八子也。……至文定公，魁多士位，執政赫然，光榮許氏，遂爲閩之著姓。……公薨於城東僧舍，享年五十有五，實紹興三年十月二十有八日也。……某大觀中，識公於京師。"（第1536~1540頁）據知，許份（1079—1133），字子大，侯官（今福建福州）人。李綱大觀二年（1108）赴真州司法參軍任，結識許份應爲是年事。

徽宗大觀二年戊子（1108），二十六歲

在開封，附試國學貢士，復首選。調真州司法參軍。

《行狀》載是年"附試貢士復首選。屬聞期親之喪，友人貽書謂：'道路之傳，蓋不的。勉試春官，以慰親望。'公不可，調將仕郎、真州司法參軍"（第1695頁）李綸《梁溪先生年譜》謂是年"附試國學貢士，復首選"[2]。真州，今江蘇儀徵。

徽宗大觀三年己丑（1109），二十七歲

在真州任司法參軍。

---

[1] 李綸編，彭邦明校點《梁溪先生年譜》，吳洪澤、尹波主編《宋人年譜叢刊》，第6冊第4078頁。
[2] 李綸編，彭邦明校點《梁溪先生年譜》，吳洪澤、尹波主編《宋人年譜叢刊》，第6冊第4078頁。

徽宗大觀四年庚寅（1110），二十八歲

在真州任司法參軍。

與呂本中、晁貫之訪沈宗師。

　　呂本中《東萊詩集》卷四《同晁季一李天紀過沈宗師北莊因成長韻》云：“三年城南居，不識城北土。但聞玉雪郎，去作猿鶴主。今晨籃輿來，握手相勞苦。勝遊有佳士，洗耳聽妙語。”[1]案，大觀二年（1108），呂本中赴真州省父，“是年居仁父好問任真州春料船場官，並迎希哲至真州居住，居仁當是陪乃祖希哲至真州”[2]。從詩句“三年城南居，不識城北土”推斷，呂本中與李綱諸人訪沈宗師當爲今年事。

　　呂本中（1084—1145），初名大中，字居仁，開封（今屬河南）人，著有《東萊詩集》《師友雜志》等。[3]《宋史》卷三七六有傳。祖希哲，字原明，號滎陽公，官至光禄少卿，著有《呂氏雜記》二卷。[4]《宋史》卷三三六有傳。父好問，字舜徒，官至尚書右丞。[5]《宋史》卷三六二有傳。居仁陪乃祖希哲至真州省父，則李綱當結識呂希哲、呂好問、呂本中祖孫三人也。

　　晁貫之，字季一，晁補之兄弟行。呂本中《師友雜志》載：“晁仲[6]之叔用，文元之後……從兄貫之季一，謂之季此，皆能文博學，皆與友善。若説之以道，則予尊事焉。以道弟詠之之道，叔用之兄載之伯禹，予皆與之遊。”[7]

　　沈宗師，名里不詳。

---

[1] 呂本中《東萊詩集》，景印文淵閣《四庫全書》，臺灣商務印書館 1986 年版，第 1136 冊第710 頁。

[2] 王兆鵬《呂本中年譜》，《兩宋詞人年譜》，文津出版社（臺北）1994 年版，第 325 頁。

[3] 王兆鵬《呂本中年譜》，《兩宋詞人年譜》，第 282~283 頁。

[4] 脱脱等《宋史》卷三三六《吕公著傳》附《吕希哲傳》，第 31 冊第 10777~10778 頁；王兆鵬《吕本中年譜》，《兩宋詞人年譜》，第 288 頁。

[5] 脱脱等《宋史》卷三六二《吕好問傳》，第 32 冊第 11329~11332 頁。

[6] “仲”當爲“沖”之誤。

[7] 吕本中《師友雜志》，上海師範大學古籍整理研究所編《全宋筆記》，大象出版社 2008 年版，第3 編第 6 冊第 6 頁。

宋徽宗政和元年辛卯（1111），二十九歲

在真州任司法參軍。有文一篇。

二月二十六日，三子集之生。

李綸《梁溪先生年譜》謂是年"二月二十六日，子集之生"[1]。

四月，作《豐應廟碑》。

本集卷一六六《豐應廟碑》云："大觀四年，邵武耆老與士夫之里居者，相率言於郡守曰：'去城一里餘，有廟曰石岐，載在祀典，禱祈屢應。願以聞於朝，丐所以褒封答神貺者。'郡守委僚屬考驗不誣，上其事部使者，部使者以聞。其明年，改元政和，夏四月有敕，以'豐應'爲廟額。鄉人荷神之休，榮上之賜，求予文以記之，義不得辭。謹案舊記，五季後唐時，有陸侍郎者，其子小字大巖，失其名，博學善鼓琴，雅不以名宦爲意。會其父執某牧南安，遂從戎旆駐溫陵者累年。旋歸，假道邵武之故縣，艤舟水南，遇疾而沒，瘞於石岐峰下。既而頗出靈響，鄉人畏仰，爲建廟以祀之，因號石岐廟。"（第1535頁）據知，豐應廟在石岐峰下，離邵武縣一里餘，原名石岐廟，政和元年（1111）賜額。然《太平寰宇記》《方輿勝覽》《嘉靖邵武府志》《光緒重纂邵武府志》俱無記載，故錄之。

徽宗政和二年壬辰（1112），三十歲

在開封，中進士，授鎮江教授。

《宋史》本傳："綱登政和二年進士第。"（第11241頁）《行狀》："政和二年，上舍及第，臚傳之日，徽廟顧問再三，特旨升甲，改令入官授承務郎、充相州州學教授，以親庭遠，易鎮江。"（第1695～1696頁）李綸《梁溪先生年譜》謂是年"中莫儔榜乙科"[2]。鎮江，今屬江蘇。

---

[1] 李綸編，彭邦明校點《梁溪先生年譜》，吳洪澤、尹波主編《宋人年譜叢刊》，第6冊第4078頁。
[2] 李綸編，彭邦明校點《梁溪先生年譜》，吳洪澤、尹波主編《宋人年譜叢刊》，第6冊第4078頁。

徽宗政和三年癸巳（1113），三十一歲

在鎮江任教授。

嘗赴鄧州迎奉父襲。夏，過南昌，自江州德化順流而下，返鎮江。

　　李綸《梁溪先生年譜》謂"衛公自鄧帥得請祠宮，就養子舍，蓋是年也"[1]。本集卷五《謁告迎奉親闈聞有醴泉之除作詩寄二弟》云："薄宦便甘旨，兩載官南徐。江山富佳致，足以爲親娛。"（第25頁）南徐，即鎮江也。

　　李綱迎奉父襲之地，一曰梁溪，一曰鄧州。楊時《龜山集》卷三二《李修撰墓誌銘》載："除公集賢殿修撰，知鄧州，兼西南路安撫使。……遂以疾請宮祠。朝廷意公憚安撫一路之勞，除知潁州。章再上，祈懇愈力，除提舉杭州洞霄宮，勳騎都尉，賜爵隴西縣開國男，食邑三百户。公東歸，居於梁溪錫山之傍。日以文字爲娛，澹如也。子綱爲鎮江教官，就養子舍。"[2]然趙效宣《李綱年譜長編》謂是年李綱"迎奉父衛公於鄧"[3]。案，本集卷一三五《送陳淵幾叟遊廬山序》云："政和癸巳之夏，予自豫章從江之京口，道廬山下，便風順流，日數百里，雖竊有願遊之志，而不果往。晝臥舟中，仰望五老、香爐諸峰，巉然倚天，雲煙出没，頃刻萬態，意欣然樂之，自謂他日裹糧來遊，以償夙願不難也。"（第1300～1301頁）京口即鎮江。自鄧州（今屬河南）返回鎮江之時，纔會途經南昌，故李綱迎奉父襲之地當爲鄧州。從"自豫章從江之京口，道廬山下，便風順流……仰望五老、香爐諸峰"推斷，應從江州德化（今江西九江）順流而下。

徽宗政和四年甲午（1114），三十二歲

至開封，任國子正、尚書考功員外郎。

至開封，除國子正。

　　《行狀》："四年，召除行國子正。"（第1696頁）李綸《梁溪先生年譜》

---

[1]李綸編，彭邦明校點《梁溪先生年譜》，吳洪澤、尹波主編《宋人年譜叢刊》，第6冊第4078頁。
[2]楊時《龜山集》，景印文淵閣《四庫全書》，第1125冊第402～403頁。
[3]趙效宣《李綱年譜長編》，第15頁。

載是年"召赴闕，三省審察院，除行國子正"[1]。

十二月，除尚書考功員外郎。

《行狀》謂是年"十二月，對便殿，除尚書考功員外郎"（第 1696 頁）。
又見李綸《梁溪先生年譜》。

徽宗政和五年乙未（1115），三十三歲

在開封任尚書考功員外郎、監察御史、尚書比部員外郎。有詩一首、文二篇。

在開封，任尚書考功員外郎。告假迎奉父夔，作《謁告迎奉親闈聞有醴泉之除作詩寄二弟》詩。

楊時《龜山集》卷三二《李修撰墓誌銘》："及綱爲尚書郎，丐迎養京師。"[2]《行狀》載李綱是年"謁告迎先衛公於雪川，有旨除先衛公提舉醴泉觀，以便就養"（第 1696 頁）。又見李綸《梁溪先生年譜》。本集卷五序曰："宣和己亥以前四首以後作六十九首。"（第 25 頁）《謁告迎奉親闈聞有醴泉之除作詩寄二弟》列於本集卷五第四首，應是宣和己亥以前作，據詩題知應作於是年尚書考功員外郎任上。

告假前往吳興，途經維揚，約朱章同遊。抵鎮江，二人遊焦山。且，次蘇州，聞朱章喪，作《朱時發哀辭》。

本集卷一六四《朱時發哀辭》云："朱章，字時發，洪州分寧人。……予時自考功郎官謁告，迎親吳興，與時發會於維揚呂舜徒家。予約時發渡江同遊焦山，爲一日之款，欣然相從；既抵焦山，則相與遍遊僧廬，躡磴道，登絕頂，以望大江，其飲食行步如壯者。既同歸宿舟中，談笑至夜深不倦。又作書以遺予親及諸季，以敘平生。詰旦，時發渡江如儀真，予亦解舟而東，不復相聞。舟次姑蘇，適有客自江外來者，首詢時發動靜，則已亡矣。予愕然駭歎，詢其所以，則云：'時發是日渡江，未至儀真三十里……

---

［1］李綸編，彭邦明校點《梁溪先生年譜》，吳洪澤、尹波主編《宋人年譜叢刊》，第 6 冊第 4078 頁。

［2］楊時《龜山集》，景印文淵閣《四庫全書》，第 1125 冊第 403 頁。

右脅而逝。'"（第1512頁）呂本中《東萊詩集》卷六《送朱時發》云："眼底家鄉不自歸，癡人爭忍劫前灰。直饒古廟香爐去，也要披毛戴角來。"[1]當爲朱章離開呂家時作，別後朱章即去世。時"呂好問司揚州儀曹事，家居揚州"[2]，呂本中當隨之。李綱與呂好問、呂本中父子再次相逢。朱章（？—1115），字時發，洪州分寧（今江西修水）人。

焦山，在鎮江府東北九里大江中。案，《太平寰宇記》卷八九《潤州》："譙山戍，即海口之戍也。"[3]《輿地紀勝》卷七《鎮江府》："焦山。在江中，金、焦二山相去十五里。《唐圖經》云：'後漢焦先嘗隱此山，因以爲名。'"[4]《方輿勝覽》卷三《鎮江府》謂焦山，在江中，因後漢焦光隱於此山得名。[5]《乾隆江南通志》卷一三《輿地志》載焦山在鎮江"府東北九里大江中。舊傳以東漢焦光隱此得名。《寰宇記》《通典》亦謂之譙山、亦曰浮玉山，與金山對峙，相去十五里。上有焦仙嶺、三詔洞，以焦光三詔不起也"[6]。"焦先"當爲"焦光"之誤。姑蘇，今江蘇蘇州。

在蘇州，遇陳瓘。

時陳瓘自天台歸通州，途經蘇州。案，本集卷一六二《跋了翁墨迹》："余政和乙未歲，自尚書郎謁告，迎親雪溪。時了翁自天台歸通州，與之相遇於姑蘇一再見，有忘年之契。"（第1491頁）

抵吳興，迎奉父靈。

李綱迎奉父靈之地，《行狀》云雪川，本集一曰吳興，一曰雪溪，俱指湖州（今屬浙江）。《行狀》謂政和"五年，謁告迎先衛公於雪川"（第1696頁）。本集卷一六〇《書僧伽事》云："政和五年，予自考功員外郎告假於朝，迎親吳興。"（第1477頁）卷一六二《跋了翁墨迹》云："余政和乙未歲，自尚書郎謁告，迎親雪溪。"（第1491頁）案，《太平寰宇記》卷

［1］呂本中《東萊詩集》，景印文淵閣《四庫全書》，第1136冊第721冊。

［2］王兆鵬《呂本中年譜》，《兩宋詞人年譜》，第346頁。

［3］樂史撰，王文楚等點校《太平寰宇記》，第4冊1760頁。

［4］王象之著，李勇先校點《輿地紀勝》，第1冊第414頁。

［5］祝穆撰，祝洙增訂，施和金點校《方輿勝覽》，第57頁。

［6］趙弘恩等修，黃之雋等纂《乾隆江南通志》，《中國地方志集成·省志輯·江南》，第3冊第321頁。

九四《湖州》載："湖州，吳興郡。今理烏程縣。"[1]《元豐九域志》卷五《兩浙路》云："湖州，吳興郡，昭慶軍節度。"[2] 霅川即霅溪，據《太平寰宇記》卷九四《湖州》，在烏程"縣東南一里。凡四水合爲一溪，自浮玉山曰苕溪，自銅峴山曰前溪，自天目山曰餘不溪，自德清縣前北流至州南興國寺前曰霅溪。東北流四十里合太湖"[3]。霅川、霅溪，湖州別稱也。

秋，過泗州，謁僧伽塔。

本集卷一六〇《書僧伽事》云："世傳僧伽爲觀音大士化身，其神變示現之迹，載於傳記，著於耳目，不可勝紀。予獨書其近年親所見聞者三事：政和五年，予自考功員外郎告假於朝，迎親吳興。是年秋，還抵泗上，謁僧伽塔，將修供塔下，其日天未明，普照長老胐齊走入報曰：'塔有光相，宜速至瞻禮。'予奉親攜家以往，則日始出矣，有青色光自相輪頂，如倒浮屠，上屬霄漢。觀者如堵，因以歎異，得未曾有。"（第1477頁）

僧伽塔，在泗州（今江蘇盱眙）州治西。僧伽，乃唐代高僧。據《宋高僧傳》卷一八《唐泗州普光王寺僧伽傳》載，僧伽於高宗龍朔初年（661）至江淮，在泗州信義坊乞地建寺，寺初名普照王寺，景龍二年（708）更名普光王寺。景龍四年，僧伽坐化於長安薦福寺，歸葬泗州普光王寺，建僧伽塔。時天下凡造精廬，必立伽真相，榜曰大聖僧伽和尚。長慶二年（822），寺塔皆焚。宋太平興國七年（982），重建。[4] 蘇軾嘗有《泗州僧伽塔》詩。然宋代地理志俱無普光王寺及僧伽塔記載，《乾隆江南通志》卷四八《輿地志》載大聖寺在泗州"州治西，唐普照王寺，中宗避太后諱，易曰普光王寺，屢毀"[5]。據知，普光王寺亦在泗州州治西。

返開封。九月十一日，除監察御史兼權殿中侍御史，具《辭免監察御史兼殿中侍御史奏狀》。

《宋史》本傳："積官至監察御史兼權殿中侍御史。"（第11241頁）《行狀》謂是年"九月，還闕，道除監察御史、兼權殿中侍御史"（第1696頁）。

---

[1] 樂史撰，王文楚等點校《太平寰宇記》，第4冊第1878頁。

[2] 王存撰，王文楚、魏嵩山點校《元豐九域志》，中華書局1984年版，第211頁。

[3] 樂史撰，王文楚等點校《太平寰宇記》，第4冊第1884頁。

[4] 贊寧撰，范祥雍點校《宋高僧傳》，中華書局1987年版，第448~452頁。

[5] 趙弘恩等修，黃之雋等纂《乾隆江南通志》，《中國地方志集成·省志輯·江南》，第4冊第74頁。

又見李綸《梁溪先生年譜》。據本集卷三九《辭免監察御史兼殿中侍御史奏狀》"右臣今月十一日……除臣監察御史兼權殿中侍御史"（第484頁），知李綱除官時間爲九月十一日，此文大約作於是日。另，《辭免監察御史兼殿中侍御史奏狀》題名恐脱落一"權"字。

是月，因職事進對，與父虁同日上朝，爲縉紳榮事。

《行狀》："既入臺，嘗因職事進對，先衛公亦以是日朝見，徽廟顧公曰：'卿父子同日造朝，搢紳榮事。'"（第1696頁）本集卷九《聞七弟叔易登科》亦云："同朝大明宫，搢紳以爲榮。"（第86頁）自注曰："予蒙擢用，每賜對，上必詢及親老。其後備員憲臺，以職事進對，時親老蒙恩提舉醴泉觀，亦以是日朝見。上顧予曰：'卿父子同日造朝，搢紳榮事。'"（第86頁）又見李綸《梁溪先生年譜》。

十月，罷監察御史、兼權殿中侍御史。

《行狀》："未幾，以論内侍建節；及宰相任用堂後官；從官入朝，公笏擊其下；凡三事忤權貴，罷言職。公之在臺，纔一月耳。"（第1696頁）李綱九月十一日除監察御史、兼權殿中侍御史，任職"纔一月"，罷官當在十月。又見李綸《梁溪先生年譜》。

十一月，除尚書比部員外郎。

《宋史》本傳："以言事忤權貴，改比部員外郎。"（第11241頁）《行狀》謂是年"十一月，除尚書比部員外郎"（第1696頁）。又見李綸《梁溪先生年譜》。

徽宗政和六年丙申（1116），三十四歲

在開封任尚書比部員外郎。有文五篇。

在開封，任尚書比部員外郎，轉承事郎。

《行狀》："六年，轉承事郎。"（第1696頁）李綸《梁溪先生年譜》亦謂是年"磨勘轉承事郎"[1]。

---

[1] 李綸編，彭邦明校點《梁溪先生年譜》，吴洪澤、尹波主編《宋人年譜叢刊》，第6冊第4079頁。

具《比部員外郎輪對劄子五》。

李綸《梁溪先生年譜》謂是年"嘗因奏對，有《理財以義》等五劄子"[1]。此即本集卷三九《比部員外郎輪對劄子五》，有《理財以義劄子》《用人材以激士風劄子》《論官制財用不能悉視熙豐劄子》《乞徽廟解易劄子》《乞編寬恤手詔劄子》五篇。趙效宣《李綱年譜長編》繫於政和五年（1115）[2]，誤也。

徽宗政和七年丁酉（1117），三十五歲

在開封任禮部貢院參詳官。

《行狀》謂是年"差充禮部貢院參詳官"（第1696頁）。又見李綸《梁溪先生年譜》。

徽宗政和八年、宋徽宗重和元年戊戌（1118），三十六歲

在開封任太常少卿、起居郎。有文四篇。另有三詩作於宣和元年以前。

在開封任禮部貢院參詳官。四月，復被召入對。

《行狀》謂是年"四月，復召對"（第1696頁）。又見李綸《梁溪先生年譜》。

五月，除太常少卿。

《行狀》謂是年"五月，除太常少卿"（第1696頁）。又見李綸《梁溪先生年譜》。

五月至八月間，書寫張由墓誌銘。

陳定榮《李綱書丹的宋張由墓誌銘》云："《宋故將仕郎梧州司户曹兼司録刑曹事張公墓誌銘》，由宋朝議大夫顯謨閣待制彭汝霖撰文，承事郎試

---

[1] 李綸編，彭邦明校點《梁溪先生年譜》，吳洪澤、尹波主編《宋人年譜叢刊》，第6冊第4079頁。
[2] 趙效宣《李綱年譜長編》，第17頁。

太常少卿李綱書丹，朝奉郎守侍御史張樸篆蓋。……墓主張由爲李綱丈人
輩……由碑刻紀年知，此係李綱三十五歲時手書。"[1] 李綱是年五月除太常少
卿、八月十八日除起居郎，故張由墓誌銘應書寫於是年五月至八月間，時李
綱虛歲三十六，實歲三十五。張由（1051—1116），字斯道，饒州德興人。

八月十八日，除起居郎，具《辭免除起居郎奏狀》。

《宋史》本傳："遷起居郎。"（第 11241 頁）《行狀》謂是年"八月，出
朝陵寢，未還闕，除起居郎"（第 1696 頁）。又見李綸《梁溪先生年譜》。據
本集卷四〇《辭免除起居郎奏狀》"右臣今月十八日……除臣起居郎"（第
489 頁），知李綱八月十八日除起居郎，辭免奏狀大約作於是日。

秋冬間，具《赴講筵侍立後時待罪奏狀》《謝放罪表》。

本集卷四〇《赴講筵侍立後時待罪奏狀》謂"右臣今月十四日，垂拱殿
起居訖，赴延和殿侍立"（第 489 頁）。《謝放罪表》云："今月二十一日，延
和殿侍立退，赴邇英閣講筵後時，具奏待罪。"（第 489 頁）據文意，當爲是
年秋冬間，李綱任起居郎時作。

十二月，差兼國史編修官。

《行狀》謂是年"十二月，差兼國史編修官"（第 1696 頁）。又見李綸
《梁溪先生年譜》。

有《書章子厚事》。

本集卷一六〇《書章子厚事》云："予備員國史，修哲宗正史《選舉
志》，見《實錄》所載子厚爭內降除諫臣事可取，因書之。"（第 1480 頁）當
爲是年兼國史編修官任上作。

宣和元年以前，送翁挺之衡湘，作《送士特兄下第之衡湘》詩。另有《子房》《讀楚元王傳》詩。具體時間地點不詳。

三詩原列本集卷五篇首，據本集卷五序"宣和己亥以前四首以後作
六十九首"（第 25 頁），推知應爲宣和己亥以前作。翁挺，字士特，號五峰
居士，建州崇安（今福建武夷山）人。[2]

---

[1] 陳定榮《李綱書丹的宋張由墓誌銘》，《文物》1986 年第 1 期。
[2] 李綱著，王瑞明點校《李綱全集》卷一三八《五峰居士文集序》，第 1319 頁。

徽宗重和二年、宋徽宗宣和元年己亥（1119），三十七歲

在開封，因論京師水災事，謫監南劍州沙縣稅務。有詩一百五十二首、文七篇、賦一篇。

在開封任同知貢舉。

《行狀》："宣和元年，同知貢舉。"（第 1696 頁）又見李綸《梁溪先生年譜》。

春，有《吊國殤文》。

本集卷一六四《吊國殤文》："宣和元年春，用師西鄙，熙河帥劉法與其軍俱殲。用事者以違節制罪之，贈典不及，予竊哀焉。作斯文以吊之。"（第 1514 頁）據知，此文爲是年春天作。

六月十二日，以京師大水，上《論水災事乞對奏狀》。

《行狀》："六月，京師大水，徽廟降詔遣使，所以憂勞者甚至，而在位者乃寂不聞有發憤納忠之人，公獨異之，懷不自已，奏疏論列。"（第 1696 頁）李綸《梁溪先生年譜》云："六月，京城之西大水渺漫，如江湖漕運不通，幾旬之間悉罹其患，無敢言其災異者。公上章論列，降一官，監稅。"[1] 本集卷四〇《論水事待罪奏狀》云："右臣今月十二日，曾具奏以暴水爲災，迫浸都城，恐非細故……乞因侍立，直前奏事。"（第 493 頁）然卷一五八《釋疑》又云："宣和改元六月，京師大水。……因奏疏論列……且請因侍立許直前奏事，以盡區區所欲言者。時十有三日也。"（第 1464 頁）二文記載，相差一日，考《論水事待罪奏狀》與本集卷四〇《論水災事乞對奏狀》時間更爲接近，姑從之。

十三日，因在崇政殿被責令先退，進呈《論水便宜六事奏狀》《論水事待罪奏狀》。

《行狀》："翌日，宰執班退，傳旨閤門，令公先退，更不侍立。公因奏便宜六事，且上章待罪。"（第 1696 頁）然本集卷四〇《論水便宜六事奏狀》云："今月十四日，崇政殿侍立，得閤門傳旨，令臣先退，惶恐戰栗，居家

---

[1] 李綸編，彭邦明校點《梁溪先生年譜》，吳洪澤、尹波主編《宋人年譜叢刊》，第 6 冊第 4079 頁。

待罪，不敢供職。”（第490頁）卷四〇《論水事待罪奏狀》云：“今月十三日，崇政殿侍立，宰執退，傳旨閣門，令臣先退，更不侍立。”（第493頁）卷一五八《釋疑》云：“時十有三日也。疏奏屏息以俟，而是日無命。翌旦造朝侍立如常儀。既而宰執奏事班退，傳旨閣門，令先退，不復得對，因上章待罪，遂有沙陽之謫。”（第1464頁）文中記載，相差一日，姑從《論水事待罪奏狀》所載。《論水便宜六事奏狀》後附貼黄二，貼黄乃奏章之補充説明，當作於同時。

是月中下旬，再降一官，授承務郎，監南劍州沙縣税務。

《宋史》本傳：“宣和元年，京師大水，綱上疏言陰氣太盛，當以盜賊外患爲憂。朝廷惡其言，謫監南劍州沙縣税務。”（第11241頁）《行狀》云：“公因奏便宜六事，且上章待罪。有旨：‘所論不當，送吏部與監當差遣。’繼以待罪章上，有旨：‘更降一官，與遠小處監當，授承務郎，監南劍州沙縣税務。’”（第1696頁）李綸《梁溪先生年譜》載李綱是月“再上章論六事，再降一官，與遠小監當，授承務郎、監南劍州沙縣税”[1]。再降一官當在六月十三日崇政殿侍立之後，時六月中下旬也。

大約是月，作《奉酬胡俊明博士見寄》《用前韻留別諸弟》詩。

李綸《梁溪先生年譜》謂是年“有《留別諸弟》等詩”[2]。本集卷五《奉酬胡俊明博士見寄》云：“庭闈一去三千里，自歎飄零曷日還。”（第26頁）《用前韻留別諸弟》云：“暫此暌離休悵望，爲荒三徑俟予還。”（第26頁）據此推斷，二詩應是論水事遭貶謫時作，時間大約爲六月。胡俊明，名里不詳。

去年七月十二日至今年六月間，在開封，撰《宋故朝請郎朱公墓誌銘》。

本集卷一六七《宋故朝請郎朱公墓誌銘》云：“公諱蒙正，字養源，姓朱氏。……政和……八年夏得疾，至七月十二日不起，享年六十有四……諸孤從其治命，扶柩歸邵武，將以宣和元年己亥十一月初四日葬於永城鄉將堂之原。先期公之弟朝請郎紹，狀公行義，使某爲之銘。”（第1542~1543頁）據朝請郎朱紹“使某爲之銘”，推知李綱應在開封，而李綱是年秋離開京師，

---

[1] 李綸編，彭邦明校點《梁溪先生年譜》，吳洪澤、尹波主編《宋人年譜叢刊》，第6冊第4079頁。
[2] 李綸編，彭邦明校點《梁溪先生年譜》，吳洪澤、尹波主編《宋人年譜叢刊》，第6冊第4080頁。

則此文應作於政和八年（1118）七月十二日至宣和元年（1119）六月間。朱蒙正（1053—1118），字養源，邵武（今屬福建）人。

秋，赴沙縣途中，舟行至蘇州，同弟李經、李綸遊虎丘寺，作《同叔易季言遊虎丘寺邂逅何得之》詩。

李綸《梁溪先生年譜》云："淵聖皇帝即位之初，召對，淵聖迎謂曰：卿頃論水章疏，朕在東宮見之，至今猶能誦憶。嘗賦詩，有'秋來一鳳向南飛'之句。"[1]從"秋來一鳳向南飛"推斷，李綱當在秋天離開京師。又，本集卷五《同叔易季言遊虎丘寺邂逅何得之》詩云："理棹適閩粵，虎丘聊艤航。霜林正搖落，翠柏森成行。……蒼蘚衣峭壁，枯荷響迴塘。……薜荔疊秀色，枇杷吐幽香。"（第26～27頁）則李綱南遷沙縣途中，當沿汴河舟行南下至泗州，經洪澤湖，由楚州（今江蘇淮安）入運河，次蘇州（今屬江蘇），遊虎丘寺。從詩句描寫景象推斷，時爲秋天。

虎丘寺，在蘇州虎丘山。案，《吳郡志》卷一六《虎丘》載："虎丘山，又名海湧山，在郡西北五里。"[2]卷三二《郭外寺》載："雲巖寺即虎丘山寺，晉司徒王珣及弟司空王珉之別業也。咸和二年捨以爲寺，即劍池，而分東西，今合爲一。寺之勝聞天下，四方遊客過吳者，未有不訪焉。"[3]《方輿勝覽》卷二《平江府》又云："虎丘寺，在城西北九里。晉司徒王珣及弟珉捨宅爲寺。"[4]《正德姑蘇志》卷二九《寺觀上》載虎丘禪寺"在虎丘山……宋至道中重建，景祐中建御書閣，紹熙中宗達建藏殿，范浚記，尋皆毀於兵"[5]。

何得之，名里不詳。

過吳江，渡松江，遊寧境寺，作《吳江五首》《過吳江阻風遊寧境寺》《松江第四橋》詩。

本集卷五以上諸詩原列《同叔易季言遊虎丘寺邂逅何得之》之後，當爲

---

［1］李綸編，彭邦明校點《梁溪先生年譜》，吳洪澤、尹波主編《宋人年譜叢刊》，第6冊第4079～4080頁。

［2］范成大《吳郡志》，《宋元方志叢刊》，中華書局1990年版，第1冊第807頁。

［3］范成大《吳郡志》，《宋元方志叢刊》，第1冊第937頁。

［4］祝穆撰，祝洙增訂，施和金點校《方輿勝覽》，第38頁。

［5］王鏊等《正德姑蘇志》，《天一閣藏明代方志選刊續編》，上海書店1990年版，第12冊第678頁。

李綱南下沙縣途中過蘇州、至吳江（今屬江蘇）時作。

　　本集卷五《過吳江阻風遊寧境寺》詩云："扁舟渡松江，慘澹天色惡。勝遊得禪房，曠望倚虛閣。"（第28頁）寧境寺在吳江縣東門外。案，《正德姑蘇志》卷三〇《寺觀下》載："寧境華嚴講寺在（吳江縣）東門外。梁衛尉卿陸僧瓚捨莊基建，華嚴師開山，名華嚴院。東魏太平初重建。宋元祐間，邑人姚得瑄捨錢四十萬緡，建浮屠七成，其鄰舊有寧境院。紹興五年併華嚴爲一，賜今額，並存二院之舊也。"[1]松江，在吳"郡南四十五里。……南與太湖接吳江縣，在江濱垂虹跨其上，天下絕景也"[2]；"自太湖分派，從吳江長橋，北合龐山湖，轉東入長洲界"[3]。又，松江在蘇州東南三十里，與婁江、東江並稱三江。案，《正德姑蘇志》卷一〇《水》："《史記正義》曰：'三江在蘇州東南三十里，名三江口。一江西南上七十里至太湖，曰松江，古笠澤江。一江東南上七十里至白蜆湖，曰上江，亦曰東江。一江東北下三百餘里入海，曰下江，亦曰婁江。其分處號曰三江口。'《吳地記》云：'松江東北行七十里得三江口，東北入海爲婁江，東南入海爲東江，並松江爲三江。'"[4]

有《吳江寧境寺齋僧疏》。

　　本集卷一六五《吳江寧境寺齋僧疏》云："姑從薄譴，皆荷寬恩。今則千里去家，單車上道，割父子兄弟之深愛，方險阻艱難之備嘗。……冀資懺悔之功，爲洗妄言之罪。"（第1529頁）據文意當爲貶謫時途經吳江寧境寺時作。趙效宣《李綱年譜長編》謂此文作於建炎元年（1127）[5]，誤也。

途經吳江、嘉禾間，作《操舟》《雜興四首》《韓賈》《田家四首》詩。

　　本集卷五以上諸詩原列《過吳江阻風遊寧境寺》與《嘉禾道中遇夏侯子陽》之間，當作於吳江至嘉禾途中。

至嘉禾，道中遇夏子陽，作《嘉禾道中遇夏侯子陽》詩。

　　據本集卷五《嘉禾道中遇夏侯子陽》詩題，此詩當作於嘉禾（今浙江嘉

［1］王鏊等《正德姑蘇志》，《天一閣藏明代方志選刊續編》，第12冊第806~807頁。
［2］范成大《吳郡志》卷一八《川》，《宋元方志叢刊》，第1冊第820頁。
［3］王鏊等《正德姑蘇志》卷一〇《水》，《天一閣藏明代方志選刊續編》，第11冊第747頁。
［4］王鏊等《正德姑蘇志》，《天一閣藏明代方志選刊續編》，第11冊第734~735頁。
［5］趙效宣《李綱年譜長編》，第109頁。

興）道中。夏子陽，名里不詳。

至臨平，作《初到臨平見山二首》詩。

　　李綱從開封至沙縣，途經臨平（今屬浙江）時應在嘉禾之後、杭州之前。據本集卷五《初到臨平見山二首》詩題，此詩作於初至臨平時。

途經臨平、杭州間，作《小雨》詩。

　　《小雨》原列本集卷五《初到臨平見山二首》與《將次錢塘》之間，當作於臨平至杭州途中。

將至杭州，有感而作《將次錢塘》詩。

　　據本集卷五《將次錢塘》詩題，此詩爲將次杭州時作。

至杭州，作《靈隱宮》《望潮》詩，被妹夫張端禮款待，作《張南仲置酒心淵堂值雨》詩，《自哂》《北望》《長至》或作於此。

　　靈隱宮、心淵堂在杭州，從本集卷五《靈隱宮》《張南仲置酒心淵堂值雨》詩題及《望潮》"障亭一望浙江潮，震地凌空氣象驕"（第31頁）推斷，三詩當作於杭州。《自哂》《北望》《長至》三詩原列本集卷五《靈隱宮》與《渡浙江》之間，或同作於杭州。

　　靈隱宮當指靈隱寺，在杭州靈隱山北高峰下。案，《太平寰宇記》卷九三《杭州》："靈隱山，在縣西十五里。許由、葛洪皆隱此山。入去忘歸，本號稽留山。今立寺焉。"[1] 靈隱山又名武林山，在錢塘"縣西十五里，高九十二丈，周十二里。《西漢志·會稽郡·錢塘》注：'武林山，武林水所出，又曰靈隱山。'"[2]《輿地紀勝》卷二《臨安府》云："靈隱寺。《元和郡縣志》：錢塘縣有靈隱山。……晉咸和中，有西乾梵僧登此山，歎曰：'此武林山是中天竺國靈鷲山之小嶺，不知何年飛來？'乃創靈隱寺。"[3]《方輿勝覽》卷一《臨安府》載靈隱寺"在錢塘十二里。靈隱、天竺兩山，由一門而入"[4]。《杭州府志》卷三五《寺觀二》云："靈隱寺，在（錢塘縣）北高峰下。《西湖志》：'晉咸和元年僧慧理創建山門，榜曰絕勝覺場，相傳葛洪書。'《武林

[1] 樂史撰，王文楚等點校《太平寰宇記》，第4冊第1864頁。

[2] 龔嘉儁修，李榕纂《杭州府志》卷二二《山水三》，《中國方志叢書》，成文出版社1974年版，第572~573頁。（編者按，原作作"李格"，據考，當爲"李榕"之誤。）

[3] 王象之著，李勇先校點《輿地紀勝》，第1冊第94頁。

[4] 祝穆撰，祝洙增訂，施和金點校《方輿勝覽》，第16頁。

梵志》：‘正殿曰覺皇殿，歷五紀，隋興廢莫考。唐大曆六年復興，屬會昌廢教寺，毀後稍稍興復，規制未宏。吳越錢氏命僧延壽重爲開拓，建石幢二，後爲千佛閣，最後爲法堂。東建彌勒閣，西建祇園。宋景德四年改景德靈隱禪寺。’”[1] 而北高峰，“在錢塘縣西，即靈隱山最高處。石磴數百級，曲折三十六灣，奇勝與南高峰相埒”[2]。

心淵堂在杭州興福院內。錢塘“自涌金門外至錢湖門”[3] 有興福院，“開寶二年吳越王建。舊有心淵堂、清蓮堂、凝碧軒，今爲聚景園。移建於清波門城下”[4]。

張端禮乃李綱妹夫。案，本集卷一六九《宋故朝請郎主管南京鴻慶宮張公墓誌銘》云：“公諱端禮，字南仲，姓張氏，處州龍泉人也。……君娶故中大夫右文殿修撰贈太師李公之次女，某之女弟也……女二人，長適某之子右承奉郎、監潭州南嶽廟宗之；次適某之猶子琳之。”（第 1558~1560 頁）

冬，至富陽，作《渡浙江》詩。

本集卷五《渡浙江》詩云：“理棹適桐江，隨潮過漁浦。山寒雪猶積，江迴月初吐。”（第 32 頁）從描寫景象推斷，時已入冬也。又，本集卷五《覺度寺》云：“夕發富春渚，朝次桐君廬。”（第 33 頁）富春即今浙江省富陽縣境，知此詩應是作於從富陽（今屬浙江）渡浙江時。

至桐廬，作《桐江行贈江致一少府》《覺度寺》《嚴陵灘下作二首》詩。

本集卷五《桐江行贈江致一少府》詩云：“江山蒼蒼負殘雪，江水茫茫浸寒月。”（第 32 頁）時爲冬天也。桐江在桐廬縣（今屬浙江）北三里。案，《輿地紀勝》卷八《嚴州》載：“桐江。《晏公類要》云：‘在桐廬北三里。源出天目山，即桐廬江也。’”[5] 桐廬江，“源出杭州於潛縣界天目山，南流至桐廬縣東一里，合浙江”[6]。據《乾隆桐廬縣志》卷二《方輿志二》，桐江在桐

[1] 龔嘉儁修，李楁纂《杭州府志》，《中國方志叢書》，第 804 頁。
[2] 穆彰阿等《嘉慶重修一統志》卷二八三《杭州府》，第 17 冊第 13806~13807 頁。
[3] 潛說友《咸淳臨安志》卷七九《寺觀五》，《宋元方志叢刊》，中華書局 1990 年版，第 4 冊第 4072 頁。
[4] 潛說友《咸淳臨安志》卷七九《寺觀五》，《宋元方志叢刊》，第 4 冊第 4074 頁。
[5] 王象之著，李勇先校點《輿地紀勝》，第 1 冊第 480 頁。
[6] 王象之著，李勇先校點《輿地紀勝》，第 1 冊第 484 頁。

廬“縣南六十步，合徽、衢、金三水，東北遠注九十里至縣南，曰桐江。東流歷富陽浙江以入於海”[1]。今從《輿地紀勝》所載。

本集卷五《覺度寺》詩云：“夕發富春渚，朝次桐君廬。桐君採藥地，今作僧家居。”（第33頁）據此推斷，覺度寺應在桐君山，然《太平寰宇記》《輿地紀勝》《方輿勝覽》《乾隆桐廬縣志》俱無記載。桐君山，在桐廬縣東二里。案，《輿地紀勝》卷八《嚴州》載：“桐君山。在桐廬。有人採藥，結廬桐木下，人問其姓，指木示之，因名山曰桐君山，江曰桐江，嶺曰桐嶺。”[2]《方輿勝覽》卷五《建德府》所載與之略同。《乾隆桐廬縣志》卷二《方輿志二》云：“桐君山，在縣東二里，下瞰兩江。相傳山側舊有桐樹，有異人採藥結廬於此。或問其姓，則指桐以示之。因號其人爲桐君，而山因以名焉。”[3]

嚴陵灘，《太平寰宇記》《輿地紀勝》等俱無記載，或爲嚴陵瀨，在桐廬縣西，與七里灘相接。案，《太平寰宇記》卷九五《睦州》載：“桐溪，一名紫溪，水木泉石相映，名‘樓林’。自桐溪至於潛，有九十六瀨，第二即嚴陵瀨也。”[4]《輿地廣記》卷二三《兩浙路下》載桐廬縣“有嚴陵山、嚴陵瀨，即嚴子陵之所居也”[5]。《輿地紀勝》卷八《嚴州》載：“七里灘。距州四十餘里，與嚴陵瀨相接。”[6]《乾隆桐廬縣志》卷二《方輿志二》載七里灘“在縣西四十五里……七里灘與嚴陵瀨相接。……以上諸灘俱在桐江上泝入建德縣界”[7]。然《明一統志》卷四一《嚴州府》載七里灘“在桐廬縣西，一名嚴陵瀨，即漢嚴光垂釣處”[8]，誤。

---

[1] 嚴正身、王德讓修，金嘉琰等纂《乾隆桐廬縣志》，《中國地方志集成·浙江府縣志輯》，上海書店出版社1993年版，第19冊第29頁。

[2] 王象之著，李勇先校點《輿地紀勝》，第1冊第483頁。

[3] 嚴正身、王德讓修，金嘉琰等纂《乾隆桐廬縣志》，《中國地方志集成·浙江府縣志輯》，第19冊第21頁。

[4] 樂史撰，王文楚等點校《太平寰宇記》，第4冊第1912頁。

[5] 歐陽忞撰，李勇先、王小紅校注《輿地廣記》，四川大學出版社2003年版，第668頁。

[6] 王象之著，李勇先校點《輿地紀勝》，第1冊第483頁。

[7] 嚴正身、王德讓修，金嘉琰等纂《乾隆桐廬縣志》，《中國地方志集成·浙江府縣志輯》，第19冊第31頁。

[8] 李賢等《明一統志》，景印文淵閣《四庫全書》，臺灣商務印書館1986年版，第472冊第1011頁。

至蘭溪，作《蘭溪訪吳聖與不遇》詩，《陸行》《水礦》《戲爲吳語》《絶句》《次退之藍關韻》詩或作於此。

本集卷五《蘭溪訪吳聖與不遇》原列《嚴陵灘下作二首》之後，當爲李綱南下沙縣途中過桐江、至蘭溪（今屬浙江）時作。《陸行》等五詩原列本集卷五《蘭溪訪吳聖與不遇》與《三衢道中》之間，或同作於蘭溪。

至衢州，作《三衢道中》《望龜峰》詩，《雜興三首》《戲成絶句三首》《偶題》詩或作於此。

本集卷五《三衢道中》原列《蘭溪訪吳聖與不遇》之後，當爲李綱南下沙縣途中過蘭溪、至衢州（今屬浙江）時作。龜峰，在衢州府治。據《弘治衢州府志》卷二《山川》，龜峰"其形如龜，昂首垂足，府治其背"[1]。故《望龜峰》詩應同作於衢州。本集卷五《雜興三首》《戲成絶句三首》《偶題》原列《三衢道中》與《望龜峰》之間，或同作於衢州。又，《雜興三首》其二云："歲晚南遷殊未央，曉寒霜霰濕征裳。煙籠山彩遠增翠，風皺溪瀾細漾光。嶺雪未銷宮額粉，野梅初發御爐香。誰憐飄泊螭坳吏，曾向鈞天侍紫皇。"（第35頁）從詩句描寫景象推斷，當作於冬天。

至玉山，作《玉山道中五首》詩。

本集卷五《玉山道中五首》原列《三衢道中》之後，當爲李綱南下沙縣途中過衢州、至玉山（今屬江西）時作。其三云："故人千里別，欲寄一枝梅。"（第36頁）其四曰："夾溪看岫色，和月認梅香。歲暮旅情惡，夜寒燈影光。"（第36頁）從詩句描寫景象推斷，當作於冬天。

途經玉山與信州間，作《抒懷》《短歌》《遣興》《江南六詠》詩。

本集卷五以上諸詩原列《玉山道中五首》與《宿信州景德寺禪月堂》之間，當作於玉山與信州間。其中，《遣興》有詩三首。《江南六詠》其五云："江南梅，昨夜溪頭玉雪開。贈遠欲傳千里恨，和煙爲折一枝來。"（第38頁）從詩句描寫景象推斷，當爲冬天作。

---

[1] 沈傑修，吾冔、吳夔纂《弘治衢州府志》，《天一閣藏明代方志選刊續編》，上海書店1990年版，第31冊第48頁。

趨信州，宿景德寺，作《宿信州景德寺禪月堂》詩，另有《巖石村店有石泉梅橘幽雅可愛》詩。

本集卷五《宿信州景德寺禪月堂》詩云："野寺虛堂倚翠微，雲山極目望中疑。溪寒連艦欄干直，日暮高樓鼓角悲。"（第38頁）據《嘉靖廣信府志》卷一九《外志》，景德寺在上饒"縣南一里許。舊有十六小院，曰薌巖、曰浴佛、曰報恩、曰水陸、曰孔雀、曰文殊、曰普賢、曰慈氏、曰禪月、曰玉白、曰戒壇、曰齋庫、曰泗州、曰廣信、曰尊聖，俱宋景德間建。今存者，報恩、孔雀、水陸、慈氏而已。洪武二十四年立爲叢林"[1]。又，《巖石村店有石泉梅橘幽雅可愛》原列本集卷五《宿信州景德寺禪月堂》之後，乃卷五最後一首詩，卷六序又謂"上饒道中以後及遊武夷作六十九首"（第41頁），則此詩當作於信州（今江西上饒）。

由信州赴鉛山，作《上饒道中雜詠三首》詩。

本集卷六《上饒道中雜詠三首》其二云："閩嶺風煙知已近，浙江書問恨難通。"（第41頁）詩原列本集卷六第一首，第二首《過鵝湖留贈昌長老二首》作於鉛山，則此詩當作於信州赴鉛山途中，時近沙縣也。

至鉛山，過鵝湖至紫溪，作《過鵝湖留贈昌長老二首》《昌老詢予來歷以詩答之》《題石井慈濟泉二首》《鉛山道中》《小溪》《過紫溪值雪》詩。

詩見本集卷六。《過鵝湖留贈昌長老二首》其二云："謫宦去爲劍浦吏，稅駕且作鵝湖遊。"（第41頁）鵝湖，在鉛山縣（今屬江西）北十五里。案，《太平寰宇記》卷一〇七《信州》載："鵝湖山，在（鉛山）縣北十五里。三峰特秀。其巔有瀑布泉。周圍四十餘里，縣之鎮也。《鄱陽志》云：'山上有湖，多生荷，名荷湖山。東晉時有雙鵝育子數百，羽翮成乃去，因更名鵝湖。'"[2]然《輿地紀勝》卷二一《信州》載："鵝湖。在鉛山縣西南十五里。《鄱陽記》云：'山上有湖，多生蓮荷，一名荷湖山。今以鵝湖著。'按《舊經》謂：'昔有龔氏住山傍，所蓄鵝逸於山，長育成群，復飛而下，因謂之鵝湖。'俗傳唐僧大義結庵，仙鵝自波而出者，妄矣。道傍長松參翠，枝幹

---

[1] 張士鎬等《嘉靖廣信府志》，《天一閣藏明代方志選刊續編》，上海書店1990年版，第45冊第1138頁。

[2] 樂史撰，王文楚等點校《太平寰宇記》，第5冊第2159頁。

權奇，延袤十餘里，大義所種。有仁壽院，淳熙初年，東萊呂公、晦庵朱公、象山陸公曾相會講道此院，謂之鵝湖之會。"[1]《方輿勝覽》卷一八《信州》亦謂鵝湖在鉛山縣西南十五里。[2]《嘉靖廣信府志》卷二《地輿志》載鵝湖在鵝湖山，鵝湖山在鉛山"縣北十五里鵝湖鄉，周迴四十餘里，蓋縣之鎮山也"[3]。鵝湖，一說在鉛山縣北十五里，一說在鉛山縣西南十五里，今從《太平寰宇記》。

《昌老詢予來歷以詩答之》原列《過鵝湖留贈昌長老二首》之後，據詩題推斷應同作於鉛山。

《題石井慈濟泉二首》其一云："誰將石洞當泉池，餘溜濺濺落水陂。山骨鑿開蒼瑪瑙，雲腴凝貯碧琉璃。龜浮水面寒光動，竹舞巖端翠影垂。泉石幽奇天下少，秘藏休使北人知。"（第42頁）石井，在鉛山縣北四里。案，《太平寰宇記》卷一〇七《信州》載："石井，在（鉛山）縣北四里。巨石間有竇，湧泉匯爲井。上有石龕覆之，石文隱起錯鏤，如蓮花倒生。舊名玉洞泉，唐光啓中賜名石井。"[4]然《輿地紀勝》卷二一《信州》載："石井。在鉛山縣東四里資聖院之後。周迴六丈，深二三丈許。有巖，去水二丈，三面回抱，瞰於井上，石文隱起，錯鏤垂下，如蓮花倒生。邑產膽水，味多澀濁。此泉清冷甘美，大旱不竭，溉田千餘頃，又名玉洞泉。"[5]《嘉靖廣信府志》卷二《地輿志》載石井在鉛山"縣北四里。……舊名玉洞泉，又碧玉，又慈濟，又醒心。或謂有神龍居之，名聖泉。然石井之名，唐光啓中嘗賜額矣，故名石井"[6]。石井，一說在鉛山縣北四里，一說在鉛山縣東四里，今從《太平寰宇記》。

《鉛山道中》云："行李逾江嶠，風煙接武夷。地靈嘉木秀，天闊暝雲垂。泉石日相樂，雪霜寒自遲。寄聲山下士，掃壁待題詩。"（第42頁）鉛山，在鉛山縣西北七里。案，《太平寰宇記》卷一〇七《信州》載鉛山在鉛

---

[1] 王象之著，李勇先校點《輿地紀勝》，第2冊第1014頁。

[2] 祝穆撰，祝洙增訂，施和金點校《方輿勝覽》，第319頁。

[3] 張士鎬等《嘉靖廣信府志》，《天一閣藏明代方志選刊續編》，第45冊第132~133頁。

[4] 樂史撰，王文楚等點校《太平寰宇記》，第5冊第2159頁。

[5] 王象之著，李勇先校點《輿地紀勝》，第2冊第1012~1013頁。

[6] 張士鎬等《嘉靖廣信府志》，《天一閣藏明代方志選刊續編》，第45冊第148頁。

山"縣西北七里。又名桂陽山"[1]。《輿地紀勝》卷二一《信州》所載與之同。然據《嘉靖廣信府志》卷二《地輿志》,鉛山在鉛山"縣西四里,一名桂陽山。產鉛,縣因之名也"[2]。鉛山,一說在鉛山縣西北七里,一說在鉛山縣西四里,今從《太平寰宇記》。

《小溪》原列《鉛山道中》與《過紫溪值雪》之間,當同作於鉛山。

《過紫溪值雪》云:"明時報國敢懷安,遠謫方知行路難。雲隔江鄉來雁寂,雪飛閩嶺弊貂寒。韓詩解道藍關恨,賈賦聊憑《鵩鳥》寬。誰念紫皇香案吏,飄零已覺鬢毛乾。"(第43頁)紫溪,在鉛山縣南四十里。案,《輿地紀勝》卷二一《信州》載紫溪嶺"在鉛山縣南四十里。高四百丈。又有紫溪水"[3]。《方輿勝覽》卷一八《信州》:"紫溪,在鉛山縣南四十餘里。"[4]然《嘉靖廣信府志》卷二《地輿志》載紫溪在鉛山"縣西南四十里。源出紫溪石壟,六十里入桐源"[5]。《嘉慶重修一統志》卷三一四《廣信府》載紫溪嶺"在鉛山縣南四十里。高可四十餘丈,其水流爲紫金溪,嶺下舊有紫溪驛"[6]。從詩描述來看,應是過紫溪嶺。

冒雪越分水嶺,作《雪中過分水嶺六首》詩。

詩見本集卷六。分水嶺在鉛山縣南七十里,與崇安接界。案,《方輿勝覽》卷一八《信州》謂分水嶺"在信州、崇安縣界"[7]。據《嘉慶重修一統志》卷三一四《廣信府》,分水嶺"在鉛山縣南七十里。南接福建崇安縣界,山嶺峻阻,水流南北兩分,分水關置於其南"[8]。

次崇安大安驛,作《次大安驛雪霽》詩,《山家》詩或爲同時作。

大安驛,據《嘉慶重修一統志》卷四三一《建寧府》,"在崇安縣西北五十里"[9]。本集卷六《次大安驛雪霽》詩應爲越分水嶺後、將次武夷之前

[1]樂史撰,王文楚等點校《太平寰宇記》,第5冊第2158頁。
[2]張士鎬等《嘉靖廣信府志》,《天一閣藏明代方志選刊續編》,第45冊第134頁。
[3]王象之著,李勇先校點《輿地紀勝》,第2冊第1016頁。
[4]祝穆撰,祝洙增訂,施和金點校《方輿勝覽》,第319頁。
[5]張士鎬等《嘉靖廣信府志》,《天一閣藏明代方志選刊續編》,第45冊第146頁。
[6]穆彰阿等《嘉慶重修一統志》,第19冊第15733~15734頁。
[7]祝穆撰,祝洙增訂,施和金點校《方輿勝覽》,第319頁。
[8]穆彰阿等《嘉慶重修一統志》,第19冊第15734頁。
[9]穆彰阿等《嘉慶重修一統志》,第27冊第21769頁。

作。《山家》原列本集卷六《次大安驛雪霽》與《將次武夷》之間，或爲同時作。

將次武夷，作《將次武夷》詩。

據本集卷六《將次武夷》詩題，知此詩爲將次武夷時作。

至武夷山，留山中數日，賦詩幾五十篇，有《崇安宰見示武夷山圖記》《自入閩境值雪默禱武夷君遊山日雪霽有感》《趨真亭》《游仙溪》《武夷山》《幔亭峰》《天柱峰》《洞天穴》《三姑石》《換骨巖》《龍潭》《獅子峰》《觀音巖》《兜擔石》《三女石》《學堂巖》《船場巖》《鷄窠巖》《大小藏巖》《仙迹石》《大小二廩石》《鐘模石》《鼓樓巖》《丹竈》《仙掌》《三層峰》《畫鶴》《大隱屏》《禪庵巖》《仙機巖》《魏王峰》《虎嘯巖》《釣臺石》《試劍石》《折筍巖》《仙接石》《紫嶺》《車錢峰》《毛竹洞》《晞真館》《仙橘》《仙竹》《泛舟至晞真館遇雪》《訪李道士》《紀舊夢》《宿棲真館夜雪大作詰旦遂行》《題棲真館三十六韻》諸詩，作《武夷山賦》。

詩見本集卷六。其中，《泛舟至晞真館遇雪》《訪李道士》各有詩二首。李綱遊武夷山（今屬福建）前，嘗借《武夷山圖記》。遊武夷山時，雪霽。案，《崇安宰見示武夷山圖記》詩云："征軒欲作武夷遊，先借圖經次第求。……明日泛舟山下去，按圖細細問蹤由。"（第45頁）《自入閩境值雪默禱武夷君遊山日雪霽有感》詩云："氛霾卷盡留殘雪，妝點峰巒意更勤。"（第45頁）

本集卷一《武夷山賦》序云："武夷山水之勝，爲七閩最，圖志載之詳矣。予閩人也，宦遊四方，每以未至其下爲恨。宣和改元，承乏螭頭，寓直左省，晝寢夢遊山間，四顧峰巒，玉色秀美，瑰奇不可模寫。既覺欣然，竊意所夢，殆非塵世也。已而都城積水，奏疏論事，謫官沙陽，渡淮歷浙，道江南，入閩境，遂遊武夷。道士導予乘小舟，泛九曲溪，抵晞真館，奇峰怪石，顧接不暇。回舟雪作，山色盡白，恍如夢中，怛然驚笑。信乎好慕之極達乎精神，而出處分定，非人力之所能致也。留山中賦詩，幾五十篇，又廣其意而爲之賦。"（第1頁）武夷山在崇安縣（今福建武夷山）南三十里。《太平寰宇記》卷一〇一《建州》載："武夷山，在（建陽）縣北一百二十八里。蕭子開《建安記》云：'武夷山，其高五百仞，巖石悉紅紫二色，望之若朝霞。有石壁，峭拔數百仞於煙嵐之中……顧野王謂之地仙之宅。半巖有懸棺數千。'傳云昔有神人武夷君居此，故得名。"[1]《輿地紀勝》卷一二九《建寧府》云："武夷山。在崇安縣南三十里。按《神仙傳》：'武夷山乃第十六升真元化洞天。昔有神人降此山，告人曰：予爲武夷君，統録地仙，受館於此。'由是得名。"[2]《方輿勝覽》卷一一《建寧府》同謂武夷山"在崇安南三十里"[3]。《嘉慶重修一統志》卷四三一《建寧府》所載與之同，並言"其山連亘百二十里，有三十六峰，三十七巖，溪流繚繞其間，分爲九曲，朱子有《九曲棹歌》"[4]。董天工"以遊歷身經復酌舊志定正。盈盈一水，九折分明矣。又曲中諸山，舊志分溪左溪右，今則分溪北溪南。其水自西而東，此一定方位也"。其《武夷山志》以九曲分界，"每曲必取其最著者爲領袖。一曲首大王峰，二曲玉女峰，三曲小藏峰，四曲大藏峰，五曲隱屏峰，六曲天遊峰，七曲三仰峰，八曲鼓子峰，九曲靈峰。一曲大王之前先以沖佑，五曲隱屏之前先以精舍者，則又以遊歷之次第爲序也"[5]，對山中盛景記載甚詳。

《趨真亭》詩云："煙霞深處一亭閑，石磴縈紆紫翠間。但覺峰巒勞顧揖，不知身到武夷山。"（第45頁）案，趨真亭即"問津亭，一曲上溪北。一名八佳亭，古名趨真亭"[6]。

《游仙溪》詩云："一溪九曲貫群峰，演漾輕舟淺碧中。杳如誤入武夷去，落花流水山重重。"（第45頁）游仙溪即九曲溪也。據《輿地紀勝》卷一二九《建寧府》，游仙溪"在武夷山西南隅，灣環九曲，貫於群岫"[7]。《方輿勝覽》卷一一《建寧府》載："九曲溪，在武夷山西南隅。發源於毛竹洞，灣環九曲，貫於群岫。"[8]據《嘉慶重修一統志》卷四三一《建寧府》，九曲溪"源出崇安縣西北大源山。流經黃村里，曰黃村溪。經武夷爲九曲溪，出石

[1] 樂史撰，王文楚等點校《太平寰宇記》，第4冊第2016頁。
[2] 王象之著，李勇先校點《輿地紀勝》，第7冊第4084頁。
[3] 祝穆撰，祝洙增訂，施和金點校《方輿勝覽》，第184頁。
[4] 穆彰阿等《嘉慶重修一統志》，第27冊第21737頁。
[5] 董天工《武夷山志·凡例》，《中國方志叢書》，成文出版社1974年版，第57~58頁。
[6] 董天工《武夷山志》卷一《總志上》，《中國方志叢書》，第161頁。
[7] 王象之著，李勇先校點《輿地紀勝》，第7冊第4085頁。
[8] 祝穆撰，祝洙增訂，施和金點校《方輿勝覽》，第188頁。

鼓渡入大溪"[1]。

《幔亭峰》詩云："燕罷虹橋絕世氛，曾孫誰見武夷君？更無祸幕空中舉，時有笙竽靜處聞。猿鳥夜啼千嶂月，松篁寒鎖一溪雲。洞天杳杳知何處？翠石蒼崖日欲曛。"（第46頁）《方輿勝覽》卷一一《建寧府》：幔亭峰"一名鐵佛嶂。《古記》云：'秦始皇二年八月十五日，武夷君置酒肴會鄉人於幔亭峰上。……鄉人至幔亭外，聞擊鼓聲。少頃，空中有呼鄉人爲曾孫，男由東序、女由西序進。既而聞贊者云："汝等曾孫可拜。"……俄而聞贊者云："曾孫可再拜而別。"乃下山，則風雨暴至，回顧山頂無復一物。但葱翠峭拔如初耳。鄉人感幸，因相與立祠其山，號同亭云。'"[2]《武夷山志》卷一《總志上》又載："幔亭峰，一曲下溪北。俗名鐵佛嶂。"[3]

《天柱峰》詩云："巉巉千丈插煙空，始見天南一柱峰。絕頂霧開擎日月，半巖雲暝噎雷風。俯臨萬壑林芴秀，高壓群山氣象雄。誰道共工曾觸折？斷鼇端是女媧功。"（第46頁）又，《魏王峰》詩云："危峰孤峭與天通，猶有當時羽化蹤。仙馭自隨鸞鶴遠，玉樓金鎖白雲封。"（第50頁）案，《方輿勝覽》卷一一《建寧府》謂天柱峰"一名大王峰，在武夷山東南隅"[4]。然董天工《武夷山志》卷一《總志上》載："大王峰，一曲中溪北。一名天柱峰，又名魏王峰。"[5]《武夷山志》謂天柱峰即魏王峰，但據二詩詩意及《方輿勝覽》，天柱峰應與魏王峰不同，待考。

《三姑石》詩云："風舞芳鄰鬌腳垂，朝雲行雨濕仙衣。不知當日緣何事，化石山頭更不歸。"（第46頁）案，《輿地紀勝》卷一二九《建寧府》："三姑石。在武夷山溪北岸。三石相聯，望之有姝麗之態。"[6]《方輿勝覽》卷一一《建寧府》：三姑石"在換骨巖北三十步。三石連屬，紅白鮮膩。《舊記》云：'秦時有三女遊此石，因名。'"[7]《武夷山志》卷一《總志上》又載：

[1] 穆彰阿等《嘉慶重修一統志》，第27冊第21751頁。
[2] 祝穆撰，祝洙增訂，施和金點校《方輿勝覽》，第185～186頁。
[3] 董天工《武夷山志》，《中國方志叢書》，第130頁。
[4] 祝穆撰，祝洙增訂，施和金點校《方輿勝覽》，第186頁。
[5] 董天工《武夷山志》，《中國方志叢書》，第130頁。
[6] 王象之著，李勇先校點《輿地紀勝》，第7冊第4081頁。
[7] 祝穆撰，祝洙增訂，施和金點校《方輿勝覽》，第188頁。

"三姑石，一曲下溪北。"[1]

《換骨巖》詩云："元化升真十六天，靈仙蟬蛻翠巖前。金堅玉潤留餘骨，密鎖煙霞幾百年。"（第46~47頁）據《方輿勝覽》卷一一《建寧府》，換骨巖在"幔亭峰北。中巖一室，平廣可六七丈。室前路斷數尺，不可度。舊有黃心木一根爲橋，不知年代，而堅固不壞，故世人得以造其間。室內有仙蛻九函；又有四柱樓一所，如世俗庋閣，其上置蛻函。函中仙蛻，皆質小而色紅。相傳方外之士得道尸解者，悉與此巖換骨，不獨武夷一洞天而已"[2]。《武夷山志》卷一《總志上》又載："換骨巖，一曲下溪北。又名均峰。"[3]

《龍潭》詩云："百丈清潭合兩溪，澄波瑩滑碧琉璃。神龍端向潭中睡，何事能容網罟垂？"（第47頁）案，"龍潭，一曲下溪北"[4]。

《獅子峰》詩云："奇石勝拏竹樹蒼，奮鬐矯首據崇岡。山深怪底無豺虎，端畏溪頭百獸王。"（第47頁）案，"獅子峰，一曲下溪南"[5]。

《觀音巖》詩云："銖衣珠珞寶花冠，宴坐翛然山水間。應爲武夷泉石好，不殊海岸補陀山。"（第47頁）案，《輿地紀勝》卷一二九《建寧府》載："觀音石。在武夷山。二石對聳。山巔草木有寶冠螺髻之像。"[6]《武夷山志》卷一《總志上》謂"觀音巖，一曲下溪南。大小二巖"[7]。觀音巖或即觀音石也。

《兜擔石》詩云："仙人戲睹翠娥眉，空有花輿照夕暉。雲日娟娟風裊裊，尚疑玉質在簾幃。"（第47頁）《方輿勝覽》卷一一《建寧府》載：兜擔石"一名賭婦巖。《古記》云：'昔有娶婦者，與仙人賭而隨其去，遺下兜擔，化而爲石。'"[8]《武夷山志》卷一《總志上》又載："兜鍪峰，一曲下溪南。一名兜擔石，一名賭婦石。"[9]

---

[1] 董天工《武夷山志》，《中國方志叢書》，第137頁。
[2] 祝穆撰，祝洙增訂，施和金點校《方輿勝覽》，第187頁。
[3] 董天工《武夷山志》，《中國方志叢書》，第133頁。
[4] 董天工《武夷山志》卷一《總志上》，《中國方志叢書》，第148頁。
[5] 董天工《武夷山志》卷一《總志上》，《中國方志叢書》，第130頁。
[6] 王象之著，李勇先校點《輿地紀勝》，第7冊第4085頁。
[7] 董天工《武夷山志》，《中國方志叢書》，第133頁。
[8] 祝穆撰，祝洙增訂，施和金點校《方輿勝覽》，第188頁。
[9] 董天工《武夷山志》，《中國方志叢書》，第130頁。

《三女石》詩云："粲粲三英傍碧溪，玉肌雲鬢曉參差。想因巫峽行雲日，記得湘江解佩時。"（第47頁）案，《方輿勝覽》《武夷山志》等俱不載三女石，然《方輿勝覽》卷一一《建寧府》載：三娘石"亦名玉女峰。並肩而立，紅膩玉色。《古記》云：'秦時三少女遊其上。'"[1]或爲李綱詩中所云三女石。

《學堂巖》詩云："仙宮讀徹《蕊珠篇》，几案巖中自寂然。昆閬圖書藏策府，誰言孤陋解成仙？"（第47頁）據《方輿勝覽》卷一一《建寧府》，仙學堂巖"在溪南。半巖有石室，其間几案具在，蓋仙家翰墨之館"[2]。《武夷山志》卷一《總志上》又載："仙館巖，二曲溪南。又名仙學堂，亦稱學堂巖"[3]。

《船場巖》詩云："仙艇何年插翠微，雲篷煙棹尚依依。凌虛欲鼓天邊柂，喚取雙龍背負飛。"（第48頁）案，《方輿勝覽》《武夷山志》等俱不載船場巖，然《武夷山志》卷一《總志上》載："擱船巖，一曲下溪南兜鍪峰。"[4]從詩中描述推測，船場巖或指擱船巖。

《雞窠巖》詩云："磔磔天雞啼曉煙，仙家風景鎮芳妍。自從彩翼飛仙後，祇有遺棲寄嶺巔。"（第48頁）案，《方輿勝覽》《武夷山志》等俱不載雞窠巖，然《武夷山志》卷一《總志上》載："雞巢巖，四曲溪南大藏峰。"[5]《雞窠巖》或詠雞巢巖也。

《大小藏巖》詩云："玉棺插遍兩巖旁，石罅開如小洞房。煉就陽魂歸紫府，空餘靈骨此中藏。"（第48頁）案，《輿地紀勝》卷一二九《建寧府》："小藏巖。在武夷山。……大藏巖。在武夷山下，際深淵。石壁中開數室，皆插板木。室中有器，形狀不一。"[6]《方輿勝覽》卷一一《建寧府》：小藏巖"在溪南。下際無底之淵，上亘斗絕之壁。中開數室，皆插版木，望之如棧室……《古記》云：'昔有仙雞棲鳴其間，故又名仙雞巖。'"[7]《武夷山志》

---

[1] 祝穆撰，祝洙增訂，施和金點校《方輿勝覽》，第188頁。
[2] 祝穆撰，祝洙增訂，施和金點校《方輿勝覽》，第187頁。
[3] 董天工《武夷山志》，《中國方志叢書》，第133頁。
[4] 董天工《武夷山志》，《中國方志叢書》，第133頁。
[5] 董天工《武夷山志》，《中國方志叢書》，第134頁。
[6] 王象之著，李勇先校點《輿地紀勝》，第7冊第4082頁。
[7] 祝穆撰，祝洙增訂，施和金點校《方輿勝覽》，第187頁。

卷一《總志上》俱不載大小藏巖，卻記有大小藏峰，"小藏峰，三曲溪南。即仙船巖。……大藏峰，四曲溪南"[1]，大小藏巖或指大小藏峰也。

《仙迹石》詩云："當年天姥戲溪邊，一石遺蹤膝宛然。卻笑茂陵縱氏迹，祗憑方士口中傳。"（第48頁）案，《方輿勝覽》《武夷山志》等俱不載仙迹石，然《武夷山志》卷一《總志上》載："仙迹巖，五曲下溪北，亦稱仙膝巖。"[2]頗似詩中描述景象，仙迹石或指仙迹巖也。

《大小二廩石》詩云："仙家何事亦羸糧？廩石團團峙道旁。應架班龍耕紫石，深儲芝玉廩中藏。"（第48頁）案，《輿地紀勝》卷一二九《建寧府》載："大小廩石。在武夷山。二石卓立如倉廩狀。"[3]《武夷山志》卷一《總志上》謂"大小廩石，八曲溪南"[4]。

《鐘模石》詩云："誰鑄三鐘亂乳形？不須簨簴自能鳴。仙君欲奏《賓雲曲》，祗感清霜便發聲。"（第48頁）案，《輿地紀勝》卷一二九《建寧府》謂鐘模石"在武夷山，三石卓立如鐘形"[5]。《武夷山志》卷一《總志上》又謂"鐘模石，七曲西北琅玕巖"[6]。

《鼓樓巖》詩云："洞天擊鼓集群仙，石作高樓鎖翠煙。萬籟不鳴霜月曉，鏒鏒猶聽鼓聲傳。"（第49頁）案，鼓樓巖，"在武夷溪北。巖間有樓，其下四楹，有路可以攀援而上。《舊記》云是仙家鼓樓。旁有鼎竈"[7]。

《丹竈》詩云："金鼎丹成透碧天，尚留丹竈在層巔。一丸五色光騰夜，乞取從教作散仙。"（第49頁）案，"丹竈，七曲溪北三仰峰碧霄洞"[8]。

《仙掌》詩云："玉指纖纖煙靄中，揮雲英日掌微紅。祗疑華嶽留蹤後，更向閩山映碧峰。"（第49頁）據《方輿勝覽》卷一一《建寧府》，仙掌巖"掌面三處，石紋紅潤如掌。有瀑流，界於仙掌、學堂二山，直下千尺"[9]。

---

[1] 董天工《武夷山志》，《中國方志叢書》，第131頁。
[2] 董天工《武夷山志》，《中國方志叢書》，第135頁。
[3] 王象之著，李勇先校點《輿地紀勝》，第7冊第4082頁。
[4] 董天工《武夷山志》，《中國方志叢書》，第140頁。
[5] 王象之著，李勇先校點《輿地紀勝》，第7冊第4084頁。
[6] 董天工《武夷山志》，《中國方志叢書》，第139頁。
[7] 祝穆撰，祝洙增訂，施和金點校《方輿勝覽》卷一一《建寧府》，第187頁。
[8] 董天工《武夷山志》卷一《總志上》，《中國方志叢書》，第167頁。
[9] 祝穆撰，祝洙增訂，施和金點校《方輿勝覽》，第187頁。

《武夷山志》卷一《總志上》又載："仙掌峰，六曲溪北。"[1]

《三層峰》詩云："三疊靈峰氣象豪，噴雲泄雨不崇朝。懸崖峭壁無人到，祇恐峰頭是碧霄。"（第49頁）案，《輿地紀勝》卷一二九《建寧府》載："三層峰。在武夷山北。衆峰尤聳秀。"[2]董天工《武夷山志》卷一《總志上》云："三層峰，七曲溪北。一名三疊峰，俗名紗帽巖。"[3]

《畫鶴》詩云："誰畫千年老令威？丹青今古照清輝。玄裳朱頂蒼崖畔，豈憶沖天萬里飛？"（第49頁）《方輿勝覽》卷一一《建寧府》謂仙鶴巖"在溪北。峭壁畫仙鶴"[4]。《畫鶴》或寫仙鶴巖也。

《大隱屏》詩云："高峰崛起翠微屏，何事呼爲大隱名？自是市朝人不到，非關洞户鎖崢嶸。"（第49頁）案，"隱屏峰，五曲下溪北。亦稱大隱屏"[5]。

《禪庵巖》詩云："虎嘯猿啼月滿天，山僧宴坐正安禪。不知隻履歸何處？尚有庵巖名字傳。"（第50頁）案，"禪巖，一曲中溪北大王峰，亦稱禪庵巖"[6]。

《仙機巖》詩云："雲去仙機杼軸空，報章何日已成功？天孫織就煙霞錦，吹落溪山夕照中。"（第50頁）據《方輿勝覽》卷一一《建寧府》，仙機巖"在武夷溪北。水際巖上有石室，石機杼猶存"[7]。《武夷山志》卷一《總志上》又載："仙機巖，四曲溪南鳴鶴峰。"[8]

《虎嘯巖》詩云："昔年雕虎嘯幽巖，千里清風皺碧潭。虎去穴空風自遠，一林花雨落毿毿。"（第50頁）案，"虎嘯巖，二曲溪南。亦稱虎嘯峰"[9]。

《釣臺石》詩云："釣石峨峨枕碧溪，仙人於此亦垂絲。想當月白風清

[1] 董天工《武夷山志》，《中國方志叢書》，第131頁。
[2] 王象之著，李勇先校點《輿地紀勝》，第7冊第4081頁。
[3] 董天工《武夷山志》，《中國方志叢書》，第131頁。
[4] 祝穆撰，祝洙增訂，施和金點校《方輿勝覽》，第187頁。
[5] 董天工《武夷山志》卷一《總志上》，《中國方志叢書》，第131頁。
[6] 董天工《武夷山志》卷一《總志上》，《中國方志叢書》，第133頁。
[7] 祝穆撰，祝洙增訂，施和金點校《方輿勝覽》，第187頁。
[8] 董天工《武夷山志》，《中國方志叢書》，第134頁。
[9] 董天工《武夷山志》卷一《總志上》，《中國方志叢書》，第133頁。

夜，正是寒魚食餌時。"（第 50 頁）案，"釣臺，山北西徑青獅巖"[1]。

《試劍石》詩云："煉氣爲金鑄劍成，且將頑石試青萍。光芒鬱鬱沖牛斗，斬盡妖魔若發鍘。"（第 50 頁）案，"試劍石，四曲溪北小九曲"[2]。

《折筍巖》詩云："玉府鏘鏘玉筍林，誰將移種翠巖陰？爛斑猶帶當時籜，照水籠煙幾百尋。"（第 51 頁）案，"接筍峰，五曲下溪北。一名折筍巖，亦稱小隱屏"[3]。

《仙接石》詩云："天風吹折碧琅玕，神化茫茫接豈難？鳳髓鷖膠天上有，世人休作等閑看。"（第 51 頁）《方輿勝覽》《武夷山志》等俱不載仙接石，然《武夷山志》卷一《總志上》載："登仙石，一曲中溪北大王峰。……仙冠石，二曲溪北。亦名道冠石。……仙牀石，四曲溪北題詩巖。"[4]仙接石或指三者其一也，待考。

《紫嶺》詩云："林花不逐歲寒凋，半嶺煙光媚遠霄。須信仙家風景好，四時峰岫紫苕蕘。"（第 51 頁）案，"紫嶺，山北東徑，又名紫嶺峰"[5]。

《車錢峰》詩云："塵緣洗盡便神仙，泉石幽奇即洞天。我欲雲崖結茅屋，待從天姥借車錢。"（第 51 頁）《方輿勝覽》《武夷山志》等俱不載車錢峰，然《武夷山志》卷一《總志上》載："車錢巖，三曲溪北。即金鼎峰，又名金峰。"[6]車錢峰或指車錢巖也。

《毛竹洞》詩云："洞生毛竹綠猗猗，枝幹扶疏滿洞垂。傳是神仙遊息地，蔽藏不許世人知。"（第 51 頁）據《方輿勝覽》卷一一《建寧府》，毛竹洞"在西溪上流，去武夷山百餘里。遍生毛竹，每節出一幹，其巨細與根等"[7]。《武夷山志》卷一《總志上》又載："毛竹洞，一曲下溪南。"[8]

《晞真館》詩云："小溪盤屈巧縈迴，行到晞真景更奇。路轉山迴疑不見，此中凝望卻參差。"（第 51 頁）據《方輿勝覽》卷一一《建寧府》："晞

---

[1] 董天工《武夷山志》卷一《總志上》，《中國方志叢書》，第 161 頁。
[2] 董天工《武夷山志》卷一《總志上》，《中國方志叢書》，第 138 頁。
[3] 董天工《武夷山志》卷一《總志上》，《中國方志叢書》，第 131 頁。
[4] 董天工《武夷山志》，《中國方志叢書》，第 137~138 頁。
[5] 董天工《武夷山志》卷一《總志上》，《中國方志叢書》，第 141 頁。
[6] 董天工《武夷山志》，《中國方志叢書》，第 134 頁。
[7] 祝穆撰，祝洙增訂，施和金點校《方輿勝覽》，第 187~188 頁。
[8] 董天工《武夷山志》，《中國方志叢書》，第 142 頁。

真館，起居舍人龔原記：'在第六曲仙掌峰之側，以爲遊人一息之地。'"[1]《武夷山志》卷一《總志上》又載："仙遊館，六曲西北振衣岡，又名希真館。"[2] 本集卷一《武夷山賦》序有"泛九曲溪，抵晞真館"（第 1 頁），睎真館、晞真館、希真館應指同一建築。李綱又有《宿棲真館夜雪大作詰旦遂行》《題棲真館三十六韻》二詩。棲真館，《方輿勝覽》《武夷山志》等書俱無記載，或同指晞真館。

《洞天穴》詩云："沉沉幽穴閟雲煙，玉宇瓊樓鎖洞天。自向壺中飛日月，更於物外起山川。劉公隱後今誰繼？張湛仙來不記年。紫府若容幽客到，誅茅欲卜隱屏前。"（第 46 頁）洞天穴，《方輿勝覽》《武夷山志》等書俱無記載，待考。

《仙橘》《仙竹》《訪李道士》三詩原列本集卷六《晞真館》與《宿棲真館夜雪大作詰旦遂行》之間，應同爲遊武夷山時作。

《紀舊夢》詩序云："余今夏夢乘舟行亂石間，四顧峰巒，奇秀有如玉色者，覺頗異之。及謫官劍浦，道武夷山，小舟溯流，水落石出，遍覽勝概。至晞真館雪作，巖石皆白，恍如舊遊。然後信出處之分定，而斯遊清絕，已先兆於夢寐，雖欲不到，不可得也。"（第 53 頁）據知，此詩作於遊武夷山之時。

過黃亭驛。

本集卷一三《題黃亭驛》詩云："雲山一帶碧崔嵬，迎我南遷又北回。歲籥纔周兩經歷，此行端爲武夷來。"（第 157 頁）此詩作於次年從沙縣北歸時，原列本集卷一三《武夷行》之前，則南遷時過黃亭驛當在過武夷山後。據《道光重纂福建通志》卷四五《古迹》，黃亭在崇安縣"豐陽里，一云武夷山亭。以黃名，取土克水之義"[3]。黃亭驛，在今福建武夷山境內。

至建陽，《贈舅氏吳子和》詩或作於此。

《贈舅氏吳子和》原列本集卷七第一首，第二首爲《自建陽泛舟至建安》，據本集卷七序"自入建陽及抵沙陽庚子歲以後作七十首"（第 56 頁），

---

[1] 祝穆撰，祝洙增訂，施和金點校《方輿勝覽》，第 192 頁。

[2] 董天工《武夷山志》，《中國方志叢書》，第 164 頁。

[3] 孫爾準等修，陳壽祺纂《道光重纂福建通志》，《中國地方志集成·省志輯·福建》，鳳凰出版社2011 年版，第 4 冊第 163 頁。

推斷此詩或作於建陽（今屬福建）。吳子和，名里不詳。

自建陽泛舟至建安，作《自建陽泛舟至建安》《建溪再得雪鄉人以爲宜茶》詩。

詩見本集卷七。建溪，在建陽縣東。案，《太平寰宇記》卷一〇一《建州》載建溪在建陽"縣東一百步。源從武夷山下西北來縣界也"[1]。《輿地紀勝》卷一二九《建寧府》所載與之同。《方輿勝覽》卷一一《建寧府》謂建溪"源出武夷，至城外。今東溪"[2]。《嘉慶重修一統志》卷四三〇《延平府》載：建溪"自建寧府建安縣流入，經南平縣東，又東南入福州府古田縣界，即閩江上游也。亦曰東溪、亦曰劍津、亦曰劍潭、亦曰龍津、亦曰劍溪、亦曰龍潭、亦曰延平津。《晉書·張華傳》：'華聞豫章人雷煥妙達緯象，因與討論。煥曰：斗牛間紫氣，乃寶劍之精。上徹於天耳。華即令煥至豐城，掘獄屋，入地五丈得石，石中有雙劍，一曰龍泉，一曰太阿。其夕，斗牛間氣遂隱，遣使以一與華，一留自佩。後華誅，失劍所在。煥卒，其子爲州從事，持劍行經延平津，劍忽躍出投水中，但見兩龍各數丈，故名。'"[3]卷四三一《建寧府》又載：建溪"一曰崇溪，即古建陽溪也。源出崇安縣西北，東南流經建陽縣東，又東南經甌寧縣界，合於南浦溪"[4]。從《自建陽泛舟至建安》"建溪百里纔終日，過盡千巖萬壑幽"（第56頁）推斷，詩中建溪乃古建陽溪，故《建溪再得雪鄉人以爲宜茶》詩亦應爲自建陽泛舟至建安時作。

過甌寧，作《天寧老齊珏録慶餘師開堂疏見示》詩，《梅花二首》詩或作於此。

本集卷七《天寧老齊珏録慶餘師開堂疏見示》詩云："一別閩山三十年，重來相見兩依然。煩師録示當時語，猶喜曹溪一派傳。"（第56頁）又，本集卷一六三《慶餘長老開堂疏跋尾》曰："右建州大中寺長老慶餘師《再開堂疏》，先公太師所作也。元祐中，先公任松溪尉，師住邑之中峰寺，語道

---

[1] 樂史撰，王文楚等點校《太平寰宇記》，第4冊第2016頁。
[2] 祝穆撰，祝洙增訂，施和金點校《方輿勝覽》，第189頁。
[3] 穆彰阿等《嘉慶重修一統志》，第27冊第21644~21645頁。
[4] 穆彰阿等《嘉慶重修一統志》，第27冊第21750頁。

相契，數以手帖往還。時參政吕公謫居建安，嘗詢衲僧中可與語者，先公以師對。"（第1503頁）案，《福建通志》卷六三《古迹二》載："甌寧縣大中寺，在府城中和坊。舊名本律寺，唐賜今額。宋名真威，政和間改爲萬壽神霄宮，建炎初仍名大中寺。後圮於水，重建，今毀。"[1] 故《天寧老齊珏録慶餘師開堂疏見示》詩應作於甌寧（今福建建甌）。《梅花二首》詩原列本集卷七《天寧老齊珏録慶餘師開堂疏見示》之後，或同爲甌寧時作。

自建安陸行至劍浦，作《劍浦道中二首》《自建安陸行至劍浦》《劍浦》《雙溪閣》詩。

雙溪閣，在南平縣劍津上。案，《輿地紀勝》卷一三三《南劍州》謂雙溪閣"在劍津之上"[2]。《嘉慶重修一統志》卷四三〇《延平府》謂"在南平縣劍津上"[3]。從本集卷七以上諸詩詩題推斷，當爲建安至劍浦（今福建南平）時作。

十二月，抵沙縣，寓居興國寺，作《抵沙陽之夕民居延火》詩，上《謫監沙縣稅務到任謝表》。

李綱赴沙縣行迹，李綸《梁溪先生年譜》云："道江南，入閩境，遂遊武夷，乘小舟泛九曲，留山中，賦詩幾五十篇，又廣其意而爲之賦。十二月，到任。"[4] 趙效宣《李綱年譜長編》曰："九月，過吳江、嘉禾、遂渡浙而趨信州。十月，由上饒赴鉛山。十一月，過鵝湖至紫溪值雪，乃冒雪越分水嶺，次武夷山，留山中數日，賦詩幾五十篇。十二月，抵沙陽，寓居興國佛宮。"[5] 沙陽，今福建沙縣也。然據本集作品，是年秋天，李綱從開封出發，過蘇州、吳江、嘉禾、臨平、杭州、富陽，冬渡浙江至桐廬、蘭溪、衢州、玉山、信州、鉛山、鵝湖、紫溪、分水嶺、大安驛、武夷山、建陽、建安、劍浦，十二月抵沙縣。本集卷七《抵沙陽之夕民居延火》詩、卷四〇《謫監沙縣稅務到任謝表》當爲十二月到任時作。

寓居興國寺。本集卷七《春詞二十首》詩序云："余謫沙陽，寓居興國

---

[1] 郝玉麟修，謝道承等纂《福建通志》，景印文淵閣《四庫全書》，第530冊第264頁。

[2] 王象之著，李勇先校點《輿地紀勝》，第7冊第4206頁。

[3] 穆彰阿等《嘉慶重修一統志》，第27冊第21657頁。

[4] 李綸編，彭邦明校點《梁溪先生年譜》，吳洪澤、尹波主編《宋人年譜叢刊》，第6冊第4080頁。

[5] 趙效宣《李綱年譜長編》，第21頁。

佛祠，寢西小軒。"（第 60 頁）興國寺在沙縣東南凝翠峰前。案，《輿地紀勝》卷一三三《南劍州》載："太平興國寺……李綱謫本縣笁庫，寓居是剎。"[1] 興國寺"在沙縣東南凝翠峰前"[2]，具體"在興義坊文昌門盧家巷之右。唐中和二年建，名中興，宋太平興國三年賜額。李忠定公謫監沙縣稅，寓此"[3]。

二十八日，作《立春日》詩。

是年十二月二十八日立春[4]，本集卷七《立春日》詩當作於是日也。

二十九日，獨坐對花酌酒，作《除夕》詩。

詩見本集卷七。是年十二月癸酉朔，次年正月壬寅朔，知十二月爲小盡，除夕爲十二月二十九日。

徽宗宣和二年庚子（1120），三十八歲

在沙縣，監稅務。有詩三百八十七首、文八十七篇、詞八首、賦九篇，存疑待考詩二首。

正月一日，作《元日》詩。

詩見本集卷七。李綸《梁溪先生年譜》謂是年"有《到沙陽》至《崇安朱令送示武夷圖》詩三百餘篇"[5]。據知，本集卷七《沙陽》至卷一三《崇安令送示武夷圖》三百餘首詩作於是年。然《抵沙陽之夕民居延火》《立春日》《除夕》作於去年十二月，故李綱今年所作詩，當除三詩之外。元日即正月初一。

十五日，作《上元日二首》詩。

詩見本集卷七。上元日即正月十五日也。

---

[1] 王象之著，李勇先校點《輿地紀勝》，第 7 冊第 4208 頁。

[2] 穆彰阿等《嘉慶重修一統志》卷四三○《延平府》，第 27 冊第 21673 頁。

[3] 梁伯蔭修，羅克涵纂《民國沙縣志》卷四《名勝志》，《中國地方志集成·福建府縣志輯》，上海書店出版社 2000 年版，第 39 冊第 96 頁。

[4] 本書二十四節氣日期皆據簡錦松《歷代中西對照節氣儒略每日曆表》，財團法人古典詩學文教基金會網站，下不一一注明。

[5] 李綸編，彭邦明校點《梁溪先生年譜》，吳洪澤、尹波主編《宋人年譜叢刊》，第 6 冊第 4080 頁。

二十四日，作《瑞光巖立化雀贊》。

　　本集卷一四〇《瑞光巖立化雀贊》序云："宣和二年正月二十四日，有雀立化於瑞光巖之佛殿香爐上，宗本之徒明頤來沙陽，出畫圖示，予以偈贊。"（第 1336 頁）

大約是月，作《含笑花賦》《幽蘭賦》《日者賦》。

　　李綸《梁溪先生年譜》謂是年"有《迷樓》等九賦"[1]。據知，本集卷一《含笑花賦》《幽蘭賦》《日者賦》《荔枝賦》《蓮花賦》、卷二《擬騷》《秋色賦》《續遠遊賦》《迷樓賦》九賦作於是年。本集卷二三《含笑花五首》自注曰："予在沙陽，曾作《含笑花賦》。"（第 310 頁）然趙效宣《李綱年譜長編》謂《含笑花賦》《日者賦》作於宣和元年（1119）[2]，不知何據，今從李綸《梁溪先生年譜》所載。又，《日者賦》謂"李子既抵沙陽，有日者踵門而告之"（第 4 頁），當爲李綱初抵沙縣時作。《含笑花賦》《幽蘭賦》列於《日者賦》之前，大約同作於是年正月。

作《沙陽和〈歸去來辭〉》。

　　李綸《梁溪先生年譜》謂是年有"和《歸去來》《秋風》二辭"[3]。本集卷一四二《沙陽和〈歸去來辭〉》序云："予謫官沙陽，地僻家遠，慨念庭幃，形於夢寐。適中表吳令罷官西上，取道浙江，於其行和淵明之辭以示之。"（第 1355 頁）又，本集卷一三《次韻和〈歸去來集字〉十首》詩序云："予初抵沙陽，嘗和陶淵明《歸去來辭》。"（第 152 頁）據知，《沙陽和〈歸去來辭〉》大約作於是年正月也。

作《沙陽》《平津晚望》詩。

　　詩原列本集卷七《抵沙陽之夕民居延火》之前，但《沙陽》詩云："忽忽歲改律，欣欣木向榮。"（第 58 頁）《平津晚望》詩云："春入沙陽花滿林，七峰倒影碧沉沉。"（第 59 頁）據知，二詩不應與《抵沙陽之夕民居延火》同作於去年十二月，大約爲今年正月作也。

---

[1] 李綸編，彭邦明校點《梁溪先生年譜》，吳洪澤、尹波主編《宋人年譜叢刊》，第 6 冊第 4080 頁。
[2] 趙效宣《李綱年譜長編》，第 23 頁。
[3] 李綸編，彭邦明校點《梁溪先生年譜》，吳洪澤、尹波主編《宋人年譜叢刊》，第 6 冊第 4080 頁。

一、二月間，作《春詞二十首》《用韻賦梅花三首》《再賦一首》《吳慎微鄧志宏同遊陳氏園》《鄧純彥家蘭盛開見借一本》《次韻陳介然〈幽蘭〉〈翠柏〉之作》《次韻鄧志宏〈梅花〉》《墨戲六首》《偃風頂雨絕句》《再用陳園韻示志宏》《惜花》《乘興遊鄧季明園池邀志宏同會再賦陳園韻》《招陳幾叟小飲》《志宏以〈墨戲〉見遺並睍〈古風〉次韻答之且歸其畫》《再用奴字韻呈幾叟》《以〈墨戲〉歸志宏復有詩來次韻答之》《再次韻》《志宏復有詩來再賦兩篇爲報念其往復之無已也故寓意卒章以止之》《讀〈李白集〉戲用奴字韻》《春雨》《春意》《平津閣晚雨》《春晝書懷》《春雪》《食筍蕨》《學草書》《次韻志宏見示〈春雪〉長句》《雪霽》《次韻陸敦禮〈留題皇華驛〉二首》《溪漲》《牡丹》《酴醿》《志宏見和再次前韻》《次韻招志宏見過》《再賦酴醿贈志宏》《題陳氏隱圃佚老堂二十韻》《余賦佚老堂志宏見和復用前韻成一篇呈興宗》詩，與鄧肅，陳淵，陳正式，鄧覿、鄧觀兄弟，鄧密等人交遊唱和。

詩見本集卷七、卷八。其中，《鄧純彥家蘭盛開見借一本》有詩四首、《次韻陳介然〈幽蘭〉〈翠柏〉之作》有詩四首、《春雪》有詩二首、《溪漲》有詩二首、《志宏見和再次前韻》有詩二首。以上諸詩原列正月一日所作《元日》與二月二十八日所作《寒食五首》之間，當爲是年一、二月間作。《春詞二十首》詩云：“南方春早花亦早，爛漫開盡枝頭紅。”（第62頁）《吳慎微鄧志宏同遊陳氏園》詩云：“吾本惜春人，常恐春色老。沙陽渺天南，春到一何早！”（第63頁）據詩句及《用韻賦梅花三首》《再賦一首》《春雪》《雪霽》等詩題，諸詩應寫早春景象。

時李綱結識鄧肅，二人爲忘年交，唱酬尤多。《宋史》卷三七五《鄧肅傳》：“李綱見而奇之，相倡和，爲忘年交。”[1] 本集卷一六二《書鄧南夫祭文後》云：“予來沙陽，時南夫已死，不及識；識其子肅，俊美而力學，有以見南夫之義方。”（第1490頁）鄧肅（1091—1132），初字志宏，後改字德恭，號栟櫚，南劍州沙縣（今屬福建）人。著有《栟櫚先生文集》。父轂，

---

[1] 脫脫等《宋史》，第33冊第11603頁。

字南夫。[1]是年一、二月間，李綱、鄧肅同遊陳氏園，李綱賦《吳慎微鄧志宏同遊陳氏園》詩紀事，又作《再用陳園韻示志宏》《乘興遊鄧季明園池邀志宏同會再賦陳園韻》。鄧肅請李綱爲其所藏畫題跋，李綱作《墨戲六首》，即《拳蠹》《枯折》《宿枝》《新葉》《引根》《迸筍》六詩。案，本集卷七《墨戲六首》詩序云：“鄧志宏所蓄《墨戲》凡六，曲盡其妙，求予題跋，各爲賦小詩以見意。”（第65頁）又作《偃風頂雨絕句》附卷末。案，本集卷七《偃風頂雨絕句》詩序云：“六竹外，尚有偃風、頂雨二本留故家，志宏欲之而未得。戲作絕句附卷末，庶幾異日悉歸志宏也。”（第66頁）繼作《志宏以〈墨戲〉見遺並貺〈古風〉次韻答之且歸其畫》《以〈墨戲〉歸志宏復有詩來次韻答之》《再次韻》《志宏復有詩來再賦兩篇爲報念其往復之無已也故寓意卒章以止之》，又有《次韻鄧志宏〈梅花〉》《次韻志宏見示〈春雪〉長句》《志宏見和再次前韻》《次韻招志宏見過》《再賦酴醾贈志宏》《余賦佚老堂志宏見和復用前韻成一篇呈興宗》諸詩反復唱和，不一一贅述。鄧肅《栟櫚先生文集》卷三《和李梁溪春雪韻》、卷四《寒梅上李舍人》、卷九《次韻李舍人》即爲其間唱和之作。鄧肅《次韻李舍人》乃次韻李綱《題陳氏隱圃佚老堂二十韻》，故李綱再作《余賦佚老堂志宏見和復用前韻成一篇呈興宗》詩。案，本集卷八《題陳氏隱圃佚老堂二十韻》：“處世如大夢，悟者能有幾？鐘鳴漏已盡，耽著不知止。賢哉潁川公，才老即謝事。懸車築園池，歸作隱君子。大塊方逸吾，順之聊複爾。燕居二十年，坐進端爲此。委形雖物化，妙湛本無死。吾來恨不及，猶喜識其嗣。鬚眉皓已霜，眸子炯如水。頭著白綸巾，蕭散真晉士。傳家有高風，何必拾青紫？衡門久不開，荒徑爲我洗。相攜步方塘，春綠漲清沚。修篁間蒼松，新槐雜嘉卉。斷橋堆露簜，危架引煙蕊。蔭庭桂團團，疊澗石齒齒。蕭森無俗姿，曠遠含古意。慰吾放逐情，翛然百憂弭。緬懷前人風，安得九原起？相顧不厭頻，追隨從此始。”（第77~78頁）鄧肅《栟櫚先生文集》卷九《次韻李舍人》：“道山文章伯，杖履作幽棲。筆硯爲戲事，業落翻墨螭。平生百萬言，定相初不離。更憐世間士，塵網深相闟。笑蹋雙林轍，誓破萬夫疑。八面列神王，劍戟森

［1］王兆鵬、陳爲民編《鄧肅年譜》，吳洪澤、尹波主編《宋人年譜叢刊》，四川大學出版社2002年版，第7冊4546~4548頁。

攜持。怒目幹龍宮，機緘絶謀惟。佛語浩無際，天地如可彌。笑談一轉畢，
璿璣時未移。見者皆了了，鈍根化神機。不然分三藏，誰能俱不遺。白頭鑽
故紙，底是出頭時。此恩今欲報，四顧將誰依。在佛本無説，於公亦何爲。
珍重謫仙人，登山力未疲。天涯渺萬里，著處即爲歸。隨緣作贊歎，妙語何
奇奇。置之天壤間，千古無敢非。我生多肉障，煩公示寶篋。請作一言蔽，
牟尼即仲尼。"[1] 二詩韻腳相同，應爲李綱 "余賦佚老堂志宏見和" 之和詩。

　　陳淵（？—1145），字知默，初名漸，字幾叟，南劍州沙縣人，著有
《默堂集》。陳瓘姪孫，楊時女婿。[2]《宋史》卷三七六有傳。是年一、二月
間，李綱招陳淵小飲，作《招陳幾叟小飲》詩，陳淵和之，作《次韻李伯紀
舍人招飲》。[3] 李綱又有《再用奴字韻呈幾叟》，陳淵再和之，作《再和李伯
紀舍人韻》。[4] 四詩都用 "奴" 字韻，當爲同時作。

　　陳正式，字興宗。生卒年不詳，宣和二年時年逾六十。正式乃陳瓘兄陳
璞之子，與瓘子陳正匯、陳正同爲同祖兄弟，據 "鄧肅……父轂，字南夫，
與同鄉陳瓘、陳淵友善"[5] 推知，陳正式應爲南劍州沙縣人。

　　鄧覬、鄧觀兄弟字純彦、成彦。本集卷一三二《報德庵芝草記》："鄧純
彦昆弟相與築庵於先運使公新墳，使釋氏之徒焚香，以資冥福。予爲名之
曰'報德庵'。"（第1275頁）卷一三五《鄧公新墳庵堂名序》："予仰聞南
陽公之賢，推爲前輩舊矣。罪謫沙陽，公已捐館舍不及識，而識公之子覬、
觀，相從甚厚……名其堂，曰'永慕堂'。……名其庵，曰'報德庵'。"（第
1300頁）據此推知鄧覬、鄧觀兄弟即鄧純彦及鄧成彦，按長幼順序初步推
斷，鄧覬字純彦、鄧觀字成彦，因不可確考，故以字名之。

[1] 鄧肅《栟櫚先生文集》，影印明正德十四年（1519）刻本，《宋集珍本叢刊》，綫裝書局2004年
　　版，第39冊第739頁。書中所引鄧肅《栟櫚先生文集》，未注明版本信息者，皆據此本。
[2] 鄭淑榕《宣和初李綱沙縣交遊考》謂 "陳淵（1075—1154）"，但生卒年無詳考。據《宋史》卷
　　三七六《陳淵傳》，知陳淵卒於紹興十五年（1145），生年不詳。今從《宋史》所載。參脱脱等
　　《宋史》，第33冊第11629~11630頁；鄭淑榕《宣和初李綱沙縣交遊考》，《東南學術》2010年第
　　3期。
[3] 陳淵《默堂集》卷六《次韻李伯紀舍人招飲》，景印文淵閣《四庫全書》，臺灣商務印書館1986
　　年版，第1139冊第330頁。
[4] 陳淵《默堂集》卷六《再和李伯紀舍人韻》，景印文淵閣《四庫全書》，第1139冊第330頁。
[5] 鄭淑榕《宣和初李綱沙縣交遊考》，《東南學術》2010年第3期。

鄧密（1061—1133），字季明，號樂全，南劍州沙縣人。[1]

吳慎微、陸敦禮，名里不詳。

二月九日，作《書鄧南夫祭文後》。

本集卷一六二《書鄧南夫祭文後》文末署"宣和二年二月九日"（第1490頁）。鄧南夫即鄧肅父鄧轂。

二十八日，作《寒食五首》詩。

詩見本集卷八。是年寒食爲二月二十八日。

三月一日，作《清明日》詩。

詩見本集卷八。是年清明爲三月一日。

三日，作《上巳日》詩。

詩見本集卷八。上巳，三月三日也。

二十四日，作《棲雲院新修印心堂名序》。

印心堂乃羅畸在棲雲院內開闢之經堂。本集卷一三五《棲雲院新修印心堂名序》云："右文殿修撰羅公，既以家所存菩薩書五千四十八卷，於寶峰棲雲禪院建大寶藏……又於藏殿之西，相地爽塏，構大經堂……名堂曰'印心堂'。……時宣和二年三月二十四日某謹序。"（第1299頁）趙效宣《李綱年譜長編》引《清一統志》曰："寶峰在閩清縣東北九十里，周二十里，高五千九百丈。"[2]視寶峰爲閩清縣寶峰，誤。案，李綱是年四月十五日所作《鄧公新墳庵堂名序》云："予仰聞南陽公之賢，推爲前輩舊矣。罪謫沙陽，公已捐館舍不及識，而識公之子覬、觀，相從甚厚，一同同遊寶峰棲雲禪院。"（第1300頁）故寶峰應在沙縣。據《民國沙縣志》卷四《名勝志》，寶峰寺在"縣西北十一都"[3]，棲雲寺在"縣西九都，僞閩王延政建。宋建隆三年重建，賜額"[4]。"寶峰棲雲禪院"或指寶峰寺棲雲禪院，寶峰乃寶峰寺；或指寶峰棲雲寺，寶峰乃山峰名。李綱先後有《羅疇老同遊棲雲院瞻禮新藏》《次韻羅丈留寶峰長老之作》《遊棲雲寺》諸詩，據《羅疇老同遊棲雲

---

[1] 李綱著，王瑞明點校《李綱全集》卷一七〇《樂全居士墓誌銘》，第1567~1569頁；鄭淑榕《宣和初李綱沙縣交遊考》，《東南學術》2010年第3期。

[2] 趙效宣《李綱年譜長編》，第25頁。

[3] 梁伯蔭修，羅克涵纂《民國沙縣志》，《中國地方志集成·福建府縣志輯》，第39冊第96頁。

[4] 梁伯蔭修，羅克涵纂《民國沙縣志》，《中國地方志集成·福建府縣志輯》，第39冊第96頁。

院瞻禮新藏》詩句"寶峰古叢林，深寂雲所棲。中有大寶藏，湧海蟠蛟螭"（第84頁），寶峰似指山峰。然據《次韻羅丈留寶峰長老之作》，寶峰則指寶峰寺，寶峰棲雲禪院當爲寶峰寺棲雲禪院。羅疇（1057—1124），字疇老，羅從彥之從父。祖覺，擢進士第。父安中，有辭藻。初娶張氏，繼室陳氏乃奉議郎陳璞之女。子彥温、彥遠、彥潔三人。[1]

二十五日，作《書僧伽事》。

本集卷一六〇《書僧伽事》云："世傳僧伽爲觀音大士化身，其神變示現之迹，載於傳記，著於耳目，不可勝紀。予獨書其近年親所見聞者三事……時宣和二年三月二十五日，昭武李某沙陽寓軒書。"（第1477~1478頁）昭武乃邵武舊稱。案，《福建通志》卷二《建置沿革》載："邵武府，三國吴永安三年置建安郡，立昭武鎮，尋升爲縣。……晉元康元年，改昭武爲邵武。"[2]

是月，作《晏起》《戒酒》《巖桂》《志宏送巖桂並惠長篇求予賦詩次韻答之》《春暮平津遠望》《寄諸弟》《寄內》《夜坐三絶句》《夜坐觀斗》《季明之子登第戲成小詩並紀巖桂之異》《志宏送千葉鶯粟走筆代簡》《再賦志宏千葉鶯粟》《羅疇老同遊棲雲院瞻禮新藏》《聞七弟叔易登科》《戲成短歌從志宏求芍藥》《志宏供芍藥且以詩來再賦前韻》《次韻羅丈留寶峰長老之作》《羅疇老所藏李伯時畫馬圖二首》諸詩，與鄧肅、鄧密、羅疇等人交遊唱和頗多。

詩見本集卷八、卷九。詩原列三月三日所作《上巳日》與四月所作《從志宏求芭蕉》之間，又多寫三月暮春之景，當同作於三月也。案，本集卷八《晏起》詩："清明已過初短宵，春風困人如濁醪。"（第79頁）《戒酒》詩："懷家路迢迢，惜春花片片。"（第80頁）《巖桂》詩："團團巖桂著春雨，擢秀不待秋風涼。"（第80頁）《志宏送巖桂並惠長篇求予賦詩次韻答之》詩："吾來閩嶺值春月，坐見園林花競茁。……邇來巖桂花尤好，亂綴黄英向青昊。"（第81頁）《夜坐三絶句》其一："春夜沉沉氣倍清，殘編讀徹忽三更。"（第82頁）其三："三月浙江無信息，寒燈何事結成花？"（第82頁）

---

[1] 鄭淑榕《宣和初李綱沙縣交遊考》，《東南學術》2010年第3期。
[2] 郝玉麟等修，謝道承等纂《福建通志》，景印文淵閣《四庫全書》，第527冊第239頁。

《夜坐觀斗》詩："閩山春月多霧雨，夜霽天影高而深。"（第82頁）《季明之子登第戲成小詩並紀巖桂之異》詩："怪底春山桂開早，仙籍浮香遠相告。"（第83頁）《再賦志宏千葉鶯粟》詩："春深百草爭開花，天香國色世其嘉。"（第83頁）本集卷九《戲成短歌從志宏求芍藥》詩："東風不隔沙陽僻，嫩蕊濃花自春色。"（第86頁）《志宏供芍藥且以詩來再賦前韻》詩："小窗一枕覺來時，燕語鶯啼春寂寂。"（第87頁）皆寫三月暮春之景也。志宏，鄧肅字。季明，鄧密字。羅疇老、羅丈，羅畸也。

本集卷九《聞七弟叔易登科》詩云："吾家世儒業，教子惟一經。邇來四十載，父子三成名。……季弟亦鄉選，來年試春卿。雲鴻繼高舉，桂苑同飛鳴。"自注曰："親老元豐中登科，後三十餘年予塵忝，今又舍弟了當。"（第86頁）李夔、李綱、李經皆登第也。叔易，弟李經。季弟，李綸也。

作《水龍吟》（晚春天氣融和）。

趙效宣《李綱年譜長編》謂是年有詞《水龍吟》［次韻和質夫子瞻楊花詞］，"次韻和質夫、子瞻楊花詞"乃此詞詞序，此處括引首句"晚春天氣融和"[1]，據首句推斷此詞應作於暮春三月。

四月十二日，作《寓軒記》。

本集卷一三二《寓軒記》云："梁溪居士既謫沙陽，官廨陋甚，不可以居，而居於興國佛宮。自春徂夏，氣候歊蒸，思得寬敞幽邃之宇，以為燕居遊息之地。而宮之西有軒焉，前此以為過客之館，蕪廢不治。因命工以葺之……不數日煥然一新，於是易其舊，而名之曰'寓軒'。……宣和二年四月十二日記。"（第1270~1271頁）寓軒，在沙縣太史溪濱興國寺內。案，《嘉慶重修一統志》卷四三○《延平府》載："寓軒，在沙縣太史溪濱。宋李綱築。"[2]《民國沙縣志》卷四《名勝志》云："寓軒，在興國寺內，宋李忠定公謫官寓所也。清嘉慶十三年，興國寺災，此軒亦毀。"[3]太史溪在沙縣縣治南七峰山之北。案，《方輿勝覽》卷一二《南劍州》載："太史溪，在沙縣七

---

[1] 唐圭璋編纂，王仲聞參訂，孔凡禮補輯《全宋詞》，中華書局1999年版，第1178頁。書中所引李綱詞，皆出此本，用（ ）括引首句。
[2] 穆彰阿等《嘉慶重修一統志》，第27冊第21658頁。
[3] 梁伯蔭修，羅克涵纂《民國沙縣志》，《中國地方志集成·福建府縣志輯》，第39冊第93頁。

峰之下。丞相李伯紀初以太史謫官於此。"[1]《讀史方輿紀要》卷九七《福建三》云:"太史溪,在(沙縣)縣治南七峰山之北。舊名大溪,亦謂之沙溪,宋李忠定以太史謫官居此,因名。"[2]

十五日,與鄧覿、鄧觀兄弟同遊寶峰棲雲禪院,縱步往觀鄧父新墳,爲庵堂題名,作《鄧公新墳庵堂名序》。

　　本集卷一三五《鄧公新墳庵堂名序》云:"予仰聞南陽公之賢,推爲前輩舊矣。罪謫沙陽,公已捐館舍不及識,而識公之子覿、觀,相從甚厚,一同同遊寶峰棲雲禪院,去公新阡不遠,因縱步往觀……名其堂,曰'永慕堂'。……名其庵,曰'報德庵'。……宣和二年四月望日,梁溪居士李某序。"(第1300頁)本集卷一三二《報德庵芝草記》:"鄧純彥昆弟相與築庵於先運使公新墳,使釋氏之徒焚香,以資冥福。予爲名之曰'報德庵'。"(第1275頁)據此推知鄧覿、鄧觀兄弟即鄧純彥及與李綱唱酬頗多之鄧成彥。

是日,作《放鱟文》。

　　本集卷一五六《放鱟文》文末署"宣和二年四月十五日梁溪居士云"(第1453頁)。先是,李綱與鄧肅遊於隱圃,告之以放鱟之事,鄧肅勸其作文,後跋之。據鄧肅言,此文作於四月十日,今從本集。案,鄧肅《栟櫚先生文集》卷一九《跋李舍人放鱟文》云:"夏四月己卯侍舍人李公遊於隱圃,公以放鱟之事語,某聞而異之,乃請曰:'幸先生書焉,以爲衆生福田。'公不可,曰:'夢寐之事,未暇也。'明日造門,復請曰:'南海之民,恃魚爲命。殘鱟而食者,歲以萬計。未聞有以夢告者,今獨於先生而祈焉,不書之何以從見聞而助教化?'公乃惻焉,爲之揮毫……門人鄧某。"[3]是年四月辛未朔,"己卯……明日",十日也。

作《持八齋文》。

　　本集卷一五六《持八齋文》文末署"宣和二年四月十五日梁溪居士云"(第1453頁)。

---

[1] 祝穆撰,祝洙增訂,施和金點校《方輿勝覽》,第203頁。

[2] 顧祖禹撰,賀次君、施和金點校《讀史方輿紀要》,中華書局2005年版,第9冊第4468頁。

[3] 鄧肅《栟櫚先生文集》,《宋集珍本叢刊》,第39冊第787~788頁。

二十五日，作《拙軒記》。

　　本集卷一三二《拙軒記》云："梁溪寢室之側，有小軒焉，以爲燕居食息之所。竹樹葱籠，鳴禽上下，窗明几净，清風徐來。梁溪欣然悦之，因名之曰'拙軒'。……既謝客，退而述之以爲記，因自號'拙翁'云。時宣和二年四月二十五日。"（第 1271~1272 頁）

是月，作《從志宏求芭蕉》詩。

　　本集卷九《從志宏求芭蕉》詩云："小圃初宜夏，靈蕉日日新。"（第 88 頁）初夏四月作也。志宏，鄧蕭字。

作《泛碧齋》詩，得陳淵和韻。

　　本集卷九《泛碧齋》詩序云："縣故有舫，焚於雷火，因不復置。……予謫官來此，暇日爲邑中同僚道其故，不旬月而舫具。華麗宏壯，有浙舸之風，名之曰泛碧齋。……因賦詩四韻，以紀其實，序而刻之，使後人知是舟之設，自吾徒始，尚勿毁云。時宣和二年孟夏武陽李某序。"（第 94 頁）據知，泛碧齋乃李綱復建之游舫，詩作於是年四月。陳淵《默堂集》卷六《和李舍人留題泛碧齋》云："山腳迴環插遠潯，碧琉璃上玉爲岑。共憐采鷁風前試，正值滄波雨後深。應爲蒓鱸輕去國，遂令胡越盡同心。濟川此去爲舟楫，也念江湖有陸沉。"[1] 陳淵和詩當作於同時。

作《松架》《再賦芭蕉》《次韻志宏贈丹霞師》《葺西軒已畢工奉呈志宏成彦》《次韻羅修撰贈丹霞三首》《移花》《菖陽》《興宗許借盆荷以詩索之》《志宏見和西軒詩再賦前韻》《次〈符讀書城南韻〉》《志宏供筍以詩報之》《早起》《黄道夫惠紙》《吴親寄瓷枕香爐二首》《鄧成彦供茉莉以詩答之》《平津閣望雨》《次韻〈題樂全庵〉贈鄧季明》《次韻〈題棣華堂〉》《陳興宗供茉莉》《季明惠含笑花》《螢火》諸詩，與鄧蕭、鄧密、羅畸、陳正式等人交遊唱和頗多。

　　本集卷九以上諸詩原列《從志宏求芭蕉》與《泛碧齋》之間，當同作於四月。

　　丹霞，即丹霞禪院之宗本禪師。李綱與丹霞宣和間交遊皆爲書信往來。

---

[1] 陳淵《默堂集》，景印文淵閣《四庫全書》，第 1139 册第 330 頁。

案，本集卷一三三《邵武軍泰寧縣瑞光巖丹霞禪院記》：“宗本禪師……邵武農家子，初不知書，大觀庚寅中遊山間，遇異僧，示以出家時節因緣，且密有所付，心地豁然，遂能通儒釋諸書，作偈頌，道未然事多驗。既落髮受具戒……宣和初，余以左史論事，謫官沙陽，殿撰羅公方里居，相從甚厚，稱道師不容口，因寓書以偈頌相往來。迨建炎末，蒙恩歸自海上，來居泰寧，始與師相識，嘗訪於巖間，爲留宿賦詩而後返。”（第 1283 頁）據知，李綱結識丹霞當爲建炎末，宣和間二人交遊皆爲書信往來。羅修撰，羅畸也。

《次〈符讀書城南韻〉》詩乃李綱與羅畸交遊時作。詩序云：“伏承宮使修撰文，頒示次退之《符讀書城南韻》佳篇，仰見義方之訓，不勝歎服。特令屬和，尤難爲言，牽強吟成，以塞嚴命，幸望笑覽。”（第 90 頁）羅畸頒示韓愈《符讀書城南韻》篇，並請屬和，李綱亦歎服韓愈義方之訓，於是作此詩。

《次韻〈題棣華堂〉》之“棣華”，乃李綱爲鄧密所取之堂名。案，本集卷一七〇《樂全居士墓誌銘》云：“居士諱密，字季明，姓鄧氏。……余宣和初，謫官沙陽，一見相契，每與居士遊燕圃中，從容甚適，爲名其堂曰‘棣華’。”（第 1567～1568 頁）

黃道夫，名里不詳。

作《種花説》，以自警。

本集卷一五七《種花説》云：“因敘其語爲種花説以自警云。宣和庚子孟夏寓軒書。”（第 1457 頁）

大約四、五月間，作《次韻志宏見贈〈拙軒〉》《題吏隱軒》《寄陸敦禮二首》《聞仲輔弟自陳便親得南康軍逍遙觀》詩。

本集卷九以上諸詩原列四月所作《泛碧齋》與五月五日所作《重午》之間，當作於是年四、五月間。趙效宣《李綱年譜長編》僅因《聞仲輔弟自陳便親得南康軍逍遙觀》在《重午》詩之前，推斷五月“四日，聞仲輔弟自陳便親，得南康軍逍遙觀”[1]，不妥。今從李綸《梁溪先生年譜》及本集排序，知《聞仲輔弟自陳便親得南康軍逍遙觀》大約作於四、五月間。仲輔，弟

---

[1] 趙效宣《李綱年譜長編》，第 27 頁。

李維。

五月三日，夜坐達旦，作《五月三日夜坐達旦漫成》詩。

據李綸《梁溪先生年譜》及本集卷一〇《五月三日夜坐達旦漫成》詩題，此詩應作於是年五月三日。

五日，作《重午》詩。

據李綸《梁溪先生年譜》及本集卷九《重午》詩題，此詩應作於是年五月五日。

十一日，作《書陳居士傳後》。

本集卷一六二《書陳居士傳後》云：“今楊中立先生傳陳居士……又得鄒、陳二公爲之書篆，且跋其後……宣和二年五月十一日，梁溪居士李某書。”（第1488頁）楊時《龜山集》卷二七有《陳居士傳諸公跋附》，後附陳瓘、鄒浩、游酢、李綱跋。時楊時女壻陳淵在沙縣，與李綱遊，《陳居士傳》當爲陳淵所呈。陳居士選，南劍州將樂（今屬福建）人。[1] 楊時（1053—1135），字中立，世稱龜山先生，南劍州將樂人。[2]《宋史》卷四二八有傳。

是日，因陳淵往省陳瓘，順遊廬山，作《與了翁書》《送陳淵幾叟遊廬山序》。

本集卷一〇八《與了翁書》云：“曩歲姑蘇獲奉誨語，迨今六年，不果通問。執事第勤瞻詠，今者罪譴，幸託仁里，因得詢問動静。竊承寓居廬阜之側，燕居甚休，殊以爲慰。……五月十一日，某頓首拜啓。”（第1020頁）李綱政和五年（1115）與陳瓘在蘇州相遇，迨今六年也。本集卷一三五《送陳淵幾叟遊廬山序》文末署“宣和庚子仲夏十有一日，昭武李某序”（第1301頁）。時陳瓘在星子，其姪孫陳淵往省，李綱遂有書與之。案，本集卷一六二《跋了翁墨迹》：“宣和之初，余以左史論事，謫沙陽。了翁方居南康，其族人陳淵幾叟往見之，余因寓書通殷勤，且以序送淵並致意焉。”（1491頁）楊時嘗爲李綱《送陳淵幾叟遊廬山序》題跋。楊時《龜山集》卷二六《題李丞相送幾叟序》云：“丞相李公以英偉剛明之才任天下之重，蓋

---

[1] 楊時《龜山集》，景印文淵閣《四庫全書》，第1125冊第365頁。

[2] 黃去疾編，刁忠民校點《龜山先生文靖楊公年譜》，吳洪澤、尹波主編《宋人年譜叢刊》，四川大學出版社2002年版，第5冊第3392頁。

一時人傑也。其視了翁爲前輩，雖未嘗從遊，而聲氣相求非一日也。問道之勤，見於斯文，惓惓之意厚矣。"[1] 了翁，陳瓘也。

作《書四家詩選後》。

本集卷一六二《書四家詩選後》云："子美之詩，非無文也，而質勝文。永叔之詩，非無質也，而文勝質。退之之詩，質而無文。太白之詩，文而無質。介甫選四家之詩而次第之，其序如此。……偶讀《四家詩選》，因書其後。宣和庚子仲夏十一日書。"（第1488頁）《四家詩選》乃王安石所選杜甫、歐陽脩、韓愈、李白詩。

十六日，重建征商之所，名之曰"凝翠閣"，作《凝翠閣記》。

凝翠閣原爲征商之所，焚於李綱抵沙縣之日。四、五月間，同僚來謀，遂重建，不逾月而告成，爲之作記。本集卷一三二《凝翠閣記》載："宣和改元之夏，某備員左史，以愚觸罪。……迨抵沙陽……視事之夕，民居延火，幾爇官局，力救獲免。臨溪有閣，以爲征商之所，是夕火焚，靡有孑遺，久不克構。其明年夏，邑令黃道、丞曾昂、尉吳燦，相與謀曰：'吾邑溪山之勝，茲閣所得居多，且征商之所不可闕也。莫若因其基而增廣之，公務不廢，而暇日得以資登臨之樂，不亦可乎？'於是僝工鳩材，不逾月而告成。……下瞰平津，前揖九峰，層巒遠岫，左右環抱，雲林煙草，映帶連綿，四壁一色，因目之曰'凝翠閣'。……時宣和二年五月十六日，梁溪居士李某記並書。"（第1272~1273頁）從"不逾月而告成"推斷，同僚黃道、曾昂、吳燦來商議此事應在四、五月間。凝翠閣在沙縣南太史溪上。案，《方輿勝覽》卷一二《南劍州》云："凝翠閣。在沙縣。"[2]《嘉慶重修一統志》卷四三〇《延平府》載："凝翠閣在沙縣南太史溪上，李綱有詩。"[3]

是日，作《叢桂堂記》。

"叢桂"乃李綱爲陳正式新葺隱圃小堂題名。本集卷一三二《叢桂堂記》云："正式居憂多暇，葺隱圃小堂而新之……因以'叢桂'名之……宣和二年五月十六日，梁溪李某記並書。"（第1273~1274頁）

---

[1] 楊時《龜山集》，景印文淵閣《四庫全書》，第1125冊第358頁。
[2] 祝穆撰，祝洙增訂，施和金點校《方輿勝覽》，第204頁。
[3] 穆彰阿等《嘉慶重修一統志》，第27冊第21657頁。

是日夜，夢中得二佳句，既覺，作《足成夢中作》詩。

　　本集卷九《足成夢中作》詩序曰："五月十六日夜，夢中得兩句云：'誰信曹溪一滴水，流歸法海作全潮。'既覺，因足成一絕。"（第99頁）

二十八日，有《與吳元中給事書》。

　　本集卷一〇八《與吳元中給事書》云："某待罪沙陽行半年矣……五月二十八日，某頓首。"（第1021頁）吳敏，字元中，真州（今江蘇儀徵）人。[1]《宋史》卷三五二有傳。

是日，有《與許振叔顯謨書》。

　　本集卷一〇八《與許振叔顯謨書》云："某待罪貶所，託庇如昨，征商之餘，日得觀閱藏教，留心空門，以洗三十八年之非。……五月二十八日，某頓首。"（第1021～1022頁）許振叔，名里不詳。

是月，先後作《志宏遺枯梅產芝》《志宏以家所生新芝遺予並以詩來次韻報之》詩、《瑞芝贊》詠鄧肅家枯梅產芝。

　　本集卷一四〇《瑞芝贊》序云："宣和二年仲夏之初，有芝生於沙陽鄧肅志宏家，大小凡十有二……梁溪李某爲名其軒曰'瑞芝軒'，使藏芝其間，後日有所考焉。"（第1334頁）本集卷九《志宏遺枯梅產芝》詩序云："鄧志宏家枯梅產芝，大小凡六。予爲名軒作贊，志宏因分其三以遺，予賦詩以答其意。"（第96頁）"名軒作贊"爲五月事，則本集卷九《志宏遺枯梅產芝》《志宏以家所生新芝遺予並以詩來次韻報之》二詩當同作於五月。據《民國沙縣志》卷四《名勝志》，鄧肅宅"在五都城頭鄧墩"[2]，"芝生鄧肅家，凡十二種。李忠定公名其軒曰'瑞芝'"[3]。

作《秦少游所書詩詞跋尾》。

　　本集卷一六二《秦少游所書詩詞跋尾》文末署"宣和庚子仲夏梁溪居士書"（第1488頁）。

作《玉局論陸公奏議帖跋尾》。

　　本集卷一六二《玉局論陸公奏議帖跋尾》文末署"宣和庚子仲夏梁溪居

［1］脫脫等《宋史》卷三五二《吳敏傳》，第32冊第11123頁。
［2］梁伯蔭修，羅克涵纂《民國沙縣志》，《中國地方志集成·福建府縣志輯》，第39冊第91頁。
［3］梁伯蔭修，羅克涵纂《民國沙縣志》，《中國地方志集成·福建府縣志輯》，第39冊第90頁。

士書”（第 1489 頁）。

大約五月，作《讀〈四家詩選〉四首》《夜坐觀書》《讀李長吉詩》《讀孟郊詩》《紙筆墨盡戲成》《梅雨》《初見荷花》《疇老修撰所藏華嶽衡嶽圖》《與邑官會凝翠閣》《偶題二首》《寄吳元中給事》《寄顧子美提舉》《絕句》《次韻羅修撰〈古風〉》《羅修撰寵示龍興老碑刻》詩。

　　詩原列本集卷九《重午》與卷一〇《五月三日夜坐達旦漫成》之間，大約作於是年五月。《讀四家詩選四首》即《子美》《永叔》《退之》《太白》四首，《疇老修撰所藏華嶽衡嶽圖》有《華嶽圖》《衡嶽圖》各一首。《次韻羅修撰〈古風〉》詩序云：“某比以衡華二嶽圖歸之書府。因賦詩二篇以見意。伏承宮使修撰寵示《古風》一首，調高旨深，諷味之餘，不勝歎服。謹次嚴韻拜呈，伏幸笑覽。”（第 105 頁）據知，李綱將華衡二嶽圖歸還時，羅畸嘗示《古風》一首。李綱感其調高旨深，遂次韻之。顧子美，疑爲顧禧父彥成。案，龔明之《中吳紀聞》卷六《顧景繁》載：“顧禧字景繁，居光福山中。其祖沂，字歸聖，終龔州太守；其父彥成，字子美，嘗將漕兩浙。景繁雖受世賞，不樂爲仕，閉戶讀書自娛，自號‘漫莊’，又號‘癡絕’。”[1]然《吳郡志》卷二二《人物》云：“顧禧，字景繁。祖沂，字歸聖，知龔州。父彥成，字子英，兩浙運使。皆有賢名。禧雖受世賞，不仕，居光福山中，閉戶讀誦，博極墳典，所著書甚富，注蘇文忠公詩尤詳。紹興間，郡以遺逸薦，閑居五十年不出，名重鄉里。”[2]因顧子美不可確考，故文中仍以字稱之。吳元中即吳敏。

大約五、六月間，作《季明送南中花木》《苦熱行》《次韻志宏戲興宗耳疾之作》《夜坐聞笛》《燕凝翠閣》詩，與鄧密、鄧肅、陳正式、羅畸唱和。

　　本集卷一〇以上諸詩原列《五月三日夜坐達旦漫成》與六月十八日所作《會凝翠閣游泛碧齋》之間，大約作於是年五、六月間。據《燕凝翠閣》詩序“同羅疇老鄧季明燕凝翠閣泛碧齋”（第 107 頁），知此詩爲李綱與羅畸、鄧密交遊詩。

［1］龔明之撰，孫菊園校點《中吳紀聞》，上海古籍出版社編《宋元筆記小説大觀》，上海古籍出版社 2012 年版，第 3 冊第 2907 頁。

［2］范成大《吳郡志》，《宋元方志叢刊》，第 1 冊第 859 頁。

六月十六日，作《十六日泛舟》詩。

　　本集卷一〇《十六日泛舟》詩云：“小雨破殘暑，移舟佳致多。”（第108
頁）詩原列六月十八日所作《會凝翠閣游泛碧齋》與六月十九日所作《七峰
詩》之間，十六日當指六月十六日。

**十八日，同陳正式、鄧成彥、鄧肅早會凝翠閣，晚游泛碧齋，作《會凝翠
閣游泛碧齋》詩。**

　　本集卷一〇《會凝翠閣游泛碧齋》詩序云：“六月十八日同陳興宗、鄧
成彥、鄧志宏早會凝翠閣，晚游泛碧齋。”（第107頁）鄧肅有詩和之。案，
鄧肅《栟櫚先生文集》卷二《凝翠閣陪李梁溪次韻》云：“欄前碧玉四圍寬，
滿座清風文字歡。霜氣襲人秋更爽，磹光耿月夜生寒。登臨顧我那能賦，姓
字從公遂不漫。此景此時難再得，相思但把錦囊看。”[1]韻腳與李綱《會凝翠
閣游泛碧齋》同，應爲是日和作。

十九日，作《七峰詩》《太史溪》詩。

　　詩見本集卷一〇。《七峰詩》即《朝陽峰》《碧雲峰》《妙高峰》《真隱
峰》《桂華峰》《凝翠東峰》《凝翠西峰》七詩，序云：“七閩於天下爲遠地，
而沙縣尤僻，雖佳山水，人罕知之。予來此，愛其溪流平緩清澈，而瀕溪七
峰，崷崒聯絡，竹樹鬱然如屏障間，前此未嘗有名之者。予嘗蒞職太史氏而
竊愛是溪也，表兄翁挺適有詩來云：‘夢隨太史泛閩溪，因目之曰太史溪。’
其最東一峰曰朝陽峰。其最西一峰曰碧雲峰。朝陽之西一峰最高曰妙高峰。
妙高之西一峰之下，有道士隱居，曰真隱峰。碧雲之東一峰上有巖桂，秋至
開花，香滿城中，曰桂華峰。桂華之東，兩峰相屬，與閣相對曰凝翠東峰、
凝翠西峰。各賦詩以識之……時宣和二年六月十九日序。”（第108頁）七峰
乃七朵山，在太史溪濱。案，《太平寰宇記》卷一〇〇《南劍州》載七朵山，
在沙縣“縣前水南。山分七峰，踦成石壁，巖面生石椎、青陽、盧木等樹，
春冬長青翠，上有木棲花，每深秋競發，馨香散漫市郭，人咸有美色”[2]。
《方輿勝覽》卷一二《南劍州》謂七峰“在沙縣。李丞相有詩”[3]。《民國沙縣

―――――――――――

[1] 鄧肅《栟櫚先生文集》，《宋集珍本叢刊》，第39冊第708頁。
[2] 樂史撰，王文楚等點校《太平寰宇記》，第4冊第1999頁。
[3] 祝穆撰，祝洙增訂，施和金點校《方輿勝覽》，第203頁。

志》卷三《山川志》載七峰“在太史溪濱。《寰宇記》謂之七朵山，石壁峭立，水底崚嶒，竹木蓊然如屏障間。宋李忠定謫官居此，各易以名。……各賦詩識之，八景七峰，疊翠是也”[1]。《輿地紀勝》卷一三三《南劍州》云：“七峰。在順昌縣。宣和中李綱於江干爲閣，目曰凝翠，乃命七峰之名。”[2]誤，七峰應在李綱謫居地沙縣。

六月，復承事郎。

《行狀》謂宣和“二年六月，復承事郎”（第1697頁）。又見李綸《梁溪先生年譜》、鄭昌齡《梁溪先生年譜》。趙效宣《李綱年譜長編》謂六月“二十二日，復承事郎”[3]，誤。案，本集卷四〇《謝復官表》云：“今月二十二日，准告敘復承事郎差遣如故，已望闕謝恩祇受訖。……豈期謫宦之鄉，忽拜復官之命。負罪至重，雖未削於丹書；歷歲纔周，已悉還於舊秩。”（第494頁）“今月二十二日”乃十月“復本等差遣”，非六月“復承事郎”也。

夏，作《荔枝賦》。

據本集卷三《荔枝後賦》序“宣和己亥歲，余謫官沙陽，次年夏，始食荔枝，嘗爲之賦”（第18頁）推斷，本集卷一《荔枝賦》應作於是年夏。

六、七月間，作《戒怠》《戒貪》。

本集卷一六〇《戒怠》：“李子寓居興國佛宮，既涉三時，頗怠於守。夏秋之交……有偷兒窺伺，夜半逾垣開牗，發篋以探。”（第1476頁）《戒貪》：“盜入梁溪之室，探囊發篋，得白金器數事。……其罪當黥。……因書之，以爲貪者之戒。”（第1477頁）據此推斷，二文應同作於是年夏秋之交，即六、七月間。

大約六、七月間，作《次韻志宏〈泛碧齋會連飲三罰爵〉》《次韻志宏見示二首》《次韻〈湖陰曲〉》《次韻東坡〈四時〉詞四首》《將遊枡欏二首》《荔枝詞集句》《疇老見示〈荔枝絕句〉次韻》《陳興宗和示〈耳聾詩〉頗佳再次其韻》《嘗新橄欖二絕句》《種荔枝核有感》《松架弊以新枝易之》

---

[1] 梁伯蔭修，羅克涵纂《民國沙縣志》，《中國地方志集成·福建府縣志輯》，第39冊第65頁。

[2] 王象之著，李勇先校點《輿地紀勝》，第7冊第4204頁。

[3] 趙效宣《李綱年譜長編》，第30頁。

《偶作》《晚虹》《白鷺》《以蜜漬荔枝寄遠》《石輪魚》《次韻丹霞宗本長老見寄〈古風〉》《次韻丹霞録示羅疇老唱和詩四首》《題丹霞宴坐軒》《次韻江滋秀才見寄》《羅疇老録示和丹霞絶句五首次韻》《次韻〈種果〉絶句》《寄題丹霞雨花軒》《次韻志宏見示〈山居〉二首》詩，與鄧肅、羅畸、陳正式、僧丹霞等人交遊。

　　詩見本集卷一〇、卷一一。詩原列六月十六日所作《十六日泛舟》與七月七日所作《七夕》之間，大約作於是年六、七月間。枡櫚山，距沙縣百里，地尤僻遠，人罕知者。本集卷一〇《將遊枡櫚二首》詩序云：“去沙陽百里，有山曰枡櫚，峻峰清流，頗與武夷相似，地尤僻遠，人罕知者。予將遊焉，作是詩以識之。”（第112頁）

夏、秋間，作《蓮花賦》。

　　李綱去年十二月抵達沙縣，今年十月下旬復官北遷。本集卷一《蓮花賦》序曰：“予暇日訪羅疇老修撰，見其園池蓮花盛開，因感而爲賦。”（第6頁）據知，此賦應作於是年夏、秋間。

七月一日，作《報本殿記》。

　　右文殿修撰羅畸於寶峰棲雲禪院寶藏之西、經堂之後，別建小院，求名，李綱遂名其殿曰“報本”，記之。本集卷一三二《報本殿記》文末署“宣和二年七月朔，昭武李某記並書”（第1269頁）。

五日，作《秋日》詩。

　　本集卷一一《秋日》詩云：“人言一葉已知秋，萬葉飄零愈更愁。”（第121頁）是年七月五日立秋，此詩當作於是日也。

七日，作《七夕》《又七夕》詩。

　　據本集卷一一《七夕》《又七夕》詩題，二詩應作於是年七月七日。

十四日，作《戲次志宏獲小偷韻》詩。

　　本集卷一一《戲次志宏獲小偷韻》原列《又七夕》之後，序云：“十三夜有小偷追曉而獲，志宏戲以詩來，次其韻。”（第120頁）“十三”當指七月十三日，從“追曉而獲”“戲以詩來”推斷，詩當作於次日。

十九日，爲鄧肅新建庵堂題名，作《鄧氏新墳庵堂名序》。

　　本集卷一三五《鄧氏新墳庵堂名序》曰：“枡櫚鄧肅，一日造予請曰：

'先子……將葬……今即新阡建堂，以奉祭祀之事，結庵以修香火之緣。願夫子名而書之，以光存沒。'……予……爲名其堂曰'思遠堂'，名其庵曰'顯親庵'。……時宣和二年七月十有九日，昭武李某序並書。"（第1301～1302頁）鄧肅嘗作詩答謝。案，鄧肅《栟櫚先生文集》卷一〇《謝李舍人題額》云："寸草春未報，秋風樹不停。三年真忽爾，過隙白駒奔。廬墳吾豈敢，北堂有老人。作庵居釋子，佛事勤朝昏。太史憐此意，高額揭顯親。"[1]鄧肅謝詩大約同作於是日。

二十四日，泛舟消愁，作《七月二十四日泛舟》詩。

據本集卷一一《七月二十四日泛舟》詩題，此詩作於是年七月二十四日。

三十日，有《舉潭詩卷跋尾》。

本集卷一六二《舉潭詩卷跋尾》文末署"宣和二年七月三十日，梁溪居士跋"（第1489頁）。

大約七月，作《垓下》《次韻和李太白〈感秋〉》《秋暑戲題》詩。

本集卷一一以上諸詩原列七月十四日所作《戲次志宏獲小偷韻》與《七月二十四日泛舟》之間，大約作於是年七月。

七、八月之交，作《秋色賦》。

本集卷二《秋色賦》序云："七八月之交，霖雨乍晴，始見秋色，因援毫以賦之，以秋色名篇。"（第9頁）趙效宣《李綱年譜長編》謂是年七月，"有秋色賦"[2]，誤，實爲七、八月之交時作。

大約七、八月間，有《次韻志宏秋曉見示〈古風〉二首》《秋雨》《讀韓偓詩並記有感》《又一首》《志宏復示〈秋意〉五篇次韻和之》《題寓軒》《江月五首》《戲次韻玉局〈眉子硯〉》《次韻虢國夫人〈夜遊圖〉》《次韻俞祖仁〈寒翠亭〉翠字韻》《次韻志宏見示〈寒翠亭〉之作》《題陳公敘舫齋》《鄧成彥以寒字韻長句來次韻答之》《和志宏見示亭字韻》《秋蟲》詩。

本集卷一一以上諸詩原列《七月二十四日泛舟》與《中秋望月次玉局翁韻二首》之間，大約作於是年七、八月間。其中，《題陳公敘舫齋》有詩

---

[1] 鄧肅《栟櫚先生文集》，《宋集珍本叢刊》，第39冊第740頁。

[2] 趙效宣《李綱年譜長編》，第31頁。

二首。

夜登凝翠閣以望七峰，乘泛碧齋順流而東十餘里，次東坡韻，作《江月五首》。案，《江月五首》詩序云："玉局稱杜子美'四更山吐月，殘夜水明樓'之句爲古今絶唱。乃以爲韻，賦《江月》五首。詞旨清麗，殆不可及。予嘗秋夜登凝翠閣以望七峰，乘泛碧齋順流而東十餘里，山秀溪寒，風清月白，恍如塵外，意欣樂之。因次其韻，雖不足以繼前作，姑盡一時溪山風物之勝云。"（第125頁）

寒翠亭在棲雲道中，乃李綱命名。俞祖仁、鄧成彦、鄧肅往遊，以亭名探韻賦詩，李綱和之。案，《次韻俞祖仁〈寒翠亭〉翠字韻》詩序云："棲雲道中，有屋數椽跨澗水，松竹森然，景物幽甚，而蕪廢不治。予命寺僧闢之，目曰寒翠亭，爲作大字榜楹間，遂爲勝地。俞祖仁、鄧成彦、志宏往遊，以亭名探韻賦詩，俞得翠字，先以詩來，因次其韻。"（第127頁）另據《次韻志宏見示〈寒翠亭〉之作》《鄧成彦以寒字韻長句來次韻答之》《和志宏見示亭字韻》詩題，知鄧成彦得寒字韻、俞祖仁得翠字韻、鄧肅得亭字韻，李綱和之。

八月五日，作《報德庵芝草記》。

李綱名鄧純彦兄弟所建庵堂曰報德庵，未幾，庵堂産十數靈芝，記之。本集卷一三二《報德庵芝草記》文末署"宣和二年八月五日梁溪居士記"（第1276頁）。

十五日，望月酌酒，作《中秋望月次玉局翁韻二首》《又次韻〈中秋〉長句》詩。

本集卷一一《又次韻〈中秋〉長句》詩云："前年望月都城汴，祇恐中宵風雨變。一杯相屬有情親，側耳歌樓聞鼓板。今年望月沙陽山，照吾心如鐵石堅。美人千里共明月，遙想閨中祇獨看。"（第129頁）據詩題及"今年望月沙陽山"，此詩應與《中秋望月次玉局翁韻二首》同時作。

二十六日，別慧深，作《送浮圖慧深序》，時慧深來訪十餘日也。

本集卷一三五《送浮圖慧深序》云："及來沙陽聞龍興深老，行孤見卓，竊意其人。而龍興去邑幾百里，久不克見，始以書頌往還，固已得之矣。秋高氣涼，惠然相過，留十餘日，款叩其鍵，則信乎不以語言戲論爲禪者。一日相與坐寓軒之上……因序其語以識別。時宣和庚子仲秋二十有六日，梁溪居士序。"（第 1302~1303 頁）此文爲離別時作，從八月二十六日逆推十幾天，則慧深來訪應爲八月中上旬。龍興寺，據《民國沙縣志》卷四《名勝志》，"在十二都。宋鄧肅嘗避地居此"[1]。

大約八、九月間，作《和陶淵明〈歸田園〉六首》《次韻和淵明〈飲酒〉詩二十首》《桃源行》《巖桂長篇》《四花四首》《從鄧季明求菊花》《燈花》《秋日有感》《秋思十首》《答鄧成彥〈治病詩〉》《再賦巖桂長篇》詩。

本集卷一一以上諸詩原列《中秋望月次玉局翁韻二首》與卷一二《九日》之間，大約作於是年八、九月間。

讀陶淵明詩，生隱居梁溪之念。案，《和陶淵明〈歸田園〉六首》詩序云："予家梁溪，粗有田園可歸，方謀築室惠山下，娛意泉石，忘懷世味，謫宦羈束，未獲遂心。因讀陶淵明《歸田園詩》，嘉其詞旨平淡高遠，次韻和之，以寓意焉。"（第 131 頁）其一曰："我家梁溪傍，門對九龍山。山中有幽趣，遊息可忘年。陸子泉最甘，次之即龍淵。餘波作梁溪，可溉萬頃田。公垂讀書堂，古屋尚數間。我欲隱山下，誅茅占其前。疏泉鑿池沼，植竹來雲煙。縱目望震澤，策杖登山巔。神遊八極表，心迹兩超然。更結蓮社侶，遠追竹林賢。"原注"惠山一名九龍山"，"惠山有陸子及龍淵二泉"，"惠山有李紳讀書堂"（第 131 頁）。

隱圃巖桂盛開，陳正式屢以爲供，李綱作詩以謝，並簡鄧肅，二人有和韻，再和之。案，《巖桂長篇》詩序云："隱圃巖桂盛開，興宗屢以爲供，賦長篇以謝其意，並簡志宏。"（第 135 頁）《再賦巖桂長篇》詩序云："興宗志宏見和巖桂長篇，再賦前韻奉呈。"（第 140 頁）

寓軒秋深花開，作《四花四首》詩紀之，即《芙蓉》《金燈》《紅蕉》《鷄冠》四詩。案，《四花四首》詩序云："寓軒秋深，芙蓉、金燈、紅蕉、鷄冠四種花開，有足觀者，各成一絕紀之。"（第 136 頁）

九月三日，作《蕭氏印施夾頌金剛經跋尾》。

本集卷一六二《蕭氏印施夾頌金剛經跋尾》文末署"宣和庚子九月三

---

[1] 梁伯蔭修，羅克涵纂《民國沙縣志》，《中國地方志集成·福建府縣志輯》，第 39 冊第 91 頁。

日，梁溪居士跋”（第 1491 頁）。

九日，有《九日》《菊花開日即重陽二首》《次韻和杜子美〈九日藍田崔氏莊〉》《和陶淵明〈採菊東籬下〉二首》詩。

本集卷一二《九日》詩云：“當年九日必題詩，況此飄零海一涯。黃菊未開青蓓蕾，白醪聊吸碧玻璃。”（第 140 頁）《菊花開日即重陽二首》詩序云：“玉局有云，南方氣候不常，菊花開時即重陽，涼天佳月即中秋，不須以日月斷也。予來沙陽，中秋前數夕，月色皎然，既望乃雨。九日既近，菊蕊如珠，殊無開意。乃知玉局之言，誠有理也。”（第 140 頁）《次韻和杜子美〈九日藍田崔氏莊〉》詩云：“遠謫須知懷抱寬，節逢九日亦追歡。”（第 141 頁）《和陶淵明〈採菊東籬下〉二首》詩云：“九日但孤坐，悄然無世喧。菊花殊未開，始知氣候偏。”（第 141 頁）據知，以上諸詩應作於是年九月九日，時菊花尚未開也。

十四日夜，作《九月十四夜月蝕》詩。

趙效宣《李綱年譜長編》謂“二十四日，夜，有月蝕詩（見文集卷十一）”[1]，實爲本集卷一二《九月十四夜月蝕》。

十五日夜，同陳正式、鄧肅登凝翠閣，作《登凝翠閣觀月》詩。

本集卷一三《登凝翠閣觀月》詩序云：“九月十五日夜同陳興宗、鄧志宏登凝翠閣觀月。”（第 147 頁）

是夜，復同陳正式、鄧肅乘泛碧齋至北溪口觀新橋，分韻賦詩，作《乘泛碧齋分韻得泛字》。

據本集卷一三《登凝翠閣觀月》詩序“九月十五日夜同陳興宗、鄧志宏登凝翠閣觀月”（第 147 頁），《乘泛碧齋分韻得泛字》詩序“是夜復乘泛碧齋至北溪口觀新橋，與興宗、志宏分題，余得泛字”（第 147 頁），知《乘泛碧齋分韻得泛字》同爲九月十五日夜作。另據本集卷一三《志宏得碧字以詩來次其韻》《興宗得齋字以詩來次其韻》，知是夜分韻李綱得泛字、鄧肅得碧字、陳正式得齋字。鄧肅《栟櫚先生文集》卷一〇《陪李梁溪游泛碧》云：“涼天夜無雲，寒江秋更碧。”[2]此詩或同作於此時。

---

[1] 趙效宣《李綱年譜長編》，第 33 頁。
[2] 鄧肅《栟櫚先生文集》，《宋集珍本叢刊》，第 39 冊第 740 頁。

大約是夜，作詩次韻鄧肅、陳正式，有《志宏得碧字以詩來次其韻》《興宗得齋字以詩來次其韻》。

九月十五日夜，李綱同陳正式、鄧肅乘泛碧齋至北溪口觀新橋，分韻得泛字、鄧肅得碧字、陳正式得齋字，分題賦詩，據本集卷一三《志宏得碧字以詩來次其韻》《興宗得齋字以詩來次其韻》詩題知，二詩大約作於同日。

大約是月，作《竹窗隔》《傳畫美人戲成》《傳畫忠義圖》《四皓》《高祖》《淮南飛蝗渡江入浙》《讀〈劉向傳〉》《題李伯時畫〈老子出關圖〉》《明妃曲》詩。

詩原列本集卷一二《菊花開日即重陽二首》與卷一三九月十五日所作《登凝翠閣觀月》之間，大約作於是年九月。《竹窗隔》詠寓軒竹窗，爲李綱與鄧肅交遊詩。案，《竹窗隔》詩序云："寓軒用竹爲窗，隔以禦西風，戲成小詩紀其事，示志宏。"（第141頁）

在羅畸家見到惠持法師、富弼二人畫像，作《題入定僧持法師畫像》《題富鄭公畫像二首》詩、《富鄭公畫像贊》。

本集卷一二《題入定僧持法師畫像》詩序云："崇寧初，蜀中得入定僧，自云惠持法師。《廬山記》：惠遠法師弟惠持，遊蜀而終。蓋不知其乃入定也。予見其像於羅畸老修撰家，因傳之，且爲賦詩。"（第143頁）詩原列本集卷一二《菊花開日即重陽二首》與卷一三九月十五日所作《登凝翠閣觀月》之間，大約作於是年九月。又，本集卷一四〇《富鄭公畫像贊》序謂"及來沙陽，見公繪像於羅畸老家，命工傳寫，且爲之贊"（第1338頁）。富鄭公即富弼，李綱紹興元年（1131）正月再次來沙縣，時羅畸老已故，有《過羅畸老故居有感二首》，故《富鄭公畫像贊》應爲今年所作，當與本集卷一二《題富鄭公畫像二首》同時。

作《凝翠晚望五絶》《秋意二首》《和唐人張爲秋〈醉歌〉》《讀陸龜蒙〈散人歌〉》《巖桂墮蕊》《遊棲雲寺》《自西津乘泛碧齋歸邑小雨》詩。

本集卷一三《凝翠晚望五絶》："桂香泛泛滿秋風，十里沙溪一望中。"（第148頁）《秋意二首》："蕭蕭南浦白雲秋，楓葉蘆花相對愁。"（第148頁）《和唐人張爲秋〈醉歌〉》："秋風愈凄緊，感此梁溪翁。"（第149頁）《讀陸龜蒙〈散人歌〉》："西風笠澤起秋色，菰蒲初熟鱸鱖肥。"（第149頁）

《巖桂墮蕊》："桂華千里凌霜空，再開愈覺秋光濃。"（第 150 頁）《遊棲雲寺》："霜林半搖落，蕭穆天地秋。"（第 150 頁）《自西津乘泛碧齋歸邑小雨》："十里峰巒凝翠靄，一溪煙雨灑清秋。"（第 150 頁）據知，以上諸詩當作於秋天。又，詩原列九月十五日所作《登凝翠閣觀月》與十月二十二日所作《是日聞報御筆許牽復有感》之間，故大約作於九月也。

秋，作《天王院新塑釋迦像金色珠贊》。

據本集卷一四〇《天王院新塑釋迦像金色珠贊》序，此贊作於"宣和庚子之秋"（第 1336 頁）。趙效宣《李綱年譜長編》謂是年九月，"作天王院新塑釋迦像金色珠贊"[1]，誤。

作《秋風辭》。

李綸《梁溪先生年譜》謂是年有"和《歸去來》《秋風》二辭"[2]，據本集卷一四二《秋風辭》"秋風起兮黃葉飛，遠客異土兮未能歸"（第 1356 頁），推斷此文作於是年秋天。

爲陳瓘祭文跋尾，作《了翁祭陳奉議文跋尾》。

本集卷一六二《了翁祭陳奉議文跋尾》云："今於沙陽見了翁祭其兄奉議公文……宣和庚子秋，梁溪居士跋。"（第 1490 頁）

大約是年秋，作《擬騷》。

本集卷二《擬騷》序曰："昔屈原放逐，作《離騷經》……予既以愚觸罪，久寓謫所，因效其體。"（第 8 頁）李綱是年十月二十二日復官，《擬騷》應作於復官之前。又，正文云："亂曰：已矣哉，莫吾知也。浮雲蔽日兮，虹霓畫明。霜露降此芳草兮，百鳥寂而無聲。恐美人之遲暮兮，歲道盡而崢嶸。"（第 9 頁）據此推斷，此賦大約作於是年秋。

十月下旬復官北歸之前，作《續遠遊賦》《迷樓賦》。

李綸《梁溪先生年譜》謂是年有"《迷樓》等九賦……皆公在沙陽時所作也"[3]。九賦即《含笑花賦》《幽蘭賦》《日者賦》《荔枝賦》《蓮花賦》《擬騷》《秋色賦》《續遠遊賦》《迷樓賦》，除本集卷二《續遠遊賦》《迷樓賦》

[1] 趙效宣《李綱年譜長編》，第 33 頁。
[2] 李綸編，彭邦明校點《梁溪先生年譜》，吳洪澤、尹波主編《宋人年譜叢刊》，第 6 冊第 4080 頁。
[3] 李綸編，彭邦明校點《梁溪先生年譜》，吳洪澤、尹波主編《宋人年譜叢刊》，第 6 冊第 4080 頁。

之外，他作已詳考，二賦當作於是年十月下旬復官北歸之前。

作《求仁堂記》《文鄉記》。

李綸《梁溪先生年譜》謂是年有“《求仁堂》等八記……皆公在沙陽時所作也”[1]。“《求仁堂》等八記”即《報本殿記》《求仁堂記》《寓軒記》《拙軒記》《凝翠閣記》《叢桂堂記》《文鄉記》《報德庵芝草記》。除本集卷一三二《求仁堂記》《文鄉記》之外，他作已詳考，二文當作於是年十月下旬復官北歸之前。據《求仁堂記》“李子所居之堂，以‘求仁’名之。……退而書其問答之辭，以爲《求仁堂記》云”（第1269~1270頁），知“求仁堂”乃李綱沙縣居所。

作《洪崖先生畫贊》《雙林善慧大士録贊》《梁溪真贊》《梁溪四友贊》《繡觀音贊》《彩塔贊》《如如軒贊》。

李綸《梁溪先生年譜》謂是年有“贊十三……皆公在沙陽時所作也”[2]。“贊十三”即本集卷一四〇《洪崖先生畫贊》《雙林善慧大士録贊》《瑞芝贊》《梁溪真贊》《梁溪四友贊》《瑞光巖立化雀贊》《繡觀音贊》《天王院新塑釋迦像金色珠贊》《彩塔贊》《富鄭公畫像贊》。《如如軒贊》同繫於本集卷一四〇，當作於同時。《瑞芝贊》《瑞光巖立化雀贊》《天王院新塑釋迦像金色珠贊》《富鄭公畫像贊》已詳考，其餘諸贊當作於是年十月下旬復官北歸之前。

《洪崖先生畫贊》乃李綱見張氳畫像有感而作。案，《洪崖先生畫贊》序云：“洪崖先生張氳，隋唐間人，隱於南昌之西山，所乘驢名之曰雪，僕數人，曰拙、曰木、曰藤、曰葛、曰橘，出則負巨扇長瓢以從之，多繪以爲圖，蓋有道者也。”（第1332頁）贊曰：“何年丹青手，寫此神仙質？高風邈如在，超然入吾室。”（第1332頁）

《雙林善慧大士録贊》乃李綱見羅畸雙林善慧大士著述有感而作。案，《雙林善慧大士録贊》序云：“唯雙林善慧大士，應世闡化之迹，何其似維摩詰也……其偈頌言語深達……唐人樓穎，集大士應世闡化之迹，以爲之傳，文字繁頦，無以發明甚深難解之義。今右文殿修撰羅公，以無盡智，參訂其

---

[1] 李綸編，彭邦明校點《梁溪先生年譜》，吳洪澤、尹波主編《宋人年譜叢刊》，第6冊第4080頁。
[2] 李綸編，彭邦明校點《梁溪先生年譜》，吳洪澤、尹波主編《宋人年譜叢刊》，第6冊第4080頁。

書，芟除潤色，又爲序以表出之，而大士立言行事，燦然著明，讀者隨其分量，各有所得，其於助發第一義諦，豈小補哉！暇日以其書示昭武李某，歡欣踴躍，得未曾有。"（第1332～1333頁）

《梁溪真贊》云："是爲梁溪，了無差別。行年之化，三十有八。"（第1334頁）據文意及李綸《梁溪先生年譜》所載，此贊當作於是年十月下旬復官北歸之前。

《梁溪四友贊》乃《歲寒贊》《虛心贊》《幽芳贊》《粲華贊》，詠松、竹、蘭、菊也。《梁溪四友贊》序云："山居有松、竹、蘭、菊，目爲四友，且字之：松曰歲寒，竹曰虛心，蘭曰幽芳，菊曰粲華。各爲之贊。"（第1335頁）

《彩塔贊》序云："沙陽陳氏女，以五色絲縷結成彩塔，施棲雲璨上人，璨以示梁溪居士。"（第1337頁）據知，此贊當作於是年十月下旬復官北歸之前。

作《六箴》《求仁堂八君子銘》《多言人銘》《座右銘》《潛庵銘》。

李綸《梁溪先生年譜》謂是年有"箴六、銘四……皆公在沙陽時所作也"[1]。"箴六"即《六箴》，乃《言箴》《行箴》《學箴》《友箴》《名箴》《直箴》。本集卷一四二《六箴》序云："予行年三十有八，而未聞道，日月逝矣，歲不我與，其君子之棄，而小人之歸乎。作《六箴》以自警。"（第1348～1349頁）據知，《六箴》當作於是年十月下旬復官北歸之前。

"銘四"即本集卷一四二《求仁堂八君子銘》《多言人銘》《座右銘》《潛庵銘》。《求仁堂八君子銘》序云："予日居求仁堂，所與友者，几、杖、筆、硯、樽、壺、瑟、枕八君子也，各爲之銘，以著益友相成之義。"（第1350頁）案，《求仁堂八君子銘》現僅存《直几》《方杖》《璞硯》《象筆》四銘。《座右銘》序云："予名堂曰'求仁'，十二時中，行住坐臥，未嘗須臾離也。作座右銘，以自警焉。"（第1352頁）《潛庵銘》序云："龍興深老潛庵，梁溪居士爲書其榜，且銘之曰。"（第1353頁）案，求仁堂乃李綱沙縣居所，龍興深老即慧深也，與李綱交遊甚多，據文意推斷，《求仁堂八君

---

[1] 李綸編，彭邦明校點《梁溪先生年譜》，吳洪澤、尹波主編《宋人年譜叢刊》，第6冊第4080頁。

子銘》《座右銘》《潛庵銘》當作於是年十月下旬復官北歸之前。《多言人銘》原列《求仁堂八君子銘》《座右銘》之間，序云："李子遊於古蘭若，有金人焉，啓其口而銘其臆曰：我古之多言人也。"（第 1351 頁）據排序及李綸《梁溪先生年譜》推斷，當爲"銘四"之一，同作於是年十月下旬復官北歸之前。

作《三帝論》《三教論》《災異論》《朋黨論》《制虜論》《禦戎論》《理財論上》《理財論中》《理財論下》。

李綸《梁溪先生年譜》謂是年有"《災異》等九論……皆公在沙陽時所作也"[1]。"《災異》等九論"即本集卷一四三《三帝論》《三教論》《災異論》《朋黨論》《制虜論》、本集卷一四四《禦戎論》《理財論上》《理財論中》《理財論下》。趙效宣《李綱年譜長編》謂《三教論》《災異論》《朋黨論》《制虜論》《禦戎論》《理財論上》《理財論中》《理財論下》作於靖康元年（1126）[2]，《三帝論》作於建炎元年（1127）[3]，不知何據，今從李綸《梁溪先生年譜》。

作《武剛君傳》《方城侯傳》《文成侯傳》。

李綸《梁溪先生年譜》謂是年有"《方城侯》等三傳……皆公在沙陽時所作也"[4]。"《方城侯》等三傳"即本集卷一五五《武剛君傳》《方城侯傳》《文成侯傳》。

作《醫國説》《清議説》《答賓勞》《釋疑》《華山辨》《釣者對》《非權》《救偏》《原正》《原中》《書范文正公事》《書杜祁公事》《書韓魏公事》《書曾子宣事》諸文。

李綸《梁溪先生年譜》謂是年"雜著如《清議説》《答賓勞》《釋疑》及《書事》等，皆公在沙陽時所作也"[5]。

案，本集卷一五七《醫國説》原列《種花説》與《清議説》之間，《種花説》作於是年四月，則《醫國説》與《清議説》當同爲是年十月下旬復官

---

[1] 李綸編，彭邦明校點《梁溪先生年譜》，吳洪澤、尹波主編《宋人年譜叢刊》，第 6 冊第 4080 頁。
[2] 趙效宣《李綱年譜長編》，第 81 頁。
[3] 趙效宣《李綱年譜長編》，第 109 頁。
[4] 李綸編，彭邦明校點《梁溪先生年譜》，吳洪澤、尹波主編《宋人年譜叢刊》，第 6 冊第 4080 頁。
[5] 李綸編，彭邦明校點《梁溪先生年譜》，吳洪澤、尹波主編《宋人年譜叢刊》，第 6 冊第 4080 頁。

北歸之前作。

本集卷一五八《答賓勞》曰："予方築室山林，買州江湖，冀蒙貸宥，得歸故廬。"（第1464頁）《釋疑》云："因上章待罪，遂有沙陽之謫。……客有獻疑者曰：'……非侵官乎？'"（第1464~1465頁）《華山辨》謂"今來沙陽，見其圖於羅丈疇老家"（第1467頁）。《釣者對》謂"李子遊於沙溪之陽，有釣者焉……因書其對以自警"（第1467~1468頁）。此四文當同爲是年十月下旬復官北歸之前作。

《書事》即本集卷一六〇《書僧伽事》《書范文正公事》《書杜祁公事》《書韓魏公事》《書曾子宣事》，其中，《書僧伽事》作於是年三月二十五日，他文當作於是年十月下旬復官北歸之前。趙效宣《李綱年譜長編》謂本集卷一六〇《書韓魏公事》《書曾子宣事》作於重和元年（1118）[1]，疑誤。

又，趙效宣《李綱年譜長編》謂本集卷一五九《非權》《救偏》《原正》《原中》作於是年[2]，姑從之。

十月二十二日，聞復承事郎差遣如故，作《是日聞報御筆許牽復有感》詩，上《謝復官表》。

《行狀》謂是年"十月，復本等差遣"（第1697頁）。又見李綸《梁溪先生年譜》、鄭昌齡《梁溪先生年譜》。而本集卷四〇《謝復官表》謂"今月二十二日，准告敘復承事郎差遣如故"（第494頁），故本集卷一三《是日聞報御筆許牽復有感》應作於十月二十二日，謝表當上於是日。

十月下旬，作《次韻和〈歸去來集字〉十首》，簡諸弟。

本集卷一三《次韻和〈歸去來集字〉十首》詩序云："近聞例許牽復，真得歸矣，偶讀玉局翁《歸去來集字》，因次其韻，簡諸弟。"（第152頁）據此推斷，此詩應作於十月二十二日復官之後、十月下旬北歸之前。

作《將去沙陽留別鄧季明諸公》詩。

本集卷一三《將去沙陽留別鄧季明諸公》詩云："一載沙陽信有緣，寬恩許去卻依然。"（第154頁）李綱去年十二月抵沙縣，今年十月北歸，近一年也。

---

[1] 趙效宣《李綱年譜長編》，第18頁

[2] 趙效宣《李綱年譜長編》，第38頁。

作《敍別疇老》詩。

本集卷一三《敍別疇老》詩序云："疇老修撰見示七峰吟，因成七言十韻律詩以敍別。"（第 154 頁）李綱與羅畸在沙縣多有交遊唱和，此詩當作於十月下旬北歸之際。

大約十月下旬，在復官之後、北歸之前，作《畫荔枝圖》《叢菊數日來頗有開意戲題》《得了翁書寄石芝》《送羅敦詩赴舉》《從人於柳木得芝》詩。

詩原列本集卷一三《是日聞報御筆許牽復有感》與《將去沙陽留別鄧季明諸公》之間，大約作於十月下旬復官之後、北歸之前。

時得陳瓘書，舉狄梁公及本朝李文靖、王文正二公事業以相勉。本集卷一六二《跋了翁墨迹》載："宣和之初，余以左史論事，謫沙陽。了翁方居南康，其族人陳淵幾叟往見之，余因寓書通殷勤，且以序送淵並致意焉。既而了翁答書，辭意懇懇，至舉狄梁公及本朝李文靖、王文正二公事業以相勉。"（第 1491 頁）而本集附錄三《了翁先生與忠定公書》乃了翁答書，有"瓘啟，姑蘇之別，六年矣""因思狄梁公之言""李文靖公深達釋典""王文正公亦好佛者"（第 1762~1763 頁）等語，正與《跋了翁墨迹》相印證。李綱有感作詩，陳淵和之。案，本集卷一三《得了翁書寄石芝》詩序云："得了翁書，並寄石芝，云其味初淡、中苦，已而發甘，鮮有此味者。感而賦詩。"（第 151 頁）陳淵《默堂集》卷六有《次韻李伯紀舍人食了齋所寄石芝有感》詩和之。[1]

謫居沙縣期間，嘗作《讀書堂》《靈洞山》詩，存疑待考。

關於李綱謫居沙縣期間行蹤，還有一說，就是嘗攝武平縣事，在武平建讀書堂，作《讀書堂》《靈洞山》諸詩。案，《康熙武平縣志》卷三《建置志》載："讀書堂。宋李綱建，今廢。詩曰：靈洞水清仙可訪，南巖木古佛同居。公餘問佛尋仙了，贏得工夫剩讀書。"[2] 卷七《官師表》載："李綱，字伯紀，邵武人。宣和初，以編修言水災事謫監劍州沙縣稅，攝武平縣事。時伏莽滋蔓，草木皆兵，四郊多壘，鷄犬靡寧。因而申嚴保甲，盤詰姦宄。

---

［1］陳淵《默堂集》，景印文淵閣《四庫全書》，第 1139 冊第 331 頁。

［2］劉旭纂修，趙良生續纂修《康熙武平縣志》，《中國地方志集成·福建府縣志輯》，上海書店出版社 2000 年版，第 34 冊第 568 頁。

凡各隘口，俱令同心守望，巡緝稽查，協力隄防。夙夜無間，固結民心。安內攘外，不軌之徒聞風星散。使四民咸登衽席之安，商賈得免裹足之患。且謂仁義之治勝於干櫓，乃搆讀書堂於縣西，題有絕句，風韻灑然。時集士子課文講藝，諭以道德文章爲修身之本，忠孝節義爲致君之源。紳士靡不感而思奮，咸以道德節義相尚。嗣是忠孝迭興，貞烈相繼，皆其流風餘韻，普被無窮者也。過寧化草倉祠，有絕句詩，感慨悲歌，忠愛之思溢於句表。嘗遊靈洞山，題有《仙翁》《石棋》諸詩，道破世態，膾炙人口。去任之時，攀轅臥轍，截鐙留鞭，恨不能阻。既去之後，追思恩德難忘，公籲崇祀名宦。後爲南渡名相，紹興初，許自便，居福州。卒，謚忠定。"[1]卷一〇《題詠》收錄《靈洞山》《讀書堂》二詩。《靈洞山》署名"宋丞相李綱"，詩云："靈洞山前曲曲開，白雲深鎖無人來。我今欲覓山中景，洞口無塵多碧苔。"[2]《讀書堂》同卷三《建置志》所云，署名"宋攝縣李綱"[3]。《福建通志》卷六三《古迹二》亦載："武平縣讀書堂，在縣西。宋李綱詩：'靈洞水清仙可訪，南巖木古佛同居。公餘問佛尋仙了，贏得工夫剩讀書。'"[4]《全宋詩》卷一五七一引《永樂大典》卷七八九二《讀書堂》詩，最後一句爲"贏得安閑剩讀書"[5]，與《康熙武平縣志》《福建通志》所載略有出入。靈洞山，在武平縣西十里。案，《方輿勝覽》卷一三《汀州》載："靈洞山，在武平。有湯泉。大洞三十六，小洞二十八。"[6]據《福建通志》卷四《山川》載，武平縣靈洞山"在縣西十里。上有仙人跨馬石、蛟池、湯泉、石龜諸勝。大洞三十六，小洞二十八。下有靈洞院、洞元觀，又有三石井。舊傳葛洪煉丹於此"[7]。然宋代史料均未提及攝武平縣事，且沙縣與武平相距甚遠，從本集現存作品推斷，時李綱應居沙縣，武平作《讀書堂》《靈洞山》諸詩恐訛，二

---

［1］劉旳纂修，趙良生續纂修《康熙武平縣志》，《中國地方志集成·福建府縣志輯》，第34冊第585頁。

［2］劉旳纂修，趙良生續纂修《康熙武平縣志》，《中國地方志集成·福建府縣志輯》，第34冊第632頁。

［3］劉旳纂修，趙良生續纂修《康熙武平縣志》，《中國地方志集成·福建府縣志輯》，第34冊第635頁。

［4］郝玉麟等修，謝道承等纂《福建通志》，景印文淵閣《四庫全書》，第530冊第276頁。

［5］北京大學古文獻研究所編《全宋詩》，北京大學出版社1996年版，第27冊第17833頁。

［6］祝穆撰，祝洙增訂，施和金點校《方輿勝覽》，第229頁。

［7］郝玉麟等修，謝道承等纂《福建通志》，景印文淵閣《四庫全書》，第527冊第306頁。

詩存疑待考。

十月下旬，自沙縣北歸，作《自沙陽乘泛碧齋至洛陽口》詩。

　　詩見本集卷一三。李綱十月二十二日復官，則自沙縣北歸應是十月下旬。趙效宣《李綱年譜長編》謂十月中旬，自沙縣北歸[1]，誤。洛陽口，在沙縣八都寨前。案，《民國沙縣志》卷四《名勝志》："洛陽口鎮，在八都寨前。宋元豐間立。洛陽口寨，在八都。宋元豐三年設巡檢彈壓，撥泉州翼虎、飛熊軍兼土兵分歲守之。"[2]

途經劍浦，作《留題雙溪閣書呈南劍守謝少卿》《謝德夫約遊開平寺》《謝守送別至黯淡寺》詩，《黃道夫約遊無名庵謁包法師》《奉酬陳之元教授見贈》詩或爲同時作。

　　詩原列本集卷一三《自沙陽乘泛碧齋至洛陽口》之後，據本集卷一三序"在沙陽及還至崇安作四十八首"（第147頁）及詩排序，推斷此五詩作於十月下旬北歸途中。

　　雙溪閣、開平寺、黯淡寺在劍浦。案，雙溪閣，在南平縣劍津上。參見本書"徽宗重和二年、宋徽宗宣和元年己亥（1119），三十七歲"之下相關內容。開平寺，《嘉靖延平府志》卷四《寺觀》謂在南平"縣治西南開平里，五代梁開平四年建"[3]。黯淡寺，《嘉慶重修一統志》卷四三〇《延平府》載："在南平縣東北十五里。《閩志》：唐大順二年建。舊爲院，元改爲寺。寺當黯淡灘之陽，灘水險悍，舟過多覆溺，僧無示者，始結庵於此，募工疏鑿，湍勢稍平，因以灘名寺。明宣德十年重建。"[4]故《留題雙溪閣書呈南劍守謝少卿》《謝德夫約遊開平寺》《謝守送別至黯淡寺》三詩應爲北歸至劍浦時作。另據本集卷二八《宿開平寺二首》詩序"宿開平寺，去劍浦二十里，有泉石之勝，曩與郡守謝德夫同遊，今一紀矣，溪山草木依然，住持猶舊人也，感歎有作二首"（第372頁），知開平寺距離劍浦二十里，《留題雙溪閣書呈南劍守謝少卿》《謝守送別至黯淡寺》中"南劍守謝少卿""謝守"應指

---

[1] 趙效宣《李綱年譜長編》，第33頁。

[2] 梁伯蔭修，羅克涵纂《民國沙縣志》，《中國地方志集成·福建府縣志輯》，第39冊第89頁。

[3] 陳能修，鄭慶雲、辛紹佐纂《嘉靖延平府志》，《天一閣藏明代方志選刊》，上海古籍書店1961年版，第29冊。

[4] 穆彰阿等《嘉慶重修一統志》，第27冊21672頁。

謝德夫，名里不詳。

《黃道夫約遊無名庵謁包法師》《奉酬陳之元教授見贈》二詩原列《留題雙溪閣書呈南劍守謝少卿》與《謝德夫約遊開平寺》之間，或作於同時。

過長灘驛，作《長灘驛次韻陸敦禮留題二絶》。

詩原列本集卷一三《謝德夫約遊開平寺》與《武夷行》之間，據本集卷一三序"在沙陽及還至崇安作四十八首"（第147頁），應爲北歸途經南平至崇安間作。李綱南下沙縣，途經崇安、建陽、建安、劍浦，現復官北歸，途經劍浦，還至崇安，或原路返回也。案，《道光重纂福建通志》卷三〇《津梁》謂建陽縣有長灘渡。[1]《嘉靖建陽縣志》卷三《山川志》謂長灘渡，在建陽縣興下里。[2]長灘驛或在建陽。

途經崇安黃亭驛，作《題黃亭驛》詩。

詩原列本集卷一三《謝德夫約遊開平寺》與《武夷行》之間，據本集卷一三序"在沙陽及還至崇安作四十八首"（第147頁），應爲北歸時作。黃亭，在崇安縣豐陽里。參見本書"徽宗重和二年、宋徽宗宣和元年己亥（1119），三十七歲"之下相關內容。

過武夷山，故地重遊，賦《武夷行》《泛游仙溪》詩遺觀妙法師，作《江城子》（武夷山裏一溪橫）。

本集卷一三《武夷行》詩序曰："今冬蒙恩北歸，復尋舊遊，泛游仙溪，登換骨巖，致祀十三真君，會食觀妙堂。因盡錄前所作，遺觀妙法師。且別賦一篇，以述再遊之意，目之曰《武夷行》。"（第157頁）《泛游仙溪》詩序曰："到閩中而不遊武夷山，到武夷山而不泛游仙溪，皆與不到同。予去冬乘小舟抵晞真館，值雪；今冬復遊，乘月而歸，景物清絶，不可名狀。因賦詩以記其實，書遺觀妙法師。"（第158頁）《江城子》詞序曰："再遊武夷，至晞真館，與道士泛月而歸。"[3]據知，上述詩詞應爲十月下旬北歸還至崇安武夷山時作。案，觀妙堂等"八堂俱沖佑觀"[4]。沖佑觀，《方輿勝覽》卷

［1］孫爾準等修，陳壽祺纂《道光重纂福建通志》，《中國地方志集成·省志輯·福建》，第3冊第675頁。
［2］馮繼科《嘉靖建陽縣志》，《天一閣藏明代方志選刊》，上海古籍書店1962年版，第31冊。
［3］唐圭璋編纂，王仲聞參訂，孔凡禮補輯《全宋詞》，第1175頁。
［4］董天工《武夷山志》卷一《總志上》，《中國方志叢書》，第152頁。

一一《建寧府》載："在崇安縣武夷山。舊名武夷觀，保大間更曰會仙，皇宋紹聖二年改賜今額，聽秩二千石，奉祠者領之。"[1]《武夷山志》卷一《總志上》又云："一曲上溪北。初名天寶殿，歷改武夷觀、會仙觀、沖元觀、萬年宮，土名武夷宮。"[2]

別武夷山，作《別武夷途中偶成寄觀妙法師》《寄題觀雲軒》《崇安令送示武夷圖》詩。

據本集卷一三序"在沙陽及還至崇安作四十八首"（第 147 頁）及《別武夷途中偶成寄觀妙法師》詩題，《寄題觀雲軒》詩序"寄題觀妙法師閣皂山舊隱觀雲軒"（第 158 頁），《崇安令送示武夷圖》詩序"崇安令朱邈公遠送示武夷圖，因成絕句"（第 158 頁）推斷，此三詩應於十月下旬北歸別武夷山後作。崇安令朱遠，字里不詳。閣皂山，"在清江縣東六十里，連互二百餘里，跨樂安、新淦、豐城三縣地。其形如閣，色如皂，有峰六，嶺四，巖二，原五，其餘泉石、池塘之勝參差不一，《道書》以爲三十三福地"[3]。閣皂山應是觀妙法師舊隱之地。

十一、十二月間，自分水嶺過江南，作《自分水嶺過江南》詩。

李綸《梁溪先生年譜》謂宣和三年（1121），李綱"自分水嶺過江南，至自海陵，泛江歸梁溪，詩百餘篇"[4]。趙效宣《李綱年譜長編》謂宣和二年"十一月，自分水嶺過江南"[5]。案，本集卷一四序謂"自分水嶺過江南及辛丑歲作七十五首"（第 161 頁）。《晚行》詩云："歲杪旅懷惡，驅車殘照里。"（第 163 頁）《題建德縣開化寺》詩云："殘臘未曾看雪舞，勁風何事掃雲屯？"（第 165 頁）二詩當作於今年十二月。李綱十月下旬北歸，十二月至建德，則自分水嶺過江南當爲今年十一、十二月間事也，本集卷一四《自分水嶺過江南》當作於此時。分水嶺，在鉛山縣南七十里。參見本書"徽宗重和二年、宋徽宗宣和元年己亥（1119），三十七歲"之下相關內容。

---

[1] 祝穆撰，祝洙增訂，施和金點校《方輿勝覽》，第 194 頁。
[2] 董天工《武夷山志》，《中國方志叢書》，第 154 頁。
[3] 穆彰阿等《嘉慶重修一統志》卷三二四《臨江府》，第 20 冊第 16153 頁。
[4] 李綸編，彭邦明校點《梁溪先生年譜》，吳洪澤、尹波主編《宋人年譜叢刊》，第 6 冊第 4081 頁。
[5] 趙效宣《李綱年譜長編》，第 34 頁。

作《望江南》詞六首。

趙效宣《李綱年譜長編》謂是年詞有《望江南》［過分水嶺］六首[1]，姑從之。詞當作於是年十一、十二月間自分水嶺過江南之時。據《全宋詞》，六首詞首句分別爲"征騎遠""雲嶺水""雲棹遠""清晝永""煙艇穩""江上雪"[2]。

至鉛山，作《鉛山約高無咎同遊石井》詩。

據本集卷一四序"自分水嶺過江南及辛丑歲作七十五首"（第161頁），本集卷一四《鉛山約高無咎同遊石井》應爲"自分水嶺過江南"時作。石井，在鉛山縣北四里。參見本書"徽宗重和二年、宋徽宗宣和元年己亥（1119），三十七歲"之下相關內容。

高無咎，字里不詳。

自鉛山繞道至德興吳園，作《自鉛山迂路至吳園》《吳園》詩。

本集卷一四《自鉛山迂路至吳園》詩云："清晨遊石井，薄暮宿丫巖。……吳園纔數舍，去去指龍潭。"（第161頁）丫巖、龍潭，當在鉛山繞道至吳園途中。又，據本集卷一七〇《宋故龍圖張公夫人黃氏墓誌銘》載，黃氏卒於"宣和二年閏五月七日也。享壽五十有九。……女七人……次適某……某前年自左史謫官沙陽，既得歸，迂路抵龍圖公第，拜夫人於堂，留十餘日，聽其議論，亹亹令人忘倦，所見超卓，雖老於禪學者弗能及也。別未半歲，遽聞夫人之喪，竊歎其於生死去來之際，了了如此"（第1571頁）。李綱繞道吳園拜見岳母，"別未半歲，遽聞夫人之喪"，則黃氏當卒於宣和三年，"宣和二年"應爲傳抄之誤。

信州道中，過月巖，作《留題月巖》詩。

本集卷一四《留題月巖》詩序謂"信州道中"（第161頁），詩列於《吳園》之後，應是繞道吳園、返回信州途中作。案，"石橋山，一名月巖，在（上饒）縣西三十里。山中壑穴猶虹矯然，外窺如畫，遠望如月，雖天台石橋，不足以比"[3]。

---

[1] 趙效宣《李綱年譜長編》，第37頁。

[2] 唐圭璋編纂，王仲聞參訂，孔凡禮補輯《全宋詞》，第1176~1177頁。

[3] 樂史撰，王文楚等點校《太平寰宇記》卷一〇七《信州》，第5冊第2150~2151頁。

信州至弋陽道中，宿黃藤驛，時聞浙東方寇大作，作《宿黃藤驛》詩。

本集卷一四《宿黃藤驛》原列《留題月巖》與《弋陽道中》之間，據知，黃藤驛在信州至弋陽道中。詩序謂"時聞浙東方寇大作"（第162頁）。據《宋史》卷二二《徽宗本紀四》，是年十月，方臘反。[1]

至弋陽，作《弋陽道中》《望龜峰》詩。

詩見本集卷一四。龜峰山，"在弋陽縣南二十里。弋陽江經其下，有三十二峰，皆筍植笏立，峭不可攀。中峰有巨石如龜形。又有屟樓峰，能吐納雲氣，以驗晴雨"[2]。據知，《望龜峰》應與《弋陽道中》同時作於弋陽（今屬江西）。

至貴溪，作《鳴山驛次韻蔡君謨續夢作》詩。

詩見本集卷一四。鳴山驛在貴溪（今屬江西）境內。宋三平、張濤《論兩宋江西地區的交通及其影響》云："自弋陽縣驛而西，至鳴山驛。……鳴山驛在貴溪境內。"[3]

至安仁，作《宿安仁雲錦堂》詩。

本集卷一四《宿安仁雲錦堂》詩云："一宿溪邊雲錦堂，煙村浮動野梅香。沙平水淡近江浦，天闊山遥多夕陽。北陸寒凝風眇眇，東吳音斷意茫茫。片言無補空來往，贏得蕭條兩鬢霜。"（第163頁）雲錦堂，史無記載，然《輿地紀勝》卷二三《饒州》載："雲錦水。在安仁。發源於邵武之光澤，又有雲錦驛。"[4]《饒州府志》卷三《地輿志三》載："雲錦洞，世傳張道陵遍遊名山，東抵雲錦溪，升高而望，曰：'是有異景。'泝流至雲錦洞鍊丹巖中三年，今不知所在。饒守王梅溪有'絕境逍遥雲錦洞'，詩句注云：'安仁有絕境序。'"[5]雲錦溪，在安仁"縣治前。宋晁補之上干越，見灘水清現毫髮，其中石五色，若可掇拾者。從縣令借圖志閱視，溪曰雲錦，村曰玉石，因詩以記云"[6]。從詩句"一宿溪邊雲錦堂，煙村浮動野梅香"推斷，雲錦堂或在

---

[1]脫脫等《宋史》，第2冊第406頁。

[2]穆彰阿等《嘉慶重修一統志》卷三一四《廣信府》，第19冊第15724頁。

[3]宋三平、張濤《論兩宋江西地區的交通及其影響》，《南昌大學學報》2009年第6期。

[4]王象之著，李勇先校點《輿地紀勝》，第2冊第1092頁。

[5]錫德修，石景芬纂《饒州府志》，《中國方志叢書》，成文出版社1975年版，第487頁。

[6]錫德修，石景芬纂《饒州府志》卷二《地輿志二》，《中國方志叢書》，第366頁。

安仁（今江西餘江）雲錦溪邊雲錦洞中。

至餘干，作《餘干》詩。

本集卷一四《餘干》詩云：“雲錦洞深煙水遠，琵琶洲轉暮灘長。”（第163頁）琵琶洲在餘干縣（今屬江西）南。案，《輿地紀勝》卷二三《饒州》：“琵琶洲。在餘干縣南。水中擁沙成洲，其狀如琵琶。”[1]

十二月，或在餘干，作《晚行》詩。

本集卷一四《晚行》詩云：“歲杪旅懷惡，驅車殘照里。”（第163頁）歲杪，十二月也。詩原列《餘干》之後，或同作於餘干。

至鄱陽，作《題安國寺翠玉亭》詩呈平老。

本集卷一四《題安國寺翠玉亭》詩序曰：“題安國寺翠玉亭，呈平老鄱陽。”（第163頁）《鄱陽縣志》卷一六《別志》載安國寺“在城內錦昭坊東。乃晉陶侃子長沙公延壽舊居，宋天聖年創”[2]。鄱陽，今屬江西。

至饒州仁義驛，作《題仁義驛歲寒堂范文正公所植六松》詩。

本集卷一四《題仁義驛歲寒堂范文正公所植六松》原列《題安國寺翠玉亭》之後，仁義驛當在饒州境內。仁義驛歲寒堂，史無記載，待考。

饒州至建德途中，作《迂路由江南歸二首》《童子驛見梅花》《偶題》詩。

詩原列本集卷一四《題仁義驛歲寒堂范文正公所植六松》與《題建德縣開化寺》之間，當作於饒州至建德途中。

《迂路由江南歸二首》詩序云：“聞浙東方寇大作，道路不通，迂路由江南以歸，有感二首。”（第164頁）是年十二月，方臘陷建德、歙州、杭州[3]，即詩中所謂“干戈已相鄰”（第164頁）也。《童子驛見梅花》《偶題》各有詩二首。童子驛，不詳，或在饒州境內。

至建德，作《題建德縣開化寺》詩。

本集卷一四《題建德縣開化寺》：“殘臘未曾看雪舞，勁風何事掃雲屯？”（第165頁）據知，此詩作於是年十二月。建德，今安徽東至。開化寺，不詳。

---

［1］王象之著，李勇先校點《輿地紀勝》，第2冊第1092頁。
［2］王克生修，王用佐等纂《鄱陽縣志》，《清代孤本方志選》，綫裝書局2001年版，第1輯第17冊第1247頁。
［3］脫脫等《宋史》）卷二二《徽宗本紀四》，第2冊第407頁。

是年作《芝軒銘》，地點不詳。

本集卷一四二《芝軒銘》序曰："清原山因山水暴至發屋，長老珪師得芝草於片瓦之上，十葉煒然，遂以名軒。而求言於梁溪居士。"（第1354頁）李綸《梁溪先生年譜》謂是年有"銘四……皆公在沙陽時所作也"[1]，"銘四"即《求仁堂八君子銘》《多言人銘》《座右銘》《潛庵銘》。然趙效宣《李綱年譜長編》謂《芝軒銘》亦作於是年[2]，姑從之。清原山，不詳待考。

徽宗宣和三年辛丑（1121），三十九歲

歸無錫，丁父憂。有詩一百一首、文九篇、詞五首、賦三篇。

大約正月上旬，至紫巖驛，作《題紫巖驛》詩。

李綱大約正月上旬至池陽，此詩原列本集卷一四《題建德縣開化寺》與《贈池守張閎道》之間，大約也作於正月上旬。紫巖"在貴池縣西三十里，中有紫泉"[3]，紫巖驛或在此地。

至池陽，作《贈池守張閎道》《同天寧聰老遊齊山次杜牧之韻》《題弄水亭》《自池口登舟》詩。

本集卷一四序謂"自分水嶺過江南及辛丑歲作七十五首"（第161頁），李綸《梁溪先生年譜》謂李綱是年"自分水嶺過江南，至自海陵，泛江歸梁溪，詩百餘篇"[4]。案，李綱自分水嶺過江南爲去年十一、十二月間事，十二月，至建德。而本集卷一四《贈池守張閎道》詩云："天下蒼生待經濟，坐看蟄蟄起春雷。"（第166頁）《自池口登舟》詩云："水落溪乾不可舟，春潮理棹淺沙頭。"（第166頁）據知，至池陽（今安徽貴池）時已是今年春天。又，李綱正月十五日於蕪湖道中作《上元舟中有感》，則至池陽時間大約爲正月上旬。張閎道，名里不詳。

齊山，在貴池縣東南六里。案，《太平寰宇記》卷一〇五《池州》載齊

[1] 李綸編，彭邦明校點《梁溪先生年譜》，吳洪澤、尹波主編《宋人年譜叢刊》，第6冊第4080頁。
[2] 趙效宣《李綱年譜長編》，第38頁。
[3] 穆彰阿等《嘉慶重修一統志》卷一一八《池州府》，第6冊第5144頁。
[4] 李綸編，彭邦明校點《梁溪先生年譜》，吳洪澤、尹波主編《宋人年譜叢刊》，第6冊第4081頁。

山在貴池“縣東南六里。有齊山祠，復有九頂山洞”[1]。《輿地紀勝》卷二二《池州》載：“在貴池南五里。按王棐《齊山記》：‘有十餘峰，其高等，故曰齊山。或云以齊映得名。’《寰宇記》云：‘有九頂山洞。’即唐杜牧九日所登，杜牧所謂‘攜壺上翠微’是也。”[2]《方輿勝覽》卷一六《池州》亦謂“在貴池南五里”[3]。《嘉慶重修一統志》卷一一八《池州府》載：“在貴池縣南三里。……《秋浦新志》：‘有十餘峰，其高齊等，故名。周二十里，泉大小九十一，亭臺二十餘，其西有湖曰齊山湖，中有小山曰珠兒山，一名石洲。’按，《方輿勝覽》謂‘山因唐刺史齊映得名，本於吳中復詩，周必大記’。考映傳未嘗刺池州，世系表有齊照爲池州，蓋因之而訛也。”[4]今從《太平寰宇記》所載。

弄水亭，在貴池縣南通遠門外。案，《輿地紀勝》卷二二《池州》載：“弄水亭。郡有弄水亭，在通遠門外。杜牧之有《弄水亭》詩。”[5]《嘉慶重修一統志》卷一一八《池州府》謂“在貴池縣南通遠門外。唐杜牧建，取李白‘欲弄水中月’之句爲名”[6]。

池口鎮，在貴池縣西北。案，《元豐九域志》卷六《江南路》謂貴池縣有“池口、青溪、靈芝、秀山四鎮”[7]。《嘉慶重修一統志》卷一一八《池州府》載：“在貴池縣西北池口，即六朝所謂貴口也。……《縣志》：‘在縣西北五里黃龍磯上。’金置池口驛於此。”[8]

作《望江南》（歸去客）、《江城子》（春來江上打頭風）、《江城子》（曉來江口轉南風）、《喜遷鶯》（江天霜曉）。

《望江南》、兩首《江城子》、《喜遷鶯》詞序分別爲“池陽道中”“池陽泛舟作”“自池陽泛舟”[9]。據知，四詞作於池陽，此處括引首句。

［1］樂史撰，王文楚等點校《太平寰宇記》，第 5 冊第 2086 頁。

［2］王象之著，李勇先校點《輿地紀勝》，第 2 冊第 1047 頁。

［3］祝穆撰，祝洙增訂，施和金點校《方輿勝覽》，第 292 頁。

［4］穆彰阿等《嘉慶重修一統志》，第 6 冊第 5130 頁。

［5］王象之著，李勇先校點《輿地紀勝》，第 2 冊第 1049 頁。

［6］穆彰阿等《嘉慶重修一統志》，第 6 冊第 5159 頁。

［7］王存撰，王文楚、魏嵩山點校《元豐九域志》，第 244 頁。

［8］穆彰阿等《嘉慶重修一統志》，第 6 冊第 5162 頁。

［9］唐圭璋編纂，王仲聞參訂，孔凡禮補輯《全宋詞》，第 1169、1175、1177 頁。

自池陽至銅陵途中，作《江行十首》詩。

　　本集卷一四《江行十首》詩序曰："自池陽至銅陵。"（第 167 頁）

至銅陵，遊五松山，觀李太白祠堂，作《遊五松山觀李太白祠堂》詩。

　　詩見本集卷一四。五松山，在銅陵縣（今屬安徽）南四里，有李太白祠堂。案，《輿地紀勝》卷二二《池州》載："五松山。在銅陵。李太白名曰五松山，因作詩以美。今五松山有寶雲院及李翰林祠堂。"[1]《方輿勝覽》卷一六《池州》亦謂"在銅陵縣"[2]。《嘉慶重修一統志》卷一一八《池州府》載："在銅陵縣南四里。《輿地紀勝》：'山在銅官西南，有松一本五支，黛色參天。'李白詩云：'我來五松下，置酒窮躋攀。徵古絕遺老，因名五松山。'山下有寶雲寺及太白祠堂。今銅陵號曰五松，本此山也。"[3]李太白祠堂即李翰林祠堂，《輿地紀勝》卷二二《池州》載："李翰林祠堂。在銅陵五松山寶雲院。太白《遊五松山》詩云：'證[4]古絕遺老，因名五松山。'後東坡、鄭獬、米芾、李綱俱有詩。"[5]

以《水調歌頭》（太白乃吾祖）奉寄李光，李光和之。

　　趙效宣《李綱年譜長編》謂大約是年正月上旬，"遊五松山，觀李太白祠堂，作詩詞數首，以水調歌頭一闋奉寄李泰發（光）"[6]，又謂紹興七年（1137）有詞《水調歌頭》[李太白畫象]一首[7]，係重複收錄此詞。此詞當爲是年遊五松山，觀李太白祠堂時作。李光《莊簡集》卷七《水調歌頭》詞序云："李公伯紀寄示水調一闋詠歎李太白，詞采秀發，然予與太白竊有恨焉，因以淵明爲答。"[8]據知，此詞即李光和詞，大約作於同時。李光（1078—1159），字泰發，一字泰定，號轉物居士、無礙居士、五松居士、讀易老人，越州上虞（今屬浙江）人，著有《莊簡集》。[9]《宋史》卷三六三

---

[1] 王象之著，李勇先校點《輿地紀勝》，第 2 冊第 1052 頁。

[2] 祝穆撰，祝洙增訂，施和金點校《方輿勝覽》，第 292 頁。

[3] 穆彰阿等《嘉慶重修一統志》，第 6 冊第 5136 頁。

[4] "證"應爲"徵"。見李白著，王琦注《李太白全集》卷二〇《與南陵常贊府遊五松山》，中華書局 1977 年版，第 957 頁。

[5] 王象之著，李勇先校點《輿地紀勝》，第 2 冊第 1054 頁。

[6] 趙效宣《李綱年譜長編》，第 38 頁。

[7] 趙效宣《李綱年譜長編》，第 216 頁。

[8] 李光《莊簡集》，景印文淵閣《四庫全書》，臺灣商務印書館 1986 年版，第 1128 冊第 504 頁。

[9] 方星移《宋四家詞人年譜》，黑龍江人民出版社 2008 年版，第 85、95、212 頁。

有傳。

作《銅陵阻風》《舟中讀書有感》《題護法寺瑛老默堂》《次韻和瑛老頌》詩。

詩見本集卷一四。護法寺，在銅陵縣西。案，《輿地紀勝》卷二二《池州》載："護法院。在銅陵縣之西隅，俯臨大江。"[1]護法寺即護法院也。故《題護法寺瑛老默堂》詩應作於銅陵。另從《銅陵阻風》詩題、《次韻和瑛老頌》詩句"默堂前對五松山"（第169頁）推斷，二詩也應作於銅陵。而《舟中讀書有感》原列《遊五松山觀李太白祠堂》與《銅陵阻風》之間，當爲同時作。

自銅陵行四十里，至散潭，作《舟泊散潭三首》詩。

本集卷一四《舟泊散潭三首》詩序云："自銅陵行四十里風復作，泊江北岸，地名散潭，屬淮南。"（第169頁）散潭，屬淮南，不詳待考。

散潭至繁昌間，作《春睡二首》詩。

詩原列本集卷一四《舟泊散潭三首》與《夜泊繁昌》之間，據排序推斷，當作於散潭至繁昌間。

至繁昌，有《夜泊繁昌》詩。

本集卷一四序謂"自分水嶺過江南及辛丑歲作七十五首"（第161頁），據本集卷一四《夜泊繁昌》詩題，知此詩爲是年途經繁昌（今屬安徽）時作。

繁昌至蕪湖途中，作《試九華朱覯墨》《未至蕪湖四十里阻風》《草宰執書論方寇事戲成》詩。

詩原列本集卷一四《夜泊繁昌》與《上元舟中有感》之間，時間大約爲正月上旬。又列《至蕪湖聞賊陷錢塘復爲官軍所得有感》之前，當作於繁昌至蕪湖途中。

十五日，繁昌至蕪湖途中，作《上元舟中有感》詩。

詩原列本集卷一四《夜泊繁昌》與《至蕪湖聞賊陷錢塘復爲官軍所得有感》之間，當作於繁昌至蕪湖途中。上元即正月十五日。

---

[1] 王象之著，李勇先校點《輿地紀勝》，第2冊第1052頁。

大約是月中下旬，繁昌至蕪湖途中，作《夜坐二首》詩。

詩原列本集卷一四《夜泊繁昌》與《至蕪湖聞賊陷錢塘復爲官軍所得有感》之間，當作於繁昌至蕪湖途中。又列於《上元舟中有感》之後，時間大約爲正月中下旬。

至蕪湖，作《至蕪湖聞賊陷錢塘復爲官軍所得有感》詩二首。

據本集卷一四《至蕪湖聞賊陷錢塘復爲官軍所得有感》詩題，推知此詩爲是年途經蕪湖（今屬安徽）時作。

自蕪湖江行至采石，作《自蕪湖江行至采石》詩二首。

據本集卷一四《自蕪湖江行至采石》詩題，推知此詩爲是年自蕪湖江行至采石（今安徽當塗）時作。

乘舟至南京，作《乘月泛禁江一夕至金陵》詩二首。

本集卷一四《乘月泛禁江一夕至金陵》詩序曰："阻風泊慈湖夾，焚香默禱，有長魚躍波面，江豚出沒，舟人大驚。抵暮風便，因令解舟，乘月泛禁江，一夕至金陵，蓋數百里。"（第171~172頁）注曰："江險而不可行者爲禁江。時夾江水落，行禁江。"（第172頁）金陵，今江蘇南京。

在南京，同李彌遜遊蔣山，作《同李似之遊蔣山》《頌示勤老》《次韻奉酬李似之見贈》《金陵懷古四首》《登鍾山謁寶公塔》《題定林院》《題八功德水》《題偃秀軒》詩。

詩見本集卷一四。蔣山，又名鍾山，在上元縣（今江蘇南京）東北十五里。案，《太平寰宇記》卷九〇《昇州》載："蔣山，在（上元）縣東北十五里，周圍六十里。面南顧，東連青龍、雁門等山，西臨青溪；絕山南面有鍾浦水，流下入秦淮，北連稚亭山。按《輿地志》云：'蔣山，古曰金陵山，縣之名因此山立。'《漢輿地圖》名鍾山。吳大帝時，有蔣子文發神驗於此，封子文爲蔣侯，改曰蔣山。"[1]《景定建康志》卷一七《山川志一》亦謂"在城東北一十五里"[2]。然《輿地紀勝》卷一七《建康府》載："鍾山。《金陵覽古》云：'在上元縣東北十八里。'"[3]《方輿勝覽》卷一四《建康府》亦云：

[1] 樂史撰，王文楚等點校《太平寰宇記》，第4冊第1782~1783頁。

[2] 馬光祖修，周應合纂《景定建康志》，《宋元方志叢刊》，中華書局1990年版，第2冊1557頁。

[3] 王象之著，李勇先校點《輿地紀勝》，第2冊第790頁。

"在上元縣東北十八里。《輿地志》：'古曰金陵山，縣名因此。又名蔣山。漢末秣陵尉蔣子文討賊，死事於此，吳大帝爲立廟，子文祖諱鍾，因改曰蔣山。"[1] 今從《太平寰宇記》所載。

定林寺在蔣山寶公塔西北。案，《輿地紀勝》卷一七《建康府》："定林有上、下二寺。定林寺舊基在蔣山應潮井後。"[2]《方輿勝覽》卷一四《建康府》："定林有上、下二寺，舊基在蔣山應潮井後。王介甫讀書處，米元章榜曰'昭文齋'，李伯時寫王介甫真於壁，楊次公爲之贊。"[3] 然《景定建康志》卷四六《祠祀志三》載："定林寺有二。上定林寺，舊在蔣山應潮井後，宋元嘉十六年，禪僧竺法秀造，在下定林寺之西幹道間，僧善鑑請其額於方山重建。下定林寺，在蔣山寶公塔西北，宋元嘉元年置，後廢，今爲定林庵，王安石舊讀書處。"[4]《題定林院》題注"一作寺"，詩云："行過鍾山到定林，青松一徑白雲深。三間古屋昭文館，那有沉迷富貴心？"（第173～174頁）從"三間古屋昭文館"推斷，應爲下定林寺。今從《景定建康志》所載。

八功德水在蔣山東悟真庵後。《輿地紀勝》卷一七《建康府》謂"八功德水。鍾山之東有八功德水，在悟真庵後"[5]。《方輿勝覽》卷一四《建康府》載："在蔣山悟真庵後。按梅摯《亭記》：'梁天監中，有胡僧曇隱寓錫於此，山中乏水，時有厖眉叟相謂曰："予山龍也。知師渴飲，措之無難。"俄而一沼沸成。後有西僧繼至，云本域八池已失其一，似竭彼盈此也。其泉一清、二冷、三香、四柔、五甘、六淨、七不饐、八蠲痾，故名八功德水。'"[6]《景定建康志》卷一九《山川志三》亦云："在蔣山悟真庵後，因梁天監得名。"[7]

偃秀軒，《景定建康志》卷二二《城闕志三》載："在蔣山道中松間。"[8]

定林院、八功德水、偃秀軒皆在蔣山，故《題定林院》《題八功德水》

---

[1] 祝穆撰，祝洙增訂，施和金點校《方輿勝覽》，第235頁。

[2] 王象之著，李勇先校點《輿地紀勝》，第2冊第808頁。

[3] 祝穆撰，祝洙增訂，施和金點校《方輿勝覽》，第244頁。

[4] 馬光祖修，周應合纂《景定建康志》，《宋元方志叢刊》，第2冊第2083頁。

[5] 王象之著，李勇先校點《輿地紀勝》，第2冊第805頁。

[6] 祝穆撰，祝洙增訂，施和金點校《方輿勝覽》，第246～247頁。

[7] 馬光祖修，周應合纂《景定建康志》，《宋元方志叢刊》，第2冊第1610頁。

[8] 馬光祖修，周應合纂《景定建康志》，《宋元方志叢刊》，第2冊第1674頁。

《題偃秀軒》三詩也應同作於蔣山。另據《同李似之遊蔣山》《登鍾山謁寶公塔》詩題及《頌示勤老》"平生聞説蔣山勤，今日相逢過所聞"（第 172 頁）詩句，知此三詩作於蔣山。《次韻奉酬李似之見贈》《金陵懷古四首》詩原列《頌示勤老》與《登鍾山謁寶公塔》之間，又《登鍾山謁寶公塔》後一首《題定林院》謂"行過鍾山到定林"（第 173 頁），故此五詩當同作於蔣山。

李彌遜，字似之，號筠溪真隱，平江府吳縣（今江蘇蘇州）人，著有《筠溪集》。[1]《宋史》卷三八二有傳。時奉祠閑居。案，李彌遜《筠溪集》附錄《筠溪李公家傳》載政和八年"四月，擢爲起居郎。……八月，貶知雅州廬山縣。九月，改奉嵩山祠。斥廢隱居者凡八年"[2]。

作《普現庵銘》。

本集卷一四二《普現庵銘》序云："蔣山佛果禪師勤公，築庵於其方丈之側，東吳李彌遜以'普現'目之，梁溪李某爲作銘。"（第 1353 頁）據知，此文當作於李綱同李似之遊蔣山時。趙效宣《李綱年譜長編》謂此文作於宣和二年（1120）[3]，誤也。

在南京，有《上王太宰論方寇書》《上門下白侍郎書》《與鄭少傅書》《與中書馮侍郎書》《上王右丞書》《與梅和勝侍郎書》《與程伯起舍人書》諸文，論破方臘之策。

本集卷一〇八《上王太宰論方寇書》云："宣和三年正月日，某頓首再拜……某自去冬承吏部符罷任，起離閩中，將道浙東，省親毗陵，行次上饒，適聞睦州方寇猖獗，道路不通，遂由江東泛舟以歸。又值黟、歙失守，郡縣驚擾，間關險阻，獲達金陵，出於天幸。然某遲回饒信諸郡者凡兩月餘，於方寇事親見探報，及得於傳聞，實爲詳悉。"（第 1022～1023 頁）卷一〇九《與梅和勝侍郎書》云："正月日，某頓首再拜……去冬承吏部符，蒙恩牽復本等，差遣罷任，既削罪籍，復還故資。無九年之謫，而有三釜之養。方竊欣幸，將自閩中道浙東，省親毗陵。適聞方寇竊發於睦，屢敗官

---

[1] 脱脱等《宋史》卷三八二《李彌遜傳》，第 34 冊第 11774 頁；李彌遜《筠溪集》附錄《筠溪李公家傳》，景印文淵閣《四庫全書》，臺灣商務印書館 1986 年版，第 1130 冊第 842～847 頁。

[2] 李彌遜《筠溪集》，景印文淵閣《四庫全書》，第 1130 冊第 843 頁。

[3] 趙效宣《李綱年譜長編》，第 38 頁。

軍，賊勢猖獗，道梗不通，遂謀迂路由江南以歸。又值黟、歙爲賊所陷，瀕江諸州紛然驚擾，村落間盜賊蜂起，借聲勢以劫掠者，不可勝計。間關險阻，自饒、信抵池陽，偶得一舟涉長江，冒風濤之險，幾月而後達金陵。又聞錢塘失守，爲盜所據。其去毗陵不數百里，士大夫家皆遷徙以避寇勢，須奉親挈族糊其口於他邦，四顧茫然，不知稅駕之所。"（第1034頁）《與程伯起舍人書》云："正月日，某頓首再拜……某茲者蒙恩牽復罷任……將道浙東，省親無錫。偶值方寇竊發，道路阻絕，由江東以歸，履畏塗，冒風濤之險，幾月然後達金陵。又聞老親同骨肉輩，避寇徙居，未知所詣，遣人詢訪，尚未得報，此情何如！然徘徊左右之久，於賊事講聞甚詳，慮之至熟，輒以書達宰執諸公，具論本末。……五書副本，敢以浼呈，幸冀一覽，勿以示他人也。"（第1035~1036頁）據知，此三文皆作於南京。

又，本集卷一〇八《上門下白侍郎書》、卷一〇九《與鄭少傅書》《與中書馮侍郎書》《上王右丞書》皆謂"宣和三年正月日，某頓首再拜"（第1025、1029、1031、1032頁），且《與程伯起舍人書》有"五書副本，敢以浼呈"（第1036頁）之語，據知，此四文皆作於南京。

王太宰即王黼（1079—1126），初名甫，字將明，開封祥符（今屬河南）人。宣和元年，拜特進、少宰。[1]《宋史》卷四七〇有傳。白侍郎白時中（？—1127），字蒙亨，壽春（今安徽壽縣）人。政和六年（1116）拜尚書右丞、中書門下侍郎，累官吏部侍郎。[2]《宋史》卷三七一有傳。鄭少傅鄭居中（1059—1123），字達夫，開封人。政和中再知樞密院官，累特進。尋，拜少保太宰。逾年加少傅。[3]《宋史》卷三五一有傳。馮侍郎馮熙載，字彥爲，衢州西安（今浙江衢州）人，宣和間由尚書左丞遷中書侍郎。[4]王右丞王安中（1075—1134），字履道，中山曲陽（今屬河北）人。宣和元年（1119），拜尚書右丞。[5]《宋史》卷三五二有傳。梅執禮（1079—1127），字

---

[1] 脫脫等《宋史》卷四七〇《佞幸傳》，第39冊第13681~13684頁。

[2] 脫脫等《宋史》卷三七一《白時中傳》，第33冊第11517~11518頁。

[3] 脫脫等《宋史》卷三五一《鄭居中傳》，第32冊第11103~11105頁。

[4] 沈傑修，吾冔、吳夔纂《弘治衢州府志》卷九《人物》，《天一閣藏明代方志選刊續編》，第31冊第350頁。

[5] 脫脫等《宋史》卷三五二《王安中傳》，第32冊第11124~11126頁。

和勝，婺州浦江（今屬浙江）人。歷比部員外郎、左司員外郎、中書舍人、給事中，後遷禮部侍郎。[1]《宋史》卷三五七有傳。程振（1070—1126），字伯起，饒州樂平（今屬江西）人。時爲膳部員外郎、監察御史、辟雍國子司業、左司員外郎兼太子舍人。[2]《宋史》卷三五七有傳。

得家書，知家人避寇海陵，作《得家信報避寇海陵》詩。

李綸《梁溪先生年譜》載："是年，衛公以方臘之亂，自錫山避地海陵。公泛大江歸膝下。"[3]案，李綱至南京，聞毗陵士大夫家皆遷徙以避寇勢，遂遣人詢訪，則得家信報避寇海陵，時當在南京。又，詩原列本集卷一四《題偃秀軒》與《自金陵江行未至長蘆阻風》之間，《題偃秀軒》前數詩爲南京時作，《得家信報避寇海陵》當同作於南京。

自南京江行至長蘆，作《自金陵江行未至長蘆阻風》《過長蘆》《遊長蘆寺見衆僧已披剃》詩。

詩見本集卷一四。其中，《自金陵江行未至長蘆阻風》有詩二首。長蘆，在今江蘇南京境内。長蘆寺，在六合縣（今屬江蘇）南二十五里。案，《輿地紀勝》卷三八《真州》載："長蘆寺。舊在長蘆鎮。章獻明肅太后少隨父至玉泉寺，長老勉之入京。及垂簾聽政，長老已往長蘆。后問所需，曰：'長蘆無三門。'太后乃以本閣服用器物成之。淳熙十二年，徙於滁口山之東。"[4]《方輿勝覽》卷四五《真州》謂"元在長蘆鎮。章獻明肅太后少隨父至京師，長老勉之入京"[5]。"至京師"疑爲"至玉泉寺"之誤。《乾隆江南通志》卷四三《輿地志》載長蘆寺"在六合縣南二十五里。宋天聖中建"[6]。

舟行至儀真，沿途作《次韻和淵明形影神三首》《次韻李似之〈秋居雜詠〉十首》《阻風舟中有感》《喜雨》《雙鳧》《雪》《江上值雪戲成短歌》《舟次儀真》詩。

據本集卷一五序"江南道中及歸抵海陵作四十七首"（第177頁），以上

---

[1] 脱脱等《宋史》卷三五七《梅執禮傳》，第32冊第11232~11234頁。
[2] 脱脱等《宋史》卷三五七《程振傳》，第32冊第11234~11236頁。
[3] 李綸，彭邦明校點《梁溪先生年譜》，吴洪澤、尹波主編《宋人年譜叢刊》，第6冊第4081頁。
[4] 王象之著，李勇先校點《輿地紀勝》，第3冊第1696~1697頁。
[5] 祝穆撰，祝洙增訂，施和金點校《方輿勝覽》，第808頁。
[6] 趙弘恩等修，黃之雋等纂《乾隆江南通志》，《中國地方志集成·省志輯·江南》，第3冊第820頁。

諸詩應作於江南道中。儀真，今江蘇儀徵。

《次韻和淵明形影神三首》即《形贈影》《影答》《神釋》三首。

《次韻李似之〈秋居雜詠〉十首》詩序云：“予素有高世之志，家梁溪上，田園足以供伏臘，泉石足以供吟哦。歸自謫所，藉此就閑。而巨盜方起，干戈相鄰，聞諸弟奉親挈族，旅泊淮甸，田園泉石皆未可保。慨然感懷，過金陵，邂逅李似之，出《秋居雜詠》十篇，因次韻和之，攄情言志，不必以秋爲興也。”（第178頁）其八云：“我行大江濱，舉頭見鍾山。清風自南來，長嘯宇宙寬。邂逅適相遇，取友平生端。戀戀故人意，憐此范叔寒。世路方多虞，期子慎所安。他時來訪我，陋巷一瓢顔。”（第179頁）據知，李綱與李彌遜在南京相遇，李彌遜嘗出示《秋居雜詠》十篇，離別之後，李綱舟行江南道中，遙望鍾山，有感故人之意而作次韻詩也。

《舟次儀真》詩曰：“昔年試吏得江城，一紀重來若隔生。”（第181頁）李綱大觀二年（1108）嘗任真州司法參軍，迄今一紀也。

南京至海陵途中，作《江上愁心賦》《梅花賦》。

本集卷二《江上愁心賦》云：“我歸自南兮，涉千里之長江。……吾家亦避寇而遠適兮，方旅泊於異土。……幸歸程之不遠兮，恨風濤之齟齬。”（第12~13頁）李綱至南京，得家書，知諸弟奉親挈族避寇海陵，遂舟行至儀真，此賦應爲南京至海陵途中作。又，李綸《梁溪先生年譜》謂是年“衛公以方臘之亂，自錫山避地海陵。公泛大江歸膝下。有……《江上愁心》《梅花》二賦”[1]。據知，本集卷二《梅花賦》同作於南京至海陵途中。

冒雪抵海陵，與家人團聚。

本集卷一五《次韻王堯明遊北寺》云：“勝遊宜及時，嘉此春物好。”（第181頁）此詩乃李綱寓居海陵時作，故是年春天李綱已抵海陵。又據本集卷一五《江上值雪戲成短歌》“艤舟江南煙水灣，雪作春風更奇絶”（第181頁），知李綱乃冒雪抵海陵（今江蘇泰州）。時間大約正月中下旬也。

是月，轉宣教郎。

《行狀》謂宣和“三年，磨勘轉宣教郎。公歸膝下”（第1697頁）。大

---

[1] 李綸編，彭邦明校點《梁溪先生年譜》，吳洪澤、尹波主編《宋人年譜叢刊》，第6冊第4081頁。

約正月中下旬，李綱抵海陵，故李綱轉宣教郎當在正月也。

春，寓居海陵，作《次韻王堯明遊北寺》《次韻王堯明三絕》《次韻茂載海陵寓居有感三首》《次韻王堯明喜雨古風》《送虞季然赴八寶丞》《次韻和曾徽言登北禪寺塔》《次韻徽言招飲絕句》詩，與王俊乂、虞季然、曾徽言唱和。

詩見本集卷一五。本集卷一五序謂“江南道中及歸抵海陵作四十七首”（第177頁）。李綱在南京時得家書，報諸弟奉親挈族避寇海陵，遂至海陵與家人團聚。案，本卷有多首與王堯明唱和詩，據《讀王堯明贈諸弟和陶詩次韻爲別》《次韻堯明贐行詩》，知王堯明與李綱諸弟也有唱和，故李綱與王堯明唱和詩應作於海陵。本卷有多首與曾徽言唱和詩作，《次韻徽言招飲絕句》有“壓架酴醾翠蔓柔，經春芳馥未全收”（第184頁），應爲暮春景象，時李綱寓居海陵，故李綱與曾徽言唱和詩應作於海陵。又，《次韻王堯明遊北寺》：“小雨濕殘花，回風振芳草。勝遊宜及時，嘉此春物好。”（第181頁）《次韻王堯明三絕》其一：“春風初入牡丹枝，國色天香豔姣姬。”（第182頁）《次韻茂載海陵寓居有感三首》其三：“不謂繁華地，還飛戰鬪塵。澆愁空泥酒，極目更傷春。”（第182頁）據知，此三詩當作於是年春天寓居海陵時。《次韻王堯明喜雨古風》《送虞季然赴八寶丞》《次韻和曾徽言登北禪寺塔》三詩原列《次韻茂載海陵寓居有感三首》與《次韻徽言招飲絕句》之間，當同作於是年春天寓居海陵時。

李綱與友人雅集於鳳凰池。《送虞季然赴八寶丞》詩曰：“流落歸來旅海涯，相從幾集鳳皇池。”（第183頁）鳳凰池，在泰州。案，《輿地紀勝》卷四〇《泰州》載：“鳳凰池。在資福院。今爲放生池。”[1]

北寺、北禪寺塔，史無記載，《道光泰州志》卷一八《寺觀》載北禪教院在“州治北二十里……舊志云已廢”[2]。《次韻王堯明遊北寺》《次韻和曾徽言登北禪寺塔》詩中所言北寺或指北禪教院，北禪寺塔或在北禪教院也。

王俊乂，字堯明，如皋（今屬江蘇）人，覿從子。以太學上舍就試，徽

---

[1] 王象之著，李勇先校點《輿地紀勝》，第4冊第1762頁。

[2] 王有慶等《道光泰州志》，《中國地方志集成·江蘇府縣志輯》，江蘇古籍出版社1991年版，第50冊第196頁。

宗親擢第一。爲王黼所惡，以直秘閣知岳州卒，年四十七。[1]

虞季然、曾徽言，名里不詳。

四、五月間，作《讀陳子直短歌次韻》《次韻和王堯明四旱詩四首》《次韻和虞公明察院賦所藏李成山水》《再次前韻》《次韻曾徽言桂漿》《讀王堯明贈諸弟和陶詩次韻爲别》《虞公明出示序觀音詩事並頌次韻》詩，與王俊乂、虞公明、曾徽言唱和。

詩見本集卷一五。詩原列《次韻徽言招飲絶句》與《贈虞公明察院》之間，《次韻徽言招飲絶句》描寫暮春景象，《贈虞公明察院》爲閏五月臨行贈别之作，則以上諸詩當作於是年四、五月間，時寓居海陵。《次韻王堯明四旱詩》即《河運》《井汲》《酺祭》《雩禱》四詩。又，《次韻曾徽言桂漿》云："金碗擎來碧玉漿，端令袪暑吸飛霜。"（第186頁）《虞公明出示序觀音詩事並頌次韻》云："聞思大士真奇絶，俱妙形神侔玉雪。譬如水月自清涼，能與世間除惱熱。"（第186頁）據知，二詩作於夏日也。虞公明，名里不詳。

閏五月，作《贈虞公明察院》《讀錢申伯與仲弟唱和次韻見意》《往復詩多用佛語再次前韻示仲輔》《題李茂舉擁書堂》《次韻徽言見贈》《次韻堯明贐行詩》詩，與虞公明、錢申伯、曾徽言、王俊乂及李維、李經諸弟唱和。

詩見本集卷一五。《贈虞公明察院》詩序云："寓居海陵，初欲問道，每見輒爲棋戰所困。此殆曹參陽城醉客以醇酎意，臨行作此詩，庶幾發藥。"（第187頁）《次韻堯明贐行詩》序云："堯明以五詩贐行，辭意激昂，欽玩無已，輒用第五首次韻爲報，聊發一笑。"（第189頁）二詩當作於閏五月臨行之際。他詩原列《贈虞公明察院》與《次韻堯明贐行詩》之間，當同作於閏五月。

《讀錢申伯與仲弟唱和次韻見意》《往復詩多用佛語再次前韻示仲輔》詩中，仲弟即李經叔易，仲輔即大弟李維。錢申伯，名未詳，錢伯言之姪，錢勰之孫，開封人。案，本集卷一六七《宋故追復龍圖閣直學士贈少師錢公墓誌銘》："公諱勰，字穆父……今爲開封人。……紹聖……四年冬……公以十一月丙辰卒於官舍正寢，享年六十有四。……子男十二人……曰伯言……

[1] 朱懷幹修，盛儀纂《嘉靖惟揚志》卷二二《人物列傳二》，《天一閣藏明代方志選刊》，上海古籍書店1963年版，第12冊。

伯言以公在翰苑，所草濟藩加恩制進呈，有詔特贈正議大夫。……乃論撰公平生行事，以狀來請銘。"（第 1544~1548 頁）又，本集卷一二一《答錢巽叔侍郎書》："去冬承書既，辭意鄭重，以先内翰墓銘見委，寵示行狀及於照文字一帙。且令姪申伯垂論再三，佩服不鄙外之意，無有窮已。"（第 1161頁）據知，錢勰（1034—1097），字穆父，開封人。子伯言，字巽叔。又，《題李茂舉擁書堂》詩曰："子同蔣詡開三徑，我學揚雄老一廛。歸去梁溪謀築室，隔江相望兩翛然。"（第 189 頁）此三詩應同作於海陵。李茂舉，名里不詳。擁書堂，史無記載。

是月，自海陵泛舟歸無錫，賦《自海陵泛江歸梁溪作》詩。

詩見本集卷一五。李綸《梁溪先生年譜》謂是年"閏五月，衛公還錫山"[1]。楊時《龜山集》卷三二《李修撰墓誌銘》："綱自左史論事得罪……及歸，公喜見顏間。……時公方避寇海陵。盛夏，遽促歸。"[2] 盛夏，當指閏五月。

梁溪，在無錫縣西南十八里。案，《咸淳毗陵志》卷一五《山水》載："梁溪，在（無錫）縣西南十八里，南北長三十里，入太湖，西至五里橋，與運河合流。《吳地記》云：'古溪極狹，梁大同中重浚，故名。'"[3]《乾隆江南通志》卷一三《輿地志》載梁溪"一名梁清溪，在無錫縣西門外。源出惠山，南入太湖，北合於運河。梁大同中浚，故名"[4]。

作《後乳泉賦》。

本集卷三《後乳泉賦》云："我卜我居，梁溪之濱。陸子之泉，天下所珍。甘若牛乳，錫山是鄰。"（第 16 頁）據知，此賦當作於梁溪，並作於李綱父夔去世之前，時閏五月也。

撰《宋故龍圖張公夫人黃氏墓誌銘》。

據本集卷一七〇《宋故龍圖張公夫人黃氏墓誌銘》載，黃氏卒於"宣和二年閏五月七日也。享壽五十有九。……女七人……次適某……夫人既捐館舍，未逾月，龍圖公不幸亦不起疾。諸孤以宣和五年正月壬午合葬於德興縣吳園王舅通直公之塋左。先期以狀來請銘。某前年自左史謫官沙陽，既得

---

［1］李綸編，彭邦明校點《梁溪先生年譜》，吳洪澤、尹波主編《宋人年譜叢刊》，第 6 冊第 4081 頁。
［2］楊時《龜山集》，景印文淵閣《四庫全書》，第 1125 冊第 403 頁。
［3］史能之《咸淳毗陵志》，《宋元方志叢刊》，第 3 冊第 3092 頁。
［4］趙弘恩等修，黃之雋等纂《乾隆江南通志》，《中國地方志集成·省志輯·江南》，第 3 冊第 316 頁。

歸，迂路抵龍圖公第，拜夫人於堂，留十餘日，聽其議論，亹亹令人忘倦，所見超卓，雖老於禪學者弗能及也。別未半歲，遽聞夫人之喪，竊歎其於生死去來之際，了了如此”（第 1571 頁）。李綱宣和元年（1119）謫官沙縣，從“某前年自左史謫官沙陽”推斷，此文應作於宣和三年。又，宣和二年十一、十二月間，李綱繞道吳園拜見岳母，“別未半歲，遽聞夫人之喪”，則黃氏當卒於“宣和三年閏五月七日”，文中“宣和二年”應爲傳抄之誤。而李綱父夔卒於今年閏五月二十七日，則此文應作於今年閏五月。趙效宣《李綱年譜長編》謂此文作於宣和五年[1]，誤也。

二十七日，父李夔卒。

李綸《梁溪先生年譜》云：“閏五月，衛公還錫山，感疾不起，實二十七日也。”[2] 楊時《龜山集》卷三二《李修撰墓誌銘》亦云：“宣和三年閏五月二十有七日……李公以疾終於家。”[3]

八月二十八日，葬父於常州無錫縣開元鄉湛峴之原，與母吳氏同穴。

楊時《龜山集》卷三二《李修撰墓誌銘》云：“宣和三年……八月二十有八日，葬於常州無錫縣開元鄉湛峴之原，與其夫人吳氏同穴。”[4]

徽宗宣和四年壬寅（1122），四十歲

居無錫，丁父憂。

徽宗宣和五年癸卯（1123），四十一歲

居無錫，丁父憂，服除。有詩二十五首、文三篇。

八月，服除。

李綸《梁溪先生年譜》謂是年“八月，服闋”[5]。

---

[1] 趙效宣《李綱年譜長編》，第 43 頁。
[2] 李綸編，彭邦明校點《梁溪先生年譜》，吳洪澤、尹波主編《宋人年譜叢刊》，第 6 冊第 4081 頁。
[3] 楊時《龜山集》，景印文淵閣《四庫全書》，第 1125 冊第 400 頁。
[4] 楊時《龜山集》，景印文淵閣《四庫全書》，第 1125 冊第 400 頁。
[5] 李綸編，彭邦明校點《梁溪先生年譜》，吳洪澤、尹波主編《宋人年譜叢刊》，第 6 冊第 4081 頁。

得友人胡俊明寄詩,作《次韻上元宰唱和古風》詩和之。

本集卷一六序曰:"余頃謫沙陽,迨蒙恩得歸,往還幾涉三歲,觸目散懷,一寓於詩,得古律數百首。自罹艱棘,絕不復作。今秋既御祥琴,適友人胡俊明寄示《鍾山酬唱》,因次韻和之。自此漸理筆墨。"(第192頁)據知,本集卷一六《次韻上元宰唱和古風》作於是年秋天服闋之時,即八月。《次韻上元宰唱和古風》詩序云:"次韻上元宰胡俊明、蔣山勤老唱和古風。"(第192頁)據知,胡俊明與蔣山勤老唱和也。

八、九月間,作《寄許振叔顯謨》詩。

本集卷一六題注云:"癸卯至甲辰歲,作四十四首。乙巳春赴奉常,召如京,作八首。"(第192頁)故自《次韻上元宰唱和古風》至《題周孝侯廟》當作於癸卯至甲辰歲。又《次韻邵子非見贈之作》云:"卜築相望縈一水,未應歲晚悵離居。"(第204頁)《次韻子美寄汪彥章同遊惠山之作》云:"春風桃李已零落,孟夏草木行滋繁。"(第204頁)則自《次韻上元宰唱和古風》至《次韻邵子非見贈之作》詩作於今年癸卯歲,《次韻子美寄汪彥章同遊惠山之作》至《題周孝侯廟》作於次年甲辰歲也。本集卷一六《寄許振叔顯謨》原列《次韻上元宰唱和古風》與《次韻邵子非見贈之作》之間,詩云:"霜落洞庭橙橘熟,泉斟桑苧茗牙新。"(第193頁)據此推斷,此詩應作於今年秋天服闋之後,即八、九月間。

大約八、九月間,作《中隱堂上梁文》。

本集卷一五六《中隱堂上梁文》云:"梁溪十里,貫震澤以旁流;惠山九峰,據兌方而高峙。崇岡茂林環於後,梵宮琳館參於前,爰卜我居,爲終焉計。……松竹交蔭,蘭菊騰芳。……耕南畝而秋成,猶可樂堯舜之道。"(第1453～1454頁)李綱次年六月有《同翁士特小飲中隱堂》詩,則《中隱堂上梁文》當作於此前。又,李綱宣和三年(1121)閏五月歸梁溪,丁憂三年,今年八月服闋,纔有可能"爰卜我居,爲終焉計",文中描寫景象乃秋天之景,則此文大約作於今年八、九月間。趙效宣《李綱年譜長編》謂此文作於宣和二年[1],誤也。

---

[1] 趙效宣《李綱年譜長編》,第38頁。

十一月二十七日，作《冬至登小閣有感呈子美提舉二首》詩。

　　詩見本集卷一六。顧子美，疑爲顧禧父彥成，李綱與之交遊唱和頗多。
案，是年冬至爲十一月二十七日。

三十日，爲文集卷一六詩作《序》。

　　本集卷一六《序》曰："時宣和癸卯冬至後三日，梁溪居士序。"（第192
頁）案，是年十一月庚戌朔，十二月庚辰朔。據知，十一月爲大盡。"冬至
後三日"，即十一月三十日也。

十二月，作《次韻子美提舉許雪中見過之作》《次韻邵子非見贈之作》詩。

　　本集卷一六《次韻子美提舉許雪中見過之作》詩曰："殘臘苦寒情味惡，
萬里風雲欣雪作。"（第203頁）據此推斷爲是年十二月作。《次韻邵子非見
贈之作》原列《次韻子美提舉許雪中見過之作》之後，又云："卜築相望纔
一水，未應歲晚悵離居。"（第204頁）二詩當同作於是年十二月。

大約十二月，作《故南昌縣丞吳公墓誌銘》。

　　本集卷一六九《故南昌縣丞吳公墓誌銘》："士寬以宣和五年十一月二十
有三日，葬君於松源石龍山之陽。既葬，以狀來請銘於某。"（第1562頁）
據此推斷，此文應作於是年十一月二十三日之後，大約十二月也。吳彥申
（1064—1123），字聖時，處州龍泉人。[1]

**秋、冬間，作《次韻仲弟古意》《次韻李似表縣丞出示游西湖古風二首》
《似表復以詩來再次韻》《寄池陽黃季岑士曹二首》《送鄧志宏赴試南省》
《次韻仲弟獨遊惠山古風》《吳元中著〈詩義〉見示因成三篇贈之》《題伯
時〈明皇蜀道圖〉》《送韓茂遵解元赴試南省》《題邵平〈種瓜圖〉》《寄題
外氏松源紹祖亭》《次前韻報林德祖和詩》《次韻顧子美見示題曲江畫像》
《小閣晚望書懷一百韻》《唐植甫左司許出示所藏紅絲硯輒成短歌》詩，與
仲弟李經、李彌大、李彌遜、李彌正、鄧肅、吳敏、許振叔、林慮、顧子
美等人多有交遊唱和。**

　　詩原列本集卷一六《次韻上元宰唱和古風》與《次韻邵子非見贈之作》
之間，當作於八月服除後，即是年秋、冬間。

――――――――――――

[1] 李綱著，王瑞明點校《李綱全集》卷一六九《故南昌縣丞吳公墓誌銘》，第1561～1563頁。

與李彌遜兄弟交遊。時李彌遜弟彌正出示游西湖古風，李綱作《次韻李似表縣丞出示游西湖古風二首》，二人反復唱和，李綱以詩簡李彌大、李彌遜。案，《似表復以詩來再次韻》詩序曰："似表復以詩來，再次前韻，並簡以矩[1]待制、似之舍人。"（第194頁）李彌大，字似矩，李彌遜兄。案，《宋史》卷三八二《李彌遜傳》附《李彌大傳》有"李彌遜字似之，蘇州吳縣人。……弟彌大。彌大字似矩"、"此處，'弟'爲'兄'字之誤"[2]等語。據《福建通志》卷四三《人物一》知，李彌正，"字似表，彌遜弟"[3]。

時鄧肅赴京應試，途經無錫，二人再度相逢。案，《送鄧志宏赴試南省》詩云："故人千里來，一笑解我顏。念昔寓沙陽，溪山鬱回環。……子充觀國賓，假道叩我關。……努力取殊第，自致青雲端。春風得意後，期子從茲還。"（第195~196頁）"試南省"即應禮部進士考試。"南省"即尚書省，因宋代貢舉考試由尚書省禮部掌管運作，故禮部試又稱"省試""南省試"。

與吳敏唱和。案，《吳元中著〈詩義〉見示因成三篇贈之》詩序曰："得吳元中書，言近不作詩，以所著《豳‧七月詩義》見示，因成三篇贈之。"（第196頁）

與許振叔、林慮、李經、顧子美、唐植甫等人交遊。據《次前韻報林德祖和詩》序"近以詩寄許振叔，承林德祖見和，復次前韻寄之"（第199頁），《小閣晚望書懷一百韻》詩序"小閣晚望書懷一百韻示仲弟並簡顧子美"（第200頁），《唐植甫左司許出示所藏紅絲硯輒成短歌》詩序"唐植甫左司許出示所藏紅絲研[4]，輒成短歌奉呈，並簡顧子美"（第200頁）及《次韻仲弟古意》《寄池陽黃季岑士曹二首》《送韓茂遵解元赴試南省》詩題，知詩爲李綱與諸人交遊詩。林慮，字德祖，旦之子，紹聖二年（1095）進士。[5]累遷朝奉郎、太學錄、開封府司錄。後不復出仕，所居在大雲坊，因

---

[1] 李綱《梁溪集》卷一六有《似表復以詩來再次前韻並簡似矩待制似之舍人》詩，二者參校，"以矩"當爲"似矩"，"侍制"應爲"待制"。見李綱《梁溪集》，景印文淵閣《四庫全書》，臺灣商務印書館1986年版，第1125冊第639頁。

[2] 脫脫等《宋史》，第34冊第11774~11779頁。

[3] 郝玉麟等修，謝道承等纂《福建通志》，景印文淵閣《四庫全書》，第529冊第439頁。

[4] "研"應爲"硯"之誤。

[5] 梁克家《淳熙三山志》卷二七《人物類二》，《宋元方志叢刊》，第8冊第8019頁。

自號大雲翁。[1] 黃季岑、韓茂遵、唐植甫，名里不詳。

始擇居無錫梁溪之畔，先後建有中隱堂、棣華堂、文會堂、九峰閣、舫齋、怡亭、心遠亭、濯纓亭八景，占地二頃，歷經三年。

  是年秋、冬間所作《次韻仲弟古意》詩云："卜築九峰下，庇此拙且頑。山光入戶牖，溪水清不湍。我屋雖無華，容膝審易安。"（第 193 頁）是年八月服闋，李綱始擇居梁溪也。本集卷一六《次韻仲弟獨遊惠山古風》詩云："方茲築吾廬……面山開小閣，制度闉深靚。"（第 196 頁）小閣當指九峰閣。《小閣晚望書懷一百韻》詩云："西山來爽致，小閣湛虛明。……坐隱寄文枰……臨流可濯纓……棣華知曄曄，伐木亦丁丁。操履資磨琢，論文貴討評。……文社誰襟袖？詩壇爲主盟。"（第 200～202 頁）據知，是年秋冬間，已建成九峰閣、中隱堂、濯纓亭、棣華堂、文會堂。另，本集卷一六《次韻仲弟獨遊惠山古風》："余生集百憂，負郭耕二頃。"（第 196 頁）《送李泰發吏部赴官陽朔》："寬恩下逮宜非久，來買梁溪二頃田。"（第 207 頁）卷二一《和淵明〈時運〉詩念梁溪故居》詩序曰："余築室梁溪之上，三年而後成，手植花木甚衆，遭值世故，未嘗得安居其間。"（第 274 頁）據知，李綱梁溪居所占地二頃，始建於服闋之際，歷經三年建成。李綱建炎二年（1128）所作《梁溪八詠》，即《中隱堂》《棣華堂》《文會堂》《九峰閣》《舫齋》《怡亭》《心遠亭》《濯纓亭》八詩，乃思憶梁溪故居之作。中隱堂等八景當於三年期間陸續建成。

徽宗宣和六年甲辰（1124），四十二歲

居無錫。有詩十八首、文二篇。

年初，除知秀州，作《謝知秀州表》，因未赴任，謝表不曾上。

  《行狀》："喪既除，六年，差權發遣秀州。未赴間，七年三月，除太常少卿。"（第 1697 頁）又見李綸《梁溪先生年譜》。李綱去年八月服除，今年除知秀州當爲年初事，然李綱並未赴任。本集卷四〇《謝知秀州表》序曰：

---

[1] 范成大《吳郡志》卷二六《人物》，《宋元方志叢刊》，第 1 冊第 890 頁。

“宣和六年，内除知秀州。七年三月，召除太常少卿。此表不曾上。”（第495頁）

春，作《近約周仲居同遊陽羨以私故不果見寄笋蕨》《寄毛達可内翰並録送魏公別録》《蒓菜》詩。

詩見本集卷一六。其中，《寄毛達可内翰並録送魏公別録》有詩二首。《近約周仲居同遊陽羨以私故不果見寄笋蕨》云：“多謝幽人分笋蕨，宛同春日到雲山。”（第205頁）《寄毛達可内翰並録送魏公別録》其二云：“滿地落花看鶴舞，一軒春雨對僧棋。”（第206頁）《蒓菜》云：“渺渺春湖水拍天，紫蒓千里正聯綿。”（第206頁）以上諸詩原列《次韻子美寄汪彦章同遊惠山之作》與《題周孝侯廟》之間[1]，當作於是年春天。

結識張元幹。

張元幹《蘆川歸來集》卷一〇《宣政間名賢題跋》李綱題跋云：“予昔與安道少卿遊，聞仲宗有聲庠序間籍甚，恨未之識。今年春，仲宗還自閩中，訪予梁溪之濱……宣和甲辰孟夏晦，李綱伯紀書。”[2]據知，是年春，張元幹來訪。張元幹結識李綱，乃陳瓘所薦。案，本集附録四《祭文·張致政》云：“門生右朝奉郎致仕、賜緋魚袋張元幹。……往在宣和庚子，拜了堂先生廬山之南，心知天下將亂，陰訪命世之賢。先生指公曰：‘諱言久矣，乃者巨浸暴溢，都邑震驚。陰盛，兵象也。貴臣方負薪臨河，有柱下史叩頭陛下，願陳災異大略，胸中之奇，曾未一吐，已觸鱗遠竄矣，異時真宰相也。吾老不及見矣，子盍從之遊。’後數年，始克見公梁溪之濱，歷論古今成敗，數至夜分，語稍洽，爰定交焉。”（第1787~1788頁）張元幹姪孫張廣《蘆川歸來集》序亦云：“見了翁，談世事於廬山之上。了翁曰：‘猶有李伯紀在，子擇而交之。’公敬受教，從之遊。”[3]張元幹（1091—1161），字仲宗，號蘆川居士，又號真隱山人，福州永福（今福建永泰）人，著有《蘆川

---

[1] 是年所作詩俱列《次韻子美寄汪彦章同遊惠山之作》與《題周孝侯廟》之間，下不一一指明。
[2] 張元幹《蘆川歸來集》，第206~207頁。
[3] 張元幹《蘆川歸來集》卷首張廣序，景印文淵閣《四庫全書》，臺灣商務印書館1986年版，第1136冊第584頁。

歸來集》。[1]

四月二十九日，爲張元幹祖父手澤作《題跋》一篇。

  張元幹《蘆川歸來集》卷一〇《宣政間名賢題跋》李綱題跋云："予昔與安道少卿遊，聞仲宗有聲庠序間籍甚，恨未之識。今年春，仲宗還自閩中，訪予梁溪之濱，聽其言鯁亮而可喜，誦其文清新而不群。予灑然異之，然未敢以是知仲宗者。士之難知久矣，富於文而實未必稱，敏於言而行未必副，曷敢輕許人哉？別未幾，仲宗復貽書勤勤以其大父手澤諸公所跋示予，且求一言。夫學士大夫則知尊祖矣。君子篤於親，則民興於仁，推是心以往，所以稱其文而副其言者，率如是，古人不難到也，在仲宗勉之而已。宣和甲辰孟夏晦，李綱伯紀書。"[2] 本集未收此跋，故輯錄於此。是年四月戊申朔，五月丁丑朔，據知，四月爲小盡，則晦日爲二十九日。

是月，作《次韻子美寄汪彥章同遊惠山之作》詩。

  本集卷一六《次韻子美寄汪彥章同遊惠山之作》詩云："春風桃李已零落，孟夏草木行滋繁。"（第 204 頁）據知，此詩作於是年四月。

五月，作《次韻顧子美見示〈久雨〉三首》詩。

  本集卷一六《次韻顧子美見示〈久雨〉三首》云："一春常苦雨，入夏尚慳晴。……中夏猶夾衣，澤國信殊候。"（第 205~206 頁）詩當作於是年五月。

六月，同翁挺小飲中隱堂，作《同翁士特小飲中隱堂》《士特見和復次前韻》詩。

  本集卷一六《同翁士特小飲中隱堂》詩云："三伏炎蒸晝舸回，蓬門聊復爲君開。"（第 207 頁）據知，此詩當作於是年六月，本集卷一六《士特見和復次前韻》當作於同時。中隱堂，乃李綱梁溪居所。

大約六月，同翁挺遊惠山，作《同士特遊惠山再次前韻》詩。

  據本集卷一六《同士特遊惠山再次前韻》詩題，大約與《同翁士特小飲中隱堂》同作於六月。惠山，去無錫縣七里。《輿地紀勝》卷六《常州》載：

---

[1] 王兆鵬《張元幹年譜》，吳洪澤、尹波主編《宋人年譜叢刊》，四川大學出版社 2002 年版，第 7 冊第 4606 頁。

[2] 張元幹《蘆川歸來集》，第 206~207 頁。

“慧山。去無錫縣七里。《南徐州記》云：‘南北數十里，山巔東西各有泉，皆合於溪，西南入太湖。山上有普利院。’”[1]《咸淳毗陵志》卷一五《山水》載：“慧山，在錫山西，陸羽云：‘古華山。’《吳地記》云：‘華山在吳城西百里。’”[2]《無錫縣志》卷二《山川》載：“惠山，在州西境內，去州七里，當錫山之西。《南徐記》云：‘其南北數十里，嶺東西各有泉，皆合梁清溪水，西南入太湖。’”[3] 惠山即慧山也。

八月九日，子秀之生。

李綸《梁溪先生年譜》謂是年“八月九日，子秀之生”[4]。

是年作《蔣山佛果師爲緣事來而此土方饑戲賦是詩》。

本集卷一六《蔣山佛果師爲緣事來而此土方饑戲賦是詩》序云：“蔣山佛果師爲緣事來，而此土方饑，戲賦是詩以發一笑。”（第 204 頁）果師，名里不詳。

聞葉夢得購得弁山石林，作《次韻葉少蘊内翰丈霅川上買得弁山石林二首》詩。

詩見本集卷一六。葉夢得（1077—1148），字少蘊，號石林居士，蘇州長洲（今江蘇蘇州）人，著有《建康集》《石林詞》《石林詩話》等。[5]《宋史》卷四四五有傳。

嘗至宜興，於水驛候李光，留數日，定交而別，作《送李泰發吏部赴官陽朔》詩二首。

詩見本集卷一六。時李光赴官陽朔，途經宜興（今屬江蘇）。《宋史》卷三六三《李光傳》載：“除太常博士，遷司封。……王黼惡之，令部注桂州陽朔縣。……李綱亦以論水災去國，居義興，伺光於水驛，自出呼曰：‘非越州李司封船乎？’留數日，定交而別。”[6] 然本集卷一六《寄李泰發吏部》云：“公於何許知姓氏？迂趾訪我梁溪濱。”（第 207 頁）似有李光至梁溪拜

---

[1] 王象之著，李勇先校點《輿地紀勝》，第 1 冊第 363 頁。
[2] 史能之《咸淳毗陵志》，《宋元方志叢刊》，第 3 冊第 3080 頁。
[3] 佚名《無錫縣志》，景印文淵閣《四庫全書》，臺灣商務印書館 1986 年版，第 492 冊第 673 頁。
[4] 李綸編，彭邦明校點《梁溪先生年譜》，吳洪澤、尹波主編《宋人年譜叢刊》，第 6 冊第 4081 頁。
[5] 王兆鵬《葉夢得年譜》，《兩宋詞人年譜》，第 119～120、131、280 頁。
[6] 脫脫等《宋史》，第 32 冊第 11335～11336 頁。

訪自己之意，今從《宋史》所載。

作《題周孝侯廟》詩。

　　詩見本集卷一六。周孝侯廟臨荆溪，荆溪在宜興縣南二十步。案，《咸
淳毗陵志》卷一五《山水》載：“荆溪，在（宜興）縣南二十步，廣二十二
丈，深二十五丈，周孝侯斬蛟橋下，即此溪也。”[1]《太平寰宇記》《輿地紀
勝》《方輿勝覽》同謂在宜興縣南二十步。[2] 周孝侯廟即周將軍廟，祀周處
也。案，《輿地紀勝》卷六《常州》載：“周將軍廟。《晏公類要》云：‘在宜
興。即周處也。廟前臨荆溪。’”[3]《乾隆江南通志》卷三九《輿地志》謂周孝
侯廟“在荆溪縣治東南隅，祀晉平西將軍周處”[4]。

或返無錫，作《寄李泰發吏部》詩。

　　本集卷一六《寄李泰發吏部》云：“嶺南風土不全惡，陽朔山水古所
珍。……聖朝寬大幸無比，竄謫未久多蒙恩。”（第207頁）此詩當爲是年宜
興別後不久作，時或返梁溪。

徽宗宣和七年乙巳（1125），四十三歲

赴開封，除太常少卿、兵部侍郎。有詩八首、文八篇。

三月，居無錫，除太常少卿。

　　《宋史》本傳：“七年，爲太常少卿。”（第11241頁）《行狀》：“喪既除，
六年，差權發遣秀州。未赴間，七年三月，除太常少卿。”（第1697頁）李
綱《梁溪先生年譜》亦謂是年“未赴秀州間，三月，除太常少卿”[5]。據知，
李綱並未赴秀州任，除太常少卿時仍居無錫。

　　此任爲蔡氏所薦，或曰蔡京，或曰蔡攸。案，王晴《李綱與蔡京父子關

[1] 史能之《咸淳毗陵志》，《宋元方志叢刊》，第3冊第3092頁。

[2] 樂史撰，王文楚等點校《太平寰宇記》卷九二《常州》，第4冊第1848頁；王象之著，李勇先校
　　點《輿地紀勝》卷六《常州》，第1冊第361頁；祝穆撰，祝洙增訂，施和金點校《方輿勝覽》卷
　　四《常州》，第87頁。

[3] 王象之著，李勇先校點《輿地紀勝》，第1冊第371頁。

[4] 趙弘恩等修，黃之雋等纂《乾隆江南通志》，《中國地方志集成·省志輯·江南》，第3冊第
　　743頁。

[5] 李綸編，彭邦明校點《梁溪先生年譜》，吳洪澤、尹波主編《宋人年譜叢刊》，第6冊第4081頁。

係考辨》引朱勝非《秀水閑居録》、《宋史》卷四七二《蔡京傳》附《蔡攸傳》考辨甚詳，並言："李綱宣和……六年，除知秀州，七年又除太常少卿。李綱雖因論水災被貶，但已有直聲，蔡攸想通過薦引人才，稍挽物議，李綱是相當適合的人選。此後李綱復官，又被召回京師，與《宋史·蔡攸傳》所言頗爲相合。而蔡京宣和二年致仕，宣和六年再起領三省事。張礐與李綱交好，由張礐向蔡京推薦李綱，也極有可能。與李綱同時諸人，或稱李綱由蔡京所引，或説李綱乃蔡攸舉薦。這樣看來，李綱爲蔡氏所薦當確有其事。"[1]蔡京，字元長，興化仙遊（今屬福建）人。《宋史》卷四七二有傳。蔡攸，京之子。[2]

五月四日，至鎮江，同李彌正、弟李經遊北固甘露寺，作《遊北固甘露寺》詩。

本集卷一六《遊北固甘露寺》詩序曰："余乙巳春赴奉常，召如京師，五月四日至京口，同似表、叔易遊北固甘露寺。"（第208頁）京口，今江蘇鎮江。甘露寺在鎮江北固山上。案，《太平寰宇記》卷八九《潤州》："甘露寺，在城東角土山上，下臨大江。晴明，軒檻上望見揚州歷歷。"[3]《輿地紀勝》卷七《鎮江府》："甘露寺。在北固山。唐李德裕建。時甘露降此山，因名。"[4]《嘉定鎮江志》卷八《僧寺》載："在北固山。唐寶曆中李德裕建，以資穆宗冥福。"[5]《乾隆江南通志》卷四五《輿地志》又云："甘露寺，在北固山。吳主皓所建，時改元甘露，因名。寺舊在山下，唐李德裕施州宅後地增拓之。宋祥符間移山上。"[6]據知，李綱所遊甘露寺應爲移後山上之寺。北固山，"即今府治"[7]；"在丹徒縣北一里"[8]；又在鎮江"府北。下臨長江，迴嶺斗絶，其勢險固，故名。又名北顧山，因梁武帝改京口城樓曰北顧樓得稱。《元和志》云：'北望海口，實爲壯觀，宜爲顧也。'晉謝安、蔡謨鎮此，並

[1]王晴《李綱與蔡京父子關係考辨》，《浙江學刊》2013年第5期。
[2]脱脱等《宋史》卷四七二《蔡京傳》，第39冊第13721頁。
[3]樂史撰，王文楚等點校《太平寰宇記》，第4冊第1761頁。
[4]王象之著，李勇先校點《輿地紀勝》，第1冊第415頁。
[5]史彌堅修，盧憲纂《嘉定鎮江志》，《宋元方志叢刊》，中華書局1990年版，第3冊第2380頁。
[6]趙弘恩等修，黃之雋等纂《乾隆江南通志》，《中國地方志集成·省志輯·江南》，第4冊第32頁。
[7]史彌堅修，盧憲纂《嘉定鎮江志》卷六《山川》，《宋元方志叢刊》，第3冊第2354頁。
[8]穆彰阿等《嘉慶重修一統志》卷九〇《鎮江府一》，第5冊第3822頁。

於山上作府庫，儲軍實。山有寺，曰甘露"[1]。

五、六月間，雨中渡揚子江，作《雨中渡揚子江書懷呈似表叔易》詩。

本集卷一六序謂"乙巳春赴奉常，召如京，作八首"（第192頁），李綱五月四日至鎮江，六月至開封赴任，則《遊北固甘露寺》後七首詩應作於五、六月間赴任途中。似表即李彌正，叔易即弟李經。

至維揚，復與許份相遇。

本集卷一六六《宋故龍圖閣直學士許公神道碑》："宣和末，復相遇於維揚。"（第1540頁）許公，許份也。李綱復與許份相遇，應爲赴太常少卿任途經維揚（今江蘇揚州）時事。

同李彌正、弟李經置酒平山堂，作《同似表叔易置酒平山堂》詩。

詩見本集卷一六。平山堂，在揚州城西北五里大明寺側。案，《輿地紀勝》卷三七《揚州》載："平山堂。在州城西北五里大明寺側。慶曆八年二月，歐公來牧是邦，爲堂於大明寺庭之坤隅，江南諸山拱列簷下，若可攀取，因目之曰平山堂，沈括爲之記。"[2]《方輿勝覽》卷四四《揚州》所載與之同。《嘉慶重修一統志》卷九七《揚州府二》又謂"平山堂，在甘泉縣西北五里蜀岡上，宋慶曆八年，郡守歐陽脩建"[3]。今從《輿地紀勝》所載。

遊召伯埭斗野亭，作《過召伯埭遊斗野亭次司諫孫公韻》詩。

詩見本集卷一六。斗野亭，在揚州城北六十里召伯埭。案，《輿地紀勝》卷三七《揚州》載："斗野亭。東坡、秦觀、孫覺、黃庭堅、蘇子由、米芾皆有詩。"[4]《方輿勝覽》卷四四《揚州》所載與之同。據《嘉慶重修一統志》卷九七《揚州府二》，斗野亭"在甘泉縣邵伯埭，宋時建。揚州於天文屬斗分野，故名"[5]。召伯埭，即邵伯埭，在揚州城北六十里。案，顧炎武《天下郡國利病書·淮南備錄》載："江都縣召伯埭，晋武帝太元十年，太保謝安出鎮廣陵之步丘。步丘，召伯鎮也，在揚州城北六十里。安於此築埭利漕便

---

[1] 趙弘恩等修，黃之雋等纂《乾隆江南通志》卷一三《輿地志》，《中國地方志集成·省志輯·江南》，第3冊第318頁。
[2] 王象之著，李勇先校點《輿地紀勝》，第3冊第1643頁。
[3] 穆彰阿等《嘉慶重修一統志》，第5冊第4155頁。
[4] 王象之著，李勇先校點《輿地紀勝》，第3冊第1643頁。
[5] 穆彰阿等《嘉慶重修一統志》，第5冊第4159~4160頁。

農，後人思之，比於召伯，故名召伯埭。埭，隁也，淮揚人呼曰河塘。"[1]

舟行泗水、汴水，作《途中書懷》《新開河食鱖魚戲成》《泗上瞻禮僧伽塔》《汴上有感》詩。

詩見本集卷一六。《途中書懷》云："片帆自逐南風起，遇坎乘流且麼行。"（第210頁）《新開河食鱖魚戲成》云："平湖渺漫煙蒼蒼，菰蒲擢秀新荷香。"（第210頁）《泗上瞻禮僧伽塔》云："湯湯淮泗濱，實爲至人居。"（第210頁）《汴上有感》云："黃流渾渾帆檣影，綠岸森森榆柳陰。"（第210頁）據知，李綱至揚州後，應沿泗水、汴水舟行至開封。又，《泗上瞻禮僧伽塔》云："憶昔歲乙未，奉親由此途。……重來念舊事，感歎涕潸如。"（第210頁）政和五年（1115），李綱曾告假前往吳興迎奉父櫬，從吳興返開封時，途經泗州，嘗謁僧伽塔。

六月，至開封，赴太常少卿任。

《行狀》謂宣和"七年三月，除太常少卿，六月到闕"（第1697頁）。又見李綸《梁溪先生年譜》。

十二月二十一日，具《上道君太上皇帝封事》，獻禦戎五策。

《宋史》本傳："時金人渝盟，邊報狎至，朝廷議避敵之計，詔起師勤王，命皇太子爲開封牧，令侍從各具所見以聞。綱上禦戎五策。"（第11241頁）案，是年冬，金人敗盟，分兵兩道入寇：其一以斡离不爲帥，寇燕山，犯河北；其一以粘罕爲帥，寇河東，忻、代失守，遂圍太原。十二月，徽宗降罪己詔，且命皇太子爲開封牧，並詔求直言，李綱遂上封事。本集卷四一《上道君太上皇帝封事》序云："宣和七年十二月，詔求直言。時任太常少卿上封事。"（第497頁）文曰："十二月二十一日，宣教郎試太常少卿臣李綱，謹昧死再拜，上封事皇帝陛下。"（第497頁）據知，李綱封事上於十二月二十一日。又見《宋史》卷二二《徽宗本紀四》、卷二三《欽宗本紀》，《九朝編年備要》卷二九《徽宗皇帝》，《三朝北盟會編》卷二五《政宣上帙二十五》，《東都事略》卷一一《本紀十一》、卷一二《本紀十二》，《續資治通鑑長編紀事本末》卷一四四《金兵上》、卷一四五《金兵下》，《行狀》，本

---

[1] 顧炎武撰，黃珅等校點《天下郡國利病書》，上海古籍出版社2012年版，第2冊第1080頁。

集卷一七一《靖康傳信録上》。

是日夜，過吳敏家，言徽宗宜傳位，敏善之。

《宋史》本傳："綱上禦戎五策，且語所善給事中吳敏曰：'建牧之議，豈非欲委以留守之任乎？巨敵猖獗如此，非傳以位號，不足以招徠天下豪傑。東宮恭儉之德聞於天下，以守宗社可也。公以獻納論思爲職，曷不爲上極言之。'敏曰：'監國可乎？'綱曰：'肅宗靈武之事，不建號不足以復邦，而建號之議不出於明皇，後世惜之。主上聰明仁恕，公言萬一能行，將見金人悔禍，宗社底寧，天下受其賜。'"（第11241～11242頁）《行狀》云："公上封事……敏時爲給事中，夜過其家。"（第1697頁）時十二月二十一日也。又見《續資治通鑑長編紀事本末》卷一四六《內禪》、本集卷一七一《靖康傳信録上》。

二十二日，吳敏進劄子論傳位之事，具道李綱之意。

《宋史》本傳："翌日，敏請對，具道所以，因言李綱之論，蓋與臣同。"（第11242頁）又見《續資治通鑑長編紀事本末》卷一四六《內禪》、《行狀》、本集卷一七一《靖康傳信録上》。

二十三日，袖血書《召赴文字庫祗候引對劄子》待對，請假皇太子以位號。至日晡，內禪之議已決，不復得對。

《宋史》本傳："有旨召綱入議，綱刺臂血上疏……內禪之議乃決。"（第11242頁）《行狀》："有旨召公赴都堂稟議訖，隨宰執至文字庫祗候引對，實十二月二十三日。公具劄子，大略以謂……胡不假皇太子以位號，使爲陛下保守宗社，收將士心，以死捍敵。……仍刺臂血書之。其日，徽廟御玉華閣，先召宰執吳敏等對，至日晡時，內禪之議已決，公不復得對。"（第1698頁）本集卷四一《召赴文字庫祗候引對劄子》序曰："宣和七年十二月十三日，有旨赴都堂議事訖，隨宰執赴文字庫，祗候引對，具已見劄子。"（第502頁）注云："'十三日'，《四庫》本作'二十三日'，光緒本作'十二日'。"（第506頁）今從《行狀》及本集所載。又見本集卷一七一《靖康傳信録上》。

二十四日，因欽宗即位，詔有司討論所以崇奉徽宗皇帝者，條具《乞尊崇道君太上皇帝尊號狀》以聞。

《行狀》云："二十四日，孝慈淵聖皇帝即位，詔有司討論，所以崇奉道君皇帝者，公在太常條具以聞。"（第1698頁）此即本集卷四二《乞尊崇道君太上皇帝尊號狀》。又見李綸《梁溪先生年譜》。

二十六日，具《上淵聖皇帝實封言事奏狀》。

《宋史》本傳："欽宗即位，綱上封事，謂：'方今中國勢弱，君子道消，法度紀綱，蕩然無統。'"（第11242頁）《行狀》謂"二十六日，上實封言事"（第1698頁）。然李綸《梁溪先生年譜》載宣和七年"十二月二十四日，淵聖皇帝受内禪。公上封事"[1]。案，本集卷四二《上淵聖皇帝實封言事奏狀》序云："宣和七年十二月二十四日，淵聖皇帝受内禪，公二十六日上實封言事奏狀。"（第507頁）據知，李綱上實封言事乃十二月二十六日也。

二十八日，對於延和殿，上《論禦寇用兵劄子》，進呈捍禦大寇二十事。

《宋史》本傳："召對延和殿……李鄴使金議割地，綱奏：'祖宗疆土，當以死守，不可以尺寸與人。'"（第11242頁）《行狀》謂"二十八日，召對延和殿"（第1698頁）。本集卷四二《論禦寇用兵劄子》序云："宣和七年十二月二十八日，有旨召對延和殿進呈。"（第509頁）正文曰："右件所陳畫一，捍禦大寇二十事，皆當今之急務，宗社之大計。"（第512頁）據知，召對延和殿乃十二月二十八日事。又見《續資治通鑑長編紀事本末》卷一四七《李綱守議》、本集卷一七一《靖康傳信録上》。

二十九日，除兵部侍郎，具《辭免兵部侍郎奏狀》。

《宋史》本傳："欽宗即位，綱上封事……欽宗嘉納，除兵部侍郎。"（第11242頁）《行狀》謂"二十九日，除兵部侍郎"（第1698頁）。本集卷四三《辭免兵部侍郎奏狀》序云："宣和七年十二月二十四日，淵聖皇帝受内禪。二十九日，准尚書省劄子，除兵部侍郎，日下供職。具奏辭免恩命。"（第514頁）據知，除兵部侍郎乃十二月二十九日事。又見《續資治通鑑長編紀事本末》卷一四七《李綱守議》、本集卷一七一《靖康傳信録上》。

三十日，再對延和殿，進呈《論募兵劄子》《論用兵劄子》。

李綸《梁溪先生年譜》謂宣和七年十二月"二十九日除通直郎、兵部侍郎。再對，進《禦寇用兵劄子》"[2]。本集卷四三《論募兵劄子》序云："宣和

［1］李綸編，彭邦明校點《梁溪先生年譜》，吳洪澤、尹波主編《宋人年譜叢刊》，第6冊第4081頁。
［2］李綸編，彭邦明校點《梁溪先生年譜》，吳洪澤、尹波主編《宋人年譜叢刊》，第6冊第4081頁。

七年十二月二十八日，延和殿賜對得旨，講求募兵之策。二十九日，蒙恩除
兵部侍郎，日下供職。三十日再對延和殿，進呈乞委臣相度，具畫一施行。”
（第 514 頁）案，《論禦寇用兵劄子》上於十二月二十八日，三十日再對，李
綱所上奏劄當爲本集卷四三《論用兵劄子》，此劄子與《論募兵劄子》當同
上於三十日。

宋欽宗靖康元年丙午（1126），四十四歲

居開封，除尚書右丞、親征行營使、知樞密院事，指揮京城保衛戰。
以河北河東路宣撫使援太原。謫建昌，再謫寧江。有文二百四篇。

居開封。正月三日，除親征行營司參謀官。

《宋史》本傳：“靖康元年，以吳敏爲行營副使，綱爲參謀官。”（第
11242 頁）《靖康要録》卷一載靖康元年正月三日，“門下侍郎吳敏除親征
行營副使，許便宜行事。兵部侍郎李綱……除親征行營使司參謀官，團結
兵馬於殿前司”[1]。《行狀》：“靖康元年五月三日，充行營司參謀官，蓋斡離
不之兵遂渡河，是日聞報故也。”（第 1698 頁）“靖康元年五月三日”注云：
“‘五’，原作‘正’，據《四庫》本改。”（第 1713 頁）本集卷一七一《靖康
傳信録上》云：“靖康元年正月……三日，有旨以吳敏爲行營副使，以余爲
參謀官，團結軍馬於殿前司。”（第 1577 頁）據知，李綱充行營司參謀官當
爲是年正月三日也。又見《續資治通鑑長編紀事本末》卷一四七《李綱守
議》、李綸《梁溪先生年譜》。

四日，除尚書右丞，充東京留守。

《宋史》本傳：“金將斡離不兵渡河，徽宗東幸，宰執議請上暫避敵
鋒。……綱進曰：‘今日之計，當整飭軍馬，固結民心，相與堅守，以待勤
王之師。’……乃以綱爲尚書右丞。宰執猶守避敵之議。有旨以綱爲東京留
守……綱皇恐受命。”（第 11242～11243 頁）《靖康要録》卷一載靖康元年正

---

[1] 汪藻著，王智勇箋注《靖康要録箋注》，四川大學出版社 2008 年版，第 90 頁。

月四日，"兵部侍郎李綱除尚書右丞、東京留守"[1]。本集卷一七一《靖康傳信錄上》云："靖康元年正月……四日……上曰：'李綱除右丞。'……宰執猶以去計勸上，有旨命余留守，以李梲副之。"（第1577～1578頁）又見《續資治通鑑長編紀事本末》卷一四七《李綱守議》、《行狀》、李綸《梁溪先生年譜》。

大約是日，得汪藻賀啓。

　　汪藻《浮溪集》卷二三《賀李綱右丞啓》云："巖廊多暇，歲律方春。願精寢餗之調，用副華夷之望。"[2]時汪藻在京師任職，從"歲律方春"推斷，賀啓大約作於李綱除官之日。《宋史》卷四四五《汪藻傳》載："欽宗即位，召爲屯田員外郎，再遷太常少卿、起居舍人。"[3]汪藻，字彥章，饒州德興（今屬江西）人，著有《浮溪集》。[4]

五日，除親征行營使。

　　《靖康要錄》卷一載靖康元年正月五日，"右丞李綱充親征行營使……一切許以便宜從事"[5]。本集卷一七一《靖康傳信錄上》謂靖康元年正月五日，"以余爲親征行營使"（第1579頁）。又見《東都事略》卷一二《本紀十二》、《九朝編年備要》卷三〇《欽宗皇帝》、《三朝北盟會編》卷二七《靖康中帙二》、《續資治通鑑長編紀事本末》卷一四七《李綱守議》、《行狀》、李綸《梁溪先生年譜》。

大約是日，得欽宗御賜玉束帶戰袍、金帶馬甲、刀劍諸物。

　　翟汝文《忠惠集》卷一《賜李綱玉束帶戰袍金帶馬甲刀劍細物銀絹茶燭等詔》云："有敕卿奮揚天威，躬秉武節，往殄敵衆，撫寧兵師，宜有寵，頒以光行役。"[6]紹興二年（1132）二月二十九日，李綱以舊賜戰袍等贈韓世忠，作《以舊賜戰袍等贈韓少師二首》，其一云："胡騎當年犯帝閽，腐儒謬使護諸軍。尚方寶劍頻膺賜，御府戎衣幸見分。丈八蛇矛金纏筍，團欒獸盾

---

[1] 汪藻著，王智勇箋注《靖康要錄箋注》，第97頁。
[2] 汪藻《浮溪集》，景印文淵閣《四庫全書》，第1128冊第206～207頁。
[3] 脱脱等《宋史》，第37冊第13131頁。
[4] 脱脱等《宋史》卷四四五《汪藻傳》，第37冊第13130～13132頁。
[5] 汪藻著，王智勇箋注《靖康要錄箋注》，第107頁。
[6] 翟汝文《忠惠集》，景印文淵閣《四庫全書》，臺灣商務印書館1986年版，第1129冊第184頁。

繪成文。山林衰病渾無用，持贈君侯立大勳。"（第383頁）據知，戰袍諸物大約爲李綱除親征行營使時欽宗所賜。翟汝文，字公異，潤州丹陽縣（今屬江蘇）人。[1]《宋史》卷三七二有傳。

辟張燾爲親征行營使屬官。

張燾，"字子公，根之子。宣和八年進士第三人。靖康元年，李綱爲親征行營使，辟張燾入幕"[2]。張燾爲李綱妻弟。案，周必大《文忠集》卷六四《張忠定公燾神道碑》載："靖康改元之正月，李綱以執政爲親征行營使，守禦京城，辟兼機幕，遷秘書省正字。四月解嚴，特改宣教郎。自李綱妻弟求補外，時權要親戚多在堂，嫉之，坐以越職言事，送吏部。"[3]本集卷一七一《靖康傳信録上》云："是日以余爲親征行營使……親征行營使置司於大晟府，辟參謀官、書寫機宜、勾當公事、管勾文字，准備差遣；統制、統領、將領，准備差使等；擇文武官處之吏房、户房、兵房、工房，選三省人吏處之，上賜銀絹錢各一百萬貫、匹、兩，文臣自朝請大夫以下，武臣自武功大夫以下，及將校官告、宣帖三千餘道，一切許以便宜從事。"（第1579頁）李綱正月四日除尚書右丞，五日除親征行營使，大約是日，辟張燾爲屬官。

辟張元幹、王仲時爲親征行營使屬官。

本集附録四《祭文•張致政》云："越明年冬，虜騎大入，公在泰常，決策力贊徽宗内禪之志；已而庭爭，挽回淵聖南巡之輿。明目張膽，自任天下之重，一遷而爲貳卿，再遷而爲右轄，三遷而爲元樞。建親征之使名，總行營之兵柄，辟置椽曹，公不我鄙，引入承乏。直圍城危急，羽檄飛馳，寐不解衣，而餐每輟哺，夙夜從事，公多我同。"（第1788頁）張元幹參與京城保衛戰，大約於正月五日參入李綱帥幕。又，胡仔《苕溪漁隱叢話》後集卷三六《本朝雜記下》引《詩説雋永》云："李伯紀爲行營使，時王仲時、張仲宗俱爲屬。王頎長、張短小，白事相隨。一館職同在幕下，戲云：'啓

---

[1] 脱脱等《宋史》卷三七二《翟汝文傳》，第33冊第11543頁。

[2] 謝旻等《江西通志》卷八七《人物二十二》，景印文淵閣《四庫全書》，臺灣商務印書館1986年版，第516冊第18~19頁。

[3] 周必大《文忠集》，景印文淵閣《四庫全書》，臺灣商務印書館1986年版，第1147冊第679頁。

行營：大鷄昂然來，小鷄竦而待。'"[1] 張致政、張仲宗，張元幹也。王仲時，名里不詳。

辟薛弼兄弟爲親征行營使屬官。

本集附録四《祭文·薛待制》謂薛"弼兄弟庸末，託於鈞播，薦墨華婉，俱升賓僚"（第1783～1784頁）。薛弼爲李綱賓僚大約在李綱辟置親征行營使官屬時。案，葉適《水心集》卷二二《故知廣州敷文閣待制薛公墓誌銘》云："公名弼，字直老。薛氏自晉徙閩者⋯⋯女真犯京師。李剛[2]定議守禦，衆不悦，公意與綱同，除太僕丞，參其軍。"[3]

七日夜，因金人攻西水門，募敢死士二千人禦敵。

《宋史》卷二三《欽宗本紀》載靖康元年正月七日癸酉，"是夜，金人攻宣澤門，李綱禦之，斬獲百餘人，至旦始退"[4]。《續資治通鑑長編紀事本末》卷一四七《李綱守議》載靖康元年正月七日"癸酉，斡离不軍至京城西北，屯牟駝岡天駟監。是夕，金人攻宣澤門，以火船數十順流而下。李綱臨城募敢死士二千人⋯⋯就水中斬獲百餘人，迨旦始定"[5]。本集卷四四《上道君太上皇帝劄子》亦云："駿騎長驅於中原，勁兵直指於魏闕。以正月七日迫邇都城，劫掠士民，焚蕩廬舍，以大火船、鐵騎攻水西門，守衛之具，辦於倉促。臣奉皇帝旨，率勵將士，誓以死守。設械具於汴流之中，殺獲數千人，迨曉方息。"（第522頁）然《靖康要録》卷一謂正月八日，"金人攻西水門"[6]。今從《宋史》及本集所載。是日金人所攻之門，一曰"宣澤門"，一曰"西水門"，當同指汴河上水門也。案，《宋史》卷八五《地理志一》載："東京，汴之開封也。⋯⋯新城周迴五十里百六十五步。⋯⋯汴河上水門，南曰大通⋯⋯北曰宣澤。"[7]《東京夢華録》卷一《東都外城》載："西

---

[1] 胡仔纂集，廖德明校點《苕溪漁隱叢話》後集，郭紹虞主編《中國古典文學理論批評專著選輯》，人民文學出版社1984年版，第292頁。

[2] "剛"乃"綱"之誤也。

[3] 葉適《水心集》，景印文淵閣《四庫全書》，臺灣商務印書館1986年版，第1164冊第394～395頁。

[4] 脱脱等《宋史》，第2冊第423頁。

[5] 楊仲良《續資治通鑑長編紀事本末》，影印·《宛委別藏》本，北京圖書館出版社2003年版，第8冊第4605頁。

[6] 汪藻著，王智勇箋注《靖康要録箋注》，第117頁。

[7] 脱脱等《宋史》，第7冊第2097～2102頁。

城一邊，其門有四。從南曰新鄭門，次曰西水門，汴河上水門也。次曰萬勝門，又次曰固子門，又次曰西北水門，乃金水河水門也。"[1] 又見《三朝北盟會編》卷二八《靖康中帙三》、《九朝編年備要》卷三〇《欽宗皇帝》、《行狀》、李綸《梁溪先生年譜》、本集卷一七一《靖康傳信錄上》。

八日，入對垂拱殿，率眾與金人戰於酸棗、封丘門一帶。是日，請至軍前報禮，欽宗不許。

《宋史》卷二三《欽宗本紀》載靖康元年正月八日"甲戌，金人遣吳孝民來議和，命李梲使金軍"[2]。《續資治通鑑長編紀事本末》卷一四七《李綱守議》載靖康元年正月八日"甲戌，金使吳孝民跪奏云云，又曰：'皇子今遣使人代朝見之禮，願遣親王、宰相到軍前報禮。大金喜禮意之厚，前日割地之議，往往可罷。'上顧宰執，未有對者。李綱請行，上不許"[3]。本集卷一七一《靖康傳信錄上》云："是夕，金人攻西水門……自初夜防守達旦，始保無虞。入對垂拱殿，方奏事間，傳報賊攻酸棗、封丘門一帶甚急。上命余往督將士捍禦。"（第1579~1580頁）又見《三朝北盟會編》卷二八《靖康中帙三》、《三朝北盟會編》卷二九《靖康中帙四》、《行狀》、李綸《梁溪先生年譜》。

九日，方入對，外報金人攻酸棗門尤急，欽宗命督將士捍禦。至午，金人方退卻請和。

《宋史》卷二三《欽宗本紀》載靖康元年正月九日"乙亥，金人攻通津、景陽等門，李綱督戰，自卯至酉，斬首數千級，何灌戰死"[4]。《續資治通鑑長編紀事本末》卷一四七《李綱守議》載靖康元年正月九日"乙亥，李綱方入對，外報敵攻通天、景陽門一帶甚急，上命綱督將士捍禦"[5]。《行狀》："自五日至八日，治戰守之具粗畢，而賊馬已抵城下。……翌日，賊攻酸棗、封丘門甚急。"（第1700頁）本集卷一七一《靖康傳信錄上》云："是日，賊攻陳橋、封丘、衛州等門，而酸棗門尤急。……自卯至未申間，殺賊

---

[1] 孟元老撰，鄧之誠注《東京夢華錄注》，中華書局1982年版，第1頁。
[2] 脫脫等《宋史》，第2冊第423頁。
[3] 楊仲良《續資治通鑑長編紀事本末》，第8冊第4606頁。
[4] 脫脫等《宋史》，第2冊第423頁。
[5] 楊仲良《續資治通鑑長編紀事本末》，第8冊第4607頁。

數千人，賊知城守有備，不可以攻，乃退師。因遣使隨李鄴請和，抵城下已昏黑矣。"（第1580頁）殺敵地點及時間略有不同，今從本集。又見《靖康要錄》卷一。

十日，請赴軍前議和，欽宗不許。

《宋史》本傳："求遣大臣至軍中議和，綱請行。上遣李梲，綱曰：'安危在此一舉，臣恐李梲怯懦而誤國事也。'上不聽，竟使梲往。金人須金幣以千萬計，求割太原、中山、河間地，以親王、宰相爲質。"（第11243～11244頁）《三朝北盟會編》卷二九《靖康中帙四》載靖康元年正月"十日丙子，李梲等與金人所遣計議使高永[1]、張願恭、蕭三寶奴復命。當日引見三寶奴上殿進呈斡离不復書"[2]。本集卷一七一《靖康傳信錄上》云："因遣使隨李鄴請和，抵城下已昏黑矣，堅欲入城，余傳令敢輒開門者斬，竟俟明乃入，實初十日也。上御崇政殿……引使入對，出斡离不書進呈……願復講和，乞遣大臣赴軍前議所以和者。上顧宰執，未有對者，余因請行。上不許……李梲奉使，鄭望之、高世則副之，宰執退。……而李梲是日至金人軍中，果辱命。"（第1580～1581頁）據知，議和事當爲十日。又見《宋史》卷二三《欽宗本紀》、《行狀》、李綸《梁溪先生年譜》。

十一日，因宰執進呈金人所需事目，力爭以謂金幣太多，太原、中山、河間三鎮決不可與人，故留三鎮詔書不遣。

《宋史》本傳："梲受事目，不措一辭，還報。綱謂：'所需金幣，竭天下且不足，況都城乎？三鎮，國之屏蔽，割之何以立國？至於遣質，即宰相當往，親王不當往。若遣辯士姑與之議所以可不可者，宿留數日，大兵四集，彼孤軍深入，雖不得所欲，亦將速歸。此時而與之盟，則不敢輕中國，而和可久也。'宰執議不合，綱不能奪，求去。上慰諭曰：'卿第出治兵，此事當徐議之。'綱退，則誓書已行，所求皆與之，以皇弟康王、少宰張邦昌爲質。"（第11244頁）《三朝北盟會編》卷三〇《靖康中帙五》載靖康元年

---

[1] 舊校云："按，金人所遣使無高永名。"見徐夢莘《三朝北盟會編》，影印清光緒三十四年（1908）許涵度刻本，上海古籍出版社2019年版，第217頁。

[2] 徐夢莘《三朝北盟會編》，第217頁。

正月“十一日丁丑，李綱、沈琯與執政同議於東府”[1]。本集卷一七一《靖康傳信録上》云：“十一日，琯至自大金軍前，宰執同對於崇政殿，進呈金人所須事目，且道其語。宰執震恐，欲如其數悉許之。余引前議力爭……則爲之留三鎮。詔書戒中書吏以輒發者斬，庶幾俟四方勤王之師集，以爲後圖。”（第1581～1582頁）又見《續資治通鑑長編紀事本末》卷一四七《李綱守議》、《行狀》、李綸《梁溪先生年譜》。

十四日，得沈琯論金人兵虛實書，因薦之除淮西帥。

《三朝北盟會編》卷三○《靖康中帙五》載靖康元年正月十四日庚辰，“沈琯與李綱書，論金人兵虛實”[2]。沈琯，字汝津，號柯田山人，德清（今屬浙江）人。宣和間任兩浙漕運，王師收方臘，琯規畫應辦，民以不擾。後奉使至燕雲，金人入寇，郭藥師叛降，琯爲藥師所執。虜遣同李鄴赴闕議和。琯首陳虛實，乞召兩兵會河北邀擊，不聽。乃著所見爲書，以攄忠憤。李綱薦除淮西帥，不赴。終老焉。[3]

十五日，置四壁統制官，招集勤王之師。

《行狀》云：“自十五日，四方勤王之師漸有至者，日數萬人。公於四壁置統制官招集之。”（第1702頁）

二十日，因种師道、姚平仲以涇原、秦鳳兵至京師，具《乞种師道聽節制劄子》，欽宗不允。

《宋史》本傳：“時朝廷日輸金幣，而金人需求不已，日肆屠掠。四方勤王之師漸有至者，种師道、姚平仲亦以涇原、秦鳳兵至。”（第11244頁）《三朝北盟會編》卷三○《靖康中帙五》載靖康元年正月二十日丙戌，“京畿、河北路制置使种師道及統制官姚平仲以涇原、秦鳳路兵至京師”[4]。然《續資治通鑑長編紀事本末》卷一四七《李綱守議》謂是月二十一日丁亥，种師道、姚平仲“以涇原、秦鳳兵至闕下”[5]。本集卷一七一《靖康傳信録

[1] 徐夢莘《三朝北盟會編》，第219頁。
[2] 徐夢莘《三朝北盟會編》，第220頁。
[3] 胡宗憲修，薛應旂等纂《嘉靖浙江通志》卷四一《人物志六》，《天一閣藏明代方志選刊續編》，上海書店1990年版，第25冊第960～961頁。
[4] 徐夢莘《三朝北盟會編》，第224頁。
[5] 楊仲良《續資治通鑑長編紀事本末》，第8冊第4610頁。

上》云："二十日，静難軍節度使种師道，承宣使姚平仲，以涇原、秦鳳路
兵至。余奏上曰：'勤王之師，集者漸衆，兵家忌分，節制歸一，乃克有濟。
願令師道、平仲等聽臣節制。'"（第1582頁）此即本集卷五〇《乞种師道聽
節制劄子》。今從《三朝北盟會編》及本集所載。又見《行狀》、李綸《梁溪
先生年譜》。种師道（1051—1126），字彝叔，世衡之孫也。初名建中，避年
號，改爲師極，詔賜今名。[1]姚平仲，字希晏。靖康初，在圍城中，夜將士
攻賊營，不利，騎駿驢逸去，隱於青城大面山。[2]

二十七日，與李邦彦、吴敏、种師道、姚平仲、折彦質同對於福寧殿，以二月六日出師。

《宋史》本傳："綱奏言：'金人貪婪無厭，兇悖已甚，其勢非用師不可。
且敵兵號六萬，而吾勤王之師集城下者已二十餘萬；彼以孤軍入重地，猶虎
豹自投檻穽中，當以計取之，不必與角一旦之力。若扼河津，絶饟道，分兵
復畿北諸邑，而以重兵臨敵營，堅壁勿戰，如周亞夫所以困七國者。俟其食
盡力疲，然後以一檄取誓書，復三鎮，縱其北歸，半渡而擊之，此必勝之計
也。'上深以爲然，約日舉事。"（第11244頁）本集卷一七一《靖康傳信録
上》云："二十七日，余與李邦彦、吴敏、种師道、姚平仲、折彦質同對於
福寧殿……期即分遣兵以二月六日舉事。"（第1587頁）又見《三朝北盟會
編》卷三二《靖康中帙七》、《續資治通鑑長編紀事本末》卷一四七《李綱
守議》、《行狀》、李綸《梁溪先生年譜》。李邦彦，字士美，號李浪子，懷州
（今河南沁陽）人。宣和六年（1124），拜少宰，無所建明，都人目爲"浪子
宰相"[3]。《宋史》卷三五二有傳。折彦質，字仲古，號葆真居士，撫州（今
屬江西）人，累官簽書樞密院事。[4]

---

[1] 王稱撰，孫言誠、崔國光點校《東都事略》卷一〇七《列傳九十》，齊魯書社2000年版，第
913~917頁。
[2] 祝穆撰，祝洙增訂，施和金點校《方輿勝覽》卷五五《雅州》，第989頁。
[3] 脱脱等《宋史》卷三五二《李邦彦傳》，第32冊第11120頁。
[4] 折彦質，《萬曆瓊州府志》卷九《流寓》謂撫州人，《嘉慶重修一統志》卷三七八《郴州二》謂
雲中人，今從《萬曆瓊州府志》。參戴熺等修，蔡光前等纂《萬曆瓊州府志》，《日本藏中國罕見
地方志叢刊》，書目文獻出版社1990年版，第414頁；穆彰阿等《嘉慶重修一統志》，第24冊
19030頁。

三十日，感寒告假，上《奏知感寒在假服藥劄子》。

《四庫全書》本《梁溪集》卷五〇序謂"親征行營司劄子"[1]。李綱正月四日除尚書右丞，五日除親征行營使，二月二日罷尚書右丞、親征行營使，則《奏知感寒在假服藥劄子》應爲正月所作。又，本集卷五〇《奏知感寒在假服藥劄子》曰："臣今月三十日早朝退，忽感寒氣，發熱頭昏，見今服藥。欲望聖慈許免來日早朝。"（第576頁）則此劄應爲正月三十日作。

是月，具《奏知防守酸棗門並乞分遣執政官分巡四壁守禦劄子》《奏知酸棗門守禦捍退賊馬劄子》《奏知再遣王師古等兵會合何灌兵出戰劄子》《請給賞將士劄子》《奏知已遣王師古出援張撝勾收召募人馬劄子》《奏知造橋利害劄子》《奏知种師道等兵馬劄子》《奏知城上守禦器具有未備處劄子》《乞措置防護汴河斗門及引水入壕劄子》《乞內外兵馬並聽節制劄子》《乞中軍人馬於殿前班教場教閱劄子》《奏知放入何灌人馬許孝烈等駐泊去處劄子》《奏知將捉到活人等押赴种師道劄子》《奏知定廂禁軍食錢劄子》《奏知所統五軍分隸無復移易劄子》《乞用暖轎至閤門劄子》。

《四庫全書》本《梁溪集》卷五〇序謂"親征行營司劄子"[2]。李綱於二月二日罷尚書右丞親征行營使，則本集卷五〇以上諸文應爲正月所作。王師古，字里不詳，"徽宗時以武功大夫授趙州刺史"[3]。何灌，字仲源，開封祥符人。[4]《宋史》卷三五七有傳。張撝、許孝烈，字里不詳。

靖康初，薦任申先於朝。

王明清《揮麈錄餘話》卷一云："靖康初，李伯紀薦任申先世初自布衣錫對，欽宗忽問云：'卿在前朝，曾上書乞取燕、雲。'世初云：'誠有之。臣是時爲見遼國衰弱，謂我若訓練甲兵，遲以歲月，乘此機會，可以盡復燕、雲舊地，初非欲結小鬼搗其巢穴。此書尚在，可賜睿覽。'上云：'曾見之。使如卿言，燕、雲之地何患不得。'繼以歎息，即批出賜進士出身，自是進

[1]李綱《梁溪集》，景印文淵閣《四庫全書》，第1125冊第910頁。
[2]李綱《梁溪集》，景印文淵閣《四庫全書》，第1125冊第910頁。
[3]蔡懋昭《隆慶趙州志》卷六《官師》，《天一閣藏明代方志選刊》，上海古籍書店1962年版，第6冊。
[4]脫脫等《宋史》卷三五七《何灌傳》，第32冊第11225頁。

用。世初，伯雨之子也。"[1] 又，《宋史》卷三四五《任伯雨傳》謂"申先以布衣特起至中書舍人"[2]。任申先，字世初，任伯雨仲子，眉州眉山（今屬四川）人[3]。《宋史》卷三四五有傳。

薦李朴於朝。

本集卷一六三《跋李先之墨迹》云："余生平不識李先之……久困州縣間，靖康初首薦之，累遷國子祭酒，而先之初未嘗到都城。"（第 1497 頁）李朴，字先之，虔州興國（今屬江西）人。[4]《宋史》卷三七七有傳。

二月一日夜，姚平仲率兵劫金人寨，欽宗數詔促應援，李綱先辭以疾，後會三軍將士，具《乞免策應姚平仲劄子》《乞种師道同出城策應劄子》《乞應副長入祗候人馬劄子》。

《宋史》本傳："姚平仲勇而寡謀，急於要功，先期率步騎萬人，夜斫敵營，欲生擒斡离不及取康王以歸。夜半，中使傳旨諭綱曰：'姚平仲已舉事，卿速援之。'"（第 11244 頁）《行狀》云："淵聖意深以爲然，衆議亦允，期即分遣兵，以二月六日舉事，約已定。而姚平仲者……先期於二月一日夜，親率步騎萬人以劫金人之寨，欲生擒所謂斡离不者，取今上皇帝以歸。……公時以疾給假臥行營司，夜半，淵聖遣中使降親筆曰：'平仲已舉事，決成大功。卿可將行營司兵出封丘門，爲之應援。'公具劄子，辭以疾，且非素約，兵不豫備。斯須之間，中使三至，責以軍令。不得已，力疾分命諸將解范瓊、王師古等圍，斬獲甚衆；復犯中軍，公親率將士，以神臂弓射卻之。是夜宿於城外。而平仲者，一夕劫寨，爲虜所覺，殺傷相當，所折者不過千餘人，既不得所欲，即恐懼遁去。宰執、臺諫哄然，謂'西兵、勤王之師，及親征行營司兵，皆爲金人所殲，無復存者'。"（第 1703 頁）然李綸《梁溪先生年譜》謂"二月一日夜……公不得已，力疾會三軍將士。二日旦，出封丘門"[5]。鄭昌齡《梁溪先生年譜》、趙效宣《李綱年譜長編》同謂二日旦出城

[1] 王明清《揮麈録餘話》卷一，上海師範大學古籍整理研究所編《全宋筆記》，大象出版社 2013 年版，第 6 編第 2 冊第 7 頁。

[2] 脱脱等《宋史》，第 31 冊第 10967 頁。

[3] 脱脱等《宋史》卷三四五《任伯雨傳》，第 31 冊第 10964~10966 頁。

[4] 脱脱等《宋史》卷三七七《李朴傳》，第 33 冊第 11655 頁。

[5] 李綸編，彭邦明校點《梁溪先生年譜》，吳洪澤、尹波主編《宋人年譜叢刊》，第 6 冊第 4083 頁。

門。案，本集卷四三《辭免知樞密院事劄子》載：“二月一日夜半，平仲之出，种師道亦不知之，在微臣實無所與。其夜四鼓，陛下聞其交鋒，詔臣應援，頃刻之間，使者三至。臣適感寒伏枕，力疾承命，出景陽門，至班荆館，親督將士，列在要衝，分遣兵馬，解范瓊、王師古等圍；親以中軍捍禦賊馬，射殺金賊甚衆。是夜，臣宿城下。”（第515~516頁）卷一七二《靖康傳信録中》亦謂二月一日夜半，“上遣中使降親筆……不得已力疾會左右中軍將士，詰旦出封丘門”（第1587頁）。據知，二月一日夜四鼓時，李綱得詔應援姚平仲，出城門時已是二日旦也。又見《靖康要録》卷二、《九朝編年備要》卷三〇《欽宗皇帝》、《三朝北盟會編》卷三三《靖康中帙八》、《續資治通鑑長編紀事本末》卷一四七《李綱守議》。又，本集卷五〇《乞种師道同出城策應劄子》云：“臣已指揮勾集中軍、左右軍人馬，赴封丘門，聽候使喚。”（第577頁）《乞應副長入祇候人馬劄子》云：“臣已到封丘門，伺候左右中軍人馬齊足出城。”（第577頁）故二文與本集卷五〇《乞免策應姚平仲劄子》應作於二月一日夜。

二日晨，率衆出封丘門，勒兵於班荆館，與金人戰於幕天坡。是夜宿於城外。

《宋史》本傳：“綱率諸將旦出封丘門，與金人戰幕天坡，以神臂弓射金人，卻之。平仲竟以襲敵營不克，懼誅亡去。”（第11244~11245頁）李綸《梁溪先生年譜》：“二日旦，出封丘門，勒兵於班荆館天駟監，分命諸將解范瓊、王師古等圍虜騎，出没鏖戰，斬獲甚衆。是夜宿於城外。姚平仲者一夕劫寨，爲虜所覺，即遁去。宰執、臺諫皆謂西兵、勤王之師及行營司兵，皆爲金人所殲，無復存者。”[1] 又見《宋史》卷二三《欽宗本紀》、《三朝北盟會編》卷三三《靖康中帙八》、《九朝編年備要》卷三〇《欽宗皇帝》、《行狀》、本集卷一七二《靖康傳信録中》。案，班荆館，“在封丘門外之東，宋待番使之所”[2]。幕天坡，“在封丘門外，宋將李綱嘗敗金兵於此，後爲河水

---

[1] 李綸編，彭邦明校點《梁溪先生年譜》，吳洪澤、尹波主編《宋人年譜叢刊》，第6冊第4083頁。
[2] 李濂《汴京遺迹志》卷八《宮室》，景印文淵閣《四庫全書》，臺灣商務印書館1986年版，第587冊第597頁。

淤平”[1]。

三日，至崇政殿求對，既至殿門，聞罷命，乃退處浴室院待罪，有《罷尚書右丞待罪劄子》。

《宋史》本傳：“金使來，宰相李邦彦語之曰：‘用兵乃李綱、姚平仲，非朝廷意。’遂罷綱，以蔡懋代之。”（第 11245 頁）李綸《梁溪先生年譜》謂是年二月“三日，詔不得進兵。斡离不遣使請再和。遂罷公右丞、行營使，以蔡左丞懋代焉”[2]。本集卷一七二《靖康傳信錄中》亦云：“遂罷尚書右丞、親征行營使，以蔡懋代之，因廢行營使司，止以守禦使總兵事。……余是時得止兵詔，知事且變，即振旅以入城，詣崇政殿求對。既至殿門，聞罷命，乃不果，退處浴室院待罪，時初三日也。”（第 1588 頁）然《宋史》卷二三《欽宗本紀》謂是年二月二日“戊戌，罷李綱以謝金人”[3]。今從李綸《梁溪先生年譜》及本集所載。又見《靖康要錄》卷二、《東都事略》卷一二《本紀十二》、《三朝北盟會編》卷三三《靖康中帙八》、《續資治通鑑長編紀事本末》卷一四七《李綱守議》、《行狀》、本集卷五〇《罷尚書右丞待罪劄子》。

五日，以陳東等士庶伏闕上書，復尚書右丞，充京城四壁守禦使。

《宋史》本傳：“太學生陳東等詣闕上書，明綱無罪。軍民不期而集者數十萬，呼聲動地，患不得報，至殺傷內侍。帝亟召綱，綱入見，泣拜請死。帝亦泣，命綱復爲尚書右丞，充京城四壁守禦使。”（第 11245 頁）陳東《少陽集》卷二《辭誥命上欽宗皇帝書》云：“又於二月初五日再同在學諸生伏闕下，上書乞錄用李綱，並乞罷李邦彦等。是日，軍民不期而會、不謀而同者，十餘萬衆。扣閽號呼，驚動九重。”[4]二月五日伏闕上書即陳東《少陽集》卷二《伏闕上欽宗皇帝書》。本集卷一七二《靖康傳信錄中》曰：“初，太學生陳東與書生千餘人，是日伏闕上書，明余及師道之無罪，不當罷。軍民聞之，不期而集者數十萬人……余……不得已上馬出浴室院，由東門街抵

---

[1] 李濂《汴京遺迹志》卷九《岡堆坡陂關梁井墓》，景印文淵閣《四庫全書》，第 587 冊第 601 頁。
[2] 李綸編，彭邦明校點《梁溪先生年譜》，吳洪澤、尹波主編《宋人年譜叢刊》，第 6 冊第 4083 頁。
[3] 脫脫等《宋史》，第 2 冊第 424 頁。
[4] 陳東《少陽集》，景印文淵閣《四庫全書》，臺灣商務印書館 1986 年版，第 1136 冊第 298 頁。

馳道，趨東華門，軍民壅積，幾不可進。……入見上於福寧殿閣子中……有旨復尚書右丞，充京城四壁守禦使。……再對於福寧殿，上命余復節制勤王之師，先放遣民兵，蓋不復有用兵意也。"（第1588頁）然《三朝北盟會編》卷二八《靖康中帙三》載靖康元年正月六日壬申，"李綱獻議城守，罷親征，以綱爲御營京城四壁守禦使"[1]。據《宋史》本傳，李綱二月三日罷尚書右丞、親征行營使，五日復尚書右丞，充京城四壁守禦使，《三朝北盟會編》所載，誤也。又見《宋史》卷二三《欽宗本紀》、《靖康要錄》卷二、《東都事略》卷一二《本紀十二》、《三朝北盟會編》卷三四《靖康中帙九》、《續資治通鑑長編紀事本末》卷一四七《李綱守議》、《行狀》、李綸《梁溪先生年譜》。陳東（1086—1127），字少陽，鎮江丹陽人，著有《少陽集》。[2]《宋史》卷四五五有傳。

五日晚，宿咸豐門。六日，射退金兵。

《宋史》本傳："始，金人犯城者，蔡懋禁不得輒施矢石，將士積憤，至是，綱下令能殺敵者厚賞，衆無不奮躍。"（第11245頁）《續資治通鑑長編紀事本末》卷一四七《李綱守議》載是年二月六日"壬寅，是夕，李綱宿咸豐門，以金人進兵門外，治攻具故也"[3]。然本集卷一七二《靖康傳信錄中》云："是日伏闕上書……是夕，宿於咸豐門，以金人進兵門外，治攻具故也。……翌日薄城，射卻之乃退。"（第1588頁）今從本集。又見《行狀》。

十三日，乞護送金人退師，欽宗可其請。具《奏知四路出兵控扼河津劄子》分遣將士。

《宋史》本傳："金人懼，稍稍引卻，且得割三鎮詔及親王爲質，乃退師。……綱奏請如澶淵故事，遣兵護送，且戒諸將，可擊則擊之。"（第11245頁）《三朝北盟會編》卷三七《靖康中帙十二》載靖康元年二月"十三日己酉，李綱乞遣大兵護送金人回師"[4]。本集卷一七二《靖康傳信錄中》云："初十日遂退師，十二日肆赦天下，十三日宰執對延和殿。余奏上

[1] 徐夢莘《三朝北盟會編》，第206頁。
[2] 脫脫等《宋史》卷四五五《陳東傳》，第38冊第13359～13362頁。
[3] 楊仲良《續資治通鑑長編紀事本末》，第8冊第4616頁。
[4] 徐夢莘《三朝北盟會編》，第277頁。

曰：'澶淵之役，雖與大遼盟約而退，猶遣重兵護送之……金人退師今三日
矣……盍遣大兵用澶淵故事護送之。'宰執皆以爲太早，余固請之，上以余
言爲然，可其請。"是日，分遣將士，以兵十餘萬數道並進，且戒諸將度便
利可擊即擊之。"（第1589頁）本集卷五一《奏知四路出兵控扼河津劄子》
云："今來金賊已行三日，若候姚古、种師中，恐緩不及事。臣與三省、樞
密院參議，於今月十三日四路出兵，控扼河津，如金人渡河，即會合護送至
河間、中山府界。"（第581頁）又見《續資治通鑑長編紀事本末》卷一四七
《李綱守議》、《行狀》。

十四日，除知樞密院事。

《宋史》本傳："除綱知樞密院事。綱奏請如澶淵故事，遣兵護送，且戒
諸將，可擊則擊之。"（第11245頁）李綱除知樞密院事與奏請送金人退師應
爲同日事，即二月十三日。《靖康要錄》卷二亦謂靖康元年二月"十三日，
尚書右丞李綱知樞密院事"[1]。然《三朝北盟會編》卷三七《靖康中帙十二》
載靖康元年二月十四日，"李綱知樞密院事"[2]。《行狀》："十四日，除知樞
密院事，封開國伯，食邑八百户，食實封一百户。"（第1704頁）本集卷
一七二《靖康傳信錄中》謂"十四日，以……余知樞密院事"（第1589頁）。
今從《三朝北盟會編》及本集所載。又見李綸《梁溪先生年譜》、《東都事
略》卷一二《本紀十二》、《九朝編年備要》卷三〇《欽宗皇帝》、《續資治通
鑑長編紀事本末》卷一四七《李綱守議》。

是日，上《乞議不可割三鎮劄子》。

李綸《梁溪先生年譜》謂是年二月"十四日……有《乞議不可割三鎮劄
子》"[3]。本集卷四三《乞議不可割三鎮劄子》曰："方今金人退師已遠，挾質
以往，必期於得地而後已。如三鎮果下，則異時河北、河東必不能守，密邇
畿甸，宗社可憂。"（第518頁）

十五日，上《辭免知樞密院事劄子》《辭免知樞密院事表》。

《三朝北盟會編》卷三七《靖康中帙十二》載靖康元年二月十五日，

---

[1] 汪藻著，王智勇箋注《靖康要錄箋注》，第307頁。
[2] 徐夢莘《三朝北盟會編》，第277頁。
[3] 李綸編，彭邦明校點《梁溪先生年譜》，吳洪澤、尹波主編《宋人年譜叢刊》，第6冊第4083頁。

"李綱辭知樞密院。劄子云：'竊以樞府之長，兼統兵機，宜得瑰奇之人，以居其任。然後可以獎率三軍之衆，折衝萬里之外。'……李綱謝知樞密院表。伏奉制命，除臣知樞密院事，辭免不允者。武有七德，宜恢經遠之圖，望隆一時，乃副由中之命"[1]。劄子即本集卷四三《辭免知樞密院事劄子》，云："臣言伏奉制命，除臣知樞密院事。尋具劄子辭免，蒙降詔不允。武有七德，宜恢經遠之規；望臨一時，乃副由中之命。"（第517頁）文字與《三朝北盟會編》記載略有出入，《三朝北盟會編》所謂"李綱謝知樞密院表"實爲《辭免知樞密院事表》也。

十七日，遣兵追斡离不之師，被宰相咎責，御前力爭，得旨復遣。

《宋史》本傳："先是，金帥粘罕圍太原，守將折可求、劉光世軍皆敗；平陽府義兵亦叛，導金人入南北關，取隆德府，至是，遂攻高平。宰相咎綱盡遣城下兵追敵，恐倉卒無措，急徵諸將還。諸將已追及金人於邢、趙間，遽得還師之命，無不扼腕。比綱力爭，復遣，而將士解體矣。"（第11245頁）本集卷一七二《靖康傳信錄中》載："十七日，澤州奏，大金國相粘罕兵次高平縣。初，粘罕既破忻、代……圍太原……攻陷威勝軍，遂引金人入南北關，陷隆德府，遂次高平。朝廷震懼，恐其復渡河而南，宰執咎予，盡遣城下兵以追斡离不之軍，將無以支吾。……余聞之，於上前力爭，得旨復遣，而諸將之還已五程矣。雖復再進，猶與金人相及於滹沱河。然將士知朝廷之議論二三，悉解體，不復有邀擊之意，第遙護之而已。於是金人復旁出抄掠及深、祁、恩、冀間，其去殊緩；而粘罕之兵，聞已和，果退如余言。"（第1590頁）又見《宋史》卷二三《欽宗本紀》、《靖康要錄》卷二、《東都事略》卷一二《本紀十二》、《行狀》等。

二十六日，乞誅梁方平，欽宗從之。

《三朝北盟會編》卷四二《靖康中帙十七》載靖康元年二月二十六日，"誅梁方平。……至是，李綱建議請誅方平，遂斬於市"[2]。又見《宋史》卷二三《欽宗本紀》、《靖康要錄》卷三、《東都事略》卷一二《本紀十二》等。

---

[1] 徐夢莘《三朝北盟會編》，第279~280頁。

[2] 徐夢莘《三朝北盟會編》，第318頁。

是月，具《乞黜責梁方平許佃劄子》《乞差孟揆幹當舟船劄子》《奏知范瓊下軍馬前去懷澤州防託劄子》《繳進根刷到遞角劄子》《乞立定支破諸色人食錢劄子》《奏知支錢放散城上保甲劄子》《乞於殿前衙置宣撫司劄子》《奏知收到梁方平獨腳旗劄子》。

　　《四庫全書》本《梁溪集》卷五一序謂"守禦使司劄子"[1]。李綱二月五日任京城四壁守禦使、五月十九日除河北河東路宣撫使，則本集卷五一諸文應作於是年二月五日至五月十九日之間。又，梁方平二月二十六日被誅，則《乞黜責梁方平許佃劄子》《奏知收到梁方平獨腳旗劄子》當作於二十六日之前。他文繫於此二劄之間，當同作於是年二月。范瓊，山東人。靖康初，斡离不入寇，瓊以萬人勤王，拜京城都巡檢使。[2]梁方平、許佃、孟揆，字里不詳。

三月初，乞詣商丘，奉迎徽宗，欽宗從之。

　　《宋史》本傳："徽宗還次南都，以書問改革政事之故，且召吳敏、李綱。或慮太上意有不測，綱請行，曰：'此無他，不過欲知朝廷事爾。'"（第11246頁）本集卷一六一《道君太上皇帝御書跋尾》謂靖康元年"三月道君回鑾，自鎮江府次於南京，有旨詣亳州太清宮酌獻"（第1482頁）。卷一七二《靖康傳信録中》載："有旨……時三月初間也。詔以道君太上皇帝回鑾，議所以奉迎者，以門下侍郎趙野爲奉迎使。……道君遂次南都，徘徊不進，欲詣亳州上清宮燒香，及取便道如西都，上以爲憂。……又批吳敏、李綱令一人來。莫曉聖意，皆言事且不測。余奏上曰：'所以欲臣及吳敏來無他，欲知朝廷事耳。吳敏不可去陛下左右，臣願前去奉迎……'上初不許，余力請之乃聽。"（第1590~1591頁）《宋史》卷二三《欽宗本紀》載靖康元年三月七日癸酉，"命趙野爲道君皇帝行宮奉迎使"[3]。故李綱乞詣南都奉迎徽宗當在三月初。《九朝編年備要》卷三〇《欽宗皇帝》、《行狀》、李綱《梁溪先生年譜》謂三月，實三月初也。然本集卷八三《奉迎録》繫於靖康元年二月十日（第834頁），後謂"四月朔，車駕詣寧德宮"（第838頁），

---

[1] 李綱《梁溪集》，景印文淵閣《四庫全書》，第1125冊第917頁。
[2] 李心傳撰，徐規點校《建炎以來朝野雜記》甲集卷七《時事》，中華書局2000年版，第153頁。
[3] 脫脫等《宋史》，第2冊第426頁。

無三月紀事，此處"二月"當爲"三月"之誤。趙效宣《李綱年譜長編》謂"三月二日，乞詣南都，奉迎徽宗"[1]，不知何據，疑誤。

十五日，舉薦鄧肅。

《靖康要録》卷四載："靖康元年……三月……十五日，聖旨：'南劍州進士鄧肅、通州進士任申先、常州布衣鄒柄，並特補承務郎，發來赴闕，令引見上殿。'"[2] 又見韓淲《澗泉日記》卷上。然鄧肅《栟櫚先生文集》卷首《敕命·栟櫚先生誥詞》謂補承務郎時間爲"三月十八日"[3]。"或是'聖旨'於三月十五日先下，十八日才行誥詞"[4]。鄧肅此次起用，乃李綱所薦。案，王明清《揮麈後録》卷二載："是時獨有太學生鄧肅上十詩，備述花石之擾……靖康初，李伯紀啓其事，薦其才，召對，賜進士出身，後爲右正言，著亮直之名於當日。"[5] 熊克《中興小紀》卷一建炎元年六月九日丁卯下引吕本中《雜説》曰："鄧肅前一年，因李綱薦得官，時又用汪伯彦薦爲右正。"[6]

十六日，被命奉迎徽宗，遣人上《起居道君太上皇帝表》《上道君太上皇帝劄子》。十七日，次陳留縣秋口，遇徽宗皇后船，於簾前奏事，上《具奏到陳留見道君太上皇后劄子》。

《宋史》卷二三《欽宗本紀》載靖康元年三月十七日"癸未，遣李綱迎道君皇帝於南京"[7]。《三朝北盟會編》卷四四《靖康中帙十九》同謂靖康元年三月十七日癸未[8]。然本集卷四四《具奏到陳留見道君太上皇后劄子》序曰："靖康元年三月十六日，得旨前去南京，迎奉道君太上皇帝。十七日行次陳留縣，遇道君太上皇后船，登舟奏事，以事節並所得語言，具劄子奏知。"（第522頁）卷八三《奉迎録》又云："十七日離國門。十八日早次陳留縣秋口，遇太上皇后船。"（第835頁）卷一七二《靖康傳信録中》亦云：

［1］趙效宣《李綱年譜長編》，第61頁。

［2］汪藻著，王智勇箋注《靖康要録箋注》，第487頁。

［3］鄧肅《栟櫚先生文集》，影印明萬曆鄧崇純刻本，《宋集珍本叢刊》，綫裝書局2004年版，第40冊第12頁。

［4］王兆鵬、陳爲民編《鄧肅年譜》，吳洪澤、尹波主編《宋人年譜叢刊》，第7冊4575~4576頁。

［5］王明清《揮麈後録》，上海師範大學古籍整理研究所編《全宋筆記》，大象出版社2013年版，第6編第1冊第111頁。

［6］熊克著，顧吉辰、郭群一點校《中興小紀》，福建人民出版社1985年版，第13頁。

［7］脱脱等《宋史》，第2冊第426頁。

［8］徐夢莘《三朝北盟會編》，第328頁。

"十七日離國門，十八日早次陳留縣秋口，遇道君太上皇后船，余具榜子拜謁道左。"（第1591頁）記載相差一日。因奏劄最接近事發時間，故從《具奏到陳留見道君太上皇後劄子》。又見《東都事略》卷一二《本紀十二》、李綸《梁溪先生年譜》。陳留縣，在今河南開封祥符區。又，《三朝北盟會編》卷三九《靖康中帙十四》載靖康元年二月十六日，"李綱遣人上太上皇起居表……再上上皇劄子"[1]。此處"二月"當與本集卷八三《奉迎錄》同，乃"三月"之誤。二劄子即本集卷四四《起居道君太上皇帝表》《上道君太上皇帝劄子》。

二十日晚，至商丘。二十一日，對於幄殿，具《進呈道君太上皇帝劄子》《第二劄子》。

《宋史》本傳："綱至，具道皇帝聖孝思慕，欲以天下養之意，請陛下早還京師。"（第11246頁）《三朝北盟會編》卷四四《靖康中帙十九》載靖康元年三月"二十日丙戌，太上皇回鑾至南都"[2]。本集卷四四《進呈道君太上皇帝劄子》序曰："靖康元年三月二十日到南京，二十一日朝見道君太上皇帝，賜封幄殿，具劄子進呈。"（第523頁）又，本集卷四四《奏知朝見道君太上皇帝劄子》云："臣舟行二十日，晚至南京，詣道君太上皇帝行宮，得旨令來日見。二十一日早，賜對幄殿……面賜臣玉帶一條、金魚袋。"（第524頁）又見《行狀》，本集卷八三《奉迎錄》、卷一六一《道君太上皇帝御書跋尾》、卷一七二《靖康傳信錄中》。南京，今河南商丘。

二十二日，扈從徽宗詣天慶觀、鴻慶宮、神霄宮燒香。既歸行宮，對於便殿。

本集卷四四《奏知朝見道君太上皇帝劄子》云："二十一日早，賜對幄殿……本欲詣天慶觀、鴻慶宮、神霄宮燒香，聞臣催促奉迎禁衛儀物等將到，遂展一日，仍有旨令臣扈從。二十二早……是日，臣同趙野、宇文粹中、蔡攸等扈從，詣三處燒香，觀者如堵，莫不感悅。既歸行宮，召臣對便殿，具道所以內禪之意，並出親書《青詞草》，令臣齎示宰執等。"（第524~525頁）卷一六一《道君太上皇帝御書跋尾》云："二十二日扈從詣鴻

---

[1] 徐夢莘《三朝北盟會編》，第292頁。
[2] 徐夢莘《三朝北盟會編》，第330頁。

慶宮燒香，還宮再召對，敷奏移時，有旨罷幸太清宮，令臣持御書及小字青詞赴闕。"（第 1482 頁）又見本集卷八三《奉迎錄》、卷一七二《靖康傳信錄中》。鴻慶宮，在商丘縣西南隅。案，《嘉慶重修一統志》卷一九四《歸德府二》載："鴻慶宮，在商丘縣西南隅。府志：'宋之原廟也。真宗以聖祖殿爲鴻慶宮，奉祀太祖、太宗像，侍於聖祖之側，名神御殿，又曰三聖殿。'"[1] 天慶觀、神霄宮，不詳待考。

二十三日，朝辭徽宗。即行，先具《奏知朝見道君太上皇帝劄子》。

本集卷四四《奏知朝見道君太上皇帝劄子》序曰："靖康元年三月二十一日到南京朝見，二十三日朝辭，先以事節及所得聖語，具劄子奏知。"（第 524 頁）正文曰："道君宣諭……因袖中出書付臣，仍謂臣曰：'公輔助皇帝，捍賊守宗社，有大功。若能調和父子間，使無疑阻，當書青史，垂名萬世。'臣感泣再拜受命。又出小字書數事，令臣奏知，皆微末易從之事，容臣到闕日面奏。"（第 525 頁）卷八三《奉迎錄》謂"二十三日，朝辭再對於幄殿，道君出小字青詞稿一紙"（第 837 頁）。"小字青詞稿"即"小字書"也。又見本集卷一六一《道君太上皇帝御書跋尾》、卷一七二《靖康傳信錄中》。

二十五日，還抵開封，對於垂拱殿，進呈徽宗御書。

《宋史》本傳："綱還，具道太上意。"（第 11247 頁）《三朝北盟會編》卷四四《靖康中帙十九》載靖康元年三月"二十五日辛卯，李綱自南都回至闕"[2]。本集卷八三《奉迎錄》云："二十五日，還抵闕下，對於垂拱殿，進呈道君皇帝御書……復以道君所賜玉帶、牙簡進納御府，有旨再賜。"（第 837 頁）又見《東都事略》卷一二《本紀十二》、《行狀》、李綸《梁溪先生年譜》、本集卷一六一《道君太上皇帝御書跋尾》、卷一七二《靖康傳信錄中》。

二十六日，具《乞納玉帶劄子》。

本集卷一六一《道君太上皇帝御書跋尾》謂三月"二十五日到闕，對於垂拱殿，以所賜帶、簡繳納王府，蒙降旨再賜"（第 1482 頁）。而本集卷

[1] 穆彰阿等《嘉慶重修一統志》，第 12 冊第 9585～9586 頁。
[2] 徐夢莘《三朝北盟會編》，第 331 頁。

四四《乞納玉帶劄子》有"昨日奏對，已嘗具劄子，乞行繳進……伏望聖慈許依前劄所請，特令繳納"（第 525 頁）等語，昨日即三月二十五日，據此推知此文爲三月二十六日作。

二十七日，於延和殿議奉迎徽宗之禮，與耿南仲議不合，再對睿思殿，上《乞罷知樞密院事外任宮觀劄子》。

《宋史》本傳："宰執進迎奉太上儀注，耿南仲議欲屏太上左右，車駕乃進。綱言：'如此，是示之以疑也。天下之理，誠與疑、明與暗而已。自誠明而推之，可至於堯、舜；自疑暗而推之，其患有不可勝言者。耿南仲不以堯、舜之道輔陛下，乃暗而多疑。'南仲怫然曰：'臣適見左司諫陳公輔，乃爲李綱結士民伏闕者，乞下御史置對。'上愕然。綱曰：'臣與南仲所論，國事也。南仲乃爲此言，臣何敢復有所辨？願以公輔事下吏，臣得乞身待罪。'"（第 11247 頁）《三朝北盟會編》卷四四《靖康中帙十九》載靖康元年三月"二十七日癸巳，李綱自應天府奉迎回，乞宮祠"[1]。本集卷四五《乞罷知樞密院事外任宮觀劄子》序曰："靖康元年三月，道君太上皇帝將還京師。上御延和殿，議奉迎之禮。耿南仲出劄子，乞盡屏道君左右內侍等，不許至奉迎行宮，輒入者斬。公謂不必如此，但遵常法足矣。語頗侵之，再對睿思殿，南仲遂訐伏闕事，乞付御史臺根治，公上劄乞罷。"（第 528 頁）又見《靖康要錄》卷四，《行狀》，李綸《梁溪先生年譜》，本集卷八三《奉迎錄》、卷一七三《靖康傳信錄下》。耿南仲，開封人。政和二年，試太子詹事，在東宮十年。欽宗即位，拜資政殿大學士、簽書樞密院事。[2]《宋史》卷三五二有傳。

二十八日，再乞宮祠，具《第二劄子》《第三劄子》《第四劄子》《乞免赴祥曦殿從駕劄子》。

《三朝北盟會編》卷四四《靖康中帙十九》載靖康元年三月"二十八日甲午，李綱再乞宮祠"[3]，並引本集卷四五《第二劄子》《第三劄子》。本集卷四五《第四劄子》云："今早御藥梁方平等宣押赴祥曦殿起居從駕，至寧德

---

[1] 徐夢莘《三朝北盟會編》，第 332 頁。

[2] 脫脫等《宋史》卷三五二《耿南仲傳》，第 32 冊第 11130 頁。

[3] 徐夢莘《三朝北盟會編》，第 333 頁。

宮。……已嘗具奏，知非緣昨日與大臣議論不協之故，因事輒發。"（第530頁）故《第四劄子》當同作於二十八日。本集卷四五《乞免赴祥曦殿從駕劄子》謂"特遣中使宣押赴祥曦殿起居從駕……今來駕詣寧德宮"（第530頁），與《第四劄子》所述事情相同，當同作於三月二十八日。

是月末，有《奏道君太上皇帝劄子》。

本集卷四四《奏道君太上皇帝劄子》："即日季春極暄……然臣見以憂虞之餘，心力凋耗，已入劄子，乞罷知樞密事，外任宮祠。"（第525~526頁）季春即三月，而三月二十七日以後，李綱屢次乞罷知樞密事、外任宮祠，據此推斷，此文應作於三月末。

四月二日，對於福寧殿，具《第五劄子》，再乞宮祠。

本集卷四五《繳進第五次乞罷文字劄子》爲四月四日所作，文曰："初二日蒙遣中使宣押赴福寧殿賜對，臣嘗面奏第五劄子。"（第530~531頁）據知，本集卷四五《第五劄子》作於四月二日。

三日，以守禦使職事迎拜徽宗於新東門内。

《宋史》本傳："太上皇帝還，綱迎拜國門。"（第11247頁）本集卷八三《奉迎録》載："四月朔，車駕詣寧德宮，復遣御藥宣押扈從道君太上皇帝，以三日入國門。臣以守禦使職事，迎拜於新東門内，道君於輦上顧揖。"（第1596~1597頁）又見《宋史》卷二三《欽宗本紀》，《東都事略》卷一二《本紀十二》，《三朝北盟會編》卷四五《靖康中帙二十》，《行狀》，本集卷一六一《道君太上皇帝御書跋尾》、卷一七三《靖康傳信録下》。

四日，復上章請罷知樞密院事，具《繳進第五次乞罷文字劄子》，欽宗降親筆不允。不得已，再拜受命。上《備邊禦敵八事》。

《宋史》本傳："太上皇帝還，綱迎拜國門。翌日，朝龍德宮，退，復上章懇辭。上手詔諭意曰：'乃者敵在近郊，士庶伏闕，一朝倉猝，衆數十萬，忠憤所激，不謀同辭，此豈人力也哉？不悦者造言，致卿不自安，朕深諒卿，不足介懷。巨敵方退，正賴卿協濟艱難，宜勉爲朕留。'綱不得已就職。上備邊禦敵八事。"（第11247頁）本集卷一七三《靖康傳信録下》："四月……三日……翌日，扈從朝於龍德宮訖，復上章懇請求罷知樞密院事。上降手詔數百言不允，復令徐處仁、吳敏諭旨，又召至内殿，面加慰諭……

余不得已再拜受命就職。"（第1596~1597頁）"備邊禦敵八事"即本集卷四六《備邊禦敵八事》；"上章懇請求罷知樞密院事"即本集卷四五《繳進第五次乞罷文字劄子》。《三朝北盟會編》卷四五《靖康中帙二十》載靖康元年四月"六日壬辰，車駕詣龍德宮起居。……李綱狀奏乞免從駕，再入劄子乞宮祠"[1]。後附李綱《乞免赴祥曦殿從駕劄子》《第四劄子》。《靖康要錄》卷五載靖康元年四月七日，"知樞密院事李綱四上劄子，以昨與大臣議論不協之故，橫遭誣衊，有玷國體，欲乞罷免"[2]。皆誤。《乞免赴祥曦殿從駕劄子》《第四劄子》上於是年三月二十八日也。又見《宋史》卷二三《欽宗本紀》、《東都事略》卷一二《本紀十二》、《行狀》、本集卷一六一《道君太上皇帝御書跋尾》。

大約是日，上《謝乞出不允降親筆手詔表》。

四月四日，欽宗降親筆不允，則本集卷四五《謝乞出不允降親筆手詔表》大約作於同日。

四日至十二日之間，上《論守禦劄子》《乞修塘濼劄子》《乞修邊備添置參謀編修官劄子》《乞措置三鎮劄子》。

《宋史》本傳："時北兵已去，太上還宮，上下恬然，置邊事於不問。綱獨以爲憂，與同知樞密院事許翰議調防秋之兵。"（第11247頁）《行狀》："虜騎出境，公具奏乞用富弼守禦二策，分兵控扼要害之地。又乞修邊備防秋，仍用李邈措置塘濼水櫃等事，批答依奏。又具劄子，乞措置三鎮，及詔在庭之臣集議，擇其所長而施行之。於是條具所以備邊禦敵者凡八事。"（第1707頁）李綸《梁溪先生年譜》："四月，有《乞用富鄭公守禦策》《乞益修邊備措置塘濼水櫃》等劄子，又條具備邊禦敵八事，及條具調發防秋之兵。"[3]據知，本集卷四六《乞修塘濼劄子》《乞修邊備添置參謀編修官劄子》《乞措置三鎮劄子》與《論守禦劄子》《備邊禦敵八事》二劄子時間較爲接近。案，李綱四月四日上章請罷知樞密院事不成，再拜受命，四月十二日爲詳議司提舉官，此四文當作於四月四日至十二日之間。

---

[1] 徐夢莘《三朝北盟會編》，第336頁。
[2] 汪藻著，王智勇箋注《靖康要錄箋注》，第608頁。
[3] 李綸編，彭邦明校點《梁溪先生年譜》，吳洪澤、尹波主編《宋人年譜叢刊》，第6冊第4084頁。

十二日，爲詳議司提舉官，尋爲耿南仲所沮，罷。

《宋史》本傳：“吳敏乞置詳議司檢詳法制，以革弊政，詔以綱爲提舉官，南仲沮止之。”（第 11247 頁）《宋會要輯稿·職官五》載：“欽宗靖康元年四月十二日，置詳議司於尚書省，討論祖宗舊法。以徐處仁、吳敏、李綱提舉，侍從官梅執禮等爲參謀，餘官張愨等爲檢討。”[1]《行狀》云：“二十四日，以覃恩轉大中大夫。吳敏建議，欲置詳議司，檢詳祖宗法制，及近年弊政當改革者，次第施行之。詔以公爲提舉官，命既行，爲南仲沮止。”（第 1708 頁）《九朝編年備要》卷三〇《欽宗皇帝》云四月。今從《宋會要輯稿》。

二十四日，以覃恩轉太中大夫，奉旨撰《撫諭河北詔》《獎諭徐處仁詔書》《起防秋兵詔》《募民出財詔》《戒諭姚古詔書》《賜夏國主詔書》《與大金國書》《與高麗王詔》。

《靖康要錄》卷五載靖康元年四月“二十四日，手詔：‘朕初嗣歷服，遭時艱難，犬羊之群，敢肆陵侮。’”[2]《三朝北盟會編》卷四六《靖康中帙二十一》載靖康元年四月“十八日甲寅，詔以虎符起兵。舊校云此詔李忠定公撰”[3]。此即本集卷三三《起防秋兵詔》。李綸《梁溪先生年譜》：“四月二十四日，以覃恩轉太中大夫。得旨撰《起防秋兵》等三詔，及《賜夏國》《與高麗》《通金國》三書。”[4]今從《靖康要錄》及《梁溪先生年譜》所載。又見《行狀》。《起防秋兵》等三詔即本集卷三三《起防秋兵詔》《募民出財詔》《戒諭姚古詔書》，應與本集卷三三《賜夏國主詔書》《與大金國書》《與高麗王詔》同時作。另，《撫諭河北詔》《獎諭徐處仁詔書》正文缺，篇名見本集卷三三，後附“有進呈劄子並御批（見正錄第七卷）”（第 435 頁），即本集卷五一《進呈撫諭河北及獎諭徐處仁詔劄子》。二文原列《起防秋兵詔》前，當爲同時作。

大約是日，上《辭免轉太中大夫表》。

李綱四月二十四日以覃恩轉太中大夫，本集卷四六《辭免轉太中大夫

---

[1] 劉琳等校點《宋會要輯稿》，上海古籍出版社 2014 年版，第 5 冊第 3130 頁。

[2] 汪藻著，王智勇箋注《靖康要錄箋注》，第 683 頁。

[3] 徐夢莘《三朝北盟會編》，第 346 頁。

[4] 李綸編，彭邦明校點《梁溪先生年譜》，吳洪澤、尹波主編《宋人年譜叢刊》，第 6 冊第 4084 頁。

表》大約作於是日。

具《進呈撫諭河北及獎諭徐處仁詔劄子》《奏知發夏國詔書劄子》。

李綱四月二十四日得旨撰詔書，據知，本集卷五一《進呈撫諭河北及獎諭徐處仁詔劄子》《奏知發夏國詔書劄子》大約作於是日。徐處仁，字擇之，應天府穀熟縣（今河南虞城）人。[1]《宋史》卷三七一有傳。

大約是月，具《奏知募到使臣侯章去大金軍中見肅王劄子》《奏請畫一劄子》《奏知种師中在太原府南石橋下寨劄子》《奏知种師中已到真定應援太原劄子》《乞嚴止絕諸軍浮言煽惑劄子》《乞委三衙揀禁軍劄子》《快行親從官待罪劄子》《奏知喻意吳敏劄子》《奏知姚古節制不明乞差解潛抵替劄子》《乞罷守禦使司劄子》《第二劄子》《第三劄子》《乞賜武漢英等器甲袍帶劄子》《乞催教車戰使臣教頭劄子》《奏知种師中見在榆次縣下寨劄子》。

本集卷五一以上諸文作於是年二月五日至五月十九日之間。又，《奏知募到使臣侯章去大金軍中見肅王劄子》繫於二月所作《奏知收到梁方平獨腳旗劄子》與四月所作《進呈撫諭河北及獎諭徐處仁詔劄子》之間，《奏知种師中見在榆次縣下寨劄子》應作於种師中五月十二日戰死[2]之前，而李綱三月忙於奉迎徽宗事宜，故推斷以上諸文大約作於是年四月。种師中，字端孺，師道弟，以功累擢至侍衛親軍副指揮使、房州觀察使，知邠州，徙知慶陽府。[3]姚古，兕子、平仲父，五原（今陝西定邊）人。"以邊功累官熙河經略。靖康元年，與秦鳳經略种師中及折彥質、折可求勤王，時趣召師道。師道與古子平仲先率兵入衛，欽宗拜師道同知樞密院，宣撫京畿、河北、河東。平仲爲都統制。而种氏、姚氏素爲山西巨室，兩家子弟不相下"[4]。解潛，藍田（今屬陝西）人。爲邊帥，後不從和議，謫居南安凡十九年。[5]靖康初，會諸路兵解太原之圍，姚古、解潛相繼爲河東河北制置使，皆無功而罷。侯章、武漢英，字里不詳。

[1] 脫脫等《宋史》卷三七一《徐處仁傳》，第33冊第11518頁。
[2] 汪藻著，王智勇箋注《靖康要錄箋注》卷七，第776頁。
[3] 王稱撰，孫言誠、崔國光點校《東都事略》卷一〇七《列傳九十》，第917頁。
[4] 覺羅石麟等《山西通志》卷一一九《人物十九》，景印文淵閣《四庫全書》，臺灣商務印書館1986年版，第546冊第133頁。
[5] 穆彰阿等《嘉慶重修一統志》卷三三二《南安府》，第20冊16629頁。

五月初，會守禦使司補進武副尉二人，具狀奏知，御批"大臣專權，浸不可長"，上《再乞罷知樞密院守本官致仕劄子》《第二劄子》《第三劄子》《三乞罷知樞密院事劄子》《第二劄子》。

    《宋史》本傳："會守禦司奏補副尉二人，御批有'大臣專權，浸不可長'語。綱奏：'頃得旨給空名告敕，以便宜行事。二人有勞當補官，故具奏聞，乃遵上旨，非專權也。'"（第11247～11248頁）《行狀》："五月初會守禦使司補進武副尉二人，具狀奏知淵聖，批出有'惟辟作福，惟辟作威，大臣專權，浸不可長'之語。……公待罪丐去，章十餘上，皆批答不允，遣使宣押歸府。"（第1708～1709頁）本集卷四六《再乞罷知樞密院守本官致仕劄子》序曰："靖康元年五月，守禦使司補進武副尉二人……補訖奏知，上批有'大臣專權，浸不可長'之語。上劄子乞罷。"（第538～539頁）據《行狀》推斷本集卷四六以上諸文應作於五月初。

十九日，除河北河東路宣撫使，依舊任知樞密院事，具《辭免河北河東路宣撫使劄子》。十九日至二十三日間，先後上《第二劄子》《第三劄子》《第四劄子》《第五劄子》《第六劄子》《第七劄子》《第八劄子》。欽宗手書《裴度傳》以賜，上《謝賜〈裴度傳〉劄子》《第二劄子》。二十三日，受命。

    《宋史》本傳："時太原圍未解，种師中戰没，師道病歸，南仲曰：'欲援太原，非綱不可。'上以綱爲河東、北宣撫使。綱……拜辭，不許。退而移疾，乞致仕，章十餘上，不允。……上手書《裴度傳》以賜，綱……因書裴度論元稹、魏洪簡章疏要語以進，上優詔答之。"（第11248頁）《三朝北盟會編》卷四八《靖康中帙二十三》載靖康元年六月"三日戊戌，河東宣撫使种師道罷。以李綱充河北東路宣撫使"[1]。《東都事略》卷一二《本紀十二》載靖康元年六月三日"戊戌，李綱爲河北河東宣撫使"[2]。《宋會要輯稿·職官四一》亦云："靖康元年……六月三日，以知樞密院事李綱爲河北河東宣撫使。"[3]然李綸《梁溪先生年譜》云："五月十九日，除河北東路宣

---

[1] 徐夢莘《三朝北盟會編》，第359頁。
[2] 王稱撰，孫言誠、崔國光點校《東都事略》，第93頁。
[3] 劉琳等校點《宋會要輯稿》，第7冊第4008頁。

撫使，辭免凡八上，上出《裴度傳》以賜。二十三日，受命。"[1]本集卷四七《辭免河北河東路宣撫使劄子》序曰："靖康元年五月，种師道以疾乞罷宣撫使，有旨以公代師道宣撫使河北、河東，上劄辭免。"（第543頁）卷一七三《靖康傳信録下》云："上納建議者之説，決意用余宣撫兩路，督將士解圍。"（第1600頁）諸書記載，差異有二：一是任職時間，有五月、五月十九日、六月三日三説。一是官職，有河北東路宣撫使、河北河東路宣撫使二説。從"決意用余宣撫兩路"推斷，李綱時任河北河東路宣撫使，而非河北東路宣撫使。又從本集卷四七《辭免河北河東路宣撫使劄子》"靖康元年五月"推斷，任職時間當在五月，姑從李綸《梁溪先生年譜》"五月十九日"之説。

李綱五月十九日除河北河東路宣撫使，五月二十三日受命，故五月十九日具劄辭免，應爲第一劄子，餘劄當作於五月十九日至二十三日之間。辭免奏劄見本集卷四七。又，本集卷四七《謝賜〈裴度傳〉劄子》謂"臣伏蒙聖慈除臣河北、河東路宣撫使。累具劄子辭免，未奉俞允"（第546頁）。據此推斷，本集卷四七《謝賜〈裴度傳〉劄子》《第二劄子》也應作於未受命之前，即五月十九日至二十三日之間，時仍任知樞密院事。案，本集卷五二《乞免簽書樞密院常程文字劄子》謂"臣伏奉聖旨，未起離間，依舊於樞密院治事"（第590頁）。李綱六月二十七日總師離國門，在此之前應仍任知樞密院事。

五月二十三日至六月二十五日之間，上《乞使副差武臣一員劄子》《論兵食等事劄子》《乞免簽書密院常程文字劄子》《乞括馬劄子》《乞置承受官劄子》《乞令承受官王襄隨軍劄子》《乞辟劉竫充統制官劄子》《乞令李邈權帥真定劄子》《再乞免簽書密院常程文字劄子》《繳進秦元圖冊及奏知解潛議事劄子》《奏知看詳秦元圖冊並乞差察視親事官劄子》《乞支降見錢劄子》《乞招捕勝捷軍劄子》《乞殿前馬軍司摘馬劄子》，《乞差种師道巡邊劄子》《乞立收復忻代賞格劄子》或作於同時。

《宋史》本傳："宣撫司兵僅萬二千人，庶事未集，綱乞展行期。御批以爲遷延拒命，綱上疏明其所以未可行者……上爲之感動。"（第11248~

---

[1] 李綸編，彭邦明校點《梁溪先生年譜》，吳洪澤、尹波主編《宋人年譜叢刊》，第6冊第4085頁。

11249頁）《四庫全書》本《梁溪集》卷五二序謂"河北河東路宣撫使司劄子一"[1]。本集卷五二《乞使副差武臣一員劄子》云："已除臣宣撫使，李彌大爲副。……使副當以武臣一員有名望者爲之。"後附御批"若與師道俱行，亦無害"（第590頁）。《論兵食等事劄子》："臣既已受命，豈敢不行？……況兩使並行，於事體自是未當，非臣不欲行也！"（第590頁）《乞免簽書樞密院常程文字劄子》："臣伏奉聖旨，未起離間，依舊於樞密院治事。"（第590頁）《乞括馬劄子》："今來宣撫司出師，得馬不滿千匹，又多羸弱。……乞於都城括馬，以濟目前之用。"（第591頁）《乞置承受官劄子》後附御批差王褒。《乞令承受官王褒隨軍劄子》："將來軍行，欲乞令王褒隨軍前去……日限已逼。"（第592頁）《乞辟劉鞈充統制官劄子》："臣契勘中山府路鈐轄劉鞈已到闕……臣欲辟充宣撫司統制官。"（第592頁）《乞令李邈權帥真定劄子》後附御批"已批出三四日，爲甚至今未行"（第592～593頁）。《再乞免簽書密院常程文字劄子》："仍不依時上馬，赴宣撫司治事。"（第593頁）《繳進秦元圖冊及奏知解潛議事劄子》："觀事勢前去威勝進兵，來早對訖出門。"（第593頁）《奏知看詳秦元圖冊並乞差察視親事官劄子》："所有將來出師。"（第593頁）《乞支降見錢劄子》："今來出師在近。"（第594頁）《乞殿前馬軍司摘馬劄子》："令促解潛前去河東交割職事，已行下令限日下出門去訖。"（第596頁）據知，本集卷五二以上諸文應是除宣撫使後、未出師前作。李綱五月二十三日除宣撫使，六月二十五日戒行，故以上諸文應作於五月二十三日至六月二十五日之間。又，《行狀》："公感其言，起受命。……宣撫司得兵二萬人，分爲五軍。時勝捷兵叛於河北，遣左軍往招撫之。……上頗感動，乃以二十五日戒行。"（第1709～1710頁）據此推斷《乞招捕勝捷軍劄子》也應作於五月二十三日至六月二十五日之間。同卷《乞差种師道巡邊劄子》《乞立收復忻代賞格劄子》不可確考，或爲同時作。劉鞈、王褒、李邈權，字里不詳。劉鞈，靖康初爲真定路都鈐轄。[2]

辟王以寧、沈琯等人爲屬官。

《靖康要錄》卷一四："朝廷以知樞密院李綱爲宣撫使，督諸將救太原；

---

［1］李綱《梁溪集》，景印文淵閣《四庫全書》，第1125冊第926頁。
［2］李賢等《明一統志》卷三《真定府》，景印文淵閣《四庫全書》，第472冊第86頁。

又以資政殿學士劉韐爲宣撫副使，中大夫、直秘閣范世雄起鼎澧兵來河東，始爲參謀，俄爲 [判官]，徽猷閣待制、樞密都承旨、宣撫司參謀兼河東路幹辦公事折彥質。參議官四人：京畿提刑王以寧，祠部員外郎裴虙，直秘閣沈琯，宣議郎郭執中。主管機宜文字在懷州，三員：樞密院編修官鄒柄、田亘、朝奉大夫韓瓘，幹辦公事、主管文字官趙柟、趙戩、張叔夜、陳湯求、梁澤民、張牧等數十人。又以武功大夫、防禦使解潛爲制置使，代姚古。以种師弓統西蕃人馬，以許季烈爲前軍統制。"[1]《光緒湘潭縣志》卷八《人物》謂"李綱甚奇之（王以寧），及宣撫兩河，因辟爲幕官"[2]。《嘉靖浙江通志》卷四一《人物志六》："琯首陳虛實，乞召兩兵會河北邀擊，不聽。乃著所見爲書，以攄忠憤。李綱薦除淮西帥，不赴。……終老焉。"[3]李綱五月二十三日受命，六月二十五日戒行，辟王以寧、沈琯等人爲屬官當在五月二十三日至六月二十五日之間。王以寧，字周士，湘潭（今屬湖南）人，有《王周士詞》一卷傳世。[4]

辟胡德輝、何晉之、翁挺諸人爲屬官。

《朱子語類》卷一三一云："李伯紀丞相爲宣撫使時，幕下賓客盡一時之秀。胡德輝、何晉之、翁士特諸人，皆有文名。"[5]李綱五月二十三日受命，六月二十五日戒行，辟胡德輝、何晉之、翁挺諸人爲屬官大約在五月二十三日至六月二十五日之間。胡德輝、何晉之，名里不詳。

辟張叔獻爲屬官。

本集卷一六三《跋張秫仲樞密遺稿一》云："迨靖康間，宣撫兩河，辟公之子叔獻以從，嘗見所與家問，勉以忠義，固已歎服。"（第1505頁）張叔夜（1065—1127），字秫仲，開封人，侍中張耆之孫。[6]《宋史》卷三五三有傳。張叔獻，叔夜弟也，字不詳，卒於紹興十五年（1145）。案，《建炎以

---

［1］汪藻著，王智勇箋注《靖康要錄箋注》，第1496頁。

［2］陳嘉榆等修，王闓運等纂《光緒湘潭縣志》，《中國地方志集成·湖南府縣志輯》，江蘇古籍出版社2002年版，第13冊第9頁。

［3］胡宗憲修，薛應旂等纂《嘉靖浙江通志》，《天一閣藏明代方志選刊續編》，第25冊第961頁。

［4］王兆鵬《王以寧生平事迹考略》，《中國文學研究》1988年第1期。

［5］黎靖德編，王星賢點校《朱子語類》，中華書局1986年版，第3141頁。

［6］脫脫等《宋史》卷三五三《張叔夜傳》，第32冊第11140頁；卷二九〇《張耆傳》，第28冊第9709頁。

來繫年要録》卷一五三載紹興十五年正月二十三日己巳，“敷文閣直學士、新知紹興府張叔獻卒”[1]。本集謂“公之子叔獻”，疑爲傳抄之誤，張叔獻當爲張叔夜弟。案，《建炎以來繫年要録》卷七〇載紹興三年十一月二十一日壬申，“右宣義郎張叔獻直秘閣、提點江西刑獄公事，專切制置虔、漳、汀州盜賊。叔獻，叔夜弟也”[2]。

辟黄鑷爲幕屬。

《閩中理學淵源考》卷一《提刑黄用和先生鑷》載：“黄鑷，字用和，浦城人。政和五年進士，從楊龜山學，甚見器重。……靖康初，李綱宣撫河東，辟幕屬。”[3] 黄鑷，字用和，浦城（今屬福建）人。

六月十四日，上《乞罷宣撫使待罪劄子》《第二劄子》《第三劄子》《第四劄子》《第五劄子》《論宣撫職事劄子》《第二劄子》《第三劄子》《第四劄子》。

文見本集卷四七、卷四八。李綸《梁溪先生年譜》云：“六月十四日，復五具劄子乞罷。又有《論宣撫職事》四劄子。”[4] 又，本集卷四七《乞罷宣撫使待罪劄子》謂“契勘臣於前月二十三日受敕，至今二十日”（第548頁）。李綱五月二十三日受命任河北河東路宣撫使，“至今二十日”正是六月十四日。

二十五日，戒行，赴御宴。大約是日，上《謝賜御筵表》《謝降賜玉束帶等表》《謝賜鞍馬表》《謝瓊林苑賜御筵表》。二十六日，犒軍，斬裨將焦安節以徇。二十七日，總師出國門。

《三朝北盟會編》卷四八《靖康中帙二十三》載靖康元年六月“二十五日庚申，賜御筵餞李綱於瓊林苑。……二十六日辛酉，宣撫使李綱犒軍，斬樂州都統制熙河路軍馬焦安節”[5]。卷四九《靖康中帙二十四》載靖康元年六月“二十七日壬戌，李綱以宣撫兵發京師”[6]。本集卷一七三《靖康傳信録

[1] 李心傳編撰，胡坤點校《建炎以來繫年要録》，中華書局2013年版，第6冊第2889頁。
[2] 李心傳編撰，胡坤點校《建炎以來繫年要録》，第3冊第1367頁。
[3] 李清馥撰，徐公喜等點校《閩中理學淵源考》，鳳凰出版社2011年版，第15～16頁。
[4] 李綸，彭邦明校點《梁溪先生年譜》，吳洪澤、尹波主編《宋人年譜叢刊》，第6冊第4085頁。
[5] 徐夢莘《三朝北盟會編》，第365～366頁。
[6] 徐夢莘《三朝北盟會編》，第367頁。

下》載："上頗感動，乃以二十五日戒行。前期賜燕於紫宸殿，又賜御筵於瓊林苑，所以賜勞甚渥。余犒軍訖，號令將士，斬裨將焦安節以徇。……翌日進師。"（第1602頁）然本集卷四八《論宣撫職事劄子》序曰："累具辭免不獲，將以六月二十五日出師。"（第553頁）《謝瓊林苑賜御筵表》云："伏蒙聖恩，以臣今月二十五日總師出門，特差翰林學士吳开，就瓊林苑押賜御筵者。"（第557頁）卷四九《乞核實宣撫司見在軍兵財物劄子》云："臣自六月二十七日，總師出國門。"（第569頁）記載略有出入，今從《三朝北盟會編》及本集卷一七三《靖康傳信錄下》所載。又見《靖康要錄》卷八、《行狀》、李綸《梁溪先生年譜》。李綱六月二十五日戒行、賜筵，本集卷四八以上諸文大約作於是日。

二十三日至二十七日之間，上《乞差曲奇充統制官劄子》《再乞曲奇劄子》。

據本集卷五二《乞差曲奇充統制官劄子》後附御批"受命已月餘，尚遷延如此，有損國體；兼河北、河東人民日望宣撫到，卿可促日前去"（第591頁），知此文應是除宣撫使一月有餘後、未出師前作，即六月二十三日至二十七日之間。據本集卷五二《再乞曲奇劄子》"今幸曲奇到闕，若不干冒聖聰，辟置軍中，使護諸將，則此行未見有可委仗者"（第591頁），知此文當同爲未出師前作，即六月二十三日至二十七日之間。曲奇，字里不詳。

是月末，赴任河北河東路宣撫使途中，上《謝宣撫河北河東降親筆手詔表》。

本集卷四八《謝瓊林苑賜御筵表》謂"以臣今月二十五日總師出門"（第557頁）。《謝宣撫河北河東降親筆手詔表》謂"今月二十八日，伏蒙親筆手詔一道"（第558頁）。案，李綱六月二十五日戒行，"今月"應指六月，二十八日得親筆手詔，此謝表應作於六月末。

上《乞治逃避士卒劄子》。

《四庫全書》本《梁溪集》卷五二序謂"河北河東路宣撫使司劄子一"[1]。據本集卷五二《乞治逃避士卒劄子》"方此暑月出師，士卒已有棄下

---

[1] 李綱《梁溪集》，景印文淵閣《四庫全書》，第1125冊第926頁。

器甲逃避者”（第594頁），推斷此文應在出師後不久作，即六月末。

六月末、七月初，上《奏知應副解潛等銀劄子》。

《四庫全書》本《梁溪集》卷五二序謂“河北河東路宣撫使司劄子一”[1]。本集卷五二《奏知應副解潛等銀劄子》附御批“俟到，卿一一差點檢”（第594頁），據知，此文應在出師後，未到任所前作，即六月末、七月初。

七月初，抵河陽。上劄子乞修河陽等地城壁。又因望拜陵寢，上《乞深考祖宗之法劄子》。

《宋史》本傳：“進至河陽，望拜諸陵，復上奏曰：‘臣總師出鞏、洛，望拜陵寢，潛然出涕。’”（第11249頁）本集卷一七三《靖康傳信錄下》載：“以七月初抵河陽，入劄子，以畿邑、氾水關，西都、河陽皆形勝之地，城壁頹圮，當亟修治，今雖晚，然併力爲之，尚可及也。又因望拜諸陵，具奏曰：‘臣總師道出鞏、洛，望拜陵寢，潛然流涕。’”（第1602頁）此即本集卷四八《乞深考祖宗之法劄子》，序曰：“靖康元年七月初總師，道出鞏洛，望拜陵寢，上劄子，乞深考祖宗之法，進君子，退小人。”（第558~559頁）又見《行狀》、李綸《梁溪先生年譜》。河陽，今河南孟州。

二十日，次懷州。

《行狀》：“留河陽十餘日，訓練士卒，修整器甲之屬，進次懷州。”（第1711頁）本集卷四九《乞核實宣撫司見在軍兵財物劄子》云：“臣自六月二十七日，總師出國門。七月二十日次懷州。”（第569頁）又見李綸《梁溪先生年譜》、本集卷一七三《靖康傳信錄下》。

七月二十日至二十七日之間，上《論不可遽罷防秋人兵劄子》《第二劄子》。

《宋史》本傳：“行次懷州，有詔罷減所起兵，綱奏曰：‘太原之圍未解，河東之勢甚危，秋高馬肥，敵必深入，宗社安危，殆未可知。……今河北、河東日告危急，未有一人一騎以副其求，甫集之兵又皆散遣，臣誠不足以任此。且以軍法勒諸路起兵，而以寸紙罷之，臣恐後時有所號召，無復應者

---

[1] 李綱《梁溪集》，景印文淵閣《四庫全書》，第1125冊第926頁。

矣。'疏上，不報。御批曰促解太原之圍，而諸將承受御畫，事皆專達，宣撫司徒有節制之名。綱上疏，極諫節制不專之弊。"（第 11249 頁）此即本集卷四八《論不可遣罷防秋人兵劄子》，序曰："靖康元年四月，公在密院，乃與許翰條具，調發防秋之兵，至七月，公已出宣撫，朝廷降旨，詔書所起之兵，罷去大半，公上疏力爭。"（第 559 頁）又，本集卷一七三《靖康傳信錄下》載："進次懷州。……而朝廷降旨，凡詔書所起之兵，悉罷減之。余上疏力爭……上日以御批促解太原之圍……期以七月二十七日諸路進兵。"（第 1602~1604 頁）故二疏當上於七月二十日至二十七日之間。《三朝北盟會編》卷四九《靖康中帙二十四》載靖康元年六月"二十七日壬戌，李綱以宣撫兵發京師。……李綱抵河陽，入劄子論罷起兵等事"[1]，將劄子繫於六月二十七日，誤。

上《奏知賞罰董有林冀景等劄子》《乞令張灝同折可求節制汾晉人馬劄子》《再乞令張灝折可求節制劄子》。

《四庫全書》本《梁溪集》卷五二序謂"河北河東路宣撫使司劄子一"[2]。本集卷五二《奏知賞罰董有林冀景等劄子》："約日會合進兵之初，須令賞罰分明。"（第 595 頁）《乞令張灝同折可求節制汾晉人馬劄子》："欲乞許灝同折可求節制汾晉人馬，會合解圍。"（第 595 頁）《再乞令張灝折可求節制劄子》："約束將帥，會合解圍，以上副焦勞之意。"（第 595 頁）據此推斷三文應在到任後、會合進兵前作，即七月二十日至二十七日之間。董有林、冀景、張灝、折可求，字里不詳。

上《繳進劉韐申狀劄子》《奏知約束解潛等會合劄子》。

《四庫全書》本《梁溪集》卷五三序謂"河北河東路宣撫使司劄子二"[3]。本集卷五三《繳進劉韐申狀劄子》："今諸將約期會合，有可成功之理。"（第 598 頁）《奏知約束解潛等會合劄子》："臣得劉韐諮目，與解潛、張灝等議定，二十八日進兵會合解圍。"（第 598 頁）據知，二文應在到任後、會合進兵前作，即七月二十日至二十七日之間。劉韐，字仲偃，建州崇

［1］徐夢莘《三朝北盟會編》，第 367 頁。
［2］李綱《梁溪集》，景印文淵閣《四庫全書》，第 1125 冊第 926 頁。
［3］李綱《梁溪集》，景印文淵閣《四庫全書》，第 1125 冊第 934 頁。

安人。[1]《宋史》卷四四六有傳。

二十八日，進兵會合解太原之圍。

《三朝北盟會編》卷五〇《靖康中帙二十五》載靖康元年七月"二十六
日庚寅，詔解圍太原。……二十七日辛卯，解潛自威勝軍進兵屯於南關……
張灝及金人戰於文水縣，敗績"[2]。本集卷一七三《靖康傳信録下》亦謂"期
以七月二十七日諸路進兵"（第1604頁）。然本集卷五三《奏知約束解潛等
會合劄子》云："臣得劉韐諧目，與解潛、張灝等議定，二十八日進兵會合
解圍。臣元約二十五日以前，以潛、灝稱威勝軍、汾州兩路軍馬器甲、錢糧
未備，故展三日。"（第598頁）《奏知施行大臣擬進文字劄子》云："契勘大
兵進發會合，今已三日。"附録御批："朕自二十八日至今，夜臥不安席，惟
俟嘉音。"（第601頁）卷五五《奏知王淵等顧望不進劄子》云："臣契勘自
二十八日出師，至初四日凡六日。解潛於南北關遇賊馬，相持四日，力戰而
潰。"（第617頁）據知，會合進兵日應爲七月二十八日，今從之。

約在七月二十九日，上《乞按河東地圖劄子》。

《四庫全書》本《梁溪集》卷五四序謂"河北河東路宣撫使司劄子
三"[3]。本集卷五四《乞按河東地圖劄子》云："臣據劉韐申……二十九日於
竹寧下寨……更望聖慈下有司取河東地圖一本，置御座之側，臣每奏報，諸
路進兵接戰下寨去處，庶可稽考。"（第606頁）李綱七月二十日次懷州，八
月二十一日交割宣撫使職事，故文中"二十九日"當指七月二十九日，此文
大約作於是日。

是月，表奏汾守張克戩守城有勞。

《宋史》卷四四六《張克戩傳》："靖康元年六月，金兵復逼城。……克
戩引誼開曉，皆願自奮。宣撫使李綱表其守城之勞，連進直龍圖閣、右文
殿修撰。"[4]李綱七月初抵河陽，二十日次懷州，二十八日指揮進兵解太原
之圍，力戰而潰，表奏汾守張克戩當在七月也。張克戩，字德祥，開封人。

---

[1] 脱脱等《宋史》卷四四六《劉韐傳》，第38冊第13162頁。
[2] 徐夢莘《三朝北盟會編》，第377~378頁。
[3] 李綱《梁溪集》，景印文淵閣《四庫全書》，第1125冊第941頁。
[4] 脱脱等《宋史》，第38冊第13168頁。

《宋史》卷四四六有傳。案，《宋史》卷二九〇《張耆傳》云："張耆字元弼，開封人。"[1]《宋史》卷四四六《張克戩傳》又云："張克戩字德祥，侍中耆曾孫也。"[2] 據知，張克戩亦開封人也。

七、八月間，在懷州任知樞密院事、河北河東路宣撫使，上《繳進通信林牙書詞劄子》《論郭仲荀劄子》《奏知行遣親事官劄子》《乞修復塘濼舊制劄子》《乞令張愨專一應副糧草劄子》《發回親事官劄子》《奏知賈瓊等功狀劄子》《乞在外宮觀劄子》《繳進太原賊寨圖劄子》《再請宮觀劄子》《奏知督責張灝劄子》《奏乞起發弓弩手劄子》《乞致仕宮觀劄子》，《乞遣使劄子》或作於同時。

《四庫全書》本《梁溪集》卷五三序謂"河北河東路宣撫使司劄子二"[3]。本集卷五三《繳進通信林牙書詞劄子》附錄御批："快行四人，並李倫、秦同老押錢、銀、絹係三項，今日已起發盡絕，數日想可到。更俟童貫物來，當發金二萬兩，付河北、河東。卿不須慮朕不應副。"（第599頁）《論郭仲荀劄子》："臣契勘太原府見闕總管……伏望聖慈優與仲荀遷官……候太原解圍日，發赴新任。"（第599頁）《奏知行遣親事官劄子》："臣契勘昨承御前差到察視親事官二十人，分到五軍察視。"（第599頁）《乞修復塘濼舊制劄子》："伏望聖慈特降睿旨，下河北路轉運司相度會計。"（第600頁）《乞令張愨專一應副糧草劄子》："伏望聖慈特降睿旨，令張愨專一應副本司糧草。"（第600頁）《發回親事官劄子》："臣契勘本司左右軍已差往河北，前後軍已差往河東……今來所差到十人，別無使喚去處。"（第600頁）《奏知賈瓊等功狀劄子》："臣據劉鞈……於壽陽縣界節次攻擊賊馬……雖小捷未足道，然大兵會合繼進，亦足以爲先聲。"（第601頁）《乞在外宮觀劄子》："伏望聖慈察臣非避事者，特降睿旨，許令候太原解圍之後，次第將本司職事交割與劉鞈，除臣一在外宮觀，使得就閑養疾。"（第601頁）《繳進太原賊寨圖劄子》："臣昨遣郭執中隨解潛軍至北關，令照管控扼將士。具到劄子，並畫到太原賊寨圖一本，同繳進。"（第602頁）《再請宮觀劄子》：

［1］脫脫等《宋史》，第28冊第9709頁。

［2］脫脫等《宋史》，第38冊第13167頁。

［3］李綱《梁溪集》，景印文淵閣《四庫全書》，第1125冊第934頁。

"今者大兵進發，指期破賊……破賊解圍之後，乞賜矜憐，從臣所請。"（第602頁）《奏知督責張灝劄子》："顯是推脱，逗留不進。……將來解圍太原，如灝輩實不可驅使，乞候解圍後，便罷灝察訪使。"（第603頁）《奏乞起發弓弩手劄子》："解潛委是危急，等候前來策應。"（第603頁）《乞致仕宮觀劄子》："自出師以來，將士屢北。"（第604頁）據知，以上諸文應是七、八月間李綱在懷州知樞密院事、河北河東路宣撫使任上作。同卷《乞遣使劄子》時間不可確考，或為同時作。

郭仲荀，字傳師，洛陽（今屬河南）人。官至太尉、慶遠軍節度使、殿前都指揮使。[1] 張愨，字誠伯，河間樂壽（今河北獻縣）人。登元祐六年（1091）進士第，累遷龍圖閣學士、計度都轉運使。[2]《宋史》卷三六三有傳。賈瓊，字里不詳。

上《乞差范世雄充判官劄子》《乞於懷州置司劄子》《奏知發去生兵等事劄子》《奏知掩襲南北關賊馬劄子》《再乞差范世雄充判官劄子》《奏知令劉韐等度事勢進兵劄子》《乞優贈陣亡孫逢等劄子》《繳進折彥質等諸目劄子》《乞留熙河蕃僧軍前使喚劄子》《奏知進兵次第劄子》《乞賞血戰戮累潰人劄子》《奏知劉韐欲由壽陽進兵劄子》《乞降衲襖劄子》。

《四庫全書》本《梁溪集》卷五四序謂"河北河東路宣撫使司劄子三"[3]。據本集卷五四《乞差范世雄充判官劄子》"今解潛軍潰"（第607頁），《乞於懷州置司劄子》篇名，《奏知發去生兵等事劄子》"解潛力戰累日，以寨柵不如法，為金人衝潰"（第608頁），《奏知掩襲南北關賊馬劄子》"臣契勘賊馬潰解潛軍，祇據南北關，不敢猖獗深入，必為王淵等處牽制"（第609頁），《再乞差范世雄充判官劄子》"差范世雄充宣撫判官。……策應解潛，決保成功"（第609頁），《奏知令劉韐等度事勢進兵劄子》"臣契勘今解潛軍潰"（第610頁），《乞優贈陣亡孫逢等劄子》"勘會解潛統領人馬，於南北關遇賊"（第610頁），《繳進折彥質等諸目劄子》"解潛已到隆德……以圖

［1］黃𤲞、齊碩修，陳耆卿纂《嘉定赤城志》卷三四《人物門三》，《宋元方志叢刊》，中華書局1990年版，第7冊第7550頁。
［2］脱脱等《宋史》卷三六三《張愨傳》，第32冊第11347頁。
［3］李綱《梁溪集》，景印文淵閣《四庫全書》，第1125冊第941頁。

再舉"（第 610 頁），《乞留熙河蕃僧軍前使喚劄子》"初一日力戰熙河蕃僧"
（第 611 頁），《奏知進兵次第劄子》"契勘自約日進兵，已逾十日，緣解潛遇
敵力戰師潰，汾、遼、平定之兵，亦不敢進"（第 611 頁），《乞賞血戰戮累
潰人劄子》"臣契勘解潛南北關之戰，雖致師潰，然將士極爲力戰，其陣亡
傷中立功血戰之人，自合推賞"（第 612 頁），《奏知劉韐欲由壽陽進兵劄子》
"直趨太原"（第 612 頁），《乞降衲襖劄子》"般赴河東應副軍前支用"（第
612 頁），推知以上諸文應是七、八月間李綱在懷州知樞密院事、河北河東
路宣撫使任上作。范世雄，字里不詳。

上《乞差王元充都統制劄子》《奏知折可求兵馬衝散劄子》《奏知催解潛整
軍與范世雄會合劄子》《乞正冀景等軍法劄子》《乞選代職許歸田里劄子》
《乞韓世忠等劄子》《奏乞差有風力人知潞州劄子》《乞保全王以寧劄子》
《乞不推賞王以寧劄子》《乞督劉韐進兵劄子》《奏知金國遣使劄子》《繳進
詹度乞差人兵劄子》《乞留解潛折彥質劄子》《奏知范世雄進兵劄子》《乞
更措置河北人兵劄子》《奏乞降獎諭下張換狀》《奏劾張灝兵退卻及待罪
劄子》。

　　《四庫全書》本《梁溪集》卷五五序謂"河北河東路宣撫使司劄子
四"[1]。據本集卷五五《乞差王元充都統制劄子》"臣累奉宸翰宣諭，汾州一
路將帥不可倚仗，今果如聖訓"（第 615 頁），《奏知折可求兵馬衝散劄子》
"今月初六日，折可求進兵至郭柵寨，初七日卯時，與賊兵戰……及據折彥
質備錄到折可求狀，見於汾州待罪"（第 615 頁），《奏知催解潛整軍與范世
雄會合劄子》篇名，《乞正冀景等軍法劄子》"臣見體究解潛、折可求下首先
退避之人，如冀景輩，皆累經潰散，當正軍法以爲懲戒"（第 616 頁），《乞
選代職許歸田里劄子》"今爲河北、河東路宣撫使。自春徂秋，俾夜作晝，
無少休息"（第 616 頁），《乞韓世忠等劄子》"臣伏奉宸翰，差劉銳前去汾
州替折可求"（第 617 頁），《奏乞差有風力人知潞州劄子》"本州正當河北
衝要控扼之地"（第 618 頁），《乞保全王以寧劄子》"臣已令以寧與范世雄
會合，措置解圍，必先誘賊，使我軍得一捷，然後可以鼓行而前"（第 618

---

[1] 李綱《梁溪集》，景印文淵閣《四庫全書》，第 1125 冊第 949 頁。

頁），《乞不推賞王以寧劄子》“續據王以寧申，言語不通，恐是包家人馬，因南北關潰散，在村落打劫，逢官軍前來，抗拒鬥敵，致被捉獲，見押在平陽府根究”（第 619 頁），《乞督劉韐進兵劄子》“臣雖已諭韐，令部分諸將與范世雄等約期會合，再圖解圍”（第 619 頁），《奏知金國遣使劄子》“及河東見屯軍馬，恐爲窺伺”（第 620 頁），《繳進詹度乞差人兵劄子》“臣據詹度畫到中山府州軍圖，稱本府已差到防秋人兵”（第 620 頁），《乞留解潛折彥質劄子》“臣契勘解潛、折彥質雖怯懦，然兩人終與西北將士相諳，一潰之後，且當責其後效”（第 620 頁），《奏知范世雄進兵劄子》“臣據范世雄申，已整齪軍馬，出南北關，據險進兵，應援汾州一路軍馬”（第 620 頁），《乞更措置河北人兵劄子》“以金賊重兵侵犯河北沿邊州郡，及諸路帥司防秋人兵數少，乞朝廷更行措置”（第 621 頁），《奏乞降獎諭下張換狀》“訪聞安肅軍知軍武功大夫張換……右臣伏望聖慈特賜獎諭下張換”（第 621 頁），《奏劾張灝兵退卻及待罪劄子》“臣據張灝申，汾州一路軍馬，收復文水縣。次日金賊增兵，力戰半日間，勢力不加，將士退卻”（第 621 頁），推知以上諸文應是七、八月間李綱在懷州知樞密院事、河北河東路宣撫使任上作。

韓世忠，字良臣，延安人。[1]《宋史》卷三六四有傳。時韓世忠在李綱麾下，多得李綱賞識。案，本集卷二八《以舊賜戰袍等贈韓少師二首》詩序曰：“某靖康丙午春，以尚書右丞充親征行營使。時少師韓公實隸麾下，每嘉其有忠勇邁往之氣。”（第 383 頁）王元、張換，字里不詳。

八月一日，上《奏知施行大臣擬進文字劄子》。

《四庫全書》本《梁溪集》卷五三序謂“河北河東路宣撫使司劄子二”[2]。本集卷五三《奏知施行大臣擬進文字劄子》謂“契勘大兵進發會合，今已三日”（第 601 頁）。附錄御批“朕自二十八日至今，夜臥不安席，惟俟嘉音”（第 601 頁），據此推知此文應作於八月一日。

三日，奉詔諭還朝，种師道代宣撫使巡邊。

《宋史》本傳：“時方議和，詔止綱進兵。未幾，徐處仁、吳敏罷相而相唐恪，許翰罷同知樞密院而進聶山、陳過庭、李回等，吳敏復謫置涪州。綱

---

[1] 脫脫等《宋史》卷三六四《韓世忠傳》，第 32 冊第 11355 頁。
[2] 李綱《梁溪集》，景印文淵閣《四庫全書》，第 1125 冊第 934 頁。

聞之，歎曰：'事無可爲者矣！'即上奏丐罷。乃命种師道以同知樞密院事領宣撫司事，召綱赴闕。"（第 11249～11250 頁）《宋史》卷二三《欽宗本紀》載靖康元年八月三日"丙申，復命种師道以宣撫使巡邊，召李綱還"[1]。《靖康要録》卷一〇亦載靖康元年八月"三日，詔同樞密院事种師道前去巡邊，交割宣撫司職事，召李綱赴闕，沿路巡視防守之具"[2]。

四日，上《乞保明拒守立功等事劄子》。

《三朝北盟會編》卷五一《靖康中帙二十六》載靖康元年八月三日乙未，"解潛屯兵南關，爲粘罕所敗，奔於隆德府……劉韐聞解潛敗，奔回京師。李綱頓兵懷州不進"[3]。《四庫全書》本《梁溪集》卷五四序謂"河北河東路宣撫使司劄子三"[4]。本集卷五四《乞保明拒守立功等事劄子》云："臣據解潛申，自初一日至初四日，與賊相拒……已第四日，深爲可嘉。"（第 606～607 頁）《奏知令折彦質控扼守備事劄子》云："臣據折彦質劄子，解潛一行人馬，連日血戰，至初四日辰時，賊併力攻犯營柵，遂致奔潰。"（第 608 頁）據知，解潛敗於八月四日。今從本集。

是月上旬，上《奏知令折彦質控扼守備事劄子》《奏知王淵等顧望不進劄子》《論督責王淵軍深入事劄子》。

《四庫全書》本《梁溪集》卷五四序謂"河北河東路宣撫使司劄子三"[5]。卷五五序謂"河北河東路宣撫使司劄子四"[6]。據本集卷五四《奏知令折彦質控扼守備事劄子》"臣據折彦質劄子，解潛一行人馬，連日血戰，至初四日辰時，賊併力攻犯營柵，遂致奔潰"（第 608 頁），卷五五《奏知王淵等顧望不進劄子》"臣契勘自二十八日出師，至初四日凡六日。解潛於南北關遇賊馬，相持四日，力戰而潰。是時賊之重兵皆在南北關，王淵若能乘虛速進，則太原之圍有可解之理。出師六日，祇在平城縣西駐泊"（第 617 頁），《論督責王淵軍深入事劄子》"臣契勘王淵自二十八日出師，至初九日，

---

[1] 脱脱等《宋史》，第 2 冊第 430 頁。
[2] 汪藻著，王智勇箋注《靖康要録箋注》，第 1000 頁。
[3] 徐夢莘《三朝北盟會編》，第 385～386 頁。
[4] 李綱《梁溪集》，景印文淵閣《四庫全書》，第 1125 冊第 941 頁。
[5] 李綱《梁溪集》，景印文淵閣《四庫全書》，第 1125 冊第 941 頁。
[6] 李綱《梁溪集》，景印文淵閣《四庫全書》，第 1125 冊第 949 頁。

祇在平城縣"（第617頁），知以上諸文應作於八月上旬。王淵，字幾道，熙
州（今甘肅臨洮）人。[1]《宋史》卷三六九有傳。

是月中旬，上《收復文水縣乞指揮劉鞈等進兵劄子》。

《四庫全書》本《梁溪集》卷五五序謂"河北河東路宣撫使司劄子
四"[2]。據本集卷五五《收復文水縣乞指揮劉鞈等進兵劄子》"十五日整齪軍
馬訖……至十七日午時，奪得上賢嶺……已占據文水縣"（第619頁），知此
文應作於八月中旬。

**大約八月中上旬，數上劄子，極言以節制不專，徒誤國事，乞罷樞密院
事及河北河東路宣撫使。具《乞罷宣撫使劄子》《第二劄子》《第三劄子》
《第四劄子》《第五劄子》《第六劄子》《第七劄子》《第八劄子》《第九劄
子》《乞罷宣撫使表》《再乞罷宣撫使表》。**

以上諸文見本集卷四九。《乞罷宣撫使劄子》序曰："七月二十三日，解
潛、折彥質出兵南北關，與賊相遇，力戰而退，上劄子待罪乞罷職任。"（第
563頁）案，七月二十八日，解潛、折彥質出兵南北關，文中"七月二十三
日"，誤也。李綱八月二十一日受命交割宣撫使職事，故以上諸文應作於七
月二十七日至八月二十一日期間，大約八月中上旬。

上《乞待罪劄子》《待罪第二劄子》。

本集卷五四《乞待罪劄子》云："自出師以來，夙夜震恐，不遑寧處，
究心竭力，期解太原之圍，以副陛下眷獎之意。而制置副使解潛，與賊相遇
於南北關，力戰累日，兵卒潰散，致誤國事。"（第607頁）李綱八月二十一
日受命交割宣撫使職事，故此二文應作於七月二十七日至八月二十一日期
間，大約作於八月中上旬。

二十一日，應召赴闕議事。

《行狀》："於是淵聖命种師道以同知樞密院事巡邊，交割宣撫司職事，
召公赴闕，且俾沿河巡視防守之具。"（第1712頁）本集卷四九《乞核實宣
撫司見在軍兵財物劄子》云："臣自六月二十七日，總師出國門。七月二十
日次懷州。八月二十一日，被受尚書省劄子，召赴闕議事，任宣撫司職事。

---

[1] 脫脫等《宋史》卷三六九《王淵傳》，第33冊第11485頁。
[2] 李綱《梁溪集》，景印文淵閣《四庫全書》，第1125冊第949頁。

並在道途，首尾五十餘日。"（第 569 頁）卷一六四《劉仲偃大資政哀辭》云："靖康改元之夏，金人攻圍太原，聚重兵河北境上。……有旨召赴闕議事，而以种師道代，時八月二十三日也。"（第 1513 頁）劄子爲當時進呈者，更爲可信，故從之。又見本集卷一七三《靖康傳信録下》。

大約八月下旬，上《奏知候种師道到交割劄子》。

本集卷五五《奏知候种師道到交割劄子》："臣准尚書省劄子，奉聖旨，令臣候种師道到，起發赴闕議事。臣已知委訖，纔候師道到，交割職事，即時起發前去，聽候指揮。"（第 621 頁）後附御批："十日收此奏，知軍中無事，可喜可喜。"（第 622 頁）案，李綱八月二十一日被受尚書省劄子，命交割宣撫使職事；九月初，交割宣撫使職事與折彦質，高宗"十日收此奏"，則此文大約作於八月下旬。

九月初，交割宣撫使職事與折彦質。

《行狀》謂"九月初，交割宣撫司職事與折彦質"（第 1712 頁）。時金人已陷太原。又見李綸《梁溪先生年譜》、本集卷四九《辭免除觀文殿學士知揚州劄子》。

還次封丘，除觀文殿學士、知揚州，具《辭免除觀文殿學士知揚州劄子》《乞核實宣撫司見在軍兵財物劄子》。

《宋史》本傳："乃命种師道以同知樞密院事領宣撫司事，召綱赴闕。尋除觀文殿學士、知揚州，綱具奏辭免。"（第 11250 頁）《宋史》卷二三《欽宗本紀》載靖康元年九月十五日戊寅，"李綱罷知揚州"[1]。《東都事略》卷一二《本紀十二》亦謂是年九月十五日戊寅，"李綱罷"[2]。《三朝北盟會編》卷五五《靖康中帙三十》載靖康元年九月"十九日壬午，李綱罷宣撫使，除觀文殿學士，知揚州"[3]。《行狀》云："公行至封丘縣。十八日，除觀文殿學士，知揚州，具奏辭免不敢當。"（第 1712 頁）但據本集卷四九《辭免除觀文殿學士知揚州劄子》序"九月初，交割宣撫司職事與折彦質，還次封丘，被受尚書省劄子，除觀文殿學士，知揚州，具劄子辭免"（第 568 頁），《乞

---

[1] 脱脱等《宋史》，第 2 冊第 430 頁。
[2] 王稱撰，孫言誠、崔國光點校《東都事略》，第 93 頁。
[3] 徐夢莘《三朝北盟會編》，第 412 頁。

核實宣撫司見在軍兵財物劄子》序"靖康元年八月末，被旨赴闕議事。九月初，行次封丘，蒙恩除觀文殿學士、知揚州，上劄子，具宣撫司見管軍兵財務數目奏聞，乞差官前去核實"（第569頁），本集卷一七三《靖康傳信錄下》"行至封丘縣，得尚書省劄子，有旨除觀文殿學士，知揚州，時九月初也"（第1605頁），除觀文殿學士、知揚州及具劄辭免事應是九月初，今從本集。封丘，今屬河南。

二十七日，以專主戰議，喪師費財罷，提舉杭州洞霄宮。

《宋史》本傳："未幾，以綱專主戰議，喪師費財，落職提舉亳州明道宮。"（第11250頁）《宋史》卷二三《欽宗本紀》載靖康元年九月二十七日庚寅，"罷李綱提舉洞霄宮"[1]。《宋會要輯稿·職官六九》載九月二十四日"觀文殿學士李綱落職，提舉杭州洞霄宮。……二十七日……故有是詔"[2]。《三朝北盟會編》卷五五《靖康中帙三十》、卷五六《靖康中帙三十一》把李綱除觀文殿學士、知揚州，提舉杭州洞霄宮，責授保靜軍節度副使、建昌軍安置，再責寧江軍安置，同繫於九月十九日[3]，誤。《行狀》又謂"提舉亳州明道宮"（第1712頁），然本集卷一七四《建炎進退志總敘上之上》載："靖康元年秋，余罷知樞密院事、河北河東路宣撫使，除觀文殿學士、知揚州。以言者落職，提舉杭州洞霄宮，責授保靜軍節度副使，建昌軍安置，尋移雲安。"（第1608頁）諸書記載，一曰亳州明道宮，一曰杭州洞霄宮，今從《三朝北盟會編》《宋會要輯稿》及本集所載。又見李綸《梁溪先生年譜》。

坐黨附李綱，言事官陳公輔、程瑀、余應求，先後責黜。

《建炎以來繫年要錄》卷六載陳公輔、程瑀、余應求三人，靖康中"爲言事官，坐黨附李綱，責監川陝諸司商稅"[4]。《靖康要錄》卷六載靖康元年五月六日"聖旨：'余應求言事迎合大臣，可與外任河北知州差遣……余應求日下出門'"[5]；卷八載靖康元年六月十日，"左司諫陳公輔差監合州酒稅

---

［1］脫脫等《宋史》，第2冊第431頁。
［2］劉琳等校點《宋會要輯稿》，第8冊第4913頁。
［3］徐夢莘《三朝北盟會編》，第412~419頁。
［4］李心傳編撰，胡坤點校《建炎以來繫年要錄》，第1冊第175頁。
［5］汪藻著，王智勇箋注《靖康要錄箋注》，第736頁。

務"[1]；卷一〇載靖康元年七月二十九日，"左正言程瑀除屯田郎官"[2]，八月七日，"奉聖旨：'程瑀送吏部，與遠小監當，日下出門'"[3]。三人責黜皆因坐黨附李綱也，並繫於此。陳公輔，字國佐，台州臨海（今屬浙江）人。政和三年進士，歷官尚書左司員外郎、吏部員外郎、尚書禮部侍郎，享年六十六。[4]《宋史》卷三七九有傳。程瑀，字伯寓，饒州浮梁（今屬江西）人。[5]《宋史》卷三八一有傳。余應求，字國器，饒州德興人。歷官監察御史、吏部員外郎。[6]

十月一日，責授保靜軍節度副使，建昌軍安置。

《宋史》本傳："責授保靜軍節度副使，建昌軍安置。"（第 11250 頁）《宋史》卷二三《欽宗本紀》："冬十月癸巳朔……貶李綱爲保靜軍節度副使，安置建昌軍。"[7]然《宋會要輯稿·職官六九》載靖康元年"十月二日，李綱責授保靜軍節度副使，建昌軍安置"[8]。今從《宋史》卷二三《欽宗本紀》所載。又見《行狀》、李綸《梁溪先生年譜》、本集卷一七三《靖康傳信錄下》。

十月，抵達無錫。

本集卷一三六《靖康行紀序》云："十月抵家，一宿湛峴，兩遊惠山。蔭長松，坐怪石，酌泉烹茶，與昆弟嘯詠，便覺神明，頓還舊觀。"（第1305 頁）案，湛峴山、惠山，皆在無錫，"家"當指李綱無錫梁溪居所也。

二十八日，再謫寧江。

《宋史》本傳："再謫寧江。"（第 11250 頁）《宋會要輯稿·職官六九》載靖康元年十月二十八日，"詔：'李綱罪惡深重，不自省循，輒有放言，鼓惑眾聽，可移夔州安置'"[9]。又見《行狀》、李綸《梁溪先生年譜》、本集卷一七三《靖康傳信錄下》。寧江，今重慶奉節。

[1] 汪藻著，王智勇箋注《靖康要錄箋注》，第 840 頁。
[2] 汪藻著，王智勇箋注《靖康要錄箋注》，第 991 頁。
[3] 汪藻著，王智勇箋注《靖康要錄箋注》，第 1006 頁。
[4] 脫脫等《宋史》卷三七九《陳公輔傳》，第 33 冊 11693～11695 頁。
[5] 脫脫等《宋史》卷三八一《程瑀傳》，第 34 冊第 11742 頁。
[6] 陳策《正德饒州府志》卷四《人物》，《天一閣藏明代方志選刊續編》，上海書店 1990 年版，第 44 冊第 638～639 頁。
[7] 脫脫等《宋史》，第 2 冊第 431 頁。
[8] 劉琳等校點《宋會要輯稿》，第 8 冊第 4913 頁。
[9] 劉琳等校點《宋會要輯稿》，第 8 冊第 4913 頁。

大約十一月，聞責授建昌軍安置之命至，即日過虎丘，與親友別。

本集卷一三六《靖康行紀序》："久之聞有建昌之謫，即日命駕過虎丘，臨劍池，月夜步松江長橋，與親友爲別。"（第1305頁）案，十月一日，李綱責授建昌軍安置，十二月至建昌，"聞有建昌之謫"大約爲十一月事也。虎丘，在江蘇蘇州。

閏十一月三日，赴建昌途中，復原官，除資政殿大學士，領開封府事。

《宋史》本傳："金兵再至，上悟和議之非，除綱資政殿大學士，領開封府事。"（第11250頁）《九朝編年備要》卷三〇《欽宗皇帝》載閏十一月，"召李綱，尋除開封府尹"[1]。本集卷五七《辭免領開封府事表》："伏奉閏十一月三日聖旨，蒙恩復原官，除資政殿大學士，領開封府事者。"（第630頁）卷五七《節制湖南勤王人兵赴行在奏狀》："右臣昨日自觀文殿學士知揚州，責授保靜軍節度副使，建昌軍安置。尋移夔州安置，未到間，蒙恩復元官，除前件職名差遣，係閏十一月三日聖旨。"（第631頁）今從本集。

十一、十二月間，渡杭州錢塘江，經桐廬嚴陵瀨，自衢州入江西，歷信州、弋陽，遊龜峰寺，途經金谿。

本集卷一三六《靖康行紀序》云："久之聞有建昌之謫……渡錢塘江，經嚴陵瀨，自三衢入江西，歷上饒、弋陽，遊龜峰寺，道金谿，抵建昌，時十二月間也。"（第1305頁）案，李綱十一月上旬從梁溪出發，十二月抵建昌，則途經上述地點應在十一、十二月間。錢塘江，在今浙江杭州；嚴陵瀨，在今浙江桐廬；三衢，今浙江衢州；信州、弋陽、金谿，今屬江西。龜峰寺，"在弋陽縣玉亭鄉。唐乾寧間，僧茂蟾開山。宋釋慧光建法化後塔於本山"[2]。

十二月，抵建昌，聞有寧江之謫。

本集卷一三六《靖康行紀序》："抵建昌，時十二月間也。復聞有寧江之命。"（第1305頁）建昌，今江西南城。

---

[1] 陳均《九朝編年備要》，景印文淵閣《四庫全書》，臺灣商務印書館1986年版，第328冊第858頁。

[2] 謝旻等《江西通志》卷一〇二《寺觀》，景印文淵閣《四庫全書》，第516冊第699頁。

是年編修《奉迎録》。

　　本集卷八三《進奉迎録劄子》："伏蒙宣諭，欲見道君御筆真迹，臣已恭依聖訓，具奏繳納外，所有臣靖康間編修到《奉迎録》，並臣進呈劄子二首、徐處仁等表一首、道君御制青詞一首、淵聖御筆宣諭一首，繕寫合成一軸，謹具劄子繳進。"（第 834 頁）據文意，本集卷八三《奉迎録》應於靖康年間編修。又，李綸《梁溪先生年譜》謂是年有《奉迎録》一卷[1]，從之。

欽宗靖康二年、宋高宗建炎元年丁未（1127），四十五歲

次長沙，率湖南勤王之師入援開封。除尚書右僕射兼中書侍郎。爲相七十五日，罷，受命鄂州居住。有詩二十四首、文二百三十篇、詞二首，存疑待考詩一首。

大約是年正月，赴寧江途中，乘舟由臨川至南昌，遊西山玉隆觀。邂逅長老懷宗，同遊翠巖寺，觀洪崖，並復遊玉隆萬壽宮，觀許旌陽手植檜。途經龍虎山、望仙巖。

　　本集卷一三六《靖康行紀序》曰："抵建昌，時十二月間也。復聞有寧江之命，即泛舟由臨川如豫章。邂逅故人長老懷宗，同遊翠巖寺，觀洪崖，並復遊玉隆萬壽宮，觀許旌陽手植檜。累日雪作，尤覺景物清絶。道龍虎山，望仙巖，如雲煙綿聯，千態萬狀，不可模寫。"（第 1305 頁）李綱去年十二月抵建昌，今年二月初次長沙，則途經臨川（今江西撫州）、豫章（今江西南昌）等地大約爲今年正月事。

　　西山，在南昌西三十五里，又名南昌山。案，《太平寰宇記》卷一〇六《洪州》載："南昌山，在（南昌）縣西三十五里。高二千丈，周迴三百里。南昌、建昌、新吳三縣迤邐相接。吳王濞鑄錢之所，時有夜光，遥望如火，以爲銅之精光。《梁志》：'豫章有銅山，山中有洪井，飛流懸注，其深無底。山有洪崖先生煉藥之井，亦號洪崖山，有石臼存。'"[2]《方輿勝覽》卷一九

---

[1] 李綸編，彭邦明校點《梁溪先生年譜》，吳洪澤、尹波主編《宋人年譜叢刊》，第 6 冊第 4086 頁。
[2] 樂史撰，王文楚等點校《太平寰宇記》，第 5 冊第 2102 頁。

《隆興府》載："西山、余安道記：'在縣西四十里。巖岫四出，千峰北來，嵐光染空，高二千丈，屬連三百里。《水經》云有天寶洞天。'"[1]《輿地紀勝》卷二六《隆興府》載："西山。在新建西，大江之外，高二千丈，周三百里。壓豫章數縣之地。《寰宇記》云：'又名南昌山。'"[2]《江西通志》卷七《山川一》載：西山在南昌"府城西，距章江三十里……周必大《遊錄》云：'以小舟絶江爲西山遊。初至沙口井，在章江西岸石頭之上。陸行二十五里至貞觀院，登閣觀禪月羅漢摹本。又五里入上藍莊。又五里至鸞岡，三徐葬其旁，稍前即翠巖也。南唐保大間，有澄緣禪師無殷住此山，其後死心居此，而雲峰悦亦悟道，故江西號爲聖地。觀洪崖井深不可測，舊有橋跨其上，今廢。寺引崖水以給用，又匯其流激大輪爲磨院。'"[3]據知，洪崖、翠巖寺俱在西山，且相距不遠。

西山有洪崖、翠巖寺、玉隆觀等。案，《輿地紀勝》卷二六《隆興府》載西山洪崖"去郡三十里，左右石壁飛湍，奔注其下……洪崖先生得道處，故曰洪崖"[4]；翠巖院"在南昌。一名北巖。元祐以來，有僧可真擇宗以禪學爲叢林唱，相繼居法席，其徒自遠方至者幾千人。寺藏李後主所畫羅漢及南唐經文，與韓熙載、徐鉉碑文並存，實爲豫章之甲刹"[5]；玉隆觀"在新建界。舊名遊帷觀。初，許旌陽學道於丹陽黃堂，嘗以五色錦帷施於黃堂。及旌陽上升，錦帷飛還故宅，俄復升天，晉遂立遊帷觀。唐有道士胡惠超，有道術，能役鬼神，其創觀也，以夜興工，至曉則止。今正殿雄麗，非人工所能。後榜有'遊帷之觀'四字，乃徐鉉所書。國朝祥符中，改賜玉隆觀額"[6]。龍虎山、望仙巖，《太平寰宇記》《方輿勝覽》《輿地紀勝》《江西通志》等俱無記載，待考。

過筠陽、上高，遊九峰寺。

本集卷一三六《靖康行紀序》："次筠陽、上高，遊九峰寺，山正如惠

［1］祝穆撰，祝洙增訂，施和金點校《方輿勝覽》，第335頁。

［2］王象之著，李勇先校點《輿地紀勝》，第3冊1206頁。

［3］謝旻等《江西通志》，景印文淵閣《四庫全書》，第513冊第256~257頁。

［4］王象之著，李勇先校點《輿地紀勝》，第3冊1206頁。

［5］王象之著，李勇先校點《輿地紀勝》，第3冊第1218頁。

［6］王象之著，李勇先校點《輿地紀勝》，第3冊第1213頁。

山，林木蔚然深秀，使人悵然。"（第 1305 頁）筠陽，今江西高安。上高，今屬江西。九峰寺在上高縣西五十里。案，《江西通志》卷三八《古迹一》："南平王宅，《林志》：'在上高縣西五十里，今爲九峰寺。有鍾傳畫像在焉。'"[1]

過宜春、萍鄉、醴陵。

本集卷一三六《靖康行紀序》謂"次宜春，遂由萍鄉、醴陵，以次長沙"（第 1305 頁）。宜春、萍鄉，今屬江西。醴陵，今屬湖南。

二月初，次長沙，遊道林寺、嶽麓寺。

《行狀》："建炎元年春，行次長沙。"（第 1717 頁）本集卷一三六《靖康行紀序》曰："以次長沙，遊道林嶽麓寺，觀唐人篇翰，時二年仲春之初也。"（第 1305 頁）又見本集卷一七四《建炎進退志總敘上之上》。道林寺、嶽麓寺在長沙嶽麓山。案，道林寺，《方輿勝覽》卷二三《潭州》載："在嶽麓山下，距善化縣八里。寺有四絕堂，保大中馬氏建，謂沈傳師、裴休筆劄，宋之問、杜甫篇章。"[2]《嘉慶重修一統志》卷三五六《長沙府三》載："在善化縣西嶽麓山下。有唐歐陽詢書道林寺碑，宋圓悟禪師居此。《府志》：'宋朱張講學時，從遊者衆，建道林精舍以居學者，後歸於寺。'《嶽麓志》：'自碧虛盤紆而下，行爲平拓之區者，道林也。林蔚茂而谷幽清，大江在其襟神。唐馬燧作藏修精舍，名曰道林。'"[3]嶽麓寺，《方輿勝覽》卷二三《潭州》載："在山上，百餘級乃至。今名惠光寺。下有李邕麓山寺碑、晉杉庵。世傳晉太尉陶侃手植，今存者七八株，其圍三丈，中空空如。"[4]《嘉慶重修一統志》卷三五六《長沙府三》載："在善化縣西嶽麓山上。晉太始元年建，即古麓苑，一名慧光寺，明萬歷間又賜名萬壽寺，寺有唐李邕所書碑。"[5]善化縣，今湖南長沙。

二月一日，作《題李伯時三教圖卷》詩三首，時或在長沙。

《全宋詩》卷一五七一引《式古堂書畫彙考》卷四二《題李伯時三教圖

[1] 謝旻等《江西通志》，景印文淵閣《四庫全書》，第 514 冊第 288 頁。

[2] 祝穆撰，祝洙增訂，施和金點校《方輿勝覽》，第 416 頁。

[3] 穆彰阿等《嘉慶重修一統志》，第 23 冊第 18087~18088 頁。

[4] 祝穆撰，祝洙增訂，施和金點校《方輿勝覽》，第 418 頁。

[5] 穆彰阿等《嘉慶重修一統志》，第 23 冊第 18087 頁。

卷》，其一云："祖師西來，億劫誰伍。眷焉摩尼，燭此下土。滄海津梁，脱離幽苦，至哉流宗，以振聾瞽。"其二云："丈人之德，藐焉猶龍。吐納新故，嬰兒在中。鼎水静緑，飛丹夜紅。大德不德，河上遺蹤。"其三云："素王峨峨，萬世所師。太和元氣，逝者如斯。吾儕小人，有喙何施。稽首頓首，念兹在兹。自注：靖康丁未春二月朔邵武李綱拜書。"[1] 李綱二月初至長沙，時或在長沙作也。

二十五日，《靖康傳信録》成，作《靖康傳信録序》。時荆南爲寇賊所據，滯留長沙。

本集卷一七一《靖康傳信録序》謂"追念自乙巳之冬迄今纔歲餘"（第1574頁）；卷一七三《靖康傳信録下》云："余自建昌假道長沙以赴川峽，適荆南爲寇賊所據，道梗少留。時都城復爲虜騎攻圍，朝廷不通耗者累月。端憂多暇，探篋中取自上龍飛，余遭遇以來，被受御筆内批及表劄章奏等，命筆吏編次之，因敘其施設去就本末，大概若此，庶幾傳信於後世。時靖康二年歲次丁未二月二十五日。長沙漕廳翠藹堂録。"（第1606頁）據知，此文當作於是日。另，本集卷一七一、卷一七二、卷一七三收録《靖康傳信録上》《靖康傳信録中》《靖康傳信録下》。

二、三月間，聞召命復官，上《辭免領開封府事奏狀》《辭免領開封府事表》。

李綱二月初次長沙，"聞召命復官"當在二、三月間。案，《行狀》："行次長沙。被閏十一月三日指揮，復元官，除資政殿大學士，領開封府事。"（第1717頁）又見李綸《梁溪先生年譜》，本集卷一七一《靖康傳信録序》、卷一七四《建炎進退志總敘上之上》。故本集卷五七上述奏狀、奏表應作於二、三月間。

四月三日，作《跋王府君文編》。

王以寧出其亡父手澤一編，李綱爲之作跋。本集卷一六二《跋王府君文編》云："王以寧周士出其先府君手澤一編示余……靖康二年歲次丁未四月三日，觀於潭府漕衙之翠藹堂。武陽李伯紀。"（第1491頁）

---

[1] 北京大學古文獻研究所編《全宋詩》，第27冊第17833頁。

作《跋了翁墨迹》。

王以寧示以陳瓘答書，追思慨然。吳致堯復出陳瓘墨迹數帖，李綱跋之。本集卷一六二《跋了翁墨迹》云："旋即竄貶，由建昌再謫川峽。適盜據荊南，路梗，少留長沙。前京畿提刑王君以寧，不知於何處得公答余書稿，獨闕其首數句，示余俾追思補亡。慨念平生，爲之流涕。教授吳君致堯復出公墨迹數帖求予跋……靖康二年四月三日，武陽李某謹跋。"（第1492頁）陳瓘答李綱書即本集附錄三《了翁先生與忠定公書》。

四日，撰《書杜子美魏將軍歌贈王周士》。

本集卷一六二《書杜子美魏將軍歌贈王周士》曰："時金寇再犯闕，將半年未解。余聞召命，將糾義旅以援王室，萬一不捷，當遂以死報國矣。周士未果行，而許爲之繼。因書杜子美此篇遺之，以激其氣云。靖康丁未孟夏四日，武陽李某書於長沙漕司之翠藹堂。"（第1492頁）王周士，王以寧也。

六日，得從事郎劉默持高宗親筆御書迎接。

《建炎以來繫年要錄》卷四載建炎元年夏四月六日乙丑，"元帥府遣從事郎劉默迎資政殿大學士李綱於湖北"[1]。時李綱在長沙，但朝廷不知，皆從湖北降詔。案，本集卷六〇《御書》序曰："上自元帥府將登寶座，遣從事郎劉默由湖北齎賜親筆御書、御名。"（第649頁）書云："閣下學窮天人，忠貫金石，是用盡復公舊官職。澤被斯人，功垂竹帛，乃公素志。想投袂而起，以拯天下之溺，以副蒼生之望。"（第649頁）卷六〇《謝賜御書表》云："從事郎劉默至自德安府，奉元帥府劄子，復臣中大夫觀文殿學士。"（第649頁）又見本集卷一七四《建炎進退志總敘上之上》。德安府，府治在今湖北安陸。

八日，率湖南勤王之師入援，離長沙。

《宋史》本傳："金兵再至，上悟和議之非，除綱資政殿大學士，領開封府事。綱行次長沙，被命，即率湖南勤王之師入援，未至而都城失守。"（第11250頁）本集卷一三六《靖康行紀序》："即治裝率湖南兵入援……實以四月八日離長沙。"（第1305頁）又見《行狀》、李綸《梁溪先生年譜》、本集

---

[1] 李心傳編撰，胡坤點校《建炎以來繫年要錄》，第1冊第111頁。

卷一七四《建炎進退志總敘上之上》。

由岳陽登舟，沿江順流而東。

本集卷一三六《靖康行紀序》："即治裝率湖南兵入援，由岳陽登舟，沿江順流而東，將詣元帥府，以趨都城。"（第1305頁）又見本集卷一七四《建炎進退志總敘上之上》。

十九日，作《靖康行紀序》。

本集卷一三六《靖康行紀序》文末署"丁未歲孟夏十有九日序"（第1306頁）。

大約四月中下旬，借道潯陽，夜泊琵琶亭。

本集卷一八《琵琶亭》云："去年假道潯陽城，扁舟夜泊琵琶亭。卻憶當時醉司馬，送客江頭秋月明。"（第234頁）此詩作於次年七月，則詩中"去年"即今年。考李綱今年行蹤，應兩過潯陽（今江西九江）。一是大約正月，次臨川，如南昌，次筠陽、上高、宜春，由萍鄉、醴陵以次長沙。一是四月八日離長沙，由岳陽登舟，沿江順流而東。"借道潯陽"如是正月，則需從南昌北上，而筠陽、上高、宜春、萍鄉在南昌西南方嚮，故應是四月由岳陽至池州時，時間大約是四月中下旬。琵琶亭，在江州州西江邊。案，《太平寰宇記》卷一一一《江州》載："在州西江邊，白司馬送客湓浦口，夜聞鄰舟琵琶聲，問之，是長安娼女嫁於商人，乃爲作《琵琶行》，因名亭。"[1]《嘉靖九江府志》卷三《方輿志》載："在城西江濱，唐司馬白居易送客至此，夜聞鄰舟琵琶聲，問之，乃長安妓女嫁商人者，詞甚淒切，感之作《琵琶行》。後人立亭，因名。"[2]

行次池州，得元帥府檄書，方知都城失守。

《行狀》："即率湖南勤王之師入援王室。傳元帥府檄，方審都城不守，二聖播遷，號慟幾絕。"（第1717頁）本集卷五七《節制湖南勤王人兵赴行在奏狀》："行次池州，伏睹元帥府檄書，方審都城失守，二聖播遷。"（第631頁）然本集卷一九《建炎行》詩序云："余去歲夏初，自長沙聞尹京之

---

[1] 樂史撰，王文楚等點校《太平寰宇記》，第5冊第2254頁。
[2] 馮曾修，李汛纂《嘉靖九江府志》，《天一閣藏明代方志選刊》，上海古籍書店1962年版，第36冊。

命，率義旅入援王室。次繁昌，得元帥府檄，審虜破都城，二聖北遷，號慟幾絕。"（第253頁）因奏狀更接近事發時間，今從奏狀所載之池州。李綱四月八日離長沙、五月初至繁昌，則次池州大約在四月中下旬也。又見李綸《梁溪先生年譜》。

邂逅張植於江上。

本集卷一六八《宋故左中奉大夫直秘閣張公墓誌銘》："建炎初，余自湖湘趨行在所，與公邂逅江上，相與論世故，慷慨奮勵。"（第1555頁）案，李綱四月八日，率湖南勤王之師入援，大約五月初次繁昌，邂逅張植大約在四月中下旬。張植（1070—1132），字次東，饒州德興人。[1]

五月初，次繁昌。

李綸《梁溪先生年譜》："五月初，次繁昌，傳元帥府檄，方審都城不守，二聖播遷，號慟幾絕。"[2]又見本集卷一九《建炎行》、卷一七四《建炎進退志總敘上之上》。

五日，除尚書右僕射兼中書侍郎。

《宋史》本傳："高宗即位，拜尚書右僕射兼中書侍郎，趣赴闕。"（第11250頁）《建炎以來繫年要錄》卷五載建炎元年五月五日甲午，"資政殿大學士、新除領開封府職事李綱爲尚書右僕射、兼中書侍郎，趣赴闕"[3]。又見《三朝北盟會編》卷一〇三《炎興下帙三》、《皇宋中興兩朝聖政》卷一《高宗皇帝一》。

大約是日，父夔、母吳氏、妻張氏獲封贈。

汪藻《浮溪集》卷七《李綱用登極恩封贈制》有《父夔》《母吳氏》《妻張氏》三篇，《母吳氏》云："朕惟'哀哀父母，生我劬勞'者，古孝子不得終養之詩也。故每於國家大慶，緣人情而厚追封之典，況相臣汝之自出，故可以不褒哉？"[4]從"相臣"二字推斷，當爲李綱除尚書右僕射時封贈，時汪藻任中書舍人。案，《宋史》卷四四五《汪藻傳》："高宗踐祚，召試中書舍

---

[1] 李綱著，王瑞明點校《李綱全集》卷一六八《宋故左中奉大夫直秘閣張公墓誌銘》，第1554~1555頁。

[2] 李綸編，彭邦明校點《梁溪先生年譜》，吳洪澤、尹波主編《宋人年譜叢刊》，第6冊第4086頁。

[3] 李心傳撰，胡坤點校《建炎以來繫年要錄》，第1冊第137頁。

[4] 汪藻《浮溪集》，景印文淵閣《四庫全書》，第1128冊第66頁。

人。"[1]

六日，行次太平州，聞高宗登極，上《賀皇帝登寶位表》。

《建炎以來繫年要錄》卷五載：建炎元年五月六日乙未，"李綱行至太平州，聞上登極，上疏論時事，大略謂：'和不可信，守未易圖，而戰不可必勝。……'又言：'恭儉者，人主之常德；英哲者，人主之全才。'"[2]又見《皇宋中興兩朝聖政》卷一《高宗皇帝一》、《續宋中興編年資治通鑑》卷一《宋高宗一》、《行狀》、李綸《梁溪先生年譜》、本集卷一九《建炎行》詩序。《建炎以來繫年要錄》所言論時事疏即本集卷五六《上皇帝封事》，序曰："被領開封府事之命，總師至次江寧府，上皇帝封事。"（第625頁）又，本集卷五六《賀皇帝登寶位表》云："伏睹建炎元年五月一日赦書，皇帝嗣登寶位者。"（第624頁）卷一七四《建炎進退志總敘上之上》云："次太平州，睹今上登寶位赦書，改元建炎，悲喜交集。"（第1608頁）故李綱次太平州（今安徽當塗）時，當上《賀皇帝登寶位表》，而非《建炎以來繫年要錄》所言《上皇帝封事》也。

大約是日，上《節制湖南勤王人兵赴行在奏狀》。

本集卷五七《節制湖南勤王人兵赴行在奏狀》："至太平州，伏觀陛下嗣登寶位赦書內一項……竊勘臣所率係湖南提舉等司人兵，係朝廷指揮所起之人，即非私募，今來防秋不遠，竊慮難以放散。臣見節制取真、揚，便路前去泗州、宿州屯泊，聽候朝廷指揮。臣量帶防護當直人趨赴行在。伏望聖慈特降旨，候臣到日，許令先次朝見上殿。"（第631頁）據文意此文應在太平州時作，大約爲是月六日。

十日，次南京，誅軍賊周德等四十六人。

《建炎以來繫年要錄》卷五載建炎元年五月十日己亥，"李綱誅軍賊周德於江寧"[3]。《皇宋中興兩朝聖政》卷一《高宗皇帝一》所載與之同。《中興小紀》卷一謂五月九日戊戌。[4]本集卷五七《乞將江寧府作過周德下脅從

---

[1] 脫脫等《宋史》，第37冊第13131頁。
[2] 李心傳編撰，胡坤點校《建炎以來繫年要錄》，第1冊第139頁。
[3] 李心傳編撰，胡坤點校《建炎以來繫年要錄》，第1冊第145頁。
[4] 熊克著，顧吉辰、郭群一點校《中興小紀》，第8頁。

軍兵分隸京東州軍奏狀》云："右臣節制湖南勤王人兵，行次江寧府，有作過軍人首領周德等，昨於四月一日反叛……其首領補官人周德等四十六名，已行軍令處斬訖。"（第631~632頁）《行狀》、本集卷一七四《建炎進退志總敘上之上》皆未注明日月，今從《建炎以來繫年要錄》。李綱處斬周德等四十六人乃江東路轉運判官李彌遜與之謀。案，《行狀》："既次金陵，因與權安撫使李彌遜謀，誅其首惡四十六人。"（第1717頁）李彌遜《筠溪集》附錄《筠溪李公家傳》載："靖康二年，江寧牙校周德叛……四月，准大元帥府劄子，除公江東路轉運判官，就領郡事。公時避寇蔣山……時新除右僕射李公綱，行次江寧。公與謀之，呼首惡者五十人至庭下訓驗其狀，一夕悉誅之，其餘黨千餘人，令提舉常平使者王枋部送行在，一郡按堵帖然。"[1]江寧，今江蘇南京。

大約是日，具《上皇帝封事》《乞將江寧府作過周德下脅從軍兵分隸京東州軍奏狀》。

本集卷五六《上皇帝封事》序云："被領開封府事之命，總師至次江寧府，上皇帝封事。"（第625頁）卷五七《乞將江寧府作過周德下脅從軍兵分隸京東州軍奏狀》曰："右臣節制湖南勤王人兵，行次江寧府。"（第631頁）據知，此二文作於南京，時大約五月十日也。

或作《鳳凰臺》詩，此詩存疑待考。

《景定建康志》卷二二《城闕志三》鳳凰臺題詠詩載有李丞相之作："臺上西風急，來遊悟昨非。依然龍虎踞，不見鳳凰飛。樹密遮殘靄，江寒浸落暉。中原在何處，目斷雁來稀。"[2]《全宋詩輯補》收錄李綱《鳳凰臺》詩即此詩，注云："《景定建康志》卷二二署李丞相闕名。據詩意當爲李綱，而本書卷二一署李丞相《昇元閣》一詩爲李建勳作，見收《全唐詩》，此詩不見《全唐詩》，詩意也不類其口吻，當非其作。"[3]李綱宣和三年（1121）正月嘗在南京與李彌遜等人交遊唱和，是年五月十日再至此地，從"依然龍虎踞，不見鳳凰飛。……中原在何處，目斷雁來稀"推斷，詩當作於是時。然《全

[1]李彌遜《筠溪集》，景印文淵閣《四庫全書》，第1130冊第843頁。
[2]馬光祖修，周應合纂《景定建康志》，《宋元方志叢刊》，第2冊第1676頁。
[3]湯華泉輯撰《全宋詩輯補》，黃山書社2016年版，第4冊第1765頁。

宋詩輯補》僅憑"李丞相"非李建勳，推斷此詩爲李綱所作，尚需佐證。此詩存疑待考。

約在五月中旬，次寶應，聞除尚書右僕射、兼中書侍郎。

《行狀》："次寶應，聞降麻告，廷除正議大夫、尚書右僕射、兼中書侍郎、隴西郡開國侯、加食邑七百户、食實封三百户。"（第1717頁）又見本集卷一七四《建炎進退志總敘上之上》。李綱五月十日至南京、五月二十四日次虹縣，則至寶應（今屬江蘇）時大約爲五月中旬。

次泗州，捨舟陸行，留兵卒，率數百人赴行在。

本集卷一七四《建炎進退志總敘上之上》云："次泗上，以汴流淺涸，捨舟陸行，是時四方勤王之師旅皆已放散，因留湖南、金陵兵卒於泗，奏取指揮，獨取數百人防護以往。"（第1608頁）又，本集卷五七《節制湖南勤王人兵赴行在奏狀》："臣見節制取真、揚，便路前去泗州、宿州屯泊，聽候朝廷指揮。臣量帶防護當直人趨赴行在。"（第631頁）李綱五月十日至南京、五月二十四日次虹縣，則至泗州（今江蘇盱眙）時大約爲五月中旬。

二十四日，次虹縣，憩定林寺，作《題定林寺清深堂》，以贈長老昌公。

本集卷一六二《題定林寺清深堂》文末署"時建炎改元五月二十四日"（第1492頁）。定林寺在虹縣（今安徽泗縣）。案，《乾隆江南通志》卷四八《輿地志》載："定林寺，今爲虹縣城隍廟，止存碑記。"[1]

大約是日，具《辭免尚書右僕射第一表》《辭免尚書右僕射第一劄子》。

文見本集卷五七。《行狀》："行次虹縣，始被受尚書省劄子，有旨趣召，蓋行在前此不知公由江淮來也。"（第1717頁）本集卷一七四《建炎進退志總敘上之上》云："次虹縣，始被受尚書省劄子，有旨趣召。……至是得金陵奏，乃劄報新除有召旨也，因奉表劄以辭恩命。"（第1609頁）

約在五月末，次會亭，因高宗遣使賜茶藥各一銀合，趣入覲，上《謝賜茶藥表》。

《行狀》："次會亭，上遣中使王嗣昌傳宣撫問，賜銀合茶藥。"（第1717

---

[1] 趙弘恩等修，黄之雋等纂《乾隆江南通志》，《中國地方志集成·省志輯·江南》，第4册第68頁。

頁）本集卷一七四《建炎進退志總敘上之上》云："次會亭，上遣中使王嗣
昌傳宣撫問，賜茶藥各一銀合，奉表以謝。"（第1609頁）謝表即本集卷
五七《謝賜茶藥表》。會亭，今河南夏邑。

二十九日，次穀熟，御史中丞顏岐欲阻之。因高宗賜御筵於金果園，具《辭免御筵奏狀》。

《宋史》本傳："中丞顏岐奏曰：'張邦昌爲金人所喜，雖已爲三公、郡
王，宜更加同平章事，增重其禮；李綱爲金人所惡，雖已命相，宜及其未
至罷之。'章五上，上曰：'如朕之立，恐亦非金人所喜。'岐語塞而退。岐
猶遣人封其章示綱，覬以沮其來。"（第11250頁）《建炎以來繫年要錄》卷
五載建炎元年五月十二日辛丑，"岐又請罷綱，章五上"[1]。《中興小紀》繫於
是年五月。[2]《皇宋中興兩朝聖政》卷一《高宗皇帝一》云："綱至姑熟，中
丞顏岐遣人持劾副以遺綱。"[3]案，本集卷五七《辭免御筵奏狀》云："右臣
今月二十九日准尚書省劄子，奉聖旨，以臣將到國門，特賜御筵。"（第634
頁）卷一七四《建炎進退志總敘上之上》云："次穀熟，御史中丞顏岐遣人
投文字，封以御史臺印。開視之，乃論余不當爲相章疏……前後凡五章，皆
不降出，故岐封以示衆，欲余之留外而不進也。乃知命相蓋出於淵衷獨斷，
而外廷所以沮之者無所不至，益以感懼。……有旨賜御筵於金果園……即具
奏辭免。"（第1609頁）然卷一九《建炎行》詩序云："以六月朔抵南都，有
旨執政出迓，賜燕於金果園。具奏丐免，詔即入城。"（第253頁）今從《辭
免御筵奏狀》。李綱五月二十九日次穀熟（今河南虞城），時顏岐遣人持劾
副以遺綱，則章疏當上於前，《建炎以來繫年要錄》繫於十二日應無誤。又
見《行狀》。顏岐，字夷仲，彭城（今江蘇徐州）人。建炎中累官至門下侍
郎。[4]

六月一日，至商丘遠郊，得韓世忠迎接。

本集卷二八《以舊賜戰袍等贈韓少師二首》詩序曰："建炎丁未夏，蒙

［1］李心傳編撰，胡坤點校《建炎以來繫年要錄》，第1冊第147頁。

［2］熊克著，顧吉辰、郭群一點校《中興小紀》，第9～10頁。

［3］佚名撰，孔學輯校《皇宋中興兩朝聖政輯校》，中華書局2019年版，第1冊第15頁。

［4］凌迪知《萬姓統譜》卷二六，景印文淵閣《四庫全書》，臺灣商務印書館1986年版，第956冊第437～438頁。

恩召除右僕射，赴行在所，少師迓於睢陽遠郊，戈甲旌旗輝映道左。"（第
383頁）時行在南京，即今河南商丘，韓世忠相迎當爲是日事也。

至商丘，入見高宗，上《辭免尚書右僕射第二表》《辭免尚書右僕射第二劄子》，力辭新命，高宗不許。

《宋史》本傳："上聞綱且至，遣官迎勞，錫宴，趣見於内殿。綱見上，
涕泗交集，上爲動容。因奏曰：'金人不道，專以詐謀取勝，中國不悟，一
切墮其計中。賴天命未改，陛下總師於外，爲天下臣民之所推戴，内修外
攘，還二聖而撫萬邦，責在陛下與宰相。臣自視闕然，不足以副陛下委任之
意，乞追寢成命。且臣在道，顏岐嘗封示論臣章，謂臣爲金人所惡，不當爲
相。如臣愚悫，但知有趙氏，不知有金人，宜爲所惡。然謂臣材不足以任宰
相則可，謂爲金人所惡不當爲相則不可。'因力辭。"（第11250～11251頁）
《建炎以來繫年要錄》卷六載建炎元年"六月己未朔，新除尚書右僕射李綱
至行在"[1]。本集卷一七四《建炎進退志總敘上之上》亦云："次金果園，龍
圖閣學士兼侍讀董耘來見……告以已具辭免御筵，乃歸館所，時以城北鈐轄
司爲府第。少頃，上遣使趣見，進對於内殿……因出劄子，再拜力辭，上慰
諭久之，遣御藥邵成章宣押赴都堂治事。又命執政聚於都堂，即上馬歸，日
已暮矣，時六月朔日也。"（第1609～1610頁）"因出劄子，再拜力辭"當爲
本集卷六〇辭免第二表、第二劄子。又見《宋史》卷二四《高宗本紀一》，
《皇宋中興兩朝聖政》卷一《高宗皇帝一》，《三朝北盟會編》卷一〇四《炎
興下帙四》，《行狀》，李綸《梁溪先生年譜》，本集卷一九《建炎行》詩序、
卷一三九《建炎制詔奏議表劄集序》、卷一七八《建炎時政記上》。

大約是日，上《謝賜御書表》。

本集卷一〇六《申史館承受元帥府御書狀》："契勘綱昨於建炎元年五月
内，自資政殿大學士、大中大夫、領開封府事，蒙恩除尚書右僕射兼中書侍
郎，於南京行在供職。據從事郎劉默狀申：四月内承元帥府差齎親筆書，往
湖北路等候投下，行至德安府，聞自江淮間前來，卻齎親筆書回。綱是時實
於南京承受，有表稱謝。"（第1008頁）謝表即本集卷六〇《謝賜御書表》。

---

[1]李心傳編撰，胡坤點校《建炎以來繫年要錄》，第1冊第161頁。

案，李綱六月一日至商丘，謝表大約上於是日。

二日，再具奏力辭除命，高宗不允。上十議，即《議國是》《議巡幸》《議赦令》《議僭逆》《議僞命》《議戰》《議守》《議政本》《議責成》《議修德》。

《宋史》本傳："帝爲出范宗尹知舒州，顏岐與祠。綱猶力辭，上曰：'朕知卿忠義智略久矣，欲使敵國畏服，四方安寧，非相卿不可，卿其勿辭。'綱頓首泣謝，云：'……昔唐明皇欲相姚崇，崇以十事要説，皆中一時之病。今臣亦以十事仰干天聽，陛下度其可行者，賜之施行，臣乃敢受命。一曰議國是。……二曰議巡幸。……三曰議赦令。……四曰議僭逆。……五曰議僞命。……六曰議戰。……七曰議守。……八曰議本政。……九曰議久任。……十曰議修德。'"（第 11251～11252 頁）《建炎以來繫年要録》卷六載建炎元年六月二日庚申，"詔李綱立新班奏事。執政退，綱留身，上十議，且言：'陛下度其可施行者，願賜施行。臣乃敢受命。'"[1] 本集卷一九《建炎行》詩序曰："六月朔……翌日再對，復力辭，三上章表，皆優答不允。"（第 253 頁）卷一七八《建炎時政記上》亦云："六月二日，有旨令臣立新班奏事，對於內殿，同執政聚於都堂奏事訖，臣留身再具奏力辭除命，上慰諭不允。"（第 1649 頁）則三具表劄辭免爲六月二日事，然本集没有收録三辭章表。《三朝北盟會編》卷一〇五《炎興下帙五》載六月"三日辛酉，李綱奏議張邦昌僭逆及受僞命，臣僚乞早降處分"[2]。本集卷一九《建炎行》詩序謂"六月……五日一會都堂……具奏十事"（第 253～254 頁），誤。又見《皇宋中興兩朝聖政》卷一《高宗皇帝一》，《行狀》，李綸《梁溪先生年譜》，本集卷一七四《建炎進退志總敘上之上》。十議見本集卷五八、卷五九。

三日，《議國是》《議巡幸》《議赦令》《議戰》《議守》五劄子被降出。

《宋史》本傳："翌日，班綱議於朝，惟僭逆、僞命二事留中不出。"（第 11252 頁）本集卷一七四《建炎進退志總敘上之上》云："時六月朔日也。翌日，有旨立新班奏事……翌日，降出議國是、巡幸、赦令、戰、守五劄，余皆留中。"（第 1610～1612 頁）然卷一七八《建炎時政記上》云："六月二

---

[1] 李心傳編撰，胡坤點校《建炎以來繫年要録》，第 1 冊第 162 頁。
[2] 徐夢莘《三朝北盟會編》，第 771 頁。

日……是日，降出《議國是》《巡幸》《赦令》《戰》《守》五劄子，余皆留中。"（第 1649～1650 頁）記載相差一日。《建炎進退志總敘上之上》乃李綱建炎二年（1128）所作，《建炎時政記上》乃李綱紹興五年（1135）追述之作，故從《建炎進退志總敘上之上》。又見《行狀》。

四日，進呈《議國是》《議巡幸》《議赦令》《議戰》《議守》五劄子，並乞早降張邦昌僭逆處分，高宗從之。

　　《宋史》本傳："綱言：'……劉盆子以漢宗室爲赤眉所立，其後以十萬衆降光武，但待之以不死。邦昌以臣易君，罪大於盆子，不得已而自歸，朝廷既不正其罪，又尊崇之，此何理也？……'時執政中有論不同者，上乃詔黃潛善等語之。潛善主邦昌甚力，上顧呂好問……好問附潛善，持兩端……綱……因泣拜曰：'臣不可與邦昌同列，當以笏擊之。陛下必欲用邦昌，第罷臣。'上頗感動。……乃詔邦昌謫潭州，吳开、莫儔而下皆遷謫有差。"（第 11252～11253 頁）《建炎以來繫年要錄》卷六載建炎元年六月四日壬戌，"李綱同執政進呈議國是劄子"[1]。本集卷一七四《建炎進退志總敘上之上》云："時六月朔日也。翌日……翌日……次日與執政同奏事於內殿，進呈《議國是》劄子……次進呈《議巡幸》劄子……次進呈《議赦令》劄子……次進呈《議戰》《議守》劄子……奏事訖，執政退，余留身奏上曰：'……所有議張邦昌僭逆，以及受僞命臣僚二事，皆今日政刑之大者，乞早降處分。'……是夕，劄子果降出，翌日同執政進呈，潛善猶左右之，乃以散官安置潭州。"（第 1612～1614 頁）進呈五劄係六月四日事，然卷一七八《建炎時政記上》謂六月三日（第 1650 頁）。今從本集卷一七四《建炎進退志總敘上之上》。謫張邦昌爲次日事，並繫於此。又見《皇宋中興兩朝聖政》卷一《高宗皇帝一》、《行狀》。趙效宣《李綱年譜長編》云："四日，同執政進呈議國是劄子，以次進呈議巡幸、議赦令、議僭逆、議僞命等四劄子。"[2]《議僭逆》《議僞命》二劄子誤也。

五日，進呈《議僞命》劄子。又諫置檢鼓院，以通下情，高宗從之。

　　《建炎以來繫年要錄》卷六載建炎元年六月五日癸亥，"太傅、同安郡

---

[1] 李心傳編撰，胡坤點校《建炎以來繫年要錄》，第 1 冊第 166 頁。
[2] 趙效宣《李綱年譜長編》，第 89 頁。

王張邦昌責授昭化軍節度副使，潭州安置。李綱同執政進呈議僭逆劄子……次議僞命臣僚"[1]。《皇宋中興兩朝聖政》卷一《高宗皇帝一》載建炎元年六月五日癸亥，"次議僞命臣僚"[2]。《中興小紀》卷一載建炎元年六月四日"壬戌，李綱再論圍城中受僞命者"[3]。本集卷一七四《建炎進退志總敘上之上》云："翌日同執政進呈……次進呈《議僞命劄子》……執政退，余留身，上曰：'卿昨日内殿爭張邦昌事，内侍輩皆泣涕，卿今可以受命矣。'……復奏上曰：'……陛下即大位已逾月，而檢鼓院猶未置，非所以通下情而急先務者。'……因批旨置登聞鼓院於行在便門之外，差官吏權攝。"（第1614~1615頁）爭張邦昌爲六月四日事，則進呈《議僞命》爲六月五日事也。然卷一七八《建炎時政記上》又謂六月四日，"進呈《論張邦昌僭逆劄子》……又進呈《論受僞命臣僚劄子》"（第1651頁）。記載爭議有二：日期有四日、五日之説，相差一日；進呈劄子一曰《議僞命》，一曰《議僭逆》《議僞命》。案，六月五日，張邦昌已降處分，是日進呈當爲《議僞命》，今從本集卷一七四《建炎進退志總敘上之上》。趙效宣謂六月四日"又諫置檢鼓院"[4]，誤也。

是日，進呈《漢唐三帝紀要録》，現僅存《漢唐三帝紀要録序》。

本集卷一一八《與秦相公第十書別幅》："某建炎初，嘗以十議陳説，又嘗取漢高、光、唐太宗行事編年，撮其要節目爲《漢唐三帝紀要録》，作序冠篇首以進。"（第1131頁）序即本集卷一三七《漢唐三帝紀要録序》。李綸《梁溪先生年譜》謂建炎元年六月"五日，進《漢唐三帝紀要録》"[5]。

六日，受命除尚書右僕射。以覃恩轉正奉大夫，仍兼御營使。大約是日，上《謝除尚書右僕射表》《辭免正奉大夫第一表》《辭免轉正奉大夫第二表》《謝轉正奉大夫表》《謝賜御馬表》。

《宋史》本傳："有旨兼充御營使。"（第11254頁）《建炎以來繫年要録》卷六載建炎元年六月六日甲子，"正議大夫、守尚書右僕射、兼中書侍

---

[1] 李心傳編撰，胡坤點校《建炎以來繫年要録》，第1冊第168頁。
[2] 佚名撰，孔學輯校《皇宋中興兩朝聖政輯校》，第1冊第19~20頁。
[3] 熊克著，顧吉辰、郭群一點校《中興小紀》，第10頁。
[4] 趙效宣《李綱年譜長編》，第89頁。
[5] 李綸編，彭邦明校點《梁溪先生年譜》，吳洪澤、尹波主編《宋人年譜叢刊》，第6冊第4087頁。

郎李綱以覃恩遷正奉大夫，仍兼御營使"[1]。本集卷一九《建炎行》詩序云：
"六月……五日……上感動，始罷謫邦昌與受僞命者。翌日乃受告。"（第
253～254頁）本集卷一七四《建炎進退志總敘上之上》云："上曰：'卿昨日
內殿爭張邦昌事，內侍輩皆泣涕，卿今可以受命矣。'……至是已三具表劄
辭免恩命，皆降批答不允，仍斷來章。乃詣閤門受告，有旨兼充御營使，以
覃恩告廷，轉正奉大夫，加食邑實封。時六月六日也。"（第1615頁）又見
《宋史》卷二四《高宗本紀一》、《皇宋中興兩朝聖政》卷一《高宗皇帝一》、
《行狀》、李綸《梁溪先生年譜》、本集卷一七八《建炎時政記上》。李綱六月
六日受命除尚書右僕射，遷正奉大夫，本集卷六〇辭、謝表大約上於是日
也。《謝賜御馬表》同列本集卷六〇，或作於同時。

**是日，上《乞於河北西路置招撫司河北東路置經制司劄子》，論今日中興
規模先後之序，當先料理河北、河東，高宗從之。**

《宋史》本傳："入對，奏曰：'……至於所當急而先者，則在於料理河
北、河東。蓋河北、河東者，國之屏蔽也。……莫若於河北置招撫司，河
東置經制司……'上善其言，問誰可任者，綱薦張所、傅亮。"（第11254～
11255頁）《建炎以來繫年要錄》卷六載建炎元年六月六日甲子，"綱言：'今
日中興規模，有先後之序。……而所急者，當先理河北、河東……謂宜於
河北置招撫司，河東置經制司……'"[2]。此即本集卷六一《乞於河北西路
置招撫司河北東路置經制司劄子》。又見《皇宋中興兩朝聖政》卷一《高宗皇
帝一》、《行狀》、李綸《梁溪先生年譜》、本集卷一七五《建炎進退志總敘上
之下》。

是日，所擬《敕榜詔》被降出。

本集卷一七八《建炎時政記上》云："六月六日，內降手詔：'朕以菲德，
獲承宗祧，以臨士民之上。屬時多艱，未知攸濟，栗栗危懼，若將隕於深
淵。……故兹詔示，想宜知悉。'"（第1653頁）此即李綱所擬《敕榜詔》。[3]
案，本集卷三四《建炎擬詔》僅有《敕榜詔》等五文目錄，正文缺，括注：

---

［1］李心傳編撰，胡坤點校《建炎以來繫年要錄》，第1冊第172頁。
［2］李心傳編撰，胡坤點校《建炎以來繫年要錄》，第1冊第172頁。
［3］李綱《梁溪集》卷三四《敕榜詔》，景印文淵閣《四庫全書》，第1125冊第800頁。

"上五首俱見《時政記》不復重出。"（第 441 頁）

大約是日，曾祖、曾祖母、祖、祖母、父、母、妻獲封贈。

汪藻《浮溪集》卷七《李綱封贈制》有《曾祖僧護贈少保》《曾祖母盧氏廖氏龔氏已贈郡夫人贈國夫人》《祖賡贈少傅》《祖母黃氏饒氏已贈郡夫人贈國夫人》《父夔贈少師制》《母吳氏已封郡夫人進封國夫人》《妻張氏已封郡夫人進封國夫人》七篇。《祖母黃氏饒氏已贈郡夫人贈國夫人》云："吾與大丞相朝夕論天下事，親莫二焉。"[1] 據知，封贈當在李綱赴行在受命除尚書右僕射時，大約六月六日也。

大約六月初，得鄧肅賀詩、賀文。

鄧肅《栟櫚先生文集》卷五《賀梁溪李先生除右府》詩序云："伏承大觀文丞相先生親蒙聖恩，擢實右府，縉紳交慶，正豪傑林立謀猷川行之時也。肅不敢效世俗諂語致賀，直述京城圍閉、君父蒙塵之狀，以見不共戴天之讎在所必報也。……門人左正言鄧肅謹百拜上。"[2] 卷二一《上李右丞相啓》盛贊李綱"措九州於磐石，脫萬姓於虎牙"[3]。同卷《上李右丞相簡》云："伏聞先生定大計、建大議，毅然以身當之。笑談之際，脫萬姓於累卵之危。"[4] 李綱六月一日至商丘，六日受命除尚書右僕射，則鄧肅賀詩、賀文大約作於六月初。

七日，薦召張所撫河北、傅亮經制河東。

《宋史》本傳："上乃以所爲河北招撫使，亮爲河東經制副使。"（第 11255 頁）《建炎以來繫年要錄》卷六載建炎元年六月七日乙丑，"召責授鳳州團練使張所，直秘閣、通判河陽府傅亮，赴行在。初，李綱既建經撫兩河之議，欲薦用所……上悅，乃召用焉"[5]。本集卷一七八《建炎時政記上》云："六月七日，三省同奉聖旨，謫授鳳州團練副使、江州安置張所，通直郎、直秘閣、通判河陽府事傅亮召赴行在議事。以臣所薦，欲委以河北、河東路招撫、經制司也。"（第 1654 頁）又見《皇宋中興兩朝聖政》卷一《高

---

[1] 汪藻《浮溪集》，景印文淵閣《四庫全書》，第 1128 冊第 67 頁。
[2] 鄧肅《栟櫚先生文集》，《宋集珍本叢刊》，第 39 冊第 720 頁。
[3] 鄧肅《栟櫚先生文集》，《宋集珍本叢刊》，第 39 冊第 792 頁。
[4] 鄧肅《栟櫚先生文集》，《宋集珍本叢刊》，第 39 冊第 792 頁。
[5] 李心傳編撰，胡坤點校《建炎以來繫年要錄》，第 1 冊第 174 頁。

宗皇帝一》、《行狀》、本集卷一七五《建炎進退志總敘上之下》。張所，青州（今屬山東）人。登進士第，歷官監察御史。[1]《宋史》卷三六三有傳。傅亮，陝西人。[2]

八日，所擬《戒諭武臣詔》被降出。

本集卷一七八《建炎時政記上》云："六月八日，内降手詔：'朕惟祖宗創業守成垂二百年，涵養士大夫至矣。靖康變故，仕於中都者，曾無仗節死難之士……故茲詔諭，各宜知悉。'"（第1654頁）此即李綱所擬《戒諭武臣詔》。[3]案，本集卷三四《建炎擬詔》僅有《戒諭武臣詔》等五文目錄，正文缺，括注："上五首俱見《時政記》不復重出。"（第441頁）

是日，所薦陳公輔、程瑀、余應求並召於朝。

《建炎以來繫年要錄》卷六載建炎元年六月八日丙寅，"承議郎陳公輔爲尚書吏部員外郎，朝奉大夫程瑀行司勳員外郎，朝散郎余應求爲考功員外郎。……靖康中，三人爲言事官，坐黨附李綱，責監川陝諸司商税，至是並召"[4]。陳公輔、程瑀、余應求並召於朝，當爲李綱所薦。

九日，所薦許翰拜尚書右丞兼權門下侍郎，所薦晁説之除徽猷閣待制兼侍讀。

《宋史》卷三六三《許翰傳》："高宗即位，用李綱薦，召復延康殿學士。既至，拜尚書右丞兼權門下侍郎。"[5]《建炎以來繫年要錄》卷六載建炎元年六月九日丁卯，"詔朝請大夫、提舉西京嵩山崇福宮晁説之赴行在。説之，宗慤玄孫。宗慤，清豐人。……至是召還，尋除徽猷閣待制兼侍讀，用李綱薦也"[6]。本集卷一七八《建炎時政記上》云："六月九日，三省、樞密院同奉聖旨……許翰、楊時、晁説之，並令乘遞馬，發來赴行在。"（第1654頁）許翰，字崧老，紹興三年（1133）卒，拱州襄邑（今河南睢縣）人，著有

［1］脱脱等《宋史》卷三六三《張所傳》，第32冊第11347頁。

［2］李綱著，王瑞明點校《李綱全集》卷一七五《建炎進退志總敘上之下》，第1619頁。

［3］李綱《梁溪集》卷三四《戒諭武臣詔》，景印文淵閣《四庫全書》，第1125冊第801頁。

［4］李心傳編撰，胡坤點校《建炎以來繫年要錄》，第1冊第175頁。

［5］脱脱等《宋史》，第32冊第11343頁。

［6］李心傳編撰，胡坤點校《建炎以來繫年要錄》，第1冊第175頁。

《襄陵文集》。[1]《宋史》卷三六三有傳。晁說之，宗慤玄孫，清豐（今屬河南）人。

十日，薦宗澤知開封府。

《宋史》本傳："開封守闕，綱以留守非宗澤不可，力薦之。"（第 11256 頁）《建炎以來繫年要錄》卷六載建炎元年六月十日戊辰，"龍圖閣學士、新知襄陽府宗澤知青州。……初，澤至南都，見李綱，與之語國事，澤慷慨流涕。時開封尹缺，綱為上言：'綏集舊都，非澤不可。'……上乃許之。徙澤知開封府"[2]。本集卷三二《哭宗留守汝霖》詩序曰："余去夏抵行在，澤得守襄陽未行，與款語，忠義慷慨，憤發至流涕。力薦於上，使進職留守京師。"（第 430 頁）蘇伯衡《跋汴京留守兼開封府尹宗澤誥後》亦云："高宗即位南京，命公以龍圖閣直學士知襄陽府，俄徙知青州，又用尚書左僕射李綱薦，知開封府，遂以延康殿學士為京城留守兼開封尹，陞資政殿學士。"[3]據知，宗澤知開封府乃李綱所薦，李綱時任尚書右僕射，而非尚書左僕射。宗澤（1059—1128），字汝霖，婺州義烏（今屬浙江）人。[4]《宋史》卷三六〇有傳。

十三日，因後宮賢妃生皇子，赦天下，請並赦河北、河東，高宗嘉納之。

《宋史》本傳："皇子生，故事當肆赦。綱奏：'陛下登極，曠蕩之恩獨遺河北、河東……願因今赦廣示德意。'上嘉納。"（第 11255 頁）《建炎以來繫年要錄》卷六載建炎元年六月十三日辛未，"以賢妃潘氏生皇子，赦天下"[5]。本集卷一七五《建炎進退志總敘上之下》云："初，余既建議以料理河北、河東為所當先者，適後宮降誕皇子，率執政入賀，余奏上曰：'皇子降誕，考之祖宗故事，當肆赦。陛下登寶位赦已曠蕩，獨遺河北、河東……願因今赦，該載德意。'上嘉納。"（第 1619～1620 頁）又見《宋史》卷二四

---

[1] 脫脫等《宋史》卷三六三《許翰傳》，第 32 冊第 11343 頁。

[2] 李心傳編撰，胡坤點校《建炎以來繫年要錄》，第 1 冊第 176～177 頁。

[3] 蘇伯衡《跋汴京留守兼開封府尹宗澤誥後》，李濂《汴京遺迹志》卷一八《藝文五》，景印文淵閣《四庫全書》，第 587 冊第 738 頁。

[4] 喬行簡編，尹波校點《忠簡公年譜》，吳洪澤、尹波主編《宋人年譜叢刊》，四川大學出版社 2002 年版，第 6 冊第 3494 頁。

[5] 李心傳編撰，胡坤點校《建炎以來繫年要錄》，第 1 冊第 179 頁。

《高宗本紀一》、《皇宋中興兩朝聖政》卷一《高宗皇帝一》、《行狀》、本集卷
一七九《建炎時政記中》。

十四日，請降見錢鈔三百萬緡賜兩河市軍需。

《建炎以來繫年要錄》卷六載建炎元年六月十四日壬申，"李綱請降見
錢鈔三百萬緡，賜兩河市軍需，因遣使臣齎夏藥，遍賜兩河守臣、將佐"[1]。
又見《皇宋中興兩朝聖政》卷一《高宗皇帝一》，《行狀》，本集卷一七五
《建炎進退志總敘上之下》、卷一七九《建炎時政記中》。

是日，所擬《撫諭河北河東路詔》被降出。

本集卷一七九《建炎時政記中》云："六月十四日，內降敕書一道，敕
河北、河東諸路州縣守臣將帥、忠義軍民等：朕惟祖宗德澤在民垂二百年，
天下乂安，靡有變故，而宣和、靖康以來，國家多難，金人內侮。……故
茲詔示，想宜知悉。"（第1662~1663頁）此即李綱所擬《撫諭河北河東路
詔》。[2] 案，本集卷三四《建炎擬詔》僅有《撫諭河北河東路詔》等五文目
錄，正文缺，括注："上五首俱見《時政記》不復重出。"（第441頁）

**二十日，草《起居道君太上皇帝表本》《起居孝慈淵聖皇帝表本》，高宗詔
令周望、傅雱奉表以往。**

《宋史》本傳："時朝廷議遣使於金，綱奏曰：'堯、舜之道，孝悌而
已……今所遣使，但當奉表通問兩宮，致思慕之意可也。'上乃命綱草表，
以周望、傅雱爲二聖通問使，奉表以往。"（第11256~11257頁）《建炎以來
繫年要錄》卷六載建炎元年六月二十日戊寅，"宣議郎傅雱特遷宣教郎，充
大金通問使。……上乃命綱草二帝表，付雱以行"[3]。本集卷一八〇《建炎時
政記下》云："七月某日，三省、樞密院同奉聖旨，差周望、傅雱借太常少
卿、奉使二虜酋軍遣，通問二聖起居。上命臣擬撰表本。"（第1670頁）今
從《建炎以來繫年要錄》。又見《宋史》卷二四《高宗本紀一》、《皇宋中興
兩朝聖政》卷一《高宗皇帝一》、《續宋中興編年資治通鑑》卷一《宋高宗

---

[1] 李心傳編撰，胡坤點校《建炎以來繫年要錄》，第1冊第180頁。
[2] 李綱《梁溪集》卷三四《撫諭河北河東路詔》，景印文淵閣《四庫全書》，第1125冊第801~
802頁。
[3] 李心傳編撰，胡坤點校《建炎以來繫年要錄》，第1冊第182頁。

一》、《中興小紀》卷一、《行狀》、本集卷一七六《建炎進退志總敘下之上》。案，《四庫全書》本《梁溪集》卷三三收錄《起居道君太上皇帝表本》《起居孝慈淵聖皇帝表本》[1]，然本集卷三三缺正文，括注"見《時政記》"（第435頁），本集卷一八〇《建炎時政記下》有此二表全文。

二十一日，上《乞於沿河沿江沿淮置帥府要郡劄子》，以備控扼。

《建炎以來繫年要錄》卷六載建炎元年六月二十一日己卯，"宰臣李綱請以河北之地建爲藩鎮，朝廷量以兵力授之，而於沿河、沿淮、沿江置帥府、要郡、次要郡，以備控扼"[2]；六月二十八日丙戌，"詔京東西、河北東路、永興軍、江淮、荊湖等路，皆置帥府要郡"[3]。皆從其請也。李綱所請即本集卷六一《乞於沿河沿江沿淮置帥府要郡劄子》。又見《宋史》卷二四《高宗本紀一》，《三朝北盟會編》卷一〇三《炎興下帙三》，《皇宋中興兩朝聖政》卷一《高宗皇帝一》，《續宋中興編年資治通鑑》卷一《宋高宗一》，《中興小紀》卷一，《行狀》，李綸《梁溪先生年譜》，本集卷一七六《建炎進退志總敘下之上》、卷一七九《建炎時政記中》、卷一八〇《建炎時政記下》。

是日，請出度牒、鹽鈔及募民出財，高宗從之。

《建炎以來繫年要錄》卷六載建炎元年六月二十一日己卯，"綱又請出度牒、鹽鈔及募民出財，使帥府常有三年之積，要郡二年，次要郡一年。疏奏，悉從之"[4]。又見《皇宋中興兩朝聖政》卷一《高宗皇帝一》、《宋會要輯稿·兵二九》。

大約是日，上《乞置賞功司劄子》。

《建炎以來繫年要錄》卷六載建炎元年六月二十一日己卯，"詔：'三省、樞密院置賞功司。'"[5]本集卷六二《乞置賞功司劄子》應作於此前，姑繫於此。

二十七日，請議賞知南康軍李定、通判韓璹，高宗從之。

《宋史》本傳："有許高、許亢者，以防河而遁，謫嶺南，至南康謀變，

---

[1] 李綱《梁溪集》，景印文淵閣《四庫全書》，第1125冊第794～795頁。
[2] 李心傳編撰，胡坤點校《建炎以來繫年要錄》，第1冊第182頁。
[3] 李心傳編撰，胡坤點校《建炎以來繫年要錄》，第1冊第189頁。
[4] 李心傳編撰，胡坤點校《建炎以來繫年要錄》，第1冊第183頁。
[5] 李心傳編撰，胡坤點校《建炎以來繫年要錄》，第1冊第182頁。

守倅戮之。或議其擅殺，綱曰：'高、亢受任防河，寇未至而遁，沿途劫掠，甚於盜賊。朝廷不能正軍法，而一守倅能行之，真健吏也。使受命捍賊而欲退走者，知郡縣之吏皆得以誅之，其亦少知所戒乎！'上以爲然，命轉一官。"（第11255～11256頁）《建炎以來繫年要錄》卷六載建炎元年六月二十七日乙酉，"初，京西北路提點刑獄公事許高、河北西路提點刑獄公事許亢總師防洛口，望風奔潰，坐奪官，流瓊州、吉陽軍。高、亢自潁昌以五百騎趨江南，至南康，謀爲變。知軍事李定、通判韓璹以便宜斬之，及是以聞。衆謂擅殺非是，李綱言……乃各進一官"[1]。《中興小紀》卷一謂許高、許亢爲"高亢"[2]一人，誤。又見《行狀》，本集卷一七五《建炎進退志總敘上之下》、卷一七九《建炎時政記中》。李定、韓璹，字里不詳。

二十八日，上《乞募兵劄子》《乞括買馬劄子》，乞募兵買馬、募民出財以助軍資。

《宋史》本傳："又進三疏：一曰募兵，二曰買馬，三曰募民出財以助兵費。"（第11256頁）《建炎以來繫年要錄》卷六載建炎元年六月二十八日丙戌，"李綱留身上三議：一曰募兵。……二曰買馬。……三曰募民出財，償以官告、度牒"[3]。《中興小紀》卷一載建炎元年六月，"右僕射李綱請令諸路買馬及募民出財助軍費。……丙戌，乃詔陝西、河北各募三萬，京東各募二萬，合爲十萬"[4]。又見《三朝北盟會編》卷一〇九《炎興下帙九》，《皇宋中興兩朝聖政》卷一《高宗皇帝一》，《行狀》，本集卷一七六《建炎進退志總敘下之上》、卷一七九《建炎時政記中》。案，本集卷六一衹收錄《乞募兵劄子》《乞括買馬劄子》，《募民出財》劄子闕佚。

是日，進戰車圖，上《乞教車戰劄子》。

《建炎以來繫年要錄》卷六載：建炎元年六月二十八日丙戌，"綱又言：'步不足以勝騎，而騎不足以勝車。請以車制頒於京東西路，使製造而教習之。'"[5]此即本集卷六二《乞教車戰劄子》。又見《皇宋中興兩朝聖政》卷一

［1］李心傳編撰，胡坤點校《建炎以來繫年要錄》，第1冊第188頁。
［2］熊克著，顧吉辰、郭群一點校《中興小紀》，第14頁。
［3］李心傳編撰，胡坤點校《建炎以來繫年要錄》，第1冊第189頁。
［4］熊克著，顧吉辰、郭群一點校《中興小紀》，第15頁。
［5］李心傳編撰，胡坤點校《建炎以來繫年要錄》，第1冊第189頁。

《高宗皇帝一》、《行狀》、本集卷一七六《建炎進退志總敘下之上》。

大約是日，上《乞修軍政劄子》《擬團結新軍指揮》。

《宋史》本傳："綱立軍法……凡軍政申明改更者數十條。又奏步不足以勝騎，騎不足以勝車，請以車制頒京東、西，製造而教閱之。又奏造戰艦，募水軍，及詢訪諸路武臣材略之可任者以備用。"（第11256頁）本集卷一七六《建炎進退志總敘下之上》云："又議買馬……又議募民出財……又議措置控禦、修舉軍政。……余又具劄子於上前論之甚詳……命招置新軍及御營司兵，並依新法團結……又奏：'……制車簡易輕捷……今宜頒其制於京東西，使製造而教閱之，其詳具劄子中，因繪圖進呈。'……自六月初至是凡四十餘日，措置邊防軍政之類，始漸就緒。"（第1627~1630頁）文中提及買馬、募民出財、修舉軍政、團結新軍、制車等事，《乞括買馬劄子》《乞教車戰劄子》上於六月二十八日，則本集卷六二《乞修軍政劄子》《擬團結新軍指揮》大約同上於是日。

二十九日，諫高宗擊碎寶器。

《建炎以來繫年要錄》卷六載建炎元年六月二十九日丁亥，"内侍陳烈以其餘寶器來上，皆瑰方異物。李綱諫上，亟命碎之"[1]。又見《皇宋中興兩朝聖政》卷一《高宗皇帝一》、《中興小紀》卷一、本集卷一八○《建炎時政記下》，其中獨《建炎時政記下》繫於"七月某日"（第1672頁）。案，《建炎時政記下》乃李綱紹興五年（1135）追述之作，故從《建炎以來繫年要錄》。

大約是月，進言鄂州通守趙令岌渡江撫黄州民有功，請賞之。

《宋史》卷四四七《趙令岌傳》："趙令岌，燕懿王玄孫，安定郡王令裪兄也。初名令禪。建炎初，仕至鄂州通判，領兵戍武昌。賊閻瑾犯黄州，縱掠而去。令岌渡江存撫之，黄人乃安。李綱言於上，擢直龍圖閣、知黄州，賜今名。"[2]李綱六月六日受命，大約是月，言趙令岌事於上。

七月一日，上《乞令諸路郡縣增修城壁器械劄子》。

《三朝北盟會編》卷一○九《炎興下帙九》載建炎元年"七月一日己

---

[1]李心傳編撰，胡坤點校《建炎以來繫年要錄》，第1冊第190頁。
[2]脫脫等《宋史》，第38冊第13184頁。

丑，李綱進劄子論修城池繕器械"[1]。此即本集卷六二《乞令諸路郡縣增修城壁器械劄子》。又見《行狀》，本集卷一七六《建炎進退志總敘下之上》、卷一八〇《建炎時政記下》。

二日，乞因盜賊之力而用之，高宗從之。

《建炎以來繫年要錄》卷七載建炎元年七月二日庚寅，"自宣和末，群盜蜂起，其後勤王之兵往往潰而爲盜，至是，祝靖、薛廣、党忠、閤瑾、王存之徒，皆招安赴行在，凡十餘萬人。李綱爲上言：'今日盜賊，正當因其力而用之……正當以術制之，使由而不知。'乃命御營司委官分揀"[2]。又見《皇宋中興兩朝聖政》卷二《高宗皇帝二》、《行狀》、本集卷一七六《建炎進退志總敘下之上》。

三日，與執政官同進呈御史臺審問查驗宋齊愈。

《建炎以來繫年要錄》卷七載建炎元年七月三日辛卯，"右諫議大夫宋齊愈罷。……下臺獄"[3]。本集卷一八〇《建炎時政記下》謂建炎元年"七月某日，臣與執政官同進呈御史臺鞫勘宋齊愈事"（第1672頁）。又見《皇宋中興兩朝聖政》卷二《高宗皇帝二》，本集卷一七六《建炎進退志總敘下之上》。

十一日，具《乞省官吏裁廩祿劄子》以節浮費，得以詔行。

《宋史》本傳："又乞省冗員，節浮費。上皆從其言。"（第11257頁）《建炎以來繫年要錄》卷七載建炎元年七月十一日己亥，"詔：省、臺省、寺監官減學官、館職之半。……執政官減奉錢三之一，京官奉祠者，亦如之。……先是，宰臣李綱言：'艱難之際，賦入狹而用度增廣，當内自朝廷，外至監司州縣，皆省冗員，以節浮費。'上命中書省條具，至是行下"[4]。此即本集卷六三《乞省官吏裁廩祿劄子》。又見《皇宋中興兩朝聖政》卷二《高宗皇帝二》，《中興小紀》卷二，《行狀》，本集卷一七六《建炎進退志總敘下之上》、卷一八〇《建炎時政記下》。

---

[1] 徐夢莘《三朝北盟會編》，第802頁。
[2] 李心傳編撰，胡坤點校《建炎以來繫年要錄》，第1冊第197頁。
[3] 李心傳編撰，胡坤點校《建炎以來繫年要錄》，第1冊第198頁。
[4] 李心傳編撰，胡坤點校《建炎以來繫年要錄》，第1冊第202～203頁。

十四日，乞巡幸襄陽、鄧州，高宗從之。

《宋史》本傳："一日，論靖康時事……綱……又奏：'臣嘗言車駕巡幸之所，關中爲上，襄陽次之，建康爲下。陛下縱未能行上策，猶當且適襄、鄧，示不忘故都，以係天下之心。'"（第 11257 頁）《三朝北盟會編》卷一一一《炎興下帙十一》載建炎元年七月"十四日壬寅，李綱乞降巡幸詔"[1]。本集卷一八〇《建炎時政記下》載，建炎元年"七月十四日，臣與執政官奏事訖，留身，奏上曰：'朝廷近日……皆漸就緒。獨車駕巡幸所詣未有定所，中外人心未安。'上宣諭曰：'但欲迎奉元祐太后，及津遣六宮往東南。朕當與卿等獨留中原……'臣再拜曰：'陛下英斷如此……乞降詔以告諭之。'上從所請"（第 1673 頁）。然本集卷一七七《建炎進退志總敘下之下》未注明時間，《建炎以來繫年要錄》卷七謂七月十三日辛丑[2]，《中興小紀》卷二謂七月十一日己亥[3]，今從《三朝北盟會編》及本集卷一八〇《建炎時政記下》所載。

十五日，所擬《敕榜獨留中原詔》被降出。

《宋史》本傳："上爲詔諭兩京以還都之意，讀者皆感泣。"（第 11257 頁）本集卷一八〇《建炎時政記下》云："七月十五日，內降手詔：'朕維祖宗都汴垂二百年，天下乂安，重熙累洽，未嘗少有變故。……故茲詔示，想宜知悉。'"（第 1673 頁）此即李綱所擬《敕榜獨留中原詔》。[4] 案，本集卷三四《建炎擬詔》僅有《敕榜獨留中原詔》等五文目錄，正文缺，括注："上五首俱見《時政記》不復重出。"（第 441 頁）

十七日，上《議巡幸第一劄子》，論不可巡幸東南，高宗乃收還手詔，令與執政議之。

《宋史》本傳："未幾，有詔欲幸東南避敵，綱極論其不可。"（第 11257 頁）《建炎以來繫年要錄》卷七載建炎元年七月十七日乙巳，"手詔：'京師未可往，當巡幸東南，爲避狄之計……'李綱留之，因極論其不可。且言：

［1］徐夢莘《三朝北盟會編》，第 812 頁。

［2］李心傳編撰，胡坤點校《建炎以來繫年要錄》，第 1 冊第 204 頁。

［3］熊克著，顧吉辰、郭群一點校《中興小紀》，第 16 頁。

［4］李綱《梁溪集》卷三四《敕榜獨留中原詔》，景印文淵閣《四庫全書》，第 1125 冊第 802 頁。

'自古中興之主，起於西北，則足以據中原而有東南；起於東南，則不足以
復中原而有西北。……爲今之計，縱未能行上策，當適襄、鄧……'上乃收
還巡幸東南手詔，令綱與執政議之"[1]。李綱所論即本集卷六三《議巡幸第一
劄子》。又見《三朝北盟會編》卷一一二《炎興下帙十二》，《行狀》，本集卷
一七七《建炎進退志總敘下之下》、卷一八〇《建炎時政記下》。

十八日，上《議巡幸第二劄子》，再論不可巡幸東南，高宗許幸南陽。

《宋史》本傳："上乃許幸南陽，而黃潛善、汪伯彥實陰主巡幸東南之
議。"（第11258頁）《建炎以來繫年要錄》卷七載建炎元年七月十八日丙午，
"綱及潛善等議於上前。綱曰：'今乘舟順流而適東南，固甚安便。但一去，
中原勢難復還。……欲保一隅，恐亦未易，臣誠不敢任此責。'上乃許幸南
陽"[2]。然《皇宋中興兩朝聖政》卷二《高宗皇帝二》繫於十七日乙巳。[3] 今
從《建炎以來繫年要錄》。又見《行狀》，本集卷一七七《建炎進退志總敘
下之下》、卷一八〇《建炎時政記下》。案，李綱七月十四日乞巡幸襄、鄧，
十七日上《議巡幸第一劄子》。本集卷六三《議巡幸第二劄子》當上於十八
日。然趙效宣《李綱年譜長編》謂七月"十四日，乞巡幸襄、鄧……見文集
卷六十三《議巡幸第一劄子》……十七日，高宗手詔巡幸東南……見文集卷
六十三《議巡幸第二劄子》"[4]，誤也。

二十七日，力爭不宜罷新軍，新軍始得保存。

《建炎以來繫年要錄》卷七載建炎元年七月二十七日乙卯，"初，李綱
請改刺西北潰散之卒，以爲新軍。既行之矣，至是上批有害軍政，宜罷之，
綱復力爭，事得暫止"[5]。又見本集卷一七七《建炎進退志總敘下之下》、卷
一八〇《建炎時政記下》。

是日，所擬《戒勵士風詔》被降出。

本集卷一八〇《建炎時政記下》云："七月二十七日，內降手詔：'朕觀
古之爲士者，何其分義之明，而忠厚之至也！承平之時，縻好爵，享豐祿，

［1］李心傳編撰，胡坤點校《建炎以來繫年要錄》，第1冊第209~210頁。
［2］李心傳編撰，胡坤點校《建炎以來繫年要錄》，第1冊第210頁。
［3］佚名撰，孔學輯校《皇宋中興兩朝聖政輯校》，第1冊第38~39頁。
［4］趙效宣《李綱年譜長編》，第97~98頁。
［5］李心傳編撰，胡坤點校《建炎以來繫年要錄》，第1冊第215頁。

相與同安榮。……故茲詔示，想宜知悉。'"（第1675頁）此即李綱所擬《戒勵士風詔》。[1] 案，本集卷三四《建炎擬詔》僅有《戒勵士風詔》等五文目錄，正文缺，括注："上五首俱見《時政記》不復重出。"（第441頁）

二十八日，河北招撫使張所、河東經制副使傅亮辭行。黃潛善建議遣河北經制馬忠節制軍馬，李綱奏以河北制置使張換爲副，於是權始分也。

《建炎以來繫年要錄》卷七載建炎元年七月二十八日丙辰，"河北招撫使張所、河東經制使王璹、副使傅亮辭行。先是，李綱建議遣所、亮措置兩河。……所、亮既行，兩河響應。門下侍郎黃潛善疾綱之謀，建議遣河北經制使馬忠節制軍馬，俾率兵渡河。有雄州歸信縣弓手李成……潛善以成爲可用，令將所部與忠同搗敵虛，欲使敵釋兩河之圍以自救。綱曰：'……莫若令與所協力。'潛善固執，上卒從之。綱復奏以河北制置使張換爲副，於是權始分也"[2]。又見《皇宋中興兩朝聖政》卷二《高宗皇帝二》、《行狀》、本集卷一七七《建炎進退志總敘下之下》。黃潛善，字茂和，邵武（今屬福建）人。黃潛善嘗爲副元帥，高宗即位，拜中書侍郎。時李綱爲相，凡李綱規畫之政，多沮之。[3]《宋史》卷四七三有傳。

是日，奏曰藏徽宗"便可即真，來救父母"八字於宗廟，高宗從之。

《建炎以來繫年要錄》卷七載建炎元年七月二十八日丙辰，"閤門宣贊舍人曹勳自燕山間行至南都，以上皇所授御劄八字進入，上泣以示輔臣"[4]。《三朝北盟會編》卷一一一《炎興下帙十一》謂七月七日乙未。[5] 本集卷一七六《建炎進退志總敘下之上》云："一日，與執政奏事便殿，上出絹背心一，宣諭曰：道君自燕山密遣使臣齎來，領中有親書八字曰'便可即真，來救父母'。余與執政皆泣涕奏曰：此乃陛下受命於道君者，宜藏之宗廟，以示後世。……上以爲然。"（第1632頁）本集卷一八〇《建炎時政記下》謂七月某日（第1671頁），記載日期相異，今從《建炎以來繫年要錄》。

[1] 李綱《梁溪集》卷三四《戒勵士風詔》，景印文淵閣《四庫全書》，第1125冊第802~803頁。
[2] 李心傳編撰，胡坤點校《建炎以來繫年要錄》，第1冊第215~216頁。
[3] 脫脫等《宋史》卷四七三《黃潛善傳》，第39冊第13743頁。
[4] 李心傳編撰，胡坤點校《建炎以來繫年要錄》，第1冊第217頁。
[5] 徐夢莘《三朝北盟會編》，第809頁。

七月下旬，進呈《論君子小人劄子》。

《建炎以來繫年要録》卷八載建炎元年八月五日壬戌，"尚書右僕射、兼中書侍郎、兼御營使李綱守尚書左僕射、兼門下侍郎……綱……因極論君子、小人不可並立之理。……後數日，遂有並相之命"[1]。本集卷一八〇《建炎時政記下》載："七月某日，臣同執政官奏事訖，留身奏事，論及君子小人不可不辨。"（第1674頁）案，"後數日"爲八月五日，故本集卷六三《論君子小人劄子》當在七月下旬進呈。

大約是月，上《乞減上供數留州縣養兵禁加耗以寬民力劄子》《乞修茶鹽之法以三分之一與州縣劄子》《乞劃刷官田仿弓箭刀弩手法給地養兵劄子》《乞籍陝西保甲京東西弓箭社免支移折變團結教閱劄子》。

此四劄子原列本集卷六三《議巡幸第二劄子》《論君子小人劄子》之間，大約同爲七月所作。

八月一日，極力救解陳沖、余大均、洪芻等人，芻等三人遂免於死罪。

《建炎以來繫年要録》卷八載建炎元年八月一日戊午，"朝散大夫洪芻等八人流竄有差。……議者以爲芻、沖、大均當死，上閲其獄，甚怒，李綱等共救解之。上……乃詔芻等三人皆貸死，長流沙門島"[2]。本集卷一八〇《建炎時政記下》亦云："八月一日，臣同執政官進呈御史臺鞠治陳沖、余大均、洪芻、王及之等公事……得旨：'余大均、陳沖、洪芻情犯深重，各特貸命，除命勒停，長流沙門島。"（第1675頁）

二日，進呈《乞造戰船募水軍劄子》，高宗從之。

《建炎以來繫年要録》卷六載建炎元年六月二十一日己卯，"又別置水軍，帥府兩將，要郡一將"[3]。《皇宋中興兩朝聖政》卷三《高宗皇帝三》、《續宋中興編年資治通鑑》卷一《宋高宗一》、《中興小紀》卷一同謂六月二十一日置水軍事。然《三朝北盟會編》卷一一二《炎興下帙十二》載建炎元年八月"二日己未，李綱乞置水軍"[4]。本集卷一八〇《建炎時政記下》

---

[1] 李心傳編撰，胡坤點校《建炎以來繫年要録》，第1冊第226頁。
[2] 李心傳編撰，胡坤點校《建炎以來繫年要録》，第1冊第223頁。
[3] 李心傳編撰，胡坤點校《建炎以來繫年要録》，第1冊第183頁。
[4] 徐夢莘《三朝北盟會編》，第820頁。

亦云："八月二日，臣同執政官奏事訖，進呈劄子，大略謂……應沿河、沿淮、沿江帥府、要郡，宜令造戰船，募水軍。……有旨：'令諸路招置水軍……'。"（第 1675～1676 頁）此即本集卷六二《乞造戰船募水軍劄子》。李綱自記當屬可信，今從《三朝北盟會編》及本集卷一八〇《建炎時政記下》所載。

五日，除尚書左僕射兼門下侍郎。

《宋史》本傳："初，綱每有所論諫，其言雖切直，無不容納，至是，所言常留中不報。已而遷綱尚書左僕射兼門下侍郎，黃潛善除右僕射兼中書侍郎。"（第 11258 頁）《建炎以來繫年要錄》卷八載建炎元年八月五日壬戌，"尚書右僕射、兼中書侍郎、兼御營使李綱守尚書左僕射、兼門下侍郎"[1]。又見《宋史》卷二一三《宰輔表四》，《三朝北盟會編》卷一一二《炎興下帙十二》，《皇宋中興兩朝聖政》卷二《高宗皇帝二》，《中興小紀》卷二，《行狀》，本集卷一九《建炎行》詩序、卷一三九《建炎制詔奏議表劄集序》、卷一八〇《建炎時政記下》。

七日，與執政官奏事，進呈張益謙奏狀，言張所不宜置司北京。

《建炎以來繫年要錄》卷八載建炎元年八月十八日乙亥，"李綱罷。先是，河北招撫使張所才至京師，河北轉運副使、權北京留守張益謙附黃潛善意，奏所置司北京不當，且言所欲起北京戍兵給用器甲爲非是，又言自置招撫司，河北盜賊愈熾，不若罷之，專以其事付帥司。同知樞密院事張愨素善益謙，每與之相表裏。……是月甲子命既下，知樞密院事汪伯彥猶用其奏詰責招撫司。綱與伯彥、愨爭於上前，言其不當沮抑之以害大計，伯彥語塞而止。所方招來豪傑，以忠翊郎王彥爲都統制，效用人岳飛爲准備將"[2]。"是月甲子"即八月七日也。本集卷一八〇《建炎時政記下》亦云："八月七日，臣同執政官奏事，進呈河北西路轉運副使、權知大名府張益謙奏狀言，招撫司騷擾，不當置司北京。"（第 1676 頁）張益謙，字里不詳。

十二日，與執政官奏事，進呈河東路經制使司奏狀，與黃潛善議不合。

《建炎以來繫年要錄》卷八載："時河東經制副使傅亮軍行纔十餘日，伯

---

[1] 李心傳編撰，胡坤點校《建炎以來繫年要錄》，第 1 冊第 226 頁。
[2] 李心傳編撰，胡坤點校《建炎以來繫年要錄》，第 1 冊第 229 頁。

彦等以爲逗遛，復命東京留守宗澤節制，使即日渡河。……綱爲之請，潛善等以爲不然。"[1]本集卷一八○《建炎時政記下》云："八月十二日，臣同執政官奏事，進呈河東路經制使司奏狀，元降畫一聖旨指揮，許令於陝府置司，候措置招集軍馬齊集日渡河。……黄潛善謂，逗留不進，致失機會。……議久不決。"（第1676～1677頁）又見《續宋中興編年資治通鑑》卷一《宋高宗一》。

十四日，力救經制副使傅亮而不得。

《宋史》本傳："有旨令留守宗澤節制傅亮，即日渡河。……綱言：'招撫、經制，臣所建明；而張所、傅亮，又臣所薦用。今潛善、伯彦沮所及亮，所以沮臣。臣每鑑靖康大臣不和之失，事未嘗不與潛善、伯彦議而後行，而二人設心如此，願陛下虚心觀之。'既而詔罷經制司，召亮赴行在。綱言：'聖意必欲罷亮，乞以御筆付潛善施行，臣得乞身歸田。'"（第11258頁）《續宋中興編年資治通鑑》卷一《宋高宗一》云："綱薦張所招撫河北、傅亮經制河東。至是，所言乞置司北京，俟措置就緒，即渡河。而權北京留守張益謙奏以爲招撫不當置司北京，亮亦言經制司兵纔萬人，河外皆虜兵，乞權置司陝府。潛善頗沮，又以兵少，不如勿遣，罷之。綱言，潛善力沮二人，所以沮臣，使不安戰。"[2]本集卷一八○《建炎時政記下》云："八月十四日，内降御批：'傅亮兵少，不可渡河，可罷經制副使，發赴行在。'"（第1677頁）

十五日，乞罷相，上《乞罷尚書左僕射第一劄子》《乞罷尚書左僕射第一表》。

《行狀》："公退，聞亮竟罷，乃入表劄求去，上遣御藥宣押赴都堂治事。"（第1731頁）本集卷一八○《建炎時政記下》云："八月十五日，臣以疾不任事，上表劄乞罷尚書左僕射，除在外宮觀差遣。"（第1677頁）此即本集卷六四《乞罷尚書左僕射第一劄子》《乞罷尚書左僕射第一表》。

是日，作《小字華嚴經合論後序》。

本集卷一三七《小字華嚴經合論後序》文末署"建炎元年八月望日序"

---

[1]李心傳編撰，胡坤點校《建炎以來繫年要録》，第1冊第230頁。

[2]劉時舉撰，王瑞來點校《續宋中興編年資治通鑑》，中華書局2014年版，第11頁。

（第 1314 頁）。

十六日，被内侍押赴都堂治事，上《乞罷第二劄子》《乞罷第二表》。

《宋史》本傳："綱退，而亮竟罷，乃再疏求去。"（第 11259 頁）本集
卷一八〇《建炎時政記下》云："八月十六日，蒙恩差内侍宣押赴都堂治事，
上第二表劄。"（第 1677 頁）此即本集卷六四《乞罷第二劄子》《乞罷第二
表》。又見《行狀》。

十七日，被内侍押赴内殿治事，上《乞罷第三劄子》《乞罷第三表》。

《行狀》："復入第二表劄，皆批答不允。翌日，遣御藥宣押赴後宮起
居，隨宰執奏事訖，公留身。……遂上第三表劄。"（第 1731~1732 頁）本
集卷一八〇《建炎時政記下》云："八月十七日，蒙恩差内侍宣押赴内殿奏
事，上第三表劄。"（第 1677 頁）此即本集卷六四《乞罷第三劄子》《乞罷第
三表》。

**六月六日至八月十七日期間，在商丘任尚書右僕射或左僕射，撰《宰相除
三少》《宰相除三公》《觀文殿大學士中太一宮使除太保少宰》《觀文殿大
學士中太一宮使除少保左輔》《觀文殿大學士中太一宮使除節度使》《彰信
軍承宣使除武寧軍節度使》《節度使中太一宮使兼侍講移鎮除檢校三少開
府儀同三司》《知樞密院除節度使醴泉觀使》《殿帥》《觀文殿學士諸路經
略安撫使除節度使》《吏部尚書除節度使》《彰化軍節度使熙河路經略安撫
使除檢校少保雄威軍節度使》《節度使殿前都指揮使除檢校少保移鎮充鄜
延路經略安撫使》《觀文殿學士除節度使知大名府兼北京留守》《戚里承宣
使除節度使》《皇弟除太傅山南東道節度使開府儀同三司進封越王》《皇伯
節度使開府儀同三司除郡王》《皇子封節度使國公》《皇子除檢校少保節度
使郡王》《皇子除太傅兩鎮節度使封韓王》《皇姪除節度使封郡王》《誡諭
士大夫敦尚名節詔》《誡諭三省樞密院修舉熙豐政事詔》《誡諭百官勿得越
職犯分詔》《誡諭省臺寺監修舉職事詔》《誡諭監司按察州縣詔》《誡諭士
大夫朋黨詔》《誡諭帥臣修飭邊備詔》《勸農詔》《恤刑詔》《誡諭守令推行
御筆寬恤詔》《誡諭禮官嚴奉祠祭詔》《誡諭學者辭尚體要詔》《誡諭守令
勸課農桑詔》《門下侍郎除特進知樞密院》《中書侍郎除門下侍郎》《尚書
左丞除中書侍郎》《尚書右丞除尚書左丞》《吏部尚書除尚書右丞》《翰林

學士除吏部尚書》《户部尚書》《禮部尚書》《兵部尚書》《刑部尚書》《工部尚書》《御史中丞除吏部尚書》《翰林學士除兵部尚書》《開封尹除刑部尚書》《太常少卿除禮部侍郎》《給事中除户部侍郎》《殿中監除工部侍郎》《翰林學士除承旨》《中書舍人除翰林學士》《吏部侍郎除工部尚書》《大司成除翰林學士》《給事中除大司成》《給事中》《中書舍人除給事中》《中書舍人》《起居舍人除中書舍人》《中書舍人除御史中丞》《侍御史除御史中丞》《開封尹》《工部尚書除延康殿學士知青州兼安撫使》《户部侍郎除顯謨閣直學士知揚州兼淮南東路鈐轄》《中書舍人除徽猷閣待制知廬州》《殿中監》《太常卿》《宗正卿》《明堂頒政》《秘書省》《太僕卿》《光祿卿》《太府卿》《司農卿》《大理卿》《鴻臚卿》《都水使者》《軍器監》《少府監》《將作監》。

李綱《梁溪先生年譜》："紹興四年得旨，令編次《建炎時政記》二卷、《建炎制誥表劄集》四卷。"[1] 本集卷一三九《建炎制詔奏議表劄集序》云："紹興四年春……准尚書省劄子，三省同奉聖旨，令某省記編録建炎元年五月一日已後《時政記》進御。……紹興六年夏……承史館牒，見修纂《建炎日曆》，朝廷降下所省記到《建炎時政記》，文字首尾未詳，及拜罷辭免表劄批答，並未抄録赴館，請編類前來參照。某已遵稟，將建炎初除罷制命、詔書批答、辭免稱謝、表劄奏議、建明劄子，皆已得旨施行者，編類次第，勒成四卷。"（第 1327 頁）故本集卷三五《制二十一首》、卷三六《詔十三首》、卷三七《誥二十首》、卷三八《誥二十七首》當屬《建炎制詔奏議表劄集》。案，李綱六月六日受命，八月十八日罷相，以上諸文當作於六月六日至八月十八日期間。

撰《預備志序》，即《書檄志》《事宜志》《人物志》三文。

本集卷一三六《預備志序》有《書檄志》《事宜志》《人物志》三文。《書檄志》："今夷狄内訌，王室危墜。九廟陷於兵火，而存亡未可知；二聖幽於犬羊，而安否不得達。"（第 1308 頁）《事宜志》："迨宣和之末，天下之弊極矣。故夷狄得以乘其間以陵中國，直犯京闕。……一歲之内，再圍帝

---

[1] 李綱編，彭邦明校點《梁溪先生年譜》，吳洪澤、尹波主編《宋人年譜叢刊》，第 6 册第 4088 頁。

城。君父播遷，生靈塗炭，朝廷號令半年不聞，四方盜賊所在蜂起。……以今日而望去年，則人情國勢，其不相侔，何啻數十百倍！然而猶有可爲者。"（第 1309 頁）《人物志》："今犬羊陵侮，宗社艱危。河北、河東之地棄而不保，或遂陷於敵儺，或割據於豪傑，則逼邇畿甸，汴不可都。其勢必有巡幸之事，以權一時之宜而濟其急。"（第 1310 頁）從"二聖幽於犬羊""君父播遷""勢必有巡幸之事"等語推知，《預備志序》應作於是年商丘尚書右僕射或左僕射任上。

撰《乘閑志序》，即《夢志》《災異志》《證兆志》三文。

本集卷一三六《乘閑志序》有《夢志》《災異志》《證兆志》三文。《夢志》："如靖康之事，皆夢於數十年之前。"（第 1306 頁）《災異志》："靖康之初，夷狄憑陵，宗社危急，生靈肝腦塗地，中國之禍古所未有。"（第 1307 頁）《證兆志》："故宣和之末，靖康之初，夷狄交侵，中國以微。"（第 1308 頁）皆言靖康之事，且原列本集卷一三六《靖康行紀序》與《預備志序》之間，當與《預備志序》同時作。

得程俱書，議行在、百司與供奉等物要當簡易等六事。

程俱《北山小集》卷三六《寄李丞相劄子》所論有六：行在、百司與供奉等物要當簡易；朝廷應事先籌畫，防備金人南攻；泗州等地雖爲控扼之地，然淮河南岸也不可忽視；應選侍講、侍讀；雖在艱難草創之時，朝廷紀綱不可不振；慎選諸路帥臣。[1] 程俱（1078—1144），字致道，衢州開化（今屬浙江）人，著有《北山小集》等。[2]《宋史》卷四四五有傳。

十八日，罷相，除觀文殿大學士，提舉杭州洞霄宮，上《謝罷相除觀文殿大學士提舉杭州洞霄宮表》。

《宋史》本傳："詔罷綱爲觀文殿大學士、提舉洞霄宮。"（第 11259 頁）《建炎以來繫年要錄》卷八載建炎元年八月十八日乙亥，"尚書左僕射、兼門下侍郎、兼御營使李綱罷。……綱退，聞亮竟罷，乃再章求去，上猶以'不允'答之。於是殿中侍御史張浚亦論綱，以爲綱雖負才氣、有時望，然以私意殺侍從，典刑不當，有傷新政，不可居相位。又論綱杜絕言路，獨擅朝

---

[1] 程俱《北山小集》，影印清抄本，《宋集珍本叢刊》，綫裝書局 2004 年版，第 33 冊第 622~624 頁。
[2] 李欣、王兆鵬《程俱年譜（上）》，《中國韻文學刊》2006 年第 2 期。

政，士夫側立不敢仰視，事之大小，隨意必行，買馬之擾、招軍之暴、勸納之虐、優立賞格、公吏爲姦、擅易詔令、竊庇姻親等十數事。……是夕，上召禮部侍郎、兼直學士朱勝非草制，責綱……時浚章不下，綱所坐，皆潛善密以傳勝非。翌日，遂罷綱爲觀文殿大學士、提舉杭州洞霄宮，仍加恩”[1]。本集卷一七七《建炎進退志總敘下之下》亦云：“降麻告廷除觀文殿大學士、提舉杭州洞霄宮、加食邑實封，時八月十八日也。”（第1645頁）然《宋史》卷二一三《宰輔表四》、《中興小紀》卷二謂八月二十日丁丑。[2]今從《建炎以來繫年要錄》及本集卷一七七《建炎進退志總敘下之下》所載。又見《三朝北盟會編》卷一一三《炎興下帙十三》，《皇宋中興兩朝聖政》卷二《高宗皇帝二》，《行狀》，李綸《梁溪先生年譜》，本集卷一一七《與秦相公第一書別幅》、卷一三九《建炎制詔奏議表劄集序》、卷一八〇《建炎時政記下》。本集卷六四《謝罷相除觀文殿大學士提舉杭州洞霄宮表》大約上於是日。

是日，鄧肅上劄子論李綱不當罷相。

鄧肅《栟櫚先生文集》卷一二《第十三劄子》云：“李綱真以身徇國者，今日罷之職，其論嚴甚，此臣所以竊有疑也。”[3]李綱八月十八日罷相，劄子當上於是日也。

二十一日，鄧肅再上劄子論李綱不當罷相。

鄧肅《栟櫚先生文集》卷一二《第十四劄子》云：“李綱誤國，朝廷於今月十一日罷之。臣備員言路，曾無一語執奏者，其蹤迹有類觀望。況臣於今月二十一日上殿奏事，復論李綱有可取者二。”[4]據知，劄子當上於八月二十一日。李綱八月十八日罷相，文中“今月十一日”，誤。鄧肅劄子觸怒權貴，後罷官歸家。案，《宋史》卷三七五《鄧肅傳》載：“執政怒，送肅吏部，罷歸居家。”[5]

---

［１］李心傳編撰，胡坤點校《建炎以來繫年要錄》，第1冊第229~231頁。

［２］脱脱等《宋史》，第16冊第5543頁；熊克著，顧吉辰、郭群一點校《中興小紀》，第19頁。

［３］鄧肅《栟櫚先生文集》，《宋集珍本叢刊》，第39冊第758頁。

［４］鄧肅《栟櫚先生文集》，《宋集珍本叢刊》，第39冊第758頁。

［５］脱脱等《宋史》，第33冊第11606頁。

二十五日，因議國事、爲李綱言，太學生陳東、撫州進士歐陽澈被斬。陳東至死未識李綱也。

  《宋史》本傳："會上召見陳東，東言：'潛善、伯彥不可任，綱不可去。'東坐誅。"（第 11259 頁）《建炎以來繫年要録》卷八載建炎元年八月二十五日壬午，"斬太學生陳東、撫州進士歐陽澈於都市。先是，上聞東名，召赴行在。東至，上疏言宰執黃潛善、汪伯彥不可任，李綱不可去，且請上還汴，治兵親征，迎請二帝。……章凡三上，潛善等憾，欲以伏闕事中東，然未有間也。會澈亦上書，極詆用事者，其間言宮禁燕樂事。上諭輔臣，以澈所言不審。潛善乘是密啓誅澈，並以及東，皆坐誅。東始未識綱，特以國故，至爲之死，行路之人有爲之哭者"[1]。"章凡三上"即陳東《少陽集》卷三《上高宗皇帝第一書》《上高宗皇帝第二書》《上高宗皇帝第三書》。"澈亦上書，極詆用事者"即歐陽澈《歐陽修撰集》卷一《上皇帝萬言書》、卷二《上皇帝第二書》、卷三《上皇帝第三書》。又見《宋史》卷二四《高宗本紀一》、卷四五五《陳東傳》、卷四五五《歐陽澈傳》，《皇宋中興兩朝聖政》卷二《高宗皇帝二》，《中興小紀》卷二。歐陽澈（1091—1127），字德明，撫州崇仁（今屬江西）人。[2]《宋史》卷四五五有傳。

二十九日，尚書右丞許翰爲李綱争而不得，求去。

  《宋史》本傳："尚書右丞許翰言綱忠義，捨之無以佐中興。……翰曰：'吾與東皆争李綱者，東戮都市，吾在廟堂可乎？'遂求去。"（第 11259 頁）《建炎以來繫年要録》卷八載建炎元年八月二十九日丙戌，"尚書右丞許翰充資政殿學士、提舉臨安府洞霄宮。陳東死，翰……乃力求去，故有是命"[3]。又見《宋史》卷三六三《許翰傳》、《中興小紀》卷二。

大約是月中下旬，陳豪上書留李綱，見陳東被斬，改名好，遊瓊州。

  《閩中理學淵源考》卷一《陳先生好》載："陳好，初名豪，晉江人。受業楊龜山，後在太學與陳東上書留李綱。東被誅，變名遊瓊州，即家焉。"[4]

---

［1］李心傳編撰，胡坤點校《建炎以來繫年要録》，第 1 冊第 234 頁。
［2］脱脱等《宋史》卷四五五《歐陽澈傳》，第 38 冊第 13362～13363 頁。
［3］李心傳編撰，胡坤點校《建炎以來繫年要録》，第 1 冊第 236 頁。
［4］李清馥撰，徐公喜等點校《閩中理學淵源考》，第 15 頁。

大約是月下旬，泛舟離商丘，擬歸無錫。

　　本集卷一九《建炎行》詩序曰："上度不可留，乃除觀文殿大學士，提舉杭州洞霄宫。泛舟東歸。"（第254頁）詩云："帝度不可留，乃聽上印組。扁舟返東吴，卻理梁溪櫓。"（第256頁）卷六五《辯謗奏狀》亦云："臣自建炎元年八月内，乞罷左僕射職事。蒙恩除觀文殿大學士、提舉杭州洞霄宫，任便居住。乘船欲歸常州無錫縣居止。"（第690頁）據知，李綱罷相後，擬歸梁溪，離商丘時間大約爲八月下旬。又見本集卷一一七《與秦相公第一書別幅》。

九月五日，乘舟適淮，作《對菊小飲簡申伯叔易》詩。

　　本集卷一七《對菊小飲簡申伯叔易》詩序曰："九月五日對菊小飲簡申伯、叔易。"（第216頁）詩云："我今鼓枻適長淮，坐見幽叢爛熳開。"（第216頁）是日，高宗詔諭巡幸淮甸。案，《建炎以來繫年要錄》卷九載建炎元年九月五日壬辰，"詔有司涓吉巡幸淮甸……既而有司請用十一月朔日，從之"[1]。然《三朝北盟會編》卷一一三《炎興下帙十三》謂"有司選用十月一日"[2]。今從《建炎以來繫年要錄》。

八日，渡淮，作《九月八日渡淮》詩。

　　本集卷一七《九月八日渡淮》詩曰："長淮渺渺煙蒼蒼，扁舟初脱隋渠黄。平生見此爲開眼，況復乞身還故鄉。"（第217頁）

九日，與申伯、弟李經小飲，作《九日與申伯叔易小飲》詩。

　　本集卷一七《九日與申伯叔易小飲》詩曰："上客相從稱玉觴，楚天杳杳湛秋光。紫茱黄菊有佳色，白蟹赬鱗聊共嘗。自哂三朝爲逐客，常於九日旅殊方。十年往返成何事？贏得蕭蕭滿鬢霜。"（第217頁）此詩原列本集卷一七《九月八日渡淮》之後，據詩題及詩内容推斷，應作於是年九月九日。

十五日，抵鎮江，羈留半月。

　　《行狀》："以九月半抵鎮江府，聞辛道宗之兵變於秀州，宿留不行者半月。"（第1732頁）本集卷一七七《建炎進退志總敘下之下》所載與之同。然本集卷六五《辯謗奏狀》、卷一一七《與秦相公第一書別幅》謂"十月間

---

[1] 李心傳編撰，胡坤點校《建炎以來繫年要錄》，第1册第239頁。
[2] 徐夢莘《三朝北盟會編》，第828頁。

至鎮江府"（第690、1112頁）。李綸《梁溪先生年譜》所載與之同。據本集卷一七七《建炎進退志總敘下之下》記載，當是九月十五日至鎮江府（今屬江蘇），羈留半月至十月。今從之。

大約九月，歸無錫途中，與申伯、叔正作《寶劍聯句》詩，另賦《煨芋》《食蟹》《小飲即事呈申伯》詩，《山藥》《玉華宮用子美韻》《章華宮用張籍韻》詩或爲同時作。

本集卷一七題注"自丁未秋罷相後所作及戊申歲四十六首"（第213頁），與申伯、叔正作《寶劍聯句》詩原列第一首，而《煨芋》詩云："我今歸去隱家山，豈復從人覓殘穎。"（第215頁）《食蟹》詩云："秋風蕭蕭蘆葦蒼，野岸郭索紛成行。……梁溪白蟹正可釣，雛鷄濁酒肥且香。……家山漸近意漸適，思歸豈獨鱸魚鄉？"（第215~216頁）《小飲即事呈申伯》詩云："一醉且忻軍寇退，扁舟似與菊花期。……歸去雲山最深處，隔江千里幸相思。"（第216頁）據此推斷四詩應是九月梁溪歸途中作。另，《山藥》《玉華宮用子美韻》原列《寶劍聯句》與《九月八日渡淮》之間，《章華宮用張籍韻》緊繫《九日與申伯叔易小飲》之後，或同爲九月作。叔正，名里不詳。

大約十月上旬，乘舟從外江歸無錫。

《中興小紀》卷二載建炎元年十月二十七日癸未，"上至揚州駐蹕。初，觀文殿大學士李綱還至鎮江府，而潰兵趙萬已迫常州，遂由外江歸宜興，且出家財犒之"[1]。本集卷一七七《建炎進退志總敘下之下》云："以九月半抵鎮江府，聞辛道宗之兵變於秀州，宿留不敢行者半月；繼聞其掠毗陵，焚丹陽，遂以客舟由外江歸梁溪。"（第1645頁）又見《行狀》，李綸《梁溪先生年譜》，本集卷六五《辯謗奏狀》、卷一一七《與秦相公第一書別幅》。李綱十五日抵鎮江，羈留半月，乘舟從外江歸梁溪時大約在十月上旬。

八日，落職，依舊提舉杭州洞霄宮。

《建炎以來繫年要錄》卷一〇載建炎元年十月八日甲子，"觀文殿大學士、提舉杭州洞霄宮李綱落職，依舊宮祠。時殿中侍御史張浚論綱罪未已……章再上，乃有是命"[2]。《皇宋中興兩朝聖政》卷二《宋高宗二》所載

---

[1] 熊克著，顧吉辰、郭群一點校《中興小紀》，第23頁。
[2] 李心傳編撰，胡坤點校《建炎以來繫年要錄》，第1冊第265~266頁。

與之同，然《中興小紀》卷二謂十月二十七日癸未。[1]今從《建炎以來繫年要錄》。

約在是月中旬，女惠生。

本集卷一六四《哭惠女文》云："予謫官，自京師挈家抵無錫，得一女，以惠名之。生未月，予單騎如貶所。半年而後得家問，而惠女已亡矣。雖在褓褓，詎能忘懷？"（第1517頁）趙效宣《李綱年譜長編》據此文推斷女惠大約生於靖康元年（1126）十月中旬[2]，誤也，實大約建炎元年（1127）十月中旬。案，從女惠生至《哭惠女文》，祇相隔半年多。如推斷女惠生於靖康元年十月中旬，則次年四、五月李綱正以長沙勤王之師入援，與《哭惠女文》"負罪左降兮，汩我南征"（第1517頁）不符。李綱建炎元年罷相後歸梁溪，符合文意"謫官，自京師挈家抵無錫"，次年四、五月正好在赴鄂州途中，與"負罪左降兮，汩我南征"相吻合，故推斷女惠大約生於建炎元年十月中旬。

十一月二日，受命鄂州居住。

《宋史》本傳："後有旨，綱落職居鄂州。"（第11259頁）《建炎以來繫年要錄》卷一〇載建炎元年十一月二日戊子，"銀青光祿大夫、提舉杭州洞霄宮李綱鄂州居住"[3]。李綸《梁溪先生年譜》云："時公季弟在無錫，與知縣郇漸商議，說誘叛兵，不曾焚掠邑室。公是時方到鎮江，初不與知。言者乃謂公遣弟迎賊，傾家貲犒設，坐此落職，鄂州居住。"[4]又見《皇宋中興兩朝聖政》卷二《高宗皇帝二》，《中興小紀》卷二，《行狀》，汪藻《浮溪集》卷一二《李綱落職鄂州居住制》，本集卷一九《建炎行》詩序、卷一一〇《澧陽與崧老書》、卷一一七《與秦相公第一書別幅》《建炎進退志總敘下之下》。

大約是日，上《謝落職依舊宮祠鄂州居住表》。

李綱十一月二日落職，本集卷六四《謝落職依舊宮祠鄂州居住表》大約

[1]熊克著，顧吉辰、郭群一點校《中興小紀》，第23頁。
[2]趙效宣《李綱年譜長編》，第73頁。
[3]李心傳編撰，胡坤點校《建炎以來繫年要錄》，第1冊第269頁。
[4]李綸編，彭邦明校點《梁溪先生年譜》，吳洪澤、尹波主編《宋人年譜叢刊》，第6冊第4088頁。

上於是日。

冬，居無錫期間，作《論創業撥亂之主用人》《論骨鯁敢言之士》《論君臣相知》《論君子小人之勢》《論君子小人之分》《論天下之理》《論大將之才》《論兵機》《論英雄相忌》《論共患難之臣》《論裴行儉李晟行師》《論社稷臣功臣》《論郭子儀渾瑊推誠待敵》《論創業中興之主》《論天下之勢如弈棋》《論李廣程不識爲將》《論主之明暗在賞刑》《論元帝肅宗中興》《論志》《論封建郡縣》《論方鎮》《論兵》《論帥材》《論非常之功》《論宰相》《論三國之勢》《論諸葛孔明六事與今日同》《論晁錯王恢》《論諸葛瑾》《論忠智之臣仁明之主》《論偏霸之王專任其臣》《論魏文帝獻神藥》《論節制之兵》《論將》《論唐三宗禮遇大臣》《唐德宗任陸贄論》《論節義》《論忠孝》《論荀彧》《論立國在於足兵》《論治天下如治病》《論與夷狄同事》《論保天下之志》《論將相先國事忘私怨》《論盜》《論張子房郭子儀之誠智》《論變亂生於所忽》《論西北東南之勢》《論女禍》《論孔文舉》《論虞舜高光之有天下》《論黨錮之禍》《論人主之剛明》《論光武太宗身致太平》《論治盜賊》《論形勝之地》《論江表》《論范蠡張良之謀國處身》《論秦隋之勢相似》《論君臣之分》《論霍光李德裕》《論除天下之患如治病》《論天下强弱之勢》《論用兵》《論料敵》《論順民情》《論交深》《論管鮑之交》《論將之專命稟命》《論土崩瓦解蠶食魚爛之勢》《論諫》《論史》諸文。

本集卷一三七《迂論序》云："梁溪病叟，當建炎初，待罪宰相纔兩月餘……以觀文殿大學士領洞霄宮。將歸老於梁溪之上，守墳墓，窮山水之遊，以修其身。……閑居杜門，謝絕賓客，念恩省咎之外，無所用心。則取古之君臣賢士大夫，與夫姦邪諛佞亂臣賊子，其所施爲，是非成敗，治亂興亡之迹，可以垂鑑於後，而今之事宜，所當變通於昔者，極其理而論之。……則其所論，蓋亦疏闊而不足以取合於世，故目之曰'迂論'。"（第1315~1316頁）據知，《迂論》作於是年冬天閑居梁溪期間。李綸《梁溪先生年譜》謂是年有《迂論》六卷。[1] 然本集有《迂論》十卷，即卷一四五

[1]李綸編，彭邦明校點《梁溪先生年譜》，吳洪澤、尹波主編《宋人年譜叢刊》，第6冊第4088頁。

至卷一五四所有篇目。趙效宣《李綱年譜長編》謂《論秦隋之勢相似》作於宣和七年（1125）[1]，《論創業撥亂之主用人》等作於靖康元年（1126）[2]，《論治盜賊》《論江表》作於紹興六年（1136）[3]，《論諸葛孔明六事與今日同》《論晁錯王恢》作於紹興七年[4]，《論與夷狄同事》作於紹興九年[5]，誤也。

大約十二月，乘舟從無錫往鄂州途中，雪阻宜興，暫住善權寺十日，作《次韻季弟善權阻雪古風》《善權即事十首》詩。

　　本集卷一七《次韻季弟善權阻雪古風》詩云："歲晏江南三尺雪，奕奕瀌瀌遂連月。"（第218頁）《善權即事十首》其二云："十日荊溪雪未晴，敲冰聊作《善權行》。"（第219頁）其十云："從此陽光漸舒暢，放回春色滿江城。"（第220頁）從詩句推斷，李綱途經善權寺時大約爲十二月。善權寺在宜興縣西南五十里，寺有三生堂，李綱等三人祠也。案，《乾隆江南通志》卷四五《輿地志》載："善權寺，宋名廣教禪院，在宜興縣西南五十里永豐區。齊建元二年，以祝英臺故宅創建，明改爲善權寺。寺有三生堂，乃唐司空李蠙、宋宰相李綱、學士李曾伯祠。北聯云：'一姓轉身三宰相，三生造寺一因緣。'"[6]荊溪，在長興縣西南六十里，源出宜興縣之荊南山。案，《太平寰宇記》卷九四《湖州》載："荊溪，在（長興）縣西南六十里。每日高二尺，倒流七十里，云是吳王送女潮。荊溪者，以其出荊山，因名之。"[7]又，《讀史方輿紀要》卷九一《浙江三》載："荊溪，在（長興）縣西南四十里。源出南直宜興縣之荊南山，合諸山溪之水流經縣境，又東南注於苕溪。"[8]詩中當指宜興縣荊溪源頭。

作《水龍吟》（漢家炎運中微）、《念奴嬌》（茂陵仙客），《貴畏》《貴和》。

　　趙效宣《李綱年譜長編》謂是年詞有"水龍吟［光武戰昆陽］，念奴

［1］趙效宣《李綱年譜長編》，第50頁。

［2］趙效宣《李綱年譜長編》，第81頁。

［3］趙效宣《李綱年譜長編》，第202頁。

［4］趙效宣《李綱年譜長編》，第218頁。

［5］趙效宣《李綱年譜長編》，第224頁。

［6］趙弘恩等修，黃之雋等纂《乾隆江南通志》，《中國地方志集成·省志輯·江南》，第4冊第27～28頁。

［7］樂史撰，王文楚等點校《太平寰宇記》，第4冊第1895頁。

［8］顧祖禹撰，賀次君、施和金點校《讀史方輿紀要》，第8冊第4193頁。

嬌［漢武巡朔方］各一首……文有……貴畏，貴和"[1]。從之。"光武戰昆陽""漢武巡朔方"[2]乃二詞詞序，此處括引首句。《貴畏》《貴和》二文見本集卷一五九。

高宗建炎二年戊申（1128），四十六歲

赴鄂州，移居澧州。有詩三百六首、文二十二篇、詞三首、賦一篇。

大約正月，赴鄂州途中，過溧陽投金瀨，作《投金瀨有感》詩。

　　本集卷一七題注"自丁未秋罷相後所作及戊申歲四十六首"（第213頁），李綱大約去年十二月至宜興，並羈留十日，至溧陽（今屬江蘇）時大約爲今年正月。投金瀨，在溧陽縣西北四十里。案，《景定建康志》卷一九《山川志三》載投金瀨"在溧陽縣西北四十里。源出曹姥山，經溧水縣界東流入縣界，南流爲潁陽江，江上有渚曰瀨渚"[3]；瀨渚，"即伍子胥乞食投金處，故又曰投金瀨"[4]。《景定建康志》卷一九《山川志三》引《吳越春秋》云："伍子胥奔吳至溧陽，溧陽女子擊縹瀨水之上。子胥跪而乞餐，女子簞食壺漿而飲之。子胥餐而去，謂女子曰：'掩子壺漿，勿令其露。'女子曰：'行矣。'子胥行五步，還顧，女子已自投於瀨中。後子胥伐楚師還，過溧陽瀨上，長歎曰：'吾常[5]饑於此乞食而殺一婦人，欲報之百金而不知其家。'乃投金水中而去。後有嫗行哭而來，曰：'吾女年三十不嫁，擊縹於此。遇窮人餔之，恐事泄，投水而死。'故號此水投金瀨。"[6]

約在一、二月間，作《次季弟韻賦梅花三首》《題成士戡所藏輞川雪圖》《宿黃柏村館》詩。

　　詩原列本集卷一七正月所作《投金瀨有感》與三月所作《寧國縣圃雜花

---

[1] 趙效宣《李綱年譜長編》，第107～109頁。

[2] 唐圭璋編纂，王仲聞參訂，孔凡禮補輯《全宋詞》，第1167頁。

[3] 馬光祖修，周應合纂《景定建康志》，《宋元方志叢刊》，第2冊第1613頁。

[4] 馬光祖修，周應合纂《景定建康志》，《宋元方志叢刊》，第2冊第1612頁。

[5] "常"，《四庫全書》本爲"嘗"，此處應爲"嘗"之誤。見馬光祖修，周應合纂《景定建康志》卷一九《山川志三》，景印文淵閣《四庫全書》，臺灣商務印書館1986年版，第489冊第102頁。

[6] 馬光祖修，周應合纂《景定建康志》，《宋元方志叢刊》，第2冊第1613頁。

盛開二首》之間，據《次季弟韻賦梅花三首》詩題及詩句“冷蕊疏枝煙水濱，江南此地又逢春”（第221頁）推斷，應爲是年早春時作，時間大約在一、二月間。《題成士毅所藏輞川雪圖》《宿黃柏村館》二詩大約作於同時。

三月，寓寧國，作《寧國縣圃雜花盛開二首》詩，《詠草》詩或作於此。

本集卷一七《寧國縣圃雜花盛開二首》其二云：“乍雨乍晴三月節，半開半合百花枝。”（第222頁）詩作於是年三月也。《詠草》詩云：“微質亦知煩雨露，寸心終欲報春暉。”（第222頁）應爲是年春天作，詩緊繫《寧國縣圃雜花盛開二首》之後，或爲同時作。寧國，今屬安徽。

過歙縣。

據本集卷一七《黟歙道中賦牡丹詩》詩題，李綱此行經過黟縣（今屬安徽）、歙縣（今屬安徽）。歙縣在寧國與休寧之間，李綱當先越過歙縣，再至休寧也。

宿休寧，作《休寧縣驛舍初見楊花》詩。

本集卷一七《休寧縣驛舍初見楊花》詩云：“楊花搖盪入疏簾，又是一年春色老。”（第222頁）此詩當作於是年三月也。休寧，今屬安徽。

途經黟縣，《黟歙道中賦牡丹詩》或作於此。

本集卷一七《黟歙道中賦牡丹詩》序曰：“黟歙道中，士人獻牡丹千葉，面有盈尺者，爲賦此詩。”（第223頁）詩云：“自從喪亂減風情，兩年不識花枝好。邇來謫墮煙雨中，形色日與春光濃。”（第223頁）據知，此詩當作於暮春三月黟縣、歙縣道中，或作於途經黟縣時。趙效宣《李綱年譜長編》謂李綱四月過歙黟[1]，誤。

四月中上旬，自鄱陽泛舟至星子，遊落星寺，望廬山，作《自鄱陽泛江至星子》《過彭蠡》《遊落星寺》《望廬山》《韓德全以小舟相迎於落星寺下》詩。

本集卷一七《自鄱陽泛江至星子》詩云：“我行黟歙間，山隴如黏蠓。……及茲夏潦漲，弭節俯江皋。”（第223頁）據知，李綱自鄱陽（今屬江西）泛舟至星子（今江西廬山）時值夏日也。又，四月二十日，李綱在溢

---

[1] 趙效宣《李綱年譜長編》，第109頁。

浦作《蘄州黃梅山真慧禪院法堂記》，故泛江至星子時當在四月中上旬。趙效宣《李綱年譜長編》謂李綱七月"自鄱陽江至星子"[1]，誤。

星子縣，屬江州。《輿地廣記》卷二四《江南東路》載："本漢彭澤縣地，屬豫章郡，後爲德化縣之星子鎮。皇朝太平興國三年置星子縣，屬江州。七年置南康軍。有廬山、彭蠡湖、落星石。昔有星墜水，化爲石，縣鎮蓋因石爲名，吳越錢氏封爲寶石山。"[2]

彭蠡即彭蠡湖。《太平寰宇記》卷一一一《江州》載："德化縣，二十鄉。本漢尋陽縣，屬廬江郡。《吳錄》云屬武昌。《宋書·州郡志》曰：'尋水注江，因水以名縣。'隋開皇十八年改爲彭蠡縣。大業二年改爲湓城縣。唐武德五年改爲潯陽，自州東移於今所。偽唐改爲德化縣。"[3]彭蠡湖，在德化"縣東南。與都昌縣分界，湖心有大孤山。顧況詩云：'大孤山盡小孤山，月照洞庭歸客船。'按《郡國志》：'彭蠡湖周迴四百五十里，内有石，高數十丈，大禹刻其石以紀功焉。'"[4]《江西通志》卷一二《山川六》載："彭蠡湖，在（南康）府城南，即鄱陽湖，一名揚瀾。"[5]從本集卷一七《過彭蠡》"世傳揚瀾並左蠡，無風白浪如山起。我今謫官此中行，何事恬然風浪止"（第224頁）等詩句推斷，《過彭蠡》詩中"彭蠡"乃彭蠡湖也。

落星寺，"一名法安院，在（南康）府南三里落星石上。唐乾寧間僧清隱建，天祐間賜額爲福星龍安院"[6]。《方輿勝覽》卷一七《南康軍》載："《輿地廣記》：'昔有僧墜水化爲石。夏秋之交，湖水方漲，則星石泛於波瀾之上。至隆冬水涸，則可以步涉。'寺居其上，曰法安。院有清輝閣、玉京軒、嵐漪軒。'"[7]本集卷一七《遊落星寺》《韓德全以小舟相迎於落星寺下》二詩即作於此。韓德全，字里不詳。

本集卷一七《望廬山》詩云："多年不省廬山面，江上初從望中見。秀

---

[1] 趙效宣《李綱年譜長編》，第110頁。

[2] 歐陽忞撰，李勇先、王小紅校注《輿地廣記》，第702頁。

[3] 樂史撰，王文楚等點校《太平寰宇記》，第5冊第2250頁。

[4] 樂史撰，王文楚等點校《太平寰宇記》，第5冊第2255頁。

[5] 謝旻等《江西通志》，景印文淵閣《四庫全書》，第513冊第399頁。

[6] 謝旻等《江西通志》卷一一三《寺觀三》，景印文淵閣《四庫全書》，第516冊第710頁。

[7] 祝穆撰，祝洙增訂，施和金點校《方輿勝覽》，第308頁。

骨蒼顏五老人，顧我欣然如素善。香爐頂上紫煙浮，瀑布遥看銀漢流。"（第224頁）據知，此詩應是泛舟鄱陽湖遠望廬山時作。

出南康而暢遊廬山，作《晚出南康遊廬山》詩。

南康軍，"理星子縣。本江州星子鎮，以落星石爲名。皇朝太平興國三年以地當要津，改鎮爲星子縣；至七年於縣置南康軍，領星子縣，仍割江州之都昌、洪州之建昌等縣以屬焉"[1]。廬山，在江州南，山南爲南康，北爲九江。案，《太平寰宇記》卷一一一《江州》載廬山在江州南，"高二千三百六十丈，周迴二百五十里。其山九疊，川亦九派。《郡國志》云：'廬山疊障九層，崇巖萬仞。'《山海經》所謂'三天子都，亦曰天子鄣也'。周武王時，匡俗字子孝，兄弟七人皆有道術，結廬於此仙去，空廬尚在，故曰廬山"[2]。《嘉靖九江府志》卷二《山川》載："廬山，在（九江）府城南二十五里，古南障山。周時匡俗兄弟七人皆有道術，結廬於此，故名。山南爲南康，北爲九江。"[3] 本集卷一七《晚出南康遊廬山》詩曰："捨舟星子渚，遂作廬山遊。……聊將詩紀行，一洗他年愁。"（第225頁）故李綱晚出南康遊廬山，以詩紀行應是由南向北行進。

過玉澗道人草堂，作《過玉澗道人草堂》詩。

本集卷一七《過玉澗道人草堂》詩云："道人妙彈琴，能作《醉翁操》。人亡琴亦亡，頗爲識者悼。草堂玉澗邊，蕪没已秋草。緫帳鶴驚空，藥杵香餘搗。竹光净如洗，桂子寒不掃。松風蕭泠泠，猶想琴聲好。"（第225頁）玉澗道人草堂乃崔閑隱居廬山之所。《永樂大典》卷二七四一引《九江府志》："崔閑，星子人也。不事科舉，家玉澗之上，耕蒔以給，自號無著道人，蘇軾號之曰玉澗山人。軾遊山必館焉，有《寄酒》詩云：'雪堂居士醉方熟，玉澗山人冷不眠。'閑妙於琴，不拘操弄，而有清致。每恨《醉翁操》有聲無詞，因對軾弦之，軾倚聲爲詞，一寫而就。"[4]《江西通志》卷四一《古迹》載："崔誠老隱居廬山，志在玉京山東南之玉澗桑疏。宋崔誠老名閑，博學高逸，不事進取，廬於玉澗之上，以琴自娱，名其廬曰'睡足庵'，

［1］樂史撰，王文楚等點校《太平寰宇記》卷一一一《江州》，第5冊第2261頁。
［2］樂史撰，王文楚等點校《太平寰宇記》，第5冊第2251頁。
［3］馮曾修，李汎纂《嘉靖九江府志》，《天一閣藏明代方志選刊》，第36冊。
［4］馬蓉等點校《永樂大典方志輯佚》，中華書局2004年版，第3冊第1709～1710頁。

而自號曰'玉澗道人'。"[1]

遊五老峰，作《五老峰》詩。

本集卷一七《五老峰》詩云："五峰秀出如五老，仿佛蒼然長美好。問之不肯道姓字，儼然子房從四皓。商山採芝亦已久，漢庭辟穀何其早？優遊相與定儲皇，攜手江湖共幽討。化爲峰石寄山巓，下視塵寰真電掃。衣冠想像猶偉然，容貌至今初不槁。祇應明月見當時，間有白雲來問道。逝將築室近峰前，歲晚相依得相保。"（第225~226頁）五老峰，"在（廬）山東，懸崖突出，如五人相逐羅列之狀"[2]；因"五峰相連，故名"[3]。

過羅漢寺，作《羅漢寺》詩。

本集卷一七《羅漢寺》題注"寺有玉澗金池"，詩云："梵宮臺殿古，松桂碧參天。玉澗碎寒石，金池開小蓮。循渠窮水脈，策杖到巖巓。漸入廬山境，從參五味禪。"（第226頁）羅漢寺在廬山羅漢嶺上。案，《江西通志》卷一二《山川六》載："羅漢嶺，在廬山白鹿洞南數里，有羅漢寺，創於宋廣濟堅禪師。"[4]

自羅漢寺欲遊尋真觀未果，遂次棲賢寺，賦《欲遊尋真觀不果》詩紀之。

本集卷一七《欲遊尋真觀不果》詩序曰："自羅漢院欲遊尋真觀，雨作不果，遂次棲賢。聞尋真景物尤美，留爲異日不窮之賞，賦詩紀之。"（第226頁）據知，李綱遊羅漢寺後，本欲遊尋真觀，但因雨作不果，遂次棲賢寺。案，棲賢寺，"在星子縣五老峰下。南齊參軍張希之創，唐李渤嘗讀書於此"[5]。尋真觀，"一名沖虛觀，在（南康）府北二十五里。唐貞元間，女仙蔡尋真修煉於此"[6]；"《道藏經》三十六洞天，此其一也"[7]。據王阮《尋真觀》詩序知，尋真觀，"蓋五老峰側、九疊屏下也"[8]。

---

[1] 謝旻等《江西通志》，景印文淵閣《四庫全書》，第514冊第364頁。

[2] 樂史撰，王文楚等點校《太平寰宇記》卷一一一《江州》，第5冊第2251頁。

[3] 祝穆撰，祝洙增訂，施和金點校《方輿勝覽》卷一七《南康軍》，第300頁。

[4] 謝旻等《江西通志》，景印文淵閣《四庫全書》，第513冊第397頁。

[5] 謝旻等《江西通志》卷一一三《寺觀三》，景印文淵閣《四庫全書》，第516冊第710頁。

[6] 謝旻等《江西通志》卷一一三《寺觀三》，景印文淵閣《四庫全書》，第516冊第711頁。

[7] 祝穆撰，祝洙增訂，施和金點校《方輿勝覽》卷一七《南康軍》，第311頁。

[8] 王阮《尋真觀》，謝旻等《江西通志》卷一五七《藝文》，景印文淵閣《四庫全書》，第518冊第661頁。

爲羅漢長老退居之地取名棲雲庵，作《棲雲庵》詩。

本集卷一七《棲雲庵》詩序曰：“羅漢長老爲退居之地，求予名之，有大蛇其後。”（第 226 頁）詩云：“禪老幽棲地，雲峰尺五天。江湖縈縞帶，世界現青蓮。說法三乘外，藏身萬象巓。潛虯蟠不去，應聽祖師禪。”（第 227 頁）詩緊繫《欲遊尋真觀不果》之後，當同爲次棲賢寺時作。

過三峽橋，作《三峽橋》詩。

《江西通志》卷一二《山川六》載：“玉淵潭，在棲賢寺側三峽澗中，諸水合流，奔注潭中，驚波噴空，瀉下三峽。潭上有白石如羊，橫亘中流。其南爲三峽橋，長幾百尺，橫絶大壑。橋下有龍潭曰金井，兩崖石皆紫赤角立，軒軒然如壯士戴橋立者。其東有招隱泉，泉出石龍首中，瀉下三峽澗，匯爲巨潭，曰石橋潭，唐陸羽《茶經》品其水爲天下第六。舊有陸羽亭，今廢。”[1]本集卷一七《三峽橋》云：“棲賢寺前小三峽，拭目便覺增雙明。……飛橋贔屭跨虛碧，面對五老峰崢嶸。”（第 227 頁）據知，三峽橋在棲賢寺前，面對五老峰。

遊萬杉寺，作《萬杉寺散珠亭》詩，《見諸刹以石渠道水感賦》詩或爲同時作。

本集卷一七《萬杉寺散珠亭》詩云：“一派飛泉落坐隅，跳波拂石散成珠。道人諦看空蒙際，顆顆圓明定有無。”（第 227 頁）萬杉寺，《江西通志》卷一一三《寺觀三》載：“在星子縣慶雲峰下。唐名慶雲院。宋景德中，僧大超手植萬杉。”[2]《方輿勝覽》卷一七《南康軍》載：“在廬山。僧大超植杉萬本，仁宗賜御製篆‘金仙寶殿’額，今有御書及‘國泰清浄’四大字。”[3]散珠亭在萬杉寺側後。案，《江西通志》卷四一《古迹》載：“滴翠亭，舊志在府西十里萬杉寺側後，有三分池水，自山椒垂注石上，跳躍如珠，更名散珠亭。”[4]另，本集卷一七《見諸刹以石渠道水感賦》有“廬阜秀江南，凝結盡雲母”（第 227 頁）之語，應爲遊廬山時作。此詩緊繫《萬杉寺散珠亭》

［1］謝旻等《江西通志》，景印文淵閣《四庫全書》，第 513 冊第 401 頁。
［2］謝旻等《江西通志》，景印文淵閣《四庫全書》，第 516 冊第 710 頁。
［3］祝穆撰，祝洙增訂，施和金點校《方輿勝覽》，第 309 頁。
［4］謝旻等《江西通志》，景印文淵閣《四庫全書》，第 514 冊第 366 頁。

後，或爲同時作。

遊谷簾泉，作《谷簾泉》詩，《再遊廬山感懷二首》詩或爲同時作。

本集卷一八《谷簾泉》詩云："甘泉多自名山出，世品谷簾爲第一。淄澠之水不易辨，臆説詎敢評得失？廬山深處爲谷簾，度嶺穿雲費時日。"（第229頁）谷簾泉，在德安"縣東南一十五里，發源於廬山，西南六十里流入於東溪相合，其泉布瀉如簾，故名"[1]。另，本集卷一八《再遊廬山感懷二首》詩序曰："余幼嘗一到廬山，再遊已三十年矣，感懷二首。"（第229頁）此詩緊繫《谷簾泉》後，或爲同時作。

遊開先寺，作《開先寺漱玉亭》詩，《瀑布》詩或爲同時作。

本集卷一八《開先寺漱玉亭》詩云："未遊漱玉亭，先誦東坡詩：'手持芙蓉[2]，跳下清泠中。'疑非謫仙不能爲此詞。後翁三十年，我亦遊於斯。飛橋已堙没，故迹多推移。"（第230頁）開先寺，在南康城西十五里鶴鳴峰下。案，《方輿勝覽》卷一七《南康軍》載開先寺"在城西十五里。十國時，李中主嘗建此寺。舊傳梁昭明太子棲隱之地"[3]。《江西通志》卷一二《山川六》載："鶴鳴峰，去（南康）府城西十里。……峰下開先寺，本南唐中主璟讀書臺，改爲寺，後廢。明初僧清江復建。"[4]據知，開先寺在鶴鳴峰下。又，《江西通志》卷四一《古迹》載："漱玉亭，朱子詩注在萬杉西二里，亭舊在橋上，今廢。《明一統志》：'在開先寺後，宋僧若愚建。'"[5]據知，漱玉亭在開先寺後。另，本集卷一八《瀑布》詩云："及觀廬山瀑，未覺快清賞。"（第230頁應爲遊廬山時作。此詩原列《開先寺漱玉亭》後，或爲同時作。

遊陸脩静故居，作《簡寂觀》詩。

本集卷一八《簡寂觀》題注"陸脩静故居"，詩云："高士不可見，雲

---

[1] 馮曾修，李汛纂《嘉靖九江府志》卷二《山川》，《天一閣藏明代方志選刊》，第36冊。

[2] 此處脱落一"白"字，"蓉"當爲"蕖"。案，《蘇軾詩集校注》卷二三《廬山二勝·開先寺漱玉亭》詩云："手持白芙蕖，跳下清泠中。"見蘇軾著，張志烈等校注《蘇軾全集校注》，河北人民出版社2010年版，第4冊第2569頁。

[3] 祝穆撰，祝洙增訂，施和金點校《方輿勝覽》，第306頁。

[4] 謝旻等《江西通志》，景印文淵閣《四庫全書》，第513冊第395頁。

[5] 謝旻等《江西通志》，景印文淵閣《四庫全書》，第514冊第364頁。

鄉空舊居。煙嵐飛瀑外，露石禮星餘。松老來歸鶴，沼深清見魚。何人得丹訣？應有枕中書。"（第230頁）簡寂觀，在廬山。案，《太平寰宇記》卷一一一《江州》載："在州東南百四十里。宋陸脩静，吳興人也。少懷虛素，元嘉末，曾遊京師。宋文帝欽風慕道，製停霞寶輦，使僕射徐湛賜焉。先生因辭，遠遊江漢，還入廬山。此其隱地。"[1]《方輿勝覽》卷一七《南康軍》載："在城西二十三里。宋陸脩静封丹元真人，明帝召至建康，卒於崇虛館，諡簡寂。此即脩净[2]故居，今名太虛觀。後有二瀑布及白雲樓。"[3]《江西通志》卷一一三《寺觀三》載："簡寂觀，舊名太虛觀，在（南康）府西一十五里。宋陸脩静卒，諡簡寂，因以名觀。觀前有白雲、朝真二館，上有布袋巖，内有脩静煉丹井、朝斗石、梁僕射沈璇碑記，唐韋應物有詩。"[4]

次歸宗寺，作《歸宗寺四詠》詩，《偶成》詩或爲同時作。

本集卷一八《歸宗寺四詠》題注"紫霄峰 鸞溪 墨池 石鏡"（第231頁），各詠一首。

《歸宗寺四詠》其一云："孤峰秀拔翠岧嶢，峰頂虛無是紫霄。從此上賓朝帝所，直須穩跨玉龍腰。"（第231頁）據《方輿勝覽》卷一七《南康軍》，歸宗寺"在城西二十五里，即王羲之宅。墨池、鵝池存焉"[5]；紫霄峰"在西北。塔院後有夏禹石刻"[6]。

《歸宗寺四詠》其二云："溪流宛轉若翔鸞，翠色涵虛特地寒。底事舞餘窺碧沼？祇應誤作鏡中看。"（第231頁）據《江西通志》卷一二《山川六》，鸞溪"在紫霄峰下。宋周元公敦頤數至歸宗寺，與真净文禪師結青松社，因名寺左之溪曰鸞溪，以擬東林虎溪"[7]。

《歸宗寺四詠》其三云："右軍真是墨中仙，到處成池豈盡然？祇有此間疑可信，白雲書法至今傳。"詩注："羲之受書法於白雲先生，今廬山白雲洞也。"（第231頁）李綱所詠墨池，在歸宗寺後。案，《江西通志》卷一二

[1] 樂史撰，王文楚等點校《太平寰宇記》，第5冊第2256頁。
[2] "净"應爲"静"之誤。
[3] 祝穆撰，祝洙增訂，施和金點校《方輿勝覽》，第310頁。
[4] 謝旻等《江西通志》，景印文淵閣《四庫全書》，第516冊第711頁。
[5] 祝穆撰，祝洙增訂，施和金點校《方輿勝覽》，第308頁。
[6] 祝穆撰，祝洙增訂，施和金點校《方輿勝覽》，第300頁。
[7] 謝旻等《江西通志》，景印文淵閣《四庫全書》，第513冊第401頁。

《山川六》載："洗墨池，一在開先寺後，南唐李璟讀書處。一在歸宗寺後，晉王羲之洗墨處。歸宗寺有鵝池，亦因羲之得名。"[1]據知，李綱所詠墨池，乃歸宗寺後洗墨池。

《歸宗寺四詠》其四云："光射蒼巖石鏡屏，我來一現豈無情？誰云顯晦知時節？長伴空山寒月明。"（第231頁）案，石鏡山，《太平寰宇記》卷一一一《江州》載："在（廬）山東懸崖之上。其狀團圞，近之則照見形影。"[2]《方輿勝覽》卷一七《南康軍》又載："金輪峰，在歸宗寺後。……石鏡峰，在金輪峰側，下有溪。"[3]李綱所詠石鏡，應是歸宗寺後金輪峰側石鏡峰，詩句"光射蒼巖石鏡屏"與《太平寰宇記》所載石鏡山"近之則照見形影"同，《方輿勝覽》所載"石鏡峰"或爲《太平寰宇記》之"石鏡山"。

另，據本集卷一八《偶成》詩序"東坡題漱玉亭柱石云玉局散吏來遊，而余領洞霄"及詩句"洞霄吏上紫霄峰，漱玉亭遊玉局翁"（第231頁），知《偶成》詩乃李綱登紫霄峰後有感而作，此詩原列《歸宗寺四詠》之後，或同爲次歸宗寺時作。

遊靈湯，作《靈湯》詩，《廬山戲成》詩或爲同時作。

本集卷一八《靈湯》詩云："石甃靈湯列道周，玉池金屋未相侔。滌塵時有幽人到，不與驪山共一流。"（第231頁）據陳舜俞《廬山記》卷三《敘山南篇》，淨慧禪院"舊名黃龍靈湯院，有湯泉，四時沸騰，爲丹黃之臭，須臾熟生物，病瘡人浴之有愈者。黃龍山在靈湯之南，亦廬山之別峰也"[4]。李綱所詠靈湯，或指黃龍靈湯院之湯泉。又，本集卷一八《廬山戲成》詩序曰："客言廬山往來之盛，今不迨遠矣，戲成此詩。"（第232頁）此詩原列《靈湯》之後，或爲同時作。

遊圓通寺，與覺老月下散步，作《圓通寺與覺老步月》詩，《見諸刹以水激磑磨感賦》《子姪輩遊天池余以病不果往》詩或爲同時作。

本集卷一八《圓通寺與覺老步月》詩云："石耳峰前松檜香，月華天影

---

［1］謝旻等《江西通志》，景印文淵閣《四庫全書》，第513冊第402頁。

［2］樂史撰，王文楚等點校《太平寰宇記》，第5冊第2252頁。

［3］祝穆撰，祝洙增訂，施和金點校《方輿勝覽》，第301頁。

［4］陳舜俞《廬山記》，景印文淵閣《四庫全書》，臺灣商務印書館1986年版，第585冊第30頁。

夜茫茫。道人試道侯溪水，何似曹溪一派長？”（第232頁）據《嘉靖九江府志》卷一四《外志》，圓通寺“在廬山石耳峰下，去城七十里。南唐李後主建”[1]。僧覺老，名里不詳。

本集卷一八《見諸剎以水激磑磨感賦》緊繫《圓通寺與覺老步月》之後，詩序曰：“諸剎以水激磑磨，殊可觀，爲賦此詩。”（第232頁）“諸剎”應指廬山諸剎。案，天池寺在德化縣“城南五十里廬山之巔。上有一池，四時不涸，因名”[2]。天池峰“在廬山天池寺側”[3]。據知，本集卷一八《子姪輩遊天池余以病不果往》爲遊廬山時作。

遊東西二林，適會許翰，乃同遊，作《戲贈東林珪老》《西林寺》《同許右丞遊東西二林》詩。

本集卷一八《戲贈東林珪老》詩云：“我遊廬阜南山北，師住二林東院西。”（第233頁）《西林寺》詩云：“東林大禪苑，殿閣傑以雄。西林乃律居，僧房小玲瓏。泉流庭廡間，宛轉如驚龍。花竹深窈窕，松蘿鬱菁蔥。縱觀魯公書，遠揖峭直風。餘碑雖崢嶸，一掃凡馬空。安得數椽地，介居二林中！當有遠公流，策杖時相從。”（第233頁）東林寺、西林寺皆在廬山之麓。案，東林寺在九江“府治南三十五里廬山之麓。晉大元九年僧慧遠建立”[4]。西林寺“在廬山之麓，去城三十五里。晉大元年間僧慧永開建造塔。隋開皇間僧法充重修。唐宋尤盛”[5]。

本集卷一八《同許右丞遊東西二林》題注“許右丞詩附”（第233頁）。第一首詩序曰：“翰方捨舟九江，適會僕射相公道過二林，得非所期，相顧歎息，輒爲長句，用志勝遊，且以敘別。”（第233頁）此詩應是許翰詩。第二首詩序曰：“道出廬阜，偶值崧老右丞同遊東西二林，蒙示佳篇，輒次來韻。”（第233頁）此詩纔是李綱次韻詩。然趙效宣《李綱年譜長編》謂是年詩有“《翰方捨舟九江適會僕射相公道過東西二林得非所期相顧歎息輒爲長句用志勝遊且以敘別》一首，《道出廬阜偶值崧老（許翰字也）右丞同遊東

[1] 馮曾修，李汛纂《嘉靖九江府志》，《天一閣藏明代方志選刊》，第36冊。
[2] 馮曾修，李汛纂《嘉靖九江府志》卷一四《外志》，《天一閣藏明代方志選刊》，第36冊。
[3] 馮曾修，李汛纂《嘉靖九江府志》卷二《山川》，《天一閣藏明代方志選刊》，第36冊。
[4] 馮曾修，李汛纂《嘉靖九江府志》卷一四《外志》，《天一閣藏明代方志選刊》，第36冊。
[5] 馮曾修，李汛纂《嘉靖九江府志》卷一四《外志》，《天一閣藏明代方志選刊》，第36冊。

西二林蒙示佳篇輒次來韻》一首”^[1]，誤也。

珪老，即士珪禪師，後爲閩中高僧，又奉詔開法於溫州雁蕩山能仁寺，逝後歸葬福州鼓山。案，《五燈會元》卷二〇《龍翔士珪禪師》云：“溫州龍翔竹庵士珪禪師，成都史氏子。初依大慈宗雅，心醉楞嚴。……政和末，出世和之天寧，屢遷名刹。紹興間奉詔，開山雁蕩能仁。……丙寅七月十八日，召法屬、長老、宗範付後事。次日沐浴，聲鐘集衆。就座，泊然而逝。茶毗日，送者均獲設利。奉靈骨塔於鼓山。”^[2]從李綱本集卷一八《戲贈東林珪老》、呂本中《東萊詩集》卷一四《東林珪雲門杲將如雪峰因成長韻奉送》、韓駒《陵陽集》卷四《送東林珪老遊閩五絕句》諸詩推斷，東林寺當爲士珪禪師屢遷名刹之一。李綱後居福州時，也常與士珪禪師唱和。

過太平觀，見道士植瑞香於簷廡間，作《太平觀植瑞香感賦》詩。

本集卷一八《太平觀植瑞香感賦》詩序曰：“太平觀道士植瑞香於簷廡間，可愛，頗恨不及其花時，爲賦小詩。”（第234頁）此詩原列《再遊廬山感懷二首》與《過淵明故居》之間，應同爲晚出南康而暢遊時作。案，太平觀，《太平寰宇記》《方輿勝覽》《嘉靖九江府志》《江西通志》等俱無記載，然《嘉靖九江府志》卷一四《外志》載：“太平宮，在（德化）城南三十里廬山之北。唐開元辛未建，立扁曰九天採訪祠。南唐更爲通元府。宋改爲太平興國宮。”^[3]太平觀或指太平宮也。

遊白公草堂，作《白公草堂》詩。

本集卷一八《白公草堂》詩云：“樂天平生不可及，謫官乃作《廬中集》。香爐峰下結草堂，石屏紙帳隨時給。維摩丈室亦何有？天女散花空結習。何須江上聽琵琶，泫然淚滴青衫濕！”（第234頁）據《嘉靖九江府志》卷三《方輿志》，白公草堂“在香爐峰下。唐白居易爲江州司馬時建”^[4]。

遊江州琵琶亭，作《琵琶亭》詩。

本集卷一八《琵琶亭》詩云：“去年假道潯陽城，扁舟夜泊琵琶亭。卻

［1］趙效宣《李綱年譜長編》，第115頁。
［2］普濟著，蘇淵雷點校《五燈會元》，中華書局1984年版，第1309~1311頁。
［3］馮曾修，李汛纂《嘉靖九江府志》，《天一閣藏明代方志選刊》，第36冊。
［4］馮曾修，李汛纂《嘉靖九江府志》，《天一閣藏明代方志選刊》，第36冊。

憶當時醉司馬，送客江頭秋月明。今年謫官又重到，掃地乃緣蜂寇經。軒楹回首已不見，況欲更聞弦索鳴。"（第 234 頁）琵琶亭在江州（今江西九江）西江邊，李綱去年大約在四月中下旬借道潯陽，夜泊琵琶亭。

四月二十日，在江州，爲宗絨作《蘄州黃梅山真慧禪院法堂記》，時宗絨來訪。

本集卷一三三《蘄州黃梅山真慧禪院法堂記》曰："蘄州黃梅五祖山真慧禪院祖師道場，爲天下名刹，而法堂歲久，雲蒸木腐，將有傾壓之虞。住持者募緣修建……經始於宣和壬寅之秋，落成於乙巳之冬，始之者長老自表也，成之者長老宗絨也。堂成後三年，歲次戊申，余被命居武昌，假道溢浦，絨不遠百里過予，求爲之記。……建炎二年四月二十日，具位李某記。"（第 1279～1280 頁）溢浦即九江也。

是月下旬，過江州陶淵明故居，作《過淵明故居》詩。

本集卷一八《過淵明故居》詩云："捨棹溢浦城，稅駕柴桑里。緬懷靖節翁，衡宇茲避世。"（第 235 頁）《太平寰宇記》卷一一一《江州》載："陶公舊宅，在州西南五十里柴桑山。"[1]

赴德安，作《德安食枇杷》詩。

本集卷一八《德安食枇杷》原列《過淵明故居》之後，當爲從江州赴德安（今屬江西）時作。

德安至武寧途中，得雲居勤老書，作《雲居勤老以書見邀不果往》詩寄之。

本集卷一八《雲居勤老以書見邀不果往》詩序云："雲居勤老以書見邀，不果往，戲作此頌寄之。"（第 235 頁）詩云："吾師脫浮玉，振錫來雲居。江邊波浪已遠去，山頂風雷應晏如。我來問津師草草，咫尺雲岑悵難到。師既拗折拄杖不出山，我亦把定韁繩不下道。試將此意示叢林，撫掌呵呵同絶倒。"（第 235 頁）據知，雲居勤老以書見邀，李綱因要趕路，並未前往。案，雲居山在建昌縣西南三十里。《江西通志》卷一二《山川六》載："歐山，在建昌縣西南三十里，紆迴峻極，頂常出雲。本名雲居山，世傳歐發得道於此。"[2]此詩原列本集卷一八《德安食枇杷》之後，從"咫尺雲岑悵難

---

[1]樂史撰，王文楚等點校《太平寰宇記》，第 5 冊第 2254 頁。
[2]謝旻等《江西通志》，景印文淵閣《四庫全書》，第 513 冊第 394 頁。

到”推斷，李綱距離雲居山較近，應作於德安至武寧途中。

行至武寧，作《憩潭田精舍》詩。

本集卷一八《憩潭田精舍》詩序云：“午暑憩潭田精舍，老僧求詩，詢其曾遊方否，云以少嘗一到分寧，感而賦此。”（第235頁）詩曰：“老僧頭已白，鄰邑幼曾遊。自哂何爲者？半生逾百州。”（第235頁）武寧與分寧相鄰，李綱先赴德安、後次分宁，從老僧嘗遊鄰邑分宁推斷，此詩當作於武寧（今屬江西）。

四、五月間，赴分寧途中，作《聞子規》詩。

本集卷一八《聞子規》詩云：“江南四月五月時，空山月夜啼子規。勸我不如歸去好，我方遠謫何時歸？”（第236頁）據知，此詩應作於四、五月間。詩原列《憩潭田精舍》與《雲巖月林堂偶成古風》之間，當作於赴分寧途中。

或在赴分寧途中，作《哭惠女文》。

本集卷一六四《哭惠女文》：“予謫官，自京師挈家抵無錫，得一女，以惠名之。生未月，予單騎如貶所。半年而後得家問，而惠女已亡矣。雖在褓襁，詎能忘懷？”（第1517頁）據知，從女惠生至《哭惠女文》，祗相隔半年。惠女大約生於建炎元年（1127）十月中旬，“半年而後”當爲今年四、五月，或作於赴分寧途中。趙效宣《李綱年譜長編》謂《哭惠女文》作於建炎三年[1]，誤。

大約五月二十一日，上《賀天申節表》《天申節功德疏》。

本集卷六四《賀天申節表》謂“伏遇今月二十一日天申節”（第685頁），《天申節功德疏》緊繫其後，二文原列本集卷六四《謝落職依舊宮祠鄂州居住表》與《謝移澧州居住表》之間，當上於是年天申節。案，天申節爲五月二十一日，表、疏大約上於是日，或作於赴分寧途中。

大約六月，次分寧，寓雲巖月林堂，作《雲巖月林堂偶成古風》詩。

本集卷一八《雲巖月林堂偶成古風》詩序曰：“寓雲巖月林堂，同貧庵、竹庵二禪老夜坐松竹間，偶成古風。”（第236頁）詩云：“我來正徂署，小

---

[1]趙效宣《李綱年譜長編》，第133頁。

憩慰修途。中夜起徐步，涼颸颯輕裾。”（第 236 頁）雲巖禪院在分寧（今江西修水）。案，《江西通志》卷一一一《寺觀一》載雲巖禪院“在寧州治東三百步。宋元祐中僧法靖結庵於古木間”[1]。寧州治所即分寧。李綱夏日次分寧，六月二十三日在分寧作《書金字華嚴經普賢行願品後》，次分寧時大約爲六月。竹庵，即士珪禪師也。

六月二十三日，作《書金字華嚴經普賢行願品後》。

本集卷一六二《書金字華嚴經普賢行願品後》云：“余方謫居鄂渚，假道修江……時建炎二年歲次戊申六月二十三日，具位李綱書。”（第 1493 頁）時李綱當在分寧。

七月，或在分寧，作《兜率寺》詩。

本集卷一八《兜率寺》詩云：“隨意寓禪房，小軒風露涼。山幽雲傍户，林迥月窺牀。竹色晚增翠，桂花秋欲香。無人知此意，天影碧茫茫。”（第 237 頁）從詩句“竹色晚增翠，桂花秋欲香”推斷，時已入秋也。李綱所詠《兜率寺》或指分寧兜率禪院。案，《江西通志》卷一一一《寺觀一》載：“兜率禪院，在寧州仁鄉，從説禪師道場。曾鞏有記。”[2]然《江西通志》卷一一三《寺觀三》又載：“兜率寺，一名護國院，在星子縣治南半里。宋崇寧四年，僧法克建。”[3]此詩原列本集卷一八《雲巖月林堂偶成古風》與《次通城送季言弟還錫山二首》之間，從詩排序推斷，當作於分寧與通城之間，李綱所詠兜率寺或指分寧兜率禪院也。

途經分寧與通城之間，作《戲賦墨畫梅花》《玉溪寺》詩。

二詩原列於本集卷一八《雲巖月林堂偶成古風》與《次通城送季言弟還錫山二首》之間，當作於分寧與通城之間。玉溪寺，不詳待考。

過通城苦竹嶺，作《過苦竹嶺二首》詩。

本集卷一八《過苦竹嶺二首》其一曰：“絶嶺橫鳥道，江湖從此分。”（第 237 頁）其二曰：“山光隨地好，秋氣逼人清。”（第 237 頁）據知，苦竹嶺爲江西與湖北分界嶺，李綱過苦竹嶺時已入秋。苦竹嶺有二，一在通城，

[1] 謝旻等《江西通志》，景印文淵閣《四庫全書》，第 516 冊第 668 頁。
[2] 謝旻等《江西通志》，景印文淵閣《四庫全書》，第 516 冊第 669 頁。
[3] 謝旻等《江西通志》，景印文淵閣《四庫全書》，第 516 冊第 710 頁。

一在崇陽，此處當指通城（今屬湖北）苦竹嶺。《康熙湖廣武昌府志》卷二《山川志》載："苦竹嶺，（崇陽）縣十里。"[1] 又謂"苦竹嶺，（通城）縣東四十里"[2]。《同治崇陽縣志》卷一《疆域志》載苦竹嶺在崇陽縣"東北六十里。自橫巖來，俱界咸寧，相連有嶺，曰鱖魚圻"[3]。李綱過苦竹嶺後次通城，此處當指通城縣東四十里苦竹嶺。趙效宣《李綱年譜長編》謂大約八月"初旬，過苦竹嶺（今湖南省平江縣東北）"[4]，誤也。

抵通城，寓居僧舍東軒，送弟李綸還錫山，作《次通城送季言弟還錫山二首》《贈季言》詩。

本集卷一九《建炎行》詩序謂"間關道路逾半年始達湖外"（第254頁），卷一一〇《崇陽與許崧老書》謂"區區夏末即抵湖外"（第1038頁），據本集卷一八《次通城送季言弟還錫山二首》"半載相從作遠遊，物華苒苒又新秋"（第237頁），卷一一一《澧州與吳元中書》"今春承命來武昌……適道路間關，秋初纔及郡境"（第1048頁），知李綱至通城時已是新秋七月。趙效宣《李綱年譜長編》謂大約八月"初旬，過苦竹嶺……抵通城"[5]，誤也。又據本集卷一八《贈珪老》詩序"寓居通城僧舍東軒"（第238頁），知李綱在通城寓居僧舍東軒。本集卷一八《贈季言》詩序云："季言送余至湖外，欲往無爲挈其姊旅襯歸錫山，憫其勤，贈此一絕。"（第238頁）據知，此詩爲三弟李綸送至通城，即將離別時作。

七月十五日，作《跋了翁楞嚴庵頌》。

本集卷一六二《跋了翁楞嚴庵頌》文末署"戊申初秋望日"（第1493頁），據知，此文作於是年七月十五日。了翁，陳瓘也。

---

[1] 裴天錫修，羅人龍等纂《康熙湖廣武昌府志》，《中國地方志集成‧湖北府縣志輯》，鳳凰出版社2013年版，第2冊第82頁。

[2] 裴天錫修，羅人龍等纂《康熙湖廣武昌府志》，《中國地方志集成‧湖北府縣志輯》，第2冊第83頁。

[3] 高佐廷修，傅燮鼎纂《同治崇陽縣志》，《中國地方志集成‧湖北府縣志輯》，江蘇古籍出版社2001年版，第34冊第32頁。

[4] 趙效宣《李綱年譜長編》，第110頁。

[5] 趙效宣《李綱年譜長編》，第110頁。

大約是日，作《跋了翁書杜子美哀江頭詩》《跋了翁自跋敢疑論後》《跋了翁墨迹》《跋了翁廣龜鏡録》《跋了翁所書華嚴偈》，時蕭建功來訪，出示陳瓘作品，爲之題跋。

本集卷一六二《跋了翁書杜子美哀江頭詩》云："壬寅春，公未没前數日，其孫壻蕭君建功以紙求字，公爲書老杜《哀江頭》一篇，乃絶筆也。……蕭君訪余於武昌，出公書以相示，爲歎息者久之。"（第1493頁）《跋了翁墨迹》云："臨江蕭君從翁遊，得其片紙數字，皆輯録成篇。"（第1494頁）是年李綱所跋了翁文乃蕭建功輯録，當與《跋了翁楞嚴庵頌》同時作。且本集卷一六二他文皆注明日期，以上諸文或承前省略日期"戊申初秋望日"（第1493頁）。蕭建功，字懋德，新淦（今屬江西）人。案，《江西通志》卷七三《人物八》載蕭建功"嘗從陳了翁瓘遊，瓘器重之。時李朴謫歸，貧不能自給。建功爲築室居之。朴死，以女妻其子。義聲日著。李綱薦其操行，累官知衡州"[1]。

作《跋李先之墨迹》。

本集卷一六三《跋李先之墨迹》云："臨江蕭君，訪余於武昌，首詢先之……因出其往來書帖一卷相示。"（第1497頁）是年李綱所跋了翁文乃蕭建功輯録，跋李朴墨迹乃蕭建功出示，此文當與《跋了翁楞嚴庵頌》同時作。

大約是月，作《哭宗留守汝霖》詩。

本集卷三二《哭宗留守汝霖》詩序云："余去夏抵行在，澤得守襄陽未行，與款語，忠義慷慨，憤發至流涕。力薦於上，使進職留守京師……今聞其疽發背而死，殆憂憤使然，殊可爲天下惜也！……賦詩以哭之。"（第430頁）案，李綱去年薦宗澤任東京留守，此詩當作於是年也。又，《建炎以來繫年要録》卷一六載建炎二年七月一日癸未，"資政殿學士、東京留守、開封尹宗澤薨"[2]。據知，此詩大約作於是年七月。趙效宣《李綱年譜長編》謂此詩作於紹興八年（1138）[3]，誤也。

---

[1] 謝旻等《江西通志》，景印文淵閣《四庫全書》，第515冊第522頁。

[2] 李心傳編撰，胡坤點校《建炎以來繫年要録》，第1冊第394頁。

[3] 趙效宣《李綱年譜長編》，第220頁。

七、八月間，寓居通城僧舍東軒，作《寄王周士絶句二首》《贈珪老》《張子公以圓鑑見寄作詩報之》《早起》《有感》《小塘》《飛雲》《讀〈留侯傳〉有感》《東軒夜坐》《浴罷追和東坡韻》《次韻謫居三適》《懷季言弟並簡仲輔叔易》《次韻張子公見寄二首》《悠然獨酌戲成》《葉落》《無因再遊道林嶽麓》《五哀詩》《黄陵廟》《望九疑》《望洞庭》《促織》《秋風二首次子美韻》《次韻艾宣畫四首》《西風行》《畫草蟲八物》《讀二疏詩》《著迁論有感》《建炎行》《張子公再得湖倅因書寄之》《聞翁士特攜家居膠山》《讀〈諸葛武侯傳〉》《秋夜有懷二首》諸詩。

　　以上諸詩原列本集卷一八《次通城送季言弟還錫山二首》與卷二〇《崇陽道中作四首》之間，據本集卷一一〇《崇陽與許崧老書》“區區夏末即抵湖外，屬沿江盜賊傳報紛錯，宿留通城、崇陽間”（第 1038 頁），知其皆爲七、八月間寓居通城時作。本集卷一八《次韻謫居三適》即《旦起理髮》《午窗坐睡》《夜臥濯足》三詩，卷一九《五哀詩》即《楚三閭大夫屈原》《漢梁王太傅賈誼》《漢處士禰衡》《唐中書令褚遂良》《唐工部員外郎杜甫》五詩，《次韻艾宣畫四首》即《竹鶴》《黄精鹿》《杏花白鷴》《蓮龜》四詩，《畫草蟲八物》即《蚊》《蠅》《蜂》《蝶》《螳螂》《蜻蜓》《蟋蟀》《絡緯》八詩。張子公，張燾也。仲輔、叔易、季言，弟李維、李經、李綸字也。

　　時僧士珪來訪，作詩贈之。本集卷一八《贈珪老》詩序曰：“寓居通城僧舍東軒，池蓮盛開，竹庵珪老有意見過，戲贈此篇。”（第 238 頁）

　　通城雖相去長沙不遠，無因再遊道林、嶽麓、洞庭，感而賦詩。本集卷一八《無因再遊道林嶽麓》詩序曰：“去歲寓長沙，遊道林嶽麓，真天下絶景也。今相去不遠，無因再遊，賦詩見意。”（第 243 頁）卷一九《望洞庭》詩序曰：“去歲道巴陵，登岳陽樓以望洞庭，真天下之壯觀也。因誦孟浩然‘氣蒸雲夢澤，波蕩[1]岳陽城’之句，殆古今絶唱，用以爲韻，賦詩十篇。”（第 249 頁）

　　聞友人翁挺攜家居無錫之膠山，有感作詩。本集卷二〇《聞翁士特攜家居膠山》詩序曰：“膠山蘭若幽勝，予寓梁溪久而未之到。聞翁士特携家居

---

[1]“蕩”當爲“撼”之誤。

其間，賦詩見意。"（第259頁）

　　李綱寓居通城期間，詩文中多次提及武昌，如本集卷一八《懷季言弟並簡仲輔叔易》"及茲謫武昌，爾復從我遊"（第242頁），卷一九《五哀詩》詩序"余來武昌，慨然懷古"（第246頁），卷一九《建炎行》詩序"上度不可留，乃除觀文殿大學士，提舉杭州洞霄宮。泛舟東歸……姑襯職俾以宮祠。居武昌，聞命即上道。適瀕江盜賊擾攘，間關道路逾半年始達湖外"（第254頁），卷一六二《跋了翁書杜子美哀江頭詩》"蕭君訪余於武昌"（第1493頁），卷一六三《跋李先之墨迹》"臨江蕭君，訪余於武昌"（第1497頁），大多指武昌郡。案，《宋史》卷八八《地理志四》載："鄂州，緊，江夏郡，武昌軍節度。初爲武清軍，至道二年，始改。……縣七：江夏，崇陽，武昌，蒲圻，咸寧，通城，嘉魚。"[1] 李綱貶謫地鄂州，當指鄂州治所江夏，即卷一九《建炎行》詩序中所謂"居武昌"也。據本集卷一一〇《崇陽與許崧老書》"宿留通城、崇陽間"（第1038頁），《蒲圻與許崧老書》"區區自崇陽趨鄂渚，行次蒲圻，被受近旨，檢會左降官不許同處一州，移居澧陽，自蒲圻由岳趨澧，便道也"（第1038頁），李綱並未至江夏，行迹所到之地，乃通城、崇陽、蒲圻也，古屬武昌郡。故本集卷一八《次通城送季言弟還錫山二首》"渚宮此去無多地，悵望猶登黃鶴樓"（第237頁），卷一八《懷季言弟並簡仲輔叔易》"憑高欲望遠，獨上黃鶴樓"（第242頁），卷一九《建炎行》"沉吟白雲飛，悵望黃鶴臺。晴川俯漢陽，蒹葭滿鸚鵡"（第256頁），皆爲擬想之作。

八月一日，作《迁論序》。

　　本集卷一三七《迁論序》文末署"建炎戊申歲仲秋朔日序"（第1316頁）。

十五日，與宗之望月傷懷，賦《中秋望月有感》詩寄諸弟。

　　本集卷二〇《中秋望月有感》詩序云："中秋望月有感，寄叔易季言，並簡仲輔弟。"（第258頁）詩云："緬懷諸季會合難，但與阿宗相勞慰。"（第258頁）阿宗，當指李綱次子宗之。

---

[1] 脫脫等《宋史》，第7冊第2193～2194頁。

十六日夜，對月賦《十六夜月二首》詩。

本集卷二〇《十六夜月二首》原列《中秋望月有感》之後，"十六"當指八月十六日。

八月下旬，赴崇陽道中，作《崇陽道中作四首》詩。夜宿巖頭寺，作《宿巖頭寺》詩，命名寶陀巖，並書寶陀巖碑"寶陀巖"三字及"慈氏閣"楄額。

本集卷二〇《崇陽道中作四首》其一云："及茲旅湖外，秋稻半已穫。"（第 260 頁）《宿巖頭寺》云："天氣沉陰迫季秋，通城早發宿巖頭。"（第 260 頁）據知，李綱八月下旬赴崇陽。巖頭寺，在崇陽縣西四十里巖頭山上。案，《輿地紀勝》卷六六《鄂州上》："羅漢巖。在崇陽西五十里。有山曰巖頭山，高二百丈，周百餘里。有巖二：一曰羅漢，極幽邃；一曰寶陀。《舊經》云：'唐全彖禪師居之。'"[1]《嘉慶重修一統志》卷三三六《武昌府二》載："昌國寺，在崇陽縣西四十里，一名巖頭寺。唐乾符中建，宋治平元年賜額，有李綱撰碑"[2]。《同治崇陽縣志》卷一二《雜紀》載："昌國寺，舊名資國，一名巖頭。唐乾符中全彖禪師道場，宋治平元年賜今名，山谷老人書額。淳熙辛丑僧如暖振興。《舒琬記》並李丞相、任大參諸公筆迹先後俱立石巖中。"[3]

李綱命名寶陀巖，書"寶陀巖"三大字。案，《同治崇陽縣志》卷二《建置志》載："寶陀巖碑，一鐫'寶陀巖'三大字，宋丞相李綱書。……李綱自通城如崇陽中，路宿巖頭寺，爲目之曰'寶陀巖'，男宗之從行。建炎戊申六月十九日，共四十五字，乃寶祐癸丑秋孟，陳仲微立，上篆'丞相寶翰'四字。此碑流落他邑，明正德間，吳廷舉得之，命知縣程賢翻刻，有記。"[4]

並書巖頭寺慈氏閣楄額。《同治崇陽縣志》卷二《建置志》載："慈氏閣，在巖頭寺。楄額李綱書。"[5]

至崇陽，寓居西山定林院僧舍，作《寓崇陽西山定林院有感二首》詩。

定林院一名西禪寺。《同治崇陽縣志》卷一二《雜紀》載："西禪寺，西

[1] 王象之著，李勇先校點《輿地紀勝》，第 5 冊第 2391 頁。
[2] 穆彰阿等《嘉慶重修一統志》，第 21 冊第 16845 頁。
[3] 高佐廷修，傅燮鼎纂《同治崇陽縣志》，《中國地方志集成·湖北府縣志輯》，第 34 冊第 423 頁。
[4] 高佐廷修，傅燮鼎纂《同治崇陽縣志》，《中國地方志集成·湖北府縣志輯》，第 34 冊第 75 頁。
[5] 高佐廷修，傅燮鼎纂《同治崇陽縣志》，《中國地方志集成·湖北府縣志輯》，第 34 冊第 76 頁。

關外里許，一名定明院。前有白龍池供禱雨。宋丞相李綱寓寺詩：逾年去天闕，長是寓僧居（本集爲"廬"）。雲水志方適，軒裳情已疏。午風吹茗碗，夜月照牀書。忘我兼忘物（本集爲"世"），此生真有餘。"[1] 所引詩乃本集卷二〇《寓崇陽西山定林院有感二首》其一，文字略有出入，或爲傳抄之誤。據知，《同治崇陽縣志》所載西禪寺定明院即李綱所言西山定林院。崇陽，今屬湖北。

八、九月間，思憶梁溪中隱堂之花，作《巖桂二首》詩。

本集卷二〇《巖桂二首》自注："閩中多此木，而余植於梁溪中隱堂，凡數十本，秋至開花，香聞數里。"（第261頁）詩云："汲水養巖桂，最憐風露香。……卻憶七閩路，有懷中隱堂。"（第261頁）詩原列本集卷二〇《寓崇陽西山定林院有感二首》與卷二一《重陽日醉中戲集子美句遣興二首》之間，前者作於八月下旬，後者作於九月九日，故此詩當作於八、九月間。

得鄭昌齡贈詩，作《次韻鄭教授見寄》詩。

詩見本集卷二〇。鄭昌齡，字夢錫，寧德（今屬福建）人。徽宗宣和三年（1121）進士，李綱門人。[2]

遊灌溪寺，作《灌溪三詠》詩。

本集卷二〇《灌溪三詠》即《灌溪》《妙峰庵》《清涼境界》三詩，題注"智閑禪師道場"（第262頁）。灌溪寺，在崇陽縣西北十五里灌溪山下。案，《輿地紀勝》卷六六《鄂州上》載："灌溪山。在崇陽西北十五里。唐閑禪師所居，有漚麻池、劈箭橋。禪師於山前植松二百章，謂之'清涼世界'。"[3]《同治崇陽縣志》卷一《疆域志》載灌溪山在崇陽縣"西北十五里，與梯嶺連。唐智閑禪師建刹。山下有劈箭橋、漚麻池"[4]。灌溪寺，"唐元和中敕賜圓通禪師志閑道場。宋治平元年賜額。嘗變爲律。元祐六年，復爲禪院。……寺中遺文堂，寺外漚麻池、劈箭橋、長松徑分見山水、古迹、津

［1］高佐廷修，傅燮鼎纂《同治崇陽縣志》，《中國地方志集成·湖北府縣志輯》，第34冊第421頁。

［2］王梓材、馮雲濠編撰，沈芝盈、梁運華點校《宋元學案補遺》卷二五《龜山學案補遺》，中華書局2012年版，第3冊第1708頁。

［3］王象之著，李勇先校點《輿地紀勝》，第5冊第2389頁。

［4］高佐廷修，傅燮鼎纂《同治崇陽縣志》，《中國地方志集成·湖北府縣志輯》，第34冊第23頁。

梁"[1]。《灌溪》詩云："道人卓錫使泉飛，一派清甘滿石陂。誰識灌溪真境界，也知祇見漚麻池。"（第262頁）漚麻池，在"西十五里灌溪寺右"[2]。劈箭橋，在"灌溪寺前"[3]。長松徑，"在灌溪寺前。唐紙衣道者克符訪智閑禪師，爲種松於此"[4]。《清涼境界》詩云："松蘿蔭翳色蒼蒼，盛夏南風草木香。普願衆生無熱惱，不應身獨占清涼。"（第262頁）即詠長松徑也。《妙峰庵》詩云："結庵雄踞妙高峰，孤秀巉然萬境通。不見德雲空住處，卻須相遇別峰中。"（第262頁）據知，灌溪寺附近應有妙峰庵、妙高峰，然《輿地紀勝》《同治崇陽縣志》《湖廣通志》等俱無記載，待考。

有感青龍興化禪院方丈殷勤相邀，但未成行，作《題青龍興化禪院方丈》詩。

本集卷二〇《題青龍興化禪院方丈》詩云："殷勤禪客邀迎厚，寂寞宰官身世輕。野鶴孤雲無不可，會須還作二龍行。"（第262頁）自注曰："院在青龍山，去黃龍不遠，余皆未到，故云。"（第262頁）青龍山、黃龍山，在通城幕阜山之東。案，《輿地紀勝》卷六六《鄂州上》載："幕阜山。在通城東南五十里。高一千八百餘丈，周五百里，跨三縣，水四出，東南入湘，西入洞庭，北入雋。吳太史慈拒劉表從子磐於此，置營幕，因名。"[5]又載："黃龍山。在通城幕阜山之東。頂有湫池，中有黃魚二，能致雨，有瀑泉。"[6]《江西通志》卷七《山川一》載黃龍山"在寧州西一百八十里，連湖廣通城縣，一名輔山。高千餘仞，下有冷暖二泉。山頂湫中有黃魚，能致風雨，歲旱，禱之輒應。吳黃武中黃龍見，彼時屬武昌郡"[7]；幕阜山"在寧州西一百九十里，與湖廣通城縣相連。……其東爲青龍山，相傳有禪師駐錫於

---

[1] 高佐廷修，傅燮鼎纂《同治崇陽縣志》卷一二《雜紀》，《中國地方志集成・湖北府縣志輯》，第34冊第421頁。

[2] 高佐廷修，傅燮鼎纂《同治崇陽縣志》卷一《疆域志》，《中國地方志集成・湖北府縣志輯》，第34冊第43頁。

[3] 高佐廷修，傅燮鼎纂《同治崇陽縣志》卷二《建置志》，《中國地方志集成・湖北府縣志輯》，第34冊第100頁。

[4] 高佐廷修，傅燮鼎纂《同治崇陽縣志》卷二《建置志》，《中國地方志集成・湖北府縣志輯》，第34冊第75頁。

[5] 王象之著，李勇先校點《輿地紀勝》，第5冊第2388頁。

[6] 王象之著，李勇先校點《輿地紀勝》，第5冊第2390頁。

[7] 謝旻等《江西通志》，景印文淵閣《四庫全書》，第513冊第263頁。

此，能馴猛虎，里人結庵奉之"[1]。

有感山東盜丁一箭破黄州，賦《聞山東盜破黄州》詩。

本集卷二○《聞山東盜破黄州》詩序云："聞山東盜所謂丁一箭者，擁數萬衆，臨江破黄州，官吏皆保武昌，江湖間騒然，未知備禦之策。感而賦詩。"（第262頁）時黄州知州趙令峛守城。案，《三朝北盟會編》卷一三三《炎興下帙三十三》載："張浚劄子，奏：臣據黄州狀申，據本州士庶父老湯政等狀，伏見建炎元年逆賊閻僅侵犯黄州。當時通判鄂州趙令峛將帶官兵在武昌縣把隘，閻僅纔退，即時過江，收復黄州，卻回鄂州任所。於當年三月內以朝散大夫直龍圖閣知黄州到任，當年五月內修城，至十二月了畢。至建炎二年正月初十日，孔彥舟侵犯本州，攻打城壁，凡六晝夜，保守堅固，賊勢沮退。繼而趙龍圖會合五州都巡蔣宣贊前來解圍，殺散而去，並前後累次，盜賊丁一箭、九朵花、李仲、張遇、桂仲等侵犯本州，城壁並皆守禦保全。至建炎三年三月內，趙龍圖丁母憂，解官往建昌縣住，至當年七月內起復，仍知黄州，八月初十日再還到任。"[2]

得書報薛克寅、范茂載、胡仲儼皆物故，賦《書報薛克寅等物故感愴而作》詩。

本集卷二○《書報薛克寅等物故感愴而作》詩序云："得諸季書報薛克寅、范茂載、胡仲儼皆物故，感愴而作。"（第263頁）

作《山居四感四首》《山居四景四首》《山居四適四首》《山居四卉四首》詩。

本集卷二○《山居四感四首》即《鬭雀》《戰蟻》《噪蟬》《吟蛩》四詩，《山居四景四首》即《松風》《竹露》《嶺雲》《窗月》四詩，《山居四適四首》即《酌酒》《烹茶》《讀書》《焚香》四詩，《山居四卉四首》即《拒霜》《鷄冠》《菊》《槿》四詩。

見欽宗賜寶劍生鐵花，作《淵聖皇帝賜寶劍生鐵花感而賦詩》。

本集卷二○《淵聖皇帝賜寶劍生鐵花感而賦詩》云："靖康虜騎窺帝闈，中原慘澹生煙塵。帝謂細柳真將軍，總兵欲使揮浮雲。解賜寶劍御府珍，魚

[1] 謝旻等《江西通志》，景印文淵閣《四庫全書》，第513冊第263頁。
[2] 徐夢莘《三朝北盟會編》，第967頁。

腸盤屈松檜紋。……今晨開匣觀龍文，鐵花鏽澀蒼蘚痕。東南卑濕相蒸薰，坐使三尺光鋩昏。"（第265～266頁）

讀東坡和淵明《貧士》詩，因次其韻，作《和淵明〈貧士〉詩七首》詩寄梁溪諸弟。

本集卷二〇《和淵明〈貧士〉詩七首》詩序云："讀東坡和淵明《貧士》詩寄諸子姪云：'重九伊邇，樽俎蕭然。'今余亦有此歎。因次其韻，將錄寄梁溪諸弟，以發數千里一笑。"（第266頁）

作《次韻淵明九日閑居》《初寒》《蜜蜂》《病牛》《胡笳十八拍》詩。

本集卷二一《胡笳十八拍》詩序曰："靖康之事，可爲萬世悲，暇日效其體集句，聊以寫無窮之哀。"（第269頁）以上諸詩原列本集卷二〇《寓崇陽西山定林院有感二首》與卷二一《重陽日醉中戲集子美句遣興二首》之間，前者作於八月下旬、後者作於九月九日，故此諸詩當作於八、九月間。

九月九日，作《重陽日醉中戲集子美句遣興二首》詩。

據本集卷二一《重陽日醉中戲集子美句遣興二首》詩題，當作於九月九日。

作《感皇恩》（九日菊花遲）。

趙效宣《李綱年譜長編》謂是年詞有《感皇恩》一首[1]，但《全宋詞》收錄《感皇恩》詞二首，另一首《感皇恩》（西閣夜初寒）作於紹興三年（1133），則今年所作應爲此詞。據詞句"九日菊花遲，茱萸卻早"[2]，當作於是日。

二十四日，作《和淵明〈己酉九月九日〉之作》詩。

本集卷二一《和淵明〈己酉九月九日〉之作》詩序曰："後重九半月菊始開，因思東坡言'菊花開日即重陽'，取酒爲之一醉，遂和淵明《己酉歲九月九日》之作。"（第281頁）據知，此詩爲九月二十四日作。

是月末，見菊花始有開者，作《漁家傲》（木落霜清秋色霽）。

趙效宣《李綱年譜長編》謂是年有詞《漁家傲》〔九月將盡菊花始有開

---

[1] 趙效宣《李綱年譜長編》，第118頁。
[2] 唐圭璋編纂，王仲聞參訂，孔凡禮補輯《全宋詞》，第1170頁。

者]^[1]。案，"九月將盡，菊花始有開者"^[2]乃此詞詞序。據知，此詞作於九月末。

大約九月，作《夜寢夢游泗上觀重建僧伽塔》《次韻淵明〈讀《山海經》〉》《和淵明〈時運〉詩念梁溪故居》《梁溪八詠》《和淵明〈歸田園居〉六首》《小雨》《客餉新橙有感》《偶得雙鯉付廚作鱠以薦一觴》《和淵明〈擬古〉九首》《和淵明〈停雲〉篇》《和淵明〈榮木〉篇》《和〈歸鳥〉篇》《和〈勸農〉篇》《和淵明〈遊斜川〉》諸詩。

本集卷二一以上諸詩原列九月九日所作《重陽日醉中戲集子美句遣興》與九月二十四日所作《和淵明〈己酉九月九日〉之作》之間，據其排序推斷，大約作於九月。時歲暮羈旅，慨然念梁溪故居。案，《和淵明〈時運〉詩念梁溪故居》詩序曰："余築室梁溪之上，三年而後成，手植花木甚眾，遭值世故，未嘗得安居其間。歲暮羈旅，慨然念之，因和淵明《時運》詩以見意。"（第 274 頁）《梁溪八詠》即《中隱堂》《棣華堂》《文會堂》《九峰閣》《舫齋》《怡亭》《心遠亭》《濯纓亭》八詩，乃思憶梁溪故居之作。

大約九、十月間，作《和淵明〈答龐參軍〉》《次韻叔易〈得水晶筆格〉賦詩》《次韻叔易四絕句》《山居四詠》《山居遣興四首》《御畫二軸一馬一兔各二首》《仲甫^[3]和寄送季弟詩復次韻寄之》《王周士以幅素圖萬石巖見示》《煨芋》《蒸栗》《摘鬢間白髮有感》《初食金橘》《燈花》《銅爐》《客有饋玉面狸者戲賦此詩》諸詩。

本集卷二二以上諸詩原列九月二十四日《和淵明〈己酉九月九日〉之作》與大約十月五日所作《冬日閑居遣興十首》之間，據其排序推斷，大約作於九、十月間。《山居四詠》即《紙帳》《竹枕》《地爐》《石銚》四詩。《仲甫和寄送季弟詩復次韻寄之》有詩二首。《御畫二軸一馬一兔各二首》詩序云："趙叔澤運判見示宣和御畫二軸，其一馬舉足奮迅將起，其一兔正面踞地齧草。皆絕去筆墨畦徑間，意態如生，精妙入神。伏觀歎息感慨，因賦

［1］趙效宣《李綱年譜長編》，第 118 頁。

［2］唐圭璋編纂，王仲聞參訂，孔凡禮補輯《全宋詞》，第 1171 頁。

［3］"仲甫"當爲"仲輔"，本集除此之外，皆云"仲輔"，此處當爲傳抄之誤。又，《四庫全書》本《梁溪集》亦謂"仲輔"。見李綱《梁溪集》卷二二《仲輔和寄送季弟詩復次韻寄之》，景印文淵閣《四庫全書》，第 1125 冊第 700 頁。

詩二篇，以贊揚宸翰，且敘小臣悽憤之情云。"（第287頁）趙叔霈，字里不詳。

大約十月五日，作《冬日閑居遣興十首》詩。

詩見本集卷二二，其五云："宿雨乍晴天，初寒氣暫暄。"（第291頁）案，是年十月五日立冬。據詩句推斷，大約作於是日也。

二十日，《建炎進退志》成。

本集卷一七四、卷一七五、卷一七六、卷一七七收錄《建炎進退志總敘上之上》《建炎進退志總敘上之下》《建炎進退志總敘下之上》《建炎進退志總敘下之下》。案，本集卷一七七《建炎進退志總敘下之下》文末署"建炎二年十月二十日具位李綱敘"（第1645頁）。

二十九日，作《送蕭建功秀才歸臨江序》《素齋箴》。

本集卷一三七《送蕭建功秀才歸臨江序》文末署"建炎二年十月晦日，武陽李某書"（第1315頁）。本集卷一四二《素齋箴》注曰："建炎戊申十月晦日，書於崇陽僧舍。"（第1350頁）是年十月壬子朔，十一月辛巳朔，據知，十月為小盡，則晦日為二十九日也。

是月，作《崇陽與許崧老書》。

李綱十一月自鄂渚移居澧州，故本集卷一一〇《崇陽與許崧老書》應為是年八至十月寓居崇陽時作，據"冬序隆寒……宿留通城、崇陽間。今歲且盡矣"（第1038頁），推斷此文應作於是年十月。許崧老，許翰也。

作《與陳幾叟主簿書》。

本集卷一一四《與陳幾叟主簿書》："冬寒，伏惟尊候勝常。梁溪之別，忽忽五載……靖康初，見與諸季書，獨不蒙枉教……蕭懋德來，辱書所以開諭甚至，前疑頓釋。"（第1077頁）案，蕭建功是年來訪，十月二十九日歸臨江，從"冬寒"推斷，此文作於是年十月。陳幾叟，陳淵也。陳淵《默堂集》卷一八《與李丞相》亦謂"伏自毗陵拜違侍側，忽復五年"[1]。此即蕭建功所攜書也。

---

[1] 陳淵《默堂集》，景印文淵閣《四庫全書》，第1139冊第469頁。

作《默堂四絕》詩。

　　本集卷二二《默堂四絕》詩序曰："陳幾叟以了翁所作默堂箴見示，且求余言，拾其遺意，作四絕句。"（第294頁）時蕭建功攜陳淵書信來訪，陳淵見示"了翁所作默堂箴"當爲建功所攜，此詩當與《與陳幾叟主簿書》同作於是年十月。

作《食蟹》《食橘》《秀容菊》《許崧老見和月林堂夜坐詩復次前韻寄之》《周元中賦御畫驄馬次其韻》《送周元中遊黃龍山》《題峽江蕭氏思賢堂》《黃雀》詩，與許翰、周靈運、李朴交遊唱和。

　　本集卷二二以上諸詩原列大約十月五日所作《冬日閑居遣興十首》與十月所作《默堂四絕》之間，當同作於十月。周元中，當爲"周元仲"之誤。周靈運，字元仲，淮海人。參見本書"宋高宗紹興元年辛亥（1131），四十九歲"之下相關內容。《題峽江蕭氏思賢堂》題注"堂爲李先之設"（第294頁），李先之，李朴也。

十一月，次蒲圻，依旨自鄂渚移居澧州。

　　《建炎以來繫年要録》卷一八載建炎二年"綱既貶，會有旨左降官不得居同郡，而責授忻州團練副使范宗尹在鄂州，乃移綱澧州居住"。注曰："今年十月。"[1] 本集卷一一〇《蒲圻與許崧老書》云："區區自崇陽趨鄂渚，行次蒲圻，被受近旨，檢會左降官不許同處一州，移居澧陽，自蒲圻由岳趨澧，便道也。"（第1038頁）又見《行狀》、李綸《梁溪先生年譜》。是年十月，朝廷下旨李綱移居澧州，然十月二十九日，李綱仍在崇陽，則李綱依旨自鄂渚移澧州應是十一月事，時次蒲圻（今湖北赤壁）。

賦《自鄂渚移居澧陽》詩，上《謝移澧州居住表》，作《蒲圻與許崧老書》。

　　本集卷二二《自鄂渚移居澧陽》詩序曰："得報以謫降官，不許同處一州，自鄂渚移居澧陽有感。"（第295頁）本集卷一一〇《蒲圻與許崧老書》云："區區自崇陽趨鄂渚，行次蒲圻，被受近旨……少留治裝，朝晚遂行……蒙不鄙借示《春秋集傳》，使得窺尋盛作，以考聖人筆削褒貶之深意，幸甚。"（第1038~1039頁）據知，李綱實未至鄂渚，途經蒲圻時得旨移居

[1] 李心傳編撰，胡坤點校《建炎以來繫年要録》，第1冊第423頁。

澧州，少留治裝，並寄書許翰，借閱《春秋集傳》。本集卷六四《謝移澧州居住表》當上於十一月。

二十二日，或在蒲圻，作《戊申冬至日有懷諸弟時赴澧陽》詩。

本集卷二二《戊申冬至日有懷諸弟時赴澧陽》原列卷二二《自鄂渚移居澧陽》與卷二三《自蒲圻臨湘趨岳陽道中作十首》之間，《自鄂渚移居澧陽》作於蒲圻，此詩或同作於蒲圻。案，是年冬至日爲十一月二十二日。

大約是月，或在蒲圻，作《翁士特見示山字韻詩兩篇復次前韻寄之》《次韻翁士特試谷簾泉見懷之作》《張氏二甥寄詩可喜》《得梁溪家書報黃氏女生外孫》詩。

本集卷二二以上諸詩原列卷二二《自鄂渚移居澧陽》與卷二三《自蒲圻臨湘趨岳陽道中作十首》之間，《自鄂渚移居澧陽》作於蒲圻，以上諸詩或同作於蒲圻，時大約十一月也。其中，《次韻翁士特試谷簾泉見懷之作》有詩二首。翁士特，翁挺也。

十一、十二月間，自蒲圻、臨湘趨岳陽，作《自蒲圻臨湘趨岳陽道中作十首》詩。

本集卷二三《自蒲圻臨湘趨岳陽道中作十首》其三云："歲寒又復事南征，桂楫蘭州過洞庭。"（第298頁）本集卷一一〇《蒲圻與許崧老書》亦謂"歲晏苦寒"（第1039頁），則李綱自蒲圻趨岳陽當在是年十一、十二月也。臨湘、岳陽，今屬湖南。

次岳陽，作《岳陽樓三首》詩，《再次韻崧老見和之作》詩或作於此。

岳陽樓，在郡治岳陽西南，西面洞庭。案，《方輿勝覽》卷二九《岳州》載："岳陽樓。在郡治西南。西面洞庭，左顧君山，不知創始爲誰。唐開元四年，中書令張說出守是邦，日與才士登臨賦詠，自爾名著。滕宗諒作而新之，范希文爲之記，蘇子美書其丹，邵疏篆其首，時稱四絕。"[1]

本集卷二三《再次韻崧老見和之作》原列《自蒲圻臨湘趨岳陽道中作十首》與《岳陽樓三首》之間，或作於岳陽。《再次韻崧老見和之作》詩序曰："再次韻崧老見和之作，時借《春秋集傳》，又欲借《易說》，故篇中及之。"

---

[1] 祝穆撰，祝洙增訂，施和金點校《方輿勝覽》，第514頁。

（第300頁）詩曰："已從借《麟經》，更欲窺《羲書》。"（第300頁）李綱
已向許翰借閱《春秋集傳》，又借閱《易說》，故有是語。此詩題注"許詩
附"（第300頁），許詩即本集卷二三《翰奉和大觀文相公見寄〈古風〉》（第
299~300頁）。

渡洞庭湖，作《南征賦》，時弟李維有賦見寄，次韻之。

　　本集卷三《南征賦》序云："仲輔賦西郊見寄，次韻作南征賦報之。"
（第16頁）賦曰："承嘉惠以南征兮，動去國之離愁。遠故園而回首兮，驚
歲華之再秋。覽廬阜之瑰秀兮，俯大江之東流。……臨洞庭而傷懷兮，望九
疑而增恩。亂湘流而適澧兮，靈均豈其前身。"（第16頁）據知，此賦為赴
澧陽時途經洞庭湖時作。

或作《鼠須筆二首》《渡江》詩。

　　此三詩見本集卷二三，原列《岳陽樓三首》與華容所作《章華臺二首》
之間，據其排序推斷，應作於途經岳陽、華容間，或作於渡洞庭湖時。

**至華容，遊章華臺，登玄石山，作《章華臺二首》《次韻唐李華序雲母
泉》詩。**

　　據本集卷二三《章華臺二首》詩序"華容縣西三里"（第301頁）、《次
韻唐李華序雲母泉》詩序"華容西二十許里有墨山，即《離騷》所謂玄石
也。山有大雲寺，寺有雲母泉"（第301頁）及詩句"吾登玄石山"（第302
頁）推斷，以上諸詩應作於渡江至華容（今屬湖南）時。

　　章華臺，本在商水縣西北三里，後更至華容城內，乃楚靈王所築。案，
《太平寰宇記》卷一〇《陳州》："章華臺，在（商水）縣西北三里。《左傳》
昭公七年：'楚子成章華之臺，願與諸侯落之。'杜注云：'宮室始成祭之為
落。臺今在華容城內。'是靈王所築，《春秋後語》：'楚襄王二十年，為秦將
白起所逼，北保於陳，更築此臺。'"[1]

　　玄石山，亦名墨山，在華容縣東。《次韻唐李華序雲母泉》詩序謂"華
容西二十許里有墨山"，誤也。案，《方輿勝覽》卷二九《岳州》載："玄石
山，亦名墨山，在華容縣。《楚詞》有云'馳余車於玄石'，即此地也。"[2]

---

[1] 樂史撰，王文楚等點校《太平寰宇記》，第1冊第190頁。
[2] 祝穆撰，祝洙增訂，施和金點校《方輿勝覽》，第512頁。

《嘉慶重修一統志》卷三五八《岳州府》載："墨山，在華容縣東四十五里，接巴陵縣界。《岳陽風土記》：墨山謂之元石山，《楚辭》曰：'驅予車兮元石，步予馬於洞庭。'"[1]

雲母泉，在墨山大雲寺。案，《方輿勝覽》卷二九《岳州》載："雲母泉，在華容大雲寺。李華詩序：'玄石山盡生雲母，如列星。井泉溪澗，色皆純白。'"[2]《嘉慶重修一統志》卷三五八《岳州府》又載："雲母泉，在華容縣東南墨山下。唐李華《雲母泉詩序》：'洞庭湖西元石山，俗謂墨山。山南有佛寺，寺倚松嶺。下有雲母泉。泉出石引流分渠，周遍庭宇。發源如乳潭。末派如醇漿。烹茶、淅蒸、灌園、漱齒皆用之。大浸不盈，大旱不耗。自墨山西北至石門，東南至東陵，廣輪二十里，盡生雲母，牆階道路，炯炯如列星。井泉溪澗，色皆純白。鄉人多壽考。'"[3]

抵澧陽，寓天寧僧舍，爲深省軒命名，作《至澧陽寓天寧僧舍有感》《深省軒》詩。

詩見本集卷二三。《至澧陽寓天寧僧舍有感》有詩二首，其二云："此身又復寓精廬，丈室蕭然一物無。"（第302頁）《深省軒》詩序曰："深省軒在丈室之西，余爲名之。"（第302頁）據此推斷，《深省軒》也應爲寓居天寧僧舍時作。澧陽，今湖南澧縣。天寧寺，《方輿勝覽》《輿地紀勝》《湖廣通志》《同治直隸澧州志》等俱無記載，待考。

有《澧州與吳元中書》。

本集卷一一一《澧州與吳元中書》云："歲暮陰寒，不審孝體何似？……賴上睿明，有以照察其無他，俾居武昌，德至渥也。及茲例遷，復得澧浦，深僻遠江，雖使自擇，不過如此。念恩省咎，日以感懼，正恐孤危之蹤，不能久居於此。不然，息肩杜門，洗心悔往，知四十六年之非，而圖日新於來者，何幸如之！"（第1048頁）據知，此文當作於是年十一、十二月間至澧陽之時。時吳敏謫居柳州。案，《建炎以來繫年要錄》卷五載建炎元年五月十一日庚子，"詔以靖康大臣主和誤國……責授崇信軍節度副使，

[1] 穆彰阿等《嘉慶重修一統志》，第23冊第18193頁。
[2] 祝穆撰，祝洙增訂，施和金點校《方輿勝覽》，第513頁。
[3] 穆彰阿等《嘉慶重修一統志》，第23冊第18216頁。

涪州安置吳敏移柳州"[1]。趙效宣《李綱年譜長編》謂《澧州與吳元中書》作於建炎三年（1129）[2]，誤。

有《與李蕭遠郎中書》。

本集卷一一四《與李蕭遠郎中書》云："兹者移居澧陽……沔、澧相去不遠，倘得少安，繼此可以通問。歲云暮矣，切冀良食自重。"（第1078頁）據知，此文當作於是年十一、十二月間至澧陽之時。李蕭遠，名里不詳。

是年作《雨霖鈴》（蛾眉修綠），有《跋道鄉墨迹》，具體時間地點不詳。

趙效宣《李綱年譜長編》謂是年"詞有《雨霖鈴》[明皇幸西蜀]一首……文有……《跋道卿墨迹》"[3]。從之。案，"明皇幸西蜀"爲《雨霖鈴》詞序，此處括引首句"蛾眉修綠"[4]。《跋道鄉墨迹》見本集卷一六三。鄒浩（1060—1111），字志完，號道鄉，常州晉陵（今江蘇常州）人。[5]《宋史》卷三四五有傳。

高宗建炎三年己酉（1129），四十七歲

再謫單州。有詩一百三十七首、文二十三篇、詞五首、賦六篇。

正月初，在澧陽。聞報單州之謫。

《建炎以來繫年要錄》卷一八載建炎二年十一月四日甲申，"銀青光禄大夫、提舉西京嵩山崇福宮李綱責授單州團練使，萬安軍安置"[6]。又見《行狀》、李綸《梁溪先生年譜》、《皇宋中興兩朝聖政》卷三《高宗皇帝三》等。本集卷一一○《澧陽與崧老書》云："奉十二月五日所賜教，審聞鈞候勝常，感慰無喻。歲華改新，伏惟茂對令辰，擁倍殊祉。某待罪澧陽，纔息肩復聞有海南之行，不勝惶懼。束裝俟命即上道，然傳報已久，而命猶未至，益以

[1] 李心傳編撰，胡坤點校《建炎以來繫年要錄》，第1冊第145頁。
[2] 趙效宣《李綱年譜長編》，第132頁。
[3] 趙效宣《李綱年譜長編》，第118頁。
[4] 唐圭璋編纂，王仲聞參訂，孔凡禮補輯《全宋詞》，第1168頁。
[5] 李兆洛，張尚英校點《道鄉先生年譜》，吳洪澤、尹波主編《宋人年譜叢刊》，四川大學出版社2002年版，第6冊第3548頁。
[6] 李心傳編撰，胡坤點校《建炎以來繫年要錄》，第1冊第423頁。

震悚。"（第1039頁）案，李綱去年十一月四日，責授單州團練使，萬安軍（今海南萬寧）安置，然"歲華改新"，今年始聞海南之謫，故俟命代發。

作《謫居南海五首》詩、《澧陽與崧老書》。

本集卷二三《謫居南海五首》詩序曰："見報以言者論六事，其五皆靖康往故，其一謂資囊士人上書，以冀復用。謫居海南，震懼之餘，斐然有作。"（第302～303頁）是年正月初，李綱始聞海南之謫，此詩與本集卷一一〇《澧陽與崧老書》當同作於正月初。

五日，作《書襄陵春秋集傳後》。

本集卷一六三《書襄陵春秋集傳後》云："襄陵許崧老作《春秋集傳》，取三家之說不悖於聖人者著之篇……則與夫三家者齊驅而並駕也。……建炎己酉歲正月五日，武陽李某書。"（第1498頁）許翰《襄陵文集》卷九《答李丞相伯紀書》云："某悚息《春秋集傳》，遂跋以名言，使菲薄凜然增重，幸甚。"[1]此當爲李綱跋《春秋集傳》後許翰答書。又，許翰《襄陵文集》卷九《再答李丞相書》云："某蒙諭，後世山崩地震多矣，而復霸統不正，素王不興，恐某之說難必學者之信。某固知其如此，而不敢不盡者，務究天人之蘊而著其變，不計其功也。……某復見其廢中有興，災中有祥，是以推言其變，以補諸傳之遺。至於甲午地震亦然，今不參諸眾說，倚其一偏而攻之，非某所以作集傳之意也。"[2]此書論及作《春秋集傳》之意，時間當與《答李丞相伯紀書》較爲接近，大約同作於正月也。

七日，將所書《楞嚴經》施於澧州夾山長老覺海、大師善能，以資母親吳氏冥福，並作《題所書法華經普門品》。

本集卷一六二《題所書法華經普門品》云："某遇先妣衛國夫人吳氏忌辰，既書《楞嚴經·觀音圓通品》，以施澧州夾山長老覺海、大師善能，使置所建觀音正法樓中，以資冥福。又書《法華經·觀音普門品》以遺之……建炎己酉正月七日書。"（第1495頁）趙效宣《李綱年譜長編》謂此文作於建炎二年（1128）[3]，誤也。

---

[1] 許翰《襄陵文集》，景印文淵閣《四庫全書》，臺灣商務印書館1986年版，第1123冊第571頁。

[2] 許翰《襄陵文集》，景印文淵閣《四庫全書》，第1123冊第573頁。

[3] 趙效宣《李綱年譜長編》，第118頁。

夾山，在澧州州治西四十里，石門縣東南三十里，有夾山寺，善會禪師道場。案，《湖廣通志》卷一二《山川志》載："夾山，在（石門）縣東南三十里。《指月錄》：善會禪師開席夾山，僧問：'如何是夾山境？'師曰：'猿抱子歸青嶂裏，鳥銜花落碧巖前。'"[1]《嘉慶重修一統志》卷三七三《澧州直隸州》載："夾山，在州西四十里，周三十里。接石門縣界，山有靈泉。"[2]《同治直隸澧州志》卷三《輿地志》載："夾山，兩山夾峙，高二百餘丈，大三十里。有靈泉寺、青嶂嶺、碧巖泉。"[3]《湖廣通志》卷八〇《古迹志》載："夾山寺，在（石門）縣東南三十里。善會禪師道場。"[4]僧覺海、善能，名里不詳。

大約是日，作《別夾山能老》詩、《澧州夾山普慈禪院轉輪藏記》。

本集卷一三三《澧州夾山普慈禪院轉輪藏記》云："澧州夾山普慈禪院……具《大藏經》，獨無輪藏。惟大比丘長老善能，興崇寺宇，規模建立。……有一居士，其家梁溪，謀身拙故，罹諸憂患，去國漂泊，經湘沅間，聞是比丘，大作緣事……我觀夾山境，清凈古叢林。精進老比丘，能作大緣事。"（第1280~1281頁）正月七日，李綱將所書《楞嚴經》施於澧州夾山長老覺海、大師善能，本集卷二三《別夾山能老》、卷一三三《澧州夾山普慈禪院轉輪藏記》大約作於同日，夾山能老即善能也。

是月，得吳敏答書，望取道柳州。

本集卷一一一《澧州與吳元中書》後附《吳元中答書》云："歲律已更，尚以乏使，不獲奔訃，以爲公憂。……自桂至象九驛，取道龍城，卻減一驛。但陸出麻蘭之側頗險，故來者皆泛潯江，一日而兼兩驛有半。大旆果南，或不憚小舟蕩兀，即過我而往亦良幸。"（第1050~1051頁）李綱《澧州與吳元中書》作於去年十一、十二月間，則吳敏答書當爲今年正月作。龍城，柳州別稱也。

---

[1] 邁柱等修，夏力恕等纂《湖廣通志》，景印文淵閣《四庫全書》，臺灣商務印書館1986年版，第531冊第383頁。
[2] 穆彰阿等《嘉慶重修一統志》，第24冊第18812頁。
[3] 何玉棻修，魏式曾纂《同治直隸澧州志》，《中國地方志集成·湖南府縣志輯》，江蘇古籍出版社2002年版，第78冊第133頁。
[4] 邁柱等修，夏力恕等纂《湖廣通志》，景印文淵閣《四庫全書》，第534冊第132頁。

一、二月間，赴萬安途中，途經澧州藥山，作《藥山三詠》詩。

  本集卷一一四《與周元中書》謂"僕前年春聞有萬安之徙，未受命即行"（第 1082 頁），此文作於紹興元年（1131），"前年春"即建炎三年（1129）春也。案，今年正月，李綱在澧陽聞有萬安之謫，束裝俟命上道，未受命即行。李綱三月至桂林，途經藥山時當在一、二月間。

  本集卷二三《藥山三詠》即《問道室》《伏牛庵》《雷滿池》三詩。藥山，在澧陽縣南八十里、常德府北九十里，在今湖南常德境內。案，《方輿勝覽》卷三〇《澧州》謂藥山"在澧陽縣南八十里。昔多芍藥"[1]。《輿地紀勝》卷七〇《澧州》所載與之同。《同治直隸澧州志》卷三《輿地志》云："藥山，在州南九十里。上多芍藥，故名。北接白雲，南連紅巖，金剛伏其下。中峰曰長嘯峰，唐僧惟儼長嘯處。"[2]《嘉慶常德府志》卷四《山川考上》又云："藥山，府北九十里。抵澧州界。"[3] 藥山上有藥山寺、長嘯峰。藥山寺，在武陵"縣北九十里。唐惟儼禪師居此"[4]。長嘯峰，"僧惟儼禪夜登山，見雲開月現，大嘯一聲聞數里。李翱嘗贈詩"[5]。

過武陵梁山，作《梁山觀音寺》詩。

  本集卷二三序曰："赴澧陽二十三首，赴南海道中及己酉歲作五十七首。"（第 298 頁）本集卷二三《梁山觀音寺》原列《藥山三詠》之後，當爲一、二月間赴萬安途中作。《梁山觀音寺》詩序謂"東漢梁松駐軍之地有廟"（第 304 頁）。梁山在武陵縣北，今湖南常德境內。觀音寺在梁山東側。案，《方輿勝覽》卷三〇《常德府》："梁山，在武陵縣北三十九里。舊名陽山。按舊注云：'陽山之女，雲夢之神，嘗以夏首秋分獻魚。唐天寶六載始改梁山。漢梁松廟食於此，故以名山。'"[6]《嘉慶常德府志》卷四《山川考上》又

---

[1] 祝穆撰，祝洙增訂，施和金點校《方輿勝覽》，第 542 頁。
[2] 何玉棻修，魏式曾纂《同治直隸澧州志》，《中國地方志集成·湖南府縣志輯》，第 78 冊第 130 頁。
[3] 應先烈修，陳楷禮纂《嘉慶常德府志》，《中國地方志集成·湖南府縣志輯》，江蘇古籍出版社 2002 年版，第 76 冊第 45 頁。
[4] 應先烈修，陳楷禮纂《嘉慶常德府志》卷一二《秩祀考》，《中國地方志集成·湖南府縣志輯》，第 76 冊第 183 頁。
[5] 祝穆撰，祝洙增訂，施和金點校《方輿勝覽》卷三〇《澧州》，第 542 頁。
[6] 祝穆撰，祝洙增訂，施和金點校《方輿勝覽》，第 534~535 頁。

云："陽山，府北三十里，一名太陽山，一名梁山。……《武陵圖經》：'陽
山之女，雲夢之神，嘗以夏首秋分獻魚。山上望湖如鏡，望江如環。'……
《舊志》：'陽山高聳雄峙，爲常德巨鎮。'"[1]《嘉慶常德府志》卷一二《秩祀
考》載觀音寺在武陵"縣北陽山東側。晉白鹿和尚建"[2]。

自武陵舟行至德山，作《自武陵舟行至德山》詩。

本集卷二三《自武陵舟行至德山》詩云："春風一動搖，蕭瑟鳴不已。"
（第304頁）德山，在今湖南常德境内。

轉益陽，遊白鹿寺，作《益陽白鹿寺》詩。

詩見本集卷二三。白鹿寺，在益陽縣（今屬湖南）南。案，《湖廣通
志》卷八〇《古迹志》載："白鹿寺，在（益陽）縣南。唐元和間，僧廣慧
建，司馬頭陀所卜地。"[3]《嘉慶重修一統志》卷三五六《長沙府三》載："白
鹿寺，在益陽縣南二里白鹿山上。唐元和中建，裴休談禪於此。"[4]

遊清修寺，作《清修寺二絶》詩。

本集卷二三《清修寺二絶》詩序曰："清修寺在益陽數十里間，慧遠之
弟居之，世謂之小廬山。"（第305頁）清修寺在益陽縣南六十里。案，《方
輿勝覽》卷二三《潭州》載："小廬山，在益陽。似九江廬山，故曰小廬
山。"[5]《嘉慶重修一統志》卷三五六《長沙府三》載："小廬山，在益陽縣南
六十里，一名清修山。上有香爐峰，瀑布泉。"[6]

二月十六日，高宗大赦，唯李綱不赦。

《建炎以來繫年要録》卷二〇載建炎三年二月十六日乙丑，"德音釋諸
路囚雜犯死罪以下，士大夫流徙者，悉還之，惟責授單州團練副使李綱不
以赦徙。蓋黄潛善建陳，猶欲罪綱以謝虜也"[7]。又見《三朝北盟會編》卷
一二二《炎興下帙二十二》、《皇宋中興兩朝聖政》卷四《高宗皇帝四》、《續
宋中興編年資治通鑑》卷二《宋高宗二》。

---

[1] 應先烈修，陳楷禮纂《嘉慶常德府志》，《中國地方志集成·湖南府縣志輯》，第76冊第44頁。
[2] 應先烈修，陳楷禮纂《嘉慶常德府志》，《中國地方志集成·湖南府縣志輯》，第76冊第182頁。
[3] 邁柱等修，夏力恕等纂《湖廣通志》，景印文淵閣《四庫全書》，第534冊第116頁。
[4] 穆彰阿等《嘉慶重修一統志》，第23冊第18089頁。
[5] 祝穆撰，祝洙增訂，施和金點校《方輿勝覽》，第411頁。
[6] 穆彰阿等《嘉慶重修一統志》，第23冊第18012頁。
[7] 李心傳編撰，胡坤點校《建炎以來繫年要録》，第1冊第466頁。

二十一日，沙縣管庫呂之望爲表瞻仰李綱之誠，建具瞻堂，成，鄧肅記之。

鄧肅《栟櫚先生文集》卷一六《具瞻堂》云："大丞相李公宣和初以左史論時事之失謫監沙邑筦庫……新安呂子之望以智謀中科，得官九品，筮仕之初，襲公筦庫之職，一日居其堂而四顧曰：'此非大丞相李公之所憩乎？……'請新其堂，而榜之曰'具瞻'……建炎三年二月二十一日記。"[1] 李綱宣和初貶謫沙縣管庫，呂之望襲其職，遂建具瞻堂。呂之望，名里不詳。

是月，自湘鄉趨邵陽，作《自湘鄉趨邵陽有感五絶》詩。

時李綱避謗，不敢取道衡嶽，繞道而行。案，本集卷二三《自湘鄉趨邵陽有感五絶》詩序曰："自湘鄉趨邵陽以避謗，不敢取道衡嶽，有感五首。"（第305頁）湘鄉、邵陽，今屬湖南。

邵陽道中，遊雲巖寺，作《邵陽道中雲巖寺》詩。

雲巖寺，《嘉慶重修一統志》卷三六一《寶慶府二》載："在邵陽縣東七十里。唐元和中建。有宋咸淳間碑，蕭應聰書。"[2] 據知，本集卷二三《邵陽道中雲巖寺》應作於邵陽道中。

至清湘，遊湘山寺，作《清湘西山寺無量壽塔》詩。

西山即湘山，在全州州治清湘（今廣西全州）西二里。案，《輿地紀勝》卷六〇《全州》謂湘山"在郡治後"[3]。《廣西通志》卷一三《山川》載："湘山，在（全州）城西二里。有飛來石，東鎮泉。又東爲玉虹泉，下爲無量壽佛光孝寺。其巔有甲亭，眺覽如在圖畫，宋林岊詩'江入甲亭幽'是也。"[4]《廣西通志輯要》卷四《桂林府》載："湘山，（全州）州西二里。絶頂有飛來石。其稍夷處曰筍布臺，寂照大師經行之所。後有浮屠俗名無量壽佛塔，即師示寂處也。絶頂有甲亭，士人以爲遊觀之所，柳宗元所謂'西山'也。"[5] 西山寺乃湘山寺也，在湘山之陽。案，《廣西通志》卷四三《寺

---

［1］鄧肅《栟櫚先生文集》，《宋集珍本叢刊》，第39冊第774頁。

［2］穆彰阿等《嘉慶重修一統志》，第23冊第18319頁。

［3］王象之著，李勇先校點《輿地紀勝》，第4冊第2242頁。

［4］金鉷等《廣西通志》，景印文淵閣《四庫全書》，臺灣商務印書館1986年版，第565冊第319頁。

［5］沈秉成修，蘇宗經、羊復禮纂《廣西通志輯要》，《中國方志叢書》，成文出版社1967年版，第93頁。

《觀》載："湘山寺，在（全州）州西湘山之陽，即報恩光孝寺，無量壽佛道場。唐元和二年建。宋紹興十三年賜額。"[1] 據知，本集卷二三《清湘西山寺無量壽塔》所詠"西山寺"即"湘山寺"也。

三月，行次桂林，作《桂林道中二首》詩。

本集卷二三《桂林道中二首》其一云："桂林山水久聞風，身世茫然墮此中。日暮碧雲濃作朵，春深稚筍翠成叢。"（第306頁）"春深"，三月也。

泊宿桂林，作《桂州與吳元中書》《別幅》，言不過柳州之因。

本集卷一一一《桂州與吳元中書》云："某罪庚遠屏，聞報即已行次桂林……見約水行，可以邂逅，固所深願。第恐好事者，又從而旁緣造言，以爲公累。不然，麻蘭之險，小舟蕩兀，非所憚也。幸冀照察。無緣承晤，此情可量，切望節抑哀慕，爲國自重。"（第1051頁）《別幅》謂"昨日抵桂林"（第1052頁），據知，二文爲行次並泊宿桂林（今屬廣西）時作。是年正月，吳敏有書答李綱，望取道柳州，可得一見，然李綱恐好事者造言，遂回書婉拒之。

桂林、陽朔間，作《山月驛聞子規次韻》詩。

本集卷二三《山月驛聞子規次韻》云："春枕夢回孤館悄，世故縈心愁不了。"（第306頁）詩原列本集卷二三《桂林道中二首》與《道陽朔山水尤奇絕》之間，應爲詩人行次桂林、陽朔間作，時三月也。

至陽朔，賦《道陽朔山水尤奇絕》詩二首。

陽朔（今屬廣西）山水奇絕，李綱恨征鞍匆遽，無因遊賞，賦詩二首紀事。案，本集卷二三《道陽朔山水尤奇絕》詩序曰："道陽朔，山水尤奇絕，舊傳爲天下第一，非虛語也，賦二絕句。"（第306~307頁）其一云："溪山此地藹佳名，雨洗煙嵐分外青。卻恨征鞍太匆遽，無因一上萬雲亭。"（第307頁）

至修仁，作《飲修仁茶》詩，《道旁井泉竭有感》詩或作於此。

本集卷二三《飲修仁茶》云："北苑龍團久不嘗，修仁茗飲亦甘芳。"（第307頁）修仁作也。修仁，今屬廣西。本集卷二三《道旁井泉竭有感》

[1] 金鉷等《廣西通志》，景印文淵閣《四庫全書》，第566冊第266頁。

詩序曰："自去冬不雨，至今道旁井竭，田多不耕，有感。"（第308頁）此詩原列《飲修仁茶》之後，或爲同時作。

至象州城西獻花鋪，作《獻花鋪次壁間韻》詩。

本集卷二三《獻花鋪次壁間韻》詩序曰："獻花鋪，唐相李德裕謫海南道此，有山女獻花，因以名之，次壁間韻。"（第307頁）詩云："吾亦乘桴向海涯，無人復獻雨中花。卻愁春夢歸吳越，茗飲濃斟薄荷芽。"（第307頁）獻花鋪在象州（今屬廣西）城西。案，《象州志·紀故第四帙》載："獻花鋪，今不知所在。孫尚書詩題注：'李衛公貶海外，道經象州，蠻女獻花於此。'"[1]象江，在象州城西。《讀史方輿紀要》卷一〇九《廣西四》載："象江，在（象州）州城西，即柳江也。自府城南流經州北，自城西而南入武宣縣境，又南入潯州府界。"[2]據知，獻花鋪在象州城西。

象州道中，作《象州道中二首》詩。

本集卷二三《象州道中二首》其一云："路入春山春日長，穿林渡水意徜徉。"（第307頁）二詩原列三月所作《桂林道中二首》之後，當同作於暮春三月。

宿象州，作《象州答吳元中書》。

本集卷一一一《象州答吳元中書》曰："區區已次象郡，跂望龍城，纔數舍之遠，不獲一見，我勞如何。"（第1055頁）

三月下旬，至貴州懷澤，因飲食多嘔，滯留休養調理，作《次貴州二首》《伏讀三月六日內禪詔》《暮春雨中有感二首》詩、《桂州答吳元中書》。

本集卷一一二《桂州答吳元中書》云："春深氣益暄，伏惟孝履支福。……區區自過象郡，頗覺爲嵐氣所中，飲食多嘔，姑少留懷澤將理。公倘尚居龍城，健步往還，不十數日，可通音問，或有所聞，願見告也。初夏祇數日間，千萬節抑爲天下自重。"（第1058~1059頁）懷澤（今廣西貴港）時屬貴州，且《四庫全書》本《梁溪集》卷一一二爲《貴州答吳元中書》[3]，故本集中"桂州"應爲"貴州"之誤也。從"春深氣益暄……初夏祇數日

---

[1] 李世椿修，鄭獻甫纂《象州志》，《中國方志叢書》，成文出版社1968年版，第272頁。
[2] 顧祖禹撰，賀次君、施和金點校《讀史方輿紀要》，第9冊第4912頁。
[3] 李綱《梁溪集》，景印文淵閣《四庫全書》，第1126冊第340頁。

間”推斷，此文應作於三月下旬，本集卷二三《次貴州二首》當爲同時作。

本集卷二三《伏讀三月六日內禪詔》詩序曰：“伏讀三月六日內禪詔書，及傳將士榜檄，慨王室之艱危，憫生靈之塗炭，悼前策之不從，恨姦回之誤國，感憤有作，聊以述懷四首。”（第308頁）而卷一一二《桂州答吳元中書》云：“睹三月六日內禪詔旨，王室變故，遂至於此，痛憤何言！又傳御營將士榜檄，乃知遜位緣此之故，所傳敵國之意非也，詔旨姑欲假此以爲辭耳。”（第1058頁）且本集卷二三《伏讀三月六日內禪詔》《暮春雨中有感二首》原列《次貴州二首》之後，當同作於貴州懷澤。內禪指是年三月五日宋高宗禪位皇太子事。案，《三朝北盟會編》卷一二五《炎興下帙二十五》載建炎三年三月“五日癸未，御營都副統制苗傅、劉正彥殺簽書樞密王淵，舉兵詣闕，反逼上遜位皇太子，元祐太后垂簾聽政”[1]。又見《宋史》卷二五《高宗本紀二》、《建炎以來繫年要錄》卷二一、《皇宋中興兩朝聖政》卷四《高宗皇帝四》、《中興小紀》卷五、《續宋中興編年資治通鑑》卷二《宋高宗二》。

二十九日，作《懷澤與吳元中別幅》。

本集卷一一二《懷澤與吳元中別幅》題注“三月二十九日”（第1059頁），書中痛陳靖康、建炎之得失。

四月十六日，作《再與吳元中別幅》。

據本集卷一一二篇名《桂州答吳元中書》《懷澤與吳元中別幅》《再與吳元中別幅》《郁林與吳元中別幅》，《再與吳元中別幅》應承前省略“懷澤”二字。又，《再與吳元中別幅》題注“四月十六日”（第1061頁），書中再與吳敏論及靖康、建炎中措置之失當事。

三、四月間，在貴州懷澤，作《含笑花五首》《荔枝五首》《茉莉花二首》《得梁溪書寄諸弟二首》《即事三首》《移居南山寺寺有巖洞甚幽並葛稚川丹竈》詩。

南山寺，即景祐寺，在貴縣南十里南山，故本集卷二三《移居南山寺寺有巖洞甚幽並葛稚川丹竈》詩當作於貴州懷澤。他詩原列本集卷二三《次

[1] 徐夢莘《三朝北盟會編》，第913~914頁。

貴州二首》與《移居南山寺寺有巖洞甚幽並葛稚川丹竈》，當同作於此，時三、四月也。案，《輿地紀勝》卷一一一《貴州》載景祐寺"在州南十里南山。石室虛曠，巖穴幽奇，中有石湧，成佛像者三。咸平元年，賜太宗御書二百二十軸藏於山。有御書閣以奉安所賜御書"[1]；南山"在州南十里。群峰秀異，甲於一郡。山中石室有石筍、佛像，周迴四門，殆非人力所及，相傳葛仙翁於此煉丹"[2]。又，《貴縣志》卷一《地理》載南山"一名寺山。在郭南里，縣南八里。宋初因巖爲寺，仁宗賜景祐禪寺額。亦曰南山寺"[3]。《貴縣志》卷一三《古迹》載："南山寺，在縣南八里南山。景祐寺即南山寺，在南江，離城十里。唐武后賜經五千卷，建樓貯之。宋太宗賜御書二百二十四軸，宋仁宗賜額景祐禪寺。……按，武后賜經疑即宋代賜御書之訛。"[4]據知，南山寺即景祐寺。今從《輿地紀勝》所載。

大約四月，懷澤至郁林途中，作《伏睹赦書有感二首》詩。

本集卷二四《伏睹赦書有感二首》詩序曰："伏睹四月五日赦書，鑾輿反正，中外大慶，小臣有感，斐然成章二首。"（第 313 頁）詩原列本集卷二三《移居南山寺寺有巖洞甚幽並葛稚川丹竈》與卷二四《端午日次郁林州》之間，當作於懷澤至郁林途中，時大約四月也。四月五日赦書指高宗復位後赦書。案，《建炎以來繫年要録》卷二二載建炎三年四月五日"壬子，上初御殿受朝。……詔前日皇太子嗣位赦文内'優賞諸軍'改作'復辟優賞'，餘不行"[5]。

五月五日，次郁林州，作《端午日次郁林州》詩。

詩見本集卷二四。端午日，五月五日也。郁林州，今廣西玉林。

寓居郁林。七日，作《郁林與吳元中別幅》。

本集卷一一二《郁林與吳元中別幅》題注"五月七日"（第 1063 頁），書中再論靖康、建炎中措置之失當。

---

[1] 王象之著，李勇先校點《輿地紀勝》，第 6 冊第 3673 頁。

[2] 王象之著，李勇先校點《輿地紀勝》，第 6 冊第 3672 頁。

[3] 歐仰羲修，梁崇鼎等纂《貴縣志》，《中國方志叢書》，成文出版社 1967 年版，第 71 頁。（編者按，原書作"歐卿義"，據考，當爲"歐仰羲"之誤。）

[4] 歐仰羲修，梁崇鼎等纂《貴縣志》，《中國方志叢書》，第 775 頁。

[5] 李心傳編撰，胡坤點校《建炎以來繫年要録》，第 2 冊第 545 頁。

是月，始著《易傳内篇》，作《寓郁林著〈易傳〉有感》詩二首。

　　本集卷一三四《易傳内篇序》載："書始於建炎歲次己酉中夏，時赴謫所，南征次玉林。"（第 1291 頁）本集卷二四《寓郁林著〈易傳〉有感》詩二首應爲同時作。

作《恭聞詔書褒悼陳少陽四首》詩。

　　本集卷二四《恭聞詔書褒悼陳少陽四首》詩序曰："恭聞詔書褒悼陳少陽，贈官與一子恩澤，賜緡錢五十萬，感涕四首。"（第 313 頁）詩原列本集卷二四《端午日次郁林州》與《寓郁林著〈易傳〉有感》之間，當同爲五月作。《建炎以來繫年要錄》卷二三載建炎三年五月四日"辛巳，上次鎮江府。翰林學士滕康請命有司祭陳東之墓，御筆令守臣並張愨致祭。上諭執政，以愨古之遺直，東忠諫而死，皆厚恤其家焉"[1]。詔書褒悼陳少陽當指此事。

七月十五日，作《郁林與吳元中書》，與吳敏索借許翰所注《易經》。

　　本集卷一一二《郁林與吳元中書》題注"七月十五日"（第 1064 頁）。

二十五日，作《與吳元中別幅》，再與吳敏索借許翰所注《易經》。

　　本集卷一一二《與吳元中別幅》題注"七月二十五日"（第 1065 頁）。

五月至七月寓居郁林期間，嘗得郡守所示古律詩一編。

　　本集卷二四《古律兩篇答郁林王守》詩序云："南遷道郁林，郡守王君示古律詩一編，北歸輒成兩篇，以答其意。"（第 326 頁）此二詩大約作於是年十二月下旬，據知，南遷道經郁林時，郡守王君嘗示古律詩一編。

大約八月初，次雷州，寓居天寧寺。作《次雷州》詩。

　　詩見本集卷二四。李綱七月二十五日仍在郁林，則到雷州（今屬廣東）時大約爲八月初，適海南黎寇猖獗，未可南渡，乃棲止於西關天寧寺。案，《方輿勝覽》卷四二《雷州》載有李綱留題，云："余謫萬安，次雷陽，適海南黎寇猖獗，艱阻留寓天寧丈室累月，聞官軍既破賊，即日成行。"[2]《輿地碑記目》卷三《雷州碑記》、《輿地紀勝》卷一一八《雷州》文字記載略有不同。據知，李綱累月寓居天寧寺。天寧寺，在海康"城西關外。唐大曆五

---

[1] 李心傳編撰，胡坤點校《建炎以來繫年要錄》，第 2 冊第 561 頁。
[2] 祝穆撰，祝洙增訂，施和金點校《方輿勝覽》，第 763 頁。

年開山，岫公建。宋蘇軾渡瓊寓此，愛其境勝，題曰'萬山第一'。南宋丞相李綱謫雷亦寓於此，有闍提花三絕，至今傳焉。宋末毀於兵"[1]。然本集卷一一四《與周元中書》謂"夏秋之交次雷陽。適海南黎寇猖獗，未敢南渡"（第1082頁）。此文爲李綱紹興元年（1131）追憶所作，"夏秋之交次雷陽"，應誤。

八月十五日，作《中秋月色佳甚與宗之對酌天寧寺寶華堂》詩。

本集卷二四《中秋月色佳甚與宗之對酌天寧寺寶華堂》云："禪房酌酒夜方闌，海月窺人光更清。"（第315頁）時寓居雷州天寧寺也。

是日，始作《易傳外篇》。

本集卷一三四《易傳外篇》序云："書始於建炎三年己酉之中秋，時謫居海上，行次雷陽。"（第1292頁）

大約八月末，作《雷陽與吳元中書》，與吳敏言易、華嚴二經。

本集卷一一三《雷陽與吳元中書》云："伏被八月二十五日所賜教墨，竊審邇來動靜勝常，感慰無諭！秋暑未闌信後，伏惟孝履支福。"（第1068頁）則此文應在八月二十五日之後，從"秋暑未闌"推斷，大約作於八月末。

八、九月間，作《闍提花盛開三絕》《得家書報長子儀之房下得孫男》詩。

本集卷二四《闍提花盛開三絕》詩序曰："所寓天寧方丈後，有闍提花數株，連月盛開，玉雪可愛，悵然有懷，成三絕句，寄吳元中。"（第315頁）《得家書報長子儀之房下得孫男》詩序云："得家書報長子儀之房下得孫男，殊慰老懷。時在雷州，著《易傳》適至震卦，因名之曰震孫。以詩寄儀之。"（第315~316頁）詩原列本集卷二四《中秋月色佳甚與宗之對酌天寧寺寶華堂》與《九日懷梁溪諸季二首》之間，大約作於八、九月間，時寓居雷州天寧寺。案，李綸《梁溪先生年譜》謂建炎三年"六月一日，長子房下長孫震生"[2]。八、九月間，李綱始得家報也。

作《海康與許崧老書》《別幅》，報雷州近況。

本集卷一一〇《海康與許崧老書》云："秋高江外氣候已涼……某

---

[1] 雷學海修，陳昌齊等纂《嘉慶雷州府志》卷八《壇廟志》，《中國地方志集成·廣東府縣志輯》，上海書店出版社2003年版，第43冊第257頁。

[2] 李綸編，彭邦明校點《梁溪先生年譜》，吳洪澤、尹波主編《宋人年譜叢刊》，第6冊第4089頁。

以黎寇未靖，尚駐海康。官軍進討，賊勢稍衰，早晚遂南渡矣。"（第1041～1042頁）據知，此文當爲八、九月間寓居雷州時作。另據卷一一〇《澧陽與崧老書》《海康與許崧老書》《別幅》《泰寧與許右丞書》篇名，推斷《別幅》應承前省略"海康"，當與《海康與許崧老書》同時作。

作《永遇樂》（秋色方濃）。

趙效宣《李綱年譜長編》謂是年詞有《永遇樂》[秋夜有感][1]，"秋夜有感"爲此詞詞序，此處括引首句。詞云："秋色方濃，好天涼夜，風雨初霽。"[2]據知，此詞當爲八、九月間寓居雷州時作。

九月九日，與宗之對酌，作《九日懷梁溪諸季二首》詩。

本集卷二四《九日懷梁溪諸季二首》詩序云："九日與宗之對酌，懷梁溪諸季……賦詩見意二首。"（第316頁）

大約九、十月間，作《贈嶠南琮師》詩，時琮師見訪。

本集卷二四《贈嶠南琮師》詩序云："嶠南僧罕遵戒律，況向上事，獨琮師隱居湖巖，絕不至城市，超然拔俗。聞余來，策杖見過，與語可人，知爲飽參衲子也。詢其所見，蓋嘗從長蘆了遊，了居長蘆，聚徒至千五百，衆道價籍甚江淮間，余雖不之識，然聲氣相合，心期自親，嘗辱貽問。今見琮，益知了之門風孤峻，真楷老兒孫也，退處天台，琮將浮海詣之，因賦詩贈琮，且簡了公，異時得歸，決須相隨於石橋側，可以握手一笑。梁溪居士云。"（第316～317頁）詩原列九月九日所作《九日懷梁溪諸季二首》與十一月三日所作《冬至》之間，大約作於九、十月間。僧琮師，遂溪（今屬廣東）人，"隱湖光巖，超然拔俗，足迹不至城。聞李綱至，即出謁。官僚欲見之，即飄然而去。後趺化"[3]。

十一月三日，作《冬至》詩。

詩見本集卷二四。案，是年冬至爲十一月三日。

十五日，聞官軍破賊，二十日，戒行，作《聞官軍破黎賊作兩絕》詩。

本集卷二四《聞官軍破黎賊作兩絕》詩序云："海南黎人作過，據臨皋

［1］趙效宣《李綱年譜長編》，第132頁。
［2］唐圭璋編纂，王仲聞參訂，孔凡禮補輯《全宋詞》，第1169頁。
［3］李賢等《明一統志》卷八二《雷州府》，景印文淵閣《四庫全書》，第473冊第730頁。

縣，驚劫旁近。因小留海康，十一月望，聞官軍破賊，二十日戒行，戲作兩絕句。”（第 317 頁）

二十五日，次徐聞地角場，作《祭伏波廟文》，遣宗之攝祭伏波廟。夜半，乘桴越海往瓊州，作《次地角場俾宗之攝祭伏波廟》《次東坡韻二首》詩。

本集卷二四《次地角場俾宗之攝祭伏波廟》詩序云：“次地角場，以瘡瘍不果謁伏波廟，俾宗之攝祭，期以二十五日渡海，一卜即吉，夜半乘潮解桴，星月燦然，風便波平，詰旦已達瓊管。東坡謂‘斯[1]游奇絕冠平生’，非虛語也，作二詩紀之。”（第 318 頁）本集卷一三三《武威廟碑陰記》亦云：“余以罪謫萬安，行次海濱疾作，不果謁祠下，遣子宗之攝祭，病臥館中，默禱於神，異時倘得生還，往返無虞，當書蘇公所作碑，刻石廟中，使人有所觀考，以答神貺。時建炎三年十一月二十有五日。既得吉卜，夜半乘潮南渡，詰旦次瓊管，恬無驚擾。”（第 1282 頁）《方輿勝覽》卷四二《雷州》載有李綱建炎己酉留題，云：“故翰林蘇公謫儋耳，既北歸，作《漢伏波廟記》，迨今逾三十年，未克建立。綱以罪謫居萬安，遣子宗之攝祭，默禱於神，異時倘得生還，當書蘇公所作廟碑以答神貺。”[2]《輿地碑記目》卷三《雷州碑記》、《輿地紀勝》卷一一八《雷州》記載文字略有不同，皆引本集卷一六四《祭伏波廟文》。另，據本集卷二四《次東坡韻二首》詩句“地角潮來未五更”（第 318 頁），知同爲“乘潮解桴往瓊州”時作。《全宋詩》卷一五七一引《後村詩話》前集卷二李綱《過海》詩句“假使黑風飄蕩去，不妨乘興訪蓬萊”[3]，當同作於是時。

地角場，“在今徐聞縣南海濱也”[4]。伏波廟，《嘉慶雷州府志》卷八《壇廟志》載：“在（徐聞）縣南門內。蘇軾、李綱有記。”[5]又云：“在（海康）城南關外寧國坊馬跑泉。西漢邳離侯路博德、東漢新息侯馬援皆號伏波，並

---

[1]“斯”當爲“茲”。案，《蘇軾詩集校注》卷四三《六月二十日夜渡海》詩云：“九死南荒吾不恨，茲游奇絕冠平生。”見蘇軾著，張志烈等校注《蘇軾全集校注》，第 7 冊第 5130 頁。

[2]祝穆撰，祝洙增訂，施和金點校《方輿勝覽》，第 763 頁。

[3]北京大學古文獻研究所編《全宋詩》，第 27 冊第 17833 頁。

[4]趙效宣《李綱年譜長編》考訂甚詳，可參，第 126~127 頁。

[5]雷學海修，陳昌齊等纂《嘉慶雷州府志》，《中國地方志集成·廣東府縣志輯》，第 43 冊第 261 頁。

有功德於嶺南，雷人立祠祀之。蘇軾、李綱、袁潭各有記。"[1] 或指同一伏波廟也。

是日，作《乘桴浮於海賦》。

　　本集卷四《乘桴浮於海賦》云："爰有羈臣，遠投瘴海。短髮白而早衰，存心丹而不改。"（第21頁）據文意此賦應爲遠謫嶺海時作。然《輿地紀勝》卷一二四《瓊州》載碑記"乘桴浮於海賦。建炎元年[2]，李丞相綱自澧移謫萬安軍，已渡海至瓊，而德音聽還，想必是渡海而作也"[3]。《輿地碑記目》卷三《瓊州碑記》所載與之同。今從本集。趙效宣《李綱年譜長編》謂《乘桴浮於海賦》作於建炎三年（1129），又謂此賦作於紹興四年（1134）[4]，重複收録也。

二十六日晨，抵瓊州，寓遠華館，作《次瓊管二首》詩。

　　詩見本集卷二四。李綱抵達瓊州（今海南瓊山）後，寓居遠華館。案，《輿地紀勝》卷一二六《萬安軍》載："瓊州華遠館題壁。李丞相綱以建炎二年自澧州移萬安軍，十一月二十有五日南渡，次瓊管。後三日，祗奉德音聽還，以十二月五日[5]北歸，寓華遠館，凡十日。載惟自唐以來，宰相有罪謫海上多矣，得生還者以一二數，又皆積年始内徙。而今者往返曾不逾旬，天恩寬大，感極而繼之以泣云。"[6] 然本集卷二四《假道容惠當遊勾漏等洞天》詩序謂"寓瓊山遠華館"（第324頁），今從本集。

二十九日，忽奉德音，恩許自便，作《次瓊管後三日奉德音自便二首》詩。是夜，躬禱威武行宫，作《北歸祭神文》。

　　本集卷二四《次瓊管後三日奉德音自便二首》詩序云："次瓊管後三日，忽奉德音，恩許自便，感涕之餘，賦詩見志二首。"（第320頁）卷一三三《武威廟碑陰記》亦云："……時建炎三年十一月二十有五日。既得吉卜，夜

[1] 雷學海修，陳昌齊等纂《嘉慶雷州府志》，《中國地方志集成·廣東府縣志輯》，第43冊第254頁。
[2] "元年"應爲"三年"之誤。
[3] 王象之著，李勇先校點《輿地紀勝》，第7冊3944頁。
[4] 趙效宣《李綱年譜長編》，第132、177頁。
[5] 應爲"十二月六日"。
[6] 王象之著，李勇先校點《輿地紀勝》，第7冊3990頁。

半乘潮南渡，詰旦次瓊管，恬無驚擾。後三日，祇奉德音，特恩聽還。夜疾良愈，躬禱行宮，卜以十二月五日己卯北渡不吉，再卜六日庚辰吉。"（第1282頁）然卷一一四《與周元中書》云："其冬官軍破賊，乃乘桴次瓊管。兩日而德音至，蒙恩許自便。"（第1082頁）此文爲李綱紹興元年（1131）追憶所作，"兩日而德音至"，應誤。又，本集卷一六四《北歸祭神文》云："謹以牲酒香幣之奠，致享於威武行宮。……敢以牲牢，躬禱祠下，冀得吉卜，以終神休。"（第1516頁）據知，《北歸祭神文》應爲二十九日夜躬禱威武行宮時作。

十一月三日，詔諭許自便，但李綱行至瓊州後三日始得旨意也。案，《建炎以來繫年要錄》卷二九載建炎三年十一月三日丁未，"勘會責授單州團練副使、昌化軍安置李綱罪在不赦，更不放還，緣累經恩赦，特許自便。綱行至瓊州而還"[1]。又見《宋史》卷二五《高宗本紀二》、《皇宋中興兩朝聖政》卷六《高宗皇帝六》、《行狀》。

十一月二十六日至十二月六日間，在瓊州，作《檳榔》《郡城北曰語海余易之曰雲海二首》詩。

本集卷二四《檳榔》詩曰："疏林滄海上，結實已纍纍。"（第319頁）《郡城北曰語海余易之曰雲海二首》詩序云："郡城南曰瓊臺，北曰語海，余易之爲雲海。登眺有感二絕句。"（第320頁）此三詩原列本集卷二四《次瓊管二首》與《北歸晝渡成五絕句》之間，當作於瓊州。而李綱十一月二十六日至瓊州，十二月六日渡海北歸，故三詩應作於十一月二十六日至十二月六日間。

十二月六日，渡海北歸，作《北歸晝渡成五絕句》詩及《瓊山和〈歸去來辭〉》。

本集卷一三三《武威廟碑陰記》云："後三日，祇奉德音，特恩聽還。夜疾良愈，躬禱行宮，卜以十二月五日己卯北渡不吉，再卜六日庚辰吉；己卯之晝，風霆大作，庚辰乃息，日中潮來，風便波平，舉帆行舟，安如枕席，海色天容，軒豁呈露，不一時已達北岸。"（第1282頁）故《輿地紀勝》

---

[1]李心傳編撰，胡坤點校《建炎以來繫年要錄》，第2冊第668頁。

《輿地碑記目》云建炎元年十二月五日北歸、建炎二年十二月五日北歸均誤。本集卷二四《北歸晝渡成五絶句》詩序云：“北歸晝渡海，風便波平，尤覺奇絶，成五絶句。”（第 320 頁）本集卷一四二《瓊山和〈歸去來辭〉》有“歸去來兮！吾今蒙恩真得歸”（第 1356 頁）之語，應爲北歸時作。

十二日，次雷州，宿於天寧寺舊館。祭雷廟，書武威廟碑，作《次海康登平仙亭次萊公韻》《雷廟讀丁晉公所作碑》《謁寇忠愍祠堂六首》詩，另有《武威廟碑陰記》《祭雷廟文》諸文。

本集卷一三三《武威廟碑陰記》云：“次雷陽，書碑施金，委郡守董侯總其事，大書深刻，垂之無窮，且敘所以蒙神之庥者，志於碑陰，式告觀者。……歲次己酉季冬十二日，武陽李某記。”（第 1282 頁）《方輿勝覽》卷四二《雷州》載有李綱留題，云：“余謫萬安，次雷陽，適海南黎寇猖獗，艱阻留寓天寧丈室累月，聞官軍既破賊，即日成行。南渡次瓊管，不三日，祇奉德音，蒙恩聽還，往返纔十日。復天寧舊館。”[1]《輿地碑記目》卷三《雷州碑記》、《輿地紀勝》卷一一八《雷州》文字記載略有不同。

雷州平仙亭，不詳待考。本集卷二四《次海康登平仙亭次萊公韻》詩中，萊公乃寇準也。

雷廟，在雷州西南八里英榜山。趙效宣《李綱年譜長編》引《廣東通志》《太平寰宇記》《清一統志》等考訂甚詳，並曰：“《文集》與《通志》稱雷廟，《夷堅志》作雷王廟，《寰宇記》與《一統志》則稱雷公廟。《南越筆記》稱雷神廟。其詳不可考。《通志》與《一統志》謂在州西南八里，《寰宇記》云在州西南七里，與《志》相差一里，未知孰是，今姑從《通志》等書。”[2] 案，《嘉慶雷州府志》卷八《壇廟志》：“雷祖廟，在郡西南八里英榜山。”[3]《嘉慶海康縣志》卷二《建置》所載與之同，則雷廟又有“雷祖廟”之稱。本集卷二四《雷廟讀丁晉公所作碑》、卷一六四《祭雷廟文》當同作於北歸時。

寇忠愍祠堂乃後之旌忠祠。《嘉慶雷州府志》卷八《壇廟志》載：“旌忠

[1] 祝穆撰，祝洙增訂，施和金點校《方輿勝覽》，第 763 頁。
[2] 趙效宣《李綱年譜長編》，第 130 頁。
[3] 雷學海修，陳昌齊等纂《嘉慶雷州府志》，《中國地方志集成·廣東府縣志輯》，第 43 冊第 253 頁。

祠，在西湖東。宋丞相萊國公寇準以乾興元年，自道州謫雷州司户，殁於雷，郡人立祠祀之。每歲以中元前一日行慶旦禮。事聞於朝，紹興五年賜額'旌忠'。淳熙七年，通判吴紘、權州事王進之相繼修葺，梁安世記。"[1] 本集卷二四《謁寇忠愍祠堂六首》其一云："親征決策幸澶淵，南北歡盟有本原。丞相萊公功第一，猶將孤注作讒言。"（第 321 頁）寇忠愍即宋丞相萊國公寇準，紹興五年賜額"旌忠"，李綱來時朝廷還未賜額。

十三日至十九日之間，離開雷州，作《初發雷陽有感二首》詩。

詩見本集卷二四。案，李綱十二月十二日至雷州、宿天寧寺，十九日已在龍化道中，則從雷州出發應在十三日至十九日之間。

至城月驛，作《琮師追送至城月驛戲成兩絶句以答其意》詩。

此詩原列本集卷二四《初發雷陽有感二首》之後，李綱寓居雷州時曾與琮師交遊，此詩應爲初發雷州時作，而李綱從雷州出發在十三日至十九日之間。城月驛，不詳待考。

十九日，於龍化道中得家書，言諸弟已挈家渡浙江，往劍川。遂決意由五羊趨循、惠、潮陽，假道閩中以歸。作《立春日龍化道中得家問三首》詩。

本集卷二四《立春日龍化道中得家問三首》詩序云："立春日，龍化道中得家問，諸季已挈家渡浙江，如劍川。又聞江西頗有群盜嘯聚。遂決意由五羊趨循、惠、潮陽，假道閩中以歸，偶成三篇。時十二月十九日也。"（第 323 頁）龍化，今廣西陸川。劍川，李綱外家也。

是日得家書喜甚，與宗之對酌調馬驛中，醉中作《和東坡〈醉題〉四首》詩。

本集卷二四《和東坡〈醉題〉四首》詩序云："久不飲酒，春日得家問甚喜，與宗之對酌調馬驛中，連飲數觥徑醉，醉中和東坡醉題四首。"（第 323 頁）調馬驛，不詳待考。

二十日，作《立春後一日風雨殊有寒色偶成》詩。

詩見本集卷二四。是年立春日爲十二月十九日，後一日，二十日也。

---

[1] 雷學海修，陳昌齊等纂《嘉慶雷州府志》，《中國地方志集成·廣東府縣志輯》，第 43 冊第 255 頁。

大約十二月下旬，行次陸川道中，作《陸川道中偶成》詩，《假道容惠當遊勾漏等洞天》《海上歸戲成二絶》《容南道中二首》《再賦孔雀鸚鵡二首》詩或同作於陸川境内。

本集卷二四《陸川道中偶成》原列《立春後一日風雨殊有寒色偶成》之後，據篇名及其排序推斷此詩大約爲十二月下旬陸川（今屬廣西）境内作。而本集卷二四《假道容惠當遊勾漏等洞天》詩序曰："今假道容、惠，當遊勾漏、都嶠、白石、羅浮，皆洞天也。"（第 324 頁）此詩與他詩列於十二月十九日龍化道中所作《立春日龍化道中得家問三首》與《陸川道中偶成》之間，或同爲陸川境内作，時大約十二月下旬。

至郁林，作《古律兩篇答郁林王守》詩。

本集卷二四《古律兩篇答郁林王守》詩序云："南遷道郁林，郡守王君示古律詩一編，北歸輒成兩篇，以答其意。"（第 326 頁）詩曰："《易》書顧我耽成癖，詩筆憐君老更豪。"（第 326 頁）此二詩與是年五月五日次郁林州後著《易傳内篇》相照應，應爲北歸途經郁林時作。

過北流，遊勾漏觀，作《過北流縣八里遊勾漏觀留五絶句》《睹兩朝御書古風》詩。

據本集卷二四《過北流縣八里遊勾漏觀留五絶句》詩題及本集卷二五《睹兩朝御書古風》詩序"道勾漏山靈寶觀，竊睹兩朝御書，謹成古風"（第 328 頁）推知，以上諸詩應是北歸途中遊勾漏山時作。

勾漏山，在北流縣（今屬廣西）東北十里。案，《方輿勝覽》卷四二《容州》載勾漏山"在普寧縣。其巖穴多勾曲而穿漏，故名。平川中石峰千百，皆矗立特起，周迴三十里。相傳葛仙嘗修煉於此"[1]。《明一統志》卷八四《梧州府》載："勾漏山，在北流縣東北一十五里。石峰千百，皆矗立特起，其巖穴勾曲穿漏故名山。有寶圭洞，即《道書》二十二洞天也。洞有三石室，相傳葛洪嘗於此修煉。宋李綱詩：'問津勾漏山，散策寶圭洞。群峰羅翠屏，環合無缺空。'"[2]《廣西通志》卷一七《山川》亦云在北流縣東北一十五里。然《北流縣志》卷五《山川》云："勾漏山，縣東北十里，周迴

---

[1] 祝穆撰，祝洙增訂，施和金點校《方輿勝覽》，第 754 頁。
[2] 李賢等《明一統志》，景印文淵閣《四庫全書》，第 473 冊第 771 頁。

三十里。名玉闕寶圭之天。石峰千百，皆矗立特起，其巖穴勾曲穿漏，故以名山。又嘗以名縣。《道書》謂爲第二十二洞天，葛洪求爲勾漏令，修煉於此。"[1]案，勾漏山在北流縣與普寧縣之間，故《方輿勝覽》謂在普寧縣，《北流縣志》等謂在北流縣，但又有北流縣東北十里、十五里之異，今從《北流縣志》。

勾漏觀，在勾漏山。《過北流縣八里遊勾漏觀留五絕句》其一云："百里仙山氣象雄，參差峰岫翠成叢。雲軿鶴馭今何處？丹竈依然洞穴中。"（第326頁）其二云："葛翁求令爲丹砂，今我來從海上槎。祇恐山靈嫌俗駕，未容歸客臥煙霞。"（第326頁）據知，勾漏觀應在勾漏山，距北流縣八里。

靈寶觀在勾漏山側。《北流縣志》卷一二《祠廟》載："勾漏庵在勾漏山側，即靈寶觀舊址南。漢時增修，改名勾漏庵。後圮。"[2]《北流縣志》卷一一《古迹》載："宋仁宗御書，在寶圭洞。"[3]卷二三《藝文》收錄李綱《遊勾漏》詩，注有"洞舊藏有仁宗御書"[4]。《遊勾漏》詩即本集卷二五《睹兩朝御書古風》，詩云："問津勾漏山，散策寶圭洞。群峰羅翠屏，環合無缺空。"（第328頁）《輿地紀勝》卷一〇四《容州》引用此四句，後有"石盤與丹竈，遺迹可捫弄"[5]。《全宋詩輯補》收錄《勾漏山詩溢句》即此二句詩，注云："《輿地紀勝》卷一〇四《容州》。此處引錄勾漏山詩三韻，爲《全宋詩》據其集收《道勾漏山靈寶觀竊睹兩朝御書謹成古風》詩中句子，溢出'環合無缺空'下一聯。《粵西詩載》卷二、雍正《廣西通志》卷一二〇載錄皆有此一聯。"[6]據《北流縣志》卷一四《僑遷》，李綱"乃落職提舉崇福宮。曾至桂林、陽朔、象州、容州北流，遊勾漏，俱題詩而去"[7]。《睹兩朝御書古風》應爲遊勾漏山靈寶觀時題詩。

次容州，適宿疾復作，又傳報寇盜驚擾，道塞不可行，遂宿留容州。

本集卷一一四《與李封州致遠書》云："至容南適感瘴氣，又傳報江湖

[1] 徐作梅修，李士琨纂《北流縣志》，《中國方志叢書》，成文出版社1975年版，第197頁。
[2] 徐作梅修，李士琨纂《北流縣志》，《中國方志叢書》，第451頁。
[3] 徐作梅修，李士琨纂《北流縣志》，《中國方志叢書》，第425頁。
[4] 徐作梅修，李士琨纂《北流縣志》，《中國方志叢書》，第1404頁。
[5] 王象之著，李勇先校點《輿地紀勝》，第6冊第3512頁。
[6] 湯華泉輯撰《全宋詩輯補》，第4冊第1765~1766頁。
[7] 徐作梅修，李士琨纂《北流縣志》，《中國方志叢書》，第588頁。

間寇盜，驚擾紛紛，憂憤之深，宿病大作，須調治稍安，又道路無梗，然後敢行。”（第1080頁）卷一一四《與周元中書》又云：“歲盡抵容南，傳報虜騎深入，江湖間大擾，道塞不可行。宿留至春暮。”（第1082頁）據知，是年十二月下旬至次年春暮，李綱居容州（今廣西容縣）也。

過次山堂，作《次山堂》詩。

本集卷二五《次山堂》詩序云：“元結嘗經略容管，王守作次山堂，以思其人，爲賦此詩。”（第328頁）案，次山堂，在容州州治。《容縣志》卷四《輿地志四》載：“次山堂，宋建炎間，州守王次翁思慕元結，因建。李忠定公綱曾題詩以去。堂久圮。”[1] 王次翁，字慶曾，濟南（今屬山東）人。時任容州知州。案，《容縣志》卷一五《宦迹》載：“王次翁，字慶曾，濟南人。廣西轉運判官，建炎二年，知容州。常慕元結爲人，取結在道州時《乞免科率》二奏刻之石，並刻其遺像，以時觀省，且曰：‘庶不墜元子之政也。’因作次山堂以志景仰。”[2]

聞長沙軍變，向子諲能彈治，適得向子諲書信，亦道其事，作《聞長沙軍變向伯恭能彈治》詩、《與向伯恭龍圖書》。

本集卷二五序謂“歸途庚戌歲作五十七首”（第328頁），《聞長沙軍變向伯恭能彈治》原列容州所作《次山堂》與《虞祖道相從湖海》之間，當同作於容州。序曰：“客有言長沙軍變，向伯恭能彈治，規畫甚偉，適得伯恭書，亦道其事，作韻語以寄之。”（第329頁）本集卷一一四《與向伯恭龍圖書》云：“區區南渡次瓊山，忽奉德音聽還，大恩難報，第深感涕。假道廣東以歸，訪家於江浙，未知川途通塞何如。世故至此，痛憤何言！聞諸道路，長沙倉卒之變，微妙手彈壓，即湖湘間當大擾矣。辱垂諭又得其詳，良以歎服。”（第1078頁）向子諲建炎三年（1129）九月十一日起知潭州，到長沙後，遇禁卒縱火殺人，遣部下討平之。案，《建炎以來繫年要錄》卷二八載建炎三年九月十一日丙辰，“初，張浚調兵潭州，而帥臣、直龍圖閣辛炳懦怯不能遣，幾至生變，浚罷之，起復直龍圖閣向子諲知潭州，至是以

---

[1] 易紹德修，封祝唐纂《容縣志》，《中國方志叢書》，成文出版社1974年版，第173頁。
[2] 易紹德修，封祝唐纂《容縣志》，《中國方志叢書》，第606~607頁。

聞"[1]；二十七日壬申，"是夜，潭州禁卒自城南縱火，殺一兵官於市，劫其將，使爲主。其將誑之以入甲仗庫，至子城，反關拒之。郡卒焚東西城樓，火市民居。放火自馬軍營始，馬軍營忿之，出戰，賊掠金銀，遂自東門出瀏陽縣。城中大亂，殺戮攘奪，至旦未息。帥臣向子諲命通判州事孟彥卿、趙民彥以將，領馬軍等追之。至醴陵、攸縣間，與鄉兵戰，爲寨柵所阻，不能去，遂招安。歸至城門，皆搜索而入，畏其黨與，不敢盡誅。彥卿，忠厚從父。民彥，燕人，嘗爲張覺參謀者是也"[2]。事後，向子諲嘗遺書李綱言兵變之事，李綱回之，並寄詩一首，時十二月下旬也。趙效宣《李綱年譜長編》謂《與向伯恭龍圖書》作於建炎四年[3]，誤。向子諲（1085—1152），字伯恭，號薌林居士，河南開封人，後卜居臨江軍清江（今江西樟樹）。[4]

作《蕭懋德自臨江遣人致書》詩二首。

本集卷二五《蕭懋德自臨江遣人致書》詩序云："蕭懋德秀才自臨江遣人致書海上，遇於歸途，賦詩二首寄之。"（第329頁）詩原列容州所作《次山堂》與《虞祖道相從湖海》之間，當同作於容州。懋德，蕭建功字也。

作《虞祖道相從湖海》詩，與虞祖道識別。

本集卷二五《虞祖道相從湖海》詩序云："罪謫海上，中州親故罕通問，獨虞君祖道相從湖海，逾年北歸，同途次容南，賦詩識別。"（第330頁）虞祖道，名里不詳。

值容州府學翻新，名所建講堂曰"育材"，作《詠育材講堂》詩。

本集卷二五《詠育材講堂》詩序云："自學校之制廢，而戎馬之患興，州縣長民者，不復以教育爲意。獨容南鼎新郡庠，招徠生徒，弦誦之聲不輟，誠可嘉歎。所建講堂，爲名之曰育材，輒成五言十韻。"（第331頁）育材講堂在容州。案，《容縣志》卷四《輿地志四》載："育才堂，宋建炎二年知州事王次翁建。次年十二月，李忠定公綱由瓊被朝命北歸，假道容南，適郡學講堂鼎新，綱爲名之曰育才。今久廢。"[5]卷一五《宦迹》載："王次翁，

[1] 李心傳編撰，胡坤點校《建炎以來繫年要錄》，第2冊第649頁。
[2] 李心傳編撰，胡坤點校《建炎以來繫年要錄》，第2冊第652～653頁。
[3] 趙效宣《李綱年譜長編》，145頁。
[4] 王兆鵬《向子諲年譜》，《兩宋詞人年譜》，第469、473、571頁。
[5] 易紹德修，封祝唐纂《容縣志》，《中國方志叢書》，第173頁。

字慶曾，濟南人。廣西轉運判官，建炎二年，知容州。……時戎馬之餘，長民者不復以教育爲意。次翁新郡庠、建講堂，招徠生徒，弦誦之聲不輟。僕射李綱由瓊被朝命北歸，過容見之，均深嘉歎，爲名講堂曰育才，俱繫以詩。”[1] 據知，李綱所詠育材講堂即《容縣志》所載育才堂也。

二十九日，作《除夜與宗之對酌懷家》詩。

本集卷二五《除夜與宗之對酌懷家》云：“四年除夕旅殊方，海上歸來路更長。”（第 330 頁）是年十二月乙亥朔，次年正月甲辰朔，據知，十二月爲小盡，除夕爲十二月二十九日。李綱時羈留容州也。

大約是年，朱松上書，頌揚李綱德業。

本集附錄五《朱松上李丞相書》云：“恭惟僕射相公，始爲史官，方朝廷以言爲諱，指陳闕失，姦諛震動，遂得罪以去。……至靖康、建炎之初，群邪並進，爭爲誤國之計以售其姦。獨僕射所建白，皆天下國家所以安危大計，至今焯然在人耳目，非徒其言不用，又放竄而瀕於死……自非深明先王所以維持天下之道，與夫子孟軻所丁寧深切者，其孰能至於斯歟！”（第1799~1800 頁）此文“樂道僕射之德業風義”（第 1800 頁），提及“放竄而瀕於死”，應指是年貶謫至儋州事，大約作於是年。此文即朱松《韋齋集》卷九《上李丞相書》。[2] 朱松，朱熹父，字喬年，婺源（今屬江西）人。登進士第，歷秘書省正字、司勳吏部郎。[3]

是年作《減字木蘭花》（茫茫雲海）、《減字木蘭花》（龜臺金母）、《喜遷鶯》（邊城寒早）、《一剪梅》（數點梅花玉雪嬌）諸詞，《椰子酒賦》《濁醪有妙理賦》《三黜賦》《折檻旌直臣賦》諸賦及《跋東坡書》。或作《藥杵臼後賦》。

趙效宣《李綱年譜長編》謂是年“詞有《減字木蘭花》[讀神仙傳] 二首……《喜遷鶯》[塞上詞] 一首，《一剪梅》一首”[4]，並謂本集卷三《椰子酒賦》、卷四《濁醪有妙理賦》《三黜賦》《折檻旌直臣賦》諸賦，卷一六三

[1] 易紹德修，封祝唐纂《容縣志》，《中國方志叢書》，第 606~607 頁。
[2] 朱松《韋齋集》，景印文淵閣《四庫全書》，臺灣商務印書館 1986 年版，第 1133 冊第 515~517 頁。
[3] 趙弘恩等修，黃之雋等纂《乾隆江南通志》卷一六四《人物志》，《中國地方志集成·省志輯·江南》，第 6 冊第 197 頁。
[4] 趙效宣《李綱年譜長編》，第 132 頁。

《跋東坡書》作於是年[1]，姑從之。案，"讀神仙傳""塞上詞"[2]爲《減字木蘭花》《喜遷鶯》詞序，此處括引首句。《全宋詞》收錄李綱詞《一剪梅》僅一首，即《一剪梅》（數點梅花玉雪嬌）。[3]本集卷三《藥杵臼後賦》緊繫《椰子酒賦》之後，或同作於是年。

高宗建炎四年庚戌（1130），四十八歲

北歸邵武。有詩一百六十六首、文二十五篇、詞八首。

居容州。正月初一，遊都嶠山，登最高峰八疊，留《遊都嶠山》詩五首於棲真觀中；晚宿靈景寺，作《宿都嶠山靈景寺》詩。

本集卷二五《遊都嶠山》詩序云："庚戌正月一日遊都嶠山，留五絕句，棲真觀中。"（第 330 頁）案，都嶠山，在容縣南二十里。《方輿勝覽》卷四二《容州》載："《寰宇記》：'在普寧。'山上有八峰：曰兜子、馬鞍、八疊、雲蓋、香爐、仙人、中峰、丹竈。而八疊奇秀，視諸峰甚高。有南北兩洞，俱有石室。南洞寬坦，中刻浮屠大像，儀制甚古；北洞差狹，爲星壇凡八。二洞虛爽，天造地設，非他洞穴幽黟之比。"[4]《輿地紀勝》卷一〇四《容州》亦引《寰宇記》，稱在普寧，普寧即容縣也。《容縣志》卷三《輿地志三》又云："都嶠山，縣南二十里。高三百餘丈，周迴一百八十里。名寶元之天，在容州。山上有八峰……亦號簫韶山。有南北兩洞，俱有石室。又名南山。列八景，曰南山秋色。斷崖絕澗，下臨百仞，沿磴捫蘿而上橫眺，白雲俱在足下。葛烘煉丹勾漏，嘗往來棲息。《道書》稱之爲二十洞天。"[5]《明一統志》卷八四《梧州府》亦稱在容縣南二十里。《遊都嶠山》其四云："疊嶂高巖聳八峰，雲間紫翠鬱相重。故應洞穴通勾漏，更愛林巒接大容。"（第 331 頁）其五云："石磴盤紆木蒨葱，捫蘿獨上最高峰。白雲深處時回首，千里江山指顧中。"（第 331 頁）最高峰，乃八疊峰也。八疊峰，"在中

---

[1] 趙效宣《李綱年譜長編》，第 132～133 頁。
[2] 唐圭璋編纂，王仲聞參訂，孔凡禮補輯《全宋詞》，第 1169、1177 頁。
[3] 唐圭璋編纂，王仲聞參訂，孔凡禮補輯《全宋詞》，第 1178 頁。
[4] 祝穆撰，祝洙增訂，施和金點校《方輿勝覽》，第 754 頁。
[5] 易紹德修，封祝唐纂《容縣志》，《中國方志叢書》，第 135 頁。

峰西。巨石斜疊，層次分明。《方輿紀要》諸書謂八峰，此尤高聳，亦未盡然。……旁一石，形肖燈檠。相傳夜有光，爲科第之應。與讀書臺隔江相對，故有燈檠光照讀書之諺”[1]。

《輿地紀勝》卷一〇四《容州》謂棲真觀“在州南二十五里都嶠山寶元洞天”[2]。《容縣志》卷八《建置志二》載棲真觀在容“縣南二十五里都嶠山寶元洞天。宋咸平元年，降到太宗皇帝御書一函。大中祥符三年，宣賜泰山芝草二匣，並於觀中奉安”[3]。容州州治即容縣也。

本集卷二五《宿都嶠山靈景寺》云：“清晨遊棲真，薄暮宿靈景。山空松桂香，雲細泉石冷。高屋敞飛簷，象緯通參井。惜無娟娟月，散此林下影。夜闌風露寒，巖岫燈火耿。疏鐘響嵌竇，客枕發深省。”（第331頁）靈景寺，“即靈景巖，在都嶠山南洞”[4]。“南洞以雲蓋爲主峰。其峰左展一臂爲龍頭巖，南下即虎頭關。兩崖夾嶂，鳥道中通。春時絳桃始花，白雲未鎖，沿溪直入，奇境天開。洞内廣約里許，途夷地奧。群木槮槮行道上者，聞鐘磬聲而不見寺觀。居巖間者，聞鋤斧聲而不見耕樵。由虎頭關循崖而入爲靈景巖。大谷峇岈深數丈，高如之廣，將二十丈。樹石交映，四山環拱。中奉迦葉阿難羅漢金剛，左爲大士、文殊、普賢及十王地藏，右玄武，再右爲僧廚齋房。南漢時，增塑五十二聖、十六尊者與五百阿羅漢。宋宣和間，彭延珏拾磚石甃殿地。今佛身皆散置四壁，精舍則明代所築，不盡舊觀矣。然法宇寬宏，祇林幽邃，徑内天花亂放，固海内之名藍，歷千劫而不變者也”[5]。

大約是日，在都嶠山，作《潯守李侯以所蓄法書十軸相示題卷末》詩及《跋山谷書》。

本集卷二五《潯守李侯以所蓄法書十軸相示題卷末》云：“嗟余病廢臥都嶠，何止吾馬云喁爐。”（第332頁）詩原列《宿都嶠山靈景寺》之後，當同作於都嶠山。本集卷一六三《跋山谷書》云：“梁溪病叟觀於都嶠山陰。”（第1498頁）是年正月初一，李綱遊都嶠山，此詩文大約作於是日。然趙

---

［1］易紹德修，封祝唐纂《容縣志》卷三《輿地志三》，《中國方志叢書》，第139頁。

［2］王象之著，李勇先校點《輿地紀勝》，第6冊第3512頁。

［3］易紹德修，封祝唐纂《容縣志》，《中國方志叢書》，第346頁。

［4］易紹德修，封祝唐纂《容縣志》卷八《建置志二》，《中國方志叢書》，第346頁。

［5］易紹德修，封祝唐纂《容縣志》卷三《輿地志三》，《中國方志叢書》，第140~141頁。

效宣《李綱年譜長編》謂"約於三日至十八日之間，有跋山谷書一幅"[1]，恐誤。

是月，有《與李封州致遠書》。

本集卷一一四《與李封州致遠書》云："歲前自海外蒙恩北歸……新春，伏惟尊候多福。……至容南適感瘴氣，又傳報江湖間寇盜，驚擾紛紛，憂憤之深，宿病大作，須調治稍安，又道路無梗，然後敢行。"（第1080頁）新春，正月也。

二月二十日，作《湖海詩集序》、《清明日得家書四首》詩。

本集卷一三七僅存《湖海詩集序》目錄，括注"見第十七卷"（第1316頁）。又，本集卷一七《序》云："余舊喜賦詩，自靖康謫官，以避謗輟不復作。及建炎改元之秋，亐罷機政，其冬謫居武昌，明年移澧浦，又明年遷海外。自江湖涉嶺海，皆騷人放逐之鄉，與魑魅荒絶，非人所居之地，鬱悒無聊，則復賴詩句攄憂娛悲，以自陶寫。每登臨山川，嘯詠風月，未嘗不作詩。而氂不恤緯之誠，間亦形於篇什，遂成卷軸。今蒙恩北歸，裒葺所作，目爲《湖海集》，將以示諸季，使知往返萬里，四年間所得蓋如此云。庚戌清明日，梁溪病叟序。"（第213頁）案，是年清明日爲二月二十日。本集卷二五《清明日得家書四首》詩當同作於是日。

是月，《易傳外篇》成，作《易傳外篇序》冠於目録之首。

本集卷一三四《易傳外篇序》云："書始於建炎三年己酉之中秋，時謫居海上，行次雷陽。成於四年之仲春，時蒙恩北歸，行次容南，凡半年云。謹志歲月，總其大略爲之序，冠於目録之首。"（第1292頁）

三月一日晨，卜靈棋，占國得惡銷，占家得克強。

本集卷二五《恭聞駐蹕浙東王師屢捷》注云："三月朔旦，卜靈棋，占國，得惡銷卦……占家，得克強強卦。"（第334頁）

大約是月中上旬，初食荔枝有感，作《容南初食荔枝二首》詩。

本集卷二五《容南初食荔枝二首》原列二月二十日所作《清明日得家書四首》與三月二十三日所作《恭聞駐蹕浙東王師屢捷》之間，詩云："猶

---

[1] 趙效宣《李綱年譜長編》，第133頁。

喜容南三月里，輕紅初擘一枝香。"（第333頁）此二詩大約作於三月中上
旬也。

**二十三日，聞高宗駐蹕浙東，王師屢捷，兼得家書，知諸弟已挈家避地德
興，作《恭聞駐蹕浙東王師屢捷》詩。**

本集卷二五《恭聞駐蹕浙東王師屢捷》詩序云："三月二十三日德音至
容南，恭聞駐蹕浙東，王師屢捷，虜騎遠遁。是日得諸季書，挈家寓饒之德
興，倖免驚擾，欣忭之餘，輒成口號。"（第333頁）案，《建炎以來繫年要
錄》卷三二載建炎四年三月十七日己未，"上詣開元寺，朝辭九廟神主，宰
執百官皆扈從。自渡江至是，始有此禮。是日，上御舟復還浙西"[1]。此即李
綱所言"德音"。又見《皇宋中興兩朝聖政》卷七《高宗皇帝七》、《中興小
紀》卷八。

是月，《易傳內篇》成，作《易傳內篇序》以冠於首。

本集卷一三四《易傳內篇序》云："書始於建炎歲次己酉中夏，時赴謫
所，南征次玉林。成於庚戌季春，時自海上北歸次寧遠，凡期年云。謹序。"
（第1291頁）寧遠軍治所即容州也。

四月六日，離容州、趨藤州，途中賦《趨藤山古風》詩。

本集卷二五《趨藤山古風》詩序云："四月六日，離容南陸行，趨藤山，
路崎嶇，然夾道皆松陰山崦，田家景物類閩中，殊可喜也。賦古風一篇。"
（第334頁）據知，此詩應爲四月六日離容州、趨藤州時作。

**是月，趨藤州途中，見古松摧傾，有感作《藤山路古松爲取松明者所刉
剔》詩。**

本集卷二五《藤山路古松爲取松明者所刉剔》詩序云："自容趨藤山路，
古松皆合抱百餘尺，枝葉扶疏，行人庇賴，爲取松明者所刉剔，因而摧顛十
已六七，良可惜也。"（第334頁）據知，此詩應爲離容州、趨藤州時作。

**次藤州，見鐔津江閣氣象清曠，偶成《鐔津江閣》詩，另賦《同曹使君登
浮金堂》《月夜江閣次東坡韻》詩。**

鐔津，藤州（今廣西藤縣）州治也，故本集卷二五《鐔津江閣》《月夜

---

[1] 李心傳編撰，胡坤點校《建炎以來繫年要錄》，第2冊第735頁。

江閣次東坡韻》二詩應作於藤州。《同曹使君登浮金堂》原列二詩之間，詩云："茗飲相從得清賞，坐令勝事踵蘇徐。"（第335頁）浮金堂或指藤州浮金亭。《藤縣志》卷四《輿地志》載："浮金亭，在縣東浮金渡頭山阜之上，山勢高挺，俯瞰繡江。宋時建。紹聖間，蘇軾南遷，嘗艤舟登焉，賦詩其上。"[1]

晚泊蒼梧，賦《晚泊蒼梧有感》詩。

本集卷二五《晚泊蒼梧有感》詩云："念遠心如嘶北馬，逾年行遍嶠南州。"（第335頁）此詩爲途經蒼梧（今屬廣西）時作也。

次封川，作《封川贈李致遠郎中》詩。

詩原列本集卷二五《晚泊蒼梧有感》與《泊晉康橫翠亭二首》之間，應爲李綱過蒼梧、至封川（今廣東封開）時作。李致遠，名里不詳。

次端溪，作《泊晉康橫翠亭二首》《同陳使君登香山寺豁亭》詩、《跋東坡小草》。

橫翠亭，在德慶府府門之南。案，《輿地紀勝》卷一〇一《德慶府》載："橫翠亭。在府門之南。今改爲晉康。"[2]《光緒德慶州志》卷五《營建志》所載與之同。晉康即德慶府府治端溪（今廣東德慶），本集卷二五《泊晉康橫翠亭二首》當作於此。

豁然亭，在德慶府香山寺北。《光緒德慶州志》卷一二《流寓》載李綱"行至德慶，抱疾，自號梁溪病叟。多所題詠，今存香山豁然亭一刻而已"[3]。《光緒德慶州志》卷四《地理志》載："香山，即利人山。《吳錄》云：'有五色石，石上多香草。'負郭西北爲州之主山，昔多香木。山腰左畔有佛足迹，長尺許，五指具肉紋。旁刻宋元祐諸賢姓名。山下有漱玉泉、漱玉橋。唐宋時有乾明寺、浮香亭、豁然亭、環翠庵、覽秀樓、松關亭，俱廢。乾明寺今更名香山寺。"[4]《光緒德慶州志》卷五《營建志》載："豁然亭，在香山寺北。《陸志》《府志》皆作香山頂，誤。宋慶元時知府事趙師瑒建。李

[1] 佚名《藤縣志》，《中國方志叢書》，成文出版社1968年版，第126頁。
[2] 王象之著，李勇先校點《輿地紀勝》，第6冊第3426頁。
[3] 楊文駿修，朱一新纂《光緒德慶州志》，《中國地方志集成·廣東府縣志輯》，上海書店出版社2003年版，第51冊第603頁。
[4] 楊文駿修，朱一新纂《光緒德慶州志》，《中國地方志集成·廣東府縣志輯》，第51冊第407頁。

綱詩：渺渺煙波疊疊山，玉簪羅帶自迴環。雨餘嵐翠濃如滴，地險江流巧轉灣。蟠磴迴臨飛鳥外（本集爲“上”），片心聊與白雲還（本集爲“閑”）。滇（本集爲“嶠”）南有此佳山水，畫在賢侯几案間。”[1] 所引詩即本集卷二五《同陳使君登香山寺豁亭》，文字略有出入。

本集卷一六三《跋東坡小草》謂“北歸次端溪，郡守陳侯出示小草一幅”（第1500頁）。據知，此文作於端溪。

或在端溪，有客出示御製登中和堂詩，作《次宸韻二首》詩。

詩原列本集卷二五《泊晉康橫翠亭二首》與《江行即事八首》之間，或作於端溪。

五月中上旬，自晉康順流至肇慶府，作《江行即事八首》《玉乳巖》《五龍廟五絕》《江上晚景二首》《遣興二首》《次肇慶府有感》詩。

詩見本集卷二五。《江行即事八首》其二云：“五月炎荒氣郁蒸，安流鼓棹水風清。”（第337頁）又，李綱五月十五日遊羅浮山，故江行次肇慶府（今屬廣東）當爲五月中上旬事。

玉乳巖在端溪縣東七十里，一名三洲巖。《輿地紀勝》卷一〇一《德慶府》載：“三洲巖。在端溪縣東。《舊經》云：‘即西江之三島也。’”[2]《光緒德慶州志》卷四《地理志》載：“三洲巖，在端溪縣東。《舊圖經》云：‘西江之三島也。’《輿地紀勝》：‘州東七十里，一名玉乳巖。’《李忠定集》：‘自晉康順流六十里，有山巉然臨江，下有巖洞，可容千人，軒豁平坦，景極幽邃，石罅間滴泉，厥味甘冽，因目之曰玉乳巖。賦詩以紀其事：鼓枻（本集爲“栧”）下端溪，停橈登巉崒。呀然巖洞開，儼若棟宇設。千夫可環揖，放步隨（本集爲“靡”）凹凸。玲瓏四壁間，一一幢旍列。誰令胚渾初？凝結有罅缺。當年補天手，不顧山石裂。鑴鑱餘舊痕，瑣碎委環玦。五峰迎（本集爲“近”）龍淵，無乃通貝闕。試求玉函書，何異探禹穴？涓涓乳泉滴，璨璨冰玉潔。清聲落嵌竇，自中琴築節。賞（本集爲“嘗”）之味甘芳，滌我肺腑熱。瓊漿笑裴航，石髓謝王烈。嶠南瘴癘鄉，有此雲腴列。青蔥松桂陰，景物助幽絕。豈無會心人，來遊共旌別。題詩製佳名，

［1］楊文駿修，朱一新纂《光緒德慶州志》，《中國地方志集成·廣東府縣志輯》，第51冊第454頁。
［2］王象之著，李勇先校點《輿地紀勝》，第6冊第3426頁。

聊以紀歲月。碧落耿（本集爲"遥"）相望，千里未磨滅。'"[1] 所引詩即本集卷二五《玉乳巖》，文字略有出入。《玉乳巖》詩序云"自晉康順流六十里"（第 338 頁），《光緒德慶州志》言"州東七十里"，姑從《光緒德慶州志》。

五龍廟，在悦城，端溪縣東八十里。案，《方輿勝覽》卷三五《德慶府》載："五龍廟，蕭注，字巖夫，新喻人。少侍父之官康州，過悦城，題五龍廟詩：'五龍兄弟古英名，今日擎舟過悦城。莫向草茅久盤屈，早施霖雨治蒼生。'"[2]《太平寰宇記》卷一六四《康州》載："廢悦城縣，在州東八十里。本隋樂城縣，屬端州。唐武德五年割屬康州，改爲悦城縣。今爲悦城鎮。"[3] 又載：康州"元領縣四。今一：端溪。三縣廢：晉康、悦城、都城。已上三縣廢入端溪。"[4] 本集卷二五《五龍廟五絶》詩序云："端康之間，地名越城，五山秀峙，有蜿蜒飛躍之狀。山有五龍廟。當秦時，神媪臨江，五龍從之遊，没葬山上，廟祀至今，靈響甚著，鄉人以風雨候龍之歸，因作送迎詞五絶句以遺之。"（第 339 頁）李綱所言"端康之間，地名越城"之"越城"，應爲"悦城"之誤。詩云："五山秀峙若飛騰，下有澄潭百丈清。"（第 339 頁）

肇慶至南海途中，作《端石硯》《蚊》《出峽》詩。

詩原列本集卷二五《次肇慶府有感》與南海所作《靈洲寺次東坡韻》之間，當爲肇慶至南海途中作。

轉南海，遊靈洲寺、鑑空閣，謁南海神廟，作《靈洲寺次東坡韻》《次韻鑑空閣》《謁南海神廟》詩。

本集卷二五《靈洲寺次東坡韻》云："迴廊小殿枕崔嵬，接武東坡我復來。江色蒼茫山聳秀，蔚藍天影抱瓊臺。"（第 341 頁）靈洲寺應指南海（今廣東廣州）靈洲山上寶陀寺。案，《太平寰宇記》卷一五六《廣州》載："靈洲山。《南越志》：'蕭連山西一十二里，有靈洲焉，其山平原彌望，層野極

---

[1] 楊文駿修，朱一新纂《光緒德慶州志》，《中國地方志集成·廣東府縣志輯》，第 51 册第 415 頁。

[2] 祝穆撰，祝洙增訂，施和金點校《方輿勝覽》，第 626 頁。

[3] 樂史撰，王文楚等點校《太平寰宇記》，第 7 册第 3135 頁。

[4] 樂史撰，王文楚等點校《太平寰宇記》，第 7 册第 3134 頁。

目'。景純云：'南海之間有衣冠之氣者，斯其地也。'蕭連，地名。"[1]《方輿勝覽》卷三四《廣州》載："靈洲山，在南海。……《唐志》：'靈洲山，在郁水中。'有寶陀院。蘇子瞻詩：'靈洲峰上寶陀寺，白髮東坡又到來。前世法曇今我是，依稀猶記妙高臺。'"[2]《光緒廣州府志》卷八八《古迹略六》載："寶陀寺，在靈峰山。寺有寶陀佛，因名。宋蘇軾謫惠州，舟泊於此，感夢，遂爲詩云。"[3]引詩同上，僅有兩字之別，"法曇"爲"德雲"。從李綱和韻推斷，所云靈洲寺乃靈洲山上寶陀寺也。

本集卷二五《次韻鑑空閣》云："東坡謫仙人，遊此江海境。賦詩鑑空閣，如以鏡寫影。我來遥相望，荏苒歲月永。讀翁閣上詩，宛若相像鏡。平生憂患餘，胸次徒耿耿。脱身鯨波間，遠迹方自屏。泊舟值炎蒸，風雨變清冷。佳哉幽深地，自絕鋒鏑警。願爲劍藏柙，不作錐露穎。攜家隱山林，屬意在閩嶺。"（第341頁）鑑空閣，在南海。《光緒廣州府志》卷八四《古迹略二》載："鑑空閣，在南海縣城上。……宋蘇軾《鑑空閣》詩：'明月本自明，無心孰爲境。掛空如冰鑑，寫此山河影。吾觀大瀛海，巨浸與天永。九州居其間，何異蛇盤鏡。空水兩無質，相照但耿耿。妄云桂兔蟆，俗説皆可屏。我遊鑑空閣，缺月正淒冷。黄子寒無衣，對月句愈警。借君方諸淚，一沐管城穎。誰言小叢林，清絶冠五嶺。'"[4]

本集卷二六《謁南海神廟》云："黄木灣頭潮欲平，叢林深處款祠庭。豈知休咎能傳戒？但愛昌黎解勒銘。海上波濤呈秘怪，壁間圖畫雜紅青。應憐歸客稽留久，風破寒江集百靈。"（第344頁）南海神廟，在南海東南八十里。《光緒廣州府志》卷六七《建置略四》載："南海神廟，在府東南八十里。謹按《元和郡縣志》，在縣東八十一里。建自隋世，唐封廣利王。……宋康定二年，加號洪聖。皇祐二年，以儂智高遁，賴神力，加號昭

［1］樂史撰，王文楚等點校《太平寰宇記》，第7冊第3012頁。

［2］祝穆撰，祝洙增訂，施和金點校《方輿勝覽》，第606頁。

［3］戴肇辰、蘇佩訓修，史澄、李光廷纂《光緒廣州府志》，《中國地方志集成·廣東府縣志輯》，上海書店出版社2003年版，第2冊第502頁。

［4］戴肇辰、蘇佩訓修，史澄、李光廷纂《光緒廣州府志》，《中國地方志集成·廣東府縣志輯》，第2冊第451頁。

順。至和元年，加王冕九旒儀物稱是。紹興七年，復加威顯。"[1]《廣東通志》
卷五四《壇祠志》云："南海神廟，在府東南八十里扶胥之口，黄水之灣。"[2]

十五日，艤舟泊頭鎮，遊羅浮山，憩寶積延祥寺，暮抵沖虛觀，月下望麻姑峰，觀稚川祠堂丹竈，乘月而歸泊頭。作《羅浮山寶積延祥寺古風》《沖虛觀》《乘月泛小舟歸泊頭二首》詩及《遊羅浮山行記》。

本集卷一三三《遊羅浮山行記》云："武陽李某，歸自海上，艤舟泊頭鎮，遊羅浮山，憩寶積延祥寺，飲卓錫泉，見五色雀，暮抵沖虛觀。月下望麻姑峰，秉燭觀稚川祠堂丹竈。有老道士嘗識東坡，呼與語久之。乘月而歸。鄉人遊有同來，男宗之從行。建炎庚戌歲仲夏望日記。"（第1282頁）本集卷二六《羅浮山寶積延祥寺古風》詩序曰："艤舟泊頭鎮，風雨中乘小舟行十餘里，遵陸遊羅浮山寶積延祥寺。"（第344頁）詩云："神山失憑依，漂泊西南州。連峰蟠秀氣，作鎮蒼溟陬。世傳朱明洞，深秘未易求。夜半見赤日，光若金鼇浮。我來夏正中，川漲通行舟。弭棹泊頭渚，遂作羅浮遊。"（第344頁）

泊頭，在博羅縣仙福鄉。[3]《光緒惠州府志》卷三《輿地》載："泊頭水，出羅浮山徑石下屯佛嶺，至泊頭注江。"[4]李綱艤舟泊頭鎮（在今廣東博羅境內），乘小舟至羅浮山，或泛泊頭水也。

羅浮山，在博羅縣西北五十里，與增城縣接界。《太平寰宇記》卷一五七《廣州》載："羅浮山，本名蓬萊山，一峰在海中，與羅山合，因名之。山有洞通勾曲，又有璇房瑶室七十二所。裴淵《廣州記》云：'羅、浮二山隱天，唯石樓一路可登。'"[5]卷一六〇《惠州》又云："羅浮山。《南越志》云：'增城縣東有羅浮山，浮水出焉，是爲浮山，與羅山並體，故曰羅

[1] 戴肇辰、蘇佩訓修，史澄、李光廷纂《光緒廣州府志》，《中國地方志集成·廣東府縣志輯》，第2冊第145頁。
[2] 郝玉麟等修，魯曾煜等纂《廣東通志》，景印文淵閣《四庫全書》，臺灣商務印書館1986年版，第564冊第538頁。
[3] 劉溎年、張聯桂修，鄧掄斌、陳新銓纂《光緒惠州府志》卷八《建置》，《中國地方志集成·廣東府縣志輯》，上海書店出版社2003年版，第15冊第127頁。
[4] 劉溎年、張聯桂修，鄧掄斌、陳新銓纂《光緒惠州府志》，《中國地方志集成·廣東府縣志輯》，第15冊第63頁。
[5] 樂史撰，王文楚等點校《太平寰宇記》，第7冊第3014頁。

浮。非羽化，莫有登其極者。險尖之峰四百四十有二，因歸於羅山，上則三峰爭竦，各五六千仞，其穴溟然，莫測其極。北通勾曲之山，即《茅君內傳》云第七洞名朱明耀真之天。'"[1]《輿地紀勝》卷九九《惠州》載："羅浮山。《東漢‧地理志》博羅縣下注云：'有羅浮山，自會稽浮往博羅山，故置博羅縣。'《元和志》云：'在博羅縣西北二十八里。羅山之西有浮山，蓋蓬萊之一阜，浮海而至，與羅山並體，故曰羅浮。峻天之峰，四百三十有二焉，又見袁彥伯記。'"[2]《光緒惠州府志》卷三《輿地》云："羅浮山，在（博羅）縣西北五十里，與增城縣接界。"[3]

寶積、延祥二寺在羅浮山，寶積寺在卓錫泉旁。案，《光緒惠州府志》卷二八《古迹》載："延祥寺，在羅浮山。南朝梁蕭譽建。唐賜額，開元中，有西竺僧乾末多羅以鐵釋迦像一軀泛海至番禺不動，置之羅浮山。其像爲人所毀，以鑄農器，獨其首，今在延祥寺。"[4]又載："寶積寺，在縣西北羅浮山。唐中宗時，僧道迪建於卓錫泉旁，名中閣院。宋改今額。"[5]

五色雀，據《明一統志》卷八〇《惠州府》載，"出羅浮山，有貴人至則先翔集"[6]。

本集卷二六《沖虛觀》詩序曰："自延祥寺行五里，至沖虛觀，月出林巒之表，景物幽勝，坐遺履軒，望麻姑峰，秉燭觀稚川丹竈。"（第344頁）沖虛觀，在羅浮山朱明洞。案，《廣東通志》卷五四《壇祠志》載："沖虛觀，在（博羅縣）城東，即都虛觀故址。晉咸和中，葛洪至此煉丹，從觀者衆，乃於此置庵山南，曰都虛，又曰元虛，又改名沖虛。唐天寶初，置葛洪守祠十家，仍度道士，賜額，內有葛洪祠、葛洪丹竈、蘇軾書額。明永樂中，賜以玉簡，作玉簡亭覆之。"[7]《光緒惠州府志》卷二八《古迹》載："沖

[1] 樂史撰，王文楚等點校《太平寰宇記》，第7冊第3069～3071頁。

[2] 王象之著，李勇先校點《輿地紀勝》，第6冊第3372頁。

[3] 劉溎年、張聯桂修，鄧掄斌、陳新銓纂《光緒惠州府志》，《中國地方志集成‧廣東府縣志輯》，第15冊第60頁。

[4] 劉溎年、張聯桂修，鄧掄斌、陳新銓纂《光緒惠州府志》，《中國地方志集成‧廣東府縣志輯》，第15冊第573頁。

[5] 劉溎年、張聯桂修，鄧掄斌、陳新銓纂《光緒惠州府志》，《中國地方志集成‧廣東府縣志輯》，第15冊第573頁。

[6] 李賢等《明一統志》，景印文淵閣《四庫全書》，第473冊第692頁。

[7] 郝玉麟等修，魯曾煜等纂《廣東通志》，景印文淵閣《四庫全書》，第564冊第580頁。

虛觀，在羅浮山朱明洞南，宋建，有銅龍六、銅魚一。"[1]《光緒惠州府志》
卷三《輿地》云："遊山者自龍華寺有陳孝女昌福夫人祠七里登山，初至延祥寺
唐朝賜額……至山腰三里餘有寶積寺宋朝賜額、中閣唐僧懷迪所建……錫杖泉
景泰禪師駐錫之地……循延祥而東七里餘抵沖虛觀葛仙所居、丹竈有東坡書'稚
川丹竈'四字、衣冠冢葛仙尸解，葬其衣冠……觀後朱明洞《道書》云朱真人治
所……黃野人庵野人，葛仙之門人也。庵有靈虎守之……野人洞即王子書堂坑，王
子名覯，唐人。觀之北曰酥醪觀葛仙北觀、麻姑峰在觀之西南，有麻姑壇，嘗有彩
雲、白鶴集其上……此遊山者之梗概也。"[2]

　　本集卷二六《乘月泛小舟歸泊頭二首》詩云："竟日羅浮何所得？滿船
空載月明歸。"（第345頁）據知，李綱攜子宗之乘小舟行十餘里，遊羅浮
山，是日乘月返歸泊頭也。

十六日至二十九日之間，赴惠州途中，作《家問自閩中轉來走筆寄諸弟》
《次韻士特見懷古風》《再賦一章寄諸季約同隱羅浮》詩。

　　詩原列本集卷二六《乘月泛小舟歸泊頭二首》與《惠州訪東坡舊隱》之
間，據《家問自閩中轉來走筆寄諸弟》"弟兄老矣何爲者？相約羅浮同結廬"
（第345頁），《次韻士特見懷古風》"父子同雙影，簞瓢付一舟"（第345頁）
及《再賦一章寄諸季約同隱羅浮》詩題，知三詩應是李綱遊羅浮山後、至惠
州前作。李綱五月二十九日次河源，則三詩應作於十六日至二十九日之間。

至惠州，訪東坡舊隱遺迹，至松風亭、白鶴峰東坡故居、六如亭等處，作
《惠州訪東坡舊隱》《白水山佛迹巖行速不果到次東坡韻》《次東坡〈月夜
理髮〉》《望白水山次合江樓韻》《六如亭》詩。

　　本集卷二六《惠州訪東坡舊隱》詩云："海上歸來訪老坡，依然遺迹未
銷磨。松風亭下梅花老，鶴觀峰頭喬木多。垂世文章燦星斗，平生憂患足風
波。華堂滿壁龕詩筆，人事其如天定何？"（第346頁）據知，李綱嘗至惠
州（今屬廣東）松風亭、白鶴峰東坡故居也。

---

[1] 劉溎年、張聯桂修，鄧掄斌、陳新銓纂《光緒惠州府志》，《中國地方志集成·廣東府縣志輯》，
第15冊第574頁。
[2] 劉溎年、張聯桂修，鄧掄斌、陳新銓纂《光緒惠州府志》，《中國地方志集成·廣東府縣志輯》，
第15冊第60~61頁。

松風亭，在彌陀寺後山之巔。案，《輿地紀勝》卷九九《惠州》載："松風亭。在彌陀寺後山之巔。始名峻峰，植松二十餘株，清風徐來，因謂松風亭。東坡有《遊松風記》。"[1]《光緒惠州府志》卷二八《古迹》載："在（歸善）縣學東北彌陀寺後山之巔，始名峻峰，植松二十餘株，清風徐來，因謂之松風亭。"[2]

鶴觀峰當指白鶴峰。案，《輿地紀勝》卷九九《惠州》載："白鶴峰。在歸善縣之北。相傳稱惠陽爲鶴嶺者，以白鶴名峰。皇朝紹聖中，蘇軾安置惠州，卜居於此。"[3]《光緒惠州府志》卷三《輿地》載："白鶴峰，在（歸善）縣治後。高五丈，周一里。其地脈自九龍岡東來，迤邐入城，由城隍廟歷學宮至此，隆起爲峰。後濱龍江，古有白鶴觀，久廢。宋蘇軾安置惠州，卜居於此，號東坡故居。"[4]

東坡故居在白鶴峰上。《輿地紀勝》卷九九《惠州》載："在歸善縣治之北，白鶴觀基也。紹聖間，東坡請其地築室，室中塑東坡像。堂曰德有，鄰齋曰思無邪。又，《夷堅志》云：'紹興二年，虔寇謝達陷惠州，民居官舍焚蕩無遺，獨留東坡白鶴故居及六如亭致奠而去。'"[5]《光緒惠州府志》卷二八《古迹》載："在白鶴峰上。宋蘇軾謫惠，卜居於此。有德有鄰堂、思無邪齋、娛江亭、悠然亭及硃池、墨沼，又有東坡井。"[6]《光緒惠州府志》卷三一《人物三》載蘇軾"貶寧遠軍節度副使，惠州安置。初至，寓合江樓。繼遷嘉祐寺，後乃卜築白鶴峰。居惠幾四年，泊然無所芥蒂。人無賢愚，皆得其懽心。嘗率衆爲東新、西新二橋。餘所以調濟邦人者，常不令人知，人皆樂而忘之"[7]。

[1] 王象之著，李勇先校點《輿地紀勝》，第6冊第3369頁。
[2] 劉溎年、張聯桂修，鄧掄斌、陳新銓纂《光緒惠州府志》，《中國地方志集成·廣東府縣志輯》，第15冊第561頁。
[3] 王象之著，李勇先校點《輿地紀勝》，第6冊第3371頁。
[4] 劉溎年、張聯桂修，鄧掄斌、陳新銓纂《光緒惠州府志》，《中國地方志集成·廣東府縣志輯》，第15冊第53頁。
[5] 王象之著，李勇先校點《輿地紀勝》，第6冊第3373頁。
[6] 劉溎年、張聯桂修，鄧掄斌、陳新銓纂《光緒惠州府志》，《中國地方志集成·廣東府縣志輯》，第15冊第560頁。
[7] 劉溎年、張聯桂修，鄧掄斌、陳新銓纂《光緒惠州府志》，《中國地方志集成·廣東府縣志輯》，第15冊第613~614頁。

本集卷二六《白水山佛迹巖行速不果到次東坡韻》詩云：“羅山與浮山，對峙蹲兩股。有如垂天鵬，決起初振羽。茲山乃東麓，秀若芙蓉吐。谽谺巖洞開，地裂媧不補。何人履石上？修趾映玄乳。”（第346頁）白水山，在博羅縣東北三十里。案，《光緒惠州府志》卷三《輿地》載：“白水山，在（博羅）縣東北三十里。一名白水巖。北連象山，山有瀑布泉二十丈，下有石潭、佛迹，甚異。佛迹巖下有二泉，東曰湯泉，西曰雪如泉。相去步武而涼燠迥異。”[1]

本集卷二六《望白水山次合江樓韻》詩云：“羅浮之麓何壯哉！山林爲我煙雲開。匆匆行役不一到，翠光百里隨人來。嶠南鍾此山川美，中有幽人呼不起。月圓月缺豈人爲？潮落潮生自江水。非人流水水流人，世故人情日日新。撥置千憂並百慮，且醉一斛松醪春。”（第347頁）合江樓在惠州州治。案，《輿地紀勝》卷九九《惠州》：“在郡之東二十步。東坡嘗居焉。詩云：‘海上葱朧氣佳哉，二江合處朱樓開。蓬萊方丈應不遠，肯爲蘇子浮江來。’”[2]《光緒惠州府志》卷二八《古迹》載：“在府城東。嘗東西二江合流之處。宋蘇軾嘗寓此。”[3]

本集卷二六《六如亭》詩云：“松林葬玉近禪扃，便把伽陀當勒銘。居士已亡三昧手，侍人空有六如亭。玉環約指無消息，巫峽行雲更杳冥。萬法本來皆夢幻，春風又見草青青。”（第347頁）六如亭乃東坡爲侍妾朝雲所建。案，《輿地紀勝》卷九九《惠州》載：“六如亭。東坡有侍妾，曰朝雲，字少霞，姓王氏。紹聖三年，卒於惠州，葬豐湖上。偈云：‘一切有爲法，如夢幻泡影，如露亦如電，應作如是觀。’東坡爲亭，以覆其墓，名之曰六如，且書其辭於石。”[4]《光緒惠州府志》卷二八《古迹》載：“東坡侍妾朝雲墓，在西湖孤山棲禪寺側，建六如亭。”[5]卷二八《古迹》又載：“棲禪

---

[1] 劉溎年、張聯桂修，鄧掄斌、陳新銓纂《光緒惠州府志》，《中國地方志集成·廣東府縣志輯》，第15冊第58頁。

[2] 王象之著，李勇先校點《輿地紀勝》，第6冊第3369頁。

[3] 劉溎年、張聯桂修，鄧掄斌、陳新銓纂《光緒惠州府志》，《中國地方志集成·廣東府縣志輯》，第15冊第561頁。

[4] 王象之著，李勇先校點《輿地紀勝》，第6冊第3372頁。

[5] 劉溎年、張聯桂修，鄧掄斌、陳新銓纂《光緒惠州府志》，《中國地方志集成·廣東府縣志輯》，第15冊第567頁。

寺，在西湖泗洲塔前。宋蘇軾詩'平湖春草合，步至棲禪寺'即此。"[1]《輿地紀勝》卷九九《惠州》載："棲禪寺。在湖山。紹聖三年，東坡葬妾朝雲於寺。《容齋三筆》云：'東坡既至惠州，殘臘獨出，至棲禪寺，不逢一僧。'其詩云：'江邊有微行，詰曲背城市。平湖春草合，步至棲禪寺。堂空不見人，老稚掩門睡。所營在一食，食已寧復事。客行豈無得，施子淨掃地。風松獨不靜，送我作鼓吹。'"[2]

自惠州乘舟至河源，途中作《遵海歸五絕》《泛舟循惠間山水清絕口號四首》《讀東坡書有感》《自鵝城至河源道中有感》詩。

詩見本集卷二六。《遵海歸五絕》即《清遠峽》《碧落洞》《南華寺》《韶石》《庾嶺》五詩，序云："北歸將自英、韶趨江表，因遊清遠峽、碧落洞，謁六祖於曹溪，望韶石渡、庾嶺，皆嶠南絕景也。適江西道梗，遵海而歸，此志不遂，賦五絕見志。"（第347~348頁）

《自鵝城至河源道中有感》詩序云："自鵝城乘舟至河源，風雨日作，江流湍激，以寸步進，感歎有作。"（第349頁）鵝城即惠州城也。案，《輿地紀勝》卷九九《惠州》載："鵝城。古有木鵝仙城，相傳古仙放木鵝，流而至此，因建城。《舊圖經》云：'博羅縣北抵鵝嶺，至今稱惠陽曰鵝城、鵝嶺。'"[3]《光緒惠州府志》卷三《輿地》載："飛鵝嶺，在府城南門外一里。勢若飛鵝，故惠城名鵝城。"[4]

二十九日，次河源，寓於館舍中，作《寓河源館舍偶成》《夜霽天象明潤成百韻》詩。

本集卷二六《寓河源館舍偶成》詩序云："五月晦，寓河源館舍，雨涼新浴，偶成一絕。"（第350頁）《夜霽天象明潤成百韻》詩序云："夜霽，天象明潤，仰觀有感，成一百韻。"（第350頁）是年五月壬寅朔，六月辛未朔，據知，五月爲小盡，則晦日爲二十九日。河源，今屬廣東。

[1] 劉桂年、張聯桂修，鄧掄斌、陳新銓纂《光緒惠州府志》，《中國地方志集成·廣東府縣志輯》，第15冊第572頁。
[2] 王象之著，李勇先校點《輿地紀勝》，第6冊第3370~3371頁。
[3] 王象之著，李勇先校點《輿地紀勝》，第6冊第3368頁。
[4] 劉桂年、張聯桂修，鄧掄斌、陳新銓纂《光緒惠州府志》，《中國地方志集成·廣東府縣志輯》，第15冊第53頁。

六月上旬，自河源陸行如循州，途中作《自河源陸行如循梅》《剪剔翳薈二絕》《循州道中作》詩，或作《聞蟬》《新月二首》《早行二首》詩。

本集卷二六《剪剔翳薈二絕》詩序云："過黃石驛十許里，巖石間懸瀑濚射聲隱然，真小三峽也。命僕夫剪剔翳薈，為行者清心駭目之觀，戲成兩絕。"（第 352 頁）黃石驛，屬河源縣。案，《廣東通志》卷一八《坊都志》載："河源縣鋪……曰黃石。"[1] 又，《方輿勝覽》卷三七《循州》題詠載："籃輿觸熱道龍川。李伯紀詩：'海嶠經行陟兩年，云云。祗愁青草黃茅瘴，敢意江風佳月天。'"[2] 此即本集卷二六《循州道中作》詩："嶺海經行涉兩年，籃輿觸熱道龍川。祗愁青草黃茅瘴，敢意好風佳月天。山頂蒙蒙遮薄霧，江心點點墮飛鳶。勞生往返何為者？歸去躬耕負郭田。"（第 352 頁）據知，本集卷二六《自河源陸行如循梅》《剪剔翳薈二絕》《循州道中作》四詩當作於自河源至循州（今廣東龍川）道中。本集卷二六《聞蟬》《新月二首》《早行二首》原列《剪剔翳薈二絕》與循州所作《通衢驛夜坐有感二首》之間，或同作於自河源至循州道中。李綱六月十一日自梅州赴汀州，故以上諸詩應作於六月上旬。

過循州丞相嶺，夜坐通衢驛，作《通衢驛夜坐有感二首》詩。

本集卷二六《通衢驛夜坐有感二首》詩云："曉登丞相嶺，夜宿翰林堂。"（第 353 頁）自注："地有丞相嶺，因常袞謫潮州刺史，道此得名，翰林堂見《圖經》，羅姓失其名，亦唐人也。"（第 354 頁）丞相嶺，在循州西四十里，乃循、廣二州分水嶺，在今廣東龍川境內。案，《太平寰宇記》卷一五九《循州》："丞相嶺，在州西四十里。循、廣二州分水嶺也。唐大曆中，宰相常袞除潮州，途經此嶺，土人呼為丞相嶺。"[3]《方輿勝覽》卷三七《循州》謂丞相嶺"在興寧，即循、廣二州分水嶺也"[4]。《嘉慶重修一統志》卷四五六《嘉應直隸州》載："丞相嶺，在興寧縣西四十里。……《新志》有'岐嶺，在長樂縣西五十里，接龍川縣界。按，宋初興寧治長樂縣，蓋

---

［1］郝玉麟等修，魯曾煜等纂《廣東通志》，景印文淵閣《四庫全書》，第 562 冊第 701 頁。

［2］祝穆撰，祝洙增訂，施和金點校《方輿勝覽》，第 664 頁。

［3］樂史撰，王文楚等點校《太平寰宇記》，第 7 冊第 3061～3062 頁。

［4］祝穆撰，祝洙增訂，施和金點校《方輿勝覽》，第 663 頁。

丞相嶺即岐嶺也。"[1] 今從《太平寰宇記》。通衢驛屬循州。案，《廣東通志》卷一八《坊都志》："龍川縣驛，曰雷鄉、曰通衢。"[2]《光緒惠州府志》卷八《建置》載龍川縣"通衢接長樂縣、西路縣前鋪。十里至"[3]。

　　翰林堂，在興寧縣治西南。詩爲夜坐通衢驛有感而作，實未至興寧也。《廣東通志》卷五三《古迹志》載翰林堂在興寧縣，乃"宋學士羅孟郊故居"[4]。《明一統志》卷八〇《惠州府》載："在洗硯池下。宋羅孟郊官至翰林學士，人號其廬曰翰林堂。旁有泉，匯而爲池，即洗硯池也。"[5] 又載："洗硯池，在興寧縣治西南。五代時，羅孟郊嘗建亭讀書於此，滌筆硯，久之，池水盡黑。"[6] 然李綱言"羅姓失其名，亦唐人也"，或羅孟郊先祖。

循州至興寧途中，作《循梅道中遣人如江南走筆寄諸季十首》《古意四首》詩。

　　詩見本集卷二七。本集卷二七序云："道中作四十六首及抵家以後作三十二首。"（第356頁）以上諸詩原列本集卷二六循州所作《通衢驛夜坐有感二首》與卷二七興寧所作《宿興寧縣驛二首》之間，應作於循州至興寧途中。

次興寧，宿縣驛，作《宿興寧縣驛二首》詩。另有《午暑憩夜明館二首》詩。

　　詩見本集卷二七。興寧驛，在興寧縣（今屬廣東）南。案，《興寧縣志》卷三《規制志》："興寧驛，舊在縣南。洪武初，以興寧非往來之衝，遷驛於長樂城南。興寧不復設驛。"[7] 另據楊萬里《誠齋集》卷一七《題興寧縣東文嶺瀑泉，在夜明場驛之東》詩題，知夜明館在興寧縣東。

過興寧黃牛嶺，趨梅州，作《絕句二首》詩。

　　黃牛嶺，在興寧縣東北四十里。案，《明一統志》卷八〇《惠州府》載：

[1] 穆彰阿等《嘉慶重修一統志》，第29冊23318頁。
[2] 郝玉麟等修，魯曾煜等纂《廣東通志》，景印文淵閣《四庫全書》，第562冊第700頁。
[3] 劉溎年、張聯桂修，鄧掄斌、陳新銓纂《光緒惠州府志》，《中國地方志集成·廣東府縣志輯》，第15冊第128頁。
[4] 郝玉麟等修，魯曾煜等纂《廣東通志》，景印文淵閣《四庫全書》，第564冊第505頁。
[5] 李賢等《明一統志》，景印文淵閣《四庫全書》，第473冊第693頁。
[6] 李賢等《明一統志》，景印文淵閣《四庫全書》，第473冊第692頁。
[7] 仲振履原本，張鶴齡續纂《興寧縣志》，《中國方志叢書》，成文出版社1967年版，第29頁。

黄牛嶺"在興寧縣東北四十里。宋李綱過此,有詩云:'深入循梅瘴癘鄉,雲煙(本集爲"煙雲")浮動日蒼黃(本集爲"凉")。連(本集爲"逾")年踏遍嶠南土,賴有神仙(本集爲"仙茅")肘後方。'"[1]《嘉慶重修一統志》卷四五六《嘉應直隸州》載:"寶山,在興寧縣東北六十里。雞靈之北,勢若樹屏。相傳元末陳友定採礦於此。旁有黄牛嶺,宋李綱徙萬安,道嘗出此,有詩云'深入循梅瘴癘鄉'是也。"[2]《興寧縣志》卷一一《藝文志》也收錄李綱《過黄牛嶺》詩。《過黄牛嶺》即本集卷二六《絕句二首》其一,文字稍有出入。詩原列本集卷二六《循州道中作》與《剪剔翳薈二絕》之間,據詩排序推斷,當作於李綱自河源陸行如循州途中。但據《明一統志》等史書記載及本集卷二六《絕句二首》,當爲循州如梅州(今屬廣東)途中作,或排序偶有錯訛也。

十一日,宿金沙寺,作《宿金沙寺》詩。

本集卷二七《宿金沙寺》詩序云:"自梅赴汀,行小路,境埆危甚,六月十一日宿金沙寺。"(第358頁)金沙寺,《輿地紀勝》《方輿勝覽》《嘉慶重修一統志》等俱無記載,趙效宣《李綱年譜長編》云:"鎮平縣,乃今廣東省蕉嶺縣治,南鄰梅縣,金沙寺,蓋在其境也。"[3]姑從之。

大約是日,或在金沙寺,作《放鮮鯽》詩。

本集卷二七《放鮮鯽》詩序云:"客有饋鮮鯽,月夜與宗之溪上放之。"(第358頁)詩原列《宿金沙寺》與《自金沙至梅口宿農家》之間,據其排序推斷或作於金沙寺。

是月中下旬,由金沙至梅口,作《自金沙至梅口宿農家》詩。

詩見本集卷二七。梅口鎮,在程鄉縣北,接福建汀州府境。案,《元豐九域志》卷九《廣南路》謂程鄉有"李坑、梅口、雙派、樂口四鎮"[4]。《嘉慶重修一統志》卷四五六《嘉應直隸州》載:"梅口鎮,在州東北,接福建汀州府界。南漢劉龑乾亨中用術者言,幸梅口鎮以避災。閩將王延美遣兵襲

---

[1]李賢等《明一統志》,景印文淵閣《四庫全書》,第473冊第691頁。

[2]穆彰阿等《嘉慶重修一統志》,第29冊23315頁。

[3]趙效宣《李綱年譜長編》,第138~139頁。

[4]王存撰、王文楚、魏嵩山點校《元豐九域志》,第417頁。

之，巖僅以身免。"[1]

至武平縣南南安巖，謁定光圓應禪師，作《南安巖恭謁定光圓應禪師二首》詩。

本集卷一三三《汀州南安巖均慶禪院轉輪藏記》："建炎四年夏，余蒙恩歸自海上，由梅川以趣閩中，道南安巖均慶禪院，瞻禮定光古佛道像，退歷殿閣，循東廡見新創轉輪寶藏，制度精巧，堂宇靚深，自嶺嶠以南，未之有也。"（第1284頁）本集卷二七《南安巖恭謁定光圓應禪師二首》原列《自金沙至梅口宿農家》與《錢申伯相迎於武平二首》之間，據"建炎四年夏"，知此詩爲六月梅口至武平間作。南安巖，在武平縣南八十五里。案，《方輿勝覽》卷一三《汀州》載："南安巖、去武平八十里。郭功父詩：'汀、梅之間山萬重，南安巖寶何玲瓏。青瑤屹立敞四壁，巧匠縮手難爲工。'按，定光佛，泉州人。姓鄭，名自巖。乾德二年駐錫武平南安巖。淳化二年，別立草庵居之。景德初，遷南康郡盤古山。祥符四年，汀守趙遂良即州宅創後庵，延師至。八年，終於舊巖。見周必大《定光庵記》。"[2]《明一統志》卷七七《汀州府》載："南安巖，在武平縣南八十五里，俗呼爲龍穿洞。相傳定光佛所開。中有二巖：南巖窈窕虛曠，石室天成。東巖差隘，而石龕尤縝密。"[3]《福建通志》卷四《山川》亦云在武平縣南八十五里，然《嘉慶重修一統志》卷四三四《汀州府》云："在武平縣南八十里，形如狮子，中有二巖：南巖窈窕虛明，石室天成。東巖差隘，而石龕尤縝密。其中泉石種種奇勝，俗呼龍穿洞。有十二峰列峙巖前，如拱、如揖。又有綠水湖。"[4]南安巖，一説在武平縣南八十里，一説在武平縣南八十五里，相差五里，今姑從《明一統志》《福建通志》所載。

七月，至武平，作《錢申伯相迎於武平二首》詩，時錢申伯迎之。

本集卷二七《錢申伯相迎於武平二首》詩序曰："錢申伯自海陵避地臨汀，聞余北歸，相迎於武平，賦詩見意二首。"（第359頁）詩云："海嶠經

---

[1] 穆彰阿等《嘉慶重修一統志》，第29冊23332頁。
[2] 祝穆撰，祝洙增訂，施和金點校《方輿勝覽》，第229~230頁。
[3] 李賢等《明一統志》，景印文淵閣《四庫全書》，第473冊第620頁。
[4] 穆彰阿等《嘉慶重修一統志》，第27冊第21911頁。

行遍，還爲閩嶺遊。清泉滌餘瘴，小雨報新秋。"（第 359 頁）"新秋"，七月也。武平，今屬福建。

與錢申伯同行至上杭途中，作《次韻申伯上杭道中見示二首》詩。

本集卷二七《次韻申伯上杭道中見示二首》詩云："相逢閩嶺得同行，秋早淒然風露清。"（第 360 頁）應爲李綱與錢申伯同行至上杭（今屬福建）途中作。

自上杭至寧化途中，作《宿道旁僧舍次蔣穎叔壁間韻》《寄沙陽鄧季明二首》詩。

本集卷二七以上諸詩原列《次韻申伯上杭道中見示二首》與《錢申伯追送至寧化棲穩寺賦詩識別》之間，當爲上杭至寧化途中作。蔣穎叔，名里不詳，與蘇軾交遊頗多。鄧季明，鄧密也。

至寧化棲穩寺，作《錢申伯追送至寧化棲穩寺賦詩識別》詩，或作《申伯見和佛迹巖詩再次前韻》詩。

本集卷二七《錢申伯追送至寧化棲穩寺賦詩識別》詩云："連年淮海悵離居，十日相從樂有餘。"（第 360 頁）錢申伯從武平至寧化（今屬福建），相從十日。本集卷二七《申伯見和佛迹巖詩再次前韻》原列《錢申伯追送至寧化棲穩寺賦詩識別》之後，當爲同時作。棲穩寺，《方輿勝覽》《輿地紀勝》《福建通志》等俱無記載，待考。

由寧化趨江西途中，作《次韻翁士特相招居武夷》《靈峰寺》詩。

本集卷二七以上諸詩原列《錢申伯追送至寧化棲穩寺賦詩識別》與《入江西境先寄諸季二首》之間，當爲福建寧化至江西途中作。靈峰寺，不詳待考。

入江西界，作《入江西境先寄諸季二首》詩。

本集卷二七《入江西境先寄諸季二首》其一云："閩山行盡碧巉巖，稍見川原雲木參。萬里瘴嵐來海外，一溪煙水到江南。"（第 361 頁）由閩地入江西境內作也。

遊建昌軍麻姑山，作《遊麻姑山二首》詩。

詩見本集卷二七。麻姑山，在江西南城縣西南二十二里。《太平寰宇記》卷一一〇《建昌軍》載："在（南城）縣西南二十二里。山頂有古壇，相傳麻姑得道於此。壇東南有池，池中有紅蓮，曾變爲碧。壇邊杉松皆偃，蓋時聞鐘磬步虛之音。東南有瀑布，淙下三百餘尺。山頂石中有石螺蚌殼，或爲桑田所變也。西北有麻源，謝靈運題《入華子岡是麻源第三谷》。"[1] 然《方輿勝覽》卷二一《建昌軍》又載："麻姑山，在（南城）城西南十五里。高九里五十步，周迴四百一十四里。"[2] 兩書記載，相差七里，今姑從《太平寰宇記》。

次建昌軍疏山，宗端長老來迎，爲疏山山巔之亭取名一覽亭，作《北歸自盱江一覽亭二首》詩。

本集卷二七《北歸自盱江一覽亭二首》詩序云："北歸次盱江疏山，宗端長老來迓，且言山巔有亭，俯視群山，猶培塿也。求佳名大書以榜之，取少陵句，爲目之曰一覽亭，成兩絕句。"（第 362 頁）盱江（今江西南城），建昌軍郡名。案，《方輿勝覽》卷二一《建昌軍》載："《西漢地理志》南城縣注云：'盱水西北至南昌入湖漢。'盱江之名肇於此。或謂江南盱村有老姥，自此山去，故號盱母江。見南唐韓熙晟《盱江亭記》。或謂盱真君窮水源至血木回，因此得名。"[3] 疏山，《撫州府治》卷四《地理志》載："在縣西十三都，距城五十里。……最高處有亭曰一覽。"[4] 一覽亭乃李綱爲疏山山巔之亭命名。

繼至貴溪仙巖，有感仙巖遭兵火焚蕩，作《次貴溪仙巖見兵火迹二首》詩。

本集卷二七《次貴溪仙巖見兵火迹二首》詩序曰："往返逾萬里，首尾涉五年，幸無驚擾。歸次貴溪仙巖，新罹寇盜，焚蕩孑然，始見兵火之迹，感愴有作二首。"（第 363 頁）仙巖在貴溪縣（今屬江西）南。案，《嘉靖廣信府志》卷二《地輿志》載："仙巖，（貴溪）縣南上清溪西流十里。石壁峭立，列爲二十四巖。上出雲表，下臨深淵，仰而望之，非臂羽不可到，誠奇迹也。"[5]

過弋陽龜峰寺，作《龜峰長老見訪成三絕句》詩，時智光見訪，以詩遺之。

本集卷二七《龜峰長老見訪成三絕句》詩序曰："靖康丙午冬，道江南

[1] 樂史撰，王文楚等點校《太平寰宇記》，第 5 冊第 2240 頁。
[2] 祝穆撰，祝洙增訂，施和金點校《方輿勝覽》，第 380 頁。
[3] 祝穆撰，祝洙增訂，施和金點校《方輿勝覽》，第 379 頁。
[4] 許應鑅修，謝煌纂《撫州府志》，《中國方志叢書》，成文出版社 1975 年版，第 83 頁。
[5] 張士鎬等《嘉靖廣信府志》，《天一閣藏明代方志選刊續編》，第 45 冊第 121~122 頁。

宿龜峰寺。建炎庚戌秋，北歸再過，行邊不果到，長老智光見訪，成三絕句以遺之。"（第 363 頁）龜峰寺，在弋陽縣（今屬江西）玉亭鄉。參見本書"宋欽宗靖康元年丙午（1126），四十四歲"之下相關內容。

二十五日，復銀青光禄大夫。

《建炎以來繫年要錄》卷三五載建炎四年七月二十五日乙丑，詔"責授單州團練副使李綱並復銀青光禄大夫"[1]。然《三朝北盟會編》卷一四一《炎興下帙四十一》載建炎四年八月十日庚辰，"李邦彥、吳敏、李綱皆復舊官"[2]。今從《建炎以來繫年要錄》。又見《行狀》、李綸《梁溪先生年譜》。

是日，上《謝復銀青光禄大夫表》《謝宰執復銀青啓》。

本集卷六四《謝復銀青光禄大夫表》、卷一三〇《謝宰執復銀青啓》當作於七月二十五日復銀青光禄大夫時。

八月中旬，抵饒州德興，時諸弟挈家避地於此，有感作《自海外歸成長句兼簡鄒德久昆仲》詩。

本集卷二七《自海外歸成長句兼簡鄒德久昆仲》詩序曰："自海外歸，間關萬里，經涉五載，初抵家與諸季會飲，成長句兼簡鄒德久昆仲。"（第 363 頁）詩云："幸然家寓大江東，窈窕精廬山谷裏。當時百口還滿前，況復添丁長童稚。"（第 364 頁）案，本集卷一一四《與許振叔徽猷書》："區區蒙恩北歸，繼復舊秩，皆出望外，慚荷何言！秋半次鄱陽。"（第 1084 頁）"秋半"，八月中旬也。饒州德興（今屬江西），為李綱夫人張氏之故鄉，故諸弟挈家避地於此。鄒德久，名里不詳。

十五日，作《中秋與諸季及德久昆仲望月同飲》詩。

本集卷二七《中秋與諸季及德久昆仲望月同飲》詩云："五年客裏過中秋，今夕安知無此愁？"（第 364 頁）李綱時居德興也。

大約是月下旬，作《送季言弟還錫山省先壟四首》詩。

本集卷二七《送季言弟還錫山省先壟四首》原列《中秋與諸季及德久昆仲望月同飲》與《九日登山亭會飲》之間，大約作於八月下旬。季言，弟李綸也。

---

[1] 李心傳編撰，胡坤點校《建炎以來繫年要錄》，第 2 冊第 801 頁。
[2] 徐夢莘《三朝北盟會編》，第 1030 頁。

與諸弟及鄒德久昆仲游龍潭，作《同諸季及鄒德久昆仲游龍潭》詩。

　　本集卷二七《同諸季及鄒德久昆仲游龍潭》原列《中秋與諸季及德久昆仲望月同飲》與《九日登山亭會飲》之間，大約作於八月下旬。龍潭，在德興縣東南。案，《江西通志》卷一一《山川五》載："德興縣東南二十四都，亦有龍潭，歲旱，禱雨則應。"[1]

八、九月間，居德興，作《水調歌頭》（律吕自相召）、《水調歌頭》（如意始身退）、《水調歌頭》（物我本虛幻），與鄒德久、李致遠、李彌遜、張燾等交遊唱和。

　　趙效宣《李綱年譜長編》謂是年有"《水調歌頭》［與錢申伯……諸季飲］三首"[2]，從之。據《水調歌頭》（律吕自相召）詞序"同德久諸季小飲，出示所作，即席答之"[3]，《水調歌頭》（如意始身退）詞序"與李致遠、似之、張柔直會飲"[4]，《水調歌頭》（物我本虛幻）詞序"似之、申伯、叔陽皆作，再次前韻"[5]及《水調歌頭》（律吕自相召）詞句"秋夜永，更秉燭，且銜杯"[6]，知此三詞爲是年八、九月間與友人鄒德久、李致遠、李彌遜、張燾等交遊唱和時作也，時居德興。

　　李彌遜《水調歌頭》（安石寓絲竹）："安石寓絲竹，方朔雜詼諧。昂霄氣概，古來無地可容才。不見騎鯨仙伯，唾手功名事了，猿鶴與同儕。有意謝軒冕，無計避嫌猜。　靜中樂，山照座，月浮杯。忘形湛輩，一笑丘壑寫高懷。祗恐天催玉斧，爲破煙塵昏翳，人自日邊來。東閣動詩興，莫待北枝開。"[7]此詞詞序謂"次李伯紀韻趣開東閣"，或此次會飲時作。時奉祠閑居。案，李彌遜《筠溪集》附録《筠溪李公家傳》："建炎元年六月，除職改充淮南路轉運副使。……七月，遭魯國太夫人艱，解官。建炎四年服除。四月，奉太平觀祠。"[8]

［1］謝旻等《江西通志》，景印文淵閣《四庫全書》，第513冊第388頁。
［2］趙效宣《李綱年譜長編》，第145頁。
［3］唐圭璋編纂，王仲聞參訂，孔凡禮補輯《全宋詞》，第1169頁。
［4］唐圭璋編纂，王仲聞參訂，孔凡禮補輯《全宋詞》，第1170頁。
［5］唐圭璋編纂，王仲聞參訂，孔凡禮補輯《全宋詞》，第1170頁。
［6］唐圭璋編纂，王仲聞參訂，孔凡禮補輯《全宋詞》，第1170頁。
［7］李彌遜《筠溪集》，景印文淵閣《四庫全書》，第1130冊第831頁。
［8］李彌遜《筠溪集》，景印文淵閣《四庫全書》，第1130冊第843頁。

張翬，字柔直，福州（今屬福建）人。[1]《宋史》卷三七九有傳。

九月九日，登山亭會飲，作《九日登山亭會飲》《九日示諸季》詩。

據本集卷二七詩序"道中作四十六首及抵家以後作三十二首"（第356頁）及《九日登山亭會飲》《九日示諸季》詩題，二詩當作於是年九月九日也。《九日示諸季》詩序云："九日示諸季，時會飲者八人。"（第365頁）詩曰："海外頻年懷棣萼，江南九日共茱萸。"（第365頁）八人當包括弟李維、李經，時李綸還錫山省先塋也。

是日，作《江城子》（客中重九共登高）、《玉蝴蝶》（萬古秣陵江國）。《江城子》（老饕嗜酒若鴟夷）或作於同時。

趙效宣《李綱年譜長編》謂是年九月九日，"公登山亭會飲。見文集卷二十七，梁溪詞《玉蝴蝶》，《江城子》[九日與諸季登高]"[2]；又謂是年詞有"《江城子》[新酒初熟，九日與諸季登高]一首"[3]。據《全宋詞》，實爲《江城子》[新酒初熟]、《江城子》[九日與諸季登高]兩首，首句分別爲"老饕嗜酒若鴟夷"[4]、"客中重九共登高"[5]。另，《全宋詞》收錄李綱《玉蝴蝶》詞僅一篇。

是月，次韻李彌遜詞，作《水調歌頭》（秋杪暑方退）。

趙效宣《李綱年譜長編》謂《水調歌頭》[和李似之橫山對月]作於宣和三年（1121）[6]，誤。案，"和李似之橫山對月"乃《水調歌頭》詞序，詞云："秋杪暑方退，清若玉壺冰。"[7]據知，此詞當作於九月，而李綱自宣和三年（1121）閏五月二十七日父夔逝後，至宣和五年八月服闋，其間不作，故此詞不可能作於宣和三年。又，建炎四年（1130）八、九月間，李綱嘗與李彌遜等人交遊唱和，作《水調歌頭》（物我本虛幻），故《水調歌頭》（秋杪暑方退）當作於是年九月。案，李彌遜《水調歌頭》（清夜月當午）云：

---

[1] 脱脱等《宋史》卷三七九《張翬傳》，第33冊第11695頁。

[2] 趙效宣《李綱年譜長編》，第142頁。

[3] 趙效宣《李綱年譜長編》，第145頁。

[4] 唐圭璋編纂，王仲聞參訂，孔凡禮補輯《全宋詞》，第1171頁。

[5] 唐圭璋編纂，王仲聞參訂，孔凡禮補輯《全宋詞》，第1171頁。

[6] 趙效宣《李綱年譜長編》，第42頁。

[7] 唐圭璋編纂，王仲聞參訂，孔凡禮補輯《全宋詞》，第1171頁。

"清夜月當午，軒戶踏層冰。樓高百尺，縹緲天闕敞雲扃。萬里風搖玉樹，吹我衣裾零亂，寒入骨毛輕。徑欲乘之去，高興繞青冥。 神仙説，功名事，兩難成。葦汀筠岫深處，端可寄餘齡。身外營營姑置，對景掀髯一笑，引手接飛螢。且盡杯中物，日出事還生。"[1] 詞序謂"橫山閣對月"，即李綱和韻原唱也。

十月，作《六么令》（長江千里）和賀鑄。

趙效宣《李綱年譜長編》謂是年詞有《六么令》［次韻和賀方回金陵懷古鄱陽席上作］[2]，從《六么令》詞序"次韻和賀方回金陵懷古，鄱陽席上作"及詞句"誰念遷客歸來，老大傷名節。縱使歲寒途遠，此志應難奪"[3] 推斷，應爲十月居德興期間作。

大約是月中旬，離德興。

本集卷一一四《與周元中書》云："因自旴江訪家於山谷中，幸骨肉少長無恙。留兩月，與姻戚會聚，始得扶老攜幼歸寓昭武之泰寧，蓋鄉邑也，地僻民淳，方且安之。"（第1082頁）李綱八月中旬抵德興，留兩月，則離開德興，時大約爲十月中旬也。

大約是月下旬，歸寓泰寧。

本集卷一一四《與許振叔徽猷書》云："秋半次鄱陽，初冬攜家還鄉，目前粗安。"（第1084頁）李綱大約十月中旬離開德興，初冬攜家還鄉，則大約十月下旬至泰寧（今屬福建）也。泰寧縣屬邵武軍，據《輿地廣記》卷三四《福建路》，泰寧"本歸化，南唐置，屬建州。皇朝太平興國五年來屬，元祐元年更名"[4]。

十一月十七日，設供於羅漢巖，因訪丹霞本老，作《冬至後四日修供羅漢巖四首》詩、《邵武軍泰寧縣羅漢巖設供疏》。

本集卷二七《冬至後四日修供羅漢巖四首》詩序："冬至後四日修供羅漢巖，因訪丹霞本老，成四絶句。"（第366頁）案，是年冬至爲十一月十三

[1] 李彌遜《筠溪集》，景印文淵閣《四庫全書》，第1130冊第831頁。
[2] 趙效宣《李綱年譜長編》，第145頁。
[3] 唐圭璋編纂，王仲聞參訂，孔凡禮補輯《全宋詞》，第1177頁。
[4] 歐陽忞撰，李勇先、王小紅校注《輿地廣記》，第1068頁。

日，"冬至後四日"即十一月十七日也。本集卷一三三《邵武軍泰寧縣瑞光巖丹霞禪院記》云："宣和初，余以左史論事，謫官沙陽，殿撰羅公方里居，相從甚厚，稱道師不容口，因寓書以偈頌相往來。迨建炎末，蒙恩歸自海上，來居泰寧，始與師相識，嘗訪於巖間，爲留宿賦詩而後返。"（第1283頁）據知，李綱結識丹霞本老當爲是年歸寓邵武軍泰寧縣後，留宿賦詩即《冬至後四日修供羅漢巖四首》。本集卷一六五《邵武軍泰寧縣羅漢巖設供疏》當作於同時。

羅漢巖，居豐巖、瑞光巖之中。本集卷一三三《邵武軍泰寧縣瑞光巖丹霞禪院記》云："邵武軍泰寧縣，山水之勝，冠於諸邑，出縣西門二十里，曰瑞溪，有山焉，三峰秀峙，巖洞相聯，西曰豐巖，東曰瑞光巖，中曰羅漢巖，岌嶪嵌空，鼎足而列，皆有蘭若建於其下。"（第1283頁）《光緒重纂邵武府志》卷四《山川》載："羅漢巖，居瑞豐、丹霞之中，又稱中巖。高三丈，深五丈，廣十餘丈。亦名瑞光窟。宋雍禧丁亥江鎖建。屋有羅漢五百尊，極精巧。毀於元至正壬辰。明萬歷間，江之後人重建，不以羅漢名，而以'靈源殿'名矣。宋李綱《修供羅漢巖因訪丹霞本老》詩：'籃輿清曉叩禪扉，山路雲深翠濕衣。誰使峰頭雙練瀑，空濛散作玉花飛。'"[1]所引詩即《冬至後四日修供羅漢巖四首》其二也。

瑞光巖有丹霞寺，乃宗本所創。本集卷一三三《邵武軍泰寧縣瑞光巖丹霞禪院記》云："三巖中，獨瑞光巖興於近年，蓋宗本禪師之所建立也。……政和辛卯春，師……道出泰寧，夜夢紫袍神人告之曰：'師此行宜住瑞溪。'覺而異之。詰旦，瑞溪有檀越曰江牧，曰鄒捍，迎師以住豐巖，禮意勤甚，師以符夢所告，從其請。……不三月而告成。會有旨天下佛寺，有神仙迹者，還爲道觀，聽以舊額建寺他所，而郡之丹霞院應改。朝散大夫、權郡事陳侯紹移額於巖中，以成師志，寺因號丹霞。先是，巖有光景之異，未幾院額至，故集賢殿修撰羅公疇[2]時帥長樂，與師有素，聞而喜之，爲目其巖曰瑞光……一旦出豐巖、羅漢巖右，互相輝映，若圖畫然，真勝地

---

[1] 王琛、徐兆豐修，張景祁等纂《光緒重纂邵武府志》，《中國地方志集成·福建府縣志輯》，上海書店出版社2000年版，第10冊第64頁。

[2] "疇"應爲"畸"。

也。"（第 1283 頁）

　　李綱嘗於豐巖寺、丹霞寺讀書。本集卷二七《冬至後四日修供羅漢巖四首》其四云："巖巒鼎足繞迴廊，泉石幽奇草木香。幸有峰前方丈地，可能爲築讀書堂。"（第 366 頁）案，《嘉慶重修一統志》卷四三二《邵武府一》載："豐巖寺，在泰寧縣西二十里瑞溪保。唐天祐二年建，宋李綱讀書於此。"[1]《光緒重纂邵武府志》卷四《山川》載："丹霞巖，在羅漢巖右。高十餘丈，深廣二十餘丈。下有寺，宋邑人江牧建。李忠定嘗讀書於此。"[2] 又，黃宅中《李忠定公年譜》載崇寧三年（1104），李綱"補國子監生第一，及肄業，開創丹霞寺書院"[3]。案，是年李綱隨父居開封，開創丹霞寺書院之說恐誤。

大約是日，作《葉夢授同遊丹霞再次前韻》詩四首。

　　本集卷二七《葉夢授同遊丹霞再次前韻》詩序云："葉夢授龍圖，同遊丹霞，見和四絕句，再次前韻。"（第 366 頁）"前韻"即《冬至後四日修供羅漢巖四首》，此兩組詩大約作於同日也。葉夢授，名里不詳。

十二月八日，有《與許振叔徽猷書》《別幅》，論及今日之事猶如弈棋。

　　本集卷一一四《與許振叔徽猷書》題注"十二月初八日"（第 1083 頁），書云："秋半次鄱陽，初冬攜家還鄉，目前粗安。"（第 1084 頁）《別幅》云："今日之事，猶之棋然，宜觀局勢，不當留滯一隅，以貽後悔也。"（第 1084 頁）二書應作於建炎四年十二月八日。趙效宣《李綱年譜長編》謂《與許振叔徽猷書》作於紹興元年（1131）[4]，實誤。

大約是月，作《次韻葉夢授絕句十五章》詩。

　　本集卷二七《次韻葉夢授絕句十五章》詩序云："葉夢授送家園梅花，且以絕句十五章見示，次其韻。"（第 367 頁）詩原列本集卷二七《葉夢授同遊丹霞再次前韻》之後，大約爲十二月寓居泰寧時與葉夢授唱和時作。

---

［1］穆彰阿等《嘉慶重修一統志》，第 27 冊 21850～21851 頁。

［2］王琛、徐兆豐修，張景祁等纂《光緒重纂邵武府志》，《中國地方志集成·福建府縣志輯》，第 10 冊第 64 頁。

［3］黃宅中輯，王景賢、謝宗本編《李忠定公年譜》，《無錫文庫》，第 3 輯第 60 頁。

［4］趙效宣《李綱年譜長編》，第 151 頁。

有《與李泰發待制書》，言人臣重義之理。

　　本集卷一一四《與李泰發待制書》云：“某頓首啓，泰發知府待制執事……歲暮苦寒……區區徙家閩嶺，雖頗深僻，然狗偷鼠竊，蜂屯蟻結，所至紛然，未知得安居否？”（第1083頁）李光今年九月至次年九月在徽猷閣待制及知府任上。案，《建炎以來繫年要録》卷三七載建炎四年九月五日甲辰，“右文殿修撰李光充徽猷閣待制、知臨安府”[1]，後移知洪州[2]、饒州[3]、婺州[4]，於紹興元年九月二十八日辛酉“試吏部侍郎”[5]。而李綱大約在今年十月下旬，歸寓邵武軍泰寧縣，即文中所言“徙家閩嶺”，從“歲暮苦寒”推斷，此文大約作於十二月。趙效宣《李綱年譜長編》謂此文作於紹興元年（1131）[6]，誤。李泰發，李光也。

是年作《釋象序》《明變序》《衍數序》《類占上序》《類占下序》《跋山谷草書》《跋米元章書》《跋曹馬摹本》《跋歐陽公書》《跋石曼卿書》《祭陳瑩中左司文》諸文。

　　文見本集卷一三四、卷一六三、卷一六五。李綸《梁溪先生年譜》謂是年有“記序各五，題跋十。自崇陽與許崧老及吳元中諸公書”[7]。趙效宣《李綱年譜長編》謂以上諸文作於是年[8]，從之。案，是年二月初，李綱《易傳外篇》成，作序冠於目録之首。三月，《易傳內篇》成，作序以冠於首，又有《釋象序》《明變序》《衍數序》等文。另，本集卷一三四《訓辭上下序》原列《明變序》與《衍數序》之間，應同爲是年作，但正文缺，僅存篇名。陳瑩中，陳瓘也。

大約是年，有《書寄崧老易傳後》，並寄送《易傳》九卷等合二十二卷著述。

　　是年二月初，李綱《易傳外篇》成，作序冠於目録之首。三月，《易傳內篇》成，作序以冠於首，又有《釋象序》《明變序》《衍數序》《類占上序》

［1］李心傳編撰，胡坤點校《建炎以來繫年要録》卷三七，第2冊第829頁。
［2］李心傳編撰，胡坤點校《建炎以來繫年要録》卷四一，第2冊第889頁。
［3］李心傳編撰，胡坤點校《建炎以來繫年要録》卷四六，第3冊第976頁。
［4］李心傳編撰，胡坤點校《建炎以來繫年要録》卷四七，第3冊第986頁。
［5］李心傳編撰，胡坤點校《建炎以來繫年要録》卷四七，第3冊第998頁。
［6］趙效宣《李綱年譜長編》，第151頁。
［7］李綸編，彭邦明校點《梁溪先生年譜》，吳洪澤、尹波主編《宋人年譜叢刊》，第6冊第4089頁。
［8］趙效宣《李綱年譜長編》，第145頁。

《類占下序》等文。而本集卷一六三《書寄崧老易傳後》云：“所著《易傳》九卷，《總論》一卷，《外篇釋象》七卷，《訓辭》三卷，《明變類占》《衍數》各一卷，合二十二卷。”（第1500~1501頁）據知，此文大約爲是年完成著述後寄送許翰時作。

宋高宗紹興元年辛亥（1131），四十九歲

避寇福州。有詩五十二首、文二十篇、詞一首。

寓居泰寧。正月十五日，作《上元日與王豐甫葉夢授會飲》詩。

本集卷二八題注“辛亥歲以後作六十四首”（第370頁）。上元日，正月十五也。王仲嶷，字豐甫，華陽（今四川成都）人。[1] 政和四年嘗知越州。[2] 李綱多與之唱和。

二十二日，有《與宋景晉待制書》。

本集卷一一四《與宋景晉待制書》題注“正月二十二日”（第1081頁），文曰：“近自江東攜家以居閩境，跧伏深僻，庶幾少安。而鄰邑群盜蜂起，殊未奠居，迫不得已，又須遠適。”（第1081頁）趙效宣《李綱年譜長編》謂此文作於建炎四年（1130）[3]，誤也。案，李綱建炎四年正月在容州，紹興元年（1131）寓居泰寧，因建寇逼境，攜家由將樂、沙縣以如劍浦，據此推知“正月二十二日”應爲紹興元年事。宋景晉，名里不詳。

是月，有《泰寧與許右丞書》。

本集卷一一〇《泰寧與許右丞書》云：“去秋人還……履茲新春，伏惟鈞候多福。區區挈族寓居鄉邑，目前粗安。”（第1045頁）時李綱寓居泰寧，“新春”當指是年正月也。許右丞，許翰也。

大約是月下旬，因建寇逼境，攜家離泰寧，過章源嶺。

本集卷二八《聞建寇逼境攜家由將樂沙縣以如劍浦》詩云：“我來寓杉

[1] 現存福州鼓山石刻有“華陽王仲嶷豐甫”之語，見書前彩插二。
[2] 施宿等《嘉泰會稽志》卷二，施宿等撰，李能成點校《南宋會稽二志點校》，安徽文藝出版社2012年版，第47頁。
[3] 趙效宣《李綱年譜長編》，第145頁。

江，客館未暖席。紛然群盜起，環境暗鋒鏑。束裝呼僕夫，又復事遠適。峨峨章源嶺，峻峭初未識。攀援僅能進，十步九傾側。風吹霧雨來，草木盡矛戟。朝登暮始降，落日半天赤。兒童饑屢啼，徒禦疲已極。”（第370頁）李綱是年正月二十二日在泰寧所作《與宋景晉待制書》有“迫不得已，又須遠適”（第1081頁）之語，據知，大約是月下旬，李綱離泰寧也。章源嶺，史無記載，或指泰寧章袁嶺。案，《光緒重纂邵武府志》卷四《山川》載：“泰之爲山也，大小複沓。……一支起自潭子隘之殊山，自高蟠嶺大斷雄峙道峰，歷章袁嶺，分臺山、寶閣諸峰，直抵南路之南陽岡，隘之西祖帳。”[1]

遊將樂玉華洞。

本集卷二八《聞建寇逼境攜家由將樂沙縣以如劍浦》詩云：“薄遊玉華洞，庶可稍休息。東郊邊不開，蜂蟻迭吞食。避寇如避弩，吾敢憚行役。”（第370頁）玉華洞，《方輿勝覽》卷一二《南劍州》載：“去將樂縣十五里。有兩門，相距一二里，中分二路，後復相通。”[2]《乾隆將樂縣志》卷二《山川》又載：“玉華洞，在天階山上。相傳赤松子採藥於此。”[3]在今福建將樂境內。

次沙縣，作《次沙陽留題寓軒》《留題凝翠閣二絕》《過羅疇老故居有感二首》《興國璨老浴室新成以伽佗見示戲成三絕句》詩。

本集卷二八《聞建寇逼境攜家由將樂沙縣以如劍浦》詩云：“驅車適沙陽，頗喜田野辟。雖經兵火餘，邑屋幸如昔。舊遊疑夢中，一一有遺迹。寓軒存佛宮，修竹自春色。崢嶸凝翠閣，尚對七峰碧。故人皆避地，誰與道胸臆？”（第370頁）寓軒、凝翠閣在沙縣。李綱宣和元年（1119）十二月抵達沙縣，寓居興國佛宮，次年修繕寓軒居住，主持重建凝翠閣，十月下旬北歸，其間與羅疇老過從甚密。據本集卷二八《次沙陽留題寓軒》“一紀重來一夢中，寓軒修竹自春風”（第370頁），《留題凝翠閣二絕》“重到沙陽十二春，新罹兵火爲傷神”（第371頁）及《過羅疇老故居有感二首》《興國璨老

［1］王琛、徐兆豐修，張景祁等纂《光緒重纂邵武府志》，《中國地方志集成·福建府縣志輯》，第10冊第62頁。

［2］祝穆撰，祝洙增訂，施和金點校《方輿勝覽》，第203頁。

［3］李永錫、程廷栻修，徐觀海等纂《乾隆將樂縣志》，《中國地方志集成·福建府縣志輯》，上海書店出版社2000年版，第39冊第411頁。

浴室新成以伽佗見示戲成三絕句》詩題，知以上諸詩應爲今年正月再至沙縣時作。

訪鄧密舊第，唯"棣華"獨存，題詩壁間。

本集卷一七〇《樂全居士墓誌銘》："余宣和初，謫官沙陽……別去一紀復來，則沙陽爲盜之所擾，居士避地長樂之甘蔗洲，舊第已爲煨燼，唯'棣華'獨存。余題詩壁間，有'最愛幽人三徑里，盡收春色一壺中'之句，蓋紀實也。"（第1568頁）據此推知，題詩壁間爲今年正月再至沙縣事。"最愛幽人三徑里，盡收春色一壺中"出自李綱建炎四年（1130）自上杭至寧化途中所作之詩《寄沙陽鄧季明二首》。

離沙縣，舟行如劍浦途中，作《聞建寇逼境攜家由將樂沙縣以如劍浦》詩。

本集卷二八《聞建寇逼境攜家由將樂沙縣以如劍浦》："理舟劍浦行，稍就寬曠域。溪流正湍暴，惡子亦充斥。脫身險阻中，協濟藉衆力。吟哦杜陵詩，妙語皆中的。喪亂古今同，臨風意如織。"（第370頁）據詩意，李綱攜家如劍浦之路綫是章源嶺、玉華洞、沙縣、劍浦，此詩乃離開沙縣赴劍浦途中作。

二月，作《祭姨母吳宜人文》。

本集卷一六五《祭姨母吳宜人文》："維紹興元年，歲次辛亥，二月某日，具位李綱……致祭。"（第1521頁）趙效宣《李綱年譜長編》謂此文作於建炎四年（1130）[1]，誤也。

大約是月，有《賀秦參政啓》。

《宋史》卷四七三《秦檜傳》載："紹興元年二月，除參知政事。"[2] 本集卷一三〇《賀秦參政啓》大約作於是月。秦檜，字會之，江寧人。[3]《宋史》卷四七三有傳。

二、三月間，宿開平寺，作《宿開平寺二首》詩。

本集卷二八《宿開平寺二首》詩序云："宿開平寺，去劍浦二十里，有

［1］趙效宣《李綱年譜長編》，第145頁。
［2］脫脫等《宋史》，第39冊13749頁。
［3］脫脫等《宋史》卷四七三《秦檜傳》，第39冊第13747頁。

泉石之勝，曩與郡守謝德夫同遊，今一紀矣，溪山草木依然，住持猶舊人也，感歎有作二首。"（第 372 頁）詩曰："地僻溪山秀，春深草木香。"（第 372 頁）"春深"，二、三月間也。開平寺，在福建南平縣治西南開平里，距劍浦二十里。參見本書"徽宗宣和二年庚子（1120），三十八歲"之下相關內容。

如延平，作《道延平有感》詩。

本集卷二八《道延平有感》詩序云："道延平，適風雨雷電大作，土人謂之劍歸，有感。"（第 372 頁）延平，今屬福建。

延平至劍浦途中，作《題王氏志嘉堂二首》《追次東坡和郁林王守韻》《遊包道士山居》詩。

本集卷二八以上諸詩原列《道延平有感》與《自劍浦乘舟至水口》之間，據其排序推斷作於延平至劍浦（今福建南平）途中，時二、三月間。

自劍浦乘舟至水口，賦《自劍浦乘舟至水口》詩，《溫泉二絕》或作於此。

本集卷二八《自劍浦乘舟至水口》詩序曰："自劍浦乘舟至水口，溪流方漲，備見湍激奔猛之狀，賦詩以紀其事。"（第 373 頁）《溫泉二絕》原列《自劍浦乘舟至水口》之後，或同作於水口。水口，在福建古田縣南九十里。案，《嘉慶重修一統志》卷四二五《福州府》載："水口鎮，在古田縣南九十里。《九域志》：'古田縣有水口鎮。'《縣志》：'東南至府城一百八十里，即宋初所遷縣治也。'延津上游，此爲鎖鑰之口。景德遷縣後，設監鎮官於此，又監運分司亦治焉。有浮橋橫於江津，朝夕驗放，亦曰水口關。自水口而上五里，有塔嶺亭，西往南平，北往古田，分歧於此。又鎮有水口驛，舊設驛丞。"[1]

大約三月中旬，抵福州，寓居安國寺，有《與周元中書》，作《次韻周元仲見寄二首》《次韻〈三友篇〉》詩。

本集卷一三三《邵武軍泰寧縣瑞光巖丹霞禪院記》云："今年春，盜起鄰郡，余徙長樂。"（第 1283 頁）又見本集卷一一四《與周元中書》《與秦參政書》、卷一三三《汀州南安巖均慶禪院轉輪藏記》、卷一六五《宋故龍圖閣

---

[1] 穆彰阿等《嘉慶重修一統志》，第 27 冊第 21199 頁。

直學士許公神道碑》。李綱二、三月間宿開平寺，三月二十五日與友人遊福州賢沙、鳳池，則抵達福州時，大約在三月中旬。

　　本集卷一一四《與周元中書》："崇陽之別，忽忽涉四年矣。自適嶺海，無由通問，每深懷仰。已酉之秋，嘗得李道夫書，言足下欲相從於鯨海之上，意謂聊復爾爾。今奉來教，連幅陳義粲然，乃知果蹈前約，往返數千里，冒犯瘴癘，間關險阻，亦已勤矣。雖道途相失，荷意之厚，何以當之！……則又冒險遷徙，得達長樂，纔數日耳。……以足下眷眷於我，故詳布之。自溫陵至此六驛，願即命駕見過，徐議所適可也。"（第1082頁）據知，此文爲抵達福州後數日作。又，本集卷二八《次韻周元仲見寄二首》云："萬里歸來好同隱，竹林今祇欠王戎。……多謝故人尋訪意，千山萬水不曾述。"（第374頁）《次韻〈三友篇〉》詩序云："周元仲來自湖外，傳示崧老贈東林珪老《三友篇》，讀之慨然，因次其韻。"（第375頁）據知，周元仲與李綱在崇陽相別，本欲追隨李綱至嶺海，往返數千里，後在福州重逢。李綱應先至福州，等周元仲前來同隱，聞周元仲至溫陵（今福建泉州），有書與之。故《與周元中書》中"周元中"當爲"周元仲"之誤。本集卷二八收有《許崧老〈三友篇〉贈珪老》一詩，當爲周元仲傳示許翰之詩，《次韻〈三友篇〉》纔是李綱所作。周靈運，字元仲，淮海人。案，現存福州鼓山石刻有"淮海周靈運元仲"之語（見書前彩插二）。周靈運，史料鮮少提及。呂本中《東萊詩集》卷一二有《送周靈運入閩浙》詩。張嵲《紫微集》卷三二《處州龍泉西山集福教院佛經藏記》云："淮海人周靈運嘗往來是邑，見其興作始末，因爲其僧屬余爲記。"[1]據知，周靈運嘗與呂本中、張嵲交遊。淮海，今江蘇徐州、連雲港一帶。

　　又，本集卷二八《松風堂長篇》詩序謂"季夏之初，自安國遷南臺天寧寺"（第378頁）。據知，李綱初抵長樂時，寓居安國寺。趙效宣《李綱年譜長編》謂長樂乃"今福建省長樂縣"[2]。但據鄭淑榕《李綱與福州天寧寺之考論》，"長樂"指"長樂郡"，即福州市。安國寺今位於福州郊區新店浮村境

---

[1] 張嵲《紫微集》，景印文淵閣《四庫全書》，臺灣商務印書館1986年版，第1131冊第623頁。
[2] 趙效宣《李綱年譜長編》，第147頁。

内[1]，從之。《淳熙三山志》卷三八《寺觀類六》載："安國寺，忠信里。始曰龍丘。會昌例廢。乾寧三年，忠懿王復之。光化初，僧師備自雪峰來居焉。館徒常千人。高麗、日本之僧亦有至者。師備，閩縣江南人也，號宗一禪師。長興元年，閩越王鈞所立碑文：'節度副使王延稟捨'。石刻今存。晉開運中，淮兵入寇，蹂爲荒墟。皇朝祥符四年，仍故址新之。"[2]

二十五日，與吳巖夫、李彌遜等友人遊賢沙、鳳池，作《遊賢沙鳳池二首》詩，李彌遜和之。

本集卷二八《遊賢沙鳳池二首》詩序云："三月二十五日邀吳民瞻、鄭夢錫、李似之、陳巽達、周元仲遊賢沙、鳳池作二首。"（第375頁）《嘉慶重修一統志》卷四二六《福州府二》載："朱倬墓，在侯官縣賢沙山。"[3]據知，賢沙山在侯官。鳳池山，在侯官縣北七里，上有鳳池寺。案，《輿地紀勝》卷一二八《福州》載："鳳池山。在閩縣。有鳳池寺。"[4]《乾隆福州府志》卷五《山川一》載："鳳池山，在（侯官縣）昇山西。[《名勝志》]山椒有池三四畝，相傳有五色鳥浴此，故名。有泉曰水簾，又有擢秀亭、鳳池軒、覽輝亭、華池閣諸勝。"[5]《嘉慶重修一統志》卷四二五《福州府一》載："鳳池山，在侯官縣北七里。有池廣三四畝，相傳有五色文鳥浴於此。宋元絳、曾鞏、陳襄、李綱皆有詩。"[6]卷四二六《福州府二》又云："鳳池寺，在侯官縣鳳池山，漢乾祐中建。"[7]賢沙、鳳池，在今福建福州境内。

吳巖夫，字民瞻，松溪（今屬福建）人。《嘉靖建寧府志》卷一六《蔭補》載："吳巖夫，字民瞻。以父執中蔭補官，亦遊蔡京[8]門下。政和中拜考功郎，嘗爲蔡卞撰謚欽宗。時自濠州召爲左司郎中。後遷秘閣修撰，知福

---

[1] 鄭淑榕《李綱與福州天寧寺之考論》，《閩江學院學報》2012年第3期。
[2] 梁克家《淳熙三山志》，《宋元方志叢刊》，第8冊第8231頁。
[3] 穆彰阿等《嘉慶重修一統志》，第27冊第21210頁。
[4] 王象之著，李勇先校點《輿地紀勝》，第7冊第4032頁。
[5] 徐景熹修，魯曾煜等纂《乾隆福州府志》，《中國地方志集成·福建府縣志輯》，上海書店出版社2000年版，第1冊第98頁。
[6] 穆彰阿等《嘉慶重修一統志》，第27冊第21154~21155頁。
[7] 穆彰阿等《嘉慶重修一統志》，第27冊第21217頁。
[8] "金"應爲"京"。

州，改南劍州。乞祠，居建安，卒。松溪人。"[1] 時奉祠閑居。案，《建炎以來繫年要録》卷一八載建炎二年十一月十五日乙未，"集英殿修撰、新知福州吳巖夫移知南劍州"[2]。吳巖夫知南劍州後乞祠，據本集卷二八《遊賢沙鳳池二首》詩序，時當閑居福州。

鄭夢錫，名里不詳。

李似之即李彌遜，時奉祠閑居。李彌遜《筠溪集》附録《筠溪李公家傳》載建炎四年"四月，奉太平觀祠。紹興二年三月，祠滿，知饒州"[3]。李彌遜《筠溪集》卷一六《次韻李伯紀丞相遊賢沙鳳池之作二首》當作於同時。

陳安節，字巽達，臨川人。[4] 據《嘉靖延平府志》卷七《官師志卷之二》載，陳安節嘗任宋南劍州知州。[5]

是月，上《謝除提舉臨安府洞霄宮表》《謝范相宮祠啓》。

《建炎以來繫年要録》卷四一載紹興元年正月二十二日庚申，"銀青光禄大夫李綱提舉臨安府洞霄宮"[6]。又見《皇宋中興兩朝聖政》卷九《高宗皇帝九》。然《行狀》謂"紹興元年三月，提舉杭州洞霄宮"（第1733頁）。李綸《梁溪先生年譜》所載與之同。蓋正月二十二日乃除官之日，三月乃除命至閩之日也。本集卷六四《謝除提舉臨安府洞霄宮表》當上於三月。又，本集卷一三〇《謝范相宮祠啓》謂"奉黃紙之除書，得青氈之舊物"（第1249頁），當指提舉臨安府洞霄宮事，則此文應與謝表同作於是年三月。范相，范宗尹也。案，《宋宰輔編年録》卷一四載建炎四年五月三日甲辰，"范宗尹右僕射"[7]；卷一五又謂紹興元年七月二十九日癸亥，"范宗尹罷相"[8]。據知，時范宗尹任右僕射。范宗尹（1100—1136），字覺民，襄陽鄧城（今湖北襄陽）人。[9]《宋史》卷三六二有傳。《建炎以來繫年要録》卷一〇四載

［1］夏玉麟等修，汪佃等纂《嘉靖建寧府志》，《天一閣藏明代方志選刊》，上海古籍書店1964年版，第28册。
［2］李心傳編撰，胡坤點校《建炎以來繫年要録》，第1册第427頁。
［3］李彌遜《筠溪集》，景印文淵閣《四庫全書》，第1130册第843頁。
［4］現存福州鼓山石刻有"臨川陳安節巽達"之語，見書前彩插二。
［5］陳能修，鄭慶雲、辛紹佐纂《嘉靖延平府志》，《天一閣藏明代方志選刊》，第29册。
［6］李心傳編撰，胡坤點校《建炎以來繫年要録》，第2册第895頁。
［7］徐自明撰，王瑞來校補《宋宰輔編年録校補》，中華書局1986年版，第949頁。
［8］徐自明撰，王瑞來校補《宋宰輔編年録校補》，第962頁。
［9］脱脱等《宋史》卷三六二《范宗尹傳》，第32册第11325頁。

紹興六年八月四日己亥，"觀文殿學士、左通議大夫、提舉臨安府洞霄宮范宗尹薨於台州，年三十七"[1]，據此推知范宗尹生卒年。

大約是月，鄧密來訪。

本集卷一七〇《樂全居士墓誌銘》："余宣和初，謫官沙陽……別去一紀復來，則沙陽爲盜之所擾，居士避地長樂之甘蔗洲……行次長樂，居士相訪。"（第1568頁）據知，是年李綱至福州時，鄧密來訪，時大約三月也。

四月，有《與秦參政書》。

本集卷一一四《與秦參政書》："初夏清和……去秋蒙恩還自海上，訪家江南……時方挈族如昭武，席未及暖，群盜紛起，勢不得安，復徙長樂。"（第1084頁）"去秋蒙恩還自海上，訪家江南"指建炎四年（1130）八月抵達德興事，則此文應作於紹興元年（1131）四月。秦參政即秦檜。趙效宣《李綱年譜長編》謂此文作於建炎四年[2]，誤也。

大約四月，作《次韻奉酬鄧成村[3]判官二首》詩。

鄧肅《栟櫚先生文集》卷二〇《跋李丞相贈鄧成材判官詩》云："建炎三年冬十一月，金寇破洪，傳檄下建昌。當時無敢誰何者，判官鄧柞獨不可，曰：'寧死耳，忍負吾君父乎？'拂袖而去，誓不降辱。南奔閩山。……大丞相李公聞而壯之，因鄧有詩，遂次其韻……時紹興元年四月晦。"[4]《建炎以來繫年要録》卷二九載建炎三年十一月二十九日癸酉，"金人犯建昌軍"[5]。《嘉靖延平府志》卷一六《人物志二》："鄧柞，字成林[6]，沙縣人。建炎二年第進士，授建昌軍簽判。金虜入寇，破洪州，傳檄至建昌，守率屬納帛擬以城降，柞毅然斥之曰：'虜使至，當殺之而焚其書，寧死不降。'守欲執以畀虜，柞不爲屈，遂棄官歸。"[7]鄧肅四月晦日作《跋李丞相贈鄧成材判官詩》，則李綱次韻奉酬鄧成材詩在此之前。又，本集卷二八

---

[1] 李心傳編撰，胡坤點校《建炎以來繫年要録》，第5冊第1955頁。
[2] 趙效宣《李綱年譜長編》，第145頁。
[3] "村"應爲"材"。
[4] 鄧肅《栟櫚先生文集》，《宋集珍本叢刊》，第39冊第789頁。
[5] 李心傳編撰，胡坤點校《建炎以來繫年要録》，第2冊第679頁。
[6] "林"應爲"材"。
[7] 陳能修，鄭慶雲、辛紹佐纂《嘉靖延平府志》，《天一閣藏明代方志選刊》，第29冊。

《次韻奉酬鄧成村判官二首》原列三月二十五日所作《遊賢沙鳳池二首》與六月所作《留題天寧明極堂》之間，故此詩大約作於四月。鄧柞，字成材，號蓮花居士，南劍州沙縣人。[1]

大約四、五月間，作《次韻陳中玉大卿二首》《六言頌六首贈安國覺老》《寄呂相元直》詩。

本集卷二八以上諸詩原列三月二十五日所作《遊賢沙鳳池二首》與六月所作《留題天寧明極堂》之間，大約作於四、五月間也。

本集卷二八《寄呂相元直》詩云："許國精忠不計身，據鞍矍鑠邁前聞。親提貔虎三千士，力破犲狼十萬軍。江表已欣迎騎氣，淮壖行慶掃妖氛。勞公力贊中興業，衰病安然臥白雲。"（第377～378頁）案，呂頤浩於建炎三年四月六日癸丑，除右僕射；閏八月十一日丁亥，除左僕射。四年四月二十四日乙未，罷相；六月九日丙戌，爲江東西路安撫大使。[2]時呂頤浩任江東西路安撫大使，故詩有"江表已欣迎騎氣"之語。呂頤浩（1071—1139），字元直，齊州（今山東濟南）人。[3]

陳中玉，名里不詳。

五月二日，與王仲嶷等友人遊鼓山靈源洞，留題墨迹一篇，作《遊鼓山靈源洞次周元仲韻》詩。

現存福州鼓山石刻云："昭武李綱伯紀邀華陽王仲嶷豐甫、建溪吳巖夫民瞻、臨川陳安節巽達、淮海周靈運元仲遊鼓山靈源洞。豐甫之子昇叔明、伯紀之弟經叔易、綸季言、甥張津子知同來。紹興元年五月二日。"（見書前彩插二）故本集卷二八《遊鼓山靈源洞次周元仲韻》當作於是日。王昇，字叔明，王仲嶷之子。張津，字子知，李綱外甥。

鼓山，在閩縣東三十里。案，《輿地紀勝》卷一二八《福州》："鼓山。在閩縣鼓山里。有石狀如鼓。"[4]《乾隆福州府志》卷五《山川一》："鼓山，在（閩縣）鼓山里，城東三十里。屹立江濱，高可十五里，延袤數十里，郡

［1］鄭淑榕《宣和初李綱沙縣交遊考》，《東南學術》2010年第3期。

［2］徐自明撰，王瑞來校補《宋宰輔編年錄校補》卷一四，第935、942、947、954頁。

［3］佚名編，刁忠民校點《呂忠穆公年譜》，吳洪澤、尹波主編《宋人年譜叢刊》，四川大學出版社2002年版，第6冊第3574頁。

［4］王象之著，李勇先校點《輿地紀勝》，第7冊第4026頁。

鎮山也。"[1]《嘉慶重修一統志》卷四二五《福州府一》:"鼓山,在閩縣東三十里,延袤三十里,府之鎮山也。山巔有巨石如鼓,或云每風雨大作,其中籟蕩有聲,故名。南麓屹峙江濱,爲戍守要地。其最高者曰大頂峰,一名巧崛峰,正東可望見海。下爲小頂峰,與大頂峰相去二里,又有浴鳳池,池右有海音洞,白雲洞,其餘峰嶺巖洞之屬,稱名勝者,不可勝紀。"[2]靈源洞,在閩縣鼓山湧泉寺左。《嘉慶重修一統志》卷四二五《福州府一》載:"靈源洞,在閩縣鼓山湧泉寺左。巖竇嵌怪,兩旁皆石壁。中劈枯澗,深可三丈。相傳王閩時僧神晏安禪於此,惡水聲,喧喝之,水逆東流,西澗遂涸,是謂喝水巖。"[3]

三日,聞隆祐太后孟氏崩,上《大行隆祐太后崩慰表》。

本集卷六四《大行隆祐太后崩慰表》:"今月初三日,伏觀尚書禮部符,四月十五日大行隆祐太后崩者。棄榮養於東朝,頒遺詔於南國。"(第687頁)據文意,今月當指五月。是年四月十四日,隆祐太后崩,李綱云四月十五日,誤也。案,《建炎以來繫年要錄》卷四三載紹興元年四月十四日庚辰,"隆祐皇太后崩於行宮之西殿,年五十九"[4]。又見《三朝北盟會編》卷一四六《炎興下帙四十六》、《皇宋中興兩朝聖政》卷九《高宗皇帝九》、《中興小紀》卷一〇、《續宋中興編年資治通鑑》卷三《宋高宗三》。

大約三月中旬至五月期間,寓居安國寺,作《福州安國禪院施錦法座疏》。

據本集卷一六五《福州安國禪院施錦法座疏》題名,應作於是年寓居福州安國寺期間,時間大約爲三月中旬至五月期間。

六月初,自福州安國寺遷南臺天寧寺,作《留題天寧明極堂》《松風堂長篇》詩。

本集卷二八《松風堂長篇》詩序曰:"季夏之初,自安國遷南臺天寧寺,依南山而面北,暑氣尤甚。暇日望山頂,松林鬱然,意必有異,因穴垣鑿磴以造其上……作古詩二十韻,以紀其事,奉呈巽達、元仲。"(第378頁)

---

[1] 徐景熹修,魯曾煜等纂《乾隆福州府志》,《中國地方志集成·福建府縣志輯》,第1冊第83頁。
[2] 穆彰阿等《嘉慶重修一統志》,第27冊第21149頁。
[3] 穆彰阿等《嘉慶重修一統志》,第27冊第21170頁。
[4] 李心傳編撰,胡坤點校《建炎以來繫年要錄》,第2冊第928頁。

《留題天寧明極堂》詩云：“鬱勃炎蒸極，巍峨棟宇雄。”（第378頁）二詩應作於是年六月初自安國寺遷南臺天寧寺時。

　　天寧寺在閩縣（今福建福州）鹽倉山。趙效宣《李綱年譜長編》云：“天寧寺在閩縣鹽倉山，閩縣，今福建省閩侯縣，與長樂縣相毗連。故集云長樂，志云閩縣。實則一山之隔耳。《紀勝》作報恩光孝寺，與天寧寺名異。未知孰是，今姑從綱集。”[1]但據鄭淑榕《李綱與福州天寧寺之考論》知長樂指長樂郡，即福州市。天寧寺宋時屬閩縣，而非閩侯縣。天寧寺也稱報恩光孝寺。“李綱《松風堂長篇》所云‘南臺天寧寺’與《松風堂記》所云‘長樂天寧寺’，以及《輿地紀勝》所云‘報恩光孝寺’，實爲一寺。‘南臺’即是指南臺島，位於福州之南，白龍江與烏龍江所環抱其周，故名。南臺島即今福州市倉山區全境，倉山區建置前曾隸屬閩縣、侯官縣、懷安縣和閩侯縣。”[2]《淳熙三山志》卷三三《寺觀類一》：“報恩光孝寺，（閩縣）時[3]昇里。崇寧二年詔諸州建崇寧寺，王秘監祖道守鄉郡，創於浮橋之南。危巖[4]百級，波光入戶，真江南之勝也。四年落成。政和元年，敕改天寧萬壽禪寺。紹興七年，以焚修故改爲報恩廣孝。十三年，改爲‘光’。”[5]《乾隆福州府志》卷一六《寺觀一》同謂在閩縣時昇里。鹽倉山又名天寧山、掛榜山。案，穆彰阿等修《嘉慶重修一統志》卷四二五《福州府一》載：“鹽倉山，在閩縣南十五里。省會第一案山也，又名挂榜山。其東爲藤山，有梅花塢，植梅萬株，直抵程埔，可十里許。”[6]《乾隆福州府志》卷五《山川一》載：“天寧山，在（閩縣）時昇里，俗名鹽倉山，又名掛榜山。有天寧臺，在光孝寺内。”[7]

　　松風堂，在鹽倉山天寧寺東。案，《輿地紀勝》卷一二八《福州》載：

［1］趙效宣《李綱年譜長編》，第148頁。

［2］鄭淑榕《李綱與福州天寧寺之考論》，《閩江學院學報》2012年第3期。

［3］“時”字原缺，據《四庫全書》本增補。見梁克家《淳熙三山志》，景印文淵閣《四庫全書》，臺灣商務印書館1986年版，第484冊第499頁。

［4］“巖”，原字模糊不辨，據《四庫四書》本補録。見梁克家《淳熙三山志》，景印文淵閣《四庫全書》，第484冊第499頁。

［5］梁克家《淳熙三山志》，《宋元方志叢刊》，第8冊第8165頁。

［6］穆彰阿等《嘉慶重修一統志》，第27冊第21151頁。

［7］徐景熹修，魯曾煜等纂《乾隆福州府志》，《中國地方志集成·福建府縣志輯》，第1冊第88頁。

"松風堂。在報恩光孝寺。李丞相綱寓居於此,青松千蓋,日影不到,榜曰松風堂。"[1]《淳熙三山志》卷三三《寺觀類一》載:"松風堂,李丞相綱寓居於方丈東,得數楹,與山巔齊,青松千蓋,日影不到,榜爲松風。"[2]《嘉慶重修一統志》卷四二五《福州府一》載:"松風堂,在閩縣鹽倉山。宋李綱謫居時寓之。有海月、來薰二亭,又有明極堂。"[3]《乾隆福州府志》卷二一《第宅園亭一》載:"松風堂,在天寧山。李丞相綱謫居時寓之。有海月、來薰二亭,又有明極堂。"[4] 並收錄李綱題明極堂詩、松風堂詩,即《留題天寧明極堂》《松風堂長篇》二詩。

十八日,作《汀州南安巖均慶禪院轉輪藏記》。

本集卷一三三《汀州南安巖均慶禪院轉輪藏記》云:"建炎四年夏,余蒙恩歸自海上,由梅川以趣閩中,道南安巖均慶禪院……明年夏,余攜家寓長樂,許侯以書來請曰:'藏成矣,公無食言。'乃爲之書。紹興元年歲次辛亥六月十八日記。"(第 1284~1285 頁)南安巖,在武平縣南八十五里。參見本書"高宗建炎四年庚戌(1130),四十八歲"之下相關內容。

大約六、七月間,作《次韻劉倅寄荔子》詩。

本集卷二八《次韻劉倅寄荔子》詩原列六月初所作《松風堂長篇》與七月所作《初秋訪許子大》之間,大約作於六、七月間。

七月六日,奉陪王仲薿、許份、康平仲遊賢沙、宿鳳池、登昇山,作《秋日陪王豐甫等遊賢沙偶成二首》詩。

本集卷二八《秋日陪王豐甫等遊賢沙偶成二首》詩序云:"秋日,奉陪王豐甫、許子大、康平仲遊賢沙,宿鳳池,登昇山,偶成二首。"(第 379 頁)案,是年七月六日立秋,此二詩當作於是日。康平仲,名里不詳。

昇山,在侯官縣(今福建福州)北十里。案,《太平寰宇記》卷一〇〇《福州》載:"昇山,在州西北十四里。越王勾踐時,一夜從會稽飛來。西南地號道士洞,舊名飛山。臨海人任敦於此昇仙,其迹猶存。天寶六載敕改

---

[1] 王象之著,李勇先校點《輿地紀勝》,第 7 冊第 4028 頁。
[2] 梁克家《淳熙三山志》,《宋元方志叢刊》,第 8 冊第 8165 頁。
[3] 穆彰阿等《嘉慶重修一統志》,第 27 冊第 21193~21194 頁。
[4] 徐景熹修,魯曾煜等纂《乾隆福州府志》,《中國地方志集成·福建府縣志輯》,第 1 冊第 461 頁。

爲昇山。"[1]《輿地紀勝》卷一二八《福州》謂"昇山。在懷安"[2]。《乾隆福州府志》卷五《山川一》載："昇山，在（侯官縣）三十九都，即飛來峰……[《閩都記》]唐天寶中任放昇舉於此，乃號昇山。山巔有紫雲臺、任公臺、静遊亭、洗藥池、熙春臺、不溢泉、鬼磨石、仙昇巖、巖孕芝、息龜池、攬秀亭諸勝。"[3]《嘉慶重修一統志》卷四二五《福州府一》載："昇山，在侯官縣北十里。《隋書·地理志》：'閩縣有岱山、飛山。'……《通志》：'今洗藥池、任公臺遺址猶存，又有不溢泉、鬼磨石、昇仙巖諸勝。'"[4]

是月，訪許份於東山大乘寺，作《初秋訪許子大》詩。

本集卷二八《初秋訪許子大》詩序云："初秋訪許子大龍圖於東山大乘寺，留飲觀荔子。"（第379頁）自注："東山榴花洞，有誤入者，洞中人以榴花一枝與之。"（第379頁）東山，在閩縣瑞聖里。案，《輿地紀勝》卷一二八《福州》載："東山。在閩縣瑞聖里。"[5]《嘉慶重修一統志》卷四二五《福州府一》載："東山，在閩縣東十里。《南史》：'陳天嘉二年，虞寄在晉安避陳寶應之亂，居東山寺。'《縣志》：'山有獅子峰，榴花洞、聖泉、神移泉、龍首澗、靈芝塢諸勝。'"[6]《乾隆福州府志》卷五《山川一》又云："東山，在（閩縣）遂勝里，城東十里。"[7]遂勝里或即《輿地紀勝》所謂瑞聖里也。

大乘寺乃東山大乘愛同寺。《淳熙三山志》卷三三《寺觀類一》載："大乘愛同寺，在東山瑞聖里。六年置大乘，十二年置愛同，皆律寺，異居而食同，故曰愛同。唐神龍中，律師懷道、懷一相繼居之。會昌廢。大中十一年，復之，合爲一，尚星居。皇朝天聖元年，主僧戒華始改禪刹。元祐中，門下侍郎許將請爲功德院。"[8]《乾隆福州府志》卷一六《寺觀一》載："大乘愛同寺，在東山遂勝里。[《閩都記》]梁大同六年置大乘寺，十二年置愛同

[1] 樂史撰，王文楚等點校《太平寰宇記》，第4冊第1992頁。
[2] 王象之著，李勇先校點《輿地紀勝》，第7冊第4025頁。
[3] 徐景熹修，魯曾煜等纂《乾隆福州府志》，《中國地方志集成·福建府縣志輯》，第1冊第98~99頁。
[4] 穆彰阿等《嘉慶重修一統志》，第27冊第21155頁。
[5] 王象之著，李勇先校點《輿地紀勝》，第7冊第4027頁。
[6] 穆彰阿等《嘉慶重修一統志》，第27冊第21149頁。
[7] 徐景熹修，魯曾煜等纂《乾隆福州府志》，《中國地方志集成·福建府縣志輯》，第1冊第83頁。
[8] 梁克家《淳熙三山志》，《宋元方志叢刊》，第8冊第8157頁。

寺。唐大中十一年，合二寺爲一，因名。宋元祐中，許將請爲功德院。中有夜光臺、神僧室、鑑淨軒、放生池、山輝堂諸勝。"[1]

榴花洞，在東山。《輿地紀勝》卷一二八《福州》載："榴花洞。在閩縣東山。唐永泰中，樵者藍超遇白鹿，逐之，渡水入石門，始極窄，忽豁然，有雞犬人家。主翁謂曰：'吾避秦人也。'與榴花一枝而出，恍若夢中。既而不知所在。"[2]《乾隆福州府志》卷一七《古迹》、《嘉慶重修一統志》卷四二五《福州府一》所載與之同。

大約是月，與王仲薿會宴，作《王豐甫待制會宴湖亭》詩。

本集卷二八《王豐甫待制會宴湖亭》原列七月所作《初秋訪許子大》與《秋日陪王豐甫等遊賢沙偶成二首》之間，大約同作於七月。

八月五日，作《邵武軍泰寧縣瑞光巖丹霞禪院記》。

本集卷一三三《邵武軍泰寧縣瑞光巖丹霞禪院記》文末署"紹興元年辛亥八月五日記"（第1284頁）。

十五日，中秋獨坐，作《念奴嬌》（暮雲四卷）。

趙效宣《李綱年譜長編》謂是年詞有《念奴嬌》[中秋獨坐][3]，從之。"中秋獨坐"乃此詞詞序，首句爲"暮雲四卷"[4]，據詞序當作於是年中秋。

二十六日，復資政殿大學士。

《建炎以來繫年要錄》卷四六載紹興元年八月二十六日庚寅，"銀青光祿大夫、提舉臨安府洞霄宮李綱復資政殿大學士"[5]。又見《皇宋中興兩朝聖政》卷一〇《高宗皇帝十》。《行狀》謂是年"九月，復資政殿大學士"（第1733頁），李綸《梁溪先生年譜》所載與之同，蓋除命到達福州之日也。今從《建炎以來繫年要錄》。

大約是月，有《賀秦相公啓》。

《宋史》卷四七三《秦檜傳》載紹興元年"八月，拜右僕射、同中書門

---

[1] 徐景熹修，魯曾煜等纂《乾隆福州府志》，《中國地方志集成·福建府縣志輯》，第1冊第384頁。

[2] 王象之著，李勇先校點《輿地紀勝》，第7冊第4030頁。

[3] 趙效宣《李綱年譜長編》，第151頁。

[4] 唐圭璋編纂，王仲聞參訂，孔凡禮補輯《全宋詞》，第1170頁。

[5] 李心傳編撰，胡坤點校《建炎以來繫年要錄》，第3冊第981頁。

下平章事兼知樞密院事"[1]。本集卷一三〇《賀秦相公啓》大約作於是月。

有《賀富樞密啓》《賀李參政啓》。

　　《宋宰輔編年錄》卷一五載紹興元年八月十五日己卯，李回除參知政事，富直柔除同知樞密院事。[2]本集卷一三〇《賀富樞密啓》《賀李參政啓》大約作於是月也。富直柔，字季申，宰相弼之孫。[3]《宋史》卷三七五有傳。李回，江寧人，元祐進士。[4]

九月九日，作《九日諸季散處長樂外邑悵然有懷二首》詩。

　　本集卷二八詩序謂"辛亥歲以後作六十四首"（第370頁），據本集卷二八《九日諸季散處長樂外邑悵然有懷二首》詩題，知此二詩作於是年九月九日。

大約九月，有《賀呂相公啓》。

　　本集卷一三〇《賀呂相公啓》云："恭惟平章僕射少保相公宅心坦夷，養氣剛大，材兼全於文武，識洞照於幾深。"（第1251頁）案，《建炎以來繫年要錄》卷四七載紹興元年九月二十日癸丑，"鎮南軍節度使、開府儀同三司呂頤浩拜少保、尚書左僕射、同中書門下平章事、兼知樞密院事"[5]。故賀啓大約作於是年九月也。

作《與呂相公別幅》。

　　本集卷一一四《與呂相公別幅》云："恭惟歡慶平章僕射少保相公，秉心克一，經德不回。……某罪戾之餘，蒙恩復職，出於望外，實自陶鎔之賜，豈勝感懼。"（第1085～1087頁）是年九月，李綱始聞復資政殿大學士，呂頤浩除尚書左僕射，故此文大約作於九月也。

大約是秋，與王仲嶷遊，作《奉同王豐甫韻》《次韻王豐甫同遊西禪斗車堂》詩。

　　本集卷二八以上諸詩原列七月六日所作《秋日陪王豐甫等遊賢沙偶成二首》與九月九日所作《九日諸季散處長樂外邑悵然有懷二首》之間，大約作

---

[1] 脫脫等《宋史》，第39冊第13749頁。

[2] 徐自明撰，王瑞來校補《宋宰輔編年錄校補》，第965頁。

[3] 脫脫等《宋史》卷三七五《富直柔傳》，第33冊第11617頁。

[4] 趙弘恩等修，黃之寯等纂《乾隆江南通志》卷一一九《選舉志》，《中國地方志集成·省志輯·江南》，第5冊第296頁。

[5] 李心傳編撰，胡坤點校《建炎以來繫年要錄》，第3冊第991頁。

於是年秋。

　　西禪寺，在侯官縣。《淳熙三山志》卷三四《寺觀類二》載："西禪寺，（侯官縣）永欽里，號怡山，一名城山寺。壓其上古號信首，即王霸所居，隋末廢坵。咸通八年，觀察使李景溫召長沙爲山僧大安來居，起廢而新之。十年，改名清禪，尋又改延壽。十四年，賜紫方袍，號延聖大師，命劍南寫開元藏經給之。後唐長興中，閩王延鈞奏名長慶。淮兵焚毁，獨佛殿、經藏、法堂、西僧堂僅存。皇朝天聖間營葺，時就周垣九百丈，爲屋三十楹。景祐五年，敕號怡山長慶。政和八年，余少宰深奏爲墳寺，賜額廣因嗣祖。宣和元年改爲嗣祖黄籙院。建炎元年，仍舊。"[1]《乾隆福州府志》卷一六《寺觀一》謂"西禪寺，在（侯官縣）二都"[2]。《嘉慶重修一統志》卷四二六《福州府二》所載與之同。

秋、冬間，作《次韻陳中玉大卿見贈二首》《送周元仲訪親桐廬》《鄭夢錫教授送黄精以詩答其意》詩。

　　本集卷二八以上諸詩原列《九日諸季散處長樂外邑悵然有懷二首》與《初見梅花三絶》之間，當作於是年秋、冬間。

大約九、十月間，有《回泉州葉尚書啓》。

　　本集卷一三〇《回泉州葉尚書啓》原列《賀吕相公啓》與《賀孟宣撫啓》之間，《賀吕相公啓》大約作於是年九月，《賀孟宣撫啓》作於是年十一月，則《回泉州葉尚書啓》大約作於是年九、十月間也。

十一月二十四日，得劉子翬賀啓。

　　劉子翬《屏山集》卷八《賀李丞相冬至啓》云："某職居佐郡，禮廢稱觴，輒布露於尺書，莫趨陪於丈席。"[3]是年冬至爲十一月二十四日，李綱當於是日得賀啓。時劉子翬通判興化軍。案，《宋史》卷四三四《劉子翬傳》載："韐死靖康之難，子翬痛憤，幾無以爲生，廬墓三年。服除，通判興化軍。……子翬始執喪致羸疾，至是，以不堪吏責，辭歸武夷山，不出者凡

[1] 梁克家《淳熙三山志》，《宋元方志叢刊》，第8冊第8173～8174頁。

[2] 徐景熹修，魯曾煜等纂《乾隆福州府志》，《中國地方志集成·福建府縣志輯》，第1冊第395頁。

[3] 劉子翬《屏山集》，景印文淵閣《四庫全書》，臺灣商務印書館1986年版，第1134冊第419～420頁。

十七年。"[1]劉子翬建炎四年（1130）通判興化軍，任後居家十七年不出。李綱大約今年三月中旬至福州，與興化軍相鄰；次年五月六日，起離福州，赴荆湖、廣南路宣撫使兼知潭州任。則劉子翬冬至賀啓當作於今年。李綱靖康年間嘗與劉子翬父韐共同抗金，劉韐身死國難後，嘗作哀辭，劉子翬當識李綱，故有此賀啓。劉子翬（1101—1148），字彦沖，號屏山，亦號病翁，崇安（今福建武夷山）人，劉韐子。[2]《宋史》卷四三四有傳。

是月，有《賀孟宣撫啓》。

孟庾，字富文，濮州（今山東鄄城）人。紹興元年十月，除參知政事。十一月，爲福建、江西、湖南宣撫使。[3]故本集卷一三〇《賀孟宣撫啓》當作於是年十一月。

十二月，得劉子翬賀年啓。

劉子翬《屏山集》卷八《賀李丞相年啓》云："某官三朝……某一去門闌之久，薦觀歲籥之更，莫獲稱觴，徒增善頌。"[4]時劉子翬通判興化軍，賀年啓當作於是年。

高宗紹興二年壬子（1132），五十歲

除荆湖、廣南路宣撫使，兼知潭州。次長沙，旋罷。有詩四十一首、文一百二十九篇，存疑待考詩一首。

寓居福州。正月，勸止韓世忠屠建州城。

韓世忠率師圍剿强寇范汝爲，韓世忠疑建州城中人皆附賊，欲屠城，李綱勸止。建州城民多所全活，乃李綱之功。案，《建炎以來繫年要録》卷五一載：紹興二年正月四日丙申，"福建江西荆湖宣撫副使韓世忠圍建州。……守臣程邁以賊方鋭，欲世忠少留，以俟元夕。世忠笑曰：'吾以元

---

[1]脱脱等《宋史》，第37冊第12871頁。

[2]詹繼良編，彭邦明校點《屏山先生年譜》，吳洪澤、尹波主編《宋人年譜叢刊》，四川大學出版社2002年版，第8冊第5004頁。

[3]徐自明撰，王瑞來校補《宋宰輔編年録校補》卷一五，第973頁。

[4]劉子翬《屏山集》，景印文淵閣《四庫全書》，第1134冊第419頁。

夕凱旋見公矣.'……是日，旦至城下，遂圍之"[1]。《建炎以來繫年要錄》卷五一又載：正月九日辛丑，"韓世忠收建州。初，范汝爲既被圍，固守不下。世忠以天橋、對樓、雲梯、火砲等急擊之，凡六日，賊衆稍怠。夜，官軍梯而上城，遂破……初，世忠疑城中人皆附賊，欲盡殺之。資政殿大學士李綱時在福州，見世忠曰：'建州百姓多無辜。'世忠受教。及城破，世忠令軍人悉駐城上，毋得下。植旗於城之三隅。令士民自相別，農者給牛種使耕，商賈者弛征禁。爲賊脅從者汰遣，獨取其附賊者誅之。由是，多所全活。及師還，父老請祠之，世忠曰：'活爾曹者，李相公也。'"[2]另，《續宋中興編年資治通鑑》卷三《宋高宗三》載："明年正月，世忠至福州，見李綱。綱謂曰：'建城百姓多無辜。'及下建州，民得全活。"[3]"明年"，紹興二年也。據知，韓世忠應先至福州見李綱，後圍建州城。本集卷二八《以舊賜戰袍等贈韓少師二首》詩序曰："某以罪戾憂患之餘，臥病江海，少師被命宣撫閩部，相見有故人戀戀之意。既而躬率將士克復建城，討蕩群寇，一方寧謐，奏功凱旋，將復言別。"（第383頁）

十六日，孫李泰生。

李綸《梁溪先生年譜》謂是年"正月十六日，次子房下孫泰生"[4]。

二十一日，與孟庾、趙仲湜、許份、程邁、鄧肅等人雅集於福州烏石山。

陸增祥《八瓊室金石補正》卷九七《參知政事孟庾等題名》載："參知政事孟庾宣撫閩部，按視城守回，邀嗣濮王仲湜、資政殿大學士李綱、龍圖閣直學士許份、顯謨閣待制王仲嶷、監察御史福建撫諭胡世將、集英殿修撰知福州事程邁、前右正言鄧肅、參議官尚書屯部[5]員外郎李易、機宜朝散郎胡紡、幹辦公事直秘閣馬咸、承議郎鄭士彥，會於烏石山之長樂臺瑞雲庵。紹興壬子正月二十一日。"[6]

烏石山在福州。案，《乾隆福州府志》卷五《山川一》："烏石山隸候官，

---

[1] 李心傳編撰，胡坤點校《建炎以來繫年要錄》，第3冊第1046頁。
[2] 李心傳編撰，胡坤點校《建炎以來繫年要錄》，第3冊第1047頁。
[3] 劉時舉撰，王瑞來點校《續宋中興編年資治通鑑》，第56頁。
[4] 李綸編，彭邦明校點《梁溪先生年譜》，吳洪澤、尹波主編《宋人年譜叢刊》，第6冊第4089頁。
[5] "部"當爲"田"。見李心傳編撰，胡坤點校《建炎以來繫年要錄》卷四九，第3冊第1023頁。
[6] 陸增祥《八瓊室金石補正》，文物出版社1985年版，第683頁。

在城西南隅。唐天寶八載敕名閩山。宋熙寧中，郡守程師孟改名道山。"[1]

趙仲湜，字巨源，初名仲洹。欽宗嗣位，更今名。建炎元年，封嗣濮王。紹興七年卒，謚恭孝。[2]《宋史》卷二四五有傳。

許份，時閑居福州。案，本集卷一六六《宋故龍圖閣直學士許公神道碑》云："紹興初，來寓長樂，遂得與公遊從，陪杖履山林間，從容燕笑，情好甚篤。"（第1540頁）

胡世將，字承公，常州晉陵人。時任監察御史、福建路撫諭使。案，胡世將"登崇寧五年進士第。范汝爲寇閩，以世將爲監察御史、福建路撫諭使。入境，韓世忠已平賊"[3]。《宋史》卷三七〇有傳。

程邁（1068—1145），字進道，黟縣（今屬安徽）人。元符三年（1100）進士。時知福州。[4]

李易（？—1142），字順之，江都（今屬江蘇）人。建炎二年（1128）狀元及第，時爲參議官，紹興十二年（1142）卒。案，《兩宋名賢小集》卷一八四《李敷文集》載："李易，字順之，江都人。好學多聞，以清素見稱。建炎初，高宗駐蹕維揚，策試進士，易爲第一。"[5]《建炎以來繫年要錄》卷四九載紹興元年十一月八日辛丑，孟庾請"屯田員外郎李易並爲參謀官……從之"[6]；卷一四七載紹興十二年十二月二十一日己卯，"李易卒於秀州"[7]。

胡紡，字里不詳，乃參議官李易繼任。案，《建炎以來繫年要錄》卷五二載紹興二年三月二十八日己未，"福建荊湖宣撫使司奏，以朝奉郎胡紡充本司參議官，從之"[8]；卷五六載紹興二年七月二十九日丁亥，"太常少卿兼宗正少卿李易請編次玉牒，從之"[9]。是年七月，李易已在太常少卿兼宗正

[1] 徐景熹修，魯曾煜等纂《乾隆福州府志》，《中國地方志集成·福建府縣志輯》，第1冊第79頁。
[2] 脫脫等《宋史》卷二四五《濮王允讓傳》，第25冊8714頁。
[3] 脫脫等《宋史》卷三七〇《胡世將傳》，第33冊第11511頁。
[4] 趙不悔修，羅願纂《新安志》卷七《先達》、卷八《進士題名》，《宋元方志叢刊》，中華書局1990年版，第8冊第7702~7704、7716頁。
[5] 陳思編，陳世隆補《兩宋名賢小集》，景印文淵閣《四庫全書》，臺灣商務印書館1986年版，第1363冊第491頁。
[6] 李心傳編撰，胡坤點校《建炎以來繫年要錄》，第3冊1023頁。
[7] 李心傳編撰，胡坤點校《建炎以來繫年要錄》，第6冊2788頁。
[8] 李心傳編撰，胡坤點校《建炎以來繫年要錄》，第3冊1081頁。
[9] 李心傳編撰，胡坤點校《建炎以來繫年要錄》，第3冊1148頁。

少卿任上，則胡紡是年三月任命參議官，乃繼李易任也。

馬咸、鄭士彦，字里不詳。

是月，賦《初見梅花三絕》詩奉呈王仲薿。

本集卷二八《初見梅花三絕》詩序曰："初見梅花，三絕句奉呈王豐甫待制。"（第382頁）詩云："江梅何處不先春？海嶠初逢若故人。"（第382頁）案，本集卷二八詩序謂"辛亥歲以後作六十四首"（第370頁）。本集卷二九詩序謂"自壬子歲宣撫荊廣赴長沙以後作三十九首"（第386頁）。詩原列去年九月九日所作《九日諸季散處長樂外邑悵然有懷二首》與今年二月二十九日所作《以舊賜戰袍等贈韓少師二首》之間，當作於是年早春正月。

一、二月間，作《奉寄呂丞相元直二首》詩。

本集卷二八《奉寄呂丞相元直二首》云："海濱病叟無他望，側耳天聲暢國威。……山僧結社成初定，野老扶笻過遠村。"（第382頁）此詩應爲是年未除官前作。又，詩原列《初見梅花三絕》與是年二月二十九日所作《以舊賜戰袍等贈韓少師二首》之間，當作於一、二月間。

二月八日，除觀文殿大學士，荊湖、廣南路宣撫使，兼知潭州。

《宋史》本傳："紹興二年，除觀文殿學士、湖廣宣撫使兼知潭州。"（第11261頁）《建炎以來繫年要錄》卷五一載紹興二年二月八日庚午，"資政殿大學士、提舉臨安府洞霄宮李綱爲觀文殿學士、荊湖廣南路宣撫使、兼知潭州"[1]。本集卷六五《辭免荊湖廣南路宣撫使奏狀》謂除"觀文殿大學士"（第689頁），今從《宋史》及本集所載。又見《宋史》卷二一三《宰輔表四》、《皇宋中興兩朝聖政》卷一一《高宗皇帝十一》、《中興小紀》卷一二、《續宋中興編年資治通鑑》卷三《宋高宗三》、《行狀》、李綸《梁溪先生年譜》、程俱《北山小集》卷二七《李綱除觀文殿學士荊湖廣南路宣撫使兼知潭州》。

二十二日，作《唐朝賢將傳序》。

本集卷一三七《唐朝賢將傳序》文末署"紹興二年仲春二十二日序"（第1317頁）。

---

[1] 李心傳編撰，胡坤點校《建炎以來繫年要錄》，第3冊第1056頁。

二十八日，奉告命，作《辭免二首》詩，具《辭免荊湖廣南路宣撫使奏狀》。

本集卷六五《已受告命再辭免奏狀》："右臣昨於二月二十八日，准樞密院差使臣齎到告命一道，除臣前件職名差遣。臣以疾患未敢祗受，牒送福州軍資庫寄納，具奏狀辭免恩命。"（第691頁）此即本集卷六五《辭免荊湖廣南路宣撫使奏狀》也。本集卷二九《辭免二首》詩序云："蒙恩除荊湖廣南宣撫兼知潭州，具奏辭免二首。"（第386頁）詩應與《辭免荊湖廣南路宣撫使奏狀》同時作。

二十九日，以舊賜緊絲戰袍、鏤裝松文劍等物贈韓世忠，作《以舊賜戰袍等贈韓少師二首》詩。

本集卷二八《以舊賜戰袍等贈韓少師二首》詩序曰："建炎丁未夏……迫今六年，某以罪戾憂患之餘，臥病江海，少師被命宣撫閩部，相見有故人戀戀之意。既而躬率將士克復建城，討蕩群寇，一方寧謐，奏功凱旋，將復言別。隨行有舊賜緊絲戰袍，鏤裝松文劍、鍍金銀纏弰槍、金花團牌，山林病夫無所用之，輒以爲贈，願持此爲聖主折衝禦侮，討叛敵愾，建中興之功，使衰病者增氣，不其韙歟！賦詩二章，以識別且見意云。紹興壬子仲春晦具官某序。"（第383頁）是年二月癸亥朔，三月壬辰朔。據知，二月爲小盡，則晦日爲二十九日。

大約是日，與程邁、孟庾、韓世忠會飲於止戈堂，作《奉贈宣撫孟參政二首》《題止戈堂二首》詩，撰《甌粵銘》。

二月二十九日所作《以舊賜戰袍等贈韓少師二首》詩序曰："既而躬率將士克復建城，討蕩群寇，一方寧謐，奏功凱旋，將復言別。"（第383頁）本集卷二八《奉贈宣撫孟參政二首》詩自注："克建城日，雷初發聲。"其一云："塵戰指蹤煩妙略，凱旋鐃鼓震歡聲。"（第383頁）《題止戈堂二首》詩序曰："題止戈堂二首，奉呈安撫程待制。"（第384頁）其二云："武備森嚴燕寢東，華堂高敞靚相通。坐令戈甲韜藏地，盡在尊罍談笑中。"（第384頁）據知，此四詩大約與《以舊賜戰袍等贈韓少師二首》同時作於慶功會飲之時。止戈堂在福州。《輿地紀勝》卷一二八《福州》載："止戈堂。在安撫廳後。舊名武備。建炎中韓世忠討平建寇，遂更名。"[1]《福建通志》卷六二《古迹》載："在舊安撫廳後架閣庫之北，宋元豐四年，郡守劉瑾搆堂，扁曰'武備'，東西北列甲仗庫。建炎四年，建寇猖獗，郡守程邁乞師於朝，詔參政孟庾、少師韓世忠率禁旅討之。紹興二年，賊平，飲至於堂上，遂更名曰'止戈'，今廢。李綱有《甌粵銘》。"[2]

李綱撰刻《甌粵銘》有二，一在建安，一在福州。案，《福建通志》卷六三《古迹二》載："《甌粵銘》，李綱撰刻，在建安縣。韓世忠討平范汝為之亂，綱作銘以示後人。又有一刻在福州。"[3]本集卷一四二《甌粵銘》序云："建炎四年秋，甌賊范汝為嘯聚回源。統制官李捧帥師輕進而没。朝廷遣官招撫，乃請留屯萬人。賊勢益張，陵轢郡縣，莫敢誰何。群盜歆豔，環視蜂起。紹興改元之冬，遂據建城以叛。部勒黨輿，焚掠諸邑，破邵武，犯南劍，氣焰熾甚。福帥程邁以聞，上命左中大夫、參知政事孟庾為宣撫使，檢校少師、武成感德軍節度使韓世忠副之。使總神武兵步騎三萬，水陸並進。既次近境，賊猶抗拒。屢戰屢捷，徑薄城下，猶負固不服，攻圍累日，乃始克之。……避地閩中，具見始末，欲以藥石之言，明著勸戒，稍革其風，乃作銘。"（第1354~1355頁）趙效宣《李綱年譜長編》謂《甌粵銘》作於紹興元年（1131）[4]，誤也。此文應作於今年韓世忠正月九日破建州城之後，程邁、孟庾、韓世忠慶功會飲止戈堂之時。

大約是月，上《辯謗奏狀》。

本集卷六五《辯謗奏狀》："坐此責散官，安置萬安軍。……今來蒙恩宣撫荆湖、廣南路。"（第690頁）據知，此文應為是年二月二十八日奉告命除荆湖廣南路宣撫使後不久作，大約二月也。

得劉子翬賀啓。

劉子翬《屏山集》卷八《賀宣撫李相公啓》云："竊以黠虜不庭，兵無虛歲，中原失御，禍遍九州，方困憑凌，靡皇經理，眷乃長沙之地，莽為

---

[1] 王象之著，李勇先校點《輿地紀勝》，第7冊第4028頁。
[2] 郝玉麟等修，謝道承等纂《福建通志》，景印文淵閣《四庫全書》，第530冊第220頁。
[3] 郝玉麟等修，謝道承等纂《福建通志》，景印文淵閣《四庫全書》，第530冊第272頁。
[4] 趙效宣《李綱年譜長編》，第151頁。

群盜之區，天誅以遠而未加，兇焰莫懲而愈肆，阻湖湘而自固，據城邑以相殘，固欲安之。每軫淵衷之念，其誰任此？……某猥居官守側，聽除音，知公論之攸歸，竊私喜而不寐，徒得君重諫，密簡於帝心，無以公歸，願亟符於民望。"[1] 是年二月八日，李綱除觀文殿大學士，荊湖、廣南路宣撫使，兼知潭州，劉子翬賀啓大約作於是月也。

三月初，有《與呂相公第一書》《與秦相公第一書別幅》，言辭免荊湖廣南路宣撫使兼知潭州事。

本集卷一一五《與呂相公第一書》："除某荊湖廣南路宣撫使。……力具奏辭免。"（第1090頁）卷一一七《與秦相公第一書別幅》："今來蒙恩宣撫荊湖、廣南四路……兼某見以病患，具奏辭免恩命。"（第1113頁）據此推斷，二文應與二月二十八日辭免奏狀時間比較接近。又本集卷一二〇《與李似表教授書》云："區區旅食長樂粗適。三月初，遣人投二相書，並以辭免文字，託爲將上。"（第1148頁）故二文作於三月初。呂相公，呂頤浩也。秦相公，秦檜也。

是年春，有《再與吳元中書》。

本集卷一一三《再與吳元中書》云："春氣清和……區區旅食長樂……自前年秋還家，得與骨肉輩相聚，飽食逸居，早眠晏起，素餐之愧，夫何復言……嶠南氣候不常，切冀爲國自重。"（第1075頁）此文作於是年春，時吳敏任廣西、湖南宣撫使。案，《宋史》卷三五二《吳敏傳》載吳敏"再貶崇信軍節度副使，涪州安置。建炎初，移柳州。……紹興元年，復觀文殿大學士，爲廣西、湖南宣撫使"[2]。李綱建炎三年（1129）南謫萬安途中，與謫居柳州之吳敏多有書信往來，建炎四年秋，北歸饒州德興與家人團聚，即書中所謂"前年秋還家，得與骨肉輩相聚"也。據"春氣清和……區區旅食長樂"推斷，應作於今年春天，時吳敏任廣西、湖南宣撫使，故有"嶠南氣候不常，切冀爲國自重"之語。趙效宣《李綱年譜長編》謂此文作於紹興三年（1133）[3]，誤也。

---

[1] 劉子翬《屏山集》，景印文淵閣《四庫全書》，第1134冊第421頁。

[2] 脫脫等《宋史》，第32冊第11124頁。

[3] 趙效宣《李綱年譜長編》，第172頁。

四月十日，得內侍于蓋傳旨撫問及御賜茶藥。大約是日，李綱上《謝差中使傳宣撫問降賜茶藥表》。

《皇宋中興兩朝聖政》卷一一《高宗皇帝十一》載紹興二年四月二十四日乙酉，"上遣內侍于蓋撫問，令視上道乃還"[1]。《行狀》："四月七日，內侍于蓋傳宣撫問，敦遣令視上道乃還。"（第1738頁）李綸《梁溪先生年譜》謂"閏四月七日，內侍撫問"[2]。本集卷六五《已受告命再辭免奏狀》云："今月初九日，承尚書省劄子，四月七日奉聖旨，令入內；內侍省差內侍官一員前去敦遣，疾速起發赴任，乃宣賜茶藥銀合。續於初十日入內，內侍省西頭供奉官于蓋到臣居止，降賜傳宣撫問。"（第691頁）諸書記載日期不一，據本集卷六五《已受告命再辭免奏狀》，當爲四月七日下旨，四月十日于蓋至福州撫問，今從。本集卷六五《謝差中使傳宣撫問降賜茶藥表》大約上於是日。

二十四日，受湖廣宣撫使之命，假福州貢院開司。

《建炎以來繫年要錄》卷五三載：紹興二年四月二十四日乙酉，"李綱始受湖廣宣撫使之命，置司。上遣內侍于蓋撫問，令視上道乃還。賓客多往賀綱，有臨川陳沖用者獨不賀，人問其故，沖用曰：'丞相在靖康末以天下安危自任，人望所歸，今雖閑居，其望猶重。若因此成功，尚蓋前失，萬一又無所成，平日之名掃地矣。何賀之有？'"[3]《行狀》謂四月二十四日假福州貢院開司（第1738頁）。本集卷一一五《與呂相公第三書別幅》亦謂"已於二十四日開司，擇五月六日啓行"（第1094頁）。然李綸《梁溪先生年譜》謂閏四月二十四日開司。[4]今從《建炎以來繫年要錄》。又見《宋史》卷二七《高宗本紀四》、《皇宋中興兩朝聖政》卷一一《高宗皇帝十一》。陳沖用，字里不詳。

大約是日，作《辭免不允二首》詩，上《已受告命再辭免奏狀》。

本集卷二九《辭免不允二首》詩序曰："辭免不允，蒙恩遣中使降賜趣

---

[1] 佚名撰，孔學輯校《皇宋中興兩朝聖政輯校》，第2冊第343頁。
[2] 李綸編，彭邦明校點《梁溪先生年譜》，吳洪澤、尹波主編《宋人年譜叢刊》，第6冊第4090頁。
[3] 李心傳編撰，胡坤點校《建炎以來繫年要錄》，第3冊第1092頁。
[4] 李綸編，彭邦明校點《梁溪先生年譜》，吳洪澤、尹波主編《宋人年譜叢刊》，第6冊第4090頁。

行，不獲已受命二首。"（第386頁）此二詩大約作於四月二十四日受命時。

又，本集卷六五《已受告命再辭免奏狀》："今月初九日，承尚書省劄子，四月七日奉聖旨，令入內；內侍省差內侍官一員前去敦遣，疾速起發赴任，乃宣賜茶藥銀合。續於初十日入內，內侍省西頭供奉官于蓋到臣居止，降賜傳宣撫問。……臣見擇日開司進發上道，迤邐前去建昌軍以來，聽候指揮。"（第691~692頁）據知，"今月"指是年四月，奏狀大約同作於四月二十四日受命之時。

大約是月下旬，上《乞令福建等路宣撫司差撥兵將會合討捕曹成奏狀》《乞不許諸處抽差韓京等軍馬奏狀》。

《建炎以來繫年要録》卷五三載紹興二年閏四月六日丙申，"神武副軍都統制岳飛引兵擊曹成於賀州境上，大破之"[1]。而本集卷六五《乞令福建等路宣撫司差撥兵將會合討捕曹成奏狀》云："右臣據荆湖南路提刑司桂陽監申：曹成一項賊馬，約有可戰兵三萬餘人，別有占巢打食人約六萬餘人，占據道州半年有餘，於今年三月內，已離道州，侵犯廣南賀州。……契勘臣蒙恩除荆湖廣南路宣撫使，准尚書省劄子，備奉聖旨，逐路兵馬並聽節制，所有岳飛、吳全、韓京、吳錫等兵，見在本路，並合聽臣節制。除已劄下岳飛，統率逐項軍馬，疾速前去道、賀州以來措置招捕……伏望聖慈特降睿旨，下福建、江西、荆湖宣撫司，令不拘路分，差兵將前去會合招捕施行。"（第695~696頁）《乞不許諸處抽差韓京等軍馬奏狀》云："契勘岳飛一項軍馬八千餘人……在湖南道州措置曹成。……韓京一項軍馬一千餘人，元在衡州駐紮；吳錫一項軍馬一千五百餘人，元在郴州駐紮；並聽湖廣安撫使司節制。見帶所部軍馬，隨逐岳飛前去道州。……並合聽臣節制。……伏望聖慈特降睿旨，不許諸處抽差。"（第696頁）據文意，此二文應在四月二十四日受命之後、閏四月六日岳飛大破曹成於賀州之前，大約作於四月下旬。韓京，字世京，安仁（今屬湖南）人。膂力過人，長於謀略，紹興間仗義勤王，累立戰功，官忠亮大夫。[2]曹成，字里不詳。

---

[1]李心傳編撰，胡坤點校《建炎以來繫年要録》，第3冊第1098頁。

[2]邁柱等修，夏力恕等纂《湖廣通志》卷五五《人物志》，景印文淵閣《四庫全書》，第533冊第260頁。

大約是月，作《賀翟參政啓》，翟汝文回謝啓。

紹興二年四月九日庚午，翟汝文除參知政事。[1] 本集卷一三〇《賀翟參政啓》大約作於四月。翟汝文《忠惠集》卷九《回謝宣撫李相公賀除參政啓》[2] 大約同作於是月。

閏四月八日，作《松風堂記》。

本集卷一三三《松風堂記》云："梁溪病叟，蒙恩歸自海上。紹興辛亥夏，始挈其孥寓居長樂之天寧寺。……夏秋之交，炎蒸鬱勃，雖有高簷廣廡，如坐甑中，病叟益不能堪。其明年，乃規模避暑之地，於方丈之東，得屋數楹，高顯新潔。而寺僧以牆壁壅之，限爲小屋，居昧昧也。意其後必有異，乃始辟而通之短垣之外，與山巔平。青松千株，森列蒼翠，風度其間，聲韻蕭瑟，入軒窗，拂懷袖，穆然瀏然，信乎能濯執熱，而慰人心也。因命易柱以梁，甃地以礱，鑿頑石，剪榛蕪，植幽花，理修竹。日與賓客嘯詠其上，遂爲一寺之勝，化煩溽之地爲清涼之境，皆謂得未嘗有，乃目之曰松風堂，蓋紀實也。……堂成未幾，被命帥長沙，宣撫荆廣，具奏辭免。有旨遣中使降賜趣行，不得已，力疾上道，戀戀不忍去。……壬子歲閏夏八日記。"（第1285頁）據知，李綱爲避天寧寺夏秋之炎熱，是年建避暑之地松風堂，從"堂成未幾，被命帥長沙，宣撫荆廣，具奏辭免"推斷，松風堂建成於二月二十八日之前。是年閏四月，"閏夏八日"即閏四月八日也。

二十四日，緣曹成侵犯封、連等州，得旨徑自廣東前去，保護本路。

本集卷六七《乞依近降指揮乞兵二萬人措置招捕曹成奏狀》云："今來宣撫司人馬，約程已到湖南，閏四月二十四日奉聖旨，令宣撫司斟酌賊勢，如岳飛孤軍難以破賊，即疾速分撥人馬前去策應，務要剿除淨盡，保全二廣。仍劄與李綱，疾速由廣東前去，保護本路。"（第713頁）卷六七《乞撥顏孝恭軍馬付本司使喚奏狀》又云："今准樞密院劄子，緣曹成侵犯封、連等州，閏四月二十四日奉聖旨，令臣徑自廣東前去，保護本路。"（第715頁）又見卷六八《乞令韓世忠摘那軍馬量帶輕齎前去招捕曹成奏狀》。

---

[1] 徐自明撰，王瑞來校補《宋宰輔編年録校補》，第978頁。
[2] 翟汝文《忠惠集》，景印文淵閣《四庫全書》，第1129冊第291頁。

大約在三、四月間，有《與呂相公第二書別幅》。

與呂相公第一書在三月初，第三書在四月二十四日後、五月六日前，由此推斷本集卷一一五《與呂相公第二書別幅》大約作於三、四月間。

四月二十四日至五月六日之間，上《乞撥還陳照等人兵奏狀》。

奏狀謂現有軍馬一千三百餘人，乞撥還任仕安所部陳照、馬準下人兵，隨之赴任。案，本集卷六五《乞撥還陳照等人兵奏狀》："又准樞密院四月二日劄子……右臣契勘任仕安下，元係統領官三人，陳照、馬準、李建共計人兵二千八百餘人，合成一軍，並是任仕安所部……改差任仕安將帶所部軍馬隨逐前去……省劄既到之後，福建路安撫司卻將統領官陳照、馬準下人兵別作一項，陳乞存留福建，並不聲説元係任仕安所部軍馬，致朝廷不見得前項事因，已依所乞，存留其統制官陳照下計七百八十六人，馬準下計七百一十四人，除兩項存留外，任仕安並李建共止有一千三百餘人，顯是單少，分撥部伍不行。今來朝廷已再差申世景、單德忠兩項軍馬約兩千餘人前來福建。伏望聖慈特降睿旨，將統領官陳照、馬準下人兵，依舊撥還任仕安所部，庶幾稍成軍容，實係國體。"（第693~694頁）據此推知，此狀創作時間應爲四月二十四日受命之後、五月六日率師離福州之前。陳照，字里不詳。

上《乞差撥諸項人馬奏狀》。

奏狀謂欲自江西建昌、虔州、吉州前去長沙，但止撥到任仕安一項人兵一千三百餘人，乞差撥人馬。案，本集卷六五《乞差撥諸項人馬奏狀》："今來新除荆湖、廣南路宣撫使李綱，見在福州，前去之任，其經由道路，理合照應。四月七日，三省同奉聖旨，令李綱將帶軍馬，疾速起發，依已降指揮，相度由汀、道州，就令撫定廣東經過州軍，前去之任。臣勘會自福州至潭州，若由建昌、虔、吉入衡州前去，約三十餘程；若由汀、道、廣南前去……約九十餘程，實爲非便。今相度欲自江西建昌、虔、吉前去……今來止有撥到任仕安一項人兵一千三百餘人，顯是單少，須候畫一奏狀內，踏逐諸項人兵，差到齊足，乃可前去。"（第694頁）據此推知，此狀創作時間應爲四月二十四日受命之後、五月六日率師離福州之前。

上《乞令韓世忠不拘路分前去廣東招捕曹成奏狀》。

　　本集卷六六《乞令韓世忠不拘路分前去廣東招捕曹成奏狀》:"又據廣南東路轉運判官章傑四月十六日申……臣仰迫天威,已祗受告命,擇日開司,朝夕啓行。"（第703~704頁）據此推知,此狀創作時間應爲四月二十四日受命之後、五月六日率師離福州之前。

大約在四月二十四日至五月六日之間,有《與呂相公第三書別幅》《與秦相公第二書別幅》《與秦相公第三書別幅》。

　　本集卷一一五《與呂相公第三書別幅》:"已於二十四日開司,擇五月六日啓行。"（第1094頁）卷一一七《與秦相公第二書別幅》:"迫於天威,不敢不受命,力疾就道,已開司擇日起發。"（第1113頁）《與秦相公第三書別幅》云:"某開司之初,種種旋行辦集,殊爲費力。惟是兵將尤爲單少……不知提此千餘兵,取道廣東,果能爲朝廷宣威而招撫之否?"（第1116頁）並有乞兵之語,據此推斷,以上諸文應在四月二十四日後、五月六日離福州之前作。

辟鄧柞爲屬官。

　　《嘉靖延平府志》卷一六《人物志二》載:"鄧柞……授建昌軍簽判……遂棄官歸。李綱宣撫湖廣,辟爲屬。"[1]鄧柞棄官歸隱閩山,大約在去年四月,李綱嘗與鄧柞唱和,則李綱辟鄧柞爲屬官當在四月二十四日受命之後、五月六日率師離福州之前。

得辭免知潭州不允詔書。

　　劉一止《苕溪集》卷四七《賜李綱辭免知潭州不允詔》云:"卿氣節之高,議論之偉,以身殉國,略見於前。其自視宜在考父汾陽之間,抑朕以是望卿湖湘帥藩,徒得召重,而封章再至,退託不能,似未亮於至懷,亦少違於素志,茲朕所以惑也。卿其深體訓言,亟祗厥服,無使始終之義有愧前聞,則朕亦與有知人之稱,豈不韙哉?所請宜不允。"[2]李綱二月二十八日具《辭免荊湖廣南路宣撫使奏狀》。大約四月二十四日,上《已受告命再辭免奏狀》,即文中"封章再至,退託不能"也。五月六日,李綱離閩。則得辭免

---

[1] 陳能修,鄭慶雲、辛紹佐纂《嘉靖延平府志》,《天一閣藏明代方志選刊》,第29冊。
[2] 劉一止《苕溪集》,景印文淵閣《四庫全書》,臺灣商務印書館1986年版,第1132冊第227頁。

不允詔書大約在四月二十四日至五月六日之間。劉一止，字行簡，湖州歸安（今浙江湖州）人。著有《苕溪集》。[1]《宋史》卷三七八有傳。

五月初，有《與李似表教授書》。

本集卷一二〇《與李似表教授書》："區區旅食長樂粗適。三月初，遣人投二相書，並以辭免文字，託爲將上，至今兩月餘。"（第1148頁）據此推斷，此文應作於五月，並在六日離福州之前。李似表，李彌正也。

二日，有《祭余相公文》。

本集卷一六五《祭余相公文》："維紹興二年，歲次壬子，五月庚申朔，越翼日辛酉，具位李綱。"（第1521頁）據知，此文作於是年五月二日。趙效宣《李綱年譜長編》謂此文作於紹興元年（1131）[2]，誤也。

六日離閩前，得鄧肅送別詩。

鄧肅《栟櫚先生文集》卷八《送李丞相四路宣撫》詩云："冷風吹海煙霧開，繡衣使者天上來。手持天書傳天語，促起天下豪傑魁。……要令南國生清風，不辭馬上蒸溽暑。"[3]當指高宗遣使撫問及李綱率師離閩事，送別詩應作於五月六日李綱離閩前。

六日，起發離福州，率師乘舟如水口，作《五月六日率師離長樂乘舟如水口二首》詩。

詩見本集卷二九。《行狀》謂"五月六日啓行"（第1738頁）。又見李綸《梁溪先生年譜》，本集卷一一五《與呂相公第三書別幅》、卷一一九《與樞樞密第一書》。水口，在福建古田縣南九十里。參見本書"宋高宗紹興元年辛亥（1131），四十九歲"之下相關內容。

大約是日，作《將帶軍馬之任奏狀》。

本集卷六七《將帶軍馬之任奏狀》云："今來已於五月初六日申時起離福州，將帶統制官任仕安軍馬，由南劍州邵武軍迤邐前去之任外，須至奏聞者。"（第711頁）李綱五月六日起離福州，奏狀大約上於是日也。

[1] 脫脫等《宋史》卷三七八《劉一止傳》，第33冊第11672頁。
[2] 趙效宣《李綱年譜長編》，第151頁。
[3] 鄧肅《栟櫚先生文集》，《宋集珍本叢刊》，第39冊第734頁。

十七日，福州至劍浦途中，具《論宣撫兩司職事乞降處分奏狀》。《乞將福建等路宣撫司錢糧通融支用奏狀》或作於同時。

《建炎以來繫年要錄》卷五四載：紹興二年五月十七日丙子，"初，朝廷以福建江西荆湖宣撫使孟庾自溫州趨湖南，故命湖廣宣撫使李綱由汀、道州之鎮。至是綱言：'祖宗朝，宣撫使以執政為之，近張浚、孟庾為宣撫，皆見執政，如臣起廢典藩，亦冒使名。兼庾已領湖南、北，韓世忠副之。今又除臣湖南，借使諸處盜賊，一司欲令招納，一司欲令討捕，不知何所適從；諸州錢糧，一司欲令支用，一司欲令椿留，不知如何遵稟？以至節制諸將、辟差官吏、行移措置，皆有所妨，望詳酌事宜，明降處分，使有遵守。'綱又言：'自建昌、虔、吉至衡、潭，約一月程，自汀、道州三倍。今曹成在連、賀，非重兵不可行。又福建等路宣撫司，經由江西及荆湖路分，逐路州縣錢米，先次劃刷拘收，理當通融應副。所有朝廷支降，並他路所輸錢糧、銀帛、官告、度牒餘剩之數，乞並椿留，撥付本司。'詔綱先往廣東置司捍寇，俟庾、世忠撫定盜賊畢，赴潭州。仍令庾等班師日，度量合用錢糧數外，並留與綱。綱請取撥所至州縣錢四十萬緡、米二千斛，為一歲之用。又請移行所部帥臣、監司、州縣，並用劄子。皆從之。"[1] 然《宋會要輯稿·職官四一》謂紹興二年五月十六日。[2] 今從《建炎以來繫年要錄》。又見《皇宋中興兩朝聖政》卷一一《高宗皇帝十一》。李綱言"祖宗朝，宣撫使以執政為之"，即本集卷六五《論宣撫兩司職事乞降處分奏狀》。綱又言"自建昌、虔、吉至衡、潭……又福建等路宣撫司，經由江西及荆湖路分"即本集卷六五《乞差撥諸項人馬奏狀》《乞將福建等路宣撫司錢糧通融支用奏狀》。《乞差撥諸項人馬奏狀》上於四月二十四日至五月六日之間。《乞將福建等路宣撫司錢糧通融支用奏狀》云："右臣契勘臣所領荆湖宣撫職事，與福建、江西、荆湖宣撫使司軍馬事體一同，所用錢糧，理合通融應副，不分彼此。……欲乞朝廷指揮，若孟庾、韓世忠……班師之後，錢糧餘剩、及以前朝廷支撥、並別路取撥到錢米、銀絹、祠部官告等餘剩之數，並乞椿留撥付本司。"（第694~695頁）據知，《乞將福建等路宣撫司錢糧通融支用

［1］李心傳編撰，胡坤點校《建炎以來繫年要錄》，第3冊第1113~1114頁。
［2］劉琳等校點《宋會要輯稿》，第7冊第4010~4011頁。

奏狀》應作於五月十七日之前，或與《論宣撫兩司職事乞降處分奏狀》同時作。

十八日，上《具荊湖南北路已見利害奏狀》。

《宋會要輯稿·職官四一》載紹興二年五月"十八日，李綱又言：'荊湖之地綿亘數千里，號爲上流，如鼎、澧、岳、鄂州連荊南一帶，皆當屯宿重兵，倚爲形勢。近所乞不滿萬人，若到本路，兼得岳飛、吳全、韓京、吳錫等兵，方僅及二萬之數，分屯沿江要害去處，深慮不足。乞候到本路，相度形勢，圖上方略，別行申請。'"[1]此即本集卷六六《具荊湖南北路已見利害奏狀》。

是日，奉旨疾速往廣東置司捍寇，候孟庾、韓世忠撫定群盜訖，前去長沙任職。

本集卷六八《乞差辛企宗等軍馬奏狀》云："五月十八日奉聖旨，令李綱依已降指揮，疾速往廣東，置司捍寇。候孟庾、韓世忠撫定群盜訖，前去潭州之任。"（第721頁）

大約二十一日，上《賀天申節表》《天申節功德疏》。

趙效宣《李綱年譜長編》謂二文作於是年[2]，從之。天申節爲農曆五月二十一日，故本集卷六七《賀天申節表》《天申節功德疏》大約作於是日。

十八日至二十五日之間，次建寧，有《與鄒德久通判書》。

本集卷一二〇《與鄒德久通判書》："區區總師已次建寧，得旨先如廣東，當自南豐徑趨贛上，度庾嶺，以之番禺。"（第1150頁）李綱"得旨先如廣東"爲五月十八日事，五月二十五日至劍浦，建寧（今福建建甌）在水口與劍浦之間，據此推知，此文作於五月十八日至二十五日之間。

二十五日，總師次劍浦，有《與秦相公第四書別幅》，催撥軍馬錢糧。

本集卷一一七《與秦相公第四書別幅》題注"五月二十五日 劍南州"（第1117頁）。文曰："某力疾總師上道，已次劍浦，諸事草創，種種費力。……某申陳畫一，及累具章奏，乞軍馬錢糧等事，至今未奉回降指揮。"（第1117~1118頁）

---

[1] 劉琳等校點《宋會要輯稿》，第7冊第4011頁。
[2] 趙效宣《李綱年譜長編》，第166頁。

大約是日，有《與呂相公第四書別幅》《與馬總管書》。

本集卷一一五《與呂相公第四書別幅》云："方此隆暑……某力疾上道，已次南劍。"（第1094頁）卷一二〇《與馬總管書》題注"南劍"（第1149頁）。據知，二文大約為五月二十五日次劍浦時作。

二十七日，次順昌縣，有《與秦相公第五書別幅》。

書中乞降指揮於江西安撫大使楊惟忠屬下摘那數項人馬，以濟目前急迫之需。案，本集卷一一七《與秦相公第五書別幅》題注"五月二十七日 順昌縣"（第1119頁），文曰："某自開司至今纔一月，色色皆係旋行措置，今漸就緒，但所乏者兵將耳。……伏望鈞慈令契勘應副不足數，逐急降指揮於江西安撫大使，及楊惟忠下摘那數項人兵湊足，用金字牌降下，庶幾就近可以勾抽將帶前去。"（第1120頁）順昌縣，今屬福建。

是月末，途次邵武，往省祖塋，因會宗族，作《次昭武展省祖塋焚黃因會宗族二首》詩，上《經過邵武軍乞往祖塋展省奏狀》。

詩見本集卷二九。本集卷六八《經過邵武軍乞往祖塋展省奏狀》云："今月二十五日已入邵武軍界，緣臣昨起離福州日，將一行軍兵輜重、器甲，盡用溪船裝載，往邵武軍，以免山路崎嶇般挈之勞。今到邵武軍，卻合差撥人夫，措置出陸。……須留三五日，方得辦集。契勘邵武軍係臣鄉里，有祖塋去城七里，久不展省……量帶人從前去祖塋展省。"（第720頁）李綱五月二十七日在順昌，至邵武當在五月末。李綱祖塋在李家坊。案，"李綱祖父李賡墓葬於一都李家坊下沙，此處距現市治約七華里。……李綱的鄉里今稱邵武市水北鄉一都李家坊"[1]。

有《與權樞密第一書》。

本集卷一一九《與權樞密第一書》："就福州開司，今月六日起離上道，已次昭武。"（第1139頁）今月六日即五月六日，據此推斷，此文為五月末至邵武時作。權樞密即權邦彥也。案，《宋史》卷三九六《權邦彥傳》載紹興二年，權邦彥除端明殿學士、簽書樞密院事。[2]據《宋宰輔編年錄》卷一五載，紹興二年五月二日辛酉，權邦彥自左朝議大夫、試兵部尚書遷端

---

[1]何聖庠、傅喚民《李綱的鄉里、出生地考》，《福建論壇》1986年第2期。

[2]脫脫等《宋史》，第34冊第12076頁。

明殿學士，除簽書樞密院事。[1] 權邦彥，字朝美，河間人。[2]《宋史》卷三九六有傳。

三十日，有《祭黃大資政文》。

本集卷六五《祭黃大資政文》云："維紹興二年，歲次壬子，五月庚申朔三十日己丑，甥孫具位李某。"（第1522頁）黃履，字安中，邵武人。黃氏爲邵武著姓，至黃履一代，最爲顯赫。邵武黃氏、李氏與德興張氏有密切聯姻關係。一方面，邵武黃氏與李綱家族有聯姻關係，黃履之姊乃李綱祖母。案，楊時《龜山集》卷三二《李修撰墓誌銘》："公諱夔……妣黃氏，資政殿大學士履之姊，累贈高平郡太君。……子男四人，曰綱，起居郎兼國史編修官。"[3] 據知，黃履乃李綱祖母之弟。另一方面，邵武黃氏與德興張氏家族世有通婚，黃履之女嫁給張根，而黃履之嫡長孫伯思娶張根長女。案，本集卷一七〇《宋故龍圖張公夫人黃氏墓誌銘》云："朝散大夫直龍圖閣鄱陽張公諱根……夫人閩之邵武人，曾祖諱某，贈司徒。祖諱汝濟，贈太師。父諱履，尚書右丞。母段氏，京兆郡夫人。惟黃氏世爲邵武著姓，司徒太師有隱德，爲鄉里所推，至右丞公，以清德直道進位執政，爲時儒宗，而黃氏益顯。"（第1569頁）黃氏爲邵武著姓，至黃履一代，最爲顯赫，女兒嫁給張根爲妻。又，本集卷一六八《故秘書省秘書郎黃公墓誌銘》云："公諱伯思，字長睿，父姓黃氏。……祖履，任資政殿大學士、會稽郡公，贈特進。……會稽公由布衣擢高第，以德行文學被遇三朝，致位丞弼，號爲名臣。公其適長孫也。……娶張氏，故朝奉大夫、直龍圖閣、淮南路計度轉運使根之女。"（第1551~1553頁）據知，黃履嫡長孫黃伯思娶張根之女。張根長女嫁黃伯思，次女嫁李綱，李綱與黃伯思既是表兄弟，又是連襟關係。

是月，題詩寧化草蒼祠壁，此詩存疑待考。

關於李綱行蹤，還有一種説法：李綱於紹興二年二月前往長沙當知州。不久，改爲洪州知州，夏天又改爲福州知州，從南昌出發，經過吉安、贛州一帶來福州上任，五月間經過寧化，行倦，憩草蒼神祠，題詩壁間。今人馬

---

[1] 徐自明撰，王瑞來校補《宋宰輔編年録校補》，第979頁。
[2] 脱脱等《宋史》卷三九六《權邦彥傳》，第34冊第12075頁。
[3] 楊時《龜山集》，景印文淵閣《四庫全書》，第1125冊第400~404頁。

玉良引明朝崇禎年間張士俊修纂《寧化縣志》卷六《僑寓》考訂頗詳，並以清朝康熙年間祝文郁修纂和民國十五年（1926）黎影新修纂兩種版本之《寧化縣志》爲佐證，可參。[1]此碑現藏無錫碑刻陳列館（見書前彩插三）。詩云：“不愁芒屨長南謫，滿願靈旗助北征。酹徹一杯揩淚眼，煙雲何處是三京？”其序曰：“舊歲新皇，光嗣寶歷，予被命拜相，獻恢復中原之策，上不採用。兩閱月，余以觀文殿學士知潭州，今春改洪州，夏又改福州。自洪抵吉、贛來福，道寧化，行倦，憩草蒼祠下，因拜神坐間，思憶二帝有感，作一絕寫懷兼寓行蹤云，時大宋紹興二年壬子夏五月吉金紫光禄大夫平章事樵川李綱書。”樵川，邵武別稱也。《全宋詩輯補》收録李綱《題顯應廟詩》即此詩，注云：“民國《福建通志·金石志八》，有題記。撰者引説謂此詩出後人依託。”[2]案，據《宋史》本傳、《行狀》、本集等資料，是年，李綱除觀文殿大學士，荆湖、廣南路宣撫使，兼知潭州，並無“改洪州，又改福州”之任。李綱五月從福州出發，途經劍浦、順昌、邵武、南豐、臨川、廬陵、茶陵、衡陽、衡山等地，至長沙赴任，未嘗至寧化。或此題壁詩時間有錯訛之處，存疑待考。

大約五月，上《乞存留程昌禹依舊知鼎州奏狀》。

《建炎以來繫年要録》卷五一載紹興二年二月二十七日己丑，“復荆湖東、西爲荆湖南、北路，以徽猷閣待制、新知宣州劉洪道爲徽猷閣直學士、知鄂州、充荆湖北路安撫使。召湖西安撫使程昌寓還行在。仍命洪道以所部顔孝恭、崔光弼軍之鎮”[3]。卷五三載紹興二年夏四月二十二日癸未，“直秘閣、知郴州趙不群陞直顯謨閣、知鼎州、充湖北路兵馬副鈐轄，代程昌寓也。時湖南多寇盜，二人卒不果行”[4]。卷五五載紹興二年六月十七日丙午，“直龍圖閣、知鼎州程昌寓降充直秘閣，坐嘗劾樞密院編修官王鈇在邵州棄城不實也”[5]。本集卷六六《乞存留程昌禹依舊知鼎州奏狀》提及二月二十七日除劉洪道徽猷閣直學士、知鄂州、充荆湖北路安撫使及罷程昌禹湖西安

［1］馬玉良《李綱在紹興二年的行蹤——寧化草蒼祠詩碑考辨》，《福建師大學報》1983年第4期。

［2］湯華泉輯撰《全宋詩輯補》，第4冊第1765頁。

［3］李心傳編撰，胡坤點校《建炎以來繫年要録》，第3冊第1065頁。

［4］李心傳編撰，胡坤點校《建炎以來繫年要録》，第3冊第1090頁。

［5］李心傳編撰，胡坤點校《建炎以來繫年要録》，第3冊第1133頁。

撫使事，並云："今來有指揮罷赴行在，雖遠方不知事因……未必能知首尾，
或致誤事。……伏望聖慈特降睿旨，且令昌禹依舊在任，如已差官，亦乞別
降指揮施行。"（第702~703頁）奏狀未提及程昌禹六月降官之事，應作於
四月二十二日與六月十七日之間，大約五月也。程昌禹，字里不詳。《建炎
以來繫年要錄》爲程昌寓，姑從本集。

有《賀都督吕相公啓》。

《三朝北盟會編》卷一五一《炎興下帙五十一》載紹興二年五月三日壬
戌，"吕頤浩以都督之職出北關門"[1]。本集卷一三〇《賀都督吕相公啓》云：
"伏審渙號宣恩，齋壇授鉞，眷上相之宿望，加都督以視師，名教增隆，士
夫交慶。恭惟都督特進僕射相公……再冠宰司。"（第1253頁）案，吕頤浩
去年九月二十日拜尚書左僕射，李綱嘗上賀啓。據"加都督以視師"推斷，
此文大約作於今年五月。

五、六月間，有《與向伯恭龍圖書》，言已總師上道，或可在江西相遇。

本集卷一二〇《與向伯恭龍圖書》："區區蒙恩付以荆廣四路之寄，閑
廢之久，衰病日加，恐不足以當委任之重。具奏辭免，蒙遣中使降賜趣行，
迫於天威，已力疾總師上道。以被旨撫定廣東乃之任，取道頗迂遠，至湘
潭間，當在初秋也。……倘取道江西，遂有承晤之便。"（第1149~1150頁）
李綱五月六日起離福州，六月十七日次南豐，據"倘取道江西"推斷，此
文應作於次南豐之前。時向子諲奉祠閑居江西，或在清江五柳坊。案，《建
炎以來繫年要錄》卷五一載紹興二年，"朝廷聞子諲爲成所執，詔子諲提舉
江州太平觀，便居"。注曰："子諲得祠在正月乙卯。"[2] 是年正月癸巳朔，乙
卯爲二十三日。向子諲奉祠便居乃正月二十三日也。又，向子諲《西江月》
（五柳坊中煙綠）序云："建炎初，解六路漕事，中原俶擾，故廬不得返，卜
居清江之五柳坊。"[3] 從李綱《與向伯恭龍圖書》"倘取道江西，遂有承晤之
便"推斷，向子諲時居江西，或返舊隱清江之五柳坊。

---

[1] 徐夢莘《三朝北盟會編》，第1092頁。
[2] 李心傳編撰，胡坤點校《建炎以來繫年要錄》，第3冊第1048頁。
[3] 唐圭璋編纂，王仲聞參訂，孔凡禮補輯《全宋詞》，第1244頁。

六月二日，作《祭高祖妣文》《祭曾祖妣祖妣文》《祭叔祖文》。

本集卷一六五《祭高祖妣文》："維紹興二年，歲次壬子，六月庚寅朔初二日辛卯，玄孫具位李綱。"（第1522~1523頁）《祭曾祖妣祖妣文》："維紹興二年，歲次壬子，六月庚寅朔初二日辛卯，曾孫男具位李綱。"（第1523頁）《祭叔祖文》："維紹興二年，歲次壬子，六月庚寅朔初二日辛卯，姪孫具位李綱。"（第1523頁）據知，此三文作於六月二日。

五月末至六月九日之間，在邵武，有《乞令韓世忠統率兵將前去廣東招捕曹成奏狀》《與秦相公第六書別幅》。

本集卷六八《乞令韓世忠統率兵將前去廣東招捕曹成奏狀》云："已於五月六日起離福州，經過南劍州，見今已入邵武軍界。"（第719頁）據本集卷一一七《與秦相公第六書別幅》題注"邵武發"（第1120頁），知二文應作於邵武，時在五月末至六月九日之間。

六月九日，起發邵武。

《建炎以來繫年要録》卷五五載紹興二年六月九日戊戌，"詔……李綱徑如潭州……時綱甫自邵武引兵三千之江西也"[1]。時李綱依旨前往廣東招捕曹成。

次建昌軍，上《再乞差使臣齎旗榜招撫曹成及論招捕盜賊奏狀》。

本集卷六七《再乞差使臣齎旗榜招撫曹成及論招捕盜賊奏狀》曰："臣蒙恩除荊湖、廣南路宣撫使兼知潭州。見今止有撥到任仕安一頭項軍馬，計一千三百餘人。……臣見起發建昌軍等處，聽候指揮。"（第712~713頁）李綱六月九日起離邵武，六月十七日次南豐，則次建昌軍（今江西南城）為六月九日至十七日之間。李綱招捕曹成事，應在五月十八日得旨徑自廣東之後、六月十七日曹成已自桂陽監入江西之前。

或在建昌，時兵力單弱，故上《乞差辛企宗等軍馬奏狀》乞兵。

本集卷六八《乞差辛企宗等軍馬奏狀》云："四月七日三省同奉聖旨，應於合行事件，並依呂頤浩昨任江東安撫大使日所得畫一指揮施行，內一項許蹈逐差兵二萬人。……今得旨催促前去廣東，捍禦曹成，祇據目下所有人

---

[1] 李心傳編撰，胡坤點校《建炎以來繫年要録》，第3冊第1128頁。

兵共計二千七百餘人，委是兵力單弱……臣見自邵武軍起發建昌軍撫州以來，聽候指揮。"（第721～722頁）據知，此文作於五月十八日得旨徑自廣東之後、六月十七日曹成已自桂陽監入江西之前，或同作於建昌。

四月二十四日至六月十七日之間，上《乞措置招捕虔州鹽賊奏狀》《乞令韓世忠相度入廣西招捕曹成奏狀》《乞以江西錢糧應副荊湖贍軍奏狀》《乞降旨林遹刷下錢米存留本路支用奏狀》《乞差內侍一員承受發來文字奏狀》《乞依近降指揮乞兵二萬人措置招捕曹成奏狀》《乞撥顏孝恭軍馬付本司使喚奏狀》《乞差撥兵將前去廣東招捕曹成奏狀》《乞令韓世忠摘那軍馬量帶輕齎前去招捕曹成奏狀》，具體地點不詳。

據本集卷六六《乞措置招捕虔州鹽賊奏狀》、卷六七《乞差撥兵將前去廣東招捕曹成奏狀》《乞依近降指揮乞兵二萬人措置招捕曹成奏狀》、卷六八《乞令韓世忠摘那軍馬量帶輕齎前去招捕曹成奏狀》篇名，及卷六六《乞措置招捕虔州鹽賊奏狀》"臣已依稟聖旨，行下廣東州軍，勘會見今盜賊數目、屯泊作過去處，措置招捕外。訪聞廣東盜賊……皆是虔州諸縣平時般販私鹽之人"（第701～702頁），卷六七《乞以江西錢糧應副荊湖贍軍奏狀》"今則不然，荊湖盜賊如曹成一項十數萬人，既壞荊湖諸州，又侵廣南界分，破擾連、賀，侵逼廣州，其勢未艾，非得大兵會合，未易招捉"（第709頁），《乞降旨林遹刷下錢米存留本路支用奏狀》"將來大軍前去，招捕曹成，何以應副支遣"（第710頁），《乞差內侍一員承受發來文字奏狀》"竊緣荊湖、廣南見今軍興，招捕盜賊"（第710頁），《乞撥顏孝恭軍馬付本司使喚奏狀》"今准樞密院劄子，緣曹成侵犯封、連等州，閏四月二十四日奉聖旨，令臣徑自廣東前去，保護本路。緣臣所帶任仕安軍馬止一千餘人，兵力單弱……竊見新除湖北路安撫使劉洪道，見將帶崔邦弼、顏孝恭兩項軍馬，在建昌軍駐泊，以鄂州糧食闕乏，未曾之任。乞降指揮，就近撥顏孝恭一項軍馬付臣使喚……庶幾臣可以即行勾喚，早得齊集，發付廣東"（第715頁），以上諸文皆言招捕曹成事。案，紹興二年閏四月六日丙申，"神武副軍都統制岳飛引兵擊曹成於賀州境上，大破之"[1]；五月十一日庚午，"岳飛奏破曹成於賀

[1] 李心傳編撰，胡坤點校《建炎以來繫年要錄》卷五三，第3冊第1098頁。

州。詔飛不以遠近襲逐，如成肯自新，一面從長措置"[1]；五月十七日丙子，"曹成已爲岳飛所破，遂就韓世忠招安，而朝廷未知也"[2]；六月九日戊戌，"詔神武副軍都統制岳飛以韓京、吳錫、吳全之衆戍江州。朝廷聞曹成爲岳飛所破，乃命孟庾班師，李綱徑如潭州，而飛以所部之江州屯駐。時綱甫自邵武引兵三千之江西也"[3]。據知，是年五月十七日，曹成已爲岳飛所破，遂就韓世忠招安，而朝廷六月九日纔知曉並頒佈相關詔令，李綱六月十七日行次南豐時纔接到聖旨。故李綱招捕廣東盜賊奏狀應在四月二十四日得旨徑自廣東之後、六月十七日之前。

　　林通，字述中，福清（今屬福建）人。元符三年進士，歷中書舍人，以徽猷閣待制知福州兼福建路安撫使，終龍圖閣學士。[4] 顏孝恭，字里不詳。

六月十七日，次南豐，因曹成已自桂陽監入江西，故依原旨取徑路往長沙。有《與秦相公第七書別幅》《與翟參政書》乞留岳飛軍，且於長沙駐紮。

　　本集卷六八《再乞差辛企宗等軍馬奏狀》："准樞密院六月九日劄子，准御前金字牌降下樞密院奏：勘會曹成已自桂陽監入江西，聽福建等路宣撫使招撫。其荊湖、廣南宣撫使李綱，依元降指揮，便可徑赴潭州新任。"（第724頁）又，本集卷一一八《與秦相公第七書別幅》題注"六月十七日南豐發"，文曰："某師行已次南豐，欲取便道如贛上，以趨廣東，忽得金字牌降下指揮，令取徑路赴長沙新任。……輒具奏乞留岳飛，且於長沙駐紮。"（第1124頁）卷一一九《與翟參政書》云："觸隆暑，戴星而行，已次南豐，忽奉金字牌降旨，令徑赴長沙新任。……某輒具奏，乞留岳飛駐紮長沙。"（第1142頁）據文意，六月九日已下旨，但李綱行次南豐（今屬江西）時纔接到旨意，而李綱到南豐時是六月十七日，遂改奉原旨，取徑路往長沙。翟參政即翟汝文。

---

[1] 李心傳編撰，胡坤點校《建炎以來繫年要錄》卷五四，第3冊第1111頁。
[2] 李心傳編撰，胡坤點校《建炎以來繫年要錄》卷五四，第3冊第1114頁。
[3] 李心傳編撰，胡坤點校《建炎以來繫年要錄》卷五五，第3冊第1128頁。
[4] 郝玉麟等修，謝道承等纂《福建通志》卷四三《人物一》，景印文淵閣《四庫全書》，第529冊第437頁。

大約是日，有《與呂相公第五書別幅》《與權樞密第二書》《別幅》《與程給事第一書》。

據本集卷一一五《與呂相公第五書別幅》"某總師已次建昌、南豐"（第1096頁），卷一一九《與權樞密第二書》"暑氣正隆……某總師已次南豐"（第1140頁），《與程給事第一書》"某觸熱戴星而行，已次南豐"（第1143頁），知以上諸文大約作於六月十七日次南豐時。程給事即程瑀。案，《建炎以來繫年要錄》卷五一載紹興二年二月五日丁卯，"太常寺少卿程瑀試給事中"[1]。

上《再乞差辛企宗等軍馬奏狀》《乞令岳飛且在潭州駐紮仍乞令撥還韓京等軍馬奏狀》《乞差楊惟忠下胡友毛佐軍馬奏狀》《乞令福建等路宣撫司通融應副錢糧奏狀》。

本集卷一一九《與權樞密第二書別幅》云："今具奏聞，及申樞密院事件下項：一狀爲已遵依聖旨，取徑赴潭州置司。緣荆湖盜賊未曾措置平定，孟庚、韓世忠恐得召赴行在，指揮便行交割。乞更賜詳酌指揮事。一狀乞存留岳飛，且於潭州駐紮，措置盜賊，及撥還韓京等軍馬事。一狀乞指揮孟庚、韓世忠，撥還時暫差出辛企宗下人兵事。一狀踏逐到楊惟忠下統領官胡友、毛佐人兵，乞撥付本司使喚事。一狀乞指揮福建等路宣撫司，遵依近降聖旨指揮，候班師日，除度量合用財務外，將其餘錢糧銀絹等盡數撥付本司，不得別作名目占破事。"（第1140~1141頁）此即本集卷六八《再乞差辛企宗等軍馬奏狀》《乞令岳飛且在潭州駐紮仍乞令撥還韓京等軍馬奏狀》，本集卷六九《乞差楊惟忠下胡友毛佐軍馬奏狀》《乞令福建等路宣撫司通融應副錢糧奏狀》。本集卷一一八《與秦相公第七書別幅》、卷一一九《與翟參政書》也提及具奏乞留岳飛軍事，故奏狀大約與書信同作於六月十七日。又，本集卷六八《再乞差辛企宗等軍馬奏狀》云："其荆湖、廣南宣撫使李綱，依元降指揮，便可徑赴潭州新任。……臣已遵依聖旨指揮，自建昌軍南豐縣取徑路由虔州前去潭州之任。……臣所得兵止是任仕安一項軍馬二千七百餘人。"（第724頁）李綱"自建昌軍南豐縣取徑路由虔州前去潭

---

[1] 李心傳編撰，胡坤點校《建炎以來繫年要錄》，第3冊第1055頁。

州"，本欲招捕虔州鹽賊，案，本集卷六六《乞措置招捕虔州鹽賊奏狀》云："訪聞廣東盜賊……皆是虔州諸縣平時般販私鹽之人。"（第702頁）故具奏狀，欲治其本源，但李綱實未至虔州。岳飛，字鵬舉，相州湯陰（今屬河南）人。[1]《宋史》卷三六五有傳。楊惟忠，環州（今甘肅環縣）人。[2]辛企宗、胡友、毛佐，字里不詳。

大約是月下旬，起發南豐，上《乞催江東安撫大使司差那兵將會合捉殺姚達奏狀》《乞且於衡州駐紮候福建等路宣撫司班師前去之任奏狀》。

本集卷六九《乞催江東安撫大使司差那兵將會合捉殺姚達奏狀》："今來經由建昌軍，竊見姚達殘黨首領余照、李寶等見在邵武、建昌軍、撫州三路界首藏泊作過，焚燒劫掠，民被其害。"（第731頁）《乞且於衡州駐紮候福建等路宣撫司班師前去之任奏狀》："臣今一面起發建昌軍南豐縣，由撫、吉州前去，相度若事勢別無阻礙，欲乞且於衡、永州駐泊。"（第732頁）據此推斷，此二文大約爲六月下旬起發南豐後作。姚達，字里不詳。

有《與秦相公第八書別幅》，再次乞留岳飛軍。

本集卷一一八《與秦相公第八書別幅》："某近次南豐，欲取便道以如廣東，忽被指揮，徑赴長沙新任，遂改途由此以福建等路宣撫司，見往荊湖。"（第1125頁）據此推斷，此文大約爲六月下旬起發南豐後作。

次臨川，閱兵，作《次錢巽叔韻三首》詩。

本集卷二九《次錢巽叔韻三首》詩序云："道臨川按閱兵將，錢巽叔侍郎賦詩，次其韻三首。"（第387頁）錢伯言，字巽叔，申伯叔也。

上《開具錢糧兵馬盜賊人數乞指揮施行奏狀》。

本集卷七〇《開具錢糧兵馬盜賊人數乞指揮施行奏狀》云："及令臣取徑路往潭州之任。臣今行次撫州。"（第736頁）

有《與程給事第二書》。

本集卷一一九《與程給事第二書》云："區區已次臨川，朝夕自廬陵以如衡、永。"（第1144頁）

---

[1] 脫脫等《宋史》卷三六五《岳飛傳》，第33冊第11375頁。
[2] 李心傳撰，徐規點校《建炎以來朝野雜記》乙集卷一二《雜事》，第687頁。

六、七月間，有《與秦相公第九書別幅》，言乞兵事宜。

　　《與秦相公第八書別幅》作於六月下旬離開南豐後不久，《與秦相公第十書別幅》作於七月中下旬，由此推斷，本集卷一一八《與秦相公第九書別幅》作於六、七月間。

具《乞撥還韓京等及胡友等兩項軍馬奏狀》乞兵，具體地點不詳。

　　本集卷六九《乞撥還韓京等及胡友等兩項軍馬奏狀》云：“所有元降畫一指揮，許臣踏逐差兵二萬人，除已有任仕安、辛企宗、郝晸三項人兵，共計八千七百八十四人外，尚欠一萬一千二百一十六人。欲望聖慈特降睿旨，檢會臣累奏，乞將朝廷已差韓京、吳錫、吳全三項軍馬共計二千七百餘人，依舊撥還付臣本司；及臣近奏乞差楊惟忠下統領官胡友、毛佐人兵三千餘人充填闕數外，其餘見少六千餘人。”（第733～734頁）案，本集卷一一八《與秦相公第九書別幅》云：“所乞韓京、吳錫、吳全三項人兵……仍得盡數撥還指揮爲幸。其餘踏逐胡友、毛佐下三千人，更在裁酌施行。”（第1129頁）此文作於是年六、七月間，據知，《乞撥還韓京等及胡友等兩項軍馬奏狀》大約爲同時作。

大約七月初，次臨江，適染瘧痢之疾，留數日，調治醫理。有《與程給事第三書》《與張柔直左司書》。

　　本集卷一一九《與程給事第三書》云：“秋暑未闌，邇來台候復何似？某已次臨江，適苦瘧痢，少留數日調治。”（第1145頁）卷一二〇《與張柔直左司書》云：“秋暑未闌，比日動靜何似？伏惟台候多福。區區行次南豐，被旨徑赴長沙，遂此改途至清江，適瘧痢大作……調治稍安，當自廬陵以驅衡湘，未有承唔之期，第深馳向。”（第1150頁）李綱“秋暑”時次臨江（今江西樟樹），留數日，七月十二日次吉州，則至臨江時大約七月初也。

十二日，次吉州，須犒軍物資，而權貨務官不與，因械擊之。

　　《建炎以來繫年要錄》卷五六載紹興二年七月十二日庚午，“詔湖廣宣撫使李綱速往潭州置司。時綱引兵至吉州，須犒軍物，而權貨務官不時與，綱械繫之。先是，韓世忠軍士留其家於廬陵，江西轉運副使韓球聞命，即輒所椿世忠錢糧以勞軍。既而軍儲不繼，世忠之軍婦皆憤，伺球出，徂擊之，裂其衣巾，球走得免。綱之乞錢糧也，得旨，孟庚、韓世忠班師日，所餘錢糧，並留與綱。綱劄下吉州，增'依奏'二字。球以他郡所受不同，審其故，綱怒劾球，事下安撫大使李回核實"[1]。本集卷一二一《與秦相公書》云："某去秋總師過吉州，江西漕韓球公然移文州縣，不使應副錢糧。不得已勾決人吏，軍始得食，亦具奏也。球緣此種種造謗，又嘗為韓世忠下營婦毆擊，在某未到吉州數日之前，其後言者乃謂激之使然，不知有此理否？"（第1160頁）吉州，今江西吉安。

是月中下旬，有《與秦相公第十書別幅》，乞留岳飛軍，並撥還韓京等軍。

　　本集卷一一八《與秦相公第十書別幅》："所乞岳飛於本路駐紮，及撥還韓京、吳錫、吳全等軍，屈指計日以俟報，乃寂然不聞俞旨，豈朝廷多事，不暇恤此……聞福建等路宣撫司差屬官趙康，直管押銀十萬兩以羨餘獻，今月十四日已離吉州。朝廷既有指揮，令候班師日，量度用度，其餘盡數撥付本司，則羨餘自不當獻。"（第1130~1131頁）案，《與秦相公第八書別幅》大約作於六月下旬，《與秦相公第十一書別幅》大約作於八月初，《與秦相公第十書別幅》作於二者之間，"今月十四日"應指七月十四日，則此文應作於七月中下旬，時李綱在吉州。

或有《與權樞密第三書》。

　　本集卷一一八《與秦相公第十書別幅》乞留岳飛駐紮，並撥還韓京、吳錫、吳全軍，卷一一九《與權樞密第三書》亦提及此事，文曰："近蒙朝廷差岳飛在本路措置盜賊，被受劄子，未旬日間，已別有指揮。如止坐飛奏而改命，恐武夫不復可號令矣。……朝廷不加體究，遽從其言，非計之得也。既已如此，不復敢再有請，但乞存留吳錫、吳全、韓京三軍，共五千餘人，庶幾可以支吾目前，不然決難自立。"（第1141~1142頁）而八月上旬所作《再乞撥還韓京等軍馬奏狀》云："今來岳飛已蒙朝廷依舊存留湖南路駐紮，更不前去江州；其韓京、吳錫、吳全等兵，卻合隸臣本司。"（第743頁）據此推斷，《與權樞密第三書》應作於六月中下旬《與權樞密第二書》之後、八月上旬所作《再乞撥還韓京等軍馬奏狀》之前，或與《與秦相公第十書別幅》同作於七月中下旬。

---

[1] 李心傳編撰，胡坤點校《建炎以來繫年要錄》，第3冊第1140~1141頁。

七月末、八月初，有《與呂相公第六書別幅》。

本集卷一一五《與呂相公第六書別幅》謂近見"七月二十五日樞密院劄子……累具奏乞於吉州"（第1097～1098頁）。據知，此文爲吉州時作。而李綱八月十一日至茶陵，則此文應作於七月末、八月初。

八月初，與向子諲、朱子發、張恭甫遊青原山，作《遊青原山》詩。

《全宋詩》卷一五七一引《中國歷代石刻拓本彙編》之《遊青原山》詩，云："假道廬陵郡，薄遊青原山。山空松桂香，殿閣森回環。三泉湛寒玉，洗我襟抱煩。況與二三子，杖屨同躋攀。笑觀顏黃碑，筆勢驚飛騫。昔也有高士，妙指窮玄關。心花五葉開，法炬千燈傳。當時尋思人，一見心不瀾。至今三百載，水碧山蒼然。嗟我愛山水，所至必縱觀。聊於戎馬際，偷此半日閑。適野慕裨諶，命駕睎謝安。規模寂寞濱，折衝談笑閑。矧茲湖湘盜，鈎鋤本元元。弄兵潢池中，豈足勞戈鋋。願宣天子德，往使疲瘵歡。龔遂理渤海，營平破先零。威靈及襄漢，恢復從荆蠻。國恩粗可報，乞身返田園。持此問祖師，神交當解顏。"[1]詩後附石刻："壬子之夏，被命宣撫荆廣，秋八月，道廬陵，飯僧青原，邀向伯恭、朱子發、張恭甫偕行，瞻禮七祖真像，愛其山水深秀，爲賦此詩，今三年矣。"[2]周必大《文忠集》卷四九《跋李伯紀青原詩》云："今登仕郎曾佐出紹興初贈青原主僧師珪長篇，觀其志趣亦壯矣。同遊向伯恭、朱子發、張恭甫，仕未甚顯，已而俱爲名侍從，坐間議論，必纚纚可聽，豈止翰墨之勝乎？嘉泰辛酉重陽日。"[3]青原山在廬陵東南十五里，李綱七月十二日至吉州，八月十一日至茶陵，據石刻"秋八月，道廬陵"，推斷此詩當作於八月初。案，《方輿勝覽》卷二〇《吉州》、《輿地紀勝》卷三一《吉州》謂青原山在廬陵縣。[4]《明一統志》卷五六《吉安府》："青原山，在府城東南一十五里。中有駱駝峰、鷓鴣嶺，勢甚喬聳。

---

［1］北京大學古文獻研究所編《全宋詩》，第27冊第17832～17833頁。

［2］北京大學古文獻研究所編《全宋詩》，第27冊第17833頁。

［3］周必大《文忠集》，景印文淵閣《四庫全書》，第1147冊第530頁。

［4］祝穆撰，祝洙增訂，施和金點校《方輿勝覽》，第360頁；王象之著，李勇先校點《輿地紀勝》，第3冊第1443頁。

宋王廷[1]珪詩：'異時黃魯直，嘗賦青原詩。至今青原山，名與北斗垂。'"[2]《嘉慶重修一統志》卷三二七《吉安府一》載："青原山，在廬陵縣東南十五里。山勢紆盤，外望蔽虧。旁有一徑，縈澗而入中。中有駱駝峰、鷓鴣嶺，勢甚喬聳。"[3]朱子發、張恭甫，名里不詳。

作《道廬陵遊青原山謁保寧宗老一首》詩。

本集卷二九《道廬陵遊青原山謁保寧宗老一首》原列大約六月下旬所作《次錢異叔韻三首》與《八月十一日次茶陵縣入湖南界有感》之間，據詩題當與《遊青原山》同作於八月初。僧宗老，名里不詳。

大約八月初，有《與秦相公第十一書別幅》。

本集卷一一八《與秦相公第十一書別幅》題注"吉州"（第1131頁）二字。又，《與秦相公第十書別幅》作於七月中下旬，李綱八月十一日至茶陵，則此文大約作於八月初。

八月五日，得給事中胡安國薦用。

《建炎以來繫年要錄》卷五七載紹興二年八月五日壬辰，"安國入對，因論京都圍城中人，乞再行遣，仍薦李綱可用"[4]。然《中興小紀》卷一三謂八月六日癸巳[5]，今從《建炎以來繫年要錄》。胡安國，字康侯，建寧崇安人。[6]《宋史》卷四三五有傳。

八月上旬，自吉州赴茶陵途中，上《再乞撥還韓京等軍馬奏狀》。

本集卷七一《再乞撥還韓京等軍馬奏狀》云："七月二十八日，准樞密院劄子。准樞密院七月七日劄子，勘會已差撥兵馬計二萬一千六百餘人，付李綱使喚。奉聖旨，依已降指揮，疾速星夜前去之任。劄送臣疾速施行，臣已遵依聖旨指揮，自吉州兼程前去湖南之任外，須至奏聞者。"（第743頁）李綱七月十二日次吉州，八月十一日至茶陵，此文應作於自吉州至茶陵途中，時八月上旬。

---

[1]"廷"應爲"庭"。
[2]李賢等《明一統志》，景印文淵閣《四庫全書》，第473冊第133頁。
[3]穆彰阿等《嘉慶重修一統志》，第20冊第16340頁。
[4]李心傳編撰，胡坤點校《建炎以來繫年要錄》，第3冊第1150頁。
[5]熊克著，顧吉辰、郭群一點校《中興小紀》，第160頁。
[6]脫脫等《宋史》卷四三五《胡安國傳》，第37冊第12908頁。

八月十一日，至茶陵，交割本路安撫使職事，作《八月十一日次茶陵縣入湖南界有感》詩，上《到湖南界首謝表》。

本集卷七一《到湖南界首謝表》云："伏奉告命，除臣觀文殿學士，依前左銀青光禄大夫、荆湖、廣南路宣撫使兼知潭州、充湖南路安撫使、馬步軍都總管。不許辭免内外官司，不許收接文字。臣已祗受告命，遵稟聖訓，自福建路起發，於今月十一日至衡州茶陵縣，入湖南路界，交割本路安撫使職事訖者。"（第744頁）又見本集卷二九《八月十一日次茶陵縣入湖南界有感》、卷七四《湖南無潰兵作過奏狀》、卷一一八《與秦相公第十二書別幅》、卷一三〇《謝宰執宣撫荆廣啓》。茶陵，今屬湖南。

八月中下旬，或在茶陵縣，上《乞差使臣管押吕直等軍馬依舊付本司使唤奏狀》《乞下本路及諸路轉運司科敷錢米於田畝上均借奏狀》。

本集卷七一《乞差使臣管押吕直等軍馬依舊付本司使唤奏狀》云："奉聖旨：令孟庾、韓世忠候李綱到湖南新任，據抽差過辛企宗元管人馬，盡數撥與李綱應副使唤，劄送臣疾速施行，臣尋行下辛企宗。……據統領官吕直等申：今月初十日，准宣撫參政相公劄子，紹興二年八月十日，准當月初三日樞密院劄子、樞密院奏：福建等路宣撫使孟庾申，昨自福州節次差到吕直等八百五十五人作親兵使唤，乞不許諸處差取。右奉聖旨，依所乞令孟庾將帶吕直等前來赴行在；劄付吕直，更不須前去招捕盜賊。臣契勘吕直、李守恭人兵，元係辛企宗下所管軍馬，節次爲福建等路宣撫司抽差前去，依六月内聖旨指揮，合盡數撥還臣本司使唤。"（第745頁）案，李綱八月十一日至茶陵縣交割本路安撫使職事，據文意，"今月初十日"應指八月十日，則此文應作於八月中下旬。又，本集卷七一《乞下本路及諸路轉運司科敷錢米於田畝上均借奏狀》云："右臣自入湖南界分，竊見州縣類皆殘破，民户凋零，田土荒蕪，財力空匱。"（第746頁）案，李綱八月十一日至茶陵縣，入湖南路界，此文應作於八月中下旬，時或在茶陵。吕直，名里不詳。

有《與秦相公第十二書別幅》《謝宰執宣撫荆廣啓》。

本集卷一一八《與秦相公第十二書別幅》："某今月十一日已次荆湖界首，交割本路安撫使職事。"（第1133頁）卷一三〇《謝宰執宣撫荆廣啓》："今月十一日至衡州茶陵縣，入湖南路界，交割本路安撫使職事。"（第1253

頁）據此推知，此二文應作於八月中下旬，時或在茶陵縣。

大約八月中下旬，或在茶陵縣，上《開具本司差到任仕安等兵馬人數留韓京等軍馬奏狀》《奏知段恩招誘本司軍兵逃走奏狀》《乞正李宏擅殺馬友典刑奏狀》《乞令許中收買戰馬奏狀》《張忠彥不肯赴本司公參乞依舊歸江西任奏狀》《乞本司自備錢本前去廣西出產鹽地分計置煎鹽奏狀》。

本集卷七一《到湖南界首謝表》作於八月十一日茶陵，卷七三篇首《彈壓遣發董旼[1]降到王方曹成人馬經過衡州出界奏狀》作於九月八日衡州，本集卷七二以上諸文應作於二者之間，大約爲八月中下旬，時或在茶陵。任仕安、段恩、李宏、許中、張忠彥，字里不詳。

八、九月之交，駐泊衡陽，彈壓曹成人馬。

《行狀》："公是時總師由盧陵入本路界，聞曹成將自邵入衡，以趨江西。而董旼所帶親兵纔數百人，勢不足以彈壓，即駐泊衡陽。"（第1738頁）本集卷一一六《與呂相公第八書別幅》謂"某留衡陽兩旬，彈壓曹成"（第1103頁）。《與呂相公第九書別幅》謂"某八九月之交，少留衡陽，彈壓曹成出境"（第1104頁）。據知，李綱八、九月之交次衡陽，留兩旬，則駐泊至九月中旬也。又見李綸《梁溪先生年譜》，本集卷二九《罷歸二首》、卷七三《彈壓遣發董旼降到王方曹成人馬經過衡州出界奏狀》、卷七四《湖南無潰兵作過奏狀》、卷一三〇《謝宰執宣撫荆廣啓》。衡陽，今屬湖南。

作《與呂相公第七書別幅》《與秦相公第十三書別幅》《與程給事第四書》。

本集卷一一六《與呂相公第七書別幅》題注"衡州"（第1101頁）。卷一一八《與秦相公第十三書別幅》亦題注"衡州"（第1135頁）。卷一一九《與程給事第四書》云："秋高氣清……區區少留衡陽，先遣葺治諸軍營房，非晚即如長沙，歸到本路，有事叢集，如治亂絲，已不勝其疲勌矣。目前尚可極力支吾，秋冬之交，萬一邊報有警，兵力單弱，錢糧空匱，不知何以爲策。"（第1146頁）據此推斷，此三文應爲八、九月之交駐泊衡陽時作。

---

[1]"董旼"原爲"董旼"，據《宋史》《建炎以來繫年要錄》等書更正。

九月九日，彈壓曹成七萬人赴宣撫司公參，有感作《次衡州二首》詩。

《建炎以來繫年要錄》卷六〇載紹興二年十一月十七日甲戌，"命潭、鼎、荆、鄂帥守李綱等四人，約日會兵，收捕湖寇。初，綱以湖廣宣撫使赴湖南，聞曹成將自邵入衡，以趨江西，而韓世忠所留提舉官董旼親兵纔數百人，勢不足以彈壓，即駐師衡陽，遣使諭成，使散其衆。成至衡，綱召與語，俾率其餘衆四萬詣建康"。注曰："此並據綱《行狀》，不得其日。按史，綱以十一月癸酉，奏步諒解甲公參，故且附此。"[1] 本集卷二九《次衡州二首》詩序曰："重九日，曹成以七萬人過城下，赴本司公參。"（第389頁）據知，李綱彈壓曹成七萬人赴宣撫司公參爲九月九日事，此二詩當作於是日。趙效宣《李綱年譜長編》謂"九月八日，次衡州彈壓曹成人馬赴宣撫司公參"[2]，誤也。又見《皇宋中興兩朝聖政》卷一二《高宗皇帝十二》，《行狀》，李綸《梁溪先生年譜》，本集卷二九《罷歸二首》詩序、卷七三《彈壓遣發董旼降到王方曹成人馬經過衡州出界奏狀》、卷七四《湖南無潰兵作過奏狀》、卷一一六《與呂相公第八書別幅》《與呂相公第九書別幅》。

大約十六日，具《彈壓遣發董旼降到王方曹成人馬經過衡州出界奏狀》。

本集卷七三《彈壓遣發董旼降到王方曹成人馬經過衡州出界奏狀》云："契勘臣遵奉聖旨，統率一行軍馬前來潭州之任，近到本路衡州。……至八月二十八日，據修武郎齊拱引領到王方統領、將佐、使臣、效用、人兵等到衡州，已挪撥錢糧應副批支，起離前去。又至九月初八日，據董旼引領到曹成下統領、統制、將佐、使臣、效用、人兵等到衡州，亦已挪撥錢糧應副批支，起離前去。續據安仁、茶陵縣申，其上件兩項人兵，並已出本路界去訖。"（第756~757頁）卷七四《湖南無潰兵作過奏狀》云："臣本司差使臣齎文榜等前去約束，及於衡州駐紮，彈壓曹成人馬，令取徑路入江西界。至九月十六日，曹成人馬節次出境了當。"（第770頁）案，九月九日，李綱彈壓曹成七萬人赴宣撫司公參，十六日，曹成人馬節次出境了當。則《彈壓遣發董旼降到王方曹成人馬經過衡州出界奏狀》謂"其上件兩項人兵，並已出本

[1] 李心傳編撰，胡坤點校《建炎以來繫年要錄》，第3冊第1202頁。
[2] 趙效宣《李綱年譜長編》，第158頁。

路界去訖”大約在九月十六日，奏狀大約上於是日。董旼、王方，字里不詳。

十九日，次衡山，收降馬友餘黨步諒。作《降步諒以萬衆口號四首》詩，具《收降到馬友下潰兵步諒等奏狀》。

　　《建炎以來繫年要錄》卷六〇載紹興二年十一月十七日甲戌，“命潭、鼎、荆、鄂帥守李綱等四人，約日會兵，收捕湖寇。初……時馬友之將步諒有兵二萬，掠衡山，泊吳集市。綱留統制官韓京屯茶陵以扼賊，而親帥大軍，自白沙潛涉江。諒不虞其至，遂出降。至是以聞，詔綱精加揀汰，得七千餘人隸諸軍”。注曰：“此並據綱《行狀》，不得其日。按史，綱以十一月癸酉，奏步諒解甲公參，故且附此。”[1] 本集卷二九《降步諒以萬衆口號四首》詩序云：“馬友餘黨步諒等，以萬衆自江西寇湖南，破醴陵、攸縣，屯於衡山縣界。得報，即衡陽率師次衡山，遣兵將夜渡江，晨叩其壘，賊出不意，悉解以降。放散驅擄老弱外，得精兵七千人，分隸諸將，漫成口號四首。”（第389頁）卷七五《討殺本路作過潰兵了當見措置楊么等賊奏狀》亦云：“馬友下潰兵首領步諒等二萬餘人，劫掠醴陵、衡山、攸縣，殺人放火，本司遣發統制官任仕安、吳錫率領軍馬，措置招捕，於九月十九日，在衡山縣管下吳集市，殺降到步諒等二萬餘人，並押赴本司公參。除被驅虜情願歸業人，各給公據放令逐便外，揀選到强壯人兵六千餘人，見分隸諸軍使喚。”（第774～775頁）據知，李綱收降馬友餘黨步諒爲九月十九日事，本集卷七三《收降到馬友下潰兵步諒等奏狀》當上於是日。又見《皇宋中興兩朝聖政》卷一二《高宗皇帝十二》、《行狀》，李綸《梁溪先生年譜》，本集卷二九《罷歸二首》詩序、卷七四《湖南無潰兵作過奏狀》、卷七五《討殺本路作過潰兵了當見措置楊么等賊奏狀》、卷一一六《與吕相公第八書別幅》《與吕相公第九書別幅》。衡山，今屬湖南。步諒，字里不詳。

二十三日，被宰相吕頤浩誣陷縱暴、治理潭州無功。

　　《建炎以來繫年要錄》卷五八載：紹興二年九月二十三日庚辰，“吕頤浩奏論防秋事宜……上因論湖南事，頤浩言：‘李綱縱暴，恐治潭無善

---

[1] 李心傳編撰，胡坤點校《建炎以來繫年要錄》，第3冊第1202頁。

狀。'"[1]《中興小紀》卷一三謂紹興二年九月二十四日辛巳。[2]今從《建炎以來繫年要錄》。

二十四日，改充湖南安撫使。

《建炎以來繫年要錄》卷五八載紹興二年九月二十四日辛巳，"荆湖廣東宣撫使李綱止充湖南安撫使，湖北、廣東並還所部。自方鎮以來，前執政爲帥者，例充安撫大使。至是，右司諫劉棐屢言綱跋扈。呂頤浩將罷綱，故帥銜比江東西減'大'字"[3]。據劉一止《苕溪集》卷三八《李綱知潭州兼安撫大使》，李綱當是先除"安撫大使"[4]，後減去"大"字。又見《皇宋中興兩朝聖政》卷一二《高宗皇帝十二》。

二十九日，李光因言李綱凜凜有大節、四裔畏服等事落職。

《建炎以來繫年要錄》卷五八載紹興二年九月二十九日丙戌，"端明殿學士、江南東路安撫大使、兼知建康府李光落職，提舉台州崇道觀，以言者論光頃爲御史，不言蔡京之罪，及秦檜罷相，而光含憤興訕故也。先是，光嘗遺呂頤浩書，稱李綱凜凜有大節，中外畏服。頤浩以白上，上曰：'如此等人，非司馬光、富弼，誰能當之？'頤浩因言光與其儕類結成黨與，牢不可破。上以爲然"[5]。

大約九月下旬，上《乞發遣水軍吳全等赴本司招捉楊么奏狀》《乞給賜度牒紫衣師號變轉修葺廨舍奏狀》《乞將鼎州依虔州等處例帶提舉鼎澧等州兵馬盜賊公事奏狀》《乞差楊晟惇充湖北路提刑奏狀》《乞下鎮撫使令有寇盜賊侵犯鄰鎮合出兵迭相應援奏狀》。

本集卷七三以上諸文原列九月十九日衡山所作《收降到馬友下潰兵步諒等奏狀》與十月一日衡山所作《招降到安鎮等人兵奏狀》之間，大約作於九月下旬，時在衡山。吳全、楊么、楊晟惇，字里不詳。

十月一日，具《招降到安鎮等人兵奏狀》。

本集卷七三《招降到安鎮等人兵奏狀》云："有日前出寨往衡州安仁、

［1］李心傳編撰，胡坤點校《建炎以來繫年要錄》，第3冊第1173頁。
［2］熊克著，顧吉辰、郭群一點校《中興小紀》，第164頁。
［3］李心傳編撰，胡坤點校《建炎以來繫年要錄》，第3冊第1173頁。
［4］劉一止《苕溪集》，景印文淵閣《四庫全書》，第1132冊第190頁。
［5］李心傳編撰，胡坤點校《建炎以來繫年要錄》，第3冊第1176頁。

耒陽等打虜人兵總轄官安鎮、翟忠等二千餘人，未曾回寨，本司分遣統領官陳照、湯尚之兩項軍馬，取徑路會合前去追襲招捕……照等差使臣劉榮、唐慶前去，引喚到安鎮、翟忠一行人兵，於十月一日到本軍，並已管押赴本司公參訖。……揀選堪出戰人兵共一千三百餘人，並撥隸陳照、湯尚之管轄，結成隊伍，聽候使喚。"（第762~763頁）又見本集卷七四《湖南無潰兵作過奏狀》、卷七五《討殺本路作過潰兵了當見措置楊么等賊奏狀》。安鎮，字里不詳。

二、三日間，遣鄭昌齡攝祭於南嶽衡山神祠，作《不果到南嶽兩絕》詩及《祭南嶽文》。

本集卷二九《不果到南嶽兩絕》詩序曰："余兩過湖湘，皆以事阻不到南嶽。今自衡驅潭，意謂決可一到，又以新討降步諒之衆，不果往，爲之悵然，成兩絕句。"（第390頁）卷一六四《祭南嶽文》云："謹遣左從事郎、宣撫使司幹辦公事鄭昌齡，以牲牢酒醴茗果之奠，敢昭祭於南嶽司天昭聖帝之神。……惟以告虔，肅清一方。捍禦外侮，神其佑之。"（第1516頁）案，李綱十月一日在衡山公參安鎮、翟忠一行人兵，四日次長沙，則"自衡驅潭"當在二、三日間也。

四日，次長沙，交割職事。械擊醴陵縣張覯屬吏，接見長老，問民疾苦。

《建炎以來繫年要錄》卷六〇載紹興二年十一月十七日甲戌，"初，綱以湖廣宣撫使赴湖南……尋入潭州，械右朝奉郎、知醴陵縣張覯屬吏，權攝官以漸易置，贓吏稍戢。綱延見長老，問民疾苦，皆以盜賊、科須爲言。乃檄州縣，非使司命而擅科率者，以軍法從事，應日前科須之物，並以正賦准折"[1]。《行狀》："入長沙，交割潭州職事。時湖南頻年爲盜賊所據，州縣官類多權攝，乘時爲姦。公於視事日，枷項巨猾付獄，得入己贓凡三萬六千緡，具案上之。其餘州縣權攝官，以漸易置，爲民所訴訟者，乃按治之。於是望風引退者甚衆，贓吏稍戢矣。方入境之初，趨見長老，問民所疾苦。"（第1739頁）據知，"枷項巨猾付獄"當指械擊張覯事。李綱次長沙交割職事乃十月四日。案，本集卷七四《湖南無潰兵作過奏狀》云："自衡山縣起

---

[1] 李心傳編撰，胡坤點校《建炎以來繫年要錄》，第3冊第1202頁。

發前來潭州，已於十月初四日交割職事。"（第770頁）又見《皇宋中興兩朝聖政》卷一二《高宗皇帝十二》，本集卷七五《討殺本路作過潰兵了當見措置楊么等賊奏狀》、卷一一六《與吕相公第九書別幅》。潭州，今湖南長沙。張覿，字里不詳。

是日，作《初入潭州二首》《宿嶽麓寺》詩。

李綱初入長沙爲十月四日事，故本集卷二九《初入潭州二首》當作於是日。據本集卷二九《宿嶽麓寺》詩題應作於潭州，此詩原列《初入潭州二首》之前，當爲同日作。

五日，遣郝晸攻王進於湘鄉縣七星寨。

《行狀》："公抵長沙之次日，命郝晸出師，次七星寨。"（第1739頁）本集卷二九《罷歸二首》詩序曰："既入長沙，次日即遣師降王進三千人於湘鄉縣七星寨。"（第391頁）李綱十月四日次長沙，次日即十月五日，是日遣師進攻，降王進乃十一日事也。湘鄉縣，今屬湖南。

十一日，具《招降到王進等人兵奏狀》。

《建炎以來繫年要錄》卷六〇載紹興二年十一月十七日甲戌，"綱尋入潭州……又遣統制官郝晸降潰將王進於湘鄉"[1]。本集卷七四《招降到王進等人兵奏狀》云："至十月初十日……賊兵奔走入七星寨，錫遂帶領一行軍馬前去追襲……錫即便擁軍於十一日絕早，到七星寨口，內有一項王俊等帶領一千餘人，先次開走遠去外，其王進等走往蔡塘……三千餘人願就招降。……錫即時管押所招降到王進等，並老小赴使司公參訖。"（第765~766頁）據知，降王進乃十月十一日事，奏狀當上於是日。又見《皇宋中興兩朝聖政》卷一二《高宗皇帝十二》，《行狀》，李綸《梁溪先生年譜》，本集卷七五《討殺本路作過潰兵了當見措置楊么等賊奏狀》、卷一一六《與吕相公第十書別幅》。

十五日，械送江南西路兵馬副鈐轄張中彦於獄，遂併其軍。

《建炎以來繫年要錄》卷五九載紹興二年十一月十五日壬寅，"詔江南西路兵馬副鈐轄張中彦以所部充都督府統制官……初，中彦以討捕，駐軍廣

---

[1] 李心傳編撰，胡坤點校《建炎以來繫年要錄》，第3冊第1202頁。

州，脅制州縣，供億以萬計，一路爲之震擾。朝廷撥隸楊惟忠、李回、岳飛、孟庚、韓世忠、李綱，皆不稟命。綱察中彥意樂爲郡，檄令權知岳州，中彥果至，即械送獄，遂併其軍”。注云：“中彥初見建炎三年十二月末，其令聽李綱節制，在今年十月壬辰，被誅在十二月庚子。而熊克《小曆》於九月乙酉李綱止帶湖南安撫使已前書之，實甚誤也，今移附本日。綱《行狀》作張忠彥，亦誤。”[1]今從《建炎以來繫年要錄》。張中彥，字里不詳。

二十四日，作《降聖節青詞》。

本集卷一六五《降聖節青詞》云：“維紹興二年，歲次壬子，十月戊子朔二十四日辛亥，具位臣李某等。伏爲降聖節，遵詔旨於天慶觀命道士三七人，開啓靈寶道場七晝夜。”（第1528頁）

三十日，審問張揆，先後具《按發張揆等在任取受不法奏狀》《推勘張揆等不法奏狀》。

本集卷七四《按發張揆等在任取受不法奏狀》云：“臣已勾追張揆、林之問、張傑等，枷項送所司，差潭州長沙縣丞李綬置司推治，及委轉運判官王淮監勘，追干連證佐人等，根勘情節，續具案申奏外，須至奏聞者。”（第766頁）《推勘張揆等不法奏狀》云：“本司已將逐人枷項送所司，差左宣教郎長沙縣丞李綬置司推治，及委右朝散郎充湖南轉運判官公事王淮監勘，本司已具錄因依奏聞，及申尚書省照會去後，不住催促，十月三十日，據推勘官李綬及監勘官王淮申：勘到張揆入己贓二萬七千八百餘貫，綢絹一萬三千九百餘匹；林之問入己贓一萬二千四百餘貫，綢絹六千七百餘匹。……今推勘到張揆、林之問等情理，巨蠹死罪。”（第767~768頁）據知，十月三十日上《推勘張揆等不法奏狀》，《按發張揆等在任取受不法奏狀》應在《推勘張揆等不法奏狀》之前作，姑繫於此。

大約是日，有《與呂相公第八書別幅》。

本集卷一一六《與呂相公第八書別幅》題注“潭州”，文曰：“潭州累年爲盜賊所據有，權通判張揆與孔彥舟、馬友交通，挾賊之勢，恣爲不法。權長沙令使臣林之問等爲之牙爪，科率錢米，多入其家，公然置買田宅，書填

---

[1]李心傳編撰，胡坤點校《建炎以來繫年要錄》，第3冊第1187頁。

官告出賣入己，贓汙狼籍以巨萬計，莫敢誰何。本路權攝官乘時據攘，雖皆有情弊，然此兩人爲之冠。捨而不治，何以懲姦？已行按發，付之有司，俟獄具即以奏聞。"（第1103~1104頁）文中提及推勘張掞、林之問等事，大約同爲十月三十日時作。

十一月四日，遣吳錫在邵州峰嶺、高平等處殺死王俊部下賊徒四百三十餘人，活捉將官李贇，上《吳錫申捉到李贇等奏狀》。

《建炎以來繫年要録》卷六〇載紹興二年十一月十七日甲戌，"綱尋入潭州……又遣……吳錫擒王俊於邵陽"[1]。本集卷七四《吳錫申捉到李贇等奏狀》云："本司契勘先有馬友下潰兵統領王進、王俊等五千餘人，在潭州湘鄉、安化縣界首占據七星寨，四散打擄，放火殺人作過。……續節次據探報，王俊等帶領一千餘人，見在邵州界內出沒作過。臣再遣吳錫將所部軍馬前去，措置掩捕。今據吳錫申：到邵州賊在地名峰嶺、高平等處紮寨，去邵州城二十餘里。錫遂將帶軍馬，於十一月初四日五鼓以來，乘賊不備，直至峰嶺，其賊恃險把定關隘。……至未時以來，賊衆大敗，殺死賊徒四百三十餘人，並活捉到將官李贇，收獲到老小及被擄人共六百餘人外，有其餘殘黨，四散逃遁，見不住追捕施行。"（第768~769頁）又見《行狀》、本集卷七五《討殺本路作過潰兵了當見措置楊么等賊奏狀》。邵州，今湖南邵陽。吳錫、王俊、李贇，字里不詳。

七日，遣吳錫於邵州朱溪竹園殺死王俊部下賊徒五百餘人，上《獲到王俊下兵並奪到馬奏狀》。

本集卷七四《獲到王俊下兵並奪到馬奏狀》云："據吳錫申：已於峰嶺關、高平寨等處，殺死賊徒四百三十餘人……今月初七日，追趕賊徒至地名朱溪竹園，其賊於山嶺上佈陣，與官兵交戰，移時賊兵大敗，殺死賊徒五百餘人，當陣殺到強壯賊兵三百二十人，奪到馬二十五匹，老小六百餘人……有賊徒三百餘人四散奔走，申本司照會。"（第769~770頁）又見本集卷七五《討殺本路作過潰兵了當見措置楊么等賊奏狀》。

---

[1] 李心傳編撰，胡坤點校《建炎以來繫年要録》，第3冊第1202頁。

十四日，遣吳錫於橫江生擒到賊首王俊及其徒黨七百餘人，上《湖南無潰兵作過奏狀》。

《宋史》本傳："是時，荆湖江、湘之間，流民潰卒群聚爲盜賊，不可勝計，多者至數萬人，綱悉蕩平之。"（第 11261 頁）本集卷七五《討殺本路作過潰兵了當見措置楊么等賊奏狀》云："有王俊等三百餘人，四散奔走，再行追趕；先次招撫到提轄桑文等五十餘人外，王俊等復聚，欲取山口，並石限路，奔衝永州、全州界分；至十四日到地名太白村下寨，三鼓以來，賊兵偷劫本軍所下寨柵，本寨知覺，掩殺至五鼓以來，其賊大敗，追趕至武岡軍與邵州接界地名橫江，殺獲副統領榮貴，並賊徒等；生擒到王俊，其賊勢窮力竭，乞就招降。今招降到一行人兵七百餘人，馬一百餘匹，老小五十餘人外，別無走散人兵，委是淨盡。"（第 775 頁）據知，生擒王俊及其徒黨七百餘人乃十一月十四日事也。又見《建炎以來繫年要録》卷六〇、《行狀》、本集卷七四《湖南無潰兵作過奏狀》。橫江，在今湖南邵陽。

十七日，高宗命潭、鼎、荆、鄂帥守約日會兵，收捕湖寇，權聽李綱節制。

《建炎以來繫年要録》卷六〇載紹興二年十一月十七日甲戌，"命潭、鼎、荆、鄂帥守李綱等四人，約日會兵，收捕湖寇。……詔湖北安撫使劉洪道、知鼎州程昌寓、荆南鎮撫使解潛，遣兵會之，仍權聽綱節制"[1]。又見《皇宋中興兩朝聖政》卷一二《高宗皇帝十二》。

大約是月中旬，上《乞取益陽財賦還潭州奏狀》。

本集卷七五《乞取益陽財賦還潭州奏狀》云："據右朝散郎、都統、直秘閣、權發遣鼎州軍州事程昌禹申：十一月初三日，准紹興二年九月十日尚書省劄子，九月九日奉聖旨，令潭州權撥益陽縣財賦應副鼎州，如本州縣占吝，及不供實收支錢糧，報應聽鼎州按劾，令佐下人吏許勾決。除已差官前去益陽縣外，申本司乞指揮施行，須至奏聞者。"（第 773 頁）程昌禹十一月三日申報，李綱差官前去益陽縣，並具奏狀，則奏狀大約上於十一月中旬也。

---

[1] 李心傳編撰，胡坤點校《建炎以來繫年要録》，第 3 册第 1202～1203 頁。

大約是月下旬，作《以詩陳情寄呂元直》詩，上《乞宮祠奏狀》，有《與呂相公第九書別幅》，再言乞宮祠事。

　　本集卷二九《以詩陳情寄呂元直》詩序云："到長沙月餘，即上章復丐宮祠，以詩陳情寄呂丞相元直。"（第391頁）卷七四《乞宮祠奏狀》謂"伏望聖慈察臣數千里冒暑遠來，到本路已及三月餘日"（第767頁）。卷一一六《與呂相公第九書別幅》云："某八九月之交，少留衡陽，彈壓曹成出境，即趨衡山，親遣兵將招降步諒下潰兵事畢，遂入長沙交割，將兩月矣。……某近者輒以衰病不堪閫寄，仰瀆鈞聽，復丐宮祠。"（第1104～1105頁）案，李綱八月十一日至茶陵交割本路安撫使職事，十月四日次長沙，據"到長沙月餘""到本路已及三月餘日""遂入長沙交割，將兩月矣"，知詩文大約作於十一月下旬。

十一、十二月間，有《與呂相公第十書別幅》《與呂相公第十一書別幅》《與呂安老提刑第一書》《與呂提刑第二書》，言乞宮祠諸事。

　　本集卷一一六《與呂相公第十書別幅》謂"已兩具奏聞，復丐宮祠，以養衰病"（第1106頁）。《與呂相公第十一書別幅》云："昨日誤恩付以湖廣重寄……故力疾就職。既到本路，群寇滿野，未敢遽有所請。今幸半年間，招捕盜賊漸已淨盡，可以乞身。"（第1107頁）本集卷一二〇《與呂安老提刑第一書》謂"且力丐宮祠，已入兩章"（第1152頁）。《與呂提刑第二書》謂"宮祠章業已再上，猶未報"（第1153頁）。提及十一月下旬乞宮祠之事，據此推斷，以上四文應作於是年十一、十二月間。呂祉，字安老，建州建陽（今屬福建）人。[1]《宋史》卷三七〇有傳。時任湖南提點刑獄公事。案，《建炎以來繫年要錄》卷五六載紹興二年七月十三日辛未，"左宣教郎、湖南提點刑獄公事呂祉加直秘閣"[2]。

作《哭吳元中丞相二首》詩。

　　《建炎以來繫年要錄》卷六〇載紹興二年十一月二十七日甲申，"資政殿學士、提舉臨安府洞霄宮吳敏薨"[3]。據知，本集卷三二《哭吳元中丞相二

---

[1] 脫脫等《宋史》卷三七〇《呂祉傳》，第33冊第11509頁。
[2] 李心傳編撰，胡坤點校《建炎以來繫年要錄》，第3冊第1141頁。
[3] 李心傳編撰，胡坤點校《建炎以來繫年要錄》，第3冊第1205頁。

首》當作於十一、十二月間。趙效宣《李綱年譜長編》謂此詩作於紹興八年
（1138）[1]，誤也。

十二月二日，遣陳照、焦元前去瀏陽，招捕潰兵譚深徒衆三百餘人，殺死五百餘人。

本集卷七五《討殺本路作過潰兵了當見措置楊么等賊奏狀》云：“劉忠下潰兵首領譚深，在江西路界，未知的實人數，近侵犯潭州瀏陽縣管下作過。本司遣發統領官陳照、焦元部兵前去措置掩捕，於十二月初二日，到瀏陽縣地名樓下沙堆，逢賊譚深等一千餘人，迎敵殺敗，追襲至地名楓林，殺死賊徒五百餘人，生擒偽提轄仇青、將官王瓊、都教頭寧秀，徒伴三百餘人，並收救被虜老小等……本司已將捉到賊首仇青等處斬訖。”（第775～776頁）瀏陽，今屬湖南。焦元，字里不詳。

八日，罷湖南安撫使，提舉西京崇福宮。

《宋史》本傳：“上言：‘荆湖，國之上流，其地數千里，諸葛亮謂之用武之國。今朝廷保有東南，控馭西北。如鼎、澧、岳、鄂若荆南一帶，皆當屯宿重兵，倚爲形勢，使四川之號令可通，而襄、漢之聲援可接，乃有恢復中原之漸。’議未及行，而諫官徐俯、劉斐劾綱，罷爲提舉西京崇福宮。”（第11261頁）《建炎以來繫年要錄》卷六一載紹興二年十二月八日甲午，“觀文殿學士、知潭州、充湖南安撫使李綱罷。初，綱爲宣撫使，請擇人攝所部守貳，理爲資考。朝廷從之。又乞所差權官到任，其吏部先差下人，雖到更不放上。内有材能之人，別行辟置。劉斐爲右司諫，言：‘此乃藩鎮跋扈之漸。……’章四上，右諫議大夫徐俯亦奏劾綱。至是檢會斐奏，以綱提舉西京崇福宮。命吏部尚書沈與求爲龍圖閣學士、湖南安撫使、兼知潭州。仍詔綱俟與求至乃罷”[2]。李綸《梁溪先生年譜》繫於紹興三年（1133）[3]，或聞除命日也。又見《宋史》卷二七《高宗本紀四》、《皇宋中興兩朝聖政》卷一二《高宗皇帝十二》、《中興小紀》卷一三、《行狀》、本集卷二九《罷歸二首》詩序。

[1] 趙效宣《李綱年譜長編》，第220頁。
[2] 李心傳編撰，胡坤點校《建炎以來繫年要錄》，第3冊第1212頁。
[3] 李綸編，彭邦明校點《梁溪先生年譜》，吳洪澤、尹波主編《宋人年譜叢刊》，第6冊第4090頁。

是日，遺郝晸、馬準部前去袁州萍鄉，掩捕王開山賊黨。生擒首領孟進並賊徒七十餘人，具《討殺本路作過潰兵了當見措置楊么等賊奏狀》。

　　本集卷七五《討殺本路作過潰兵了當見措置楊么等賊奏狀》云："李宏下潰兵首領王開山名順，約三千餘人，在江西界，近侵犯潭州攸縣管下作過。本司遺發統領官郝晸、馬準部兵前去掩捕，於十二月初八日襲逐賊人所向，到袁州萍鄉縣並地名雙塘，掩擊殺死不計其數，生擒到次首領五部統領孟進，並賊徒七十餘人……本司已將捉到賊首孟進等處斬訖。"（第776頁）袁州萍鄉，今屬江西。郝晸、馬準、王開山、孟進，字里不詳。

大約是日，得允辭免知潭州詔。

　　劉一止《苕溪集》卷四七《賜李綱再辭免知潭州允詔》云："茲覽來疏，至於再三，是何辭之力也！重違卿意，且復以真祠之祿從所便安，抑不失朕體貌之意焉。所請宜不允。"[1]據篇名及文意，"所請宜不允"當爲"所請宜允"。李綱十二月八日提舉西京崇福宮，則得允辭免知潭州詔當在是日。

十三日，被指示俟折彥質至乃罷。

　　《建炎以來繫年要錄》卷六一載紹興二年十二月十三日己亥，"龍圖閣學士、新知潭州沈與求力辭湖南之命，且言不習軍旅，必至敗事，乃以與求知常州。時龍圖閣直學士折彥質在廣西，即以彥質爲湖南安撫使、兼知潭州，仍令李綱俟彥質至乃罷"[2]。又見《皇宋中興兩朝聖政》卷一二《高宗皇帝十二》。

十八日，被指示未罷宣撫使之前，刷下二廣錢物，令湖南安撫司取撥應副支用。

　　《建炎以來繫年要錄》卷六一載紹興二年十二月十八日甲辰，"詔李綱未罷宣撫使已前，刷下二廣錢物，令湖南安撫司取撥，應副支用。先是，綱遺官劃刷廣西常平一司帑藏，得錢七十八萬餘緡，米十七萬餘斛，金銀八千餘兩。朝廷以湖南殘破之後，慮乏軍儲，故令取撥焉"[3]。

［1］劉一止《苕溪集》，景印文淵閣《四庫全書》，第1132冊第227頁。
［2］李心傳編撰，胡坤點校《建炎以來繫年要錄》，第3冊第1214頁。
［3］李心傳編撰，胡坤點校《建炎以來繫年要錄》，第3冊第1217頁。

大約是月中下旬，上《楊么占據洞庭係湖北路本司已遣軍馬把截奏狀》。

本集卷七五《楊么占據洞庭係湖北路本司已遣軍馬把截奏狀》云：“契勘土賊楊么、黃誠等占據洞庭青草三江之險，聚衆數萬，出没鼎、澧、潭、岳、荆南、峽州數千里之地，爲荆湖腹心之大患，臣已嘗奏聞去訖。……若不趁此春冬水涸之時，速行討蕩，竊慮將來江湖水勢泛漲，賊益得計，侵犯州縣，難以支吾。”（第777頁）“嘗奏聞”當指李綱十二月八日所具《討殺本路作過潰兵了當見措置楊么等賊奏狀》，云：“湖北路賊首楊么，占據鼎州龍陽、沅江縣管下地分，恃水乘船出没，時復侵犯潭州、益陽、湘陰縣地分作過。”（第776頁）《楊么占據洞庭係湖北路本司已遣軍馬把截奏狀》在此奏狀之後，大約作於十二月中下旬也。

是月，上《已撥益陽財賦應副鼎州來年財賦取自指揮奏狀》。

本集卷七五《已撥益陽財賦應副鼎州來年財賦取自指揮奏狀》云：“臣已再行下本縣，將紹興二年歲終見在酒稅、牙契等錢，除捐留支用外，盡數撥與鼎州訖。”（第778頁）據文意，此狀應爲是年十二月作。

作《罷歸二首》詩。

本集卷二九《罷歸二首》詩序云：“余行次衡陽，彈壓曹成七萬餘人出湖南境；移師衡山，降步諒二萬衆。既入長沙，次日即遣師降王進三千人於湘鄉縣七星寨；復破王俊三千餘人於邵州。其餘群盜，以次討定，凡五萬餘。選擇精鋭，得萬二千人，分隸諸將，境内遂安，流移歸業。亟上章復丐宮祠。未報間，聞有旨廢宣撫司，及以言者罷去。”（第391~392頁）據知，此詩應爲是年十二月罷歸後作。

冬，有《潭州薦陣亡青詞》《潭州薦陣亡水陸疏》。

據本集卷一六五《潭州薦陣亡青詞》《潭州薦陣亡水陸疏》篇名，推斷此二文應爲十月四日次長沙交割職事後作。

是年作《宋故安人劉氏墓誌銘》，具體地點不詳。

本集卷一七〇《宋故安人劉氏墓誌銘》云：“夫人姓劉氏，家世福州懷安。……適括蒼周公諱池，仕至朝請郎致仕。……以疾終，享年若干，實宣和三年正月五日也。五年二月十有八日，祔葬於常州宜興縣永豐鄉銅坑之原，朝請之兆域。子男三人，棩，迪功郎、袁州士曹掾，後夫人三年卒；

椐，未仕；桴，早卒。……既葬之十年，其子椐以狀來請銘……某以姻婭，
嘗拜夫人於堂，與其子友善，弗敢以固陋辭。"（第 1565～1566 頁）宣和五
年（1123）後十年即今年也。劉氏，乃李綱妹夫周楸之母。

**有《回翁殿撰啓》《回荆廣四路監司郡守啓》《謁廟文》《謁先聖文》《禳火
設醮青詞》諸文。**

趙效宣《李綱年譜長編》謂本集卷一三〇《回翁殿撰啓》《回荆廣四路
監司郡守啓》、卷一六四《謁廟文》《謁先聖文》、卷一六五《禳火設醮青詞》
作於是年[1]，姑從之。

大約是年，作《宋故朝請郎主管南京鴻慶宮張公墓誌銘》。

本集卷一六九《宋故朝請郎主管南京鴻慶宮張公墓誌銘》云："公諱端
禮，字南仲，姓張氏，處州龍泉人也。……以疾卒於里第，實紹興二年七
月二十有二日也。……諸孤以某年九月某日，葬君於縣之劍池鄉秦溪祖塋之
側。"（第 1558～1560 頁）據知，此文大約作於紹興二年（1132）。張端禮，
李綱妹夫。

高宗紹興三年癸丑（1133），五十一歲

居福州。有詩三十八首、文二十九篇、詞四首。

**在長沙任湖南安撫使。正月三日，有《與吕提刑第三書》，請遣人速至郴
江節制郝晸、韓京二將，督捕盗賊。**

本集卷一二〇《與吕提刑第三書》云："得韓京、郝晸報，已帥師過郴之
永興，近頗聞晸向者嘗招收京軍中人，京以今聽其節制之故，稍理舊事，遂
致不協，深恐非徒不能成功，或致敗事。輒欲煩使斾一至郴江督捕，使二將
盡聽節制，不獨二人素服德望，樂備驅策，可使忘其私忿，累年捕寇，決有
乘機可擒之理。……千萬爲國自重。不宣。正月三日。"（第 1153～1154 頁）

六日，有《與吕提刑第四書》，謂不得已，纔招盗賊爲官。

本集卷一二〇《與吕提刑第四書》云："招盗賊以官，出於不得已，今

---

[1] 趙效宣《李綱年譜長編》，第 168 頁。

既兩路有兵，勢窮力蹙，不擒即降，似不須此。……向暄，敢冀爲國自重。正月六日。"（第1154~1155頁）

二十日，有《與呂提刑第五書》，報捕寇及防禦近況。

本集卷一二〇《與呂提刑第五書》題注"正月二十日"（第1155頁），書云："區區粗遣，近有一項潰兵犯瀏陽，乃楊惟忠下兵，所謂王大刀者……遣陳照、李建等禦之，已逼逐出境，殺獲五十餘人……近遣吳錫、李建討蕩楊么蓮塘等寨，殺獲頗衆，自此其徒不敢復過江南。戰艦自十五車以下，已製造得十餘隻，海鰍棹船之類二十餘隻，於諸軍中選擇水軍幾二千人，雜以民間戰船數十隻，日逐教習，旌旗戈甲皆一新，春水漸生，可以深擣巢穴，此賊不難破。"（第1155~1156頁）

二十三日，有《與呂相公第十二書別幅》，請差崔增一軍前來，以備二、三月間深擣楊么巢穴。

本集卷一一六《與呂相公第十二書別幅》題注"正月二十三日"（第1108頁），書云："近被旨令，節制劉洪道、解潛、程昌禹所遣軍馬，會合討楊么。……創造戰艦，漸成次第，所乏者水軍耳。伏蒙垂誨，許差崔增一軍前來，仰荷留念。春水漸生，二三月間，正可深入討蕩，過此恐散漫難制，敢望指揮早與發遣，不勝幸甚。"（第1108頁）

三十日，有《與折仲古龍學書》，促速來接任。

本集卷一二〇《與折仲古龍學書》題注"正月三十日"（第1156頁），書云："既已拜命，切望疾驅早臨所部，使孤危之迹得遂脫，此乃故人之惠也。"（第1156~1157頁）折仲古，折彥質也。

是月，有《與潘子賤龍圖書》，談及招捕群寇及乞得宮祠事。

本集卷一二〇《與潘子賤龍圖書》："初春餘寒……區區自抵湖湘間逾半年矣。"（第1157頁）據此推斷，此文爲是年正月長沙作。潘良貴，字子賤，婺州金華（今屬浙江）人，累官至中書舍人。[1]《宋史》卷三七六有傳。

上《乞專責江西漕臣吳革應副錢糧奏狀》。

本集卷七六《乞專責江西漕臣吳革應副錢糧奏狀》云："勘會臣先准尚

---

[1] 脫脫等《宋史》卷三七六《潘良貴傳》，第33冊第11633~11635頁。

書省劄子節文，紹興二年八月十五日奉聖旨，令韓球於已降羅本綢絹内，先次兑支絹八千匹、綢二千匹，應副冬衣使用。……臣於去年十月初一日已後，纍牒韓球遵依支撥……至今三個月餘，韓球並不依數支撥，亦無回報。……竊緣臣本路數遭兵火，公私匱乏，今來潭州屯兵數萬，支用浩瀚，委實供贍不繼，指准江西支撥上件錢帛斛斗到來支遣。去冬諸軍已是無衣絹可以支俵，今來又逼合支春衣月分，似此韓球挾私下爲遵奉聖旨兑支應副，深恐軍士因緣衣糧欠闕，別致生事。”（第782頁）據文意，此文應在長沙任上時作，“去年十月初一日”應指紹興二年（1132）十月一日，“至今三個月餘……今來又逼合支春衣月分”當爲紹興三年正月。趙效宣《李綱年譜長編》謂此文作於紹興二年[1]，誤也。

一、二月間，上《乞全州免聽廣西節制奏狀》。

本集卷七六《乞全州免聽廣西節制奏狀》云：“如去年六月，曹成侵犯桂州，事勢危急，賴湖南路安撫使司遣發張憲、吳錫兩項軍馬，自全州徑入桂州界，方始解圍。以此顯見全州，祇合聽受湖南路安撫使司節制。今若令更聽廣西節制，不惟一州難以遵守兩司指揮，兼廣西路桂州遇有軍期，其事宜並須先在湖南。……欲望聖慈詳酌，特降睿旨，全州免聽廣西經略安撫司節制。”（第784頁）曹成侵犯桂州爲去年事，故此文應作於今年二月離長沙之前。趙效宣《李綱年譜長編》謂此文作於紹興二年（1132）[2]，誤也。

上《宮祠謝表》《謝宰執宮祠啓》。

李綱去年十二月八日罷湖南安撫使，十三日詔諭公俟折彦質至乃罷，今年二月離開長沙，本集卷七六《宮祠謝表》、本集卷一三〇《謝宰執宮祠啓》應作於是年二月離長沙之前。

或上《乞降度牒撥還兩浙安撫大使司贍軍鹽錢奏狀》《乞差羅選要部兵捍禦傜賊奏狀》《相度歸明官任滿輪易奏狀》。

本集卷七六所收奏狀有五，《乞專責江西漕臣吳革應副錢糧奏狀》《乞全州免聽廣西節制奏狀》作於是年，《乞降度牒撥還兩浙安撫大使司贍軍鹽錢奏狀》三文或同作於是年一、二月間。羅選，字里不詳。

---

[1] 趙效宣《李綱年譜長編》，第168頁。
[2] 趙效宣《李綱年譜長編》，第168頁。

二月十八日，於臨清湘門按閱水師，作《教習戰艦五絕》詩。

本集卷二九《教習戰艦五絕》詩序云："長沙有長江重湖之險，而無戰艦水軍。余得唐嗣曹王皋遺制，創造戰艦數十艘，上下三層，挾以車輪，鼓蹈而前，駛於陣馬。募水軍三千人，日夕教習，以二月十八日臨清湘門按閱，旌旗戈甲一新，觀者如堵。成五絕句以志之。"（第 392 頁）此詩趙效宣《李綱年譜長編》重複繫於紹興二年（1132）[1]，誤。

十九日，有《與呂相公第十三書別幅》，乞降指揮折彥質，次第保奏將士之功。

本集卷一一六《與呂相公第十三書別幅》題注 "二月十九日"（第 1108 頁），書曰："昨者招捕到步諒、翟忠、安鎮、王進、王俊等作過數頭項潰兵，輒以功狀上之朝廷；顧某雖以罪罷，而將士之功，不當使緣某而廢。……乞降指揮折彥質，次第保奏。"（第 1109 頁）

大約二月下旬，離長沙。作《初去長沙有感》詩。

《行狀》云："丐祠得請，乃以節次招降到潰兵盜賊人數，及見管軍馬數目，打造戰船，教習水戰次第，並見在金銀錢物，與江西廣南未支撥到錢米之數，逐一具奏即行。"（第 1740 頁）李綱二月中旬完成上述事宜，離長沙時大約在是月下旬。本集卷二九《初去長沙有感》當作於二月下旬離長沙時。此詩趙效宣《李綱年譜長編》重複繫於紹興二年（1132）[2]，誤。

自長沙至醴陵，作《自長沙至醴陵道中有感》詩。

本集卷二九《自長沙至醴陵道中有感》詩序云："自長沙至醴陵道中，田皆墾闢，道旁有築室而居者。"（第 393 頁）醴陵，今屬湖南。此詩趙效宣《李綱年譜長編》重複繫於紹興二年（1132）[3]，誤。

大約是月，有《賀徐樞密啓》。

案，紹興三年二月二十日辛亥，徐俯自翰林學士、左中大夫、知制誥遷端明殿學士，除簽書樞密院事。[4]本集卷一三〇《賀徐樞密啓》大約作於此

---

[1] 趙效宣《李綱年譜長編》，第 166 頁。
[2] 趙效宣《李綱年譜長編》，第 166 頁。
[3] 趙效宣《李綱年譜長編》，第 166 頁。
[4] 徐自明撰，王瑞來校補《宋宰輔編年錄校補》，第 986 頁。

時。徐俯，字師川，洪州分寧人。累官至司門郎。[1]《宋史》卷三七二有傳。

三月中旬，作《題修西方念佛三昧集要》。

本集卷一六三《題修西方念佛三昧集要》文末署“紹興三年歲次壬子三月中浣日題”（第1501頁）。趙效宣《李綱年譜長編》謂此文作於紹興四年（1134）[2]，誤。

二十二日，作《祭翁士特郎中文》。

本集卷一六五《祭翁士特郎中文》云：“維紹興三年，歲次癸丑，三月丙辰朔二十二日丁丑，具位李綱。”（第1524頁）翁士特，翁挺也。

是日，作《祭張次東中奉文》。

本集卷一六五《祭張次東中奉文》云：“維紹興三年，歲次癸丑，三月丙辰朔二十二日丁丑，具位李綱。”（第1524頁）張次東，張植也。

作《張次東中奉挽詞三首》。

本集卷一六八《宋故左中奉大夫直秘閣張公墓誌銘》曰：“建炎初，余自湖湘趨行在所，與公邂逅江上……其後歸自海上，見公於德興……後二年，乃聞公訃，哭之爲慟，作文以祭之。”（第1555頁）案，張植卒於紹興二年（1132）十一月，次年三月二十二日，李綱聞訃告，作《祭張次東中奉文》，據本集卷三二《張次東中奉挽詞三首》“遙傳一掬淚，爲灑暮江頭”（第432頁），當同作於初聞訃告時。趙效宣《李綱年譜長編》謂該詩作於紹興八年[3]，誤。

大約是日，作《宋故左中奉大夫直秘閣張公墓誌銘》。

本集卷一六八《宋故左中奉大夫直秘閣張公墓誌銘》曰：“其孤將以紹興四年二月己酉，奉公之柩，與令人周氏合葬於縣銀山鄉水西之原。先期以狀來請銘，余辱在姻婭，且相知之厚，義不得辭。”（第1555~1556頁）據“將以紹興四年二月己酉……先期以狀來請銘”，知此文應作於紹興四年（1134）二月二十九日之前，大約爲今年三月二十二日聞訃告時作。趙效宣

[1]脫脫等《宋史》卷三七二《徐俯傳》，第33冊第11540頁。
[2]趙效宣《李綱年譜長編》，第178頁。
[3]趙效宣《李綱年譜長編》，第220頁。

《李綱年譜長編》謂此文作於紹興四年[1]，疑誤。

是月，至臨川，遇東林珪老，相約同老林下，有感作《春暮江南道中》詩。

本集卷二九《春暮江南道中》詩云："江上風光爛不收，一年春物又將休。……往來踏遍江南土，已約幽人老一丘。"（第 393 頁）注曰："臨川遇東林珪，相約同老林下，故有是句。"（第 393 頁）春物將休，三月也。趙效宣《李綱年譜長編》謂此詩作於三月二十九日，不知何據，且重複繫於紹興二年（1132）[2]，誤。

託幕僚劉允升致意王庭珪。

王庭珪《盧溪文集》卷四《贈劉允升》詩序曰："紹興三年，歲在癸丑，暮春三月，允升自湖南李相公幕府歸，致相公之意，因留數日，洽甚，作詩以贈之。"[3] 時王庭珪避亂隱居吉州東村。案，王庭珪《盧溪文集》卷四八《題華嚴寺壁》云："建炎庚戌之亂，避地東村。"[4] 王庭珪（1080—1172），字民瞻，號盧溪真逸、盧溪先生，吉州安福（今屬江西）人。著有《盧溪文集》。[5] 劉允升，字里不詳。

至金谿，宿疏山，作《宿疏山戲成一絕》詩。

詩見本集卷二九。疏山，在金谿縣（今屬江西）西北五十里。《方輿勝覽》卷二一《撫州》載疏山"在金谿。唐大中初，有何仙舟棄官讀書於此，今遺址猶存。下有寺，其景尤勝"[6]。《嘉慶重修一統志》卷三二二《撫州府一》載："在金谿縣西北五十里。高五里，周二十里。左峰曰枹鼓，右峰曰搴旗。相傳梁周迪起兵處。唐時有何仙舟，隱居讀書於此，因號書山。南唐改爲疏山。"[7] 趙效宣《李綱年譜長編》謂此詩作於紹興二年（1132）[8]，誤。

---

[1] 趙效宣《李綱年譜長編》，第 178 頁。

[2] 趙效宣《李綱年譜長編》，第 166、170 頁。

[3] 王庭珪《盧溪文集》，景印文淵閣《四庫全書》，臺灣商務印書館 1986 年版，第 1134 冊第119 頁。

[4] 王庭珪《盧溪文集》，景印文淵閣《四庫全書》，第 1134 冊第 332 頁。

[5] 蕭東海《王庭珪年譜簡編（上）》，《吉安師專學報》1994 年第 2 期。

[6] 祝穆撰，祝洙增訂，施和金點校《方輿勝覽》，第 374 頁。

[7] 穆彰阿等《嘉慶重修一統志》，第 20 冊第 16058 頁。

[8] 趙效宣《李綱年譜長編》，第 166 頁。

至武夷山，遊沖佑觀，作《讀翁士特留題追懷二首》詩。

本集卷二九《讀翁士特留題追懷二首》詩序云："道武夷，沖祐觀壁間讀翁士特郎中留題，追懷感愴二首。"（第394頁）沖祐觀當指沖佑觀，在武夷山。參見本書"徽宗宣和二年庚子（1120），三十八歲"之下相關內容。趙效宣《李綱年譜長編》謂此二詩作於紹興二年（1132）[1]，誤。

大約四月，自水口泛舟至福州，作《自水口泛舟至長樂》詩。

詩見本集卷二九。水口，在福建古田縣南九十里。參見本書"宋高宗紹興元年辛亥（1131），四十九歲"之下相關內容。李綸《梁溪先生年譜》謂是年"即由醴陵道江南，訪武夷，如長樂"[2]。本集卷一二一《與潘子賤龍圖書》云："去年春歸自荊、湘，寓居長樂郊外，杜門謝客，終日蕭然。"（第1163頁）《與李泰發端明書》云："區區自去夏歸自湖、湘間，即杜門不出，罕見賓客，聊以休影息迹。"（第1164頁）二文作於次年，至福州時間一曰春，一曰夏。案，李綱大約二月下旬離開長沙，暮春三月次臨川，至福州大約爲今年四月。趙效宣《李綱年譜長編》謂此詩作於紹興二年（1132）[3]，誤。

大約五月二十一日，具《上天申節賀表》《天申節功德疏》。

本集卷七六《上天申節賀表》《天申節功德疏》原列《宮祠謝表》之後，《宮祠謝表》上於是年一、二月間，二文當同作於是年。又，天申節爲農曆五月二十一日，故此二文大約作於是年五月二十一日也。

大約是月，自福州天寧寺遷居城東報國寺，作《自天寧遷居城東報國寺》詩。

本集卷三〇序謂"自癸酉歲歸抵三山以後作三十六首"（第396頁）。《自天寧遷居城東報國寺》詩云："荷花欲吐乍舒葉，荔子未丹先有香。"（第396頁）大約爲是年五月作也。天寧寺在閩縣鹽倉山。參見本書"宋高宗紹興元年辛亥（1131），四十九歲"之下相關內容。城東報國寺在閩縣易俗里。案，《淳熙三山志》卷三三《寺觀類一》載："東報國院，（閩縣）易俗里。

[1] 趙效宣《李綱年譜長編》，第166頁。
[2] 李綸編，彭邦明校點《梁溪先生年譜》，吳洪澤、尹波主編《宋人年譜叢刊》，第6冊第4090頁。
[3] 趙效宣《李綱年譜長編》，第166頁。

天祐元年，閩忠懿王爲唐昭宗建，名報國資聖，後主僧不謹籍其業於官。"[1]

易俗里，即今福州晉安區東門、塔頭、嶽峰一帶。[2]

作《颶風二絕》《西軒小池荷花盛開》《初食荔子四絕句》詩。

本集卷三〇《颶風二絕》其二云："飛沙拔木渾閑事，祇怕山園損荔枝。"（第 396 頁）《西軒小池荷花盛開》詩序云："西軒小池荷花盛開，與賓客酌酒其上，以荷爲杯，引滿徑醉。"（第 396 頁）《初食荔子四絕句》詩序謂"所居報國有十八娘荔枝"（第 397 頁），其一云："煙雨濛濛半暑時，輕紅旋摘自提攜。"（第 397 頁）"荔枝""荷花盛開""半暑時"，大約五月也。

作《哭許崧老右丞二首》詩。

據《宋史》卷三六三《許翰傳》，知許翰卒於紹興三年（1133）五月。[3]本集卷三二《哭許崧老右丞二首》詩大約作於是月。趙效宣《李綱年譜長編》謂此詩作於紹興八年[4]，誤也。

大約是年夏，寓居福州，得楊時書。

楊時《龜山集》卷二二《與李丞相》其一云："兩日前，得胡康侯書，備聞湖湘事。自馬友等四寇繼至……及公到……百姓始知上有天臺之尊，下有州郡之體也。初撫三路，檄鼎帥進兵討楊么，潭兵先入，已破數寨……後聞有旨，鼎不受節制，賊復熾。湖湘之民深以爲恨。鈞斾既東還去，思日甚。功名之會，自古所難。在公爲不足道，重爲朝廷惜也。相望數舍，無由面對，區區書不能究。"[5]據文意，當爲李綱罷湖南安撫使歸福州時作，時楊時居南劍州將樂，故有"相望數舍，無由面對"之語。案，《建炎以來繫年要錄》卷一五載建炎二年夏四月十五日戊辰，"尚書工部侍郎、兼侍講楊時以老疾求去，章四上，既而除龍圖閣直學士、提舉杭州洞霄宮"[6]。楊時還南劍州將樂，紹興五年（1135）四月二十四日卒，享年八十三。[7]

[1] 梁克家《淳熙三山志》，《宋元方志叢刊》，第 8 冊第 8161 頁。
[2] 鄭淑榕《福州西湖李綱祠修建始末及桂齋舊址考證》，《嘉應學院學報》2012 年第 6 期。
[3] 脫脫等《宋史》，第 32 冊第 11344 頁。
[4] 趙效宣《李綱年譜長編》，第 220 頁。
[5] 楊時《龜山集》，景印文淵閣《四庫全書》，第 1125 冊第 321 頁。
[6] 李心傳編撰，胡坤點校《建炎以來繫年要錄》，第 1 冊第 363 頁。
[7] 黃去疾編，刁忠民校點《龜山先生文靖楊公年譜》，吳洪澤、尹波主編《宋人年譜叢刊》，第 5 冊第 3409～3410 頁。

九月九日，作《江城子》（去年九日在衡陽）。

去年九月九日，李綱在衡陽彈壓曹成人馬赴本宣撫司公參，有感作《次衡州二首》。據知，《江城子》（去年九日在衡陽）詞作於今年九月九日。

二十六日，有《與秦相公書》。

《四庫全書》本《梁溪集》卷一二一《與秦相公書》題注"九月二十六日"[1]。據本集卷一二一《與秦相公書》"某去秋總師過吉州"（第1160頁），知此文應作於今年九月二十六日。

秋，作《詠懷十六韻》《月夜獨坐二絕》詩。

據本集卷三〇《詠懷十六韻》"喜近清秋節，那爲宋玉悲"（第397頁）、《月夜獨坐二絕》其一"冰輪杳杳碾層空，獨坐淒然秋色中"（第397頁），知以上諸詩作於是年秋天也。

作《感皇恩》（西閣夜初寒）、《醜奴兒》（幽芳不爲春光發）、《醜奴兒》（枝頭萬點妝金蕊）。

趙效宣《李綱年譜長編》謂是年詞有《感皇恩》[枕上]一首、《醜奴兒》[木犀]二首[2]，姑從之。"枕上""木犀"爲詞序，此處括引首句。據《感皇恩》"西閣夜初寒，爐煙輕裊。……壯懷消散，盡付敗荷衰草"[3]，《醜奴兒》"幽芳不爲春光發，直待秋風。直待秋風。香比餘花分外濃"[4]，知此三詞爲是年秋天作。

大約十月，作《許子大龍圖挽詞二首》。

本集卷一六六《宋故龍圖閣直學士許公神道碑》謂許份卒於"紹興三年十月二十有八日"（第1539頁）。據知，本集卷三二《許子大龍圖挽詞二首》詩大約作於是年十月。趙效宣《李綱年譜長編》謂此二詩作於紹興八年（1138）[5]，誤也。

秋、冬間，作《與仲輔等同遊黃蘖感賦》《次韻諸季遊東山詩》《送李似之舍人歸連江舊隱二首》《知宗端禮出示曾信斯展缽之作次韻》《題唐氏所藏

[1] 李綱《梁溪集》，景印文淵閣《四庫全書》，第1126冊第433頁。
[2] 趙效宣《李綱年譜長編》，第172頁。
[3] 唐圭璋編纂，王仲聞參訂，孔凡禮補輯《全宋詞》，第1172頁。
[4] 唐圭璋編纂，王仲聞參訂，孔凡禮補輯《全宋詞》，第1173頁。
[5] 趙效宣《李綱年譜長編》，第220頁。

崔白畫雪中山水》《題崔白畫江天雪景》諸詩。

　　詩原列本集卷三〇《月夜獨坐二絕》與《春曉聞衆禽聲有感》之間，前者作於今年秋天、後者作於次年正月，據本集卷三〇序“自癸丑歲歸抵三山以後作三十六首”（第 396 頁），知以上諸詩作於今年秋、冬間。《與仲輔等同遊黃蘗感賦》有詩二首，序云：“仲輔、叔易招客同遊黃蘗還，以詩軸相示，爲賦二篇。”（第 398 頁）

　　李彌遜歸連江舊隱，李綱作詩二首送行，李彌遜和之。案，本集卷三〇《送李似之舍人歸連江舊隱二首》其一云：“羨君卜築粵江濱，去作林間適意人。環揖溪山供勝賞，剩栽桃李占芳春。養生有主身長健，與物無心道轉親。一面鑑湖歸賀老，可能分半乞比鄰。”其二云：“衰病翛然寂寞濱，已將小隱約幽人。眠雲嘯月有餘樂，問柳尋花無限春。爭席樵漁真得計，會心魚鳥自相親。醉鄉況有閑田地，應許東皋更卜鄰。”（第 398～399 頁）李彌遜《筠溪集》卷一六《次韻李丞相送行二首》其一云：“三年袖手臥江濱，著眼終成出世人。筆下風雲作時雨，胸中丘壑作陽春。買山塵外曾相見，漉酒愁邊情更親。惜取風騷等閑句，他時密膝詠臣隣。”其二云：“山畔孤亭一水濱，歸來華髮已欺人。脫身異縣干戈地，得意吾廬筍蕨春。早著青衫成底事，慣遭白眼欲誰親。此君真有高人節，肯與山翁作近鄰。”[1]詩韻腳相同，李綱《送李似之舍人歸連江舊隱二首》當爲李彌遜所謂“李丞相送行”詩也。

冬，作《宋故追復龍圖閣直學士贈少師錢公墓誌銘》。

　　本集卷一六七《宋故追復龍圖閣直學士贈少師錢公墓誌銘》云：“公諱勰，字穆父……今爲開封人。……子男十二人……曰伯言……乃論撰公平生行事，以狀來請銘。”（第 1544～1548 頁）又，本集卷一二一《答錢巽叔侍郎書》云：“去冬承書既，辭意鄭重，以先內翰墓銘見委，寵示行狀及於照文字一帙。”（第 1161 頁）錢伯言，字巽叔，錢勰子。《答錢巽叔侍郎書》作於次年，則《宋故追復龍圖閣直學士贈少師錢公墓誌銘》作於今年也。

---

[1] 李彌遜《筠溪集》，景印文淵閣《四庫全書》，第 1130 冊第 747～748 頁。

是年寓居福州期間，作《福州聖泉院齊僧疏》《福州鼓山齋僧疏》《福州東山文殊修菩薩疏》諸文。

趙效宣《李綱年譜長編》謂《福州聖泉院齊僧疏》《福州東山文殊修菩薩疏》作於是年[1]，姑從之。《福州鼓山齋僧疏》原列本集卷一六五《福州聖泉院齊僧疏》與《福州東山文殊修菩薩疏》之間，當爲同時作。據篇名推斷，此三文應作於寓居福州期間。

是年有《蓄貓説》《防盜説》，地點不詳。

趙效宣《李綱年譜長編》謂本集卷一五七《蓄貓説》《防盜説》二文作於是年[2]，姑從之。

大約是年，作《樂全居士墓誌銘》，地點不詳。

本集卷一七〇《樂全居士墓誌銘》云："居士諱密，字季明，姓鄧氏。……奄然右脅而化，實紹興三年十月二十有六也，享年七十有三。……其孤將以某年月日葬居士於沙陽官塘奉直公塋之右，從貽命也。"（第1567~1569頁）據知，此文大約作於紹興三年（1133）。樂全居士，鄧密也。

高宗紹興四年甲寅（1134），五十二歲

居福州。有詩三十八首、文三十七篇、賦一篇。

寓居福州。大約正月，有《答錢巽叔侍郎書》。

本集卷一二一《答錢巽叔侍郎書》原列《與秦相公書》與《答潘子賤龍圖書》之間，前者作於去年九月二十六日、後者大約作於今年三月，此文應作於二者之間。文曰："去冬承書既……春寒，比來台候何如？"（第1161~1162頁）據"春寒"二字推斷，此文大約作於今年正月。趙效宣《李綱年譜長編》謂此文作於紹興三年（1133）[3]，疑誤。錢巽叔即錢伯言。

二月一日，作《雪峰真歇了禪師一堂録序》。

本集卷一三七《雪峰真歇了禪師一堂録序》云："雪峰了禪師得法於丹

---

[1] 趙效宣《李綱年譜長編》，第172頁。
[2] 趙效宣《李綱年譜長編》，第172頁。
[3] 趙效宣《李綱年譜長編》，第172頁。

霞淳……了公自號真歇，昔演法於長蘆，今開席於雪峰，學徒雲集，從之者常千五百餘衆，叢林之盛，所未曾有。……其徒集機緣語句爲一掌錄，以初得法，由一掌故錄成，以示梁溪病叟，更贊歎爲説偈言。……説偈畢，以其錄歸之，因書其語置篇首云。紹興四年歲次甲寅二月朔序。”（第1317～1318頁）據知，禪師了，號真歇，時住雪峰寺。雪峰，當指福州雪峰寺。《方輿勝覽》卷一〇《福州》謂雪峰寺在“侯官縣西百餘里”[1]。

是日，作《祭許崧老文》。

本集卷一六五《祭許崧老文》曰：“維紹興四年，歲次甲寅，二月朔辛巳，具位李綱。”（第1525頁）趙效宣《李綱年譜長編》謂《祭許崧老文》作於紹興三年（1133）[2]，誤。

三月六日，作《龍眠居士畫十六大阿羅漢贊》。

本集卷一四一《龍眠居士畫十六大阿羅漢贊》自注：“紹興甲寅三月六日，梁溪病叟書於長樂城東報國寺。”（第1344頁）龍眠居士，李公麟也。

二十六日，以《龍眠居士畫十六大阿羅漢贊》遺士珪禪師。

本集卷一四一《龍眠居士畫十六大阿羅漢贊》自注：“紹興甲寅三月六日……後二十日，東林珪禪師見訪，因以遺之。”（第1344頁）時士珪因江南盜賊橫生，自江西遊閩，呂本中、韓駒有詩送行。呂本中《東萊詩集》卷一四《東林珪雲門杲將如雪峰因成長韻奉送》云：“東風被澤國，君有千里行。送君不能遠，宿昔春水生。塞馬馳中原，旁淮多賊城。即今江南岸，盜賊猶縱橫。頗聞閩粵靜，農民方及耕。雪峰佳主人，況欲屣履迎。兩公與談道，正欲平其衡。”[3]雪峰即福州雪峰寺。韓駒《陵陽集》卷四《送東林珪老遊閩五絕句》其四云：“直自三湘到七閩，無人不道竹庵名。詩如雪竇加奇峭，禪似雲居更妙明。”[4]

作《追和許崧老詩二篇》《絕句奉約珪禪師相過同食荔枝》詩。

本集卷三〇《追和許崧老詩二篇》詩序曰：“許崧老賦三友篇，以遺東

---

[1] 祝穆撰，祝洙增訂，施和金點校《方輿勝覽》卷一〇《福州》，第169頁。
[2] 趙效宣《李綱年譜長編》，第172頁。
[3] 呂本中《東萊詩集》，景印文淵閣《四庫全書》，第1136冊第777頁。
[4] 韓駒《陵陽集》，景印文淵閣《四庫全書》，臺灣商務印書館1986年版，第1133冊第802頁。

林珏禪師，余嘗次韻和之。未幾，余被命宣撫荊廣，崧老復以詩來，曾未一歲間，聞吳元中薨於柳，崧老東歸薨於虔。余方罷帥事，屏居長樂，珏禪師自江西見過，閱篋中得崧老二詩，相與讀之愴然，因復追和其韻。”（第406頁）《絕句奉約珏禪師相過同食荔枝》有詩二首，其一云：“荔枝新來已著花，千林行見爛朝霞。”（第407頁）二詩當爲三月二十六日珏禪師來訪時作。

是月，有《跋司馬溫公帖》。

本集卷一六三《跋司馬溫公帖》文末署“紹興四年三月日，昭武李綱跋”（第1502頁）。司馬溫公，司馬光也。

作《春曉聞衆禽聲有感》《初見牡丹與諸季申伯小酌》《千葉碧桃二絕句》詩。

本集卷三〇《春曉聞衆禽聲有感》云：“春山蒼莽天欲明，枕上静聽春禽鳴。……落花芳草正可藉，玉山自倒知誰令？”（第400~401頁）《千葉碧桃二絕句》其一云：“春光欲暮碧桃開，煙露相和染玉腮。”（第405頁）“落花芳草”“初見牡丹”“春光欲暮”，暮春三月景象也。

大約是月，作《勉申伯使繼世科》《次韻報申伯二首》《次韻勉申伯叔易》《仲輔作詩梗之再次韻》《復次前韻闢之》詩，勉勵錢申伯、李經應舉賢良方正以繼世科。另作《小庭中作醆醾架遂試新花與客對飲》《與叔易弈不勝賦著色山水詩一篇》《端禮知宗寵示水石六軸戲作此詩歸之》《奉福唐珍牘附以古風復次舊韻》《得邵武柳州二丞相書感懷有寄》詩。

本集卷三〇序謂“自癸丑歲歸抵三山以後作三十六首”（第396頁），卷三一序謂“甲寅秋至乙卯以後作四十六首”（第408頁），據此推斷，本集卷三〇甲寅歲詩應作於是年春、夏間。又，本集卷三〇以上諸詩原列三月所作《春曉聞衆禽聲有感》與三月二十六日所作《絕句奉約珏禪師相過同食荔枝》之間，大約同作於是年三月也。

李綱先賦詩勉勵錢申伯應舉賢良方正以繼世科，申伯舉李經自代，李經復推申伯，李綱二者兼勉，然李維作詩梗之，李綱復次前韻以闢之。案，《勉申伯使繼世科》詩序曰：“有詔舉賢良方正，作詩勉錢申伯使繼世科。”（第402頁）《次韻報申伯二首》詩序曰：“申伯見和拙句，且示七言律詩兩

章，有未肯承當制科之意，次韻報之。"（第 402 頁）《次韻勉申伯叔易》詩
序曰："申伯和篇舉叔易自代，叔詩復推申伯，要之二子皆當由此科取重名
於世，恨吾資妄高，不得偕二子鳴躍其間，復次前韻，以兼勉之。"（第 403
頁）《仲輔作詩梗之再次韻》詩序曰："申伯、叔易再和詩，將有從吾言之
意，而仲輔作詩梗之，以故未果。復次前韻，既助其決，且戒勿與仲輔謀
也。"（第 403 頁）《復次前韻闢之》詩序曰："詩三往復，而二子之意猶未
決，吾知之矣，復次前韻以闢之。"（第 404 頁）

端禮知宗，不知其姓，或名端禮，字知宗。據本集卷一六九《宋故朝請
郎主管南京鴻慶宮張公墓誌銘》"公諱端禮，字南仲，姓張氏，處州龍泉人
也。……以疾卒於里第，實紹興二年七月二十有二日也"（第 1558 頁），知
張端禮逝於紹興二年（1132），此處端禮應另指他人。

有《答潘子賤龍圖書》，談及著述《易經內外篇》之事，並寄送《龍眠居士畫十六大阿羅漢贊》。

本集卷一二一《答潘子賤龍圖書》云："去年還自湖、湘……近作《李
伯時畫十六羅漢贊》漫同往，以發千里一笑，並幸視至。"（第 1162 頁）案，
李綱去年歸抵福州，今年三月六日作《龍眠居士畫十六大阿羅漢贊》，據此
推斷，此文大約作於今年三月。趙效宣《李綱年譜長編》謂此文作於紹興三
年（1133）[1]，誤也。潘子賤即潘良貴。

有《賀趙參政啓》。

據《宋宰輔編年錄》卷一五載，紹興四年三月八日戊午，趙鼎自江南西
路安撫大使遷中大夫，除參知政事。[2] 本集卷一三〇《賀趙參政啓》大約作
於三月也。趙鼎，字元鎮，解州聞喜（今屬山西）人。[3]《宋史》卷三六〇
有傳。

四月七日，作《五峰居士文集序》。

本集卷一三八《五峰居士文集序》云："故尚書考功員外郎翁君，諱挺，
字士特，建之崇安人。……平生所作數千百篇……嗣子穎之收拾編類於煨爐

---

[1] 趙效宣《李綱年譜長編》，第 172 頁。
[2] 徐自明撰，王瑞來校補《宋宰輔編年錄校補》，第 994 頁。
[3] 脫脫等《宋史》卷三六〇《趙鼎傳》，第 32 冊第 11285 頁。

亡逸之餘……號《五峰居士集》。……紹興四年四月七日具位李某序。"（第1319～1320頁）五峰居士，翁挺也。

是月，奉旨編《建炎時政記》。大約是月，作《建炎時政記序》。

《建炎以來繫年要錄》卷七四載紹興四年三月十八日戊辰，"命前宰執追錄建炎四年四月以前時政記，用司封員外郎、兼著作佐郎孔端朝請也"[1]。《行狀》載紹興"四年四月得旨，令省記編類建炎元年三月以後《時政記》。公乃以昨任宰相日，得聖語及所行政事、賞刑、黜陟之大略，著《建炎時政記》以進"（第1740頁）。本集卷一七八《建炎時政記序》云："臣綱伏被尚書省劄子，三省同奉聖旨，令臣省記編錄建炎元年五月一日以後《時政記》，繕寫成冊進御，以待制詔頒降史館。……今者又奉詔旨，俾臣追記往事，編錄成書，將以付之太史氏。"（第1648頁）然本集卷一二一《與任世初察院書》謂"去秋有旨，令追省建炎初事迹修《時政記》"（第1168頁）。《與趙相公書別幅》謂"去秋被旨，追省建炎初時政"（第1170頁）。此二文作於次年，"去秋"即今年秋天也。案，朝廷三月十八日下旨，李綱四月得旨編《建炎時政記》，較爲可信，故從《行狀》。另據《建炎時政記序》"今者又奉詔旨"，推斷序文大約作於四月得旨之時。

大約五月，有《回溫州范相公啓》。

本集卷一三〇《回溫州范相公啓》云："恭惟知府觀文相公……退居真館，雅志在於東山。惟眷注之特隆，豈燕閑之能久？果承明命，來臨大邦。"（第1256～1257頁）案，《建炎以來繫年要錄》卷四七載紹興元年九月二十五日戊午，"觀文殿學士、提舉臨安府洞霄宮范宗尹落職"[2]；卷七六載紹興四年五月十五日甲子，"左通議大夫、提舉臨安府洞霄宮范宗尹復資政殿大學士，知溫州"[3]。據《回溫州范相公啓》文意，此文當作於范宗尹罷相閑居後，起復知溫州時，時大約五月也。

六月一日，作《重校正杜子美集序》。

本集卷一三八《重校正杜子美集序》文末署"紹興四年甲寅六月朔序"

［1］李心傳編撰，胡坤點校《建炎以來繫年要錄》，第3冊第1416頁。
［2］李心傳編撰，胡坤點校《建炎以來繫年要錄》，第3冊第994頁。
［3］李心傳編撰，胡坤點校《建炎以來繫年要錄》，第4冊第1449頁。

（第 1321 頁）。

閏六月十日生辰，得張元幹賀詩三首。

　　張元幹《蘆川歸來集》卷二《李丞相生朝三首》其一注云："十年門下士，方獻此篇詩。"[1] 宣和六年（1124）張元幹與李綱定交，至今恰爲十年。時張元幹居福州。[2]

七月初，作《次韻劉仲高〈喜雨〉佳篇》詩。

　　本集卷三一序謂"甲寅秋至乙卯以後作四十六首"（第 408 頁）。《次韻劉仲高〈喜雨〉佳篇》原列本卷卷首，當作於是年秋。又，此詩乃七月六日所作《用前韻再賦兩篇》之"前韻"，故應作於七月初。劉仲高，字里不詳。

六日，有感通夕大雨，闔境告足，作《用前韻再賦兩篇》詩，呈張守諸公。

　　本集卷三一《用前韻再賦兩篇》詩序曰："七月六日通夕大雨，闔境告足，豐年之慶，枕上用前韻再賦兩篇，呈全真諸公。"（第 408 頁）案，張守，字子固，一字全真，常州晉陵（今江蘇常州）人。崇寧元年（1102）進士，紹興八年（1138）正月，以資政殿大學士知婺州，尋改洪州，兼江南西路安撫使。[3]《宋史》卷三七五有傳。

十三日，孫升生。

　　李綸《梁溪先生年譜》謂是年"七月十三日，第三子房下孫升生"[4]。

是月，作《論語詳說序》。

　　本集卷一三八《論語詳説序》云："書始於武昌郡，以建炎戊申之仲冬；成於玉林郡，以建炎己酉之仲夏；改定於長樂郡，以紹興甲寅之初秋云。具位李某序。"（第 1323 頁）據此推知，此文應作於今年七月。

大約是月，作《張全真復以詩來走筆答之》《次韻答汪廷俊喜雨和篇》《再賦喜雨答諸公》詩，與張守、汪廷俊諸公唱和。

　　本集卷三一以上諸詩與七月初作《次韻劉仲高〈喜雨〉佳篇》、七月六

[1] 張元幹《蘆川歸來集》，第 35 頁。
[2] 王兆鵬《張元幹年譜》，吳洪澤、尹波主編《宋人年譜叢刊》，第 7 冊第 4699 頁。
[3] 脫脫等《宋史》卷三七五《張守傳》，第 33 冊第 11612～11617 頁。
[4] 李綸編，彭邦明校點《梁溪先生年譜》，吳洪澤、尹波主編《宋人年譜叢刊》，第 6 冊第 4090 頁。

日作《用前韻再賦兩篇》同爲“喜雨”題材，大約爲同時唱和時作。張守《毗陵集》卷一五《丞相惠詩復次前韻》其一云：“學道居慚郤曼容，典刑今向海邊逢。德容璞玉長涵潤，才刃硎刀始瑩鋒。養壽不憂潘鬢二，趣裝行覯舜瞳重。期公展盡調元手，盛取勳名勒景鐘。”其二云：“開函三復似南容，入眼清詩左右逢。絕唱自應開奧窔，全提誰敢觸機鋒。朱弦清越宜三疊，寶玉森羅富五重。袖手吟邊無好句，冥搜空恨五更鐘。”[1]韻腳與李綱《用前韻再賦兩篇》同，當爲張守和詩，故李綱作《張全真復以詩來走筆答之》唱和。《次韻答汪延俊喜雨和篇》有詩二首，序云：“汪延俊見示喜雨和篇，次韻答之二首。”（第409頁）汪延俊，字里不詳。

作《奉寄李泰發端明》《題劉仲高所藏文與可墨竹》詩，與李光、劉仲高交遊。

二詩原列本集卷三一《張全真復以詩來走筆答之》與《再賦喜雨答諸公》之間，大約同爲七月作。

有《與李泰發端明書》。

本集卷一二一《與李泰發端明書》云：“區區自去夏歸自湖、湘間，即杜門不出，罕見賓客……某悚息，小詩寄呈，聊以見意。”（第1164頁）據知，此文大約與《奉寄李泰發端明》同時作。

有《賀胡樞密啓》。

《建炎以來繫年要錄》卷七八載紹興四年七月一日戊申，“吏部尚書、兼侍講胡松年充端明殿學士、簽書樞密院事”[2]。《宋宰輔編年錄》卷一五亦謂是日，胡松年自左朝奉大夫、試吏部尚書遷端明殿學士，除簽書樞密院事。[3]本集卷一三〇《賀胡樞密啓》大約上於是月。胡松年（1087—1146），字茂老，海州懷仁（今江蘇連雲港）人。[4]《宋史》卷三七九有傳。

有《回臨安梁侍郎啓》。

本集卷一三〇《回臨安梁侍郎啓》云：“總天府浩穰之任，幹邦計盈虛

[1]張守《毗陵集》，景印文淵閣《四庫全書》，臺灣商務印書館1986年版，第1127冊第841頁。
[2]李心傳編撰，胡坤點校《建炎以來繫年要錄》，第4冊第1469頁。
[3]徐自明撰，王瑞來校補《宋宰輔編年錄校補》，第996頁。
[4]脫脫等《宋史》卷三七九《胡松年傳》，第33冊第11697~11699頁。

之權，妙選得人，公議惟允。伏惟知府判部侍郎，珪璋粹質，杞梓宏材。"
（第1257頁）案，《建炎以來繫年要録》卷七八載紹興四年七月一日戊申，
"徽猷閣待制、知臨安府梁汝嘉試尚書户部侍郎、兼權知臨安府"[1]。此文大
約作於梁汝嘉上任之初，時大約七月也。梁汝嘉（？—1153），字仲謨，處
州麗水（今屬浙江）人。[2]《宋史》卷三九四有傳。

八月二十二日，有《與李泰發端明第二書》，論君子小人進退之理。

本集卷一二一《與李泰發端明第二書》題注"八月二十二日"（第1164
頁），文曰："頃在沙陽，嘗作《荔支賦》，近又爲作《後賦》同往，聊資千
里一笑。"（第1165頁）案，《荔枝後賦》作於是年夏，故《與李泰發端明第
二書》應作於是年八月二十二日。趙效宣《李綱年譜長編》謂此文作於紹興
三年（1133）八月二十二日[3]，又謂今年有《與李泰發端明書》《與李泰發端
明第二書》[4]，誤也。

九月十八日，作《跋鄒公詩》。

本集卷一六三《跋鄒公詩》文末署"紹興甲寅季秋十有八日，昭武李綱
謹題"（第1502頁）。鄒公，鄒浩也。

二十二日，回呂祉書，作《與呂安老龍圖書》，論荊襄事勢，並與之車船式樣，以備水戰。

本集卷一二一《與呂安老龍圖書》題注"九月二十二日"，文曰："某
再拜，承垂諭荊襄事勢，並以所上奏檢出示，皆中今日事機，不知能依議
否？……但得如公輩數人，坐鎮疆場，廟堂能用其言，吾復何慮耶！聊發
千里一笑。"（第1165~1166頁）案，《建炎以來繫年要録》卷六四載紹興三
年四月七日壬辰，"直秘閣、湖南提點刑獄公事呂祉陞直徽猷閣……充參議
官"[5]；卷六八載紹興三年九月十一日壬戌，"直徽猷閣呂祉陞直龍圖閣，知
建康府"[6]；卷八五載紹興五年二月二日丙子，"直龍圖閣知建康府呂祉爲中

［1］李心傳編撰，胡坤點校《建炎以來繫年要録》，第4冊第1469頁。
［2］脱脱等《宋史》卷三九四《梁汝嘉傳》，第34冊第12043頁。
［3］趙效宣《李綱年譜長編》，第171頁。
［4］趙效宣《李綱年譜長編》，第177頁。
［5］李心傳編撰，胡坤點校《建炎以來繫年要録》，第3冊第1262頁。
［6］李心傳編撰，胡坤點校《建炎以來繫年要録》，第3冊第1328頁。

書、門下省檢正諸房公事"[1]。據知，呂祉紹興三年（1133）九月十一日至五
年二月二日任直龍圖閣、知建康府，之前在湖南任職。從文意推斷，此文當
爲呂祉赴建康任後，來書"垂諭荊襄事勢"，李綱在福州答之。考慮到呂祉
在湖南聽命，再赴建康任，寄書李綱，李綱在福州答之，"九月二十二日"
當在紹興四年。

秋，作《諸季邀德久申伯同遊靈源》《讀莊子六絶句》《送劉仲高提刑赴行朝》《送鄒德久還大柘歸隱三十韻》詩。

本集卷三一以上諸詩原列次年所作《和二甥詩》之前，據本集卷三一
序"甲寅秋至乙卯以後作四十六首"（第408頁），知以上諸詩當作於今年秋
冬間。又，《諸季邀德久申伯同遊靈源》詩云："秋風動林壑，凍雨洗塵寰。"
（第411頁）《送劉仲高提刑赴行朝》詩云："風吹煙浪蒓鱸熟，日照霜林橘
柚紅。"（第412頁）《送鄒德久還大柘歸隱三十韻》詩云："同擘荔枝紅，坐
見菊花秋。"（第412頁）此三詩作於今年秋也。《讀莊子六絶句》原列《諸
季邀德久申伯同遊靈源》與《送劉仲高提刑赴行朝》之間，當作於同時。

《建炎時政記》修畢。

本集卷一二一《與趙相公書別幅》："去秋被旨，追省建炎初時政，已
修纂成上下兩卷，初冬遣人齎詣行在。"（第1170頁）此文作於次年，"去
秋"即今年秋也。"初冬遣人齎詣行在"，則今年秋已修撰完畢。《建炎以來
繫年要録》卷八七載紹興五年三月十二日乙酉，"觀文殿大學士李綱進省記
到《建炎時政記》二册"[2]。本集卷一七九《建炎時政記序》亦謂"謹繕寫成
上下兩册，冒昧投進"（第1648頁）。據知，修撰時《建炎時政記》僅上下
兩卷，然本集卷一七八、卷一七九、卷一八〇收録上、中、下三卷。

大約四至十月初，與張浚相友善。

時張浚罷知樞密院事，謫居福州。案，《宋宰輔編年録》卷一五載紹興
四年三月十五日乙丑，"張浚罷知樞密院事。……尋又詔落職，福州居住"[3]。
《建炎以來繫年要録》卷八一載紹興四年十月八日癸未，"左通奉大夫、福

---

[1] 李心傳編撰，胡坤點校《建炎以來繫年要録》，第4册第1609頁。
[2] 李心傳編撰，胡坤點校《建炎以來繫年要録》，第4册第1665頁。
[3] 徐自明撰，王瑞來校補《宋宰輔編年録校補》，第993頁。

州居住張浚爲資政殿學士、提舉萬壽觀兼侍讀"[1]；卷八二又載"初，張浚之謫福州也，綱亦寓居焉。浚服其忠義，除前隙，更相親善"[2]。據知，大約四至十月初，張浚謫居福州，與李綱"除前隙，更相親善"。案，李綱建炎元年（1127）爲相時，時張浚任殿中侍御史，二人政見不合，張浚嘗論綱之罪，致李綱罷相。"前隙"當指此事。張浚，字德遠，漢州綿竹（今屬四川）人。[3]《宋史》卷三六一有傳。

大約十月初，有《賀趙相公啓》。

據《宋宰輔編年録》卷一五載，紹興四年九月二十七日癸酉，趙鼎自知樞密院事除左通奉大夫、右僕射、同平章事兼知樞密院事。[4] 李綱時居福州，大約在十月初得知趙鼎除命，本集卷一三一《賀趙相公啓》當上於此時。

二十二日，具《陳捍禦賊馬奏狀》，呈捍禦劉豫南侵三策，自福州入急遞投進。

《宋史》本傳："紹興……四年冬，金人及僞齊來攻，綱具防禦三策，謂：'僞齊悉兵南下，境内必虛。儻出其不意，電發霆擊，擣潁昌以臨畿甸，彼必震懼還救，王師追躡，必勝之理，此上策也。若駐蹕江上，號召上流之兵，順流而下，以助聲勢，金鼓旌旗，千里相望，則敵人雖衆，不敢南渡。然後以重師進屯要害之地，設奇邀擊，絶其糧道，俟彼遁歸，徐議攻討，此中策也。萬一借親征之名，爲順動之計，使卒伍潰散，控扼失守，敵得乘間深入，州縣望風奔潰，則其患有不可測矣。……望降臣章與二三大臣熟議之。'詔：綱所陳，今日之急務，付三省、樞密院施行。"（第 11261～11262 頁）本集卷一〇三《與宰相論捍賊劄子》云："綱伏觀進奏院報：三省、樞密院同奉聖旨，探報敵人窺伺承楚，如別有警急，當親總六師以臨大江。綱於十月二十二日，已曾具奏，以今日捍禦賊馬事勢，陳獻三策，自福州入急遞投進。"（第 982 頁）"曾具奏"者，本集卷七七《陳捍禦賊馬奏狀》也。又見《行狀》，李綸《梁溪先生年譜》，本集卷一二一《與趙相公書別幅》

---

[1] 李心傳編撰，胡坤點校《建炎以來繫年要録》，第 4 冊第 1528 頁。

[2] 李心傳編撰，胡坤點校《建炎以來繫年要録》，第 4 冊第 1557 頁。

[3] 脱脱等《宋史》卷三六一《張浚傳》，第 32 冊第 11297 頁。

[4] 徐自明撰，王瑞來校補《宋宰輔編年録校補》，第 999 頁。

《與向伯恭龍圖書》《與任世初察院書》《與趙相公書別幅》。

時劉豫率北軍南侵。案，《建炎以來繫年要錄》卷八〇載紹興四年九月十九日乙丑，"豫遂命其子僞諸路大總管、尚書左丞相、梁國公麟領東南道行臺尚書，令合兵來寇"[1]。《皇宋中興兩朝聖政》卷一六《高宗皇帝十六》亦謂是日"僞齊以虜分道入寇，騎兵自泗攻滁，步兵自楚攻承"[2]。《中興小紀》卷一七載九月二十八日甲戌，"劉豫遣其子麟、姪猊，引金右副元帥鄂勒琿等自淮陽分道入攻，舟師由清河據楚州，進攻承州，騎兵渡淮據滁州"[3]。《三朝北盟會編》卷一六一《炎興下帙六十一》載"九月十五日辛酉，劉豫帥北軍南寇"[4]。史載不一，今從《建炎以來繫年要錄》。

二十三日，有《與張德遠樞密書別幅》，並錄捍禦賊馬三策副本拜呈。

本集卷一二一《與張德遠樞密書別幅》云："昨日見報，朝廷以往常程，親征之議，當已決矣。區區憂憤不能自已，輒陳三策以獻，謹錄副本拜呈。"（第1166頁）李綱十月二十二日具《陳捍禦賊馬奏狀》，自福州入急遞投進，次日錄副本拜呈張浚，則此文應作於十月二十三日。時張浚爲資政殿學士、提舉萬壽觀兼侍讀，以樞密稱之，乃張浚舊職。

是月，有《與潘子賤龍圖書》，並饋以《易傳內篇上下經》。

本集卷一二一《與潘子賤龍圖書》云："初寒，伏惟台候多福。承見索所著《易傳》……去年春歸自荆、湘，寓居長樂郊外，杜門謝客，終日蕭然……謹以所著《易傳內篇上下經》致左右。僕自經憂患以來，險阻艱難，靡不備嘗，既不得竭其愚，以循國家之急，故自託於空言，心力盡於此書。"（第1162~1163頁）初寒，當爲是年初冬十月也。

進呈《建炎時政記》，然有司退還不肯收接。

本集卷一二一《與趙相公書別幅》云："去秋被旨，追省建炎初時政，已修纂成上下兩卷，初冬遣人齎詣行在，適有指揮罷常程，有司退還不肯收接。"（第1170頁）此文作於次年，"初冬"當指今年十月也。

---

[1] 李心傳編撰，胡坤點校《建炎以來繫年要錄》卷八〇，第4冊第1513頁。
[2] 佚名撰，孔學輯校《皇宋中興兩朝聖政輯校》，第3冊第483頁。
[3] 熊克著，顧吉辰、郭群一點校《中興小紀》，第210頁。
[4] 徐夢莘《三朝北盟會編》，第1163頁。

十一月十四日，捍禦賊馬三策被張浚進呈。

《中興小紀》卷一七載紹興四年十一月十四日己未，"觀文殿學士、提舉崇福宮李綱陳禦賊之策"[1]。《建炎以來繫年要錄》卷八二載紹興四年十一月十六日辛酉，"觀文殿學士、提舉臨安府洞霄宮李綱言：'今偽齊悉兵南下……'初，張浚之謫福州也，綱亦寓居焉。浚服其忠義，除前隙，更相親善。及浚召入，綱因以奏疏附之"[2]。《皇宋中興兩朝聖政》卷一六《高宗皇帝十六》同謂十一月十六日辛酉，"提舉臨安府洞霄宮李綱言：'今偽齊悉兵南下……'"[3] 又見《行狀》、李綸《梁溪先生年譜》、本集卷一二一《與趙相公書別幅》《與向伯恭龍圖書》《與任世初察院書》《與趙相公書別幅》。趙效宣《李綱年譜長編》云："三策之進呈，《小紀》繫於己未十四日，《要錄》繫於辛酉十六日。考此二書同謂浚於己未日至行在，又同謂辛酉降詔獎諭。今據《繫錄》卷九十四引朱勝非《秀水閑居錄》云：'以論時事疏託之，浚至行在，即日進綱疏。'……今姑從《小紀》。"[4] 從之。案，李綱十月二十二日具《陳捍禦賊馬奏狀》，自福州入急遞投進，次日錄《陳捍禦賊馬奏狀》拜呈張浚。十一月十四日張浚進呈李綱捍禦賊馬三策即李綱所錄副本也。

大約是日，上《賀張樞密啓》。

《宋宰輔編年錄》卷一五載紹興四年三月十五日乙丑，"張浚罷知樞密院事。……浚自建炎三年四月除知樞密院……在樞府凡六年"[5]。又謂紹興四年十一月十四日己未，張浚除知樞密院事。[6]《建炎以來繫年要錄》卷八二亦載紹興四年十一月十四日己未，"資政殿學士、提舉萬壽觀、兼侍讀張浚知樞密院事"[7]。此次張浚除知樞密院事，乃再任舊職，故本集卷一三一《賀張樞密啓》云："伏審光膺帝制，再踐樞庭。"（第1259頁）

有《與張樞密書別幅》，望光輔中興之運。

本集卷一二一《與張樞密書別幅》云："伏審光膺帝制，復冠樞廷。……光

---

[1] 熊克著，顧吉辰、郭群一點校《中興小紀》，第216頁。
[2] 李心傳編撰，胡坤點校《建炎以來繫年要錄》，第4冊第1557頁。
[3] 佚名撰，孔學輯校《皇宋中興兩朝聖政輯校》，第3冊第498頁。
[4] 趙效宣《李綱年譜長編》，第175～176頁。
[5] 徐自明撰，王瑞來校補《宋宰輔編年錄校補》，第993頁。
[6] 徐自明撰，王瑞來校補《宋宰輔編年錄校補》，第1001頁。
[7] 李心傳編撰，胡坤點校《建炎以來繫年要錄》，第4冊第1556頁。

輔中興之運，佇聽告廷之命，以慰具瞻，區區不勝詠頌之至。"（第 1168 頁）
據文意，此文當與《賀張樞密啓》同作於張浚再任知樞密院事之時。趙效宣
《李綱年譜長編》謂此文作於紹興五年（1135）[1]，疑誤。

十八日，得獎諭詔。大約是日，上《謝表》。

李綸《梁溪先生年譜》謂紹興四年"十一月六日得旨，以公所陳皆今
日急務，付三省、密院措置施行。降詔獎諭"[2]。然本集卷七七《獎諭詔書》
云："敕李綱。所奏具已見，陳爲三策，捍禦賊馬，事勢具悉。……心在王
室，而無中外之殊；憂以天下，而以安危自任。忱恂所屬，嘉歎不忘，故
茲獎諭……十八日。"（第 789~790 頁）今從本集。又見《行狀》、本集卷
一二一《與向伯恭龍圖書》《與任世初察院書》《與趙相公書別幅》。本集卷
七七《謝表》云："臣綱言：伏蒙聖恩，以臣具已見，陳爲三策，捍禦賊馬
事，特降詔書獎諭者。"（第 790 頁）案，十一月十八日，高宗降詔獎諭，李
綱謝表大約作於是日。

是月，具《與宰相論捍賊劄子》，條陳宜防備者凡十餘事奏上。

《建炎以來繫年要錄》卷八二載紹興四年十一月十六日辛酉，"上曰：
'綱去國數年，無一字到朝廷。今有此奏，豈非以朕總師，親臨大江，合綱
之意乎？所陳亦今日急務，可降詔獎諭。'既而綱聞上幸平江，又條陳宜防
備者有四：曰生兵，曰海道，曰上流，曰四川。至於保據淮南，調和諸將，
增置禁衛，廣備糧食，措置戰艦水軍及經畫楊么，凡十事，以告輔臣"[3]。本
集卷一〇三《與宰相論捍賊劄子》云："綱於十月二十二日，已曾具奏，以
今日捍禦賊馬事勢，陳獻三策，自福州入急遞投進。今來又睹進奏院報：韓
世忠統全軍，於承楚間迎擊賊兵，連獲勝捷。有旨分遣臺臣，督劉光世、張
俊統兵渡江應援。車駕已起發進臨江上，撫勞諸軍。……綱輒敢竭其愚慮，
陳十事以獻。"（第 982 頁）據知，《與宰相論捍賊劄子》作於李綱聞上幸平
江之後，當作於十一月。案，《建炎以來繫年要錄》卷八一載紹興四年十

---

[1] 趙效宣《李綱年譜長編》，第 185 頁。
[2] 李綸編，彭邦明校點《梁溪先生年譜》，吳洪澤、尹波主編《宋人年譜叢刊》，第 6 冊第 4090 頁。
[3] 李心傳編撰，胡坤點校《建炎以來繫年要錄》，第 4 冊第 1557~1558 頁。

月二十七日壬寅，"御舟次姑蘇館，上乘馬入居平江府行宮"[1]。高宗於十月二十七日幸平江，李綱寓居福州，當於十一月聞此事，劄子當作於是月也。又見《行狀》、李綸《梁溪先生年譜》、本集卷一二一《與趙相公書別幅》《與向伯恭龍圖書》。

有《與趙相公書別幅》《與向伯恭龍圖書》，言捍禦賊馬三策及條陳十事。

本集卷一二一《與趙相公書別幅》云："某初聞降詔，有親總六師，以臨大江之語。當具奏陳三策以獻，乞降付中書，必已塵浼聽覽。今再具劄子條陳十事，並以奏狀副本拜呈，敢望鈞慈特賜詳察，其間有可裨廟算之萬一，幸望採錄施行，不勝幸甚。"（第1167頁）"再具劄子條陳十事"即《與宰相論捍賊劄子》。本集卷一二一《與向伯恭龍圖書》亦云："嘗具三策以獻，誤蒙獎詔。又嘗以十事致當軸者，迂疏之論，亦復何補？"（第1167頁）此二文當與《與宰相論捍賊劄子》同作於十一月。趙相公，趙鼎也。向伯恭，向子諲也。

十一、十二月間，作《宋故龍圖閣直學士許公神道碑》。

本集卷一六六《宋故龍圖閣直學士許公神道碑》：紹興"四年十一月甲子，與淑人合葬。葬之日，久雨爲霽，人以爲積德之報。……紹興初，來寓長樂，遂得與公遊從，陪杖履山林間，從容燕笑，情好甚篤。……諸孤狀公行事，乞交於碑，以告神道，義不得辭"（第1540頁）。據知，此文應作於是年十一、十二月間。甲子，十九日也。許公，許份也。

大約十二月，作《送張柔直赴岳州》詩。

《建炎以來繫年要錄》卷八二載紹興四年十一月二十六日辛未，"左朝奉郎張嵲知岳州"[2]。另，《宋史》卷三七九《張嵲傳》載："嵲後守南劍州，遷福建路轉運判官。"[3]據知，張嵲時在福州任福建路轉運判官，是年十一月二十六日除知岳州，張嵲聞命赴任大約爲是年十二月也，本集卷三一《送張柔直赴岳州》詩當作於是時。

---

[1] 李心傳編撰，胡坤點校《建炎以來繫年要錄》，第4冊第1542頁。
[2] 李心傳編撰，胡坤點校《建炎以來繫年要錄》，第4冊第1562頁。
[3] 脫脫等《宋史》，第33冊第11696頁。

是年撰《故秘書省秘書郎黄公墓誌銘》。

本集卷一六八《故秘書省秘書郎黄公墓誌銘》云："公諱伯思，字長睿，父姓黄氏。其遠祖自光州固始徙居閩中，爲邵武人。……竟不起疾，實政和八年二月二十有六日也。……惟公之殁，葬於鎮江府丹徒縣招隱山之麓，距今蓋十有七年矣。"（第1551~1553頁）距政和八年（1118）十七年，正爲今年。黄伯思（？—1118），字長睿，邵武人。

作《榕木賦》《明堂賀表》《保寧禪師真贊》《王摩詰畫渡水羅漢贊》《題唐朝賢將傳後》《跋顔魯公與柳冕帖》《跋司馬温公趙清獻公帖》《蕭子寬哀辭》。

趙效宣《李綱年譜長編》謂本集卷三《榕木賦》、卷七六《明堂賀表》、卷一四一《保寧禪師真贊》《王摩詰畫渡水羅漢贊》、卷一六三《題唐朝賢將傳後》《跋顔魯公與柳冕帖》《跋司馬温公趙清獻公帖》、卷一六四《蕭子寬哀辭》作於是年[1]，姑從之。蕭恒世，字子寬，延平尤溪（今屬福建）人。[2]

高宗紹興五年乙卯（1135），五十三歲

居福州，除江西安撫大使兼知洪州。有詩二十九首、文四十一篇、詞三首、賦二篇。

寓居福州。正月，具《奉詔條具邊防利害奏狀》，言攻戰、守備、措置、綏懷之策，又條具六事以聞。

《宋史》本傳："紹興……五年，詔問攻戰、守備、措置、綏懷之方，綱奏：願陛下勿以敵退爲可喜，而以仇敵未報爲可憤；勿以東南爲可安，而以中原未復、赤縣神州陷於敵國爲可恥；勿以諸將屢捷爲可賀，而以軍政未修、士氣未振而强敵猶得以潛逃爲可虞。則中興之期，可指日而俟。……謂宜於防守既固、軍政既修之後，即議攻討，乃爲得計。此二者，守備、攻戰之序也。至於守備之宜，則當料理淮南、荆襄，以爲東南屏蔽。……臣昧死

---

[1] 趙效宣《李綱年譜長編》，第177~178頁。
[2] 李綱著，王瑞明點校《李綱全集》卷一六四《蕭子寬哀辭》，第1510頁。

上條六事：一曰信任輔弼；二曰公選人材；三曰變革士風；四曰愛惜日力；五曰務盡人事；六曰寅畏天威。"（第 11262～11267 頁）《續宋中興編年資治通鑑》卷四載紹興五年正月，"上在平江。詔宰執條上攻守策。李綱言：'陛下勿謂賊馬退遁爲可喜，而以僭僞未誅、仇敵未報爲可慮……'"[1] 此即本集卷七八《奉詔條具邊防利害奏狀》。然《建炎以來繫年要錄》卷八七載紹興五年三月三十日癸卯，"觀文殿大學士、提舉臨安府洞霄宮李綱言：'近年所操之說有二：閑暇則以和議爲得計，而治兵爲失策；倉卒則以進禦爲誤國，而退避爲愛君。……又條上六事：一曰信任輔弼。……'"[2]《皇宋中興兩朝聖政》卷一七《高宗皇帝十七》同繫此劄於三月三十日癸卯。[3]《行狀》謂紹興五年春（第 1741 頁），並繫於是年閏二月之前。案，本集卷一二一《與任世初察院書》《與張樞密書別幅》作於是年正月，提及奉詔條具邊防利害事，故從《續宋中興編年資治通鑑》正月之說。

上《謝詢問利害表》。

本集卷七七《謝詢問利害表》云："臣綱言：伏蒙聖恩特降詔書，令臣條具邊防利害來上。臣已遵稟睿訓，具狀奏聞者。"（第 791 頁）據文意，應與《奉詔條具邊防利害奏狀》同時作。

有《與任世初察院書》《與趙相公書別幅》《與張樞密書別幅》，言奉詔修撰時政記，條具邊防利害奏狀諸事。

本集卷一二一《與任世初察院書》云："春寒，不審動靜何似？伏惟履茲新元，尊候多福。……方事之初，嘗具三策以獻，誤蒙獎諭。數日前又承詔旨，令條具攻戰守備、措置綏懷之策來上，已具奏聞。……今録前所上三策，並詔書謝表等致左右，幸一觀也。去秋有旨，令追省建炎初事迹修《時政記》，已奏御矣，今並劄子録同往。"（第 1168 頁）李綱去年秋天修撰《建炎時政記》，十月進呈朝廷，然有司退還不肯收接。從"春寒""履茲新元"推斷，此文當作於今年正月。任世初，任申先也。

本集卷一二一《與趙相公書別幅》："某伏被詔書，令條具邊防利害來

[1] 劉時舉撰，王瑞來點校《續宋中興編年資治通鑑》，第 79 頁。
[2] 李心傳編撰，胡坤點校《建炎以來繫年要錄》，第 4 冊第 1676～1678 頁。
[3] 佚名撰，孔學輯校《皇宋中興兩朝聖政輯校》，第 3 冊第 541～543 頁。

上，已遵稟聖訓，具狀奏聞。……今録副本拜呈。"（第1169頁）《與張樞密書別幅》云："某近被詔旨，令條具攻戰守備、措置綏懷之策來上，已具狀奏聞訖。……今録副本拜呈。"（第1169頁）二書皆提及奉詔條具邊防利害事。案，張浚是年二月任右僕射，李綱有啓賀之，故此二文當與《與任世初察院書》同作於是年正月。趙相公，趙鼎也。張樞密，張浚也。

一、二月間，有《與折仲古承旨書》，勉勵折彦質建中興之功。

本集卷一二一《與折仲古承旨書》云："去冬狂寇侵擾淮甸，聲勢甚大，所幸六飛親臨江上，將士奮勵，虜氣沮索，遂以宵遁。……仲古既在朝廷，又居上幕，願言展盡底蘊，以濟事功，中興之期，不難致矣。"（第1171頁）"狂寇侵擾淮甸"指去年劉豫率北軍南侵事，故此文當作於今年。又，《建炎以來繫年要録》卷八二載紹興四年十一月十八日癸亥，"龍圖閣直學士、新除都督府參謀官折彦質爲樞密都承旨"[1]；卷八六載紹興五年閏二月三日丁未，"龍圖閣直學士、樞密都承旨折彦質試尚書工部侍郎，仍兼都督府參謀軍事"[2]。今年一、二月間，折彦質任樞密都承旨，此文當作於此時。

二月十二日，復觀文殿大學士，再任提舉西京嵩山崇福宮。大約是日，上《謝復觀文殿大學士表》《謝再任宮祠表》《謝宰執復大觀文啓》。

李綱是年復觀文殿大學士時間記載不一：《建炎以來繫年要録》卷八五載紹興五年二月十二日丙戌，"觀文殿學士、提舉臨安府洞霄宮李綱復觀文殿大學士"[3]。《皇宋中興兩朝聖政》卷一七《高宗皇帝十七》所載與之同。《三朝北盟會編》卷一六六《炎興下帙六十六》謂二月十三日。[4]《行狀》謂"閏二月，復觀文殿大學士，再任提舉西京嵩山崇福宮"（第1743頁）。李綸《梁溪先生年譜》謂"二月，復觀文殿大學士"[5]。今姑從《建炎以來繫年要録》等書所載。本集卷七九《謝復觀文殿大學士表》云："臣綱言：伏奉告命，復臣觀文殿大學士，依前左銀青光禄大夫，提舉西京嵩山崇福宮。"（第806頁）李綱二月十二日復觀文殿大學士，再任提舉西京嵩山崇福宮，此文

[1] 李心傳編撰，胡坤點校《建炎以來繫年要録》，第4冊第1558頁。
[2] 李心傳編撰，胡坤點校《建炎以來繫年要録》，第4冊第1634頁。
[3] 李心傳編撰，胡坤點校《建炎以來繫年要録》，第4冊第1614頁。
[4] 徐夢莘《三朝北盟會編》，第1203頁。
[5] 李綸編，彭邦明校點《梁溪先生年譜》，吳洪澤、尹波主編《宋人年譜叢刊》，第6冊第4090頁。

與本集卷七九《謝再任宮祠表》、卷一三一《謝宰執復大觀文啓》大約作於是日。

是月，有《賀趙相公啓》。

本集卷一三一《賀趙相公啓》云："恭惟平章都督僕射相公，道與全材，天降大任。"（第 1260 頁）據《宋宰輔編年録》卷一五載，紹興五年二月十二日丙戌，趙鼎自右僕射授左宣奉大夫、守左僕射、同平章事兼知樞密院、都督諸路軍馬。[1] 賀啓當上於是月。

有《賀張相公啓》。

本集卷一三一《賀張相公啓》云："恭惟平章都督僕射相公，德粹圭璋，忠貫金石。"（第 1260 頁）據《宋宰輔編年録》卷一五載，紹興五年二月十二日丙戌，張浚自知樞密院事授左宣奉大夫、守右僕射、同平章事兼知樞密院、都督諸路軍馬。[2] 賀啓當上於是月。

閏二月一日，作《古靈陳述古文集序》。

本集卷一三八《古靈陳述古文集序》文末署"紹興五年閏月朔謹序"（第 1325 頁）。是年閏二月，"閏月朔"即閏二月一日。陳襄，字述古，福州侯官人。[3]《宋史》卷三二一有傳。

十六日，應常州監税張牧之請，作《毗陵張氏重修養素亭記》。

本集卷一三三《毗陵張氏重修養素亭記》云："故天章閣待制張公以文學取科名，以才力精吏事。……一旦引年謝事，而歸故鄉。……公即所居之西偏，建亭榜之曰'養素'……迨今六十餘年，經兵火亂離之後，亭宇頽弊，殆將弗知。其孫牧之懼先德之或墜……葺理培植，焕然一新。既落成矣，以書抵長樂，求余文記其事。……待制公諱顯之，其先自江南歸本朝，家於毗陵。牧之名牧，靖康中朝廷特命以官，今爲右迪功郎，監常州税云。紹興五年閏月既望，具位李某記。"（第 1286～1287 頁）是年閏二月，故此文作於閏二月十六日也。張牧，字牧之，毗陵（今江蘇武進）人。[4]

---

［1］徐自明撰，王瑞來校補《宋宰輔編年録校補》，第 1002 頁。
［2］徐自明撰，王瑞來校補《宋宰輔編年録校補》，第 1002 頁。
［3］脱脱等《宋史》卷三二一《陳襄傳》，第 30 册第 10419 頁。
［4］李綱著，王瑞明點校《李綱全集》卷一三三《毗陵張氏重修養素亭記》，第 1287 頁。

二、三月間，有《與呂安老檢正書》，望呂祉屯重兵於淮南。

本集卷一二一《與呂安老檢正書》云："正月間人還，上狀計已塵
浼。……春氣清和，比來爲況何如？……寇退之後，殊未聞料理淮南……
若欲爲善後之策，恐非屯重兵於淮南以爲藩籬，未見其可。"（第1171頁）
提及去年冬天僞齊南侵敗退之事。案，《建炎以來繫年要錄》卷八五載紹興
五年二月二日丙子，"直龍圖閣知建康府呂祉爲中書、門下省檢正諸房公
事"[1]；卷九二載紹興五年八月十二日癸丑，"中書、門下省檢正諸房公事呂
祉權兵部侍郎"[2]。據知，是年二月二日至八月十二日期間，呂祉任中書、門
下省檢正諸房公事，從"春氣清和"推斷，此文應作於是年二、三月間。

三月三日，出郊，作《水龍吟》（際天雲海無涯）、《水龍吟》（莫春清淑之初）、《水調歌頭》（花徑不曾掃），李彌遜或和之。

趙效宣《李綱年譜長編》謂是年詞有"《水龍吟》［次韻任世初送林商叟
海道還閩中］一首，《水龍吟》［上巳日出郊呈知宗安撫張參觀文汪相］一
首，《水調歌頭》［前題］一首"[3]，姑從之，此處括引首句。《全宋詞》收錄
此三詞[4]，當爲同時作，上巳日乃三月三日也。李綱《水調歌頭》（花徑不曾
掃）云："花徑不曾掃，蓬户爲君開。元戎小隊，清曉佳客與同來。我爲衰
遲多病，且恁澆花藝藥，隨分葺池臺。多謝故人意，迂訪白雲隈。　暮春
月，修禊事，會蘭齋。一觴一詠，何愧當日暢幽懷。況是茂林修竹，映帶清
流湍激，山色碧崔嵬。勿復歎陳迹，且爲醉金杯。"[5]"前題"應同指"上巳
日出郊，呈知宗安撫、張參、觀文汪相"[6]。李彌遜《水調歌頭》（松柏漸成
趣）云："松柏漸成趣，紅紫勿齊開。花神靳惜，芳事日日待公來。遥想金
葵側處，素月華燈相照，妝影滿歌臺。餘韻寫宫羽，飛落遠山隈。　逃禪客，
尊中盡，厭長齋。且愁風絮，斷送春色攬離懷。命駕何妨千里，祇恐行雲礙

---

[1] 李心傳編撰，胡坤點校《建炎以來繫年要錄》，第4冊第1609頁。
[2] 李心傳編撰，胡坤點校《建炎以來繫年要錄》，第4冊第1770頁。
[3] 趙效宣《李綱年譜長編》，第184頁。
[4] 唐圭璋編纂，王仲聞參訂，孔凡禮補輯《全宋詞》，第1174~1175頁。
[5] 唐圭璋編纂，王仲聞參訂，孔凡禮補輯《全宋詞》，第1174頁。
[6] 唐圭璋編纂，王仲聞參訂，孔凡禮補輯《全宋詞》，第1175頁。

轍，直礆插崔嵬。手拍陽春唱，隔岸借殘杯。"[1] 詞序謂"次李伯紀春日韻"，或和李綱《水調歌頭》（花徑不曾掃）也。

十二日，再次進呈《建炎時政記》。

李綱進呈《建炎時政記》時間史載不一：《建炎以來繫年要錄》卷八七載紹興五年三月十二日乙酉，"觀文殿大學士李綱進省記到《建炎時政記》二冊"[2]。《中興小紀》卷一八、《宋會要輯稿·職官六》所載與之同。《皇宋中興兩朝聖政》卷一七《高宗皇帝十七》謂三月十一日甲申。[3]《續宋中興編年資治通鑑》卷四《宋高宗四》繫於閏二月。[4] 今從《建炎以來繫年要錄》諸書所載。此乃李綱再次進呈《建炎時政記》也。案，本集卷一二一《與趙相公書別幅》云："去秋被旨，追省建炎初時政，已修纂成上下兩卷，初冬遣人齎詣行在，適有指揮罷常程，有司退還不肯收接。今再遣人投進，輒以副本二冊，並當時建明、乞罷剳子二十餘首錄成一冊，仰塵鈞聽，伏望機政之暇，特賜觀覽，亦可以見備員措置之梗概也。"（第 1170 頁）

二十一日，撰《道鄉鄒公文集序》。

本集卷一三八《道鄉鄒公文集序》文末署"紹興五年歲次己卯三月二十一日序"（第 1322 頁）。案，"己卯"應爲"乙卯"之誤。道鄉鄒公，鄒浩也。

是月，有《與趙相公書別幅》，言再投《建炎時政記》事。

本集卷一二一《與趙相公書別幅》云："去秋被旨，追省建炎初時政，已修纂成上下兩卷，初冬遣人齎詣行在……今再譴人投進。"（第 1170 頁）而李綱三月十二日再次進呈《建炎時政記》，故此文當作於是年三月。

春，作《和二甥詩》《張甥賦碧桃次其韻》詩。

本集卷三一《和二甥詩》序曰："庭中酴醾盛開，二甥以詩來，戲和其韻。"（第 413 頁）詩云："栽培初不棄葑菲，桃李無言下自蹊。"（第 413 頁）《張甥賦碧桃次其韻》詩云："未許濃華獨占春，故將淺碧鬥清新。"（第 414

---

[1] 李彌遜《筠溪集》，景印文淵閣《四庫全書》，第 1130 冊第 831 頁。
[2] 李心傳編撰，胡坤點校《建炎以來繫年要錄》，第 4 冊第 1665 頁。
[3] 佚名撰，孔學輯校《皇宋中興兩朝聖政輯校》，第 3 冊第 536 頁。
[4] 劉時舉撰，王瑞來點校《續宋中興編年資治通鑑》，第 82 頁。

頁）據知，此二詩作於春天。又，本集卷三一序謂"甲寅秋至乙卯以後作
四十六首"（第408頁）。二詩原列本集卷三一《送張柔直赴岳州》之後，而
《送張柔直赴岳州》大約作於去年十二月，故二詩應作於是年春天。

大約三、四月間，作《送錢申伯如邵武》詩。

本集卷三一《送錢申伯如邵武》詩云："錢郎與世苦不諧，胸次徒抱經
綸才。行年五十猶未試，蟠蟄雖久愆風雷。掃除習氣趣空寂，華藏重重恣
遊歷。世間幻妄此道真，未必亨通勝窮厄。我方臥病南海濱，喜君襟抱時相
親。胡爲乘興有所適，使我悵望歸飛雲。……閩山六月丹荔枝，火齊堆盤侑
一厄。願言及此復過我，歲晚勿負滄洲期。"（第414頁）據知，是年錢申伯
至邵武遊歷，李綱作詩送之，並以六月爲期，望申伯返回福州再聚。詩原列
本集卷三一《張甥賦碧桃次其韻》之後，大約作於是年三、四月間。趙效宣
《李綱年譜長編》謂此詩作於是年六月[1]，誤也。

四月上旬，書舊作遺珪禪師以刻之，作《遊青原山詩跋》。

《全宋詩》卷一五七一引《中國歷代石刻拓本彙編》之《遊青原山》
詩，詩後附有刻文："壬子之夏，被命宣撫荊廣，秋八月，道廬陵，飯僧青
原，邀向伯恭、朱子發、張恭甫偕行，瞻禮七祖真像，愛其山水深秀，爲賦
此詩，今三年矣。住山珪禪師屢遣化來索爲山中故事，因書以遺之。繼顏黃
之後，深有愧云。紹興乙卯初夏上澣，武陽李綱。"[2]《遊青原山》詩刻在江
西吉安，《中國歷代石刻拓本彙編》存有完整拓本。[3]

大約四月，進《中興至言》十篇，作《中興至言序》。

本集卷一三九《中興至言序》云："昨者被奉詔旨，條具邊防利害，雖
竭愚慮，以塞清問，猶未能盡其區區所欲言者。夙夜精思，至忘寢食，謹
以己見，撰成《中興至言》十篇，輒敢繕寫投進，以塵乙夜之覽。……故以
《明本要篇》第一……《修政事篇》第二……《治軍旅篇》第三……《理財
賦篇》第四……《審形勢篇》第五……《備器用篇》第六……《察機權篇》

[1] 趙效宣《李綱年譜長編》，第181頁。
[2] 北京大學古文獻研究所編《全宋詩》，第27冊第17833頁。
[3] 北京圖書館金石組編《中國歷代石刻拓本彙編》，中州古籍出版社1989年版，第43冊第21～
    25頁。

第七……《尚謀策篇》第八……《議恢復篇》第九……《議奉迎篇》第十。……
紹興五年　月　日臣某頓首謹序。”（第1330~1331頁）序未注明月日，但
據“昨者被奉詔旨，條具邊防利害”推斷，應與三月三十日條具邊防利害較
爲接近，大約作於是年四月。序中所言《中興至言》十篇，已佚。

有《復郭少傅啓》。

本集卷一三一《復郭少傅啓》云：“恭惟歡慶，伏以知府制置少傅太尉，
材氣無雙，如漢飛將；姓名出衆，過唐花卿。”（第1262頁）案，《建炎以來
繫年要錄》卷八八載紹興五年四月二十五日戊辰，“檢校少保、武泰軍節度
使、知明州、兼沿海制置使郭仲荀爲檢校少傅、慶遠軍節度使，録控守海道
之勞也”[1]。李綱此文大約作於四月也。

五月，有《賀孟樞密啓》。

《建炎以來繫年要錄》卷八九載紹興五年五月十六日己丑，“參知政事、
兼權樞密院事、提領措置財用孟庾進知樞密院事”[2]。又見《宋史》卷二八
《高宗本紀》、《皇宋中興兩朝聖政》卷一八《高宗皇帝十八》。《宋宰輔編年
錄》卷一五謂孟庾任知樞密院事在是年四月己丑。[3]然是年四月甲辰朔，無
己丑，故從《建炎以來繫年要錄》諸書所載。本集卷一三一《賀孟樞密啓》
當作於是月。

夏，小圖初成，作《次韻李似宗見示小圖之作二首》詩。

本集卷三一《次韻李似宗見示小圖之作二首》其二云：“竹影桐陰夏日
長，水花晚色浄林塘。”（第415頁）據知，此二詩作於是年夏。李似宗，名
里不詳。

作《秦楚材有詩次其韻》詩二首，張守、吕本中、李彌遜和之。

本集卷三一《秦楚材有詩次其韻》詩序云：“小圖初成，秦楚材直閣有
詩，因次其韻二首。”（第414頁）此二詩當與《次韻李似宗見示小圖之作二
首》同作於是年夏。

張守、吕本中、李彌遜嘗次韻此二詩。案，本集卷三一《秦楚材有詩次

---

[1] 李心傳編撰，胡坤點校《建炎以來繫年要錄》，第4冊第1705~1706頁。
[2] 李心傳編撰，胡坤點校《建炎以來繫年要錄》，第4冊1723頁。
[3] 徐自明撰，王瑞來校補《宋宰輔編年錄校補》，第1009頁。

其韻》其一云："僧坊暫寓白雲邊，古木荒畦濕暝煙。試葺池臺學愚谷，不妨風物似斜川。邀賓深愧裴公野，瀹茗空懷陸子泉。塵世悠悠盡虛幻，且將身健鬭尊前。"其二云："屏迹山林得放懷，檻花欄藥手親栽。會心魚鳥自相近，乘興朋遊時自來。半世乾忙嗟鬢白，四方多難使心哀。巖隈水曲翛然處，老木輪囷愧不才。"（第414~415頁）張守《毗陵集》卷一五《次韻李丞相園亭二首》其一云："閑築池亭古刹邊，厭將勳業寫凌煙。柳湖寄傲王摩詰，丹鼎怡神葛稚川。樂聖一尊濃琥珀，平戎三尺舊龍泉。一丘勿作淹留計，袞繡歸時席夜前。"其二云："疏泉斸石寄高懷，仙藥名花取意栽。履道醉吟齊步武，平泉景物付雲來。菰蒲雨洗雙池净，松竹風傳萬壑哀。怪底茅齋頻下榻，故時賓客滿翹材。"[1]呂本中《東萊詩集》卷一四《次韻李伯紀園亭》其一云："昔日翱翔雨露邊，已將勳業畫凌煙。便尋松菊同元亮，不訪丹砂學稚川。可但海山勝綠野，頗知風物似平泉。小園祇在虛窗外，佳處常當几杖前。"其二云："本無俗事可裝懷，藥圃花欄應手栽。乘興聊陪野僧坐，賞心時許故人來。頓令此地成三絶，不爲它鄉賦七哀。鐘鼎山林兩無礙，豫章須是棟梁材。"[2]李彌遜《筠溪集》卷一五《和李相園亭二首》其一云："軒户新成紫翠邊，花光竹色借廚煙。詩人莫浪誇盤谷，畫手無工貌輞川。何必吾廬在丘壑，要令是處有林泉。此心正恐無人會，把酒南山一笛前。"其二云："肯將戲事擾虛懷，草木知名一樣栽。不放寸陰隨手過，自開十畝待春來。花邊未許楚狂醉，江上應憐野老哀。贏欲著鞭陪勝賞，扶顛正急萬牛材。"[3]張守、呂本中、李彌遜和詩韻腳與李綱《秦楚材有詩次其韻》同，李綱此二詩當爲三人所謂"園亭"詩。

張守，紹興二年七月九日丁卯，知福州[4]；紹興五年七月十七日戊子，提舉萬壽觀兼侍讀[5]；紹興五年九月十四日甲申，自福州入見。[6]其間居福

[1]張守《毗陵集》，景印文淵閣《四庫全書》，第1127冊第842~843頁。

[2]呂本中《東萊詩集》，景印文淵閣《四庫全書》，第1136冊第781頁。

[3]李彌遜《筠溪集》，景印文淵閣《四庫全書》，第1130冊第740頁。

[4]李心傳編撰，胡坤點校《建炎以來繫年要錄》卷五六，第3冊1139頁。

[5]李心傳編撰，胡坤點校《建炎以來繫年要錄》卷九一，第4冊第1759頁。

[6]李心傳編撰，胡坤點校《建炎以來繫年要錄》卷九三，第4冊第1759頁。

州。秦梓，字楚材，江寧人，秦檜兄。[1]紹興四年二月二十二日壬寅，秦梓以直秘閣提點福州刑獄公事[2]，故在福州與李綱等人唱和。呂本中與李綱是舊識，至福州後二人多有交遊。呂本中《東萊詩集》卷一五《夏日深居》其二云：“故人多住城東寺，還許相過結凈緣。海寇求降荔子熟，是中風月可忘年。”[3]是時李綱居福州城東報國寺，“故人”即指李綱。時李彌遜在福州奉祠閑居，故在福州一起唱和“園亭”詩。

時桂齋成，得僧士珪遺以拂塵，作《二絕句報珪老》。

本集卷三一《二絕句報珪老》詩序云：“茅齋成，乾元珪老以拄杖犛牛拂見遺，成二絕句以報之。”（第415頁）詩當同作於是年夏小圃初成之時。“茅齋”當指桂齋。案，大約紹興三年（1133）四月，李綱寓居福州天寧寺，後遷居城東報國寺，而“‘桂齋’故址位於福州城東報國寺內”[4]。又，今年七月，李綱作《桂齋上梁文》，故“茅齋”當指桂齋。乾元，指乾元寺。《淳熙三山志》卷三三：“懷安乾元寺，州北無諸舊城處也。晉太康三年既築新城，遂以爲紹因寺。唐乾元三年，防禦使董玠奏賜今名。”[5]然《古尊宿語錄》卷三四《宋故和州褒山佛眼禪師塔銘》謂“福州鼓山白雲峰湧泉禪院住持嗣法士珪重勘”[6]。卷三七《書鼓山國師玄要廣集後》謂“紹興戊午三月晦日住鼓山老禪士珪書”[7]。據知，士珪爲鼓山湧泉禪院住持僧。或士珪先住乾元寺，後住湧泉禪院也。

夏，作《荔枝後賦》。

本集卷三《荔枝後賦》序曰：“宣和己亥歲，余謫官沙陽，次年夏，始食荔枝，嘗爲之賦。後十二年，歲在辛亥，寓居長樂，於今又四夏矣。”（第18頁）據此推斷，此賦作於今年夏。李綸《梁溪先生年譜》謂此賦作於紹

[1] 張鉉《至正金陵新志》卷一三《人物志》，《宋元方志叢刊》，中華書局1990年版，第6冊第5859頁。

[2] 李心傳編撰，胡坤點校《建炎以來繫年要錄》卷七三，第3冊第1403頁。

[3] 呂本中《東萊詩集》，景印文淵閣《四庫全書》，第1136冊第786頁。

[4] 鄭淑榕《福州西湖李綱祠修建始末及桂齋舊址考證》，《嘉應學院學報》2012年第6期。

[5] 梁克家《淳熙三山志》，《宋元方志叢刊》，第8冊第8147頁。

[6] 賾藏主編集，蕭萐父等點校《古尊宿語錄》，中華書局1994年版，第652頁。

[7] 賾藏主編集，蕭萐父等點校《古尊宿語錄》，第704頁。

興四年（1134）^[1]，誤。趙效宣《李綱年譜長編》謂此賦作於紹興四年，又謂作於紹興五年五月^[2]，係重複收錄。

七月十一日，得高宗親筆獎諭詔。

《宋史》本傳："疏奏，上爲賜詔褒諭。"（第 11269 頁）《建炎以來繫年要錄》卷九一載紹興五年七月十一日壬午，"賜觀文殿大學士李綱親筆詔書獎諭。綱應詔陳三策，又上六條，故有是賜"^[3]。沈與求《龜溪集》卷四《賜李綱詔》即高宗親筆詔書，詔書云："卿首陳三策，適投卻敵之機。繼上六條，大闡興邦之略。意拳拳而曲折，言凜凜而高明……故茲親筆以示至懷。"^[4]又見《皇宋中興兩朝聖政》卷一八《高宗皇帝十八》、李綸《梁溪先生年譜》。沈與求，字必先，湖州德清（今屬浙江）人。著有《龜溪集》。^[5]《宋史》卷三七二有傳。

十七日，得高宗親筆獎諭詔書，上《謝親筆表》《謝親筆劄子》。

《行狀》："七月十七日，蒙降親筆手詔，以公條具賊退事宜已施行外，特賜褒諭。"（第 1743 頁）本集卷七九《謝親筆表》《謝親筆劄子》二文亦謂"今月十七日，承御前金字牌降到親筆詔書一道"（第 807、808 頁）。蓋七月十一日下詔，十七日降達福州，謝表及劄子當上於是日。

是月，作《桂齋上梁文》。

本集卷一五六《桂齋上梁文》："螺江入海，引朝夕之靈潮；雞岫連雲，萃川原之爽氣。茲爲福地，爰卜寓居。植雙桂於僧園，結數椽之茅宇。雖慚肥遁，實獲素心，同樂天爐峰之草堂，繼惠遠虎溪之蓮社。迨其吉日，舉此修梁。突兀東山，挹靈源之勝概；苕嶢西嶺，藉高木之清陰。翦剔荊榛，既開三徑；疏治潢潦，爰鑿兩池。松筠儼以成行，荷芰紛而擢秀；滋蘭菊以共畹，藝芝术而接畦。嘉橘芬芳，綠苞露重；荔枝璀璨，丹實星垂。……兒郎偉，拋梁下，秋色初來正瀟灑。已慚謝傅臥東山，更愧裴公開綠野。"（第

───────────

[1] 李綸編，彭邦明校點《梁溪先生年譜》，吳洪澤、尹波主編《宋人年譜叢刊》，第 6 冊第 4090 頁。

[2] 趙效宣《李綱年譜長編》，第 177、181 頁。

[3] 李心傳編撰，胡坤點校《建炎以來繫年要錄》，第 4 冊第 1755 頁。

[4] 沈與求《龜溪集》，景印文淵閣《四庫全書》，臺灣商務印書館 1986 年版，第 1133 冊第 163~164 頁。

[5] 脫脫等《宋史》卷三七二《沈與求傳》，第 33 冊第 11541 頁。

1454~1455 頁）從文中描述景象及 "秋色初來" 推斷，此文當作於初秋七月。又，是秋所作《近被詔書帖》謂近作《上梁文》及《十二詠》，則《桂齋上梁文》當作於是年七月也。此文李綸《梁溪先生年譜》謂作於紹興四年（1134）[1]，趙效宣《李綱年譜長編》謂作於宣和二年（1120）[2]，皆誤。

八月五日，爲徽宗、欽宗、高宗皇帝御書跋尾，有《道君太上皇帝御書跋尾》《淵聖皇帝御書跋尾》《皇帝御書跋尾》。

本集卷一六一《道君太上皇帝御書跋尾》《淵聖皇帝御書跋尾》《皇帝御書跋尾》文末皆署 "紹興五年八月五日，具位臣李某謹跋"（第 1482~1483 頁）。

是日，爲建州大中寺長老慶餘再開堂疏跋尾，有《慶餘長老開堂疏跋尾》。

本集卷一六三《慶餘長老開堂疏跋尾》文末署 "紹興五年八月五日，具位男某謹書"（第 1504 頁）。

十八日，作《唐子方林夫送行詩章表跋尾》。

本集卷一六三《唐子方林夫送行詩章表跋尾》文末署 "紹興五年歲次乙卯八月十八日，武陽李綱伯紀書"（第 1504 頁）。

是日，撰《祭黃子鳳通直文》。

本集卷一六五《祭黃子鳳通直文》："維紹興五年，歲次乙卯，八月壬寅朔十八日己未，具位李綱。……至祭於表姪故知縣通直黃君之靈。"（第 1526 頁）趙效宣《李綱年譜長編》謂此文作於紹興三年（1133）[3]，誤也。黃子鳳，李綱表姪，名里不詳。

九月二十五日，爲高宗皇帝御筆詔書作記，有《皇帝御筆詔書記》。

本集卷一六一《皇帝御筆詔書記》文末署 "紹興五年歲次乙卯九月二十五日，具位臣李某謹記並書"（第 1484 頁）。

是月，作《送張子固大資政赴召命二首》詩。

案，紹興二年七月九日丁卯，張守知福州，紹興五年九月十四日甲申，自福州入見，其間居在福州。本集卷三一《送張子固大資政赴召命二首》詩

---

[1] 李綸編，彭邦明校點《梁溪先生年譜》，吳洪澤、尹波主編《宋人年譜叢刊》，第 6 冊第 4090 頁。
[2] 趙效宣《李綱年譜長編》，第 38 頁。
[3] 趙效宣《李綱年譜長編》，第 172 頁。

當作於九月。

大約是年秋，作《十二詠》吟詠小圃。

本集卷三一《十二詠》即《雙蓮閣》《夢室》《藥圃》《橘亭》《竹亭》《荔枝亭》《桂齋》《蘭室》《花塢》《圭沼》《磐塘》《菖蒲澗》十二詩，《橘亭》詩云："雪避繁華葉勝雲，野亭秋後露苞新。橘中不減商山樂，留與昂藏四老人。"（第416頁）據知，以上諸詩大約作於是年秋也。

賦《呂元直退老堂兩章》詩贈呂頤浩，另附近作《十二詠》，呂頤浩和之。

本集卷三一《呂元直退老堂兩章》詩序："呂元直得書，天台郭外治園林作退老堂求詩，爲賦兩章。"（第417頁）又，呂頤浩《忠穆集》卷六《與李伯紀書》："某閑居無所營爲，昨於丹丘東郊創園築室，求詩爲貺，乃蒙不鄙愚陋，寵惠兩篇。調高陽春，詞掩騷雅……《十二詠》尤見製作之工，依韻和呈，資千里一笑。"[1]案，呂頤浩去年"食洞霄宮祿，寓居台州。旋營小（圖）[圃]於東郊，起居數椽，榜曰退老堂，自號退老居士"，今年"除鎮南軍節度使……依前提（學）[舉]臨安府洞霄宮，任便居住"[2]。據知，呂頤浩時居台州天台（今屬浙江），作退老堂，李綱贈詩二首，並附《十二詠》，呂頤浩和之。

作行書《近被詔書帖》。

張丑《清河書畫舫》卷五下《補遺·顏真卿》附《五公手劄·李忠定公真迹》云："綱再拜。近被親筆詔書，以向條具邊防利害，特加褒諭。上恩隆厚，何以克當。孤危之迹，去國十年。間關險阻，無所不至。拳拳孤忠，今乃見察，第深感泣。今錄詔書並謝表、劄子去，恐欲知也。綱衰病日加，不復堪爲世用。然使靜而謀之，則有暇矣。近於所寓僧舍之側，葺小圃蒔花種藥，爲經行遊息之地。戲作《上梁文》及《圃中十二詠》，輒以拜呈。如得妙句爲林下之光。幸甚幸甚，綱再拜。"[3]後附李東陽跋文，云："右宋李忠定公書一，張忠獻公書二，趙忠簡公劄子一、外小帖一，呂太保安老、李

---

[1] 呂頤浩《忠穆集》，景印文淵閣《四庫全書》，臺灣商務印書館1986年版，第1131冊第310~311頁。

[2] 佚名編，刁忠民校點《呂忠穆公年譜》，吳洪澤、尹波主編《宋人年譜叢刊》，第6冊第3578頁。

[3] 張丑《清河書畫舫》，景印文淵閣《四庫全書》，臺灣商務印書館1986年版，第817冊第195~196頁。

參政泰發書各一，姑蘇沈啓南氏所藏也。吳太史原博攜至京師，余得而觀之。嗚呼！天下未有不用君子而治，不用小人而亂者。宋之衰，非無君子，而患於不能用。"[1]五公者，李綱、張浚、呂頤浩、趙鼎、李光也，"書法並有奇氣"[2]。李綱"工書法，《鳳墅續法帖》刻其書"[3]。又，陳頎跋文云："此卷第一劄，忠定在湖廣時，詔問攻戰守備之方，公疏數千言奏之，上賜手詔褒美，公述表稱謝。故移書以告諸同志者，實紹興之五年也。"[4]據近"戲作《上梁文》及《圃中十二詠》"推斷，大約與《十二詠》同作於是年秋天。此帖又見卞永譽《式古堂書畫彙考》卷一三《李伯紀近被詔書帖》、倪濤《六藝之一錄》卷三九五《李伯紀近被詔書帖》，今藏臺北故宮博物院。然本集未收此帖。據臺北故宮博物院藏本，文中"親筆詔書"應爲"御筆詔書"，"特加褒諭"應爲"特加見諭"，"恐欲知也"應爲"恐不知也"，"然使靜而謀之"衍一"使"字（見書前彩插一）。

十月十日，撰《祭楊侍郎文》。

本集卷一六五《祭楊侍郎文》云："維紹興五年，歲次乙卯，十月庚子朔越十日己酉，具位李綱。謹以清酌庶羞之奠，致祭於致政龍圖侍郎楊公之靈。嗚呼，天未喪道，斯文獲傳，必有先進老成，足以師表於一世。……雖年逾八十，不爲不壽……我之與公，久茲周旋。公相知心，忘德與年。"（第1526~1527頁）楊侍郎，楊時也。案，《建炎以來繫年要錄》卷一一載建炎元年十二月二十五日庚辰，"徽猷閣待制、提舉西京嵩山崇福宮楊時試尚書工部侍郎，時年七十五矣"[5]。卷一五載建炎二年夏四月十五日戊辰，"尚書工部侍郎、兼侍講楊時以老疾求去，章四上，既而除龍圖閣直學士、提舉杭州洞霄宮"[6]。楊時還南劍州將樂，紹興五年（1135）四月二十四日卒，享年

[1]張丑《清河書畫舫》，景印文淵閣《四庫全書》，第817冊第196~197頁。

[2]張丑《清河書畫舫》卷五上《顏書坐位帖在項氏筆氣肥濁似非真迹》，景印文淵閣《四庫全書》，第817冊第176頁。

[3]張丑《清河書畫舫》卷五下《補遺·顏真卿》附《五公手劄·李忠定公真迹》，景印文淵閣《四庫全書》，第817冊第200頁。

[4]張丑《清河書畫舫》卷五下《補遺·顏真卿》附《五公手劄·李忠定公真迹》，景印文淵閣《四庫全書》，第817冊第199頁。

[5]李心傳編撰，胡坤點校《建炎以來繫年要錄》，第1冊第295頁。

[6]李心傳編撰，胡坤點校《建炎以來繫年要錄》，第1冊第363頁。

八十三。[1] 祭文中“龍圖侍郎”“年逾八十”與楊時相符。又，楊時與李綱父夔相友善。案，《閩中理學淵源考》卷七《忠定李先生伯紀綱》：“父夔，與楊龜山先生同爲諸生，肄業上庠，相友善。”[2] 故祭文云“我之與公，久茲周旋。公相知心，忘德與年”。趙效宣《李綱年譜長編》謂此文作於紹興三年[3]，誤也。

十六日，除江南西路安撫制置大使兼知洪州。

《宋史》本傳：“除江西安撫制置大使兼知洪州。”（第11269頁）《建炎以來繫年要錄》卷九四載紹興五年十月十六日乙卯，“觀文殿大學士、提舉西京嵩山崇福宮李綱爲江南西路安撫制置大使、兼知洪州。初，張浚之謫福州也，綱亦寓居於福，二人相見，除前隙，更相厚善。至是數於上前言其忠，趙鼎嘗爲綱辟客，亦爲上言綱才器過人，故有是命”[4]。又見《三朝北盟會編》卷一六八《炎興下帙六十八》、《皇宋中興兩朝聖政》卷一八《高宗皇帝十八》、《續宋中興編年資治通鑑》卷四《宋高宗四》、《行狀》、胡寅《斐然集》卷一二《李綱江西安撫制置大使》[5]、本集卷一二二《與趙相公第一書》。惟李綸《梁溪先生年譜》載：“十月六日，除江南西路安撫制置大使兼知洪州。”[6]“十月六日”恐爲十月十六日之誤。胡寅，字明仲，建州崇安人。[7]

二十六日，除命至福州，具《辭免江西安撫制置大使兼知洪州奏狀》。

本集卷七九《辭免江西安撫制置大使兼知洪州奏狀》云：“右臣今月二十六日，准御前金字牌降到尚書省劄子，十月十六日三省同奉聖旨，除臣江南西路安撫制置大使兼知洪州，不許辭免，不候受告，限三日前去之任。”（第809頁）“今月”當指十月也。

大約是日，作《賀江西趙都運啓》。

《建炎以來繫年要錄》卷九四載紹興五年十月十六日乙卯，“徽猷閣直

[1] 黃去疾編，刁忠民校點《龜山先生文靖楊公年譜》，吳洪澤、尹波主編《宋人年譜叢刊》，第5冊第3409～3410頁。
[2] 李清馥撰，徐公喜等點校《閩中理學淵源考》，第116頁。
[3] 趙效宣《李綱年譜長編》，第172頁。
[4] 李心傳編撰，胡坤點校《建炎以來繫年要錄》，第4冊第1801頁。
[5] 胡寅《斐然集》，景印文淵閣《四庫全書》，臺灣商務印書館1986年版，第1137冊第425頁。
[6] 李綸編，彭邦明校點《梁溪先生年譜》，吳洪澤、尹波主編《宋人年譜叢刊》，第6冊第4090頁。
[7] 脫脫等《宋史》卷四三五《胡安國傳》附《胡寅傳》，第37冊第12908～12916頁。

學士、新知西外宗正事趙子淔爲江南西路都轉運使"[1]。同日,李綱除江南西路安撫制置大使兼知洪州。然李綱十月二十六日始知除命,當同時得知趙子淔爲江南西路都轉運使事,本集卷一三一《賀江西趙都運啓》大約作於是日。趙子淔,字正之,宋宗室燕王五世孫。官至京畿都轉運使。[2]《宋史》卷二四七有傳。李綱次年赴任後與趙子淔多有交遊唱和,江西趙都運當指趙子淔。趙效宣《李綱年譜長編》謂此文作於次年[3],疑誤。

十一月十日,奉旨疾速前去赴任。

本集卷七九《辭免第二奏狀》云:"十一月十日,三省同奉聖旨不允,令學士院降詔,不得再有陳請,疾速前去赴任。"(第 809 頁)

十九日,不允辭免詔降達福州,再具劄子辭免,上《辭免第二奏狀》。

《行狀》:"十月十六日,除江南西路安撫制置大使,兼知洪州。公兩具辭免。"(第 1743 頁)本集卷七九《辭免第二奏狀》云:"右臣今月十九日,准御前金字牌降到尚書省劄子,以臣具奏辭免江南西路安撫制置大使兼知洪州恩命。"(第 809 頁)《辭免第二奏狀》當上於是日。

十二月十五日,被高宗賜予敦諭勉行親筆詔。

《建炎以來繫年要録》卷九四載紹興五年十月十六日乙卯,"觀文殿大學士、提舉西京嵩山崇福宮李綱爲江南西路安撫制置大使、兼知洪州。……上賜綱親筆在十二月癸丑"[4]。是年十二月己亥朔,癸丑即十五日也。又見《行狀》。高宗親筆即沈與求《龜溪集》卷五《賜李綱詔》,詔云:"朕以大江之西……卿宜以安社稷爲己任,勿間中外,勉爲朕行,不必數有請也。故茲親筆詔諭,卿其悉之。"[5]

二十二日,得高宗親筆詔諭,具《辭免第三奏狀》《辭免劄子》《謝親筆詔諭表》。

本集卷八〇《辭免第三奏狀》云:"右臣近准尚書省劄子,備奉聖旨,以臣辭免新除江南西路安撫制置大使兼知洪州,不允所乞。臣已再具奏辭

[1] 李心傳編撰,胡坤點校《建炎以來繫年要録》,第 4 冊第 1802 頁。
[2] 脱脱等《宋史》卷二四七《趙子淔傳》,第 25 冊第 8741 頁。
[3] 趙效宣《李綱年譜長編》,第 202 頁。
[4] 李心傳編撰,胡坤點校《建炎以來繫年要録》,第 4 冊第 1801~1802 頁。
[5] 沈與求《龜溪集》,景印文淵閣《四庫全書》,第 1133 冊第 166 頁。

免，未奉回降指揮。今月二十二日，承御前金字牌降到親筆詔諭，勉臣使行，不必數有所請。"（第812頁）十二月二十二日親筆詔諭降達福州，本集卷八〇《辭免劄子》《謝親筆詔諭表》當作於是日。

是月末，上《繳進十議劄子》。

本集卷八〇《繳進十議劄子》云："臣契勘昨於建炎元年六月二日到行在所，次日再蒙賜對便殿。嘗以十議奏陳……臣流落九年，顛沛於風波之中，倖存餘息，得見朝廷開至正大公之道，爲中興恢復之謀。……茲蒙聖恩，起於閑廢，付以江西帥守之任，而臣實以衰病，不敢復當一路委寄之重。已三具奏辭免外，所有前件十議，雖嘗稟聖旨，修錄《建炎初時政記》已具事目奏聞，緣文多不能該載全文。竊慮朝廷自渡江後，文籍散失，元本不存，謹繕寫備錄投進，繳進在前，仰塵睿覽。"（第814~815頁）李綱自建炎元年（1127）八月罷相，迄今九年也。又，今年李綱除江南西路安撫制置大使兼知洪州後，三具奏狀辭免，十二月二十二日親筆詔諭降達福州，上謝表，則此文當作於今年十二月二十二日之後。

辟陳淵爲江南西路安撫制置司機宜文字。

《閩中理學淵源考》卷一《宗正陳知默先生淵》載："紹興五年，近臣廖剛、胡寅等薦，充樞密院編修。丞相李綱重其行，爲布衣交。至是爲江南西路安撫制置大使，辟爲制置司機宜文字。"[1]是年李綱除江南西路安撫制置大使兼知洪州後，三具奏狀辭免，十二月二十二日親筆詔諭降達福州，上謝表，則是年辟陳淵爲屬官當在十二月二十二日之後。

秋、冬間，作《送秦楚材還永嘉》《報陳國佐寄天台山圖》《丹霞本老見示拂子並頌次韻》詩。

本集卷三一以上諸詩原列《呂元直退老堂兩章》之後，當作於是年秋、冬間。《建炎以來繫年要錄》卷八八載紹興五年夏四月八日辛亥，"直秘閣秦梓知袁州"[2]。然本集卷三一《送秦楚材還永嘉》云："海上從容慰所思，相逢已恨十年遲。未登臺省陪群彥，且向江湖把一麾。顧我留爲鷗鳥伴，羨君歸赴鶺鴒期。樽前聽徹《陽關》唱，明月依然照別離。"（第418頁）據知，

---

[1] 李清馥撰，徐公喜等點校《閩中理學淵源考》，第14頁。
[2] 李心傳編撰，胡坤點校《建炎以來繫年要錄》，第4冊第1699頁。

是年，秦梓並未赴任，而是從福州還永嘉，時在秋冬、間。《報陳國佐寄天台山圖》有詩二首，序云：“陳國佐左司寄示天台山圖，以絕句兩章報之。”（第418頁）國佐，陳公輔字也。

是年作《有文事必有武備賦》《賀福帥曾尚書啓》。

趙效宣《李綱年譜長編》謂本集卷四《有文事必有武備賦》、本集卷一三一《賀福帥曾尚書啓》作於是年[1]，姑從之。曾尚書，名里不詳。

大約紹興元年至五年間，嘗作《驀山溪》《洞仙歌》《臨江仙》《訴衷情》《好事近》詞，然已佚，現僅存李彌遜和詞。

李彌遜《驀山溪》（衝寒山意）：“衝寒山意，未放江頭樹。老去恨春遲，數花期，朝朝暮暮。疏英冷蕊，也爲有情忙，深夜月，小庭中，絕勝西城路。 調元妙手，便是春來處。醞造十分香，更暖借，毫端煙雨。狂歌醉客，小摘問東風，花謝後，子成時，趁得和羹否。”此詞詞序謂“次李伯紀梅花韻”[2]。

李彌遜《洞仙歌》（殘煙薄霧）：“殘煙薄霧，仗東風排遣。收拾輕寒做輕暖。問牆隅屋角，多少青紅，春不語，行處隨人近遠。 穿簾花影亂。金鴨香溫，幽夢醒時午禽囀。任抛書推枕，嚼蕊攀條，暗消了，清愁一半。且莫放，浮雲蔽晴暉，怕惹起羈人，望中凝戀。”此詞詞序謂“次李伯紀韻”[3]。

李彌遜《臨江仙》（多病淵明剛止酒）：“多病淵明剛止酒，不禁秋蕊浮香。飲船歌板已兼忘。吳霜羞鬢改，無語對紅妝。 小撚青枝撩鼻觀，絕勝嬌額塗黃。獨醒滋味怕新涼。歸來燈影亂，攲枕聽更長。”此詞詞序謂“次李伯紀韻”[4]。

李彌遜《訴衷情》（小桃初破兩三花）：“小桃初破兩三花。深淺散餘霞。東君也解人意，次第到山家。 臨水岸，一枝斜。照籠紗。可憐何事，苦愛施朱，減盡容華。”此詞詞序謂“次韻李伯紀桃花”[5]。

---

[1] 趙效宣《李綱年譜長編》，第185頁。
[2] 李彌遜《筠溪集》，景印文淵閣《四庫全書》，第1130冊第832頁。
[3] 李彌遜《筠溪集》，景印文淵閣《四庫全書》，第1130冊第833~834頁。
[4] 李彌遜《筠溪集》，景印文淵閣《四庫全書》，第1130冊第837頁。
[5] 李彌遜《筠溪集》，景印文淵閣《四庫全書》，第1130冊第838~839頁。

李彌遜《好事近》（春苑雜花芳）：“春苑雜花芳，詩老勝誇梅格。誰道武陵深處，便不如姑射。　莫分紅淺與紅深，點點是春色。生怕一番風雨，半飄零江國。”此詞詞序謂“同前”，即同“次韻李伯紀桃花”[1]。

從李彌遜現存和詞推斷，李綱嘗作《驀山溪》《洞仙歌》《臨江仙》《訴衷情》《好事近》詞，時間大約在紹興元年（1131）至五年間。案，李綱與李彌遜宣和三年（1121）正月同遊蔣山，建炎元年（1127）五月在南京平周德之叛，建炎四年秋在饒州德興唱和，相逢時間較短。紹興元年至五年間，二人多在福州交遊，唱和詞大約作於此間，具體時間不可確考，姑繫於此。復案，李彌遜《筠溪集》附錄《筠溪李公家傳》載建炎四年“四月，奉太平觀祠。紹興二年三月，祠滿，知饒州。三年三月，丐崇道觀祠。五年，召對便殿……再除郡，進寶文閣，知吉州”[2]。李綱與李彌遜先後於紹興元年、紹興三年、紹興五年有作品交遊唱和。據知，李彌遜除知饒州一年外，奉祠閑居地主要在福州。

高宗紹興六年丙辰（1136），五十四歲

在南昌任江西安撫大使兼知洪州。有詩二十首、文一百六十三篇、詞二首。

寓居福州。正月初，有《制置江西回監司郡守啓》。

本集卷一三一《制置江西回監司郡守啓》：“杜門卻掃，方遂養疴之私；推轂授師，誤膺謀帥之選。……歲律方新，物華以始。”（第1264頁）李綱去年十月十六日，除江南西路安撫制置大使兼知洪州，據“歲律方新，物華以始”，知此文作於今年正月初。

大約是月上旬，有《與趙相公第一書》，向趙鼎舉薦秦檜、李光等人代己。

本集卷一二二《與趙相公第一書》云：“誤蒙聖恩，有江西帥守之除……昨者還自湖、湘，得腰足重胕之疾，步履艱難，以故杜門不出，謝絕

[1] 李彌遜《筠溪集》，景印文淵閣《四庫全書》，第1130冊第839頁。
[2] 李彌遜《筠溪集》，景印文淵閣《四庫全書》，第1130冊第843~844頁。

人事，今三年矣。……上疏力辭，期於得請。……方今人材衆多……如秦觀文……如李端明……舉以代某，實允公議。"（第1174頁）李綱紹興三年（1133）二月離長沙，"今三年"當爲今年，此文應作於今年正月十五日赴杭州奏事之前，大約正月上旬。秦檜，時任觀文殿學士、知溫州。案，《宋史》卷四七三《秦檜傳》載紹興五年"六月，除觀文殿學士、知溫州。六年七月，改知紹興府"[1]。李光，嘗任端明殿學士，因言李綱凜凜有大節、四裔畏服等事落職。

作行書六行《單騎帖》。

岳珂《寶真齋法書贊》卷二一《李忠定單騎帖》行書六行："'貴聚伏惟萬福。賤累輩本欲祇留福唐，適臨行，爲海寇所驚，不免挈行。當泊家上饒，單騎以趨行在也。舍弟必時拜見，有所諭，幸告之。綱再拜。'右建炎相國李君忠公綱，字伯紀，《單騎帖》真迹一卷。靖康之初，長蛇薦食，公起庶僚，奮特天戈以攘，以驅，卒全廟社。建炎爰立，首明綱常，用正大刑，人心既回，國勢亦活。彼其救太原、結契丹、議巡幸，噂沓是非，要不足爲大體疵也。予舊識公之孫架閣君大有，屢求遺帖而不可得。紹定戊子四月，羽士劉君道謙以書自中都來，緘是帖見遺，始得公手澤，蓋剛勁特立之操尚可概見云。贊曰：立國有大勢，一退則必靡。公之守京師，蓋社稷之計。異時之失，緊守之者不通而泥，在公無罪也。立人有常道，一隳則必廢。公之正綱常，亦天地之義。異時之咎，謂關之者不懷，而畏於公無悔也。謀敵有機術之隙，則必逐公之結契丹，乃當爲之理。異時之釁，蓋用之者不密，而跪非公本指也。於虜天方長亂迭僕迭取人謀弗同，特其一耳。使世之任事者，皆以公爲諱，誰則肯出身主國？大議圖全者不愛於棄地僭僞者，無嫌於竊位招攜用間之策，皆不客於置喙，殆非有國者之利。至於聞命單騎，不以家爲累惟吾忠，是視此又公之素志。予於此帖蓋得公經綸之緒餘，而初不論其扻辭之與結字也。"[2]從"適臨行"推斷，《單騎帖》當作於是年正月十五日赴杭州奏事之前，大約正月上旬。因本集未收此帖，故輯錄之。

---

[1] 脱脱等《宋史》，第39冊第13751頁。
[2] 岳珂《寶真齋法書贊》，景印文淵閣《四庫全書》，臺灣商務印書館1986年版，第813冊第822頁。

十一日，受詔賑濟旱災。

《建炎以來繫年要錄》卷九七載：紹興六年正月十一日己卯，"手詔：'朕以菲德，致茲旱災……又勘會荊湖南北、江南東西路旱傷，湖南委呂頤浩，江西委李綱，各選差近上屬官，分詣管下，往來點檢賑濟。'"[1]

十五日，離福州，擬赴杭州。

本集卷一二二《與趙相公第三書》："上元日起離長樂，又值陰雨連綿，山路崎嶇，幾於寸進，今已幸脫閩境，數日間可至上饒。"（第1175頁）此文作於是年二月初，據知，李綱正月十五日起離福州。

十九日，赴杭州途中，上《受告命乞赴行在奏事奏狀》，奉詔速往。

《宋史》本傳："有旨，赴行在奏事畢之官。"（第11269頁）《建炎以來繫年要錄》卷九四載紹興五年十月十六日乙卯，"觀文殿大學士、提舉西京嵩山崇福宮李綱爲江南西路安撫制置大使、兼知洪州。……綱乞赴行在奏事在明年正月丁亥"[2]。"明年正月丁亥"乃今年正月十九日也。本集卷八〇《乞降旨閤門到日先次引見上殿奏狀》云："右臣近准御前金字牌降到尚書省劄子，以臣乞赴行在奏事，正月十九日，三省同奉聖旨，依所乞。又准尚書省劄子，奉聖旨，令臣疾速起發前來。"（第815頁）然本集卷八〇《受告命乞赴行在奏事奏狀》云："右臣今月二十日，准都進奏院遞到詔書一道，以臣三具奏劄，辭免江南西路安撫制置大使恩命，降詔不允，不許再有陳請。臣……已望闕謝恩，祗受告命訖。伏念臣違去闕庭，十更寒暑。"（第815頁）李綱自建炎元年（1127）八月罷相，迄今十年，此文"今月二十日"當指正月二十日。今從《建炎以來繫年要錄》。又見《行狀》。

是月下旬，有《與趙相公第二書》。

本集卷一二二《與趙相公第二書》："某三具奏辭免恩除，不蒙矜允，且被親筆趣行，黽勉就道。……近准尚書省劄子，以某具奏請覲，得旨矜從。"（第1175頁）書中提及正月十九日三省同奉旨，依公所乞赴行在奏事，而《與趙相公第三書》作於二月初，據此推斷，此文應作於正月下旬赴杭州途中。

［1］李心傳編撰，胡坤點校《建炎以來繫年要錄》，第4冊第1850～1851頁。

［2］李心傳編撰，胡坤點校《建炎以來繫年要錄》，第4冊第1801～1802頁。

二月二日，兼江南西路營田大使。

　　《建炎以來繫年要録》卷九八載紹興六年二月二日庚子，"江西制置大使李綱……兼本路營田大使"[1]。《行狀》謂二月三日（第 1743 頁）。李綸《梁溪先生年譜》亦謂二月三日。[2] 今從《建炎以來繫年要録》。

二月初，將至信州，有《與趙相公第三書》，言挈家赴任之事。

　　本集卷一二二《與趙相公第三書》："某歲除受命，本欲單騎之任，適海寇遽犯福之閩安，人情驚擾，寓居城外，相去密邇，遂有挈家之謀。上元日起離長樂，又值陰雨連綿，山路崎嶇，幾於寸進，今已幸脱閩境，數日間可至上饒。"（第 1175 頁）李綱二月十日至信州，此文作於至信州前數日，當作於二月初。

十日，至信州，《乞降旨閣門到日先次引見上殿奏狀》大約上於是日。

　　本集卷八〇《乞降旨閣門到日先次引見上殿奏狀》云："臣已於今月十日到信州，見遵依聖旨指揮，星夜趲程趨赴行在。"（第 815 頁）據知，奏狀大約上於二月十日。

自衢州登舟順流而西渡，擬赴杭州。

　　本集卷一二二《與趙相公第三書》："自三衢登舟順流而西度，此月下浣之初，可到行在。"（第 1175 頁）李綱二月十日到信州、二月二十四日至行在杭州，則自衢州登舟順流而西渡應在此之間。三衢，今浙江衢州。

二十四日，赴杭州，具《到國門奏狀》。

　　《建炎以來繫年要録》卷九八載紹興六年二月二十五日癸亥，"觀文殿大學士、新江西制置大使李綱見於内殿。前一日，綱入國門"[3]。前一日即二月二十四日也。《宋會要輯稿·儀制六》、《行狀》、李綸《梁溪先生年譜》所載與之同。然本集卷八〇《到國門奏狀》云："臣已於今月二十日到國門訖。"（第 815 頁）《三朝北盟會編》卷一六九《炎興下帙六十九》謂是年二月十八日，"李綱來朝"[4]。今從《建炎以來繫年要録》等書所載。臨安，今

---

［1］李心傳編撰，胡坤點校《建炎以來繫年要録》，第 4 冊第 1861 頁。

［2］李綸編，彭邦明校點《梁溪先生年譜》，吳洪澤、尹波主編《宋人年譜叢刊》，第 6 冊第 4091 頁。

［3］李心傳編撰，胡坤點校《建炎以來繫年要録》，第 4 冊第 1872 頁。

［4］徐夢莘《三朝北盟會編》，第 1223 頁。

浙江杭州。

二十五日，入對內殿。大約是日，具《再乞上殿劄子》《謝遣中使賜銀合茶藥表》。

《宋史》本傳載紹興"六年，綱至，引對內殿"（第 11269～11270 頁）。《行狀》："二十四日，到國門。翌日，內殿引對，上慰勞再四。"（第 1743頁）又見《宋史》卷二八《高宗本紀五》、《建炎以來繫年要錄》卷九八、《皇宋中興兩朝聖政》卷一九《高宗皇帝十九》。案，李綱二月二十五日入對，二十七日再入對，則本集卷八〇《再乞上殿劄子》大約上於二月二十五日入對之時。又，本集卷八〇《謝遣中使賜銀合茶藥表》云："以臣被旨赴行在奏事，特降中使，賜臣茶藥銀合各一具。"（第 816 頁）據知，謝表大約上於初次入對之時。

二十七日，再入對，上《論中興劄子》《論金人失信劄子》《論襄陽形勝劄子》《論和戰劄子》《論朋黨劄子》《論財用劄子》《論營田劄子》《論賑濟劄子》《論江西軍馬劄子》《論江西錢糧劄子》《論虔州盜賊劄子》《論福建海寇劄子》《乞宮祠劄子》《論常平劄子》《論迎還兩宮劄子》《辨余堵事劄子》，極論中興及金人失信、襄陽形勝與和戰、朋黨五事皆利害之大者，高宗嘉勞久之。

文見本集卷八一、卷八二。《建炎以來繫年要錄》卷九八載紹興六年二月二十五日癸亥，"後二日，綱以急切利害再對……時綱所上疏，凡十六，其論中興及金人失信、襄陽形勝，與和戰、朋黨五事，皆利害之大者，上嘉勞久之"[1]。據知，《論中興劄子》至《辨余堵事劄子》十六劄子應上於二月二十七日。然《行狀》云："二十四日，到國門。翌日，內殿引對，上慰勞再四，以己見利害並本路職事，再對於內殿。三月一日，朝辭，得旨引見上殿。三對之間，所進呈劄子凡十有六。"（第 1743 頁）今從《建炎以來繫年要錄》所載。

二月二十五日至三月二日杭州奏事期間，上《進奉迎録劄子》《進道君所賜玉帶牙簡奏狀》《謝賜金帶等表》《謝賜玉鶻馬表》《進道君御畫並淵聖

---

[1] 李心傳編撰，胡坤點校《建炎以來繫年要錄》，第 4 冊第 1872～1873 頁。

所賜玉帶奏狀》《進道君御畫及淵聖所賜玉帶劄子》，進呈上道君太上皇帝
劄子。

　　文見本集卷八三、卷八四。本集卷八三《進奉迎録劄子》云："伏蒙宣
諭，欲見道君御筆真迹，臣已恭依聖訓，具奏繳納外，所有臣靖康間編修
到《奉迎録》，並臣進呈劄子二首、徐處仁等表一首、道君御制青詞一首、
淵聖御筆宣諭一首，繕寫合成一軸，謹具劄子繳進。"（第 834 頁）《進呈上
道君太上皇帝劄子》僅存篇名，注曰："二首俱見第四十四卷。"（第 838 頁）
"二首"即靖康元年三月二十一日所具《進呈道君太上皇帝劄子》《第二劄
子》。又，本集卷八四《進道君所賜玉帶牙簡奏狀》云："今者幸蒙聖恩許令
入觀。"（第 842 頁）《謝賜玉鵲馬表》云："伏蒙聖慈特降中使，賜臣玉鵲馬
一匹，臣已祗受訖。天庭入覲。"（第 843 頁）《進道君御畫及淵聖所賜玉帶
劄子》云："臣近蒙聖恩召赴行在奏事。"（第 848 頁）三月六日，高宗詔諭
將公所進徽宗皇帝御筆真迹及奉迎録送於史館。據知，《進奉迎録劄子》《進
道君御畫並淵聖所賜玉帶奏狀》等應與以上諸文同上於二月二十五日至三月
二日杭州奏事期間。

三月二日，入辭退，上《論進兵劄子》，言今日進兵之得失，又言營田之事。

　　《宋史》本傳："朝廷方鋭意大舉，綱陛辭，言今日用兵之失者四，措置
未盡善者五，宜預備者三，當善後者二。"（第 11270 頁）《建炎以來繫年要
録》卷九九載紹興六年三月二日己巳，"李綱入辭退，上疏言：'今日主兵者
之失，大略有四：兵貴精不貴多，多而不精，反以爲累；將貴謀不貴勇，勇
而不謀，適爲敗擒；陣貴分合，合而不能分，分而不能合，皆非善置陣者；
戰貴設伏而直前，使敵無中斷邀擊之虞，皆非善戰者。……'綱又言：'今
日之事，莫利營田。然淮南兵革，江、湖旱災之餘，民力必不給。謂宜令
淮南、襄漢宣撫諸使，各置招納司，以招納京東西、河北流移之民。明出文
榜，厚加撫諭，撥田土、給牛具、貸種糧，使之耕墾……'詔都督行府措
置，其後頗施行之。綱營田議以是月戊辰行下，今後附此。其奏恢復未善等事，必在
到洪州之後，今且因除二宣撫，遂書之"[1]。李綱所言者，本集卷八一《論營田劄

---

[1] 李心傳編撰，胡坤點校《建炎以來繫年要録》，第 4 冊第 1876~1877 頁。

子》、卷八四《論進兵劄子》也。然趙效宣《李綱年譜長編》云："三月初一日，乞於淮南、襄漢宣撫招討使各置招納司，以招納京東、西、河北流移之民屯田。見文集卷八十五《乞於户帖錢内支十萬貫充營田本錢奏狀》⋯⋯《會要》曰：'李綱言：⋯⋯明出文榜，厚加循撫，有來歸者，撥田土，給牛具，貸種糧，使之耕鑿⋯⋯詔令都督行府措置。'此營田劄子，文集中闕佚。《繫錄》與《聖政》同繫於初二日。惟《會要》載於初一日，始末清晰，與文集偶合，今姑從《會要》。"[1]案，李綱是日所言營田劄子乃本集卷八一《論營田劄子》，非卷八五《乞於户貼錢内支十萬貫充營田本錢奏狀》，《論營田劄子》乃二月二十七日上奏，三月一日戊辰行下也。

三月四日，乞免洪州錢帛租税，高宗從之。

《建炎以來繫年要録》卷九九載紹興六年三月四日辛未，"詔去歲旱傷及四分以上州縣，所負紹興四年已前錢帛租税，皆除之"[2]。《宋會要輯稿·食貨六三》亦載紹興"六年三月四日，江南西路安撫制置大使、兼知洪州李綱言：'洪州遞年合發准衣紬絹，自建炎三年殘破後，用度缺乏，不曾收樁，已免至紹興三年。所有四年、五年分委是無從收簇。'詔與蠲免。同日，詔：'令諸路轉運司契勘管下去年旱傷及四分以上州軍拖欠下紹興四年已前年分錢、帛、租税等，並予除放'"[3]。又見《皇宋中興兩朝聖政》卷一九《高宗皇帝十九》。

六日，所進徽宗皇帝御筆真迹及奉迎録，奉詔送史館。

《宋會要輯稿·崇儒五》載紹興六年"三月六日，江南西路安撫制置大使、兼知洪州李綱上靖康間編修到《奉迎録》，詔送史館"[4]。《宋會要輯稿·崇儒六》載紹興六年"三月六日，江南西路安撫制置大使、兼知洪州李綱上家藏道君皇帝御筆真迹，詔送史館"[5]。李綸《梁溪先生年譜》亦云："二十四日，到國門。凡三對，所進呈劄子幾二十事。又有《繳進靖康間奉

---

［1］趙效宣《李綱年譜長編》，第187頁。
［2］李心傳編撰，胡坤點校《建炎以來繫年要録》，第4册第1878頁。
［3］劉琳等校點《宋會要輯稿》，第13册第7598～7599頁。
［4］劉琳等校點《宋會要輯稿》，第5册第2853頁。
［5］劉琳等校點《宋會要輯稿》，第5册第2870頁。

迎録劄子》，三月六日，送史館。"[1]

是月上旬，上《申樞密院乞施行劄子差兵將狀》。

本集卷一〇七《申樞密院乞施行劄子差兵將狀》云："契勘綱近赴行在進對……續准樞密院二月二十九日劄子，已關送都督行府，劄某照會，今已多日，未奉回降指揮。"（第 1011 頁）二月二十九日後多日，當爲三月上旬。

大約是月中上旬，赴貴溪途中邂逅張叔獻，作《跋張稡仲樞密遺稿一》《跋二》。

本集卷一六三《跋張稡仲樞密遺稿一》云："自靖康至今十有一年，叔獻持節江東，某帥守豫章，相遇於貴溪道中，出示遺稿數軸，讀之不覺淚之承睫也。"（第 1505 頁）李綱三月二十三日至撫州金谿，行至貴溪道中大約爲三月中上旬。張稡仲，即張叔夜，叔獻之兄。

二十二日，奉高宗親筆詔書，賑濟流殍。

本集卷八五《遵稟賑濟奏狀》云："右臣今月二十二日，准御前金字牌降到親筆詔書付臣，令勸誘積米之家，俾其食用之餘，盡數出糶，以濟流殍之苦。"（第 851 頁）

二十三日，抵撫州金谿界，交割本路安撫制置大使職事，上《謝到任表》。

《建炎以來繫年要録》卷九九載紹興六年三月二十三日庚寅，"江西制置大使李綱始領使事於金谿縣"[2]。本集卷八五《謝到任表》序謂"紹興六年三月二十三日到江西境受帥任"，文曰："臣已於今月二十三日到本路交割職事訖者。"（第 850 頁）又見《行狀》。

是月末，上《遵稟賑濟奏狀》《謝賜親筆賑濟詔書表》。

本集卷八五《遵稟賑濟奏狀》："右臣今月二十二日，准御前金字牌降到親筆詔書付臣，令勸誘積米之家，俾其食用之餘，盡數出糶，以濟流殍之苦。……臣已遵稟睿訓，措置勸誘。"（第 851 頁）據"今月"二字推斷，此文應作於三月末。《謝賜親筆賑濟詔書表》云："特降親筆詔書付臣，勸誘積米之家出糶，接濟食用，以恤流殍之苦。臣已遵依睿訓，措置施行者。"（第 851 頁）從"臣已遵依睿訓，措置施行者"推斷，此文應是到金谿交割本路

---

[1] 李綸編，彭邦明校點《梁溪先生年譜》，吳洪澤、尹波主編《宋人年譜叢刊》，第 6 冊第 4091 頁。
[2] 李心傳編撰，胡坤點校《建炎以來繫年要録》，第 4 冊第 1887 頁。

安撫制置大使職事後作，當與《遵稟賑濟奏狀》同時。

具《乞於户貼錢内支十萬貫充營田本錢奏狀》《乞蠲免災傷路分人户四年積欠劄子》。

《建炎以來繫年要録》卷九九載紹興六年三月二十三日庚寅，"江西制置大使李綱始領使事於金谿縣。綱請蠲災傷州縣三等以下户四年積欠，又乞錢十萬緡爲營田本，上皆許之。洪州月費軍儲米五千斛，錢六千餘緡，而倉庫之見在者米四斛有奇，錢五百千而已。綱具聞於朝，乃命都漕司應副一月"[1]。本集卷八五《乞於户貼錢内支十萬貫充營田本錢奏狀》云："伏望聖慈特降睿旨，旋賜本錢十萬貫充營田之本，先試行於洪州管内，候稍就緒，漸令他郡仿效施行。"（第852頁）《乞蠲免災傷路分人户四年積欠劄子》云："臣已到江西本路界首交割職事，延見父老，詢問民間疾苦……伏望聖慈特降睿旨，將災傷路分第三等已下人户，紹興四年積欠，特與蠲免。"（第853頁）據知，以上諸文作於是月末，時在金谿。又見《行狀》。

具《乞於江東浙西州軍支米三萬石應副本路賑濟奏狀》《乞依吕頤浩例於鄰路撥米賑濟奏狀》。

《建炎以來繫年要録》卷九七載紹興六年正月十九日丁亥，"詔廣西提點刑獄公事韓璜市米三萬石，赴湖南帥司賑濟"[2]。卷一〇一載紹興六年五月一日戊辰，"湖南制置大使吕頤浩……又請催廣西運所糴賑濟米"[3]。此即李綱所云吕頤浩於鄰路廣西州軍支米三萬石事，正月十九日下旨，然五月一日仍在催討。本集卷八五《乞依吕頤浩例於鄰路撥米賑濟奏狀》云："伏見湖南安撫大使吕頤浩，近蒙朝廷於鄰路廣西州軍支米三萬石應副。竊緣本路旱傷闕乏，與湖南路事體一同。今來若不申告朝廷支降，委是無可賑給，下户不得趁時耕種，將來秋成，更無指准。"（第856頁）本集卷八五《乞於江東浙西州軍支米三萬石應副本路賑濟奏狀》《乞依吕頤浩例於鄰路撥米賑濟奏狀》當於賑濟、營田奏劄同作於三月末。

---

[1] 李心傳編撰，胡坤點校《建炎以來繫年要録》，第4冊第1887頁。
[2] 李心傳編撰，胡坤點校《建炎以來繫年要録》，第4冊第1856頁。
[3] 李心傳編撰，胡坤點校《建炎以來繫年要録》，第5冊第1907頁。

具《乞差兵將討捕虔吉盜賊及存留李山彈壓奏狀》《乞將丘贇下存留洪州軍馬充親兵奏狀》《申都督府乞差撥軍馬狀》。

　　本集卷一〇七《申督府密院催差軍馬狀》云："准樞密院四月五日劄子節文，本司奏，吉州管下有凶賊郭少二等賊徒嘯聚作過，乞先次差撥兵將二千人前來相兼使喚；及乞存留岳飛下統制官李山軍兵在虔州彈壓措置等事。奉聖旨令都督行府相度應副，劄送本司照會，須至申聞者。"（第1012頁）四月五日所准劄子"乞先次差撥兵將二千人前來相兼使喚"即《申都督府乞差撥軍馬狀》，"乞存留岳飛下統制官李山軍兵在虔州彈壓措置"即本集卷八五《乞差兵將討捕虔吉盜賊及存留李山彈壓奏狀》，奏狀當作於三月末。又，本集卷八五《乞差兵將討捕虔吉盜賊及存留李山彈壓奏狀》云："胡世將申：統領官丘贇人馬，本司已依奉聖旨發遣，權聽岳招討前去使喚去訖。"（第854頁）《乞將丘贇下存留洪州軍馬充親兵奏狀》云："今來丘贇一軍，近奉聖旨指揮，撥付岳飛使喚。"（第855頁）二文與《乞差兵將討捕虔吉盜賊及存留李山彈壓奏狀》所言丘贇人馬事同，當爲同時作。李山、丘贇，字里不詳。

具《畫一措置賑濟曆並繳奏狀》。

　　《宋會要輯稿·食貨六八》載紹興六年"四月十二日，江南西路安撫制置大使、兼知洪州李綱言：'已遵睿訓勸誘，出榜置曆，差官分詣諸州，委知、通、縣官召上户積米之家，許留若干食用，其餘依市價量減，盡數出糶。其流民，官中賑給。竊恐秋成尚遠，難以接濟，已一面勸誘上户納錢米入官，以助賑濟。乞許給官告、度牒之類，折還價直'"[1]。李綱所言即《畫一措置賑濟曆並繳奏狀》。然本集卷八六《畫一措置賑濟曆並繳奏狀》云："右臣今月二十二日，准御前金字牌降到親筆手詔。及同日又准金字牌降到尚書省劄子，指揮勸誘積米之家出糶米斛，接濟饑貧下户等事。……今録白措置勸誘畫一事件一本在前。"（第858~859頁）據"今月"二字推斷，此文應作於三月末，或作於三月末、上於四月十二日也。

---

[1] 劉琳等校點《宋會要輯稿》，第13冊第7977頁。

有《謝宰相制置江西啓》。

　　本集卷一三一《謝宰相制置江西啓》謂“已於今月二十三日到本路交割職事”（第 1263 頁）。據“今月”二字推斷，此文應作於三月末。

大約是月末，有《與趙相公第四書》，言賑濟、營田事。

　　本集卷一二二《與趙相公第四書》：“某已於二十日到界首，交割職事訖。……撫州建昌軍萬四千碩，比到亦祇存數千碩。勸誘上戶，數亦不多。此去秋成尚遠，賑濟殊爲闕乏。……某近蒙朝廷委以營田，敢不悉心以圖報效。……某到任之初，茫然不知所措。”（第 1175～1176 頁）“二十日”疑爲“二十三日”之誤。案，李綱三月二十三日抵撫州金谿交割本路安撫制置大使職事，三月末上奏狀論及賑濟、營田事。又，《與趙相公第三書》作於是年二月初，《與趙相公第五書》作於是年四月六日。據知，此文大約作於三月末。

有《與張相公第一書》，請援以錢糧。

　　本集卷一二四《與張相公第一書》云：“到任之初，錢糧尤爲闕乏……昨陛對日得旨措置賑濟，務令實惠及民。近又祇奉親筆詔書，令勸誘上戶減價出糶，見遵稟聖旨施行。”（第 1191 頁）案，李綱祇奉親筆詔書是三月二十二日。據知，此文大約作於三月末。張相公，張浚也。

四月一日，至洪州界。

　　李綸《梁溪先生年譜》謂是年“四月一日，至洪州”[1]。李綱四月四日至洪州治所南昌交割職事，此處當指洪州界，具體地點不詳。

四日，次南昌，交割職事。

　　本集卷八六《乞將本路災傷州縣合起折帛錢依條限催納奏狀》云：“右臣今月初四日到本任交割職事。”（第 860 頁）卷一二二《與趙相公第五書》云：“某已次豫章，交割職事。”（第 1176 頁）李綱四月一日至洪州界，至洪州治所豫章（今江西南昌）當在四月四日。

六日，有《與趙相公第五書》，乞差兩三千人，應副使喚。

　　本集卷一二二《與趙相公第五書》題注“四月六日”（第 1176 頁），書

---

[1] 李綸編，彭邦明校點《梁溪先生年譜》，吳洪澤、尹波主編《宋人年譜叢刊》，第 6 冊第 4091 頁。

云：“虔寇尚未淨盡，昨得李山一軍屯駐，頗能破賊，徒黨稍稍潛伏。近李山既爲岳飛勾回，餘孽無所忌憚，遂復出没。……申世景一軍僅千人，自遣一半往虔、吉間，自余無兵可以措置，具奏乞就近差撥三二千人應副使唤，未奉指揮。”（第 1177 頁）具奏乞兵即三月末所上《乞差兵將討捕虔吉盜賊及存留李山彈壓奏狀》。

大約四月上旬，具《乞將贍給丘贇軍錢糧充申世景支遣奏狀》《乞將本路災傷州縣合起折帛錢依條限催納奏狀》《乞催起岳飛軍馬劄子》。

本集卷八六《乞將贍給丘贇軍錢糧充申世景支遣奏狀》云：“今月初六日，續准尚書省劄子節文，爲承都督行府闕，欲將丘贇一軍合用錢糧内米，依數椿留充申世景支遣外，其合用錢數，令江西帥司依舊應副津發前去岳飛軍前。三月二十二日奉聖旨，依其申世景合用錢，令户部科撥，申尚書省。契勘申世景人馬已到洪州，見用贍給丘贇錢糧窠名，日旋收椿支給，尚自不足。”（第 860 頁）《乞將本路災傷州縣合起折帛錢依條限催納奏狀》云：“右臣今月四日到本任交割職事……今來又承前件三月二十九日指揮，合至四月初十日限足。竊緣被受指揮，已是四月初八日，其折帛錢雖已行下催促，並未納到，必致有違朝限。”（第 860~861 頁）案，李綱四月四日次南昌，到本任交割職事，二文“今月”當指四月，大約作於四月上旬赴任之初。申世景，字里不詳。

本集卷八六《乞催起岳飛軍馬劄子》云：“臣訪聞岳飛已丁母憂。飛孝於其親，將來朝廷起復，辭免往來，必費日月。……伏望聖慈特降睿旨，速賜施行。”（第 861 頁）案，《建炎以來繫年要録》卷一〇〇載紹興六年四月八日乙巳，“詔湖北京西宣撫使岳飛丁母憂，已擇日降制起復，緣見措置進兵渡江，不可等待，令飛日下主管軍馬，措置邊事，不得辭免。……飛再辭，上不許，詔飛速往措置調發，毋得少失機會。飛奉詔歸屯”[1]。《乞催起岳飛軍馬劄子》大約作於同時，即四月上旬。

具《措置招軍畫一奏狀》《謝賜銀合茶藥表》。

本集卷八七《措置招軍畫一奏狀》云：“新江南西路安撫制置大使李綱

---

[1] 李心傳編撰，胡坤點校《建炎以來繫年要録》，第 4 册第 1895~1896 頁。

劄子奏……今來本司所管丘贇軍馬不滿二千人、馬一百餘匹，近又撥隨岳飛前去使喚。雖蒙朝廷卻差申世景軍馬於本路駐紮纔千餘人、馬數十匹。"（第863頁）"新江南西路安撫制置大使李綱"，應爲上任後不久之稱謂，故推知此文大約作於是年四月上旬。《謝賜銀合茶藥表》曰："祗奉明綸，起臨江渚。遠迓膚使，來自日邊。……誤膺方面之寄，適當旱暵之餘。倉廩無儲，士多饑色。"（第866頁）據文意，此文大約爲李綱上任之初，朝廷遣使慰問時作，時大約四月上旬。

具《與右相條具事宜劄子》，與張浚論條具事宜。

本集卷一〇三《與右相條具事宜劄子》云："謹具下項：一、綱昨過衢州，竊見都督行府劄子……一、綱契勘本路人户，合納今年夏税、和買物帛……奉聖旨，依仍展十日，若依所展日限，合至四月十日了足。今來正是蠶麥未熟，新陳不交之時……一、綱近因入劄子，論兵家利害，妄意朝廷措置有未盡善者五，宜預備者三，當善後者二。議論迂疏，誠不足裨補廟謨之萬一，姑盡其拳拳之忠而已。輒録副本拜呈，伏望鈞慈特賜詳覽。"（第986~987頁）案，李綱是年自三衢登舟順流而西渡，與文中"昨過衢州"相符。三月二日，在杭州，入辭退，上《論進兵劄子》，即文中所言"論兵家利害"也。從"若依所展日限，合至四月十日了足。今來正是蠶麥未熟，新陳不交之時"推斷，此文大約作於四月上旬也。趙效宣《李綱年譜長編》謂此文作於紹興七年（1137）[1]，誤也。

大約四月中旬，上《謝還賜玉帶牙簡等表》。

《建炎以來繫年要録》卷一〇〇載紹興六年四月九日丙午，"江西制置大使李綱獻太上皇帝所賜犀帶、玉束帶、象簡各一，畫二軸，詔還以賜綱"[2]。四月九日，高宗詔諭賜還進獻徽宗所賜之物，本集卷八七《謝還賜玉帶牙簡等表》應作於降達南昌之時，大約是月中旬也。

十九日，上《申督府密院催差軍馬狀》。

本集卷一〇七《再申督府密院催差軍馬狀》："本司已於四月十九日具狀申樞密院及都督行府，乞於近便處摘那差撥兵將三二千人前來相兼使喚。"

［1］趙效宣《李綱年譜長編》，第217頁。
［2］李心傳編撰，胡坤點校《建炎以來繫年要録》，第4冊第1896頁。

（第 1013 頁）據知，本集卷一〇七《申督府密院催差軍馬狀》當上於四月十九日。

二十一日，有《與張相公第二書》，挪借糧餉。

本集卷一二四《與張相公第二書》題注“四月二十一”，文曰：“某衰病無堪，不復敢與世故，緣相公推挽之力，感德難勝。然到本路之初，倉無見糧，帑無積鏹，日支月給，皆無指準，殊難措置。”（第 1192 頁）李綱去年十月十六日，除江南西路安撫制置大使兼知洪州，張浚推挽之力不可沒。今年四月四日至南昌交割職事，“四月二十一”當指今年也。

大約是月，上《申省乞立價賣告敕狀》。

本集卷一〇五《申省乞立價賣告敕狀》云：“勘會近奉聖旨指揮，給降到激賞空名承信、承節、保義郎告各五道，州助教敕三十道，度牒二百道，未有立定價例。”（第 996 頁）其附錄《小帖子》云：“契勘本司先准朝廷指揮，給降官告，收糴賑濟米……欲乞依上項指揮施行，庶幾易於勸誘。”（第 996 頁）案，李綱三月二十二日，得高宗親筆賑濟詔書，是月下旬所具《畫一措置賑濟曆並繳奏狀》曰：“今措置委自知、通、縣令，多方勸誘上户，及有積米之家，如有情願納錢米入官，以助賑濟者，許以其入納之數，陳乞官告、度牒之類，依價折還。”（第 858 頁）《申省乞立價賣告敕狀》乃得官告、度牒後作，當在《畫一措置賑濟曆並繳奏狀》之後作，大約是年四月。趙效宣《李綱年譜長編》謂此文作於紹興七年（1137）[1]，誤也。

四、五月間，具《與宰相乞兵劄子》《與宰相乞王彦軍馬劄子》《申省乞措置盜賊便宜施行狀》。

本集卷一〇三《與宰相乞兵劄子》云：“本路虔、吉、袁州、建昌軍等處，近來盜賊頭項漸多，蓋緣軍馬單弱，不足鎮壓。”（第 987 頁）《與宰相乞王彦軍馬劄子》云：“本路所乞軍馬，未蒙都督行府差到。沿江一帶，並無控扼，切慮賊情狡獪，或有窺伺，乘間搗虛，無兵應援，深爲可慮。”（第 987 頁）卷一〇五《申省乞措置盜賊便宜施行狀》云：“契勘本路旱災之餘，盜賊竊發甚多，虔寇尚熾。……欲望朝廷詳酌早賜指揮……措置盜賊，特許

---

[1] 趙效宣《李綱年譜長編》，第 217 頁。

從便宜施行。"（第 996 頁）案，五月二十七日，詔諭李綱措置虔賊，緣李綱數具奏劄，言虔、吉二州盜賊猖獗，以上諸文當作於四、五月間。

上《與右相乞罷行交子劄子》，後詔命罷之。

《建炎以來繫年要錄》卷一〇一載紹興六年五月十八日乙酉，"詔糴本交子並依逐年所降關子已得指揮，其官吏並罷。初，用張澄議置交子務於行在，而未有所樁見錢。於是言者極論其害……江西制置大使李綱亦遺執政書，言其不可行，繇是遂復爲關子焉"[1]。又見《皇宋中興兩朝聖政》卷一九《高宗皇帝十九》、本集卷一二四《與張相公第四書》。本集卷一〇四《與右相乞罷行交子劄子》當上於五月十八日之前，即四、五月間。時張浚爲右相。

有《與趙相公第六書》，言差撥錢米及兵馬防秋事。

案，《與趙相公第五書》作於四月六日，《與趙相公第七書》作於五月中下旬，本集卷一二二《與趙相公第六書》應作於四、五月間。

大約四、五月間，上《申省乞降淮南東西路茶長引狀》《申省乞留四色錢數應副洪州起發岳少保大軍支用狀》《申省乞將逃移災傷人户見欠夏秋税特行住催等事狀》。

本集卷一〇五《申省乞將逃移災傷人户見欠夏秋税特行住催等事狀》云："本司今契勘災傷人户，依今年三月四日聖旨指揮，除旱傷及四分以上、拖欠紹興四年以前租税合行除放；並依今年三月二十八日聖旨，災傷人户內，本户放税五分以上，第四等以下逃移人户，合納紹興六年夏秋税……今欲乞將逃移人户歸業之人紹興五年户下未納官物，特行住催；其自余應係災傷人户，見欠夏秋税官物，各隨料次分作三料帶納。"（第 998~999 頁）案，是年三月四日，李綱乞免洪州紹興四年以前錢帛租税，高宗從之。此奏狀催繳紹興五年見欠夏秋税，當在得聞三月四日、三月二十八日聖旨之後作，大約在四、五月間也。趙效宣《李綱年譜長編》謂此文作於紹興七年（1137）[2]，誤也。

本集卷一〇五《申省乞留四色錢數應副洪州起發岳少保大軍支用狀》

---

[1] 李心傳編撰，胡坤點校《建炎以來繫年要錄》，第 5 冊第 1915~1918 頁。
[2] 趙效宣《李綱年譜長編》，第 217 頁。

云：“見今日逐解赴司法廳月樁庫交納，應副岳少保大軍支用。俱是春季內收到上項窠名錢數，並排日解遣去訖。”（第 998 頁）春季內收到四色錢數並解遣去訖，大約爲四、五月間事也。岳少保即岳飛，案，《建炎以來繫年要錄》卷九三載紹興五年九月十二日壬午，“鎮寧崇信軍節度使、神武後軍都統制、荆湖南北襄陽府路蘄黃州制置使岳飛檢校少保，賞功也”[1]。

本集卷一〇五《申省乞降淮南東西路茶長引狀》原列是年所作《申省乞措置盜賊便宜施行狀》與《申省乞留四色錢數應副洪州起發岳少保大軍支用狀》之間，大約同作於是年四、五月。

有《與折樞密第一書》，言江西闕乏之憂。

本集卷一二八《與折樞密第一書》云：“衰病無堪，誤蒙朝廷付以江西一路之重，本欲造膝力辭，上恩優渥，不容遜避，承命而行，第切惶懼。江西當旱暵之餘，闕乏尤甚。”（第 1231 頁）據文意，此文當作於赴任之初，大約四、五月間也。折樞密，折彥質也，時任簽書樞密院事。據《宋宰輔編年錄》卷一五載，紹興六年三月，折彥質自左朝議大夫、試兵部尚書、諸路軍事都督府參謀遷端明殿學士，除簽書樞密院事。[2]

大約五月中上旬，具《乞兵於舒蘄黃州駐紮奏狀》。

本集卷八七《乞兵於舒蘄黃州駐紮奏狀》云：“本司近爲岳飛已奉聖旨，改授湖北京西路宣撫副使。……續准都督行府、樞密院劄子，備奉聖旨，令岳飛依舊兼行節制蘄、黃、舒三州。……緣防秋在近，惟江西沿江一帶，接連舒、蘄、黃等州，全然未有兵備。”（第 867 頁）案，《建炎以來繫年要錄》卷九九載紹興六年三月二日己巳，“檢校少保、鎮寧崇信軍節度使、湖北京西南路招討使岳飛爲湖北京西宣撫副使，徙鎮武勝定國，襄陽府置司”[3]。卷一〇〇載紹興六年四月二十九日丙寅，“詔岳飛仍舊兼節制蘄、黃州”[4]。李綱在南昌聞知岳飛依舊節制蘄、黃州，時間大約在五月中上旬，奏狀大約上於此時。

---

[1] 李心傳編撰，胡坤點校《建炎以來繫年要錄》，第 4 冊第 1784 頁。
[2] 徐自明撰，王瑞來校補《宋宰輔編年錄校補》，第 1012 頁。
[3] 李心傳編撰，胡坤點校《建炎以來繫年要錄》，第 4 冊第 1876 頁。
[4] 李心傳編撰，胡坤點校《建炎以來繫年要錄》，第 4 冊第 1904 頁。

具《再申督府密院催差軍馬狀》。

本集卷一〇七《再申督府密院催差軍馬狀》云："本司已於四月十九日具狀申樞密院及都督行府，乞於近便處摘那差撥兵將三二千人前來相兼使喚，並支撥錢糧等，庶幾不致誤事去後，未奉回降指揮，須至再具申聞者。"（第1013頁）李綱四月十九日具狀乞兵，等回降指揮而未得，再具狀申聞大約在五月中上旬。

五月二十七日，受命措置虔賊。

《建炎以來繫年要錄》卷一〇一載紹興六年五月二十七日甲午，"殿中侍御史周秘言：'今虔賊未能殄滅……'詔江西制置大使李綱……疾速措置。綱謂：虔寇巢穴，多在江西、福建、廣南三路界首，置立寨柵，爲三窟之計。……乞於江西路置都統制一員，節制三路軍馬，以招捕虔賊。……然虔之諸縣，多是煙瘴之地，盜賊出沒不常，朝廷初無賞格，士大夫之有材者多不肯就，又難強之使行。欲望優立賞格……疏奏，皆從之"[1]。

大約五月下旬，有《與張相公第三書》，言防秋事宜。

本集卷一二四《與張相公第三書》："某承乏豫章，行且兩月。"（第1192頁）案，李綱四月四日至南昌，據知，此文約作於五月下旬。

是月，有《與岳少保第一書》，激勵岳飛總戎就道，助成中興之業。

本集卷一二八《與岳少保第一書》："中夏溽暑，不審邇來動静何似？……誠願幡然而起，總戎就道，建不世之勳，助成中興之業。"（第1236頁）據此推斷，此文作於是年五月。

五、六月間，有《與趙相公第七書》，言防秋事宜。

本集卷一二二《與趙相公第七書》："夏已逾半，防秋之期甚近。"（第1178頁）據知，此文作於五、六月間。

有《與張相公第四書》，言防秋事宜。

本集卷一二四《與張相公第三書》大約作於是年五月下旬、《與張相公第五書》作於六月十八日，則此文大約作於五、六月間。

[1] 李心傳編撰，胡坤點校《建炎以來繫年要錄》，第5冊第1921~1922頁。

六月十八日，有《與張相公第五書》，言行軍事。

本集卷一二四《與張相公第三書》大約作於是年五月下旬、《與張相公第六書》作於是年七月六日，則此文題注"十八日"（第1195頁），應爲六月十八日。

二十一日，上《應詔條陳七事奏狀》。

《建炎以來繫年要録》卷一〇二載紹興六年六月二十一日丁巳，"江西制置大使李綱亦列八事奏上"[1]。李綸《梁溪先生年譜》云："六月乙巳，地震，詔求直言，公應詔奏陳八事。"[2] 然本集卷八九《應詔條陳七事奏狀》曰："臣伏睹近降詔書，以地震求言，雖芻蕘之微，亦得上達。"（第876頁）奏狀僅言七事，今從本集。又見《行狀》。

大約是月下旬，有《與趙相公第八書》，再乞差撥兵馬防秋。

本集卷一二二《與趙相公第八書》："自到豫章，行將三月。"（第1179頁）案，李綱四月四日次南昌，故此文大約作於六月下旬。

是月，上《乞移總管虔州措置捉殺盜賊奏狀》。

本集卷八八《乞移總管虔州措置捉殺盜賊奏狀》云："本官見奉都督行府指揮，差措置虔、吉州界盜賊。"（第869頁）案，五月二十七日，詔諭李綱措置虔賊，李綱得旨大約在六月上旬，據"見奉都督行府指揮"推斷，此文作於六月。

上《乞下都督行府催促遣兵奏狀》。

本集卷八八《乞下都督行府催促遣兵奏狀》："續准都督行府四月二十四日關，勘會行府見議遣兵前去，至今未蒙差到。今又據逐處申報，有賊徒結集作過。緣今來正當栽插收割禾稻之際，竊慮諸處盜賊輕視帥司，官兵單弱，恣行劫掠。"（第870頁）據"栽插收割禾稻之際"，推斷此文作於六月。

再上《論賑濟劄子》，望朝廷寬假。

本集卷八八《論賑濟劄子》："自到本路……近來雨澤沾足，早禾已熟，米價頓減，新米一升止四五十文。將來秋成，決有可望之理。"（第870～871頁）據此推斷，此文作於六月。案，本集有兩篇《論賑濟劄子》，

---

[1] 李心傳編撰，胡坤點校《建炎以來繫年要録》，第5冊第1932頁。

[2] 李綸編，彭邦明校點《梁溪先生年譜》，吳洪澤、尹波主編《宋人年譜叢刊》，第6冊第4091頁。

卷八二《論賑濟劄子》作於二月二十七日，卷八八《論賑濟劄子》作於六月。

上《乞差軍馬劄子》。

本集卷八八《乞差軍馬劄子》云："且以江東、荊湖論之，建康有張俊一軍，當塗有劉光世一軍，武昌有岳飛一軍，猶足以奮張軍聲，以爲翰蔽。江西一路，獨無兵將，沿江上下千里之間，殊乏控扼。"（第871頁）案，《建炎以來繫年要録》卷一〇二載紹興六年六月十三日己酉，"時防秋不遠，浚……遂命淮西宣撫使劉光世自當塗進屯廬州，與韓世忠、張俊鼎立"[1]。然李綱言當塗有劉光世一軍應在得聞此旨之前。此劄原列本集卷八八《論賑濟劄子》與《乞宮觀奏狀》之間，當同作於是年六月。

上《乞宮觀奏狀》《乞宮觀劄子》。

本集卷八八《乞宮觀奏狀》云："自到任以來，適當倉庫匱竭，新陳不接之際。……今幸賑濟稍已就緒，秋成有望。"（第872頁）《論賑濟劄子》云："自到本路……近來雨澤沾足，早禾已熟，米價頓減，新米一升止四五十文。將來秋成，決有可望之理。"（第870~871頁）二文當同爲六月作。《乞宮觀劄子》云："臣兩具奏聞，乞罷帥守之任，除一在外宮觀差遣，未奉回降指揮。"（第872頁）此文應稍後於《乞宮觀奏狀》，姑繫於此。

是夏，具《申史館承受元帥府御書狀》《申史館繳編次到建炎制詔奏議表劄集狀》《建炎制詔奏議表劄集序》。

本集卷一〇六《申史館承受元帥府御書狀》："准史館牒，勘會本館見修纂《建炎日曆》，合要元帥府事迹參照修入。"（第1008頁）《申史館繳編次到建炎制詔奏議表劄集狀》："右綱近承史館牒，當館見修纂《建炎日曆》，合要《時政記》參照。"（第1008頁）卷一三九《建炎制詔奏議表劄集序》云："紹興六年夏，任江南西路安撫制置大使、兼知洪州。承史館牒，見修纂《建炎日曆》，朝廷降下所省記到《建炎時政記》，文字首尾未詳，及拜罷辭免表劄批答，並未抄録赴館，請編類前來參照。某已遵稟，將建炎初除罷制命、詔書批答、辭免稱謝、表劄奏議、建明劄子，皆已得旨施行者，編

---

[1] 李心傳編撰，胡坤點校《建炎以來繫年要録》，第5冊第1929頁。

類次第，勒成四卷。……今者既蒙朝廷降旨，令省記時政之略，又承史館移牒，使編類首尾之詳……謹繕寫成兩冊，繳申史館，庶幾可備直筆採擇，垂信萬世。"（第1327～1328頁）據知，三文應同作於是年夏。趙效宣《李綱年譜長編》謂《申史館繳編次到建炎制詔奏議表劄集狀》作於紹興五年（1135）[1]，《建炎制詔奏議表劄集序》作於紹興八年[2]，誤也。

大約六、七月間，上《催差軍馬劄子》。

本集卷八八《催差軍馬劄子》云："近聞劉光世軍馬已起發往廬州，岳飛軍馬已起發往襄陽府。"（第873頁）案，是年六月十三日，張浚命劉光世自當塗進屯廬州，故此文大約作於六、七月間。

上《乞截留王彥軍馬奏狀》。

本集卷八八《乞截留王彥軍馬奏狀》云："勘會已降指揮，令王彥將帶兵馬前來行府，約至七月間可到，候到行府日，即量度差撥前來，今關送照會。右本司體問得王彥，見荊南府除存留營田人兵外，將帶軍馬裝發舟船前來，人數不多，約七月盡八月初間可到江州。……竊慮王彥軍馬到得行府，已是秋深，又復差撥前來，須至冬月……乞截留王彥就便聽本司節制使喚。"（第874頁）案，《建炎以來繫年要錄》卷一〇三載紹興六年七月十五日辛巳，"行營前護副軍都統制王彥發荊南，以所部八字軍萬人赴行在"[3]。王彥七月十五日起發荊南，而《乞截留王彥軍馬奏狀》云"將帶軍馬裝發舟船前來"，則此文應在七月十五日之前，大約作於六、七月間。王彥（1090—1139），字子才，上黨（今屬山西）人。南宋抗金名將，"八字軍"首領。[4]《宋史》卷三六八有傳。

七月四日，有《祭胡氏妹文》。

本集卷一六五《祭胡氏妹文》："維紹興六年，歲次丙辰，七月丁卯朔越三日，從兄具位李綱。"（第1527頁）七月丁卯朔越三日，七月四日也。

六日，有《與張相公第六書》，論治兵與行軍制勝之道。

[1] 趙效宣《李綱年譜長編》，第185頁。
[2] 趙效宣《李綱年譜長編》，第220頁。
[3] 李心傳編撰，胡坤點校《建炎以來繫年要錄》，第5冊第1945頁。
[4] 脫脫等《宋史》卷三六八《王彥傳》，第33冊第11451～11454頁。

　　本集卷一二四《與張相公第六書》題注"七月六日"，並云："某乘乏豫章，忽忽三月。"（第1195頁）據知，此文作於是年七月六日。

有《與呂安老侍郎第一書》，言防秋事宜。

　　本集卷一二七《與呂安老侍郎第一書》題注"七月六日"，並云："區區抵豫章，忽三月矣。"（第1224頁）據知，此文作於是年七月六日。時呂祉試任尚書刑部侍郎。案，《建炎以來繫年要錄》卷一〇二載紹興六年六月八日甲辰，"給事中呂祉試尚書刑部侍郎，充都督行府參議軍事"[1]。

九日，有《與趙相公第九書》，乞命王彥軍馬來聽使喚。

　　本集卷一二二《與趙相公第九書》題注"七月初九日"，文曰："近得行府劄子，許差王彥一軍，但須候其到，乃始差撥。今王彥尚在荆南，秋期已至，深慮道里遼遠，虛費日月，軍馬有往返跋涉之勞。……敢望朝廷特賜指揮，得專遣使臣齎劄命迤邐前來，截留一路，不勝幸甚，伏冀垂念。"（第1179頁）

是月六日至十一日之間，有《與張相公第七書》，乞差撥數千人前來，以安民心，以弭物議。

　　本集卷一二四《與張相公第六書》題注"七月六日"（第1195頁）。《與張相公第八書》題注"七月十一日"（第1197頁）。則《與張相公第七書》應作於是月六日至十一日之間。

十一日，有《與呂安老侍郎第二書》，論用兵之道。

　　本集卷一二七《與呂安老侍郎第二書》題注"七月十一日"，文曰："嘗觀古人用兵，多常得先手，此棋家所謂爭先法，而兵家所謂致人而不致於人也。"（第1224頁）時呂祉試任吏部侍郎。《建炎以來繫年要錄》卷一〇三載紹興六年七月八日甲戌，"試尚書刑部侍郎呂祉……試吏部侍郎，祉仍兼都督行府參議軍事"[2]。

是日，有《與張相公第八書》，乞令王彥軍馬直赴本司，並舉薦蕭建功。

　　《建炎以來繫年要錄》卷一一二載紹興七年七月二十五日乙酉，"進士蕭建功特補將仕郎。建功，新淦人，通經史，陳瓘、李朴皆器重之，隱居

---

[1] 李心傳編撰，胡坤點校《建炎以來繫年要錄》，第5冊第1926頁。
[2] 李心傳編撰，胡坤點校《建炎以來繫年要錄》，第5冊第1943頁。

江濱，士大夫乘舟上下者，必禮於其廬。江西制置大使李綱薦於朝，召試中書，而有是命"[1]。本集卷一二四《與張相公第八書》題注"七月十一日"（第1197頁），文曰："臨江軍申：蕭建功者，實有文學節操，爲士人之所推稱，內翰朱震江、東都運向子諲，皆深知其爲人。本司及轉運司保明申奏朝廷，乞依近例收召審察，必有可觀。"（第1198頁）蕭建功特補將仕郎乃李綱所薦，陳淵代筆，又見陳淵《默堂集》卷一二《代江西帥李丞相薦蕭茂德奏狀》。[2]

二十日，子申之生。

李綸《梁溪先生年譜》謂是年"七月二十日，子申之生"[3]。

二十二日，作《淵聖皇帝東宮賜詹事李詩御書跋尾》《靖康皇太子學書跋尾》。

本集卷一六一《淵聖皇帝東宮賜詹事李詩御書跋尾》《靖康皇太子學書跋尾》文末署"紹興六年七月二十二日，具位臣李某謹跋"（第1486頁）。

二十三日，作《淵聖皇帝題十八學士頌》。

本集卷一四二《淵聖皇帝題十八學士頌》文末署"紹興六年七月二十三日"（第1348頁）。李綱所見淵聖皇帝題十八學士乃贗品。案，趙彥衛《雲麓漫鈔》卷一載："我淵聖皇帝居東宮日，親灑宸翰，畫唐十八學士，並書姓名序贊，以賜宮僚張公叔夜。靖康初，張以南道總管自鄧領兵勤王京師，拜樞密，以不肯推戴異姓，取過軍前，飲恨而薨。長子慈甫從行，慈甫閣中攜畫南來，諸叔屢取之，不與。有以勢力來圖者，慈甫令人以贗本遺之，今豫章刻是也。丞相李公伯紀爲之頌序，以爲閻立本畫、褚亮贊，而御書十八人姓名。畫既不精，而贊中字亦有故與改之者，李初不考也。後虜人請和，慈甫來取其室人，有旨遣之。先姚乃樞密公之姪，而樞密夫人亦先人諸姑。先人在樞密勤王幕中，經理諸孤南來，慈甫之閣，留此宸翰付先君以行。慶元二年，余爲天台倅，嘗以宸翰刻諸台倅公廨，並載其事。丞相京公得其

---

[1] 李心傳編撰，胡坤點校《建炎以來繫年要錄》，第5冊第2104頁。

[2] 陳淵《默堂集》，景印文淵閣《四庫全書》，第1139冊第378～379頁。

[3] 李綸編，彭邦明校點《梁溪先生年譜》，吳洪澤、尹波主編《宋人年譜叢刊》，第6冊第4091頁。

本，答書云：'鄉里所刻，爲贗本無疑矣。'"[1]

大約是月下旬，上《申督府密院相度措置虔州盜賊狀》。

本集卷一〇七《申督府密院相度措置虔州盜賊狀》云："七月十八日准樞密院七月一日劄子，臣僚上言，臣竊以虔州地險民貧，風俗獷悍，居無事時，群出持兵私販爲業。……臣愚過計，欲乞汀州常屯兵千人，循、梅州各屯千人，虔州屯二千人，間歲更番，每遇猖獗，併力掩殺，仍擇守令專意撫存失業之人。"（第1013～1014頁）此奏狀當上於七月十八日之後，大約七月下旬也。

是月，有《祭九弟司法文》。

本集卷一六五《祭九弟司法文》："維紹興六年，歲次丙辰，七月丁卯朔某日，從兄具位李綱。"（第1527頁）據知，此文作於是年七月。

大約八月初，有《與陳國佐司諫第一書》，言賑濟、乞兵諸事。

本集卷一二八《與陳國佐司諫第一書》謂"區區抵豫章，行四月矣"（第1235頁）。案，李綱四月四日次南昌，據此推斷，此文大約作於八月初。

八月三日，有《與趙相公第十書》，報差人勾押統領官何球，已送所屬根治。

本集卷一二二《與趙相公第十書》題注"八月三日"，文曰："昨蒙朝廷差到統領官何球……全不以捕盜爲意，公然招收亡命，冒請錢糧……差人勾押前來，昨日方到本司，已送所屬根治。"（第1180頁）

四日，有《與張相公第九書》，言江西兵力薄弱之憂。

本集卷一二四《與張相公第九書》題注"八月四日"，文曰："此地在江之南……諸帥聯屯，相去闊遠，使賊出於乘間搗虛之計，正如賊風飄暴傷人，倉促何以支吾？"（第1198頁）

十五日，作《皇帝御筆勉行詔書跋尾》《皇帝御筆賑濟詔書跋尾》。

本集卷一六一《皇帝御筆勉行詔書跋尾》《皇帝御筆賑濟詔書跋尾》文末署"紹興六年八月十五日，具位臣李某謹言"（第1485頁）。

二十二日，奏報僞齊人馬侵犯應山縣。

[1] 趙彥衛《雲麓漫鈔》，上海師範大學古籍整理研究所編《全宋筆記》，大象出版社2013年版，第6編第4冊第89頁。

本集卷九〇《乞撥那軍馬奏狀》云："右臣近據舒、蘄、黄州等探報：偽齊淮河北州郡、順昌府、陳、蔡等州，遂平、襄信等縣，皆有人馬駐紥。及八月二十二日，偽齊人馬侵犯德安府應山縣作過，戰敗官兵，殺死趙將。"（第883頁）

大約是月，有《與吕安老侍郎第三書》，言差撥兵馬及虔州、吉州盜賊諸事。

本集卷一二七《與吕安老侍郎第二書》作於七月十一日、《與吕安老侍郎第四書》作於九月初，則《與吕安老侍郎第三書》大約作於八月。文曰："區區承乏豫章，託庇粗適。……朝夕之所憂慮者，無兵無將，何以防捍不虞？……虔、吉盜賊紛紛不已……非痛革之未易懲創。"（第1225頁）

具《申督府密院乞防秋軍馬狀》。

本集卷一〇七《申督府密院乞防秋軍馬狀》云："准諸路軍事都督行府七月二十九日示下本司劄子節文，本司申乞截留王彦軍馬，就便聽本司節制使喚……本司契勘今來已是九月防秋之際，沿江一帶合行措置控扼去處，並未有兵備。"（第1015~1016頁）此文當作於七月二十九日之後，又值九月防秋之際，大約作於是年八月也。

九月初，聞高宗巡幸江上，遣羅薦可奉《車駕巡幸江上起居表》。

本集卷八九《車駕巡幸江上起居表》云："臣綱言：伏睹進奏院報，九月一日車駕進發巡幸江上者。……謹遣左宣教郎、本司幹辦公事臣羅薦可詣行在所，奉表起居以聞。"（第879~880頁）高宗九月一日進發巡幸江南，八日幸平江府，起居表當上於九月初。案，《建炎以來繫年要録》卷一〇五載紹興六年九月一日丙寅，"上發臨安府"[1]；八日癸酉，"上次平江府。以水門隘，不通御舟，乃就輦於城外。百官朝服乘馬，扈從至行宫，賜百司沐浴三日"[2]。又見《宋史》卷二八《高宗本紀五》、《皇宋中興兩朝聖政》卷二〇《高宗皇帝二十》、《中興小紀》卷二〇。羅薦可，字養蒙，沙縣人。政和二

[1] 李心傳編撰，胡坤點校《建炎以來繫年要録》，第5冊第1969頁。
[2] 李心傳編撰，胡坤點校《建炎以來繫年要録》，第5冊第1971頁。

年（1112）進士。李綱制置江南西路，辟爲屬。[1]

遣羅薦可進呈《乞差防秋軍馬奏狀》《論擊賊劄子》。

　　《宋史》本傳："時宋師與金人、僞齊相持於淮、泗者半年，綱奏：'兩兵相持，非出奇不足以取勝。願速遣驍將，自淮南約岳飛爲掎角，夾擊之，大功可成。'已而宋師屢捷，劉光世、張俊、楊沂中大破僞齊兵於淮、淝之上。"（第11270頁）《建炎以來繫年要録》卷一〇六載紹興六年十月十三日丁未，"左宣教郎、江西制置大使司幹辦公事羅薦可進秩一等。先是，觀文殿大學士、江西制置大使李綱聞上巡幸，遣薦可奉表問起居，且言：'自古用兵，相持既久，則非出奇不足以取勝。願速遣得力兵將，自淮南前來蘄、黃間，約岳飛兵相爲掎角，以夾擊之，大功可成。'繼而王師屢捷，綱又奏陳利害，大略以謂：竊見間探所報，僞齊乞兵於虜人，頭項頗多，未聞有渡淮而南者。其侵犯淮、淝，及光山、六安等處作過，祇是李成、孔彥舟叛將簽軍"[2]。此即本集卷九〇《乞差防秋軍馬奏狀》、卷九一《論擊賊劄子》。又，本集卷九〇《乞差防秋軍馬奏狀》云："臣謹遣左宣教郎、本司幹辦公事臣羅薦可詣行在所樞密院稟議。"（第882頁）據知，二文與起居表乃李綱遣羅薦可奉呈，當同上於九月初。

有《與呂安老侍郎第四書》，言遣羅薦可奉起居表及差撥兵馬諸事。

　　本集卷一二七《與呂安老侍郎第四書》云："今遣本司屬官羅薦可詣行在，奉表起居，及詣樞密院、都督行府，稟議奏檢，並與諸公稟目副本録去，幸詳覽，可以見其曲折。……今所陳乞，若量差得數千人，使有本領，一面隨宜措置，粗可支吾，亦豈敢堅爲去就？"（第1226頁）《與呂安老侍郎第五書》云："前日遣幹官羅薦可詣行府稟議，嘗奉手狀，不審已呈達否？"（第1227頁）據知，第四書與起居表同時作於九月初。

大約九月初，得陳淵書，言寇賊王權等家屬事。

　　陳淵《默堂集》卷一四《與李丞相論王權等家屬》云："淵竊惟江西盜賊服叛不常，皆緣自來治之無法，所以年年猖獗不已，大爲民害。比者王

［1］郝玉麟等修，謝道承等纂《福建通志》四六《人物四》，景印文淵閣《四庫全書》，第529冊第581頁。
［2］李心傳編撰，胡坤點校《建炎以來繫年要録》，第5冊第1989～1990頁。

權、蘇勝、劉文脩、潘汝霖等四人伏誅，上下交慶。"[1] 本集卷一二七《與呂安老侍郎第四書》云："近於袁、吉間措置招捉王權數火，今又生擒所謂黃巔叔等，自此當稍寧貼。"（第 1227 頁）《與呂安老侍郎第四書》作於九月初，則陳淵《與李丞相論王權等家屬》大約作於同時。

九月七日，有《與趙相公第十一書》，言差撥兵馬及修城壁事。

本集卷一二三《與趙相公第十一書》題注"九月七日"，文曰："某承乏江右，忽將半年，左支右吾，粗免曠敗，實賴鈞庇之賜。第防秋是時，屢告朝廷，乞遣發軍馬。……本州城壁久不修治，類多頹毀，又太闊遠，自城北一帶皆是空閑去處，難於保守。"（第 1182 頁）

九日，乞赴行在扈從，高宗降詔不許。

《建炎以來繫年要錄》卷一〇五載紹興六年九月九日甲戌，"江西制置大使李綱乞赴行在扈從，優詔不許"[2]。趙鼎《忠正德文集》卷八《丙辰筆錄》載紹興六年九月十一日，"進呈江西安撫大使李綱奏，以車駕時巡，乞扈從，降詔不允"[3]。今從《建炎以來繫年要錄》。

是日，有《與張相公第十書》，乞差撥兵馬防護。

《四庫全書》本《梁溪集》卷一二五《與張相公第十書》題注"九月九日"[4]。本集卷一二五《與張相公第十書》云："某前乞軍馬萬人，今豈敢望此？但得朝廷量行差撥本司，隨宜措置足矣。"（第 1200 頁）

十二日，有《與呂安老侍郎第五書》，報解發招安虔寇事。

本集卷一二七《與呂安老侍郎第五書》題注"九月十二日"，文曰："前後解發招安到虔寇首領赴軍前使喚，凡數十人；今又得所謂廖一長、羅洞天等十餘人管押前去。"（第 1227 頁）

大約九月中上旬，上《乞降詔諸帥持重用兵劄子》。

本集卷八九《乞降詔諸帥持重用兵劄子》云："近據岳飛公文，分遣兵將收復鎮汝軍、商、虢等州，殺獲甚衆，所得糧儲不貲，頗如臣之所料。"

---

[1] 陳淵《默堂集》，景印文淵閣《四庫全書》，第 1139 冊第 393 頁。
[2] 李心傳編撰，胡坤點校《建炎以來繫年要錄》，第 5 冊第 1971 頁。
[3] 趙鼎《忠正德文集》，景印文淵閣《四庫全書》，臺灣商務印書館 1986 年版，第 1128 冊第 743 頁。
[4] 李綱《梁溪集》，景印文淵閣《四庫全書》，第 1126 冊第 467 頁。

（第 880 頁）案，《建炎以來繫年要錄》卷一〇四載紹興六年八月九日甲辰，
"時張浚自江上歸，力陳建康之行爲不可緩。朝論不同，上獨從其計。先是，
三大帥既移屯，而湖北京西宣府副使岳飛亦遣兵入僞地。僞知鎮汝軍薛亨
素號驍勇，飛命統制官牛皋擊之，擒亨以獻。引兵至蔡州，焚其積聚"[1]。卷
一〇五載紹興六年九月一日丙寅，"上發臨安府。先詣上天竺寺焚香，道遇
執黃旗報捷者，乃湖北京西宣府副使岳飛所遣武翼郎李遇。先是，飛遣統制
官王貴、郝政、董先引兵攻虢州盧氏縣，下之，獲糧十五萬斛"[2]；九月四日
己巳，"張浚曰：'飛措置甚大，今已至伊、洛，則太行一帶山寨，必有通謀
者。自梁青之來，彼意甚堅。'"[3]九月十七日壬午，"岳飛以孤軍無援，復次
鄂州"[4]。據知，岳飛八、九月間收復鎮汝軍、商、虢等州，九月十七日復次
鄂州，故推知此文大約作於九月中上旬。

**上《乞下虔吉州守臣不得占留將兵奏狀》《乞罷江西帥仍乞宮祠或致仕
劄子》。**

本集卷九〇《乞下虔吉州守臣不得占留將兵奏狀》云："伏望聖慈特降
睿旨，令朝廷行下兩州守臣，遵奉元降聖旨指揮，及依本司措置，止許存留
一半將兵，不得盡數輒有占留，以誤大計。"（第 883 頁）《乞罷江西帥仍乞
宮祠或致仕劄子》云："適丁僞虜猖獗之秋，當爲防冬捍守之計。而臣本司
軍馬，盡已撥隸諸將。"（第 885 頁）案，本集卷九〇所收他文皆作於九月，
且是月中下旬所作《與趙相公第十二書》提及因屢次乞兵不得，遂有求去之
意，故二文大約作於九月中上旬也。

二十一日，得報僞齊孔彥舟率馬步軍於谷口渡。

本集卷九〇《蘄州探報》云："今月二十一日未時，有僞賊馬軍二百餘
匹，於谷口渡已過淮南岸。"（第 886 頁）《繳進蘄州探報劄子》云："准光州
探報，九月二十一日，有僞賊馬軍二百餘匹，於谷口渡已過淮南岸。"（第
886 頁）

［1］李心傳編撰，胡坤點校《建炎以來繫年要錄》，第 5 冊第 1957～1958 頁。
［2］李心傳編撰，胡坤點校《建炎以來繫年要錄》，第 5 冊第 1969 頁。
［3］李心傳編撰，胡坤點校《建炎以來繫年要錄》，第 5 冊第 1969 頁。
［4］李心傳編撰，胡坤點校《建炎以來繫年要錄》，第 5 冊第 1973 頁。

大約是日，有《與張相公第十一書》，言蘄州探報事。

  本集卷一二五《與張相公第十一書》云："某已作書，方欲遣發，適得蘄州報：賊馬渡淮而南。"（第1201頁）李綱九月二十一日得蘄州探報，據知，此文大約作於是日。

是月中下旬，有《與趙相公第十二書》，因屢次乞兵而不得，遂有求去之意。

  本集卷一二三《與趙相公第十一書》作於九月七日，《與趙相公第十三書》作於十月一日，故《與趙相公第十二書》當作於九月中下旬。文曰："近者上章引疾丐罷，降詔不允……然某之所以求去，正以防秋之迫，何則？叨冒大帥，有其名而無其實故也。"（第1183頁）

是月末，具《乞撥那軍馬奏狀》。

  本集卷九〇《乞撥那軍馬奏狀》云："今月二十四日，准金字牌降到御寶封下樞密院劄子，九月十九日樞密院奏，勘會岳飛見提大兵於襄陽、鄂、岳一帶措置邊事，其本軍合用錢糧，係江西及朝廷應副，皆取到九江，方至鄂渚。日近據探報，虜偽賊馬，聚兵陳州、順昌府，意欲侵犯淮西。其江州最係緊切控扼去處，兼慮緩急阻遏糧道，理宜措置。右奉聖旨，令岳飛摘那一項軍馬，疾速順流前來江州屯駐照應，措置控守。"（第883頁）案，《建炎以來繫年要錄》卷一〇六載紹興六年十月三日丁酉，"先是，劉麟等令鄉兵偽胡服於河南諸處，千百爲群，人皆疑之，以虜、偽合兵而至。……俊、光世皆請益兵，衆情洶懼，議欲移盱眙之屯，退合肥之戍，召岳飛盡以兵東下"[1]；紹興六年十一月九日癸酉，"湖北京西宣撫副使岳飛奏，依奉處分，往江州屯駐。……按：此止是飛起發，未至江州也"[2]；卷一〇七載紹興六年十二月十日癸卯，"詔岳飛行軍襄漢，正當雪寒，令學士院降詔撫諭一行將士"[3]。據知，降旨岳飛屯駐江州應在十月三日前，岳飛十一月九日上奏往江州屯駐，然十二月十日仍在襄漢行軍，實未至江州也。李綱奏狀提及岳飛九月十九日於襄陽、鄂、岳一帶措置邊事，右奉聖旨，令往江州屯駐照應，據

[1] 李心傳編撰，胡坤點校《建炎以來繫年要錄》，第5冊第1982頁。
[2] 李心傳編撰，胡坤點校《建炎以來繫年要錄》，第5冊第1998頁。
[3] 李心傳編撰，胡坤點校《建炎以來繫年要錄》，第5冊第2011頁。

此推斷，此文應作於九月末。

具《蘄州探報》《繳進蘄州探報劄子》。

本集卷九〇《蘄州探報》云："今月二十六日准光州牒，今月二十一日戌時，據探事效用蔣賢等到州供稱：今月二十一日未時，有僞賊馬軍二百餘匹，於谷口渡已過淮南岸。"（第886頁）《繳進蘄州探報劄子》云："臣已具奏，方欲遣發間，據蘄州公文：准光州探報，九月二十一日，有僞賊馬軍二百餘匹，於谷口渡已過淮南岸……伏望聖慈特降睿旨，日下差撥得力成頭項軍馬，星夜前來應援措置防託，庶幾尚可支吾。"（第886頁）據知，具奏時間應在二十六日後之九月月末。

是月，有《與折樞密第二書》，言兵力單弱諸事。

本集卷一二八《與折樞密第二書》云："某承乏方面，衰病日加，大懼曠闕。迫於防秋，未敢堅爲去就，止俟解嚴，即申前請。……況今車駕時巡江上，上流重地無兵可以控扼，何以使某敢任此責？藉使邊報無警，虔、吉間盜賊未靜，正以軍馬單弱，無以鎮服之故。"（第1231頁）案，高宗九月一日巡幸江南，八日幸平江府，據"迫於防秋""況今車駕時巡江上"，推斷此文作於九月。

大約是月，上《申督府密院具虔吉盜賊再乞防秋軍馬狀》《申督府密院開具沿江州縣合控扼去處乞軍馬防守狀》。

本集卷一〇七《申督府密院具虔吉盜賊再乞防秋軍馬狀》云："八月二十九日早，據百姓黃永引到吉水縣五十一都稅戶徐二稱：今月十七日夜，有虔賊王三將、朱十一將等二十三人，各有衣甲、槍刀、叉刀等投徐二家，令本人探本州有無大兵，欲報仇殺本州官員、虜掠人民等事。"（第1016頁）奏狀當作於八月二十九日之後，大約是月作。本集卷一〇七《申督府密院開具沿江州縣合控扼去處乞軍馬防守狀》原列《申督府密院具虔吉盜賊再乞防秋軍馬狀》之後，文曰："今來秋氣已深，應合控扼去處，並無兵可以防守。"（第1017頁）此二文大約同作於是年九月也。

秋，作《贈羅偉政奉議》《次韻李西美舍人見寄二首》《次韻林茂南參謀觀閱水戰之作》《南昌樓秋望》詩。

本集卷三二序謂"自丙辰歲至豫章及戊午歲歸自豫章以後作三十七首"

（第 420 頁），卷三二《贈羅偉政奉議》詩云："秋堂夜飲他年話，莫忘棋聲雜雨聲。"（第 420 頁）《南昌樓秋望》詩云："兵火凋殘今幾秋，江山依舊繞層樓。……落霞孤鶩齊飛處，望斷楚天天盡頭。"（第 421 頁）詩當作於是年秋。《次韻李西美舍人見寄二首》《次韻林茂南參謀觀閱水戰之作》三詩原列本集卷三二《贈羅偉政奉議》與《南昌樓秋望》之間，當同作於是年秋。李璆，字西美，汴州（今河南開封）人。歷官中書舍人、四川安撫制置使，時知吉州。[1]《宋史》卷三七七有傳。羅偉政、林茂南，字里不詳。

十月一日，有《與陳國佐司諫第二書》，附呈請兵奏狀副本，煩助進言。

本集卷一二八《與陳國佐司諫第二書》題注"十月初一日"（第 1235 頁），文曰："江西兵將單弱之甚，沿江要害去處，並無兵可以控扼。……輒錄請兵奏狀劄子副本拜呈，進對從容間，能爲一言否？"（第 1236 頁）

二日，有《與岳少保第二書》，望選擇精銳軍馬，早調撥前來。

本集卷一二八《與岳少保第二書》題注"十月初二日"。文曰："本路以朝廷不曾撥到兵將，沿江要害去處，並無控扼，方以爲憂，今得依庇，爲幸多矣。更冀選擇精銳，早與調發，辱照素厚，想不待喋喋也。"（第 1237 頁）

是月初，上《奏陳防秋利害劄子》。

《行狀》："既而王師屢捷，劉光世、張俊、楊沂中大破僞齊賊馬於淮、泗之上，斬馘擒捕甚衆，殘黨遁歸淮北。公又奏陳利害。"（第 1746 頁）本集卷九一《奏陳防秋利害劄子》云："加以時方初冬，去解嚴之期尚遠，合當措置防守去處，更宜嚴爲之備。"（第 890 頁）十月十日李綱因此劄得獎諭詔書，"時方初冬"當指十月初也。

有《與李泰發端明第一書》，言乞兵不得之憤。

本集卷一二七《與李泰發端明第一書》云："區區承乏豫章，逾半年矣。……請兵於朝，不知次數，廟謨方謂屯重兵於淮、泗、襄、漢，此方爲内地，兵不必遣，此大不然。……近遣屬官赴行在稟議，未得指揮。聞探報：賊馬果渡淮而南，攻圍光州，勢漸危急。已再具奏告上，如朝廷不遣兵，即乞掛冠而歸，豈所欲哉？不得已耳！"（第 1221 頁）案，《建炎以來繫年要

---

[1] 脫脫等《宋史》卷三七七《李璆傳》，第 33 冊第 11654～11655 頁。

録》卷一〇五載紹興六年九月二十五日庚寅，"張浚復往鎮江視師。初，僞齊劉豫……簽鄉兵三十萬，號七十萬，分三路入寇。中路由壽春犯合肥，麟統之；東路由紫荆山出渦口，犯定遠縣，以趨宣、徽，姪猊統之；西路由光州犯六安，彦舟統之"[1]。卷一〇六載紹興六年十月十日甲辰，"沂中至藕塘，與猊遇。賊據山險列陣外嚮，矢下如雨。……賊衆大敗。……麟在順昌，聞猊敗，拔寨遁去。……於是孔彦舟圍光州，守臣敦武郎王莘拒之。彦舟聞猊敗，亦引去。北方大恐"[2]。據知，孔彦舟九月下旬攻圍光州，"首尾半月"，十月十日從光州撤軍。李綱至南昌逾半年，又探聞賊馬攻圍光州，此文當作於十月初。李泰發，李光也。

十日，以所言防秋利害，切中事機，得獎諭詔。大約是日，上《謝獎諭表》《再陳己見劄子》。

《行狀》："以公奏陳防秋利害，切中事機，降詔獎諭。"（第 1746 頁）本集卷九二《再陳己見劄子》云："臣今月十日，准御前金字牌降到樞密院劄子，奉聖旨，以臣奏陳防秋利害，切中事機，令學士院降詔獎諭，劄送臣照會。"（第 896 頁）"今月十日"當指十月十日。案，《建炎以來繫年要録》卷一〇六載：紹興六年十月十三日丁未，"左宣教郎、江西制置大使司幹辦公事羅薦可進秩一等。先是，觀文殿大學士、江西制置大使李綱聞上巡幸，遣薦可奉表問起居……上以綱所陳利害，切中事機，賜詔獎諭。綱再奏：'願降哀痛之詔，憫將士罷兵革之苦，凡死於戰陣，先加封爵，厚給賻贈，收恤其家，死者褒，則生者勸也。然後明詔統帥，審定功狀，俟防冬解嚴，慶賜並行，其誰曰不然？'"[3]"綱再奏"即《再陳己見劄子》，十月十三日羅薦可進秩一等提及此劄，賜詔獎諭事在此之前，故劄子所言"今月十日"當指十月十日，本集卷九二《謝獎諭表》大約上於是日，《再陳己見劄子》大約作於同時。

二日至十六日之間，有《與岳少保第三書》，請差撥軍兵屯駐江州。

本集卷一二八《與岳少保第二書》作於十月二日、《與岳少保第四

---

[1] 李心傳編撰，胡坤點校《建炎以來繫年要録》，第 5 冊第 1976~1977 頁。
[2] 李心傳編撰，胡坤點校《建炎以來繫年要録》，第 5 冊第 1987~1988 頁。
[3] 李心傳編撰，胡坤點校《建炎以來繫年要録》，第 5 冊第 1989~1990 頁。

書》作於十月十六日，據此推斷，此文應作於十月二日至十六日之間。文曰："近據蘄、黃州探報，賊馬已渡淮，攻圍光州，今已半月餘日，人數厚重。……敢冀垂念，選擇精銳軍馬，得萬人左右，可以分佈沿江，控扼保全，一路實受大賜。"（第1237~1238頁）

十六日，有《與岳少保第四書》，請遣兵屯駐九江。

本集卷一二八《與岳少保第四書》題注"十月十六日"，文曰："某再啟，近者有旨，就少保軍中撥一項軍馬屯駐九江，措置控守。……敢煩頤旨，選差精銳軍馬，早與調發，以副一路士民之望。"（第1238頁）

二十四日，有《與張相公第十二書》，請急遣兵以實江西。

本集卷一二五《與張相公第十二書》題注"十月二十四日"（第1201頁），文曰："本路將兵，盡在虔、吉，以有盜賊殘黨之故，不欲盡起，止令團結一半，以應警急之需。……近承朝廷指揮，岳飛分兵屯駐九江，至今尚猶未到。"（第1202頁）

是月下旬，上《乞下淮西宣撫司差軍馬前去光州駐紮奏狀》。

本集卷九一《乞下淮西宣撫司差軍馬前去光州駐紮奏狀》云："今月二十日據興國軍狀申：十月十五日未時，據進武副尉本軍使臣何詮申，今月十三日戌時有黃州差去探報衙前華昇申，今月初十日到砂碯市，見光州知州王敦武以下官員，般移老少軍民在砂碯市石盆山寨住泊。……今來僞齊遣孔彥舟係橋渡淮，攻圍光州，首尾半月，無兵救援，致使光州官吏奮發忠義，出城擊退，其功績誠可嘉也。孔彥舟引兵入六安軍前去，而光州於今月初六日夜二更，兵民皆出城往光山縣，名爲移治，不知所向。是光州官吏誠恐賊兵再來攻圍，依前無人救援，緩急城陷，則一城皆被殺虜，所以棄之遠遁。"（第891頁）案，孔彥舟九月下旬攻圍光州，"首尾半月"，十月十日從光州撤軍。《乞下淮西宣撫司差軍馬前去光州駐紮奏狀》所云"今月"當爲十月，從"今月二十日據興國軍狀申"推斷，此奏狀應爲十月下旬作。

是月，上《再乞罷帥劄子》。

本集卷九一《再乞罷帥劄子》云："累具利害申都督行府，止云見議遣兵。自春徂冬，初無一人一騎至者。方用兵之際，邊報警急之秋，付臣千里之寄，而軍馬單弱，曾不足以薄具防守。"（第888頁）從"自春徂冬"推斷，此文當作於十月。

具《乞差發軍馬劄子》。

本集卷九一《乞差發軍馬劄子》云：“今者王師大捷，賊兵遁逃，固足以紓目前之憂，爲中外之慶。然月始初冬，解嚴之期尚遠；兵貴預備，黠虜之衆尚多。”（第889頁）從“月始初冬”推知，此文作於是年十月。

上《乞施行虔州占吝將兵奏狀》。

本集卷九一《乞施行虔州占吝將兵奏狀》云：“本司近來不住承據江北蘄、黃州探報，虜僞賊馬侵犯淮西州縣，事宜緊急。沿江合行措置把截去處，別無軍馬防守，遂於九月二十八日以後，排日入遞，及專差使臣計一十五次劄下虔州，勾抽上件已團結下一半將兵前來本司，分佈控扼使喚，亦已具因依奏聞外。”（第892~893頁）從九月二十八日以後，排日入遞十五劄，推知此文應作於是年十月。

上《乞令岳飛前來江州仍許聽本司官制奏狀》。

本集卷九一《乞令岳飛前來江州仍許聽本司官制奏狀》云：“准樞密院九月二十六日劄子，樞密院奏，勘會岳飛見提大兵於襄陽、岳、鄂一帶，措置邊事。……右奉聖旨，令岳飛依已降指揮，疾速摘那前去江州屯駐……續據湖北宣撫司簽廳公文稱，宣撫岳少保見爲目疾在假，本司見調發官兵五千人，並車戰船前去蘄陽屯駐，請照會。……伏望聖慈特降睿旨，下湖北路宣撫司，依元降聖旨指揮，別差一項軍馬前來江州屯駐，與蘄陽軍馬照應，相爲表裏。”（第893~894頁）案，十月三日前降旨岳飛屯駐江州，十一月九日岳飛上奏往江州屯駐。據知，此文應作於十月。

大約是月，上《乞撥韓京等軍馬奏狀》。

本集卷九一《乞撥韓京等軍馬奏狀》云：“契勘本司近具奏聞，以軍馬單弱，防冬之際，緩急賊馬侵犯，無以捍禦。”（第894頁）從“防冬之際”推斷，此文大約作於是年十月。

具《進道君皇帝御書碑本奏狀》《進皇帝御筆詔書奏狀》。

本集卷九一《進道君皇帝御書碑本奏狀》云：“右臣今年三月內蒙恩賜對內殿，嘗以道君太上皇帝所賜御書一軸進呈，及乞將刻到碑石等進御府。……臣近於福州舊寄居處取到道君太上皇帝御書碑石兩段，及元打下碑本四十八張。"（第890頁）《進皇帝御筆詔書奏狀》云："右臣昨於去年十月內蒙恩除今任差遣，三具奏辭免，伏蒙聖慈特降親筆詔書趣行。又於今年三月內赴任至江西界首，准御前金字牌降下親筆詔書，以本路旱災，饑民乏食，令勸誘積米之家，盡數出糶，以濟流殍之苦。臣到任所，以前件親筆詔書，刻之琬琰，置州治中，以垂永久。謹褾背成軸，用匣復封全，差人齎赴通進司投進。"（第891頁）二文原列本集卷九一《奏陳防秋利害劄子》與《乞下淮西宣撫司差軍馬前去光州駐紮奏狀》之間，大約同作於是年十月。

有《與呂安老侍郎第六書》，言再乞宮祠等事。

本集卷一二七《與呂安老侍郎第六書》云："霜寒，伏惟台候多福。……某再拜，近再上章丐閑，誠以不敢虛任重責之故。蒙恩不允，尤切震懼。遠依餘庇，僥倖殘冬無虞，當申前請，終冀矜從也。"（第1228頁）李綱十月上劄子乞罷帥，即文中"再上章丐閑"也，又據"霜寒"二字，推斷此文大約同作於十月。

大約十一月中旬，上《乞降旨岳飛遵依聖旨差兵屯戍江州奏狀》。

本集卷九二《乞降旨岳飛遵依聖旨差兵屯戍江州奏狀》云："及近降指揮，令岳飛分一項軍馬屯駐江州，至今亦未到來；止是差到兵將於蘄陽駐紮，人數不多。"（第897頁）其附錄《小帖子》："契勘今月十二日，據蘄州申：岳少保自江州復回鄂州，所有元差將官王瑩在蘄口屯泊一項，水軍並已帶回，即是沿江一帶並無軍馬屯駐。"（第898頁）案，岳飛十一月九日上奏往江州屯駐，"今月"當爲十一月。據知，此文大約作於十一月中旬。

上《施行招軍奏狀》，乞招本路西北流移之民於軍中。

本集卷九二《施行招軍奏狀》云："本司近再備據本軍陳乞上項事理，於七月十八日供申樞密院，至今未奉回降指揮。今來西北流移人民，在本路頗多，若不依近降指揮招收，竊慮饑寒失所，或致流爲盜賊，委實可憫。"（第898頁）從"饑寒失所"推斷，此文當作於冬天。又，《施行招軍奏狀》原列本集卷九二《乞降旨岳飛遵依聖旨差兵屯戍江州奏狀》與《乞遣兵收復光州奏狀》之間，大約同作於十一月中旬。

上《乞遣兵收復光州奏狀》。

本集卷九二《乞遣兵收復光州奏狀》云："今月十一日，據興國軍申：

據進武副尉本軍指揮使何銓申報到下項：一、今月初一日，光州探事人翁進等回申供，於十月二十二日，蒙本州差與使臣張準等前去舊光州探事。"（第899頁）據文意，"今月十一日"應指十一月十一日，此文大約作於十一月中旬。

十一月二十日，作《冬至日雪二首》詩。

詩見本集卷三二。案，是年冬至日爲十一月二十日。

大約十一月下旬，上《乞遣兵策應岳飛奏狀》。

本集卷九二《乞遣兵策應岳飛奏狀》云："臣十一月十九日，據岳飛公文，今月十二日據統制官寇成等四狀申稱……今來岳飛雖已前去措置掩殺，緣荊湖接連江西一帶，地里闊遠，竊慮孤軍緩急難以捍禦。伏望聖慈速降睿旨，令劉光世遣發軍馬前來策應，及命重臣統大兵屯駐九江督戰。"（第900~901頁）據文意，此奏狀應作於十一月十九日以後，大約作於十一月下旬。

大約是月，有《與張相公第十三書》，論禦敵之策。

本集卷一二五《與張相公第十三書》云："自秋徂冬，且務靜守，爲自防之計，以觀敵人之動靜，徐爲後圖，乃策之上者。"（第1203頁）案，《與張相公第十二書》作於十月二十四日、《與張相公第十四書》作於十二月七日，此文大約作於十一月也。

十一、十二月間，作《再和趙正之都運觀水戰三首》《登城樓以望江山且閲捷報因賦六章》詩。

以上諸詩原列本集卷三二《冬至日雪二首》與《殘臘雪再作二首》之間，當作於是年十一、十二月間。《登城樓以望江山且閲捷報因賦六章》詩序云："正之復次前韻作四篇見示，是日適登城樓以望江山，且閲捷報，因賦六章以報之。"（第422頁）趙正之，趙子淔也。

十二月七日，有《與張相公第十四書》，乞遣發策應之師。

本集卷一二五《與張相公第十四書》題注"十二月七日"，文曰："荊湖接連江西一帶，地里闊遠，別無軍馬屯駐，深慮岳帥孤軍難以獨力支吾。欲望朝廷遣發策應之師，庶幾可以捍禦，決收奇功。"（第1203頁）

十四日，有《與李泰發端明第二書》，意欲擇居明、越間。

　　本集卷一二七《與李泰發端明第二書》題注"十二月十四日"，文曰：
"今流移歸業，盜賊衰息，帑藏粗充，可以藉手而去。祇俟開春解嚴，即申
前請，以丐閑散，必冀矜從。……意欲卜居明越間……不知有地可以見容
否？"（第1222頁）

是日，有《道君太上皇帝賜宋晙御書跋尾》。

　　本集卷一六一《道君太上皇帝賜宋晙御書跋尾》文末署"紹興六年十二
月十四日，具位臣李某拜手稽首謹書"（第1484頁）。

十八日，有《與張相公第十五書》，論自治乃當今之根本。

　　本集卷一二五《與張相公第十五書》題注"十二月十八日"，文曰："今
日之事，惟當自治，待時而奮，根本壯而枝葉不足慮也。"（第1204頁）

是日，有《與張相公第十六書》，論防冬事宜。

　　本集卷一二五《與張相公第十六書》題注"十二月十八日"，文曰："自
淮上王師屢捷之後，邊境寧謐。惟襄漢之間尚有出沒，岳帥累挫其鋒，防冬
遂可無虞，實自相公以身任天下之重，略不世出之所致。"（第1205頁）

是月，作《殘臘雪再作二首》《再次前韻二首》詩。

　　本集卷三二《再次前韻二首》之前韻即《殘臘雪再作二首》，據知，詩
作於十二月。

冬，具《乞蠲免准依綢絹奏狀》。

　　本集卷九二《乞蠲免准依綢絹奏狀》："今來近准指揮，令本司預將紹興
七年分准依綢絹折納米斛。"（第901頁）本集卷九二奏議確考者皆作於是年
冬天，此文當同作於是年冬天。

具《乞將户貼錢分作二分隨秋稅起催給賣奏狀》。

　　本集卷九二《乞將户貼錢分作二分隨秋稅起催給賣奏狀》云："雖今秋
豐熟，緣春耕之時，正在闕食，穀價翔踴，人户無本作田，所種不多，私債
甚重，民力未至蘇醒。"（第901頁）奏狀應作於"今秋豐熟"之後、"春耕"
之前，當作於是年冬天。

具《乞施行虔州不發將兵奏狀》《乞輪差將兵赴帥司駐紮奏狀》《奏陳生擒
偽齊賊衆劄子》。

本集卷九二《乞施行虔州不發將兵奏狀》云："今年十月內據淮西、蘄、黃等州探報，虜偽賊馬萬數浩瀚，侵犯光州及盧、壽等處。……今來淮西等處賊馬，已爲諸路大兵討殺，各已退遁，沿江一帶平寧。……其虔州守臣，妄以盜賊爲名，占吝不遣，不惟有違本司節制，亦不遵奉朝廷指揮。"（第902頁）卷九三《奏陳生擒偽齊賊衆劄子》云："臣竊見近日諸將獲捷，其捷報內並稱：生擒偽齊賊衆，多者以萬數，少者亦不下數千人。"（第905頁）案，是年九月，劉豫分三路入寇。十月十日，猊敗退，麟、彥舟先後逃遁。據知，二文應作於是年冬天。另，卷九三《乞輪差將兵赴帥司駐紮奏狀》云："契勘洪州未經兵火以前，係本路馬步軍都總管司。畫奉聖旨，虔州所屯東南第六將兵，每上下半年分輪一半赴洪州駐紮。……今來虔州不知有前項因依，習成年例，稱有盜賊，占吝將兵，不肯發遣。"（第905頁）據文意，此文應與《乞施行虔州不發將兵奏狀》同時作。

是年，爲妹夫周楸撰《宋故袁州士曹掾周公墓誌銘》。

本集卷一七〇《宋故袁州士曹掾周公墓誌銘》云："君諱楸，字復本，處之遂昌人。……卒，實宣和六年四月三日也，享年四十有四。……卒之明年二月晦，葬於常州宜興縣永豐鄉銅坑之原，先塋之別壠。後十一年，歲次丙辰，其弟椐以毗陵鄒柄狀敘君行事來請銘。"（第1566~1567頁）丙辰歲即今年。

作《喜遷鶯》（長江千里）、《水龍吟》（古來夷狄難馴）。

趙效宣《李綱年譜長編》謂是年"詞有《喜遷鶯》[晉師勝淝上]一首，《水龍吟》[太宗臨渭上]一首"[1]，姑從之，此處括引首句。

作《與安撫胡侍郎啓》《劉仲偃大資政哀辭》諸文。

趙效宣《李綱年譜長編》謂本集卷一三一《與安撫胡侍郎啓》、卷一六四《劉仲偃大資政哀辭》作於是年[2]，姑從之。胡侍郎，名里不詳。劉仲偃，劉韐也。

---

[1] 趙效宣《李綱年譜長編》，第200頁。
[2] 趙效宣《李綱年譜長編》，第202頁。

高宗紹興七年丁巳（1137），五十五歲

在南昌任江西安撫大使兼知洪州。冬，落職。有詩六首、文一百三篇。

在南昌任江南西路安撫制置大使兼知洪州。正月初，上《乞宮觀奏狀》。

　　本集卷九三《乞宮觀奏狀》云："黽勉就職，倏忽逾年……江西一路號爲上流重鎮……如臣不材衰病，豈可冒居？"（第907頁）二月一日所作《與李泰發端明第三書》謂"正初已具奏申前情"（第1223頁）。據知，《乞宮觀奏狀》作於正月初。

十三日，有《與張相公第十七書》，進中興之策，言乞宮觀事。

　　本集卷一二五《與張相公第十七書》題注"正月十三日"，文曰："某竊謂朝廷欲致中興，用兵祇是一事，要當以進人材，修政事，固根本，明是非，分別君子小人爲先。……今幸防冬無虞，仰託鈞庇，得免曠敗，可遂前請。已具奏聞，乞罷帥事，除一在外宮觀。"（第1206頁）

十五日，有《與張相公第十八書》，乞遣王進軍馬前來捕盜。

　　本集卷一二五《與張相公第十八書》題注"正月十五日"，文曰："近與漕司同具奏及申朝廷，以虔賊謝小鬼等聚集數千人，侵犯吉州，殘破永豐、吉水兩縣，逼近州城作過，潰散官兵。……乞自朝廷就近摘那兵將應副捉殺。及聞朝廷見勾抽福建統制官王進軍馬赴行在。乞降指揮，令就便前來權聽使喚，候討捕了日發回。"（第1206~1207頁）

二十六日，有《與向伯恭殿撰書》，意欲擇居浙東，煩請向子諲尋訪民居僧舍。

　　本集卷一二八《與向伯恭殿撰書》題注"正月二十六日"，文曰："區區承乏豫章，忽已改歲……亦欲卜居浙東……更煩伯恭過日試爲詢訪，民居僧舍無不可者，但得稍寬涼，可以度夏爲佳。"（第1234頁）時向子諲任兩浙路轉運副使，故有是請。案。《建炎以來繫年要錄》卷一〇五載"尋詔子諲與直秘閣、兩浙轉運副使俞俟兩易。子諲乞還政，不許"。注曰："子諲與俞

俟兩易在十月庚子，乞致仕不允在戊申，今聯書之。"[1] 十月庚子，十月六日也。戊申即十四日。實則與兩浙轉運副使張滙兩易。[2]

三十日，有《與張相公第十九書》，獻今日進守之計。

本集卷一二五《與張相公第十九書》題注"正月三十日"，文曰："竊謂進守一道也，能守然後能進，正猶弈棋，自固然後能勝敵。"（第1207頁）

是月，上《謝獎諭表》。

《建炎以來繫年要錄》卷一〇七載紹興六年十二月十四日丁未，"尚書省言，湖南制置大使呂頤浩、江西制置大使李綱撫存饑饉，招集流亡，甚稱朝廷委寄之意。並賜詔書獎諭"[3]。《宋會要輯稿·食貨六八》所載與之同。然《行狀》謂紹興"七年正月，以公賑濟饑民，招還流亡，降詔獎諭"（第1746頁）。李綸《梁溪先生年譜》所載與之同。案，去年十二月十四日，乃高宗降詔獎諭日。今年正月，當爲詔書降至南昌日，本集卷九三《謝獎諭表》當上於是月。

上《同運司乞兵捕虔賊奏狀》。

本集卷九三《同運司乞兵捕虔賊奏狀》云："契勘今來春首，正係州縣催納苗米，裝發綱運，及人户耕種之時。其虔賊謝小鬼等結集凶徒作過，侵犯吉州諸縣，旁近州縣類皆驚擾，有妨官司受納裝綱、及百姓耕作。"（第908頁）故乞兵捕捉虔賊。"春首"，正月也。

上《乞沿淮漢修築城壘劄子》。

《宋史》本傳："車駕進發幸建康。綱奏乞益飭戰守之具，修築沿淮城壘。"（第11270頁）《建炎以來繫年要錄》卷一〇八載：紹興七年春正月一日癸亥，"上在平江。手詔曰：'……將乘春律，往臨大江，駐蹕建康，以察天意。'"[4]本集卷九三《乞沿淮漢修築城壘劄子》云："臣伏睹手詔，車駕將乘茲春律駐蹕建康，此誠至當甚盛之舉也。"（第908～909頁）故此劄應作於正月。又見《行狀》、李綸《梁溪先生年譜》。

［1］李心傳編撰，胡坤點校《建炎以來繫年要錄》，第5冊第1975頁。
［2］王兆鵬《向子諲年譜》考訂甚詳，《兩宋詞人年譜》，第538頁。
［3］李心傳編撰，胡坤點校《建炎以來繫年要錄》，第5冊第2013頁。
［4］李心傳編撰，胡坤點校《建炎以來繫年要錄》，第5冊第2025頁。

大約是月，作《趙都漕出示魯直少游所書梅詩次韻》詩。

本集卷三二序謂“自丙辰歲至豫章及戊午歲歸自豫章以後作三十七首”
（第420頁）。本集卷三二《趙都漕出示魯直少游所書梅詩次韻》詩云：“化工
著意爲尤物，故遣孤芳得春早。……庭中幾樹正垂垂，忍看飄零委煙草。”（第
424頁）詩原列去年十二月所作《再次前韻二首》之後，據“早春”“飄零”
推斷，此詩大約作於今年正月。都漕，都轉運使簡稱。趙都漕即趙子淔。

大約是月末，作《次韻趙正之和篇》詩。

本集卷三二《次韻趙正之和篇》詩序云：“趙正之寵貺和篇，褒與過厚，
適傳新命，念暌違之有日，預深悵然，輒次其韻。”（第424頁）案，《建炎
以來繫年要錄》卷一〇八載紹興七年正月二十三日乙酉，“寶文閣直學士、
江西都轉運使趙子淔復知西外宗正事”[1]。除命傳至福州，大約在是月末也。

二月一日，有《與李泰發端明第三書》，言擇居浙東之意。

本集卷一二七《與李泰發端明第三書》題注“二月初一日”，文曰：“某
悚息，區區於此，忽見改歲。……加以衰憊日甚，歸興日濃，正初已具奏申
前情，尚未得報。……已束裝，才得請，即徑趨浙東，謀一寓居處。”（第
1223頁）

**七日，聞報徽宗、徽后薨逝，率在州官吏，舉哀成服訖，具《道君太上皇
帝升遐慰表》《寧德皇后上仙慰表》。**

《行狀》：“二月，報徽宗皇帝升遐，寧德皇后上仙。公既奉慰表。”（第
1746頁）本集卷九四《道君太上皇帝升遐慰表》云：“臣綱言：今月初六日
准尚書省劄子，正月二十五日三省、樞密院同奉聖旨，何蘚奉使回，得大金
國右副元帥書，具報道君太上皇帝久違和豫，厭世升遐。……臣已率在州官
吏，於今月初七日舉哀成服訖者。”（第912頁）《寧德皇后上仙慰表》亦謂
“臣已率在州官吏，於今月初七日舉哀成服訖者”（第912頁）。據文意，今
月當指二月也。又見李綸《梁溪先生年譜》。

是日，上《乞推廣孝思益修軍政劄子》。

《行狀》：“二月……公既奉慰表，又具劄子，乞推廣孝思，益修軍政。”

---

[1] 李心傳編撰，胡坤點校《建炎以來繫年要錄》，第5冊第2035頁。

（第 1746 頁）據知，本集卷九四《乞推廣孝思益修軍政劄子》與慰表當上於同日。又見李綸《梁溪先生年譜》。

大約是月上旬，作《賀秦相公啓》。

《建炎以來繫年要録》卷一〇八載紹興七年正月二十五日丁亥，"觀文殿學士、醴泉觀使、兼侍讀秦檜爲樞密使"[1]。秦檜是年正月二十五日除樞密使，李綱時在南昌，本集卷一三一《賀秦相公啓》大約作於二月上旬也。

十八日，聞諫官陳公輔以靖康士庶伏闕事求去，遂上《再乞宮觀奏狀》，受詔不許。

《建炎以來繫年要録》卷一〇九載紹興七年二月十八日庚戌，"觀文殿大學士、江西制置大使、兼知洪州李綱聞諫官陳公輔以伏闕事求去，上疏乞奉祠，優詔不許"[2]。本集卷九三《再乞宮觀奏狀》云："竊見都進奏院報，左司諫陳公輔乞去，以靖康間士庶伏闕，爲人誣其鼓倡，至今猶未辯白爲言。……伏望聖慈特降睿旨，檢會臣前奏，速賜指揮，除臣宮觀差遣，置之閑散。"（第 907 頁）

二十五日，有《與張相公第二十書》，報討捕虔賊近況。

本集卷一二五《與張相公第二十書》題注"二月二十五日"，文曰："本司近以虔賊侵犯鄰郡，丐兵於朝，伏蒙差撥李貴一項軍馬應副，仰荷鈞念。虔寇已遣本司兵將會合討捕，剿殄數項，亦有受招安者，餘黨漸歸巢穴，目前粗定。"（第 1208 頁）

是月，上《乞納級計功推賞劄子》《乞用瓦木蓋置營房劄子》。

《建炎以來繫年要録》卷一〇九載載紹興七年春二月八日庚子，"詔巡幸建康，可令有司擇日進發"[3]；二月二十七日己未，"上發平江府，以舟載徽宗皇帝、顯肅皇后几筵而行"[4]。本集卷九三《乞納級計功推賞劄子》謂"今也車駕巡幸建康，將定恢復中原之策"（第 909 頁）。《乞用瓦木蓋置營房劄子》謂"今車駕巡幸建康，千乘萬騎，理當建置營房屯駐將士"（第 910

---

[1] 李心傳編撰，胡坤點校《建炎以來繫年要録》，第 5 冊第 2036 頁。

[2] 李心傳編撰，胡坤點校《建炎以來繫年要録》，第 5 冊第 2045 頁。

[3] 李心傳編撰，胡坤點校《建炎以來繫年要録》，第 5 冊第 2040 頁。

[4] 李心傳編撰，胡坤點校《建炎以來繫年要録》，第 5 冊第 2048 頁。

頁）。據知，二文當作於二月。

大約三月上旬，上《車駕巡幸建康起居表》《論建中興之功劄子》《論舉直言極諫之士劄子》《乞不必遠召將帥劄子》。

文見本集卷九四。《行狀》："三月，公遣本司幹辦公事韓峕奉表起居，又具劄子論建中興之功……繼進《論舉直言極諫之士》《乞不必遠召將帥》二劄子。"（第 1746～1747 頁）《建炎以來繫年要録》卷一一〇云"本司幹辦公事韓昪"[1]，《皇宋中興兩朝聖政》卷二一謂"綱遣韓昪奉表問上起居"[2]。然據《行狀》及本集，"韓昪"當爲韓峕。又，李綸《梁溪先生年譜》謂二月"二十七日，車駕進發。有《論建中興之功》《舉直言極諫之士》《乞不必遠召將帥》等劄子"[3]。案，《建炎以來繫年要録》卷一〇九載紹興七年春三月九日辛未，"上次建康府"[4]。高宗二月二十七日發平江府，三月九日至建康府，李綱起居表、奏劄當上於三月上旬。

奏劾虔守孫佑爲謀不密，致令諸盜反側，且薦張嶸材術正可任此，朝廷從之。

《建炎以來繫年要録》卷一〇九載紹興七年三月十四日丙子，"直寶文閣、知鼎州張嶸陞直龍圖閣、知處州。先是，山寇周十隆等未平，直徽猷閣孫佑以選爲守，佑至官未幾，言隨宜討蕩了當，詔書嘉獎。正月乙酉。俄又言，賊大猖獗，乞統制官李貴以所部措置。江西制置大使李綱亦言，佑爲謀不密，漏泄事機，致令諸盜反側，且薦嶸材術正可任此。朝廷以爲然，遂命嶸代佑"[5]。時張嶸實知虔州。[6]三月十四日，乃朝廷命張嶸知虔州之時，則李綱奏劾虔守孫佑應在三月十四日之前，大約三月上旬。孫佑，字里不詳。

十五日，有《與張相公第二十一書》，言舉薦張嶸替代孫佑、遣韓峕奉表起居詣行在諸事。

本集卷一二六《與張相公第二十一書》題注"三月十五日"（第 1211

---

［1］李心傳編撰，胡坤點校《建炎以來繫年要録》，第 5 冊第 2064 頁。

［2］佚名撰，孔學輯校《皇宋中興兩朝聖政輯校》，第 3 冊第 676 頁。

［3］李綸編，彭邦明校點《梁溪先生年譜》，吳洪澤、尹波主編《宋人年譜叢刊》，第 6 冊第 4091 頁。

［4］李心傳編撰，胡坤點校《建炎以來繫年要録》，第 5 冊第 2050 頁。

［5］李心傳編撰，胡坤點校《建炎以來繫年要録》，第 5 冊第 2052 頁。

［6］趙效宣《李綱年譜長編》考訂甚詳，第 205 頁。

頁），文曰："朝廷別與佑一郡，而以舅守虔，必有顯效……所遣屬官韓岊詣行在，奉起居表，並乞赴都堂稟議。"（第1212頁）

二十八日，有《與張相公第二十二書》，言虔守孫佑之失，再薦張嶧代之。

本集卷一二六《與張相公第二十二書》題注"三月二十八日"，文曰："虔守孫佑執固不通，既無龔遂安之之術，又無虞詡討殺之功，聽信一二僚屬之説，掩捕周十隆等，致令聚集猖獗，殘破數縣，所傷多矣。……乞別與佑一郡，而擇有智略寬猛得中如張嶧者，付以郡事，必有可觀。"（第1212~1213頁）

是日，有《與呂安老侍郎第七書》，言虔守孫佑之失，薦張嶧代之。

本集卷一二七《與呂安老侍郎第七書》題注"三月二十八日"，文曰："孫守既無龔遂安之之術，又無虞詡討殺之功，輕信妄發，致群盜反側，嘯聚蜂起，殘破數縣……若別與佑一郡，而以柔直處此，賢於用兵遠矣。"（第1228頁）

是月，賦《願爲退老堂之遊》詩奉寄呂頤浩，有居浙東之意。

本集卷三二《願爲退老堂之遊》詩序云："呂元直移鎮臨安，入覲行闕，余方以衰病請閑，有卜居浙東之意，願爲退老堂之遊，作詩寄之。"（第424頁）案，《建炎以來繫年要錄》卷一〇九載紹興七年三月十四日丙子，"鎮南軍節度使、開府儀同三司、新知臨安府呂頤浩入見"[1]。呂頤浩三月十四日入覲行闕，則此詩當作於三月也。

是年春，刻御書草聖千文，置諸豫章學舍宣聖殿宇之北，作《御書草聖千文贊》。

本集卷一四一《御書草聖千文贊》序云："紹興五年冬，皇帝以御書草聖千文，賜臣子湭。明年夏，臣子湭刻之琬琰，以示臣某。又明年春，臣某摹勒於石，置諸豫章學舍宣聖殿宇之陰，正臨講席，使學者得以瞻仰。謹拜手稽首而作贊曰。"（第1341頁）據知，此文爲是年春作。

三、四月間，有《與秦相公第一書》，言乞宮祠事。

本集卷一二三《與秦相公第一書》謂"區區承乏豫章，行一年矣"（第

---

[1] 李心傳編撰，胡坤點校《建炎以來繫年要錄》，第5册第2051頁。

1187 頁）。案，李綱去年四月四日次南昌，從"行一年矣"推斷，此文作於是年三、四月間。趙效宣《李綱年譜長編》謂紹興六年（1136）有與秦相公書二通[1]，誤也。

四月十六日，遷左金紫光禄大夫。

《建炎以來繫年要録》卷一一〇載紹興七年四月十六日丁未，"觀文殿大學士、左銀青光禄大夫、江南西路安撫制置大使、兼知洪州李綱特遷左金紫光禄大夫。……詔綱典藩逾年，民安盜息，故有是命"[2]。又見《皇宋中興兩朝聖政》卷二一《高宗皇帝二十一》、《行狀》、李綸《梁溪先生年譜》。

是月中旬，作《跋温公帖》。

本集卷一六三《跋温公帖》云："紹興七年，歲次丁巳初夏中浣，彭城鄭顧道經從豫章，出示温公帖，觀於精忠堂……武陽李伯紀書。"（第 1506 頁）鄭顧道，名里不詳。

二十日，有《與張相公第二十三書》，乞令張翬速赴新任、復任仕安軍職。

本集卷一二六《與張相公第二十三書》題注"四月二十日"，文曰："馬擴近已過此，更望剗下張翬，令速赴新任……任仕安老練兵事，粗細皆可使，但性頗褊急，故爲其伍所不喜；昨在福建湘湖，屢立奇功，中間廢罷，實爲無辜。……令依舊在本司以備緩急，亦天幸也。"（第 1213～1214 頁）

大約是月下旬，具《辭免轉金紫光禄大夫奏狀》。

本集卷九六《再辭免轉官奏狀》謂"特轉金紫光禄大夫，尋具奏辭免"（第 930 頁）。李綱四月十六日特遷左金紫光禄大夫，據知，本集卷九五《辭免轉金紫光禄大夫奏狀》大約作於四月下旬。

五月六日，奉詔討捕虔州、吉州諸盜。

《建炎以來繫年要録》卷一一一載紹興七年五月六日丁卯，"詔江西制置大使李綱趣捕虔、吉諸盜。時以山賊周十隆等未息，命江西統制官李貴往討之"[3]。又見《皇宋中興兩朝聖政》卷二一《高宗皇帝二十一》。李貴乃福

---

[1] 趙效宣《李綱年譜長編》，第 202 頁。
[2] 李心傳編撰，胡坤點校《建炎以來繫年要録》，第 5 冊第 2064 頁。
[3] 李心傳編撰，胡坤點校《建炎以來繫年要録》，第 5 冊第 2072 頁。

建統制官，此處言江西統制官，誤也。[1]

二十二日，孫李晉生。

李綸《梁溪先生年譜》謂是年"五月二十二日，長子房下孫晉生"[2]。

正月至五月間，有《跋趙正之所藏東坡春宴教坊詞》《醉筆》《草聖》《行書》。

李綸《梁溪先生年譜》謂是年"公在江西，有……詩及題跋十數篇"[3]。《醉筆》《草聖》《行書》皆東坡作，當與春宴教坊詞同爲趙子涫所藏，故本集卷一六三此四文當作於是年五月送趙子涫赴閩中之前。

五月，作《送趙正之判宗實學之官閩中》詩。

本集卷三二《送趙正之判宗實學之官閩中》詩云："閩山中夏荔枝熟，火齊磊落堆盤紅。憑空跨壑千佛寺，金碧照耀煙霞中。"（第425頁）時中夏五月也。

大約是月，具《申省乞將修城造軍器度牒給降告敕狀》《申省乞告敕造軍器狀》《申省具截城利便無擾民戶狀》《申省乞存留回易酒庫狀》。

本集卷一〇五《申省乞將修城造軍器度牒給降告敕狀》云："勘會洪州城壁，自經兵火之後，本州闕乏，至今未曾修治……及近准樞密院三月十三日劄子，仰依都督行府指揮，令本司措置招填本路缺額禁軍，緩急調發使唤。……本司器甲見今闕乏，今承朝廷指揮，合用軍器命帥司一面造作使用，如有合行事件，條具申取朝廷指揮。……四月二十七日奉聖旨，依本司契勘所乞給降修城並打造軍器度牒，並係指揮急要轉變支用，不可少闕。"（第999頁）據文意，應爲安撫制置大使兼知洪州任上作。案，李綱去年四月四日赴任，文中言樞密院三月十三日劄子，當爲今年事。又提及四月二十七日奉聖旨事，則此文大約作於是年五月。本集卷一〇五《申省乞告敕造軍器狀》云："近蒙朝廷及都督行府指揮，合用軍器，令帥司一面置造支用，如有合行事件條具申取朝廷指揮。"（第1000頁）《申省具截城利便無擾民戶狀》云："契勘洪州城池，自建炎三年十月內經金人殘破之後，不曾修治，

[1] 趙效宣《李綱年譜長編》考訂甚詳，第209頁。
[2] 李綸編，彭邦明校點《梁溪先生年譜》，吳洪澤、尹波主編《宋人年譜叢刊》，第6冊第4092頁。
[3] 李綸編，彭邦明校點《梁溪先生年譜》，吳洪澤、尹波主編《宋人年譜叢刊》，第6冊第4092頁。

城壁摧毀，壕塹堙塞，兼無樓櫓器具。"（第1000頁）《申省乞存留回易酒庫狀》原列本集卷一〇五《申省具截城利便無擾民户狀》之後，此三文大約與《申省乞將修城造軍器度牒給降告敕狀》同時作。

上《申省相度吉州將兵狀》。

本集卷一〇六《申省相度吉州將兵狀》云："本州與虔州接界，盜賊衝突不時，嘯聚徒黨，動是數千，窺伺州城。……如近日虔賊謝小鬼等八頭項約四千餘人，衝突侵犯逼近州城，殘吉水、永豐兩縣，爲害甚大。"（第1004頁）案，是年五月六日，高宗詔示李綱討捕虔州、吉州諸盜，奏狀大約作於是月也。

五、六月間，上《乞差趙不華等充招捉盜官奏狀》。

本集卷九五《乞差趙不華等充招捉盜賊官》云："今相度欲於本司置措置招捉盜賊官兩員……今竊見右承議郎、前知臨江軍新淦縣事趙不華，右儒林郎、筠州軍事判官馮汝嘉，逐官委有材幹風力……即乞差前件官兩員充填。"（第921頁）案，五月六日，高宗詔示李綱討捕虔州、吉州諸盜，李綱乞差捉盜官當在五、六月間。趙不華，字里不詳。

上《申省應副張龍圖米等狀》，有《與張龍圖第一書》《與張龍圖第二書》致張翼，論討捕盜賊及籌措錢米諸事。

本集卷一〇六《申省應副張龍圖米等狀》云："近據新知虔州張翼申：本州錢糧大段闕乏，到任之初，實難措置。"（第1006頁）卷一二九《與張龍圖第一書》云："近遣屬官程圭糾合官軍巡尉措置李安靜者，亦頗有緒……見諭錢米具悉，自到此寸積銖累，正欲備緩急之用以濟國事。況於柔直分上，豈敢吝惜？"（第1240頁）《與張龍圖第二書》云："今孫守既不事事，統兵官又爲賊所中傷，倉庫闕乏……萬一別生變故，柔直不得不任其責。今就本司所管朝廷鈔引錢內，逐急支撥一萬貫，及於豐城縣支撥本司米三千碩，應副目前急闕爲懇。……周十隆者，見結集其勢未艾，目前亦可與將兵相制；李貴軍馬暴露日久，勢須且令歸廬陵歇泊，遣步諒或將兵代之皆可，更在裁處也。"（第1241頁）案，是年三月十四日，張翼陞直龍圖閣、知處州；四月二十日，李綱與張浚書，乞令張翼速赴新任；六月二十四日，李綱再與張浚書，言本路盜賊除虔州南安軍數頭項，頃已委張翼就近措置外，皆已獲其首領。據知，張嶲當在是年五、六月間赴任，李綱申省奏狀、與張嶲二書當作於此時。

大約五、六月間，具《再辭免轉官奏狀》《謝轉金紫光禄大夫表》《辭免轉官與宰執劄子》。

本集卷九六《再辭免轉官奏狀》謂"特轉金紫光禄大夫，尋具奏辭免，伏蒙聖旨降詔不允"（第930頁）。卷一〇四《辭免轉官與宰執劄子》謂"綱誤蒙聖恩，特加遷秩。尋具奏辭免，又奉詔書不允"（第989頁）。案，李綱是年四月十六日特遷金紫光禄大夫，兩具奏辭免，不允，故上謝表，即本集卷九六《謝轉金紫光禄大夫表》，時間相隔不會太長，大約作於是年五、六月間。

大約六月初，具《乞差兵會合措置虔寇奏狀》。

本集卷九四《乞差兵會合措置虔寇奏狀》云："近蒙朝廷差到福建路統制官李貴下軍馬前來會合。今月初二日，據李貴申：已將帶所部軍馬前來虔、吉州界首會合，捉殺所有隨軍老小，乞於吉州屯泊。"（第918頁）案，五月六日，朝廷命李貴前往虔州、吉州捕盜，則文中"今月初二日"當指六月二日，故此文大約作於六月初。

大約六月中上旬，具《乞就都督府遣發得力統制官部押三二千人前來使喚奏狀》《差官體究周十隆等受招安及令李貴差人入寨告諭奏狀》《周十隆不從招撫李貴進兵殺散乞差岳飛下兵就糧討捕奏狀》《同諸司乞兵應副本路急闕使喚奏狀》。

本集卷九五《乞就都督府遣發得力統制官部押三二千人前來使喚奏狀》云："據統制官李貴申：虔賊周十隆，節次差人前去說諭朝廷德意，許之自新，前來公參。其周十隆並不遵稟，及故違江西安撫制置大使司所立日限，反復並不從招撫出參。依近降指揮，合行討捕。"（第922頁）《差官體究周十隆等受招安及令李貴差人入寨告諭奏狀》云："及十三日再據李貴申：備據興國縣狀稱，周全、錢響、謝雲於三月二十三日赴縣出頭公參了當，即時歸回各人本住處訖。本司亦已不住劄李貴，催促說諭正次頭首周全等，依限赴軍前公參，同揀選到强壯徒伴，解發前來本司外。"（第923頁）《周十隆不從招撫李貴進兵殺散乞差岳飛下兵就糧討捕奏狀》云："欲乞候見得周十隆等……若依前不伏出首，即依今降聖旨指揮，周十隆不赦，行下統制官李貴等措置、併力討捕施行，更合取自朝廷指揮。"（第926頁）卷九六《同諸司乞兵應副本路急闕使喚奏狀》云："今再具日近據州縣申到，盜賊及已差發兵將措置討捕下項：一、虔州、興國縣賊首周十隆、謝小鬼，依奉朝廷指揮，令催促統制官李貴措置招捕。近據李貴申：逐人願受招撫，除已發到錢響一名見在軍前外，其周十隆、謝小鬼等，並不體認朝廷寬恩許令自新之意，一向推託不肯前來公參；及給去公據，亦不曾放散徒黨，故違帥司再立日限。見依朝廷指揮，會合虔州將兵討殺，未見了當。"（第928頁）案，李貴六月二日帶所部軍馬前來虔州、吉州界首會合，六月二十四日，李綱與張浚書，言本路盜賊除虔州南安軍數頭項，頃已委張龍圖提刑司就近措置外，皆已獲其首領，故以上諸文當作於六月中上旬。周十隆、李貴，字里不詳。

二十四日，有《與張相公第二十四書》，言捕盜近況。

本集卷一二六《與張相公第二十四書》題注"六月二十四日"，文曰："本路盜賊，除虔州南安軍數頭項，頃已委張龍圖提刑司就近措置外，吉、撫、筠、袁、臨江軍十餘頭項，本司遣發兵將，漸次招捕，皆已獲其首領。"（第1214頁）

是月下旬，上《准省劄催諸州軍起發大軍米奏狀》。

本集卷九六《准省劄催諸州軍起發大軍米奏狀》云："今月二十二日，准行在入內內侍省降到金字牌，御封六月十七日尚書省劄子節文，降到指揮，令江西轉運司於去年上供等米內，起發五十萬石前去江州樁管……右已劄下轉運司，據未發米斛，限七月十五日終須管一切數足外。"（第930~931頁）從"未發米斛，限七月十五日"等語推斷，"今月二十二日"應指六月二十二日，故此文作於是年六月下旬。

是月，得高宗賜賞，上《謝賜夏藥並銀合茶藥表》。

《行狀》云："六月，上遣中使傳宣撫問，賜夏藥兼銀合茶藥。"（第1747頁）本集卷九六《謝賜夏藥並銀合茶藥表》當作於是月。

七月十一日，有《與張相公第二十五書》，乞旌賞申世景捕盜之功。

本集卷一二六《與張相公第二十五書》題注"七月十一日"，文曰："袁州萍鄉縣賊石鐵牌、鍾牛皮等六夥，並已招降揀放外，得頭首十人、徒黨堪披帶者四十餘人……吉州永豐賊李安浄者……凡兩月餘日，生擒安浄，及斬獲以次徒黨。去此大害。……昨蒙朝廷差到申世景一軍……累次差出討捕群盜……敢望鈞慈將上本司奏狀，優與旌賞。"（第 1215 頁）

二十四日，有《與秦相公第二書》，論將士捕盜之功。

本集卷一二三《與秦相公第二書》題注"七月二十四日"，文曰："本路自今春虔寇猖獗，千百爲群，效響者紛紛。本司遣發兵將，漸次招捕，今已盡獲其首領；惟李安静者，最號狡獪，勢已迫蹙，乞受招安，更旬日間可見次第。區區素無指蹤捕盜之才，實賴朝廷威德，將士效命所致，輒具剗目拜呈將士功狀。"（第 1188 頁）

大約是日，上《條具利害奏狀》。

本集卷九八《條具利害奏狀》云："契勘本路盜賊久未寧息，雖因民俗頑獷，好復讎怨所致；要是小民迫於衣食，易爲凶徒之所結集。……今條具如左，須至奏聞者。"（第 942 頁）案，是年七月二十四《與秦相公第二書》謂"某以本路利害數事奏陳，謹録副本拜呈"（第 1189 頁）。此即《條具利害奏狀》，大約作於是年七月二十四日也。

二十七日，有《與張子公舍人書》，與張燾言捕盜近況，痛斥士風澆薄。

本集卷一二八《與張子公舍人書》題注"七月二十七日"，文曰："撫、吉、筠、袁盜賊，悉已招捕了當，虔寇見亦寧静，付之張守憲司，假以歲月，不難平也。……大抵今日士風澆薄，不知大體，而惟小廉曲謹之爲務，如帥一路，當今日兵革擾攘之際，修城池，繕器甲，整軍伍，理財賦，皆是合做的事，稍加意爲朝廷立家計，以備不虞，則旁緣爲謗紛紛。"（第 1232～1233 頁）

是月，上《應副新知虔州張嶲錢糧在職待罪奏狀》《乞屯兵江州防秋奏狀》《措置本路盜賊奏狀》《乞戒約捕賊亂行斫級希求功賞等奏狀》《約束統兵官招捕盜賊奏狀》《乞將上供錢米應副李貴軍馬奏狀》。

本集卷九七《應副新知虔州張嶲錢糧在職待罪奏狀》云："其步諒統押官兵已到吉州，本司尋行差撥前去虔州駐紮，措置盜賊，權聽新知虔州張嶲使喚去後。今月初七日，據張嶲申：契勘統制官步諒軍馬一行，錢糧依先降指揮，合係本路轉運司應副。……訪聞六月内支軍糧米，尚欠二百石支遣不過；七月以後月份，各合支七千餘石，未有一粒；至十月方納稅米，見今委無稅米可支。"（第935頁）據"訪聞六月內支軍糧米""七月以後月份"等語推斷，今月當指七月，此文作於是月也。

又，本集卷九七《乞屯兵江州防秋奏狀》云："臣已依指揮，將江西等州兵將許臣勾抽使喚。照得江西盜賊，已漸寧息。"（第936頁）《措置本路盜賊奏狀》云："撫、吉、筠、袁等州，目下別無作過盜賊。唯是虔州周十隆、謝小鬼，與其餘已受招安、不離巢穴之人如張收等十數項賊徒，深慮秋冬之交，結集作過。"（第938頁）《乞將上供錢米應副李貴軍馬奏狀》云："臣契勘見今虔、吉間盜賊，雖節次討捕，稍安巢穴。緣巨盜頭首如周十隆、謝小鬼、劉宣、古政、李才、尹寶等，並不曾捕獲，遞相結集，至秋冬之交，決須作過。"（第940頁）案，七月十一日、二十四日，李綱先後與張浚、秦檜談及本路招捕盜賊了當事，並爲將士請功，本集卷九七《乞戒約捕賊亂行斫級希求功賞等奏狀》《約束統兵官招捕盜賊奏狀》當與其餘諸文同作於七月。

大約是月，上《乞詳酌見糶晚米奏狀》《申省乞施行糶納晚米狀》。

本集卷九八《乞詳酌見糶晚米奏狀》云："右臣契勘本路春夏之間，雨暘調適，早禾已是成熟收割了。……當自入秋以來，闕少雨澤，已覺亢旱。又生青蟲食害苗稼，見今祈禱未獲感應。若更旬日內無雨，晚田決致旱傷。竊見朝廷近降指揮，受納秋苗及和糶米斛，並要一色晚米。"（第946頁）卷一〇六《申省乞施行糶納晚米狀》亦云："契勘本路春夏之間，雨暘調適，早禾已自成熟，收割了當。自入秋以來，闕少雨澤，已覺亢旱。又生青蟲食害苗稼，見今祈禱未獲感應。若更旬日內無雨，晚田必致旱傷。竊見朝廷近降指揮，受納秋苗，及和糶米斛，並要一色晚米。"（第1006頁）從早禾已熟、入秋、受納秋苗等語推斷，此二文大約作於七月。

上《申省措置酌情處斷招降盜賊狀》。

本集卷一〇六《申省措置酌情處斷招降盜賊狀》云："本司今將近來討捕到賴漏八、揚三十四、熊清、李安淨等諸項賊夥徒黨內有脅降之人，用所得便宜指揮，依前項措置酌情處斷外。……庶幾事歸一體，盜賊有所懲戒，漸見衰息。"（第1007頁）案，七月十一日，李綱與張浚書中言生擒李安淨事，此奏狀大約作於七月也。

上《申省陳述受納夏稅物帛狀》。

本集卷一〇六《申省陳述受納夏稅物帛狀》云："竊見行在戶部帖，本州受納夏稅物帛，官將受納到應幹夏稅物帛數目，開具實封申尚書省，仍候將來受納了畢，即別行攢類親書都數，結罪保明供申。"（第1007頁）奏狀原列本集卷一〇六《申省措置酌情處斷招降盜賊狀》之後，又言受納夏稅物帛，大約同作於七月也。

有《與張龍圖第三書》，言去盜賊宿弊之事。

本集卷一二九《與張龍圖第三書》云："秋暑甚熾，伏惟臺候多福。……撫、吉、筠、袁間盜賊有名字者，幸已招捕了當，獨贛上數火須煩撫摩苗耨而發櫛之，去宿弊而絕後患，佇聞報政也。"（第1242~1243頁）據"秋暑甚熾"推斷，此文大約作於是年初秋七月。

七、八月間，上《本路闕雨乞罷免奏狀》《乞宮觀劄子》。

本集卷九八《本路闕雨乞罷免奏狀》："右臣契勘本州自七月以後不雨，遣官致禱管下神祠佛宇……見今晚田已是亢旱。"（第944頁）《乞宮觀劄子》云："近來本州入秋闕雨，已覺亢旱，罪在守土之臣。"（第945頁）據文意，此二文當作於七、八月間。

八月十五日，因步汝霖、李聃年二人皆爲剿寇身死，上狀奏請贈官。朝廷從之，是日下令。

《建炎以來繫年要錄》卷一一三載紹興七年八月十五日乙巳，"故右宣教郎、知筠州高安縣步汝霖特贈右承議郎，官一子。故迪功郎、高安縣尉李聃年特贈右從事郎，與一子下州文學。先是，劇寇熊清作亂，汝霖等統民兵、射士與戰，爲所執，死焉。帥臣李綱上其狀於朝，故有是命"[1]。

是日，作《書陳瑩中書簡集卷》。

本集卷一六三《書陳瑩中書簡集卷》云："迨紹興丙辰歲，被命帥守豫章，以淵攝機幕，暇日出示公平生往來書簡凡若干卷。……紹興七年八月望，具位李綱書。"（第1507頁）陳瑩中，陳瓘也。

---

[1] 李心傳編撰，胡坤點校《建炎以來繫年要錄》，第5冊第2115頁。

是月，上《乞益修政事劄子》，以救今日之弊。

> 《行狀》謂是年"八月，諸路大旱，江、湖、淮、浙被害甚廣。公具劄子，乞益修政事，以救今日之弊"（第1747頁）。此即本集卷九八《乞益修政事劄子》。

具《論淮西軍變劄子》，指陳朝廷措置失當者五，深可痛惜者五，鑑前失以圖將來者五，凡十有五事。

> 《宋史》本傳："淮西酈瓊以全軍叛歸劉豫，綱指陳朝廷有措置失當者、深可痛惜者及當監前失以圖方來者凡十有五事，奏之。"（第11270頁）《建炎以來繫年要錄》卷一一三載紹興七年八月八日戊戌，"中侍大夫、武泰軍承宣使、行營左護軍副都統制酈瓊叛，執兵部尚書呂祉。祉簡倨自處，將士之情不達。……瓊遂以所部四萬人渡淮，降劉豫"[1]。卷一一四載紹興七年九月十二日辛未，"觀文殿大學士、江西制置大使、兼知洪州李綱疏論淮西兵叛，因勸上以兼聽。上深以爲然，令學士賜詔獎諭。時綱疏所陳朝廷措置失當者五，深可痛惜者五，及鑑前失以圖將來者五，凡十有五事"[2]。然李綸《梁溪先生年譜》謂是年"八月，聞酈瓊叛逆，有《論淮西軍變劄子》"[3]。案，李綱九月二日所作《與張相公第二十六書》提及已上疏指陳朝廷措置不當，致有淮西軍變事，本集卷九九《論淮西軍變劄子》當作於九月二日之前。蓋劄子作於八月，九月十二日上於朝廷也。又見《中興小紀》卷二二、《皇宋中興兩朝聖政》卷二二《高宗皇帝二十二》、《行狀》。

有《與張龍圖第四書》，言討捕盜賊餘黨事。

> 本集卷一二九《與張龍圖第四書》云："竊審履茲秋涼，台候多福……近日北方漸有探報，聲勢甚張，淮西將酈瓊率全軍以叛，害呂安老，趨官吏兵民二十餘萬以歸僞齊……步諒之兵到此尚有季秋一月，或有些少盜賊，趁此月內，早與翦除，庶幾兩濟也。"（第1243~1244頁）案，書中言"步諒之兵到此尚有季秋一月"，當作於八月也。

---

[1] 李心傳編撰，胡坤點校《建炎以來繫年要錄》，第5冊第2110~2113頁。
[2] 李心傳編撰，胡坤點校《建炎以來繫年要錄》，第5冊第2127~2128頁。
[3] 李綸編，彭邦明校點《梁溪先生年譜》，吳洪澤、尹波主編《宋人年譜叢刊》，第6冊第4092頁。

九月二日，有《與張相公第二十六書》，言朝廷措置不當，致有淮西軍變事。

本集卷一二六《與張相公第二十六書》題注"九月二日"，文曰："且以近日淮西叛將之事觀之……某輒不自揆，激於憂憤，上疏指陳朝廷措置失當，深可痛惜，及鑑前失以圖將來者十有五事，達於冕旒之前……因淮西之變，痛自懲創，輯睦將帥，博詢衆謀，惟其是之爲從，幡然改圖，則未必不轉禍而爲福也！"（第1216~1218頁）

十三日，以奏陳淮西事宜，切中事機，得獎諭詔，上《謝獎諭表》。

李綸《梁溪先生年譜》謂是年九月"十三日有旨，以公奏陳淮西事宜，切中事機，降詔獎諭"[1]。案，李綱八月具《論淮西軍變劄子》，九月十二日上令學士賜詔獎諭，十三日降詔獎諭也。本集卷九九《謝獎諭表》大約作於此時。

二十二日，有《與張龍圖第五書》，言無兵控扼沿江要害之處，令張羼前來赴任。

本集卷一二九《與張龍圖第五書》題注"九月二十二日"，文曰："近日探報，虜僞添屯重兵於陳、蔡、潁一帶；又有酈瓊之變。乘間搗虛，莫先江西，沿江要害之處，並無兵可以控扼。……余幸目下遣發，令趁中浣前到此，欲及教閱，粗成軍容，以張聲勢也。"（第1244頁）

二十三日，以近論淮西叛將酈瓊事宜，情迫言切，必有抵忤，上《乞黜責或宮祠奏狀》。

《建炎以來繫年要錄》卷一一四載紹興七年九月二十三日壬午，"江西制置大使李綱言：'近論列淮西事宜，其言指陳朝廷措置失當，但欲納忠於國，情迫言切，必有抵忤，難以復當帥守之寄。乞降旨黜責，或除外任宮觀。'詔答之"[2]。李綱所言即本集卷九九《乞黜責或宮祠奏狀》。

是月，繳奏賑濟饑民、招填軍額、建置營房諸事六狀。

《行狀》載是年九月，"以到任以來，賑濟饑民，招填軍額，建置營房，修築城池，繕治器甲，增修官府，創蓋倉庫，催發錢糧，招捕盜賊，並逐一躬親措置，處畫事件，釐爲六狀繳奏"（第1748頁）。又見李綸《梁溪先生

［1］李綸編，彭邦明校點《梁溪先生年譜》，吳洪澤、尹波主編《宋人年譜叢刊》，第6冊第4092頁。
［2］李心傳編撰，胡坤點校《建炎以來繫年要錄》，第5冊第2139頁。

年譜》。所上六狀不詳，或佚。

上《繳奏修舉過職事乞宮祠奏狀》《與宰執乞宮祠劄子》。

《行狀》謂"九月，又具奏乞外祠"（第1748頁）。又見李編《梁溪先生年譜》。本集卷九九《繳奏修舉過職事乞宮祠奏狀》曰："自去年四月初到任，至今年八月終，已及一年五個月。"（第953頁）卷一〇四《與宰執乞宮祠劄子》謂"自去年四月初到任，至今年八月終，已及一年五個月"（第990頁）。據文意推斷，此二文作於今年九月。

有《與薛直老寶文書》，望遣兵屯守九江。

本集卷一二九《與薛直老寶文書》："某拜啓，直老參謀寶文使座：人還被書賜，竊審履茲秋杪，婉晝多暇，台侯[1]萬福，感慰兼懷。……九江於今爲上流重地，秋氣之高，又近有酈瓊淮西之變，豈得不過爲備……如蒙使司輟那五七千人，先屯九江。"（第1247頁）從"秋杪""酈瓊淮西之變"推斷，此文作於是年九月。薛直老，薛弼也。

夏、秋間，作《次韻鄭顧道侍郎用師字韻見贈》詩。

本集卷三二《次韻鄭顧道侍郎用師字韻見贈》詩原列是年五月所作《送趙正之判宗實學之官閩中》與十一月所作《次韻徐運使中冬教閱》之間，當作於是年夏、秋間。

十月一日，有《與趙相公第十三書》，言論淮西軍變及乞宮祠事，並錄副本拜呈。

本集卷一二三《與趙相公第十三書》題注"十月一日"（第1184頁），並謂"某承乏於此，實一年有半"（第1186頁）。李綱去年四月四日到南昌，"一年有半"，當爲今年十月一日。趙效宣《李綱年譜長編》謂是年"十月初一日，與趙相公鼎書，言淮西兵變……輒錄奏陳利害及車駕不宜輕動二疏副本拜呈。見文集卷百二十三《與趙相公第二十三書》"[2]。案，《與趙相公第十三書》云："淮西叛將出於意外，實非細故。某輒不自揆，嘗奏疏指陳朝廷措置失當，夙夜憂懼，以俟譴訶，乃蒙寬恩降詔獎諭，尤切震悚。近見邸報，言事者論右相引漢武誅王恢事以爲比，竊謂太過。深慮隨時獻説者，浸

---

[1]"侯"應爲"候"。
[2]趙效宣《李綱年譜長編》，第213頁。

失本旨而避退，講和之説復行，則宗社安危未可知也。輒復上章以救其失，惟是出位之言，實爲有罪，迫於憂憤，有不能自已者。輒録二疏副本拜呈。”（第1185頁）故十月一日與趙相公鼎書乃《與趙相公第十三書》，非《與趙相公第二十三書》也。“輒録奏陳利害及車駕不宜輕動二疏副本拜呈”也有商榷之處。據《與趙相公第十三書》文意，二疏應指已上之疏，時《奏陳利害劄子》《奏陳車駕不宜輕動劄子》未上。而本集卷九九《論淮西軍變劄子》云：“沿江州郡、人情惶駭，此誠不測之變，朝廷措置失當，深可痛惜者也。臣請爲陛下條陳之。”（第949頁）《繳奏修舉過職事乞宮祠奏狀》云：“兼臣近以淮西叛將事宜，指陳朝廷措置失當，實緣憂憤成疾，心氣不寧，思慮顛錯，難以安職。”（第953頁）二文與《與趙相公第十三書》所述内容相似，皆爲最近所上奏劄，故二疏當指《論淮西軍變劄子》《繳奏修舉過職事乞宮祠奏狀》。

九日，進《奏陳利害劄子》。

《宋史》本傳：“張浚引咎去相位，言者引漢武誅王恢爲比。綱奏曰：‘臣竊見張浚罷相，言者引武帝誅王恢事以爲比。臣恐智謀之士卷舌而不談兵，忠義之士扼腕而無所發憤，將士解體而不用命，州郡望風而無堅城，陛下將誰與立國哉？張浚措置失當，誠爲有罪，然其區區徇國之心，有可矜者。願少寬假，以責來效。’”（第11270頁）《建炎以來繫年要録》卷一一五載：紹興七年十月九日戊戌，“江西制置大使李綱上疏言：‘臣竊見張浚罷相，言者引漢武誅王恢事以爲比……夫張浚措置失當，誠有罪矣，然其區區殉國之心，有可矜者，願少寬假，以責來效。’”[1]此即本集卷一○○《奏陳利害劄子》。《行狀》、李綸《梁溪先生年譜》繫於九月，今從《建炎以來繫年要録》。又見《皇宋中興兩朝聖政》卷二二《高宗皇帝二十二》。

大約是月中旬，有《與張龍圖第六書》，言進奏陳利害劄子事。

本集卷一二九《與張龍圖第六書》云：“德遠落職宮祠，未知更有後命否也？言章引王恢事以爲喻，深謂未然……若因淮西一事，便謂從前主兵謀之爲非，則是因咽而廢食，退避講和之説復行，將何以立國？”（第1245

---

[1] 李心傳編撰，胡坤點校《建炎以來繫年要録》，第5冊第2150頁。

頁）案，李綱十月九日進呈《奏陳利害劄子》，《與張龍圖第五書》作於九月二十二日，《與張龍圖第七書》作於十月二十七日，故論及進奏陳利害劄子事之《與張龍圖第六書》大約作於十月中旬也。

二十七日，有《與張龍圖第七書》，煩促韓海所部五百人儘早遣來。

本集卷一二九《與張龍圖第七書》題注"十月二十七日"（第 1245 頁），文曰："願柔直細思之，韓海所部五百人，煩早遣至，欲趁月中旬大閱，庶幾稍張聲勢，教閱之後，如諸郡盜賊有竊發者，自當遣兵討捕，初未嘗吝惜也。"（第 1246 頁）

是月，上《乞宮觀奏狀》。

《行狀》："九月，又具奏乞外祠……又具奏乞宮祠。十月，被詔書不允。"（第 1748 頁）本集卷一〇〇《乞宮觀奏狀》謂"方本路盜賊稍衰之時，兼沿江邊報未急之際"（第 958 頁）。李綱九月上《繳奏修舉過職事乞宮祠奏狀》《與宰執乞宮祠劄子》，十月再上奏狀乞罷，即此奏狀也。

以明堂赦恩，加食邑五百户，食實封三百户，姪琳之補官。

《行狀》謂是年十月，"准告以明堂赦恩，加食邑五百户，食實封三百户"（第 1748 頁）。李綸《梁溪先生年譜》云："明堂恩加食邑，公之子有未官者，乃先以恩命奏補姪琳之。"[1] 案，《建炎以來繫年要錄》卷一一四載紹興七年九月二十二日辛巳，"合祀天地於明堂"[2]。《皇宋中興兩朝聖政》卷二二《高宗皇帝二十二》所載與之同。《續宋中興編年資治通鑑》卷四《宋高宗四》謂是年九月，"大饗明堂"[3]。《行狀》言十月者，當爲除命抵達江西之日，從之。

聞高宗有回蹕建康之謀，具《奏陳車駕不宜輕動劄子》。

《宋史》本傳："時車駕將幸平江，綱以爲平江去建康不遠，徒有退避之名，不宜輕動。復具奏曰：臣聞自昔用兵以成大業者，必先固人心，作士氣，據地利而不肯先退，盡人事而不肯先屈。……今日之事，豈可因一叛將之故，望風怯敵，遽自退屈？"（第 11270～11271 頁）《行狀》謂是年十月，"時

---

[1] 李綸編，彭邦明校點《梁溪先生年譜》，吳洪澤、尹波主編《宋人年譜叢刊》，第 6 冊第 4092 頁。

[2] 李心傳編撰，胡坤點校《建炎以來繫年要錄》，第 5 冊第 2135 頁。

[3] 劉時舉撰，王瑞來點校《續宋中興編年資治通鑑》，第 93 頁。

建康移蹕之謀既審，公具奏陳車駕不宜輕動利害"（第1748頁）。此即本集卷一〇〇《奏陳車駕不宜輕動劄子》。又見《建炎以來繫年要錄》卷一一六、《皇宋中興兩朝聖政》卷二二《高宗皇帝二十二》、李綸《梁溪先生年譜》。

具《條具防冬利害事件奏狀》。

《建炎以來繫年要錄》卷一一六載紹興七年閏十月二十三日辛巳，"觀文殿大學士、江南西路安撫制置大使、兼知洪州李綱提舉臨安府洞霄宮。時趙鼎、秦檜已叶議回蹕臨安，綱聞知，上疏諫……既又具防冬畫一事件言之，遂忤當路意"[1]。《行狀》謂是年十月，"又具防冬畫一事件奏請，方欲俟報措置間，而以論列淮西，言及臺諫，遂犯臺諫之怒"（第1749頁）。此即本集卷一〇一《條具防冬利害事件奏狀》。又見《皇宋中興兩朝聖政》卷二二《高宗皇帝二十二》、李綸《梁溪先生年譜》、本集卷一二三《與趙相公第十四書》。

大約是月，上《乞令湖北京西宣撫司差兵控扼江州奏狀》《進御書草聖千文贊劄子》。

本集卷一〇〇《乞令湖北京西宣撫司差兵控扼江州奏狀》謂"九月二十四日准樞密院九月十四日劄子節文"（第961頁）。則此文應作於是年九月二十四日之後，大約作於是月。本集卷一〇〇所收奏議確考者作於是年十月，《進御書草聖千文贊劄子》原列《乞令湖北京西宣撫司差兵控扼江州奏狀》之後，大約與他文同作於是年十月。

閏十月二日，有《與趙相公第十四書》，言淮西軍變及防冬事宜。

本集卷一二三《與趙相公第十四書》題注"閏十月二日"，文曰："朝廷累年經營恢復之計，漸有氣象。而以措置一失當之故，淮西之軍盡歸偽境，國勢稍弱。……某以非材，誤蒙朝廷委寄一路，自今春以來，援疾求去，至於七八。……輒具防冬事件，仰干朝廷，其間乞兵一事，尤爲最急。"（第1186頁）

閏十月二十三日以前，有《顏魯公畫像贊》，李光跋之。

本集卷一四一《顏魯公畫像贊》序曰："會稽李光，守永嘉郡。得魯郡

---

[1] 李心傳編撰，胡坤點校《建炎以來繫年要錄》，第5冊第2163~2164頁。

顏公遺像，繪於郡宇之忠義堂。昭武李某爲之贊。"（第1345頁）李光《莊簡集》卷一七《跋李丞相所作顏魯眞贊》云："予因郡圖忠義堂繪顏公像，龕置其上。軍事判官東陽鄭剛中記其本末詳矣。江西安撫大使李丞相復寄示眞贊。其詞宏偉簡嚴，英風大節，落落相望，蓋將友其人於千載，眞無愧矣。"[1]忠義堂，在永嘉州治之北。案，鄭剛中《北山集》卷一三《忠義堂記》云："永嘉州治之北有堂曰忠義，前太守程公之所建也。紹興丙辰，端明殿學士、禮部尚書、會稽李公來鎮是邦……一日過其上，顧謂僚屬曰：'是堂規模閎偉，而創立命名之因無所稽考。吾聞魯公，唐人之英言忠義者莫先焉……此邦乃其遺迹流風之地。吾今求其像繪置堂上，徙其石刻列之兩旁，使後人知堂名之有屬，公等以爲宜乎？'"[2]據知，李綱《顏魯公畫像贊》當作於是年江西安撫大使任上，即是年閏十月二十三日以前。

奇王庭珪《盜賊論》之說，未及用之而以宮祠罷。

王庭珪《盧溪文集》卷二六《上李丞相書》云："某江西書生，天稟介拙。宣和初得官湖南，見上下怠玩，無益於時，歸臥山間十五年矣。未嘗識中朝士大夫，唯是仰服相公之勳德，赫然驚人。平昔無因進望履舄，今兹伏遇相公開藩作鎮一方，招納天下之士，不問疏賤，則採取風俗、利病、閭閻所患苦者數事，別爲剖目，隨書以獻，直率愚衷，惟相公察之。"[3]又，王庭珪《盧溪文集》附錄《胡明仲跋王盧溪〈盜賊論〉》云："王民瞻常以《盜賊論》獻江西大帥李相公，盡得盜賊根柢蹊隧，大帥欲用其言而以宮祠去矣，時紹興七年也。"[4]據知，《盜賊論》當爲王庭珪"隨書以獻"之作。

閏十月二十三日，提舉臨安府洞霄宮，上《謝提舉臨安府洞霄宮表》。

《建炎以來繫年要錄》卷一一六載紹興七年閏十月二十三日辛巳，"觀文殿大學士、江南西路安撫制置大使、兼知洪州李綱提舉臨安府洞霄宮。時趙鼎、秦檜已叶議回蹕臨安，綱聞知，上疏諫……既又具防冬畫一事件言之，遂忤當路意。時江西大旱，而綱課民修城，民不以爲便。侍御史石公揆

---

[1] 李光《莊簡集》，景印文淵閣《四庫全書》，第1128冊第617頁。
[2] 鄭剛中《北山集》，景印文淵閣《四庫全書》，臺灣商務印書館1986年版，第1138冊第138~139頁。
[3] 王庭珪《盧溪文集》，景印文淵閣《四庫全書》，第1134冊第216頁。
[4] 王庭珪《盧溪文集》，景印文淵閣《四庫全書》，第1134冊第348頁。

因劾'綱妄自尊大，恣爲苛擾，在江西尤無廉聲。……'殿中侍御史金安節、左正言李誼、右正言辛次膺亦論綱違法虐民，毒流一路，乞賜黜責。三省乃檢會綱累乞宮觀奏章行下"[1]。又見《中興小紀》卷二三、《皇宋中興兩朝聖政》卷二二《高宗皇帝二十二》、《續宋中興編年資治通鑑》卷四《宋高宗四》、《行狀》、李綸《梁溪先生年譜》。本集卷一〇一《謝提舉臨安府洞霄宮表》當上於閏十月二十三日提舉臨安府洞霄宮時。

有《與張龍圖第八書》，詢招捕張大閑事，感憤朝廷退避之計。

本集卷一二九《與張龍圖第八書》題注"閏十月二十三日"，文曰："張大閑者，聞已受招安，不知果否？得此一項了當，本路盜賊悉已平定。……使虜騎有渡江者，得朝廷益兵數千，與岳侯相爲表裏，僕雖不武，亦可自當一面，何遽爲退避計哉！"（第1246頁）

大約是月末，上《乞施行余應求張嵲捕盜功效奏狀》。

本集卷一〇一《乞施行余應求張嵲捕盜功效奏狀》："契勘本路提點刑獄公事余應求、虔州張嵲，自到任以來，夙夜究心，同共協力措置，施設方略，遣兵殺獲凶賊劉宣……並招安到……張大閑、方叔公等頭項，人數不少。"（第967~968頁）十一月十一日，余應求罷官。案，《建炎以來繫年要錄》卷一一七載紹興七年十一月十一日己亥，"江南西路提點刑獄公事余應求，直秘閣、淮南西路轉運判官韓璡，並罷。……應求坐與李綱連姻，故並劾之"[2]。又，閏十月二十三日，李綱致書張嵲，落實招安張大閑事。故此文應作於閏十月二十三日與十一月十一日之間，大約作於閏十月末。

十一月五日，被侍御史石公揆彈劾鐫其職名，高宗不允。

《建炎以來繫年要錄》卷一一七載：紹興七年十一月五日癸巳，"侍御史石公揆等論李綱罪未已。……至是又請鐫綱職名。上曰：'前宰執政所體貌，綱已罷帥，不必更有行遣。'"[3] 又見《中興小紀》卷二三。石公揆，字道佐，新昌（今屬浙江）人，累官至殿中侍御史。[4]

---

[1] 李心傳編撰，胡坤點校《建炎以來繫年要錄》，第5册第2163~2164頁。

[2] 李心傳編撰，胡坤點校《建炎以來繫年要錄》，第5册第2169~2170頁。

[3] 李心傳編撰，胡坤點校《建炎以來繫年要錄》，第5册第2167頁。

[4] 田琯《萬曆新昌縣志》卷一一《鄉賢志》，《天一閣藏明代方志選刊》，上海古籍書店1964年版，第19册。

十五日，修建南昌城池及營房、官舍、倉庫、器甲等畢工。大約是日，具《乞施行修城官吏奏狀》。

> 本集卷一〇一《乞施行修城官吏奏狀》云："臣尋契勘洪州城池……自紹興七年正月初五日起工……十一月十五日修城畢工，已將寺觀人夫等犒設放散外。"（第 968 頁）又見本集卷一〇四《與李尚書措置畫一劄子》。

有《與李尚書措置畫一劄子》致李光，交接職事。

> 本集卷一〇四《與李尚書措置畫一劄子》云："故自到豫章以來，修築城池，爲可守計，創置營房，使兵民不相雜處，繕治器甲，修造官府倉庫，措置財賦，蓄積金穀，團結軍伍，招捕盜賊，皆幸稍稍就緒。……一、修築城池……至今春興工……十一月半畢工……前件八事，漫以浼聞，亦舊令尹之政，必以告新令尹之意。"（第 990～993 頁）李尚書乃李光也。案，《建炎以來繫年要錄》卷一〇二載紹興六年六月十二日戊申，"禮部尚書李光引疾求去，罷爲端明殿學士，知台州"[1]；卷一一七載紹興七年十一月九日丁酉，"端明殿學士、知溫州李光爲江南西路安撫制置大使、兼知洪州"[2]。李光十一月九日任命，劄子又提及十一月十五日修城畢工之事，大約作於是日。

是月，教閱兵將，作《次韻徐運使中冬教閱》詩。

> 本集卷三二《次韻徐運使中冬教閱》詩序云："中冬教閱兵將，運使徐顯謨貺惠佳什，降歎之餘，因次其韻以答厚意，且簡同會諸公。"（第 426 頁）中冬爲十一月。

十二月二十一日，有《與張相公第二十七書》，言近連上兩疏，皆未得報，輒録副本拜呈。

> 本集卷一二六《與張相公第二十七書》題注"十二月二十一日"（第 1218 頁），文曰："一論：言者援漢武誅王恢事非是；一論：車駕不可輕動，淮南軍馬不可抽回。皆未得報，夙夜震懼，以俟譴訶。相公雖去廟堂，愛君憂國之誠，乃心無不在王室。輒録副本拜呈。"（第 1219 頁）

---

[1] 李心傳編撰，胡坤點校《建炎以來繫年要錄》，第 5 冊第 1928 頁。
[2] 李心傳編撰，胡坤點校《建炎以來繫年要錄》，第 5 冊第 2169 頁。

是年有《賀執政啓》《回福建鄭運使啓》《回福建黃運使啓》《回臨安府張待制啓》《雪峰了禪師真贊》。

　　趙效宣《李綱年譜長編》謂本集卷一三一《賀執政啓》《回福建鄭運使啓》《回福建黃運使啓》《回臨安府張待制啓》、卷一四一《雪峰了禪師真贊》作於是年[1]，姑從之。

高宗紹興八年戊午（1138），五十六歲

居福州。有詩十三首、文七篇、詞二首。

正月，還次福州。

　　李綸《梁溪先生年譜》謂是年“正月，還次長樂”[2]。

閏六月十日生辰，得張元幹賀詩。

　　張元幹《蘆川歸來集》卷二《李丞相生朝》云：“巨屏頻循撫，真祠示眷蒙。”[3]李綱先後於靖康元年爲河北河東路宣撫使，紹興二年爲荆湖南西路宣撫使兼知潭州，紹興五年爲江南西路安撫制置大使兼知洪州，故謂“巨屏頻循撫”。紹興七年閏十月二十三日，罷知洪州，提舉臨安洞霄宮，故曰“真祠示眷蒙”。李綱生辰是閏六月十日，故張元幹賀詩當作於是日。

是年夏，食荔枝有感，賦《次韻折仲古安撫端明食荔子感懷書事之作》詩。

　　本集卷三二序謂“自丙辰歲至豫章及戊午歲歸自豫章以後作三十七首”（第420頁）。本集卷三二《次韻折仲古安撫端明食荔子感懷書事之作》原列去年十一月所作《次韻徐運使中冬教閱》之後，據“臥病閩山强自支，常珍似與故人期。卻嗟老眼傷心日，又見輕紅著子時”（第426頁），知此詩爲今年返回福州後夏日作。折仲古，折彥質也。

遊鼓山，作《遊山拙句》詩奉呈珪老並簡諸公。

　　本集卷三二《遊山拙句》詩云：“嘉客同遊海上宮，高僧問道得從容。

［1］趙效宣《李綱年譜長編》，第217～218頁。
［2］李綸編，彭邦明校點《梁溪先生年譜》，吳洪澤、尹波主編《宋人年譜叢刊》，第6冊第4092頁。
［3］張元幹《蘆川歸來集》卷二《李丞相生朝三首》，第39頁。

乍驚暑退靈源洞,最愛亭開大頂峰。傑閣初成切星斗,飛雲時到繞杉松。我來未盡登臨興,更待秋高灝氣濃。"原注:"峰舊爲閣所遮,師徙閣而峰見,氣象雄偉。"(第426頁)案,靈源洞、大頂峰在鼓山。參見本書"宋高宗紹興元年辛亥(1131),四十九歲"之下相關内容。傑閣,《太平寰宇記》《輿地紀勝》《方輿勝覽》等俱無記載。從"乍驚暑退""更待秋高"推斷,此詩應作於是年夏。

作《次韻廷俊紀藥圃小集見贈之作》詩。

本集卷三二《次韻廷俊紀藥圃小集見贈之作》謂"雨飽共欣秧稻綠,酒酣尤愛荔枝紅"(第427頁)。據知,此詩應作於是年夏。

九月二十六日,與張元幹等人觀鼓山傑閣,重遊大頂峰、靈源洞,作《冬日來觀鼓山新閣偶成古風》詩。

本集卷三二《冬日來觀鼓山新閣偶成古風》詩云:"尋盟訪鼓山,風物宛如昨。山中有開士,彈指成傑閣。應真飛錫來,一一得所託。翬飛騫棟甍,絢爛麗丹臒。峩峩大頂峰,孤影入簷角。乃知象教力,建立必卓犖。卻爲靈源遊,雲木互參錯。……忽忽歲將盡,平子殊不樂。幸同二三子,杖屨遍丘壑。"(第427頁)據知,鼓山新閣即傑閣也,是日李綱觀鼓山傑閣,重遊大頂峰、靈源洞。張元幹當爲"二三子"之一,有和詩多首。案,是年九月二十六日立冬。

大約是日,還自鼓山,過鱔溪,遊東山大乘寺、榴花洞,作《瞻禮文殊聖像漫成三首》詩,張元幹同遊並作詩唱和。

本集卷三二《瞻禮文殊聖像漫成三首》原列《冬日來觀鼓山新閣偶成古風》之後,序云:"還自鼓山,過鱔溪,遊大乘榴花洞,瞻禮文殊聖像,漫成三首。"(第427頁)大約同作於九月二十六日。張元幹《蘆川歸來集》卷三《遊東山二詠次李丞相韻》詩云:"寒木高蘿幾曲溪,斷碑零落臥荒祠。澄潭想像雲頭湧,懸瀑依稀雨腳垂。地軸漫煩龍虎戰,天符那得鬼神私?茫茫造物殊難曉,要是爲霖自有時。(右鱔溪)公如謝傅暫閑身,我亦歸來效季真。山屐數陪銷暇日,詩篇常許和陽春。虛懷寄傲三休外,洗眼旁觀萬態新。谷口榴花解迎客,騎鯨端爲謫仙人。(右榴花谷)"[1]據"山屐數陪銷暇

[1] 張元幹《蘆川歸來集》,第48~49頁。

日”句推斷，此次張元幹當與李綱同遊。張元幹《蘆川歸來集》卷三另有
《用折樞韻呈李丞相二首》《再和李丞相遊山》詩，當爲同時作。

鱔溪，在閩縣鼓山之北。《太平寰宇記》卷一〇〇《福州》載：“在州東
二十里。源在鼓峰半，其潭有鱔，長三丈餘。今有廟，爲村人祈求之所。”[1]
《乾隆福州府志》卷一七《古迹》載：“善溪，在桑溪里，鼓山之北。[《閩
書》] 山峽間有二潭，下潭距上潭五里，廣六丈，深不可計。[《閩都記》] 越
王郢時，有大鱔蟠溪上，爲民害。郢第三子乘白馬來此地，射中之，鱔纏以
尾，人馬俱没。害遂絶，里人立廟祀之，名鱔溪。[《名勝志》] 宋紹興七年
秋，大雨，水暴出，聲聞數十里，詰朝，有石高廣二丈，時廟後如堵，水
左右注，庭除無恙。淳祐八年，郡守陳塏禱雨至此，謂神親殺鱔，靈在神，
不在鱔也。改名善溪。”[2]《嘉慶重修一統志》卷四二五《福州府一》載：“鱔
溪，在閩縣東。《寰宇記》：‘在縣東二十里。源出鼓峰半。’《名勝志》：‘閩
越王郢時，有鱔長三丈，爲民害。郢之第三子曰白馬三郎者射中之，鱔纏
以尾，三郎人馬與鱔俱斃。’按《五代史》，王審知常乘白馬，軍中號白馬
三郎。然則稱三郎爲漢閩越王郢之子，亦訛傳耳。”[3] 大乘寺、榴花洞，在東
山。參見本書“宋高宗紹興元年辛亥（1131），四十九歲”之下相關內容。

十一月三日，作《佛印清禪師語録序》。

本集卷一三九《佛印清禪師語録序》文末署“紹興八年十一月三日序”
（第 1329 頁）。

六日，奉陪舅氏燕集於張甥東齋，作《舅甥會兩章》詩。

本集卷三二《舅甥會兩章》詩序云：“冬至前六日，奉陪舅氏燕集於張
甥東齋，泰孫侍坐，舅甥四世同會，豈易得也。舅氏以詩見貺，謹次韻成兩
章拜呈，並簡季弟、二甥同賦。”（第 428 頁）案，是年冬至日爲十一月十二
日，“冬至前六日”，十一月六日也。

三十日，作《送丹霞宗本遊徑山序》。

本集卷一三九《送丹霞宗本遊徑山序》文末署“戊午歲十一月晦日，梁

［1］樂史撰，王文楚等點校《太平寰宇記》，第 4 冊第 1993 頁。
［2］徐景熹修，魯曾煜等纂《乾隆福州府志》，《中國地方志集成·福建府縣志輯》，第 1 冊第 418 頁。
［3］穆彰阿等《嘉慶重修一統志》，第 27 冊第 21175 頁。

溪拙翁序"（第 1328 頁）。案，是年十一月癸未朔，十二月癸丑朔，知十一月爲大盡，則晦日爲三十日。

十二月六日，聞王倫自金國歸，上《論使事劄子》，反對議和。張元幹以詞寄之，同聲相應。

《宋史》本傳："紹興……八年，王倫使北還，綱聞之，上疏曰：臣竊見朝廷遣王倫使金國，奉迎梓宮。今倫之歸，與金使偕來，乃以'詔諭江南'爲名，不著國號而曰'江南'，不云'通問'而曰'詔諭'，此何禮也？臣請試爲陛下言之。"（第 11271 頁）《建炎以來繫年要録》卷一二四載：紹興八年十二月六日戊午，"觀文殿大學士、提舉臨安府洞霄宮李綱言：'臣竊見朝廷遣王倫使金國，奉迎梓宮，往返屢矣。今倫之歸，與虜使偕，乃以江南詔諭爲名，不著國號，而曰江南，不云通問，而曰詔諭，此何禮也？'"[1] 此即本集卷一〇二《論使事劄子》。是年十月，金以張通古、蕭哲爲江南詔諭使，與王倫偕來計議和事，故李綱上書反對議和。又見《皇宋中興兩朝聖政》卷二四《高宗皇帝二十四》、《行狀》、李綸《梁溪先生年譜》。張元幹《蘆川歸來集》卷五《賀新郎》（曳杖危樓去）即作於此時，抒寫其"要斬樓蘭三尺劍，遺恨琵琶舊語"[2] 之壯志與憤慨，此詞詞序謂"寄李伯紀丞相"[3]，與李綱同聲相應。[4]

是年，置義莊於邵武。

李綸《梁溪先生年譜》謂"是歲置義莊於邵武"[5]。

作《致奠張柔直知郡龍圖》詩四首哭張觷。

本集卷三二《致奠張柔直知郡龍圖》其三云："去歲如今會豫章，從容談笑共銜觴。豈期便作終天訣？尺素開時神內傷。"（第 433 頁）去年，李綱在南昌與張觷多有交遊，詩當作於是年。

---

[1] 李心傳編撰，胡坤點校《建炎以來繫年要録》，第 5 冊第 2328 頁。

[2] 張元幹《蘆川歸來集》，第 72 頁。

[3] 張元幹《蘆川歸來集》，第 71 頁。

[4] 此詞創作時間之考辯，可詳參王兆鵬《張元幹年譜》，吳洪澤、尹波主編《宋人年譜叢刊》，第 7 冊第 4710~4711 頁。

[5] 李綸編，彭邦明校點《梁溪先生年譜》，吳洪澤、尹波主編《宋人年譜叢刊》，第 6 冊第 4092 頁。

作《減字木蘭花》（華清賜浴）、《減字木蘭花》（仙姝麗絕）。

　　趙效宣《李綱年譜長編》謂是年詞有《減字木蘭花》［荔枝］二首[1]，“荔枝二首”爲二詞詞序，而“華清賜浴”“仙姝麗絕”[2]爲二詞首句，此處括引首句。

作《回宮使王待制啓》《回汪相公啓》《故贈諫議大夫了齋陳公真贊》《佛日杲禪師真贊》諸文。

　　趙效宣《李綱年譜長編》謂本集卷一三一《回宮使王待制啓》《回汪相公啓》、本集卷一四一《故贈諫議大夫了齋陳公真贊》《佛日杲禪師真贊》作於是年[3]，姑從之。了齋陳公，陳瓘也。王待制、汪相公、僧日杲，不詳。

高宗紹興九年己未（1139），五十七歲

居福州。有詩二首、文四篇。另有七詩、十一詞不可確考。

居福州。二月八日，除知潭州。

　　《宋史》本傳謂紹興“九年，除知潭州”（第11273頁）。《建炎以來繫年要錄》卷一二六載紹興九年二月八日己未，“觀文殿大學士、提舉臨安府洞霄宮李綱知潭州”[4]。又見《三朝北盟會編》卷一九三《炎興下帙九十三》、《皇宋中興兩朝聖政》卷二五《高宗皇帝二十五》、《行狀》、李綸《梁溪先生年譜》、本集卷一〇二《辭免知潭州奏狀》。

十一日，除兼荆湖南路安撫大使。

　　《宋史》本傳：“九年，除知潭州、荆湖南路安撫大使，綱具奏力辭。”（第11273頁）《宋史》卷二九《高宗本紀六》載紹興九年二月十一日壬戌，“以李綱爲湖南路安撫大使”[5]。本集卷一〇二《辭免知潭州兼荆湖南路安撫大使奏狀》亦云：“續准尚書省劄子，二月十一日三省同奉聖旨，除臣兼荆湖南路安撫大使。”（第977頁）又見《行狀》、李綸《梁溪先生年譜》。

---

[1] 趙效宣《李綱年譜長編》，第220頁。
[2] 唐圭璋編纂，王仲聞參訂，孔凡禮補輯《全宋詞》，第1173頁。
[3] 趙效宣《李綱年譜長編》，第220~221頁。
[4] 李心傳編撰，胡坤點校《建炎以來繫年要錄》，第5冊第2380頁。
[5] 脫脫等《宋史》，第2冊第539頁。

十五日，奉旨疾速前去赴任。

> 本集卷一〇二《辭免知潭州兼荆湖南路安撫大使奏狀》云："二月十五日奉聖旨，令臣不候受告，般家接人，疾速前去之任。"（第 977 頁）

二十日，具《辭免知潭州奏狀》。

> 本集卷一〇二《辭免知潭州奏狀》云："右臣今月二十日准尚書省劄子，二月八日三省同奉聖旨，差臣知潭州，臣聞命震驚，罔知所措。"（第 977 頁）奏狀當上於二月二十日也。

二月二十一日至四月十日間，具《辭免知潭州兼荆湖南路安撫大使奏狀》《辭免第三奏狀》。

> 李綱二月八日除知潭州，十一日除兼荆湖南路安撫大使，二十日具《辭免知潭州奏狀》，四月十日依舊提舉臨安府洞霄宮，則本集卷一〇二《辭免知潭州兼荆湖南路安撫大使奏狀》《辭免第三奏狀》應作於二月二十一日至四月十日之間。

四月十日，依舊提舉臨安府洞霄宮。上《謝免荆湖南路安撫大使兼知潭州依舊宮祠表》。

> 《建炎以來繫年要錄》卷一二七載紹興九年四月十日己未，"觀文殿大學士、新荆湖南路安撫大使李綱提舉臨安府洞霄宮"[1]。李綸《梁溪先生年譜》謂是年"四月十三日，依舊提舉臨安府洞霄宮"[2]。今從《建炎以來繫年要錄》。又見《皇宋中興兩朝聖政》卷二五《高宗皇帝二十五》、《行狀》。本集卷一〇二《謝免荆湖南路安撫大使兼知潭州依舊宮祠表》大約上於是日。

大約閏六月十日生辰，得張元幹賀詩三首。

> 張元幹《蘆川歸來集》卷三《李丞相綱生朝三首》其三云："福城東際笙歌地，且祝千齡醉荔枝。"[3]李綱生於閏六月十日，張元幹先後於紹興四年（1134）、紹興八年作生辰賀詩《李丞相生朝三首》《李丞相生朝》，紹興六年、紹興七年，李綱在南昌任職，此賀詩大約作於今年。

---

［1］李心傳編撰，胡坤點校《建炎以來繫年要錄》，第 5 冊第 2402 頁。
［2］李綸編，彭邦明校點《梁溪先生年譜》，吳洪澤、尹波主編《宋人年譜叢刊》，第 6 冊第 4092 頁。
［3］張元幹《蘆川歸來集》，第 54～55 頁。

是年冬，弟李維來省，作絕筆詩《次李泰發韻二首送仲輔提刑弟還浙東》送行。

　　李綸《梁溪先生年譜》謂是年“公之仲弟維自吏部（員）外郎除芸閣，持憲浙東，以與公別久，有請於朝，乞因巡歷，來閩省公，款曲再旬。是年冬，公有送行詩，蓋絕筆也”[1]。此即本集卷三二《次李泰發韻二首送仲輔提刑弟還浙東》詩。

宣和六年至紹興九年之間，作《唐植甫左司挽詞二首》詩，地點不詳。

　　本集卷三二序云：“自丙辰歲至豫章及戊午歲歸自豫章以後作三十七首，挽歌詞及哭祭詩二十首。”（第420頁）本集卷三二從《贈羅偉政奉議》至《次李泰發韻二首送仲輔提刑弟還浙東》共三十七首詩，應作於“自丙辰歲至豫章及戊午歲歸自豫章以後”，從《楊夫人挽章二首》至《致奠張柔直知郡龍圖》共二十首“挽歌詞及哭祭詩”單獨列目，應收錄李綱歷來所作挽歌詞及哭祭詩。案，宣和五年（1123）秋冬間，李綱嘗作《唐植甫左司許出示所藏紅絲硯輒成短歌》，紹興九年（1139）冬作絕筆詩，本集卷三二《唐植甫左司挽詞二首》當作於宣和六年至紹興九年期間。

大約徽宗政和元年至高宗紹興九年之間，作《楊夫人挽章二首》《至享張丈修撰墓下感懷二章》《木芙蓉》諸詩，地點不詳。

　　本集卷三二除收錄《楊夫人挽章二首》至《致奠張柔直知郡龍圖》二十首挽歌詞及哭祭詩外，還收錄一首《木芙蓉》，當爲李綱歷來所作。案，李綱確考作品始於政和元年（1111），紹興九年（1139）冬，李綱作絕筆詩，以上諸詩大約作於二者之間。趙效宣《李綱年譜長編》謂二十首挽歌詞及哭祭詩作於紹興八年[2]，誤也。

作《水龍吟》（笑不知天命）、《念奴嬌》（晚唐姑息）、《喜遷鶯》（邊城寒早）、《望江南》（新閣就）、《望江南》（新酒熟）、《望江南》（新雨足）、《望江南》（新月出）、《江城子》（琉璃滑處玉花飛）、《滿庭芳》（何時得）、《西江月》（意態何如涎涎）、《蘇武令》（塞上風高）諸詞，地點不詳。

---

[1] 李綸編，彭邦明校點《梁溪先生年譜》，吳洪澤、尹波主編《宋人年譜叢刊》，第6冊第4092~4093頁。
[2] 趙效宣《李綱年譜長編》，第220頁。

《水龍吟》（笑不知天命）僅存殘句"笑不知天命，明珠玉闕，漫撞令碎"[1]；《滿庭芳》（何時得）僅存殘句"何時得，恩來日下，蓑笠老江湖"[2]；趙效宣《李綱年譜長編》謂建炎三年（1129）詞有"《喜遷鶯》[塞上詞]一首"[3]，"塞上詞"爲此詞詞序，首句爲"邊城寒早"[4]。但《全宋詞》還收錄一首《喜遷鶯》，首句也爲"邊城寒早"，詞序爲"真宗幸澶淵"[5]，不知作於何時。案，李綱確考作品始於政和元年（1111）；紹興九年（1139）冬，李綱作絕筆詩。以上諸詞大約作於政和元年至紹興九年之間。

高宗紹興十年庚申（1140），五十八歲

正月十五日，卒於福州。

寓居福州。正月十一日，得中使徐珣傳宣撫問。

《行狀》謂紹興"十年正月十一日，中使徐珣傳宣撫問"（第1750頁）。又見李綸《梁溪先生年譜》。

十五日，薨。

《宋史》本傳載紹興九年"次年薨，年五十八。訃聞，上爲軫悼，遣使賻贈，撫問其家，給喪葬之費"（第11273頁）。《行狀》載紹興"十年正月……初，公之叔弟經，博學多識，公所以期之者甚遠，不幸早世，公悼恨不能自己。適上元日具家饌致祭，公撫几號慟，不勝手足之痛，倉卒感疾，是日薨於叔弟之居"（第1750頁）。上元，正月十五日也。又見《建炎以來繫年要録》卷一三四、《三朝北盟會編》卷一九九《炎興下帙九十九》、李綸《梁溪先生年譜》。

李綱一生，心係社稷生民，堪稱國家棟樑、後世楷模。《宋史》本傳："綱負天下之望，以一身用捨爲社稷生民安危。雖身或不用，用有不久，而其忠誠義氣，凜然動乎遠邇。每宋使至燕山，必問李綱、趙鼎安否，其爲遠

[1] 唐圭璋編纂，王仲聞參訂，孔凡禮補輯《全宋詞》，第1167頁。
[2] 唐圭璋編纂，王仲聞參訂，孔凡禮補輯《全宋詞》，第1178頁。
[3] 趙效宣《李綱年譜長編》，第132頁。
[4] 唐圭璋編纂，王仲聞參訂，孔凡禮補輯《全宋詞》，第1177頁。
[5] 唐圭璋編纂，王仲聞參訂，孔凡禮補輯《全宋詞》，第1168頁。

人所畏服如此。……論曰：以李綱之賢，使得畢力殫慮於靖康、建炎間，莫或撓之，二帝何至於北行，而宋豈至爲南渡之偏安哉？夫用君子則安，用小人則危，不易之理也。人情莫不喜安而惡危。然綱居相位僅七十日，其謀數不見用，獨於黄潛善、汪伯彥、秦檜之言，信而任之，恒若不及，何高宗之見，與人殊哉？綱雖屢斥，忠誠不少貶，不以用捨爲語默，若赤子之慕其母，怒呵猶嗷嗷焉挽其裳裾而從之。嗚呼，中興功業之不振，君子固歸之天，若綱之心，其可謂非諸葛孔明之用心歟？”（第 11273～11274 頁）《行狀》：“惟公勳在王室，德在生民，至忠大節，孝誠友愛，罔不具備。雖身或不用，用或不久，其光明傑出，故已如此。”（第 1752 頁）陳東《少陽集》卷二《伏闕上欽宗皇帝書》：“在廷之臣，奮勇不顧、以身任天下之重者，李綱是也，所謂社稷之臣也。”[1] 朱熹《晦庵集》卷七六《丞相李公奏議後序》：“使公之言用於宣和之初，則都城必無圍迫之憂；用於靖康，則宗國必無顛覆之禍；用於建炎，則中原必不至於淪陷；用於紹興，則旋軫舊京，汛掃陵廟，以復祖宗之宇，而卒報不共戴天之讎。其已久矣！夫豈使王業偏安於江海之澨，而尚貽吾君今日之憂哉？”[2] 卷七九《邵武軍學丞相隴西李公祠記》：“李公之爲人，知有君父而不知有其身，知天下之有安危而不知有其身之有禍福，雖以讒間竄斥屢瀕九死，而其愛君憂國之志終有不可得而奪者，是亦可謂一世之偉人矣。”[3] 本集卷二〇《病牛》詩云：“但得衆生皆得飽，不辭羸病臥殘陽。”（第 268 頁）李綱殫精竭慮，死而後已，人品經濟，光照千古，正所謂“進退一身關社稷，英靈千古鎮河山”[4]。

是日，弟李維自浙東路提點刑獄公事移閩部，以治其喪。

《行狀》謂紹興“十年正月……上元日……薨於叔弟之居……命公之仲弟維自浙東提點刑獄移閩部，以營葬事”（第 1750 頁）。

二十二日，張浚作祭文，遣屬官蔣毓等人祭之。

本集附錄四《祭文·張丞相》：“維紹興十年，歲次庚申，正月丁丑朔，

［1］陳東《少陽集》，景印文淵閣《四庫全書》，第 1136 冊第 294 頁。

［2］朱熹《晦庵集》，景印文淵閣《四庫全書》，臺灣商務印書館 1986 年版，第 1145 冊第 571 頁。

［3］朱熹《晦庵集》，景印文淵閣《四庫全書》，第 1145 冊第 650 頁。

［4］福州李綱墓園林則徐題，見書前彩插四。

二十二日戊戌。復授資政殿大學士、左宣奉大夫、福建路安撫大使、馬步軍都總管、兼知福州軍州事張浚。謹以清酌庶羞之奠，遣本州簽廳官、左朝請大夫、通判福州軍州事蔣毓等，致祭……惟公奎躔孕秀，嵩嶽降靈，奮百世之英風，推一時之豪傑。頃未冠字，事親行古人之難；迨展壯圖，許國任天下之重。著直聲於左史，決大策於太常，遄登侍從之班，爰極將相之任。凡三朝之歷事，惟一德之自持。雖屢逸於祠宮，實乃心於王室。每當艱難之際，力陳忠讜之言。慨功名未副於所期，而泉壤遽成於永訣。"（第 1776 頁）

二十九日，張浚再作祭文，遣屬官施德脩等人祭之。

本集附錄四《祭文·再祭》："維紹興十年，歲次庚申，正月丁丑朔，二十九日乙巳。復授資政殿大學士、左宣奉大夫、福建路安撫大使、馬步軍都總管、兼知福州軍州事張浚。謹以清酌庶羞之奠，遣安撫司簽廳官、左宣教郎、充福建路安撫大使司主管機宜文字施德脩等，致祭……惟公挺秀，特邁往之才，歷輔相有爲之日，定大議，決大策，氣壓嵩華，忠貫金石，聲望聳於朝野，風棱動乎蠻貊。隱隱然可與鎮輕浮而靖患難，堂堂然可與當大事而定社稷。"（第 1776～1777 頁）

二月三日，張浚三作祭文，親祭之。

本集附錄四《祭文·三祭》："維紹興十年，歲次庚申，二月丙午朔，初三日戊申。復授資政殿大學士、左宣奉大夫、福建路安撫大使、馬步軍都總管、兼知福州軍州事張浚。謹以清酌庶羞之奠，致祭……公之碩德重望，著人耳目，重惟天生英傑，蓋將以爲一世之用。……憂國憂君，念念莫置。天兮罔測，不祐忠義。"（第 1777 頁）

二十日，張守作祭文，遣屬官唐邦憲祭之。

本集附錄四《祭文·張參政》："紹興十年，歲次庚申，二月丙午朔，二十日甲子。資政殿大學士、左通奉大夫、江南西路安撫制置大使、兼知洪州張守。謹遣使臣唐邦憲，以清酌庶羞之奠，恭祭……惟公識洞古今，氣涵宇宙。高明之學，成於夙習；經濟之具，得於天資。進讜論於群邪拱默之時，定大業於國勢阽危之際。赫然偉望，著於兩朝。……惟是高明大節，揭日月以爭光；爽氣英姿，照丹青而不朽。"（第 1778～1779 頁）案，是年二月丙午朔，二十日當爲乙丑，甲子乃十九日也，此處有錯訛，姑繫於此。

三月一日，趙令衿作文祭之。

本集附録四《祭文·趙提刑》："維紹興十年，歲次庚申，三月丙子朔。左朝奉大夫、新權發遣兩浙東路提點刑獄公事、兼本路勸農、提舉河渠常平等公事、借紫金魚袋趙令衿。敢以清酌庶羞之奠，致祭……閩山崢嶸，閩水清泠，陰陽聚英，神擷其精。世運五百，命公以生，維天惠民，俾佐治平。公在盛時，氣量忠烈，邦家重寶，人中上傑。忠孝傳家，清修端潔，錦心繡口，自成家説。"（第1785～1786頁）《宋史》卷四四七《趙令㠑傳》載："趙令㠑，燕懿王玄孫，安定郡王令衿兄也。"[1]據知，趙令衿，趙令㠑弟，字不詳。

二十日，李彌遜作文祭之。

本集附録四《祭文·李侍郎》："紹興十年，歲次庚申，二月丙子朔，二十日乙未。徽猷閣直學士、左朝請大夫、知潭州軍州事、兼管內勸農使、賜紫金魚袋李彌遜。謹以清酌庶羞之奠，致祭……公乎有國有君，以身衛之；有社有民，以身任之；有兵有戎，以身令之；姦回憸佞，退而抑之；忠鯁端毅之士，則爬羅剔抉，進而激之。道之將行，國之將興，天其或者佑此老成。……公之生也，不有其身。至大之氣，塞乎宇宙；不倚之節，信乎鬼神。令聞廣譽，極榮於儒者；獨行特立，追美於古人。"（第1779～1780頁）此即李彌遜《筠溪集》卷二三《祭李伯紀丞相文》。[2]案，是年二月丙午朔，二十日乙丑。三月丙子朔，二十日乙未。文中"二月"當爲"三月"。

是月，李璆作文祭之。

本集附録四《祭文·李侍郎》："維紹興十年，歲次庚申，三月丙子朔某日。左朝議大夫、充徽猷閣待制、提舉江州太平觀、陳留郡李璆。謹以清酌庶羞之奠，致祭……惟公間氣所鍾，爲時而出，英姿本於天挺，當代推乎人傑。蓋梗楠預章，實大廈之奇材；而華騮騄駬，真汗血之駿骨。弱齡學宮，文采煥發，射策高第，榮耀簪紳。仕歷三朝，志堅一節，精誠貫乎金石，聲名奇乎日月。……嗚呼哀哉！氣足以抗群虜之暴，而不能勝同朝阻撓之謀；望足以增天朝之重，而不能安近君彌諧之位；義足以激忠臣烈士之心，而不

[1]脱脱等《宋史》，第38冊第13184頁。
[2]李彌遜《筠溪集》，景印文淵閣《四庫全書》，第1130冊第814～815頁。

能逃陰邪中傷之巧言；聲足以重没世無疆之休，而不能弭平生仇怨之謗議。天乎人乎，其命有所制乎！公之於時，不爲不逢，君之於國，可謂盡忠。"（第 1781~1782 頁）

四月十一日，潘良貴作祭文，遺屬官韓宏祭之。

本集附録四《祭文·潘舍人》："維紹興十年，歲次庚申，四月乙巳朔，十一日乙卯。左朝散郎、充集英殿修撰、知明州軍州事、兼管内勸農使、主管管内安撫司公事潘良貴。謹遣使義校尉、本州指揮使韓宏致祭……孰謂如公之光明碩大，抱經綸康濟之業，而竟不得施乎！孰謂如公之巍巍堂堂、慷慨義烈，而功不及於中原乎！"（第 1780~1781 頁）

十五日，張元幹作文祭之。

本集附録四《祭文·張致政》："維紹興十年，歲次庚申，四月乙巳朔，十五日己未。門生右朝奉郎致仕、賜緋魚袋張元幹。謹以清酌庶羞之奠，昭告……大鈞播物，造化茫昧，篤生豪傑之士，常與厄運會焉。王室多艱，肇自先朝，撥亂反正，扶危救傾。奮不顧身，孰如公者？然孤忠貫日，輒蔽於浮雲；正色立朝，俄傷於貝錦。雖用每不盡其所學，一斥則終不復收用。豈黔黎命輕，而善類深否耶！"（第 1787 頁）

十九日，邵才作文祭之。

本集附録四《祭文·邵撫幹》："維紹興十年，歲次庚申，四月乙巳朔，十九日癸亥。左從事郎、福建路安撫大使司幹辦公事邵才。謹以清酌庶羞之奠，致祭……惟公蓋世英威，濟時勳烈，衆所共知，才得以略。"（第 1790 頁）邵才，毗陵人，建炎二年（1128）進士。[1]

五月二日，葉夢得作文祭之。

見本集附録四《祭文·葉左丞》："維紹興十年，歲次庚申，五月甲戌朔，初二日乙亥。資政殿大學士、左中大夫、江南東路安撫制置大使、兼知建康府、兼行宮留守司公事葉夢得。謹以清酌庶羞之奠，致祭……臨難之忠，不擇險巇，邁往之氣，掌握四夷。我縱我擒，我招我撝，公志之堅，金石不移。"（第 1779 頁）

---

[1] 史能之《咸淳毗陵志》卷一一《文事》，《宋元方志叢刊》，第 3 冊第 3050 頁。

十日，鄧柞作文祭之。

本集附録四《祭文·鄧通判》曰：“維紹興十年，歲次庚申，五月甲戌朔，初十日癸未。門生左宣教郎、權通判静江府、兼管内勸農事鄧柞。謹以清酌庶羞之奠，致祭……嗚呼公乎！學足以究理亂之本，智足以周事物之微，才足以任天下之重，識足以斷古今之疑，言人之所不敢言，爲人之所不能爲。……至於安危之際，臨大事，決大策，守正履忠，動必中德。從容帷幄，隱若敵國。……柞爲布衣，受知於公，片言見賞，曠若發蒙。往官旴江，公還自南，一言如舊，載笑載言。公總戎旅，辟置幕府，誨慰勤勤，國士見遇。”（第1786～1787頁）李綱紹興元年（1131）有詩與鄧柞唱和，次年辟鄧柞爲屬官，與文意相符，文中“鄧柞”當爲“鄧柞”。

二十八日，曾開作文祭之。

本集附録四《祭文·曾侍郎》：“維紹興十年，歲次庚申，五月甲戌朔，二十八日辛丑。左中大夫、充寶文閣待制、提舉亳州明道宫曾開。謹以清酌庶羞之奠，致祭……惟公大節，舉世所知，天實與之，豈人所私？三聖視天，決用無疑，公亦自信，力扶顛危。”（第1782～1783頁）曾開，曾幾兄，字天遊，贛州贛縣（今屬江西）人。崇寧二年（1103）進士，累遷國子司業、起居舍人、權中書舍人。[1]

是日，程瑀作文祭之。

本集附録四《祭文·程尚書》：“維皇宋紹興十年，歲次庚申，五月甲戌朔，二十八日辛丑。左朝請大夫、賜紫金魚袋程瑀。謹以清酌庶羞之奠，致祭……惟公受天異稟，爲時偉人，學該古今，氣塞宇宙，識洞幾微，才周事物。而濟之以昭日月、貫金石之精忠，則夫雖君子以爲難且非者，惟公克堪辨之，是豈偶然也哉！”（第1784頁）

是月，特贈少師。

《宋史》本傳：“贈少師，官其親族十人。”（第11273頁）《宋會要輯稿·儀制一一》載：“觀文殿大學士、左金紫光禄大夫、提舉臨安府洞霄宫

---

[1] 康河修，董天錫纂《嘉靖贛州府志》卷一〇《人才》，《天一閣藏明代方志選刊》，上海古籍書店1962年版，第38冊。

李綱，十年五月特贈少師。"[1] 十年乃紹興十年也。又見《行狀》、李綸《梁溪先生年譜》。

六月九日，薛弼作文祭之。

本集附録四《祭文·薛待制》："維紹興十年，歲次庚申，六月甲辰朔，初九日壬子。左朝議大夫、直龍圖閣、權發遣荆南軍府、兼管内勸農事、兼主管荆湖北路安撫司公事、馬步軍都總管、兼本路營田使、賜紫金魚袋薛弼，謹備清酌之奠，致祭……惟公德備行純，剛明嚴肅，雄奇卓絶，自古靡儔。振於風雲，密踐華貫，當官表表，厥譽四馳。盛美英稱，未易悉數，試舉其大，以附史闕。……公之盛德，可謂如青天白日，天下尊仰之固矣。公之貴名，可謂如景星卿雲，天下以先睹爲快亦固矣。如其光明俊偉之才，正直敢爲之氣，博極古今之學，脱落倫類之志，指陳理亂之識，洞視幾微之智，固非庸常之能爲，然皆公平生之餘事也！"（第1783頁）

十一月一日，李先作文祭之。

本集附録四《祭文·李參政》："紹興十年，歲次庚申，十一月乙未朔，初一日。資政殿學士、左中大夫、提舉臨安府洞霄宮李先。謹以清酌庶羞之奠，敢昭告……所試幾何，坐此幽屏，平生所懷，尊主庇民。三進三屈，終莫得伸，拳拳孤忠，誓不忘君。事有可否，引義力陳，憂憤激烈，至於殁身。"（第1777~1778頁）李先，字里不詳。

十二月十三日，張元幹作文再祭之。

本集附録四《祭文·再祭》："維紹興十年，歲次庚申，十二月辛未朔，十三日癸未。門生右朝奉郎致仕、賜緋魚袋張元幹等。謹以清酌庶羞之奠，致祭……昔炎正之中微兮，天步多難。揭孤忠而委質兮，公進每正。……考風雲之初載兮，遭大變而策勳。歷三朝而一體兮，輒坐困於讒人。豈君臣之不密兮，卒直道而弗信。"（第1789頁）

十四日，葬於福州懷安縣桐口大家山。

李綱墓地有大家山、大嘉山、沙溪山諸説。《行狀》謂紹興十年"十二月十四日，葬於福州懷安縣桐口大家山之原"（第1750頁）。李綸《梁溪先

---

[1] 劉琳等校點《宋會要輯稿》，第4冊第2525頁。

生年譜》、趙效宣《李綱年譜長編》所載與之同。桐口即桐溪，"桐溪，在侯官縣西北三十里，俗謂之桐口。其相近有陳塘溪，俱流入岷江"[1]。懷安縣，今福建福州。然《乾隆福州府志》卷二三《冢墓》載："李忠定公綱墓，在（侯官）縣十九都大嘉山，由桐口入里許，綱僑居侯官，卒，葬於此。"[2]《民國閩侯縣志》卷一六《冢墓下》所載與之同。《乾隆福州府志》卷六四《流寓》又謂李綱"紹興初，始許自便。居福州，後數歲卒於寓舍，葬郡之沙溪山"[3]。《嘉慶重修一統志》卷四二六《福州府二》亦謂"李綱墓，在侯官縣西北沙溪山"[4]。今人又言李綱墓位於閩侯縣荊溪鎮光明村大嘉山南麓。[5]案，《嘉慶重修一統志》卷四二五《福州府一》載："沙溪，在侯官縣西北二十里，源出分水關，經建劍而下，中有湧沙成堆，故名。流經芋原驛入江。"[6]沙溪山或指沙溪之大嘉山也，大嘉山諧音大家山。今從《行狀》記載。

大約是年，張浚作挽詩二首。

見本集附録三《挽詩·特進觀文殿大學士、福建路安撫大使、兼知福州南陽郡開國公張浚上》。其一云："英風摩日月，正氣返山川。丙午功勳在，豐碑萬口傳。"（第 1755 頁）

李光作挽詩四首。

見本集附録三《挽詩·資政殿學士、左中大夫李光上》。其一云："忠言直節動華夷，肯爲投閑便息機。南國忽聞梁木折，中原猶望袞衣歸。"（第 1755 頁）

吕本中作挽詩三首。

見本集附録三《挽詩·左朝奉郎、試中書舍人、兼侍講、權直學士院、史館修撰、賜紫金魚袋吕本中上》，此即吕本中《東萊詩集》卷一八《李丞相挽詩三首》。[7]其三云："事業符蕭相，胸懷識謝安。流風有餘烈，志士祇

---

[1] 穆彰阿等《嘉慶重修一統志》卷四二五《福州府一》，第 27 冊第 21175 頁。
[2] 徐景熹修，魯曾煜等纂《乾隆福州府志》，《中國地方志集成·福建府縣志輯》，第 1 冊第 492 頁。
[3] 徐景熹修，魯曾煜等纂《乾隆福州府志》，《中國地方志集成·福建府縣志輯》，第 2 冊第 256 頁。
[4] 穆彰阿等《嘉慶重修一統志》，第 27 冊第 21209 頁。
[5] 鄭淑榕《福州西湖李綱祠修建始末及桂齋舊址考證》，《嘉應學院學報》2012 年第 6 期。
[6] 穆彰阿等《嘉慶重修一統志》，第 27 冊第 21175 頁。
[7] 吕本中《東萊詩集》，景印文淵閣《四庫全書》，第 1136 冊第 808 頁。

長歎。"（第 1756 頁）

張致遠作挽詩二首。

　　見本集附錄三《挽詩·左朝奉大夫、充顯謨閣待制張致遠上》。其一云："蹇蹇三朝社稷臣，兒童草木亦知名。"（第 1756 頁）其二云："整頓乾坤第一人，堂堂真相足儀型。"（第 1756 頁）張致遠，字里不詳。

陳公輔作挽詩三首。

　　見本集附錄三《挽詩·左朝散大夫、充敷文閣待制、提舉江州太平觀陳公輔上》。其一云："豪傑不出世，爲時斯閑生。有心安社稷，無計避功名。憂國維知重，謀身祇覺輕。徒令青史上，永永著英聲。"（第 1757 頁）

曾開作挽詩五首。

　　見本集附錄三《挽詩·左大中大夫、充寶文閣待制、提舉亳州明道宮曾開上》。其三云："追數中興相，公居第一人。"（第 1757 頁）曾開，字里不詳。

賀允中作挽詩二首。

　　見本集附錄三《挽詩·左朝散郎、權發遣福建路計度轉運副使公事賀允中上》。其二云："憶昨公爲相，朝廷係重輕。勳風圖漢閣，夢想奠商楹。"（第 1758 頁）賀允中，字子忱，上蔡（今屬河南）人。政和八年（1118）進士，累官參知政事，終資政殿大學士。[1]

趙令衿作挽詩四首。

　　見本集附錄三《挽詩·左朝散大夫、主管台州崇道觀趙令衿上》。其二云："名稱高世表，器識自天真。"（第 1758 頁）其三云："氣量吞雲夢，風流冠習池。"（第 1758 頁）

張元幹作挽詩五首。

　　見本集附錄三《挽詩·門人右朝奉郎致仕張元幹上》。其四云："壯志深憂國，丹心篤愛君。謗書興衆枉，諫疏在奇勳。"（第 1759 頁）

鄭昌齡作挽詩五首。

　　見本集附錄三《挽詩·門生左宣教郎、新授太府寺主簿鄭昌齡上》。其三云："炎圖第一相蕭公，王謝風流愧下風。"（第 1760 頁）其五云："獨立三

---

[1] 黃㽵、齊碩修，陳耆卿纂《嘉定赤城志》卷三四《人物門三》，《宋元方志叢刊》，第 7 冊第 7550 頁。

朝屬望深，忽摧忠義淚沾襟。"（第 1760 頁）

吳岡作挽詩三首。

見本集附錄三《挽詩·左迪功郎、福州閩縣尉吳岡上》。其一云："夢卜庸真相，艱難倚大儒。英風起衰懦，真氣懾姦諛。"（第 1760 頁）吳岡，字稚山，惠安（今屬福建）人，紹興八年（1138）進士。[1]

劉子翬作挽詩三首。

劉子翬《屏山集》卷一九《李丞相挽詩三首》其一云："委質艱難際，精忠日月昭。引裾堯浸縮，斷鞅虜氛消。顧盼安諸夏，風聲動一朝。南遷誰辨謗，公論付蒭堯。"其二云："文武中興相，名高北斗南。茂弘恢遠量，安石暢元談。六策陳丹扆，三休寄夢庵。人亡今孰賴，憂國意如惔。"其三云："賓榻勤初設，詩筒辱屢傳。一嗟雲霧隔，坐閱歲時遷。埋玉俄成恨，乘風想已仙。終當挽行紼，長慟繐帷前。"[2]因本集附錄三《挽詩》未收劉子翬詩，故錄之。

王洋作挽詩二首。

王洋《東牟集》卷三《李丞相挽章》其一云："名紀三朝重，身居百辟師。華夷占用否，進退繫安危。見夢英靈在，成功命數奇。出師身已老，垂淚憶當時。"其二云："風雲扶日月，堯舜正衣裳。壯烈周方叔，從容漢子房。鼎彝酬巨業，典禮賁幽光。悵望它山遠，千年綠野堂。"[3]王洋（？—1154），字元渤，山陽（今江蘇淮安）人。[4]著有《東牟集》。因本集附錄三《挽詩》未收王洋詩，故錄之。

高宗紹興十三年癸亥（1143），卒後三年

以長子儀之遇郊祀恩，贈太保。

《行狀》謂紹興"十三年，以長子儀之升朝，遇郊祀恩，贈太保"（第

---

[1] 莫尚簡修，張嶽纂《嘉靖惠安縣志》卷一二《選舉》，《天一閣藏明代方志選刊》，上海古籍書店 1963 年版，第 32 冊。

[2] 劉子翬《屏山集》，景印文淵閣《四庫全書》，第 1134 冊第 505 頁。

[3] 王洋《東牟集》，景印文淵閣《四庫全書》，臺灣商務印書館 1986 年版，第 1132 冊第 349 頁。

[4] 陸心源輯撰《宋史翼》卷二七《王洋傳》，影印清光緒三十二年（1906）初刊朱印本，中華書局 1991 年版，第 289~290 頁。

1750 頁）。又見李綸《梁溪先生年譜》。

高宗紹興十六年丙寅（1146），卒後六年

再贈太傅。

《行狀》謂紹興"十六年，再贈太傅"（第 1750 頁）。又見李綸《梁溪先生年譜》。

高宗紹興二十八年戊寅（1158），卒後十八年

以三子集之遇郊祀恩，贈太師。

《行狀》謂紹興二十八年戊寅歲，以"第三子集之遇郊祀恩，贈太師"（第 1752 頁）。

宋孝宗淳熙十六年己酉（1189），卒後四十九年

以幼子申之請於朝，賜謚忠定。

《行狀》云："淳熙十六年己酉歲，第五子申之有請於上，蒙恩賜謚忠定。"（第 1752 頁）案，李綱有子八人，申之最爲年幼，此處稱"第五子"，或因潤之、望之、茂之已逝，乃存世第五子也。

傳記資料

《宋史》李綱傳

李綱傳上[1]

李綱字伯紀，邵武人也，自其祖始居無錫。父夔，終龍圖閣待制。綱登政和二年進士第，積官至監察御史兼權殿中侍御史，以言事忤權貴，改比部員外郎，遷起居郎。

宣和元年，京師大水，綱上疏言陰氣太盛，當以盜賊外患爲憂。朝廷惡其言，謫監南劍州沙縣稅務。

七年，爲太常少卿。時金人渝盟，邊報狎至，朝廷議避敵之計，詔起師勤王，命皇太子爲開封牧，令侍從各具所見以聞。綱上禦戎五策，且語所善給事中吳敏曰：“建牧之議，豈非欲委以留守之任乎？巨敵猖獗如此，非傳以位號，不足以招徠天下豪傑。東宮恭儉之德聞於天下，以守宗社可也。公以獻納論思爲職，曷不爲上極言之。”敏曰：“監國可乎？”綱曰：“肅宗靈武之事，不建號不足以復邦，而建號之議不出於明皇，後世惜之。主上聰明仁恕，公言萬一能行，將見金人悔禍，宗社底寧，天下受其賜。”

翌日，敏請對，具道所以，因言李綱之論，蓋與臣同。有旨召綱入議，綱刺臂血上疏云：“皇太子監國，典禮之常也。今大敵入攻，安危存亡在呼吸間，猶守常禮可乎？名分不正而當大權，何以號召天下，期成功於萬一哉？若假皇太子以位號，使爲陛下守宗社，收將士心，以死捍敵，天下可保。”疏上，內禪之議乃決。

欽宗即位，綱上封事，謂：“方今中國勢弱，君子道消，法度紀綱，蕩然無統。陛下履位之初，當上應天心，下順人欲。攘除外患，使中國之勢尊；誅鋤內姦，使君子之道長，以副道君皇帝付託之意。”召對延和殿，上迎謂綱曰：“朕頃在東宮，見卿論水災疏，今尚能誦之。”李鄴使金議割地，綱奏：“祖宗疆土，當以死守，不可以尺寸與人。”欽宗嘉納，除兵部侍郎。

靖康元年，以吳敏爲行營副使，綱爲參謀官。金將斡离不兵渡河，徽宗

［1］脫脫等《宋史》卷三五八《李綱傳上》，第 32 冊第 11241～11260 頁。

東幸，宰執議請上暫避敵鋒。綱曰："道君皇帝挈宗社以授陛下，委而去之可乎？"上默然。太宰白時中謂都城不可守，綱曰："天下城池，豈有如都城者，且宗廟社稷、百官萬民所在，捨此欲何之？"上顧宰執曰："策將安出？"綱進曰："今日之計，當整飭軍馬，固結民心，相與堅守，以待勤王之師。"上問誰可將者，綱曰："朝廷以高爵厚祿崇養大臣，蓋將用之於有事之日。白時中、李邦彥等雖未必知兵，然藉其位號，撫將士以抗敵鋒，乃其職也。"時中忿曰："李綱莫能將兵出戰否？"綱曰："陛下不以臣庸懦，儻使治兵，願以死報。"乃以綱爲尚書右丞。

宰執猶守避敵之議。有旨以綱爲東京留守，綱爲上力陳所以不可去之意，且言："明皇聞潼關失守，即時幸蜀，宗廟朝廷毀於賊手，范祖禹以爲其失在於不能堅守以待援。今四方之兵不日雲集，陛下奈何輕舉以蹈明皇之覆轍乎？"上意頗悟。會內侍奏中宮已行，上色變，倉卒降御榻曰："朕不能留矣。"綱泣拜，以死邀之。上顧綱曰："朕今爲卿留。治兵禦敵之事，專責之卿，勿令有疏虞。"綱皇恐受命。

未幾，復決意南狩，綱趨朝，則禁衛擐甲，乘輿已駕矣。綱急呼禁衛曰："爾等願守宗社乎，願從幸乎？"皆曰："願死守。"綱入見曰："陛下已許臣留，復戒行何也？今六軍父母妻子皆在都城，願以死守，萬一中道散歸，陛下孰與爲衛？敵兵已逼，知乘輿未遠，以健馬疾追，何以禦之？"上感悟，遂命輟行。綱傳旨語左右曰："敢復有言去者斬！"禁衛皆拜伏呼萬歲，六軍聞之，無不感泣流涕。

命綱爲親征行營使，以便宜從事。綱治守戰之具，不數日而畢。敵兵攻城，綱身督戰，募壯士縋城而下，斬酋長十餘人，殺其衆數千人。金人知有備，又聞上已內禪，乃退。求遣大臣至軍中議和，綱請行。上遣李梲，綱曰："安危在此一舉，臣恐李梲怯懦而誤國事也。"上不聽，竟使梲往。金人須金幣以千萬計，求割太原、中山、河間地，以親王、宰相爲質。梲受事目，不措一辭，還報。綱謂："所需金幣，竭天下且不足，況都城乎？三鎮，國之屏蔽，割之何以立國？至於遣質，即宰相當往，親王不當往。若遣辯士姑與之議所以可不可者，宿留數日，大兵四集，彼孤軍深入，雖不得所欲，亦將速歸。此時而與之盟，則不敢輕中國，而和可久也。"宰執議不合，綱不能奪，求去。上慰諭曰："卿第出治兵，此事當徐議之。"綱退，則誓書已行，所求皆與之，以皇弟康王、少宰張邦昌爲質。

時朝廷日輸金幣，而金人需求不已，日肆屠掠。四方勤王之師漸有至者，种師道、姚平仲亦以涇原、秦鳳兵至。綱奏言："金人貪婪無厭，兇悖已甚，其勢非用師不可。且敵兵號六萬，而吾勤王之師集城下者已二十餘萬；彼以孤軍入重地，猶虎豹自投檻穽中，當以計取之，不必與角一旦之力。若扼河津，絕餉道，分兵復畿北諸邑，而以重兵臨敵營，堅壁勿戰，如周亞夫所以困七國者。俟其食盡力疲，然後以一檄取誓書，復三鎮，縱其北歸，半渡而擊之，此必勝之計也。"上深以爲然，約日舉事。

姚平仲勇而寡謀，急於要功，先期率步騎萬人，夜斫敵營，欲生擒斡离不及取康王以歸。夜半，中使傳旨諭綱曰："姚平仲已舉事，卿速援之。"綱率諸將且出封丘門，與金人戰幕天坡，以神臂弓射金人，卻之。平仲竟以襲敵營不克，懼誅亡去。金使來，宰相李邦彥語之曰："用兵乃李綱、姚平仲，非朝廷意。"遂罷綱，以蔡懋代之。太學生陳東等詣闕上書，明綱無罪。軍民不期而集者數十萬，呼聲動地，恚不得報，至殺傷內侍。帝亟召綱，綱入見，泣拜請死。帝亦泣，命綱復爲尚書右丞，充京城四壁守禦使。

始，金人犯城者，蔡懋禁不得輒施矢石，將士積憤，至是，綱下令能殺敵者厚賞，衆無不奮躍。金人懼，稍稍引卻，且得割三鎮詔及親王爲質，乃退師。除綱知樞密院事。綱奏請如澶淵故事，遣兵護送，且戒諸將，可擊則擊之。乃以兵十萬分道並進，將士受命，踴躍以行。先是，金帥粘罕圍太原，守將折可求、劉光世軍皆敗；平陽府義兵亦叛，導金人入南北關，取隆德府，至是，遂攻高平。宰相咎綱盡遣城下兵追敵，恐倉卒無措，急徵諸將還。諸將已追及金人於邢、趙間，遽得還師之命，無不扼腕。比綱力爭，復遣，而將士解體矣。

詔議迎太上皇帝還京。初，徽宗南幸，童貫、高俅等以兵扈從。既行，聞都城受圍，乃止東南郵傳及勤王之師。道路籍籍，言貫等爲變。陳東上書，乞誅蔡京、蔡攸、童貫、朱勔、高俅、盧宗原等。議遣聶山爲發運使往圖之，綱曰："使山所圖果成，震驚太上，此憂在陛下。萬一不果，是數人者，挾太上於東南，求劍南一道，陛下將何以處之？莫若罷山之行，請於太上去此數人，自可不勞而定。”上從其言。

徽宗還次南都，以書問改革政事之故，且召吳敏、李綱。或慮太上意有不測，綱請行，曰：“此無他，不過欲知朝廷事爾。”綱至，具道皇帝聖孝思慕，欲以天下養之意，請陛下早還京師。徽宗泣數行下，問：“卿頃以何故去？”綱對曰：“臣昨任左史，以狂妄論列水災，蒙恩寬斧鉞之誅，然臣當時所言，以謂天地之變，各以類應，正爲今日攻圍之兆。夫災異變故，譬猶一人之身，病在五臟，則發於氣色，形於脈息，善醫者能知之。所以聖人觀變於天地，而修其在我者，故能制治保邦，而無危亂之憂。”徽宗稱善。

又詢近日都城攻圍守禦次第，語漸浹洽。徽宗因及行宮止遞角等事，曰：“當時恐金人知行宮所在，非有他也。”綱奏：“方艱危時，兩宮隔絕，朝廷應副行宮，亦豈能無不至者，在聖度燭之耳。”且言：“皇帝仁孝，惟恐有一不當太上皇帝意者，每得詰問之詔，輒憂懼不食。臣竊譬之，家長出而强寇至，子弟之任家事者，不得不從宜措置。長者但當以其能保田園大計而慰勞之，苟誅及細故，則爲子弟者，何所逃其責哉？皇帝傳位之初，陛下巡幸，適當大敵入攻，爲宗社計，庶事不得不小有更革。陛上回鑾，臣謂宜有以大慰安皇帝之心，勿問細故可也。”徽宗感悟，出玉帶、金魚、象簡賜綱，曰：“行宮人得卿來皆喜，以此示朕意，卿可便服之。”且曰：“卿輔助皇帝，扞守宗社有大功，若能調和父子間，使無疑阻，當遂書青史，垂名萬世。”綱感泣再拜。

綱還，具道太上意。宰執進迎奉太上儀注，耿南仲議欲屏太上左右，車駕乃進。綱言：“如此，是示之以疑也。天下之理，誠與疑、明與暗而已。自誠明而推之，可至於堯、舜；自疑暗而推之，其患有不可勝言者。耿南仲不以堯、舜之道輔陛下，乃暗而多疑。”南仲怫然曰：“臣適見左司諫陳公輔，乃爲李綱結士民伏闕者，乞下御史置對。”上愕然。綱曰：“臣與南仲所論，國事也。南仲乃爲此言，臣何敢復有所辨？願以公輔事下吏，臣得乞身待罪。”章十餘上，不允。

太上皇帝還，綱迎拜國門。翌日，朝龍德宮，退，復上章懇辭。上手詔諭意曰：“乃者敵在近郊，士庶伏闕，一朝倉猝，衆數十萬，忠憤所激，不謀同辭，此豈人力也哉？不悅者造言，致卿不自安，朕深諒卿，不足介懷。

巨敵方退，正賴卿協濟艱難，宜勉爲朕留。"綱不得已就職。上備邊禦敵八事。

時北兵已去，太上還宮，上下恬然，置邊事於不問。綱獨以爲憂，與同知樞密院事許翰議調防秋之兵。吳敏乞置詳議司檢詳法制，以革弊政，詔以綱爲提舉官，南仲沮止之。綱奏："邊患方棘，調度不給，宜稍抑冒濫，以足國用。謂如節度使至遙郡刺史，本以待勳臣，今皆以戚里恩澤得之；堂吏轉官止於正郎，崇、觀間始轉至中奉大夫，今宜皆復舊制。"執政揭其奏通衢，以綱得士民心，欲因此離之。會守禦司奏補副尉二人，御批有"大臣專權，浸不可長"語。綱奏："頃得旨給空名告敕，以便宜行事。二人有勞當補官，故具奏聞，乃遵上旨，非專權也。"

時太原圍未解，种師中戰没，師道病歸，南仲曰："欲援太原，非綱不可。"上以綱爲河東、北宣撫使。綱言："臣書生，實不知兵。在圍城中，不得已爲陛下料理兵事，今使爲大帥，恐誤國事。"因拜辭，不許。退而移疾，乞致仕，章十餘上，不允。臺諫言綱不可去朝廷，上以其爲大臣遊説，斥之。或謂綱曰："公知所以遣行之意乎？此非爲邊事，欲緣此以去公，則都人無辭耳。公堅臥不起，讒者益肆，上怒且不測，奈何？"許翰書"杜郵"二字遺綱，綱皇恐受命。上手書《裴度傳》以賜，綱言："吳元濟以區區環蔡之地抗唐室，與金人强弱固不相侔，而臣曾不足以望裴度萬分之一。然寇攘外患可以掃除，小人在朝，蠹害難去。使朝廷既正，君子道長，則所以扞禦外患者，有不難也。"因書裴度論元積、魏洪簡章疏要語以進，上優詔答之。

宣撫司兵僅萬二千人，庶事未集，綱乞展行期。御批以爲遷延拒命，綱上疏明其所以未可行者，且曰："陛下前以臣爲專權，今以臣爲拒命，方遣大帥解重圍，而以專權、拒命之人爲之，無乃不可乎？願乞骸骨，解樞筦之任。"上趣召數四，曰："卿爲朕巡邊，便可還朝。"綱曰："臣之行，無復還之理。昔范仲淹以參政出撫西邊，過鄭州，見吕夷簡。夷簡曰：'參政豈可復還！'其後果然。今臣以愚直不容於朝，使既行之後，進而死敵，臣之願也。萬一朝廷執議不堅，臣當求去，陛下宜察臣孤忠，以全君臣之義。"上爲之感動。及陛辭，言唐恪、聶山之姦，任之不已，後必誤國。

進至河陽，望拜諸陵，復上奏曰："臣總師出鞏、洛，望拜陵寢，潸然出涕。恭惟祖宗創業守成，垂二百年，以至陛下。適丁艱難之秋，強敵內侵，中國勢弱，此誠陛下嘗膽思報，屬精求治之日，願深考祖宗之法，一一推行之。進君子，退小人，益固邦本，以圖中興，上以慰安九廟之靈，下為億兆蒼生之所依賴，天下幸甚！"

行次懷州，有詔罷減所起兵，綱奏曰："太原之圍未解，河東之勢甚危，秋高馬肥，敵必深入，宗社安危，殆未可知。使防秋之師果能足用，不可保無敵騎渡河之警。況臣出使未幾，朝廷盡改前詔，所團結之兵，悉罷減之。今河北、河東日告危急，未有一人一騎以副其求，甫集之兵又皆散遣，臣誠不足以任此。且以軍法勒諸路起兵，而以寸紙罷之，臣恐後時有所號召，無復應者矣。"疏上，不報。御批日促解太原之圍，而諸將承受御畫，事皆專達，宣撫司徒有節制之名。綱上疏，極諫節制不專之弊。

時方議和，詔止綱進兵。未幾，徐處仁、吳敏罷相而相唐恪，許翰罷同知樞密院而進聶山、陳過庭、李回等，吳敏復謫置涪州。綱聞之，歎曰："事無可為者矣！"即上奏丐罷。乃命种師道以同知樞密院事領宣撫司事，召綱赴闕。尋除觀文殿學士、知揚州，綱具奏辭免。未幾，以綱專主戰議，喪師費財，落職提舉亳州明道宮，責授保靜軍節度副使，建昌軍安置；再謫寧江。

金兵再至，上悟和議之非，除綱資政殿大學士，領開封府事。綱行次長沙，被命，即率湖南勤王之師入援，未至而都城失守。先是，康王至北軍，為金人所憚，求遣肅王代之。至是，康王開大元帥府，承制復綱故官，且貽書曰："方今生民之命，急於倒垂，諒非不世之才，何以協濟事功。閣下學窮天人，忠貫金石，當投袂而起，以副蒼生之望。"

高宗即位，拜尚書右僕射兼中書侍郎，趣赴闕。中丞顏岐奏曰："張邦昌為金人所喜，雖已為三公、郡王，宜更加同平章事，增重其禮；李綱為金人所惡，雖已命相，宜及其未至罷之。"章五上，上曰："如朕之立，恐亦非金人所喜。"岐語塞而退。岐猶遣人封其章示綱，覬以沮其來。上聞綱且至，遣官迎勞，錫宴，趣見於內殿。綱見上，涕泗交集，上為動容。因奏曰："金人不道，專以詐謀取勝，中國不悟，一切墮其計中。賴天命未改，陛下總師於外，爲天下臣民之所推戴，內修外攘，還二聖而撫萬邦，責在陛下與宰相。臣自視闕然，不足以副陛下委任之意，乞追寢成命。且臣在道，顏岐嘗封示論臣章，謂臣爲金人所惡，不當爲相。如臣愚戇，但知有趙氏，不知有金人，宜爲所惡。然謂臣材不足以任宰相則可，謂爲金人所惡不當爲相則不可。」因力辭。帝爲出范宗尹知舒州，顏岐與祠。綱猶力辭，上曰：「朕知卿忠義智略久矣，欲使敵國畏服，四方安寧，非相卿不可，卿其勿辭。」綱頓首泣謝，云：

臣愚陋無取，荷陛下知遇，然今日扶顛持危，圖中興之功，在陛下而不在臣。臣無左右先容，陛下首加識擢，付以宰柄，顧區區何足以仰副圖任責成之意？然「靡不有初，鮮克有終」。臣孤立寡與，望察管仲害霸之言，留神於君子小人之間，使得以盡志畢慮，雖死無憾。昔唐明皇欲相姚崇，崇以十事要說，皆中一時之病。今臣亦以十事仰干天聽，陛下度其可行者，賜之施行，臣乃敢受命。

一曰議國是。謂中國之御四裔，能守而後可戰，能戰而後可和，而靖康之末皆失之。今欲戰則不足，欲和則不可，莫若先自治，專以守爲策，俟吾政事修，士氣振，然後可議大舉。

二曰議巡幸。謂車駕不可不一到京師，見宗廟，以慰都人之心，度未可居，則爲巡幸之計。以天下形勢而觀，長安爲上，襄陽次之，建康又次之，皆當詔有司預爲之備。

三曰議赦令。謂祖宗登極赦令，皆有常式。前日赦書，乃以張邦昌僞赦爲法，如赦惡逆及罪廢官盡復官職，皆泛濫不可行，宜悉改正以法祖宗。

四曰議僭逆。謂張邦昌爲國大臣，不能臨難死節，而挾金人之勢易姓改號，宜正典刑，垂戒萬世。

五曰議僞命。謂國家更大變，鮮仗節死義之士，而受僞官以屈膝於其庭者，不可勝數。昔肅宗平賊，汙僞命者以六等定罪，宜仿之以勵士風。

六曰議戰。謂軍政久廢，士氣怯惰，宜一新紀律，信賞必罰，以作其氣。

七曰議守。謂敵情狡獪，勢必復來，宜於沿河、江、淮措置控禦，以扼其衝。

八曰議本政。謂政出多門，紀綱紊亂，宜一歸之於中書，則朝廷尊。

九曰議久任。謂靖康間進退大臣太速，功效蔑著，宜慎擇而久任之，以責成功。

十曰議修德。謂上始膺天命，宜益修孝悌恭儉，以副四海之望，而致中興。

翌日，班綱議於朝，惟僭逆、偽命二事留中不出。綱言：

二事乃今日政刑之大者。邦昌當道君朝，在政府者十年，淵聖即位，首擢爲相。方國家禍難，金人爲易姓之謀，邦昌如能以死守節，推明天下戴宋之義，以感動其心，敵人未必不悔禍而存趙氏。而邦昌方自以爲得計，偃然正位號，處宮禁，擅降偽詔，以止四方勤王之師。及知天下之不與，不得已而後請元祐太后垂簾聽政，而議奉迎。邦昌僭逆始末如此，而議者不同，臣請備論而以《春秋》之法斷之。

夫都城之人德邦昌，謂因其立而得生，且免重科金銀之擾。元帥府恕邦昌，謂其不待征討而遣使奉迎。若天下之憤嫉邦昌者，則謂其建號易姓，而奉迎特出於不得已。都城德之，元帥府恕之，私也；天下憤嫉之，公也。《春秋》之法，人臣無將，將而必誅；趙盾不討賊，則書以弒君。今邦昌已僭位號，敵退而止勤王之師，非特將與不討賊而已。

劉盆子以漢宗室爲赤眉所立，其後以十萬衆降光武，但待之以不死。邦昌以臣易君，罪大於盆子，不得已而自歸，朝廷既不正其罪，又尊崇之，此何理也？陛下欲建中興之業，而尊崇僭逆之臣，以示四方，其誰不解體？又偽命臣寮，一切置而不問，何以勵天下士大夫之節？

時執政中有論不同者，上乃詔黃潛善等語之。潛善主邦昌甚力，上顧呂好問曰："卿昨在圍城中知其故，以爲何如？"好問附潛善，持兩端，曰："邦昌僭竊位號，人所共知，既已自歸，惟陛下裁處。"綱言："邦昌僭逆，豈可使之在朝廷，使道路指目曰'此亦一天子'哉！"因泣拜曰："臣不可與邦昌同列，當以笏擊之。陛下必欲用邦昌，第罷臣。"上頗感動。伯彥乃曰："李綱氣直，臣等所不及。"乃詔邦昌謫潭州，吳幵、莫儔而下皆遷謫有差。綱又言："近世士大夫寡廉鮮恥，不知君臣之義。靖康之禍，能仗節死義者，在內惟李若水，在外惟霍安國，願加贈恤。"上從其請，仍詔有死節者，諸路詢訪以聞。上謂綱曰："卿昨爭張邦昌事，內侍輩皆泣涕，卿今可以受命矣。"綱拜謝。

有旨兼充御營使。入對，奏曰：

今國勢不逮靖康間遠甚，然而可爲者，陛下英斷於上，群臣輯睦於下，庶幾靖康之弊革，而中興可圖。然非有規模而知先後緩急之序，則不能以成功。

夫外禦強敵，內銷盜賊，修軍政，變士風，裕邦財，寬民力，改弊法，省冗官，誠號令以感人心，信賞罰以作士氣，擇帥臣以任方面，選監司、郡守以奉行新政，俟吾所以自治者政事已修，然後可以問罪金人，迎還二聖，此所謂規模也。至於所當急而先者，則在於料理河北、河東。蓋河北、河東者，國之屏蔽也。料理稍就，然後中原可保，而東南可安。今河東所失者忻、代、太原、澤、潞、汾、晉，餘郡猶存也。河北所失者，不過真定、懷、衛、濬四州而已，其餘二十餘郡，皆爲朝廷守。兩路士民兵將，所以戴宋者，其心甚堅，皆推豪傑以爲首領，多者數萬，少者亦不下萬人。朝廷不因此時置司、遣使以大慰撫之，分兵以援其危急，臣恐糧盡力疲，坐受金人之困。雖懷忠義之心，援兵不至，危迫無告，必且憤怨朝廷，金人因得撫而用之，皆精兵也。

莫若於河北置招撫司，河東置經制司，擇有材略者爲之使，宣諭天子恩德、所以不忍棄兩河於敵國之意。有能全一州、復一郡者，以爲節度、防禦、團練使，如唐方鎮之制，使自爲守。非惟絕其從敵之心，又可資其禦敵之力，使朝廷永無北顧之憂，最今日之先務也。

上善其言，問誰可任者，綱薦張所、傅亮。所嘗爲監察御史，在靖康圍城中，以蠟書募河北兵，士民得書，喜曰："朝廷棄我，猶有一張察院能拔而用之。"應募者凡十七萬人，由是所之聲震河北。故綱以爲招撫河北，非所不可。傅亮者，先以邊功得官，嘗治兵河朔。都城受圍時，亮率勤王之兵三萬人，屢立戰功。綱察其智略可以大用，欲因此試之。上乃以所爲河北招撫使，亮爲河東經制副使。

皇子生，故事當肆赦。綱奏："陛下登極，曠蕩之恩獨遺河北、河東，而不及勤王之師，天下缺望。夫兩路爲朝廷堅守，而赦令不及，人皆謂已棄之，何以慰忠臣義士之心？勤王之師在道路半年，擐甲荷戈，冒犯霜露，雖未效用，亦已勞矣。加以疾病死亡，恩恤不及，後有急難，何以使人乎？願因今赦廣示德意。"上嘉納。於是兩路知天子德意，人情翕然，間有以破敵捷書至者。金人圍守諸郡之兵，往往引去。而山砦之兵，應招撫、經制二司募者甚衆。

有許高、許亢者，以防河而遁，謫嶺南，至南康謀變，守倅戮之。或議其擅殺，綱曰："高、亢受任防河，寇未至而遁，沿途劫掠，甚於盜賊。朝廷不能正軍法，而一守倅能行之，真健吏也。使受命捍賊而欲退走者，知郡縣之吏皆得以誅之，其亦少知所戒乎！"上以爲然，命轉一官。開封守闕，綱以留守非宗澤不可，力薦之。澤至，撫循軍民，修治樓櫓，屢出師以挫敵。

綱立軍法，五人爲伍，伍長以牌書同伍四人姓名。二十五人爲甲，甲正以牌書伍長五人姓名。百人爲隊，隊將以牌書甲正四人姓名。五百人爲部，部將以牌書隊將正副十人姓名。二千五百人爲軍，統制官以牌書部將正副十人姓名。命招置新軍及御營司兵，並依新法團結，有所呼召、使令，按牌以遣。三省、樞密院置賞功司，受賂乞取者行軍法，遇敵逃潰者斬，因而爲盜賊者，誅及其家屬。凡軍政申明改更者數十條。

又奏步不足以勝騎，騎不足以勝車，請以車制頒京東、西，製造而教閱之。又奏造戰艦，募水軍，及詢訪諸路武臣材略之可任者以備用。又進三疏：一曰募兵，二曰買馬，三曰募民出財以助兵費。諫議大夫宋齊愈聞而笑之，謂虞部員外郎張浚曰："李丞相三議，無一可行者。"浚問之，齊愈曰：“民財不可盡括；西北之馬不可得，而東南之馬不可用；至於兵數，若郡增二千，則歲用千萬緡，費將安出？齊愈將極論之。”浚曰：“公受禍自此始矣。”

時朝廷議遣使於金，綱奏曰：“堯、舜之道，孝悌而已，孝悌之至，可以通神明。陛下以二聖遠狩沙漠，食不甘味，寢不安席，思迎還兩宮，致天下養，此孝悌之至，而堯、舜之用心也。今日之事，正當枕戈嘗膽，內修外攘，使刑政修而中國強，則二帝不俟迎請而自歸。不然，雖冠蓋相望，卑辭厚禮，恐亦無益。今所遣使，但當奉表通問兩宮，致思慕之意可也。”上乃命綱草表，以周望、傅雱爲二聖通問使，奉表以往。且乞降哀痛之詔，以感動天下，使同心協力，相與扶持，以致中興。又乞省冗員，節浮費。上皆從其言。是時，四方潰兵爲盜者十餘萬人，攻劫山東、淮南、襄漢之間，綱命將悉討平之。

一日，論靖康時事，上曰：“淵聖勤於政事，省覽章奏，至終夜不寐，然卒致播遷，何耶？”綱曰：“人主之職在知人，進君子而退小人，則大功可成，否則衡石程書，無益也。”因論靖康初朝廷應敵得失之策，且極論金人兩至都城，所以能守不能守之故；因勉上以明恕盡人言，以恭儉足國用，以英果斷大事。上皆嘉納。又奏：“臣嘗言車駕巡幸之所，關中爲上，襄陽次之，建康爲下。陛下縱未能行上策，猶當且適襄、鄧，示不忘故都，以係天下之心。不然，中原非復我有，車駕還闕無期，天下之勢遂傾不復振矣。”上爲詔諭兩京以還都之意，讀者皆感泣。

未幾，有詔欲幸東南避敵，綱極論其不可，言：“自古中興之主，起於西北，則足以據中原而有東南；起於東南，則不能以復中原而有西北。蓋天下精兵健馬皆在西北，一旦委中原而棄之，豈惟金人將乘間以擾內地；盜賊亦將蜂起爲亂，跨州連邑，陛下雖欲還闕，不可得矣，況欲治兵勝敵以歸二聖哉？夫南陽光武之所興，有高山峻嶺可以控扼，有寬城平野可以屯兵；西隣關、陝，可以召將士；東達江、淮，可以運穀粟；南通荊湖、巴蜀，可以取財貨；北距三都，可以遣救援。暫議駐蹕，乃還汴都，策無出於此者。今乘舟順流而適東南，固甚安便，第恐一失中原，則東南不能必其無事，雖欲退保一隅，不易得也。況嘗降詔許留中原，人心悦服，奈何詔墨未乾，遽失大信於天下！"上乃許幸南陽，而黃潛善、汪伯彥實陰主巡幸東南之議。客或有謂綱曰："外論洶洶，咸謂東幸已決。"綱曰："國之存亡，於是焉分，吾當以去就爭之。"初，綱每有所論諫，其言雖切直，無不容納，至是，所言常留中不報。已而遷綱尚書左僕射兼門下侍郎，黃潛善除右僕射兼中書侍郎。張所乞且置司北京，俟措置有緒，乃渡河。北京留守張益謙，潛善黨也，奏招撫司之擾，又言自置司河北，盜賊益熾。綱言："所尚留京師，益謙何以知其擾？河北民無所歸，聚而爲盜，豈由置司乃有盜賊乎？"

有旨令留守宗澤節制傅亮，即日渡河。亮言："措置未就而渡河，恐誤國事。"綱言："招撫、經制，臣所建明；而張所、傅亮，又臣所薦用。今潛善、伯彥沮所及亮，所以沮臣。臣每鑑靖康大臣不和之失，事未嘗不與潛善、伯彥議而後行，而二人設心如此，願陛下虛心觀之。"既而詔罷經制司，召亮赴行在。綱言："聖意必欲罷亮，乞以御筆付潛善施行，臣得乞身歸田。"綱退，而亮竟罷，乃再疏求去。上曰："卿所爭細事，胡乃爾？"綱言："方今人材以將帥爲急，恐非小事。臣昨議遷幸，與潛善、伯彥異，宜爲所嫉。然臣東南人，豈不願陛下東下爲安便哉？顧一去中原，後患有不可勝言者。願陛下以宗社爲心，以生靈爲意，以二聖未還爲念，勿以臣去而改其議。臣雖去左右，不敢一日忘陛下。"泣辭而退。或曰："公決於進退，於義得矣，如讒者何？"綱曰："吾知盡事君之道，不可，則全進退之節，患禍非所恤也。"

初，二帝北行，金人議立異姓。吏部尚書王時雍問於吳开、莫儔，二人微言敵意在張邦昌，時雍未以爲然。適宋齊愈自敵所來，時雍又問之，齊愈取片紙書"張邦昌"三字，時雍意乃決，遂以邦昌姓名入議狀。至是，齊愈論綱三事之非，不報。擬章將再上，其鄉人嗛齊愈者，竊其草示綱。時方論僭逆附僞之罪，於是逮齊愈，齊愈不承，獄吏曰："王尚書輩所坐不輕，然但遷嶺南，大諫第承，終不過逾嶺爾。"齊愈引伏，遂戮之東市。張浚爲御史，劾綱以私意殺侍從，且論其買馬招軍之罪。詔罷綱爲觀文殿大學士、提舉洞霄宮。尚書右丞許翰言綱忠義，捨之無以佐中興。會上召見陳東，東言："潛善、伯彥不可任，綱不可去。"東坐誅。翰曰："吾與東皆爭李綱者，東戮都市，吾在廟堂可乎？"遂求去。後有旨，綱落職居鄂州。

自綱罷，張所以罪去，傅亮以母病辭歸，招撫、經制二司皆廢。車駕遂東幸，兩河郡縣相繼淪陷，凡綱所規畫軍民之政，一切廢罷。金人攻京東、西，殘毀關輔，而中原盜賊蜂起矣。

李綱傳下[1]

紹興二年，除觀文殿學士、湖廣宣撫使兼知潭州。是時，荊湖江、湘之間，流民潰卒群聚爲盜賊，不可勝計，多者至數萬人，綱悉蕩平之。上言："荊湖，國之上流，其地數千里，諸葛亮謂之用武之國。今朝廷保有東南，控馭西北。如鼎、澧、岳、鄂若荊南一帶，皆當屯宿重兵，倚爲形勢，使四川之號令可通，而襄、漢之聲援可接，乃有恢復中原之漸。"議未及行，而諫官徐俯、劉斐劾綱，罷爲提舉西京崇福宮。

四年冬，金人及僞齊來攻，綱具防禦三策，謂："僞齊悉兵南下，境内必虛。儻出其不意，電發霆擊，擣潁昌以臨畿甸，彼必震懼還救，王師追躡，必勝之理，此上策也。若駐蹕江上，號召上流之兵，順流而下，以助聲勢，金鼓旌旗，千里相望，則敵人雖衆，不敢南渡。然後以重師進屯要害之地，設奇邀擊，絕其糧道，俟彼遁歸，徐議攻討，此中策也。萬一借親征之名，爲順動之計，使卒伍潰散，控扼失守，敵得乘間深入，州縣望風奔潰，則其患有不可測矣。往歲，金人利在侵掠，又方時暑，勢必還師，朝廷因得以還定安集。今僞齊導之而來，勢不徒還，必謀割據。姦民潰卒從而附之，聲勢鴟張，苟或退避，則無以爲善後之策。昔符堅以百萬衆侵晉，而謝安以偏師破之。使朝廷措置得宜，將士用命，安知北敵不授首於我？顧一時機會所以應之者如何耳。望降臣章與二三大臣熟議之。"詔：綱所陳，今日之急務，付三省、樞密院施行。時韓世忠屢敗金人於淮、楚間，有旨督劉光世、張俊統兵渡河，車駕進發至江上勞軍。

五年，詔問攻戰、守備、措置、綏懷之方，綱奏：

　　願陛下勿以敵退爲可喜，而以仇敵未報爲可憤；勿以東南爲可安，而以中原未復、赤縣神州陷於敵國爲可恥；勿以諸將屢捷爲可賀，而以

---

[1] 脱脱等《宋史》卷三五九《李綱傳下》，第32冊第11261~11274頁。

軍政未修、士氣未振而强敵猶得以潛逃爲可虞。則中興之期，可指日而俟。

議者或謂敵馬既退，當遂用兵爲大舉之計，臣竊以爲不然。生理未固，而欲浪戰以僥倖，非制勝之術也。高祖先保關中，故能東嚮與項籍爭。光武先保河內，故能降赤眉、銅馬之屬。肅宗先保靈武，故能破安、史而復兩京。今朝廷以東南爲根本，將士暴露之久，財用調度之煩，民力科取之困，苟不大修守備，痛自料理，先爲自固之計，何以能萬全而制敵？

議者又謂敵人既退，當且保據一隅，以苟目前之安，臣又以爲不然。秦師三伐晉，以報殽之師；諸葛亮佐蜀，連年出師以圖中原，不如是，不足以立國。高祖在漢中，謂蕭何曰：“吾亦欲東。”光武破隗囂，既平隴，復望蜀。此皆以天下爲度，不如是，不足以混一區宇，戡定禍亂。況祖宗境土，豈可坐視淪陷，不務恢復乎？今歲不征，明年不戰，使敵勢益張，而吾之所糾合精銳士馬，日以損耗，何以圖敵？謂宜於防守既固、軍政既修之後，即議攻討，乃爲得計。此二者，守備、攻戰之序也。

至於守備之宜，則當料理淮南、荆襄，以爲東南屏蔽。夫六朝之所以能保有江左者，以强兵巨鎮，盡在淮南、荆襄間。故以魏武之雄，符堅、石勒之衆，宇文、拓跋之盛，卒不能窺江表。後唐李氏有淮南，則可以都金陵，其後淮南爲周世宗所取，遂以削弱。近年以來，大將擁重兵於江南，官吏守空城於江北，雖有天險而無戰艦水軍之制，故敵人得以侵擾窺伺。今當於淮之東西及荆襄置三大帥，屯重兵以臨之，分遣偏師，進守支郡，加以戰艦水軍，上連下接，自爲防守。敵馬雖多，不敢輕犯，則藩籬之勢盛而無窮之利也。有守備矣，然後議攻戰之利，分責諸路，因利乘便，收復京畿，以及故都。斷以必爲之志而勿失機會，則以弱爲强，取威定亂於一勝之間，逆臣可誅，强敵可滅，攻戰之利，莫大於是。

若夫萬乘所居，必擇形勝以爲駐蹕之所，然後能制服中外，以圖事業。建康自昔號帝王之宅，江山雄壯，地勢寬博，六朝更都之。臣昔舉天下形勢而言，謂關中爲上，今以東南形勢而言，則當以建康爲便。今者，鑾輿未復舊都，莫若且於建康權宜駐蹕。願詔守臣治城池，修宮闕，立官府，創營壘，使粗成規模，以待巡幸。蓋有城池然後人心不恐，有官府然後政事可修，有營壘然後士卒可用，此措置之所當先也。

至於西北之民，皆陛下赤子，荷祖宗涵養之深，其心未嘗一日忘宋。特制於強敵，陷於塗炭，而不能以自歸。天威震驚，必有結納來歸、願爲內應者。宜給之土田，予以爵賞，優加撫循，許其自新，使陷溺之民知所依怙，莫不感悦，益堅戴宋之心，此綏懷之所當先也。

臣竊觀陛下有聰明睿智之姿，有英武敢爲之志，然自臨御，迄今九年，國不闢而日蹙，事不立而日壞，將驕而難御，卒惰而未練，國用匱而無贏餘之蓄，民力困而無休息之期。使陛下憂勤雖至，而中興之效，邈乎無聞，則群臣誤陛下之故也。

陛下觀近年以來所用之臣，慨然敢以天下之重自任者幾人？平居無事，小廉曲謹，似可無過，忽有擾攘，則錯愕無所措手足，不過奉身以退，天下憂危之重，委之陛下而已。有臣如此，不知何補於國，而陛下亦安取此？夫用人如用醫，必先知其術業可以已病，乃可使之進藥而責成功。今不詳究其術業而姑試之，則雖日易一醫，無補於病，徒加疾而已。大概近年，閑暇則以和議爲得計，而以治兵爲失策；倉卒則以退避爲愛君，而以進禦爲誤國。上下偷安，不爲長久之計。天步艱難，國勢益弱，職此之由。

今天啓宸衷，悟前日和議退避之失，親臨大敵。天威所臨，使北軍數十萬之衆，震怖不敢南渡，潛師宵奔。則和議之與治兵，退避之與進禦，其效概可睹矣。然敵兵雖退，未大懲創，安知其秋高馬肥，不再來擾我疆場，使疲於奔命哉？

臣夙夜爲陛下思所以爲善後之策，惟自昔創業、中興之主，必躬冒矢石，履行陣而不避。故高祖既得天下，擊韓王信、陳豨、黥布，未嘗不親行。光武自即位至平公孫述，十三年間，無一歲不親征。本朝太祖、太宗，定惟揚，平澤、潞，下河東，皆躬御戎輅；真宗亦有澶淵之行，措天下於大安。此所謂始憂勤而終逸樂也。

　　若夫退避之策，可暫而不可常，可一而不可再，退一步則失一步，退一尺則失一尺。往時自南都退而至惟揚，則關陝、河北、河東失矣；自惟揚退而至江、浙，則京東、西失矣。萬有一敵騎南牧，復將退避，不知何所適而可乎？航海之策，萬乘冒風濤不測之險，此又不可之尤者也。惟當於國家閑暇之時，明政刑，治軍旅，選將帥，修車馬，備器械，峙糗糧，積金帛。敵來則禦，俟時而奮，以光復祖宗之大業，此最上策也。臣願陛下自今以往，勿復為退避之計，可乎？

　　臣又觀古者敵國善鄰，則有和親，仇讎之邦，鮮復遣使。豈不以釁隙既深，終無講好修睦之理故耶？東晉渡江，石勒遣使於晉，元帝命焚其幣而卻其使。彼遣使來，且猶卻之，此何可往？假道僭偽之國，其自取辱，無補於事，祇傷國體。金人造釁之深，知我必報，其措意為何如？而我方且卑辭厚幣，屈體以求之，其不推誠以見信，決矣。器幣禮物，所費不貲，使軺往來，坐索士氣，而又邀我以必不可從之事，制我以必不敢為之謀，是和卒不成，而徒為此擾擾也。非特如此，於吾自治自強之計，動輒相妨，實有所害。金人二十餘年，以此策破契丹、困中國，而終莫之悟。夫辨是非利害者，人心所同，豈真不悟哉？聊復用此以僥倖萬一，曾不知為吾害者甚大，此古人所謂幾何僥倖而不喪人之國者也。臣願自今以往，勿復遣和議之使，可乎？

　　二說既定，擇所當為者，一切以至誠為之。俟吾之政事修，倉廩實，府庫充，器用備，士氣振，力可有為，乃議大舉，則兵雖未交，而勝負之勢已決矣。

　　抑臣聞朝廷者根本也，藩方者枝葉也，根本固則枝葉蕃。朝廷者腹心也，將士者爪牙也，腹心壯則爪牙奮。今遠而強敵，近而偽臣，國家所仰以為捍蔽者在藩方，所資以致攻討者在將士，然根本腹心則在朝廷。惟陛下正心以正朝廷百官，使君子小人各得其分，則是非明，賞罰當，自然藩方協力，將士用命，雖強敵不足畏，逆臣不足憂，此特在陛下方寸之間耳。

　　臣昧死上條六事：一曰信任輔弼，二曰公選人材，三曰變革士風，四曰愛惜日力，五曰務盡人事，六曰寅畏天威。

　　何謂信任輔弼？夫興衰撥亂之主，必有同心同德之臣相與有爲，如元首股肱之於一身，父子兄弟之於一家，乃能協濟。今陛下選於衆以圖任，遂能捍禦大敵，可謂得人矣。然臣願陛下待以至誠，無事形迹，久任以責成功，勿使小人得以間之，則君臣之美，垂於無窮矣。

　　何謂公選人才？夫治天下者，必資於人才，而創業、中興之主，所資尤多。何則？繼體守文，率由舊章，得中庸之才，亦足以共治；至於艱難之際，非得卓犖瑰偉之才，則未易有濟。是以大有爲之主，必有不世出之才，參贊翊佐，以成大業。然自昔抱不群之才者，多爲小人之所忌嫉，或中之以黯暗，或指之爲黨與，或誣之以大惡，或擿之以細故。而以道事君者，不可則止，難於自進，恥於自明，雖負重謗、遭深譴，安於義命，不復自辨。苟非至明之主，深察人之情僞，安能辨其非辜哉？陛下臨御以來，用人多矣，世之所許以爲端人正士者，往往閒廢於無用之地；而陛下癙寐側席，有乏材之歎，盍少留意而致察焉！

　　何謂變革士風？夫用兵之與士風，似不相及，而實相爲表裏。士風厚則議正而是非明，朝廷賞罰當功罪而人心服，考之本朝嘉祐、治平以前可知已。數十年來，奔競日進，論議徇私，邪説利口，足以惑人主之聽。元祐大臣，持正論如司馬光之流，皆社稷之臣也，而群枉嫉之，指爲姦黨，顚倒是非，政事大壞，馴致靖康之變，非偶然也。竊觀近年士風尤薄，隨時好惡，以取世資，濬訛成風，豈朝廷之福哉？大抵朝廷設耳目及獻納論思之官，固許之以風聞，至於大故，必須核實而後言。使其無實，則誣人之罪，服讒蒐慝，得以中害善良，皆非所以修政也。

　　何謂愛惜日力？夫創業、中興，如建大廈，堂室奧序，其規模可一日而成，鳩工聚材，則積累非一日所致。陛下臨御，九年於茲，境土未復，僭逆未誅，仇敵未報，尚稽中興之業者，誠以始不爲之規摹，而後不爲之積累故也。邊事粗定之時，朝廷所推行者，不過簿書期會不切之細務，至於攻討防守之策，國之大計，皆未嘗留意。夫天下無不可爲之事，亦無不可爲之時。惟失其時，則事之小者日益大，事之易者日益難矣。

　　何謂務盡人事？天人之道，其實一致，人之所爲，即天之所爲也。

人事盡於前，則天理應於後，此自然之符也。故創業、中興之主，盡其在我，而以其成功歸之於天。今未嘗盡人事，敵至而先自退屈，而欲責功於天，其可乎？臣願陛下詔二三大臣，協心同力，盡人事以聽天命，則恢復土宇，剪屠鯨鯢，迎還兩宮，必有日矣。

何謂寅畏天威？夫天之於王者，猶父母之於子，愛之至，則所以爲之戒者亦至。故人主之於天戒，必恐懼修省，以致其寅畏之誠。比年以來，熒惑失次，太白晝見，地震水溢，或久陰不雨，或久雨不霽，或當暑而寒，乃正月之朔，日有食之。此皆天意眷佑陛下，丁寧反覆，以致告戒。惟陛下推至誠之意，正厥事以應之，則變災而爲祥矣。

凡此六者，皆中興之業所關，而陛下所當先務者。

今朝廷人才不乏，將士足用，財用有餘，足爲中興之資。陛下春秋鼎盛，欲大有爲，何施不可？要在改前日之轍，斷而行之耳。昔唐太宗謂魏徵爲敢言，徵謝曰："陛下導臣使言，不然，其敢批逆鱗哉。"今臣無魏徵之敢言，然展盡底蘊，亦思慮之極也。惟陛下赦其愚直，而取其拳拳之忠。

疏奏，上爲賜詔褒諭。除江西安撫制置大使兼知洪州。有旨，赴行在奏事畢之官。六年，綱至，引對內殿。朝廷方銳意大舉，綱陛辭，言今日用兵之失者四，措置未盡善者五，宜預備者三，當善後者二。

時宋師與金人、僞齊相持於淮、泗者半年，綱奏："兩兵相持，非出奇不足以取勝。願速遣驍將，自淮南約岳飛爲掎角，夾擊之，大功可成。"已而宋師屢捷，劉光世、張俊、楊沂中大破僞齊兵於淮、淝之上。

車駕進發幸建康。綱奏乞益飭戰守之具，修築沿淮城壘，且言："願陛下勿以去冬驟勝而自怠，勿以目前粗定而自安，凡可以致中興之治者無不爲，凡可以害中興之業者無不去。要以修政事，信賞罰，明是非，別邪正，招徠人材，鼓作士氣，愛惜民力，順導眾心爲先。數者既備，則將帥輯睦，士卒樂戰，用兵其有不勝者哉？"

淮西酈瓊以全軍叛歸劉豫，綱指陳朝廷有措置失當者、深可痛惜者及當監前失以圖方來者凡十有五事，奏之。張浚引咎去相位，言者引漢武誅王恢爲比。綱奏曰："臣竊見張浚罷相，言者引武帝誅王恢事以爲比。臣恐智謀之士卷舌而不談兵，忠義之士扼腕而無所發憤，將士解體而不用命，州郡望風而無堅城，陛下將誰與立國哉？張浚措置失當，誠爲有罪，然其區區徇國之心，有可矜者。願少寬假，以責來效。"

時車駕將幸平江，綱以爲平江去建康不遠，徒有退避之名，不宜輕動。復具奏曰：

臣聞自昔用兵以成大業者，必先固人心，作士氣，據地利而不肯先退，盡人事而不肯先屈。是以楚、漢相距於滎陽、成皋間，高祖雖屢敗，不退尺寸之地；既割鴻溝，羽引而東，遂有垓下之亡。曹操、袁紹戰於官渡，操雖兵弱糧乏，苟或止其退避；既焚紹輜重，紹引而歸，遂喪河北。由是觀之，今日之事，豈可因一叛將之故，望風怯敵，遽自退屈？果出此謀，六飛回馭之後，人情動搖，莫有固志，士氣銷縮，莫有鬪心。我退彼進，使敵馬南渡，得一邑則守一邑，得一州則守一州，得一路則守一路；亂臣賊子，黠吏姦氓，從而附之，虎踞鴟張，雖欲如前日返駕還轅，復立朝廷於荊棘瓦礫之中，不可得也。

借使敵騎衝突，不得已而權宜避之，猶爲有説。今疆場未有警急之報，兵將初無不利之失，朝廷正可懲往事，修軍政，審號令，明賞刑，益務固守。而遽爲此擾擾，棄前功，蹈後患，以自趨於禍敗，豈不重可惜哉！

八年，王倫使北還，綱聞之，上疏曰：

臣竊見朝廷遣王倫使金國，奉迎梓宮。今倫之歸，與金使偕來，乃以"詔諭江南"爲名，不著國號而曰"江南"，不云"通問"而曰"詔諭"，此何禮也？臣請試爲陛下言之。金人毀宗社，逼二聖，而陛下應天順人，光復舊業。自我視彼，則仇讎也；自彼視我，則腹心之疾也，豈復有可和之理？然而朝廷遣使通問，冠蓋相望於道，卑辭厚幣，無所愛惜者，以二聖在其域中，爲親屈己，不得已而然，猶有説也。至去年春，兩宮凶問既至，遣使以迎梓宮，亟往邅返，初不得其要領。今倫使事，初以奉迎梓宮爲指；而金使之來，乃以詔諭江南爲名。循名責實，已自乖戾，則其所以罔朝廷而生後患者，不待詰而可知。

臣在遠方，雖不足以知其曲折，然以愚意料之，金以此名遣使，其邀求大略有五：必降詔書，欲陛下屈體降禮以聽受，一也。必有赦文，欲朝廷宣布，班示郡縣，二也。必立約束，欲陛下奉藩稱臣，稟其號令，三也。必求歲賂，廣其數目，使我坐困，四也。必求割地，以江爲界，淮南、荊襄、四川，盡欲得之，五也。此五者，朝廷從其一，則大事去矣。

金人變詐不測，貪婪無厭，縱使聽其詔令，奉藩稱臣，其志猶未已也。必繼有號令，或使親迎梓宮，或使單車入覲，或使移易將相，或改革政事，或竭取租賦，或朘削土宇。從之則無有紀極，一不從則前功盡廢，反爲兵端。以謂權時之宜，聽其邀求，可以無後悔者，非愚則誣也。使國家之勢單弱，果不足以自振，不得已而爲此，固猶不可；況土宇之廣猶半天下，臣民之心戴宋不忘，與有識者謀之，尚足以有爲，豈可忘祖宗之大業，生靈之屬望，弗慮弗圖，遽自屈服，冀延旦暮之命哉？

臣願陛下特留聖意，且勿輕許，深詔群臣，講明利害、可以久長之策，擇其善而從之。

疏奏，雖與眾論不合，上不以爲忤，曰：“大臣當如此矣。”

九年，除知潭州、荊湖南路安撫大使，綱具奏力辭，曰：“臣迂疏無周身之術，動致煩言。今者罷自江西，爲日未久，又蒙湔被，畀以帥權。昔漢文帝聞季布賢，召之，既而罷歸，布曰：‘陛下以一人之譽召臣，一人之毀去臣，臣恐天下有以窺陛下之淺深。’顧臣區區進退，何足少多。然數年之間，亟奮亟躓，上累陛下知人任使之明，實有係於國體。”詔以綱累奏，不欲重違，遂允其請。次年薨，年五十八。訃聞，上爲軫悼，遣使賻贈，撫問其家，給喪葬之費。贈少師，官其親族十人。

綱負天下之望，以一身用捨爲社稷生民安危。雖身或不用，用有不久，而其忠誠義氣，凜然動乎遠邇。每宋使至燕山，必問李綱、趙鼎安否，其爲遠人所畏服如此。綱有著《易傳》內篇十卷、外篇十二卷，《論語詳說》十卷，文章、歌詩、奏議百餘卷，又有《靖康傳信録》《奉迎録》《建炎時政記》《建炎進退志》《建炎制詔表劄集》《宣撫荆廣記》《制置江右録》。

　　論曰：以李綱之賢，使得畢力殫慮於靖康、建炎間，莫或撓之，二帝何至於北行，而宋豈至爲南渡之偏安哉？夫用君子則安，用小人則危，不易之理也。人情莫不喜安而惡危。然綱居相位僅七十日，其謀數不見用，獨於黄潛善、汪伯彦、秦檜之言，信而任之，恒若不及，何高宗之見，與人殊哉？綱雖屢斥，忠誠不少貶，不以用捨爲語默，若赤子之慕其母，怒呵猶嗷嗷焉挽其裳裾而從之。嗚呼，中興功業之不振，君子固歸之天，若綱之心，其可謂非諸葛孔明之用心歟？

李綸《宋丞相故特進觀文殿大學士致仕隴西郡開國公食邑四千四百戶食實封一千七百戶贈太師諡忠定李公行狀》[1]

李綱行狀上

　　曾祖僧護，故贈少保。曾祖母廖氏成國夫人、龔氏茂國夫人、盧氏昭國夫人。

　　祖賡，故贈太保。祖母黄氏泰[2]國夫人、饒氏魏國夫人。

　　父夔，故任中大夫、充右文殿修撰，贈太師，追封衛國公。母吳氏韓國夫人。

　　邵武軍邵武縣八龍鄉慶親里李綱，年五十八。公諱綱，字伯紀，其先系出有唐，有以宗室爲建州刺史者，卒官因家焉。皇朝太平興國四年，析建州置邵武軍，故今爲邵人。曾大父、大父隱德不仕，行義爲鄉閭所宗。先衛公以進士起家，爲時名卿。妣韓國夫人，處州龍泉人，賢德懿範，中外所仰，事具龜山楊先生所撰墓誌銘。公形神俱清，器識絶人，自幼有大志，舉動必合於規矩法度，見者知其必將名世。年十有四，從先衛公官延安，時夏人入寇，圍城甚急。舊法邊城被圍，乘城者以日計功，僚屬子弟皆登城冀

---

[1] 李綱著，王瑞明點校《李綱全集》附録二，第 1695~1754 頁。
[2] 李綱《梁溪集》爲“秦”，景印文淵閣《四庫全書》，第 1126 冊第 882 頁。

賞。公獨不從，然時時騎繞城上，示無所畏。寇退，朝廷以言者謂濫賞報罷，衆以是愧。公將冠，丁韓國夫人憂，廬毗陵錫山塋次凡三年，哀感閭里，手植松柏數十萬，處畫規摹，他人莫擬。父執見之，謂人曰："吾畏李君。"既冠，補國子監生第一。方先衛公之入上庠也，名在第一。而公繼之，每試必上列，聲稱籍甚。舉進士未第，以先衛公遇郊祀恩，補假將仕郎，附試貢士復首選。屬聞期親之喪，友人貽書謂："道路之傳，蓋不的，勉試春官，以慰親望。"公不可，調將仕郎、真州司法參軍。

政和二年，上舍及第，臚傳之日，徽廟顧問再三，特旨升甲，改令入官授承務郎、充相州州學教授，以親庭遠，易鎮江。

四年，召除行國子正。十二月，對便殿，除尚書考功員外郎。

五年，謁告迎先衛公於雪川，有旨除先衛公提舉醴泉觀，以便就養。九月，還闕，道除監察御史、兼權殿中侍御史。既入臺，嘗因職事進對，先衛公亦以是日朝見，徽廟顧公曰："卿父子同日造朝，搢紳榮事。"未幾，以論內侍建節；及宰相任用堂後官；從官入朝，公笏擊其下；凡三事忤權貴，罷言職。公之在臺，纔一月耳。十一月，除尚書比部員外郎。

六年，轉承事郎。七年，差充禮部貢院參詳官。

八年四月，復召對。五月，除太常少卿。八月，出朝陵寢，未還闕，除起居郎。十二月，差兼國史編修官。

宣和元年，同知貢舉。六月，京師大水，徽廟降詔遣使，所以憂勞者甚至，而在位者乃寂不聞有發憤納忠之人，公獨異之，懷不自已，奏疏論列，謂："變異不虛發，必有感召之因；災害未易禦，必有消復之策。臣有已見急切利害事須面奏，乞許臣因侍立次，直前奏事。"翌日，宰執班退，傳旨閤門，令公先退，更不侍立。公因奏便宜六事，且上章待罪。有旨："所論不當，送吏部與監當差遣。"繼以待罪章上，有旨："更降一官，與遠小處監當，授承務郎，監南劍州沙縣稅務。"先是，父友故贈諫議大夫了齋陳公瓘識公於幼時，每謂人曰："李公有子。"了齋既以天下之重自任，知無不言，欲求天下之奇士，以此道付之。方是時，人皆以公爲鳳鳴朝陽。了齋聞之，以書致先衛公曰："伯紀所言，天下亦有非之者乎？天下莫有非之者，則其言也當矣。使不當其可，天下豈有不非之者乎？積誨有自，可以百拜爲壽，而遠莫能也。"公既來沙陽，目所居僧舍曰"寓軒"，職事之餘，閱藏教於其間，時了齋以書至，且爲公引狄梁公、李文靖、王文正前言往行，繼之以言曰："巍巍梁公，疇克與對？文靖、文正，輔世無悔。誰者嗣之，願公繼踵乎！筌筏之外，嬴壯不同事，趣舍不同業，安敢以同我者爲是，而忘盡忠之告歟！"時故右文殿修撰羅公疇方家居，嘗以書致了齋，道與公從遊之適。了齋報書曰："吾儕老矣，寓軒之人，嘗發妙旨於筌筏，舉世傾耳以需其再鼓，今乃欲韜弦袖手，以適吾儕嬴歇之社，若許其來而不拒，則是私乎適己，而以天下爲非我事也。"其爲一時名德，推與愛重如此。其後公兩在廟堂，所爲所守，天下想聞風采，蓋不負了齋所期矣。

二年六月，復承事郎。十月，復本等差遣。

三年，磨勘轉宣教郎。公歸膝下。五月，先衛公感疾不起，公哀慕不自勝。八月，合葬先衛公於韓國夫人之塋。了齋方謫居山陽，以文致祭，其末云："孟仲叔季，咸遵誨飭。論水者誰，其動也力。不苟不訏，孰曰不然？誰其爲之，嚴父之賢。"識者謂了齋所許與父子之間，不遺餘力矣。喪既除，六年，差權發遣秀州。未赴間，七年三月，除太常少卿，六月到闕。是冬，金人敗盟，邊報狎至，朝廷震懼，不復議戰守，惟日謀避狄之計。歲暮賊馬逼近，始遣李鄴奉使講和，降詔罪己，召天下勤王之師，且命皇太子爲開封牧，宰執日聚都堂，茫然無策。先是，詔求直言，有旨召侍從之臣聚議，各具所見以聞。公上封事，大略以謂：當今禦戎之急務，要須治其本原，敵乃可制，杜牧所謂上策莫如自治者，誠爲知言。所謂治其本原者，其説有五：一曰正己以收人心；二曰聽言以收士用；三曰蓄財穀以足軍儲；四曰審號令以尊國勢；五曰施惠澤以弭民怨。又陳捍敵十策，時建牧之命既下，公素與故相吳公敏厚善，敏時爲給事中，夜過其家，謂敏曰："事急矣，建牧之議，豈非欲委以留守之任乎？東宮恭儉之德，聞於天下，以守宗社是也，而建以爲牧非也。巨盜猖獗如此，自非傳以位號，使招徠天下豪傑，與之共守，何以克濟？公從官以獻納論思爲職，曷不非時請對，爲上極言之。"敏曰："監國可乎？"公曰："不可，唐肅宗靈武之事，當時不建號，不足以復邦，而建號之議，不出於明皇，後世惜之。上聰明仁慈，倘感公言，萬有一能行此，金人且將悔禍退師，宗社底寧，豈徒都城之人獲安，天下之人皆將受賜，非發忘身殉國之心，孰能任此？”敏翌日求對，具道所以，且曰：“陛下果能用臣言，則宗社靈長，聖壽無疆。”徽廟曰：“何以言之？”敏曰：“神霄萬壽宮所謂長生大君，陛下也，必有青華帝君以助之，其兆已先見於此。”徽廟感悟歎息。敏因言“李某之言，蓋與臣同”。

有旨召公赴都堂稟議訖，隨宰執至文字庫祗候引對，實十二月二十三日。公具劄子，大略以謂：皇太子監國，特國家閑暇之時，典禮如此。今大敵入寇，天下震動，安危存亡在呼吸間，而用平時典禮可乎？名分不正而當大權，稟命則不威，專命則不孝，何以號召天下，率勵豪傑，期成功於萬分之一哉！胡不假皇太子以位號，使爲陛下保守宗社，收將士心，以死捍敵。如臣之計，天下可保，在此一舉。仍刺臂血書之。其日，徽廟御玉華閣，先召宰執吳敏等對，至日晡時，內禪之議已決，公不復得對。

二十四日，孝慈淵聖皇帝即位，詔有司討論，所以崇奉道君皇帝者，公在太常條具以聞。

二十六日，上實封言事，大略以謂：方今夷狄憑陵，中國勢弱，姦邪充斥，君子道消，法度紀綱，蕩然無統。陛下履位適當斯時，得不上應天心，下順人欲。外攘夷狄，使中國之勢尊；內誅姦邪，使君子之道長。以副道君皇帝所以付託之意。

二十八日，召對延和殿，淵聖迎謂曰：“卿頃論水災疏，朕在東宮見之，至今猶能憶誦。嘗爲賦詩，有‘秋來一鳳向南飛’之句。”公敘謝訖，因奏曰：“今金寇先聲雖若可畏，然聞有內禪之事，勢必退縮請和，厚有所邀求於朝廷。臣竊料之，大概有五：欲稱尊號，一也；如契丹故事，當法以大事小之義，不足惜。欲得歸朝人，二也；當盡以與之，以示大信，不足惜。欲增歲幣，三也；當告以舊約以燕山、雲中歸中國，故歲幣增於大遼者兩倍，今既背約自取之，則歲當減，國家敦示和好，不校貨財，姑如原數可也。欲求犒師之物，四也；當量力以與之。欲求割地，五也；則祖宗之地，子孫當以死守之，不可以尺寸與人。願陛下留神於此數者，執之堅，無爲浮議所搖，可無後艱。”淵聖嘉納。二十九日，除兵部侍郎。

靖康元年五月三日，充行營司參謀官，蓋斡离不之兵遂渡河，是日聞報故也。夜漏二鼓，道君皇帝東幸，宮闈相續以行，侍從百官往往潛遁。四日，公待對班於延和殿下，聞宰執奏事，議欲奉鑾輿出狩襄、鄧間，公思之以爲不可，適遇知東上閤門事朱孝莊於殿廷間，語之曰："有急切事，欲與宰執廷辨，公能奏取旨乎？"孝莊曰："宰執未退，而從官求對，前此無例。"公曰："此何時而用例耶？"孝莊許諾，即具奏得旨引對。公因啓奏曰："聞諸道路，宰執欲奉陛下出狩以避狄，果有之，宗社危矣！且道君皇帝以宗社之故，傳位陛下，今捨之而去可乎？"淵聖默然，太宰白時中曰："都城豈可以守？"公曰："天下城池，豈有如都城者。且宗廟社稷，百官萬民所在，捨此欲將何之？若能率勵將士，慰安人心，與之固守，豈有不可守之理？"淵聖顧宰執曰："策將安出？"宰執默然，公進曰："今日之計，莫若整飭軍馬，揚聲出戰，固結民心，相與堅守，以待勤王之師。"淵聖曰："誰可將者？"公曰："朝廷平日以高爵厚祿崇養大臣，蓋將用之於有事之日。今白時中、李邦彥等雖書生，未必知兵，然藉其位號，撫馭將士，以抗敵鋒，乃其職也。"時中怒甚，厲聲曰："李某可能將兵出戰否？"公曰："陛下不以臣爲庸懦，倘使治兵，願以死報。"淵聖顧宰執曰："執政有何闕？"趙野對曰："尚書右丞闕。"淵聖曰："李某除右丞。"面賜袍帶並笏。公致謝，且敘方時艱難不敢辭之意。宰執猶以去計勸淵聖。有旨命公爲東京留守，公爲淵聖力陳所以不可去者，且言："唐明皇聞潼關失守，即時幸蜀，宗社朝廷碎於賊手，累年然後僅能復之。范祖禹以謂其失在於不能堅守，以待勤王之師。今陛下初即大位，中外欣戴，四方之兵，不日雲集，虜騎必不能久留。捨此而去，如龍脫於淵，車駕朝發，而都城夕亂，雖臣等留守，何補於事！"淵聖意頗回，而内侍王孝竭從旁奏曰："中官[1]、國公已行，陛下豈可留此！"淵聖色變，降榻曰："卿等勿留朕，朕將親往陝西，起兵以復都城，決不可留此。"公泣拜，俯伏淵聖前，以死邀之。會燕、越二王至，亦以固守爲然。淵聖意稍定，即取紙御書"可回"二字，用寶，俾中使追還中官、國公。因顧公曰："卿留朕，治兵禦寇，專以委卿，不得稍有疏虞。"公惶恐再拜受命，是夕，宿於尚書省。而宰執宿於内東門司。中夜，淵聖遣中使令宰執供軍令狀，詰旦決行。

---

[1]"官"當爲"宫"。案，《宋史》謂"會内侍奏中宫已行"。見脱脱等《宋史》卷三五八《李綱傳上》，第32冊第11243頁。

五日，公自尚書省趣朝，道路紛紛，復傳有南狩之事，太廟神主已出，寓太常寺矣。至祥曦殿，則禁衛皆擐甲，乘輿服御皆已陳列，六宮襆被皆將升車矣。公遑遽無策，因厲聲謂禁衛曰："爾等願以死守宗社乎？願扈從以巡幸乎？"禁衛皆呼曰："願以死守宗社，不居此將安之？"公因拉殿帥王宗濋等入見曰："陛下昨夕已許臣留，今復戒行何也？且六軍父母妻子皆在都城，豈肯捨去？萬一中道散歸，陛下孰與爲衛？且虜騎已逼，彼知乘輿之去未遠，健馬疾追，何以禦之？"淵聖感悟，始命輟行。公謂宰執曰："敢有異議者斬！"因出祥曦殿，傳旨宣示，禁衛皆拜伏呼萬歲，其聲震地，復入勸淵聖御樓以見將士。淵聖可之，駕登宣德門，宰執百官將士班樓前起居，復降步輦，勞問將士。公與吳敏撰數十語，敘金人犯順，欲危宗社，決策固守，各令勉勵之意。俾閤門官宣讀，每讀一句，將士聲喏，須臾六軍皆感泣流涕。於是固守之議始決。是日，以公爲親征行營使，一切許以便宜從事。自車駕御樓之後，方治都城四壁守具，以百步法，分兵備禦，每壁用正兵萬二千餘人，而保甲、居民、廂軍之屬不預焉。凡防守之具，無不畢備。又團結馬步軍四萬人，爲前、後、左、右、中軍，軍八千人，日肄習之，以前軍居東水門外，護延豐倉，倉有粟豆四十萬石，其後勤王之師集城外者，賴之以濟。以後軍居宋門外，占樊家岡，使賊騎不敢近。而左、右、中軍居城中，以備緩急。

自五日至八日，治戰守之具粗畢，而賊馬已抵城下。是夕，攻西水門。公臨城捍禦，斬獲百餘人，自初夜防守達旦，始保無虞。翌日，賊攻酸棗、封丘門甚急，公慮城上兵卒不足用，乞禁衛班直善射者千人以從，傳旨如所乞。賊渡濠，以雲梯攻城。公命班直乘城射之，皆應弦而倒。公登城督戰，激勵將士，人皆賈勇，近者以手炮、檑木擊之，遠者以神臂弓強弩射之，又遠者以牀子弩、座炮及之。而金賊有乘筏渡濠而溺者，有登梯而墜者，有中矢石而踣者甚衆。又募壯士數百人，縋城而下，燒雲梯數十座，斬獲酋首十餘級，皆耳有金環。淵聖遣中使勞問，降御筆褒諭，有"公忠略之志，朕記於心"，及"公悉心捍禦，朕皆知之"之語。特給內庫酒、銀、絹等，以頒將士，人皆歡呼。自卯至申未間，殺賊數千人，賊知城守有備，不可以攻乃退師，因遣使隨李鄴請和，抵城下已昏，堅欲入城。公傳令，輒開門者斬。

竟俟明乃入，實初十日也。

淵聖御崇政殿引使入對，出斡离不書進呈，道所以舉兵犯中國之意，聞上內禪，願復講和，乞遣大臣赴軍前議所以和者。公因請行，淵聖不許，曰：“卿方治兵，不可命。”李梲奉使，鄭望之、高世則副之。宰執退，公留身，問所以不遣之旨。淵聖曰：“卿性剛，不可往。”公對曰：“今虜氣方銳，吾大兵未集，固不可以不和。然所以和者得策，則中國之勢遂安。不然，禍患未已，宗社安危，在此一舉。臣恐李梲等柔懦而誤國事也。”因爲淵聖反復具道所以不可割地、及過許金幣之説，淵聖頗以爲然。李梲是日至軍中，果辱命北面再拜，膝行而前，金人出事目一紙付梲等達朝廷，梲唯唯不能措一詞，金人笑之曰：“此乃一婦人女子爾！”自是有輕朝廷之心。

十一日，梲至自軍前，宰執同對於崇政殿，進呈金人所須事目，須金五百萬兩，銀五千萬兩，絹彩一百萬匹，馬、駝、驢、騾之屬，各以萬計；尊其國主爲伯父；凡雲、燕之人在漢者悉歸之；割太原、中山、河間三鎮之地；又以親王、宰相爲質，乃退師。且道其語甚狂厲，宰執震恐，欲如其數悉許之。公引前議力爭以謂：“尊稱及歸朝官如其所欲，固無害；犒師金幣所索太多，當量與之；太原、河間、中山，國家屏蔽，號爲三鎮，其實十餘郡地，塘濼險阻皆在焉，割之何以立國？又保塞，翼、順、僖三祖陵寢所在，子孫奈何與人？至於遣質，即宰相當往，親王不當往。爲今日計，莫若擇使與之往返熟議，道所以可不可者；金帛之數，令有司會計所有，續具報。宿留數日，大兵四集，彼以孤軍入重地，勢不能久留，雖所得不滿意，必求速歸，然後與之盟，以重兵衛出之，彼且不敢輕中國，其和可久也！”宰執皆不以爲然，方謂：“都城破在朝夕，肝腦且塗地，尚何有三鎮！而金幣之數，又不足較也。”淵聖爲群議所惑，凡爭逾兩時，無一人助公言者。公自度力不能勝衆説，因再拜求去。淵聖慰諭曰：“不須如此，卿第出治兵，益固城守，恐金人款我，此徐議可也。”公被旨，不得不出，復前進曰：“金人所須，宰執欲一切許之，不過欲脱一時之禍，不知他日付之何人能爲陛下了此！願更審處，後悔恐無所及。”因出至城北壁復回，尚冀可以力爭，而誓書已行矣，所求悉皆與之。

今上皇帝方在康邸，俾同少宰張邦昌爲質於金人軍中。公無如之何，則爲之留三鎮。詔書戒中書吏以輒發者斬，庶幾候四方勤王之師集，以爲後圖。而宰執裒聚金銀，自乘輿服御、宗廟供具、六宮官府器皿，皆竭取，復率之於臣庶之家，金僅及三十萬兩，銀僅及八百萬兩，宰執以金銀之數少，惶恐再拜謝罪，公獨不謝。於是王孝迪建議，欲盡括在京官吏軍民金銀，揭長榜於通衢，立限輸官，限滿不輸者斬之。許奴婢、親屬及諸色人告。都城大擾，限既滿，得金二十餘萬兩，銀四百餘萬兩，而民間藏蓄爲之一空。公奏淵聖曰："收簇金銀限滿，民力已竭，復許告訐，恐生內變，外有大敵，而民心又變，不可不慮。"淵聖曰："卿可往收榜歸行營司，移牒王孝迪照會。"人情乃安。

自十五日，四方勤王之師漸有至者，日數萬人。公於四壁置統制官招集之。至十七八日，統制官馬忠以京西募兵至，遇金人於鄭州南門外，乘勢擊之，殺獲甚衆。金人始懼，遊騎不敢旁出。而自京城以南，民始獲奠居矣。

二十日，种師道、姚平仲以涇原、秦鳳兵至。公奏淵聖曰："勤王之師集者漸衆，兵家忌分節制，歸一乃克有濟。願令師道、平仲等聽臣節制。"而宰執間有密建白以爲不可者，於是別置宣撫司，以師道簽書樞密院事，充河北、河東、京畿宣撫使，以平仲爲宣撫司都統制。應西兵及四方勤王之師，並隸宣撫司，又撥前、後軍之在城外者屬之。而行營司所統者，獨左、右、中軍而已。淵聖屢申飭兩司，不得侵紊，節制既分，不相統一，宣撫司所欲行者，託以機密，往往不復關報，公私憂之。

自議和誓書既行之後，金人益肆需索，無所忌憚。及勤王之師既集，西兵將帥日至，淵聖意方壯。又聞金人虜掠城北，屠戮如故，而城外墳墓殯殯，發掘殆盡，始赫然有用兵之意。公贊淵聖曰："《易》於《謙》之上六稱'利用行師征邑國'。《師》之上六稱'開國承家，小人勿用'。蓋謙之極，非利用行師，不足以濟功。師之成，非戒用小人，不足以保治。今陛下之於金人，屈己講和，其謙極矣。而金人貪婪無厭，兇悖已甚，其勢非用師不可。然成功之後，願陛下以用小人爲戒，使金人有所懲創，不敢有窺中國之心，當數十年無夷狄之禍。不然，一日縱敵，數世之患，憂未艾也。"

二十七日，公與李邦彥、吳敏、种師道、姚平仲、折彥質同對於福寧殿，議所以用兵者。公奏淵聖曰："金人之兵，得其實數，不過六萬人。又大半皆奚、契丹、渤海雜種，其精兵不過三萬人。吾勤王之師集城下者二十餘萬，固已數倍之。彼以孤軍入重地，正猶虎豹自投於檻阱中，當以計取之，不可以角一旦之力。爲今之計，莫若扼河津，絕糧道，禁抄掠，分兵以復畿北諸邑，候彼遊騎出則擊之，以重兵臨賊營，堅壁勿戰，如周亞夫所以困七國者。俟其芻糧乏，人馬疲，然後以將帥檄取誓書，復三鎮，縱其歸，半渡而後擊之，此必勝之計也。"

淵聖意深以爲然，衆議亦允，期即分遣兵，以二月六日舉事，約已定。而姚平仲者，古之子，屢立戰功，在道君朝爲童貫所抑，未嘗朝見，至是淵聖以其驍勇，屢召對內殿，賜予甚厚。平仲武人，志得氣滿，勇而寡謀，謂大功可自有之，先期於二月一日夜，親率步騎萬人以劫金人之寨，欲生擒所謂斡離不者，取今上皇帝以歸。雖种師道宿城中，弗知也。公時以疾給假臥行營司，夜半，淵聖遣中使降親筆曰："平仲已舉事，決成大功，卿可將行營司兵出封丘門，爲之應援。"公具劄子，辭以疾，且非素約，兵不預備。斯須之間，中使三至，責以軍令。不得已，力疾分命諸將解范瓊、王師古等圍，斬獲甚衆；復犯中軍，公親率將士，以神臂弓射卻之。是夜宿於城外。而平仲者，一夕劫寨，爲虜所覺，殺傷相當，所折者不過千餘人，既不得所欲，即恐懼遁去。宰執、臺諫哄然，謂"西兵、勤王之師，及親征行營司兵，皆爲金人所殲，無復存者"。淵聖震恐，有詔："不得進兵。"而斡離不遣使以謂："用兵特將帥所爲，不出上意，請再和。"宰相李邦彥於淵聖前語使人曰："用兵乃大臣李某與姚平仲結約，非朝廷意。"僉議欲縛公以予之。使人反以爲不可。遂罷公尚書右丞、親征行營使，以蔡懋代總兵，蔡懋計會行營司兵，所失纔百餘人，西兵及勤王之師折傷千餘人外，餘並無故，乃知朝廷前所聞之非。

是夕，淵聖賜親筆慰勞，且令吳敏宣諭將復用之意。公感泣謝恩，方欲丐歸田廬。而太學生陳東與諸生千餘人詣闕上書，明公及師道之無罪，不當罷。軍民聞之，不期而集者數十萬人，填塞馳道街巷，呼聲震地，昇登聞鼓於東華門，擊破之。軍民必欲見公及師道乃去。於是淵聖遣中使召公及師道入對。公聞命惶懼，固辭不敢行，而宣召絡繹，不得已入見淵聖於福寧殿閤子中。公泣拜請死，淵聖亦泣，有旨復公尚書右丞、充京城四壁守禦使。公固辭，淵聖不允，俾出東華門，至右掖門一帶，安撫軍民。公稟聖旨宣諭，乃稍散去。再對於福寧殿，淵聖命公復節制勤王之師，先放遣民兵，蓋不復有用兵意也。所留三鎮詔書，公既罷，乃遣宇文虛中齎詣金人軍中。是夕，公宿於咸豐門，以金人進兵門外，治攻具故也。先是，蔡懋號令將士，金人近城，不得輒施放有引炮，及發牀子弩者，皆杖之。將士憤怒。公既登城，令施放自便，能中賊者厚賞之。夜發霹靂炮以擊賊軍，皆驚呼。翌日薄城，射卻之乃退。金人自平仲劫寨，及封丘門接戰之後，頗有懼意，既得三鎮之詔，及肅王為質，即不俟金幣數足，遣使告辭。初十日，遂退師。

十三日，宰執對延和殿，公奏淵聖曰：“澶淵之役，雖與大遼盟約而退，猶更遣重兵護送之，蓋恐其無所忌憚，肆行虜掠故也。金人退師今三日矣，盍遣大兵用澶淵故事護送之。”宰執皆以為太早，公固請之。淵聖以公言為然，可其請。是日，分遣將士，以兵十餘萬數道並進，且戒諸將，度便利可擊則擊之。金人厚載而歸，輜重既衆，驅虜婦女不可勝計，氣驕甚，擊之決有可勝之理。將士踴躍以行。十四日，除知樞密院事，封開國伯，食邑八百戶，食實封一百戶。十七日，澤州奏，粘罕既破忻、代，圍太原，陷威勝軍，入南北關，陷隆德府，遂次高平。朝廷震懼，恐其復渡河而南，宰執咎公盡遣城下兵以追斡离不之師，將無以支吾。公曰：“斡离不之師既退，自當遣兵護送。粘罕之師雖來，聞既和，亦當自退，決無他虞。”而執政中有密啓淵聖者，悉追還諸將之兵。諸將之兵及斡离不師，於邢、趙間相去二十里，金人聞大兵且至，莫測多寡，懼甚，其行甚速。而諸將得追詔即還。公聞之於淵聖前，力爭得旨復遣，而諸將之還已五程矣。雖復再進，猶與金人相及於滹沱河。然將士知朝廷之議論二三，悉解體，不復有邀擊之意，第遙護之而已。於是金人復旁出抄掠及深、祁、恩、冀間，其去殊緩；而粘罕之兵聞已和，果退如公言。乃命种師道為河東、河北宣撫使，駐滑州。而以姚古為制置使，總兵以援太原。种師中為制置使，總兵以援中山、河間諸郡。先是，公乞力守三鎮不可割之議。朝廷僉議以租賦歸之，求保祖宗之地故也。

三月，詔以道君回鑾，命門下侍郎趙野為奉迎使。初，恭謝行宮，所以都城圍閉，止絕東南遞角，又止東南勤王之師，又令綱運於所在卸納。泗州官吏以聞，朝廷不以爲然，道路籍籍，且言有他故。道君還次南都，欲詣亳州上清宮燒香，及取便道如西都。淵聖憂之，每有御書至，必及朝廷改革政事，又批道君太上皇后當居禁中，出入正門。又批吳敏、李某令一人來。莫曉聖意。公奏淵聖曰：“所以欲臣及吳敏來，無他，欲知朝廷事耳。吳敏不可去陛下左右，臣願前奉迎。如蒙道君賜對，臣具條陳自圍城以來事宜，以釋兩宮之疑，決無他慮。”淵聖初不許，公力請之乃聽。即令齎御書達道君行宮。既次陳留縣秋口，遇道君太上皇后船，公幄前奏事，朝廷見以擷景園爲龍德宮，奉道君太上皇后，蓋遵稟道君十二月二十三日聖旨指揮。道君太上皇后曰：“已得旨令居禁中。”公對曰：“天下大義，惟禮與情，情欲其通，而禮所以節文之，以皇帝聖孝，殿下聖慈，母子之情，豈復有間？但稽之三從之義，道君居龍德宮，而殿下居禁中，於典禮有所未安。朝廷討論，但欲合於典禮，以慰天下之望。兩宮安則天下安矣。”道君太上皇后曰：“朝廷須是措置，令是則得。”公拜辭登岸，復傳教旨曰：“相公所論甚有理。”公以前語具劄子奏知，且云：“道君太上皇后已有許居龍德宮意，願一切不示疑阻，以昭聖孝。”

抵南都，道君御幄殿，公升殿奏事，具道皇帝聖孝思慕，欲以天下養之意。道君泣數行下曰：“皇帝仁孝，天下所知。”且獎諭曰：“都城守禦，宗社再安，相公之力爲多。”公因出劄子，乞道君早回鑾輿，不須詣亳社西都，以慰天下之望。道君慰勞再四，因曰：“相公頃爲史官，緣何事去？”公對曰：“臣昨任左史，得侍清光者幾一年，以狂妄論列都城水災，伏蒙聖恩寬斧鉞之誅，迄今感戴。”道君曰：“當時宰執中有不喜公者。”公愧謝，因奏曰：“臣昨論水災，實偶有所見，天地之變，各以類應，正爲今日兵革攻圍之兆。災異變故，譬猶一人之身，病在五臟，則發於氣色，形於脈息，善醫者能知之。所以聖人觀變於天地，而修其在我者，故能制治保邦，而無危亂之憂也。”道君以爲然，因詢虜騎攻圍都城守禦次第，公具以實對。道君復曰：“賊既退師，方渡河時，何不邀擊？”公對曰：“朝廷以肅邸在金人軍中，故不許。”道君曰：“爲宗社計，豈復論此！”公於是竊歎：“道君天度之不可及也！”語既浹洽，道君因宣諭“行宮止遞角”等三事，祇緣都城已受圍，恐爲人所得知行宮所在，非有他也。公奏曰：“方艱危時，兩宮隔絕，彼此不相知，雖朝廷應副行宮事，亦不容無不至者，在聖度照之而已。”

道君因詢朝廷近事，如追贈司馬光，及毀拆夾城等，凡三十餘事。公逐一解釋，復奏曰：“皇帝仁孝小心，惟恐一有不當道君太上皇帝意者。每得御批詰問，輒憂懼不進膳。臣竊譬之，人家尊長出，而以家事付之子弟，偶遇强盜劫掠，須當隨宜措置。爲尊長者，正當以能保田園大計慰勞之，不當問其細故。今皇帝傳位之初，陛下巡幸，適當大敵入寇，爲宗社計，政事不得不小有變革。今宗社無虞，四方以寧，陛下回鑾，臣以謂宜有以大慰安皇帝之心者。其他細故，一切勿問可也。”道君感悟曰：“公言極是，朕衹緣性快，問後即便無事。”因內出玉帶、金魚袋、古象簡賜公曰：“行宮人得公來皆喜，以此慰其意，便可佩服。”公固辭不允，因服之以謝。宣諭曰：“本欲往亳州太清宮，以道路阻水不果。又欲居西洛，以皇帝懇請之勤，已降指揮，更不戒行。公先歸達此意，慰安皇帝。”因袖中出書付公，因宣諭曰：“公輔助皇帝，捍賊守宗社有大功。若能調和父子間，使無疑阻，當書青史，垂名萬世。”公感泣再拜，受命辭訖，即行先具劄子，以所得道君聖語，奏知淵聖。批答曰：“覽卿來奏，知奏對之語，忠義焕然，朕甚嘉之。”二十五日，還抵闕下，進呈道君御書，具道所以問答之語。淵聖嘉勞久之。

二十七日，宰執進呈《車駕出郊迎奉道君儀注》，耿南仲建議，欲盡屏道君左右內侍，出榜行宮門，敢留者斬，先遣人搜索，然後車駕進見。公以爲不必如此示之以疑，南仲曰：“‘惑之者，疑之也。’古人於疑有所不免。”公曰：“古人雖不免於疑，然貴有所決斷，故《書》有‘稽疑’。《易》曰：‘以斷天下之疑’，倘疑情不解，如所謂竊鈇者，則爲患不細。”南仲紛紛不已，公奏曰：“天下之理，誠與疑，明與暗而已。誠則明，明則愈誠，自誠與明推之，可至於堯、舜。疑則暗，暗則愈疑，自疑與暗推之，其患至於有不可勝言者。耿南仲當以堯舜之道輔陛下，而其人暗而多疑，所言不足深採。”上笑之，南仲怫然怒甚。既退，再召對於睿思殿，南仲忽起奏曰：“臣適遇左司諫陳公輔於對班中，公輔乃二月五日爲李某結構士民伏闕者，豈可處諫職？乞送御史臺根治。”上及宰相皆愕然，公奏曰：“臣適與南仲辨論於延和殿，實爲國事，非有私意。而南仲銜臣之言，故有此奏。伏闕之事，陛下素所鑑察，臣不敢復有所辨。今南仲之言如此，臣豈敢留？願以公輔事送有司，臣得乞身待罪。”上笑曰：“伏闕士庶以億萬計，如何結構？朕所洞知，卿不須如此。”南仲猶不已。公因再拜辭上而出，不復歸府，入劄子求去，章凡十餘上，上皆批答“封還不允”。

道君皇帝以三日入國門，公扈從朝於龍德宮訖，復上章懇請求罷知樞密院事，並繳進劄子以謂：“今日朝廷，方禍亂殺寧之初，正當以別白是非爲先，廟堂之上，是非不明，何況天下！若以南仲之言爲是，朝廷自當付之有司根治，黨與誠果有之，臣當首在誅夷之列。若以南仲之言爲非，則當明告中外，洞然曉知，使臣不受黯暗之謗。臣之於此，豈得不辨？必若朝廷重惜大體，欲兩全之，莫若與臣一宮祠，使歸田里。”上降手詔數百言不允，有曰：“乃者虜在近郊，士庶伏闕，一朝倉猝，衆數十萬，忠憤所激，不謀同辭，此豈人力也哉！不悅者造言，何所不可，故卿不自安，殊不知朕深諒卿之不預知也。”復令徐處仁、吳敏諭旨，又召至內殿，面加慰諭，且曰：“賊馬方退，正賴卿協濟艱難，前事不足介懷，宜爲朕少留。”辭意懇惻，公不得已就職。

虜騎出境，公具奏乞用富弼守禦二策，分兵控扼要害之地。又乞修邊備防秋，仍用李邈措置塘濼水櫃等事，批答依奏。又具劄子，乞措置三鎮，及詔在庭之臣集議，擇其所長而施行之。於是條具所以備邊禦敵者凡八事：其一謂：以太原、真定、中山、河間建爲藩鎮，又分濱、棣、德、博，建橫海軍一道，如諸鎮之制。其二謂：河北、河東保甲，宜專遣使團結訓練，令各置器甲，官爲收掌，用印給之，蠲免租賦，以償其直。其三謂：復祖宗監牧之制。其四謂：河北塘濼不復開浚。又自安肅、廣信以抵西山，可益增廣，宜專遣使以督治之。其五謂：河北、河東州縣城池，皆當築城，民有所恃而安。其六謂：河北、河東州縣，經賊馬殘破蹂踐去處，宜優免租賦以賑恤之。其七謂：宜復祖宗加擡糧草鈔法，一切以見緡走商賈而實塞下。其八，願復祖宗解鹽舊制。

淵聖俾宰執同議，而其間所論異同，公力爭之不能得。大抵自賊馬既退，道君還宮之後，朝廷恬然遂以爲無事，防邊禦寇之策，置而不問，公切憂之。惟兵事，樞密院可以專行，乃與同知樞密院事許翰議淵聖前，以謂今秋敵必再至，宜預詔天下起兵防秋，爲捍禦之計，條具將上，得旨頒行，然後關三省。其間猶有以爲不須如此者。公又乞降旨，在京許監察御史以上，在外監司、郡守、帥臣，各薦材武智略大小使臣，樞密院籍記姓名，量材録用。淵聖從之。

二十四日，以覃恩轉大中大夫。吳敏建議，欲置詳議司，檢詳祖宗法制，及近年弊政當改革者，次第施行之。詔以公爲提舉官，命既行，爲南仲沮止。公奏淵聖曰："陛下即大位於國家艱危之時，宜一新政事。朝廷玩愒，未聞有所變革。近欲置司討論，尋復罷之。今邊事方棘，調度不給，前日爵禄冒濫，耗蠹邦財者，宜稍裁抑，以足國用。"淵聖以爲然，委公條具以聞，公條上三十餘事，謂"如節度使至遙郡刺史，祖宗本以待勳臣，今皆以戚里恩澤得之；除邊功外，宜悉換授環衛官，以抑其濫。又三省堂吏，祖宗時轉官止於正郎，崇、觀間始許轉至中奉大夫。今宜復祖宗之制，餘皆類此。"淵聖深然之，降付三省，已而揭榜通衢曰："知樞密院事李某陳請裁減下項。"又榜東華門曰："守禦使司給諸軍卸甲錢，多寡不均。御前特再行等第支給。"而守禦使司初未嘗給卸甲錢也。公聞之驚駭，徐詢所以，乃執政間有密白淵聖，以公得都城軍民之心者，欲以此離散之。公始憂懼，不知死所矣。方欲乞罷，五月初會守禦使司補進武副尉二人，具狀奏知淵聖，批出有"惟辟作福，惟辟作威，大臣專權，浸不可長"之語。公惶懼，於淵聖前辨明曰："始親征行營及守禦使司得旨，一切以便宜行事，給空名文武官告、敕、宣帖等三千餘道，自置司以來，用過三十一道而已。此二人乃齎御前蠟書至太原，當時約以得回報，即與補授。故今以空名帖補訖奏聞，乃遵上旨，非專權也。且敘孤危之蹤，爲人所中傷者非一，願罷職任，乞骸骨以歸田里。"淵聖溫顏慰諭，以謂"偶批及此，非有他意"。公待罪丐去，章十餘上，皆批答不允，遣使宣押歸府。

公翌日見淵聖曰："人主之用人，疑則當勿任，任則當勿疑。而大臣以道事君，不可則止。今陛下惑於人言，於臣不能無疑，又不令臣得去，不知聖意何在？"淵聖安慰久之，公自此多在告，日欲去而未能。會种師中歿於軍前，師道以病告歸。執政有密建議，以公爲宣撫使代師道者。初，粘罕之師至太原城下，太原堅壁固守，粘罕屯兵圍之，悉破諸縣，爲鎖城法以困太原。姚古進師復隆德府、威勝軍，扼南北關，累出兵，互有勝負，然未能解太原之圍。於是詔种師中由井陘道與姚古犄角，應援太原，師中進次平定軍，乘勝復壽陽、榆次。諸縣不設備，有輕金人之心，又輜重犒賞之物，悉留真定，金人乘間衝突，諸軍以神臂弓射卻之，欲賞射者，吏告不足而罷。士皆憤怒，相與散去。師中爲流矢所中死之。師道駐滑州，復以老病乞罷。淵聖納議者之説，決意用公宣撫兩路，督將士解圍。一日召對，諭所以欲遣行者。公再拜力辭，自陳"書生不知兵，在圍城中，不得已爲陛下料理兵事，實非所長。今使爲大帥，恐不勝任，且誤國，死不足以塞責"。淵聖不許，即命尚書省出敕令面授。公奏曰："藉使臣不量力爲陛下行，亦須擇日受敕。今拜大將如召小兒可乎？"淵聖乃許別日受。公退，即移疾乞致仕，力陳不可爲大帥，且云："此必有建議不容臣於朝者。"章十餘上，悉批答不允，且督令受命。於是，臺諫相繼上言公不當去朝廷。淵聖皆以爲大臣遊説，斥去之，乃無敢言者。或謂公曰："公知上所以遣行之意乎？此非爲邊事，乃欲緣此以去公，則都人無辭耳。公堅臥不起，讒者益得以行其説。上且怒，將有杜郵之賜。奈何！"公感其言，起受命。淵聖録《裴度傳》以賜。公入劄子，具道"吴元濟以區區環、蔡之地抗唐室，與金人強弱固不相侔，而臣曾不足以望裴度萬分之一，且言寇攘外患，有可掃除之理；而小人在朝，蠹害本根，浸長難去，其害有不可勝言者。謂宜留神察照，在於攘逐戎狄之先，朝廷既正，君子道長，則所以捍禦外患者有不難也。今取裴度論元積、魏洪簡章疏，節其要語，輒塵天聽"。淵聖優詔寵答。

宣撫司得兵二萬人，分爲五軍。時勝捷兵叛於河北，遣左軍往招撫之。又遣右軍屬宣撫副使劉韐。又以解潛爲制置副使代姚古，以折彦質爲河東勾當公事，與潛治兵於隆德府。宣撫司見兵實有萬二千人，所得銀絹纔二十萬，期以六月二十二日啓行，而庶事未辦集，乞量展行期。淵聖批曰："遷延不行，豈非拒命？"公惶懼入劄子，辨所以未可行者，且曰："陛下前以臣爲專權，今以臣爲拒命，方遣大帥解重圍，而以專權拒命之人爲之，無乃不可乎！願並罷樞管之任，乞骸骨。"淵聖趣召數四，公入見，具道所以爲人中傷，致上聽不能無惑者，祇以二月五日士庶伏闕事。今奉命出使，無緣復望清光。淵聖驚曰："卿祇爲朕巡邊，便可還闕。"公曰："臣之行，無有復還之理。昔范仲淹自參知政事出，安撫西邊，過鄭州見吕夷簡，語暫出之意，夷簡曰：'參政豈復可還！'其後果然。今臣以愚直不容於朝，使臣既行之後，無沮難，無謗讒，無錢糧不足之患，則進而死敵，臣之願也。萬一朝廷執議不堅，臣自度不能有所爲，即須告陛下求代罷去，陛下亦宜察臣孤忠，以全君臣之義。"上頗感動，乃以二十五日戒行。前期錫燕於紫宸殿，又賜御宴於瓊林苑，所以賜勞甚渥。

公犒軍訖，號令將士，斬裨將焦安節以徇。初，安節隸姚古帳下，在威勝軍虛傳賊馬且至。安節鼓扇衆情，勸姚古退師，至隆德又勸遁去。於是兩郡之人，皆驚擾潰散，而初無賊馬。至是從姚古還闕，公召斬之，人皆以爲當。翌日進師，以七月初抵河陽，入劄子，以畿邑、汜水關、西都、河陽皆形勝之地，城壁頹圮，當亟修治，今雖晚，然併力爲之，尚可及也。又因望拜諸陵，具奏曰："臣總師道出鞏、洛，望拜陵寢，潸然流涕。恭惟祖宗創業守成垂二百年，聖聖傳授以至陛下，丁艱難之秋，戎狄內侵，中國勢弱，此誠陛下嘗膽思報，勵精求治之日。願深考祖宗之法，一一推行之，進君子，退小人，無以利口善論言爲足信，無以小有才，未聞君子之大道爲足使，益固邦本，以圖中興，上以慰安九廟之靈，下以爲億兆蒼生之所依賴，天下幸甚。"初，公陛辭日，爲上道唐恪、聶山之爲人，陛下信任之篤，且誤國，故於此申言之。上批答有"銘記於懷"之語。

留河陽十餘日，訓練士卒，修整器甲之屬，進次懷州。自出師後，禁士卒不得擾民，有趂奪婦人釵子者，立斬以徇；拾遺棄物，決脊黥配；逃亡捕獲者皆斬。以故軍律嚴肅，無敢犯者。公嘗以謂"步不勝騎，騎不勝車"。於是造車千餘輛，日肄習之，俟防秋之兵集，以謀大舉。而朝廷降旨，凡詔書所起之兵，悉罷減之。公上疏力爭，大略以謂："今河北賊馬出沒，並邊諸郡寨柵相連，兵不少休。太原之圍未解，而河東之勢甚危，秋高馬肥，決須深入，宗社安危，殆未可知。故臣輒不自揆，措畫降詔，團結防秋之兵，不過十萬人，使一一皆到，果能足用，而無賊馬渡河之警乎？臣被旨出使，去清光之日未幾，朝廷已盡改前日詔書所團結之兵，罷去大半。若以謂太原之圍，賊馬不多，不攻自解，則自春徂秋，攻守半年，曾不能得其實數，姚、种二帥，以十萬之師，一日皆潰，彼未嘗有所傷衄，不知何以必其兵之不多。今河北、河東州郡，日告危急，乞兵皆以三五萬爲言。而半年以來，未有一人一騎可以副其求者。防秋之兵甫集，又皆遣罷，若必以謂不須動天下之兵，而自可無事，則臣誠不足以任此責。陛下胡不遣建議之人代臣，坐致康平，而爲此擾擾也。”未報間，再具奏曰：“近降指揮減罷防秋之兵。臣所以深惜此事者，一則河北防秋闕人，恐有疏虞；二則一歲之間，再令起兵，又再止之，恐無以示四方大信。夫以軍法勒諸路起兵，而以寸紙罷之，臣恐後時有所號召，無復應者矣。”竟不報。

淵聖日以御批促解太原之圍，而宣撫副使、制置副使、察訪使、勾當公事、都統制，皆承受御前處分，事得專達，進退自如；宣撫司雖有節制之名，特具文耳。公奏淵聖，以節制不專，恐誤國事，雖降指揮約束，而承受專達自若也。公極爲淵聖論節制不專之弊，又分路進兵，賊以全力制吾孤軍，不若合大兵由一路進。會范世雄以湖南兵至，即薦爲宣撫判官，方欲會合，親率師以討賊，而朝廷之議又變矣。初，賊騎既出境，即遣王雲、曹曚使金人軍中，議以三鎮兵民不肯割地，願以租賦代割地之約。至是遣回，有許意；其實以款我師，非誠言也。朝廷信之，耿南仲、唐恪尤主其議，意謂非歸租賦，則割地以賂之，和議可以決成。乃詔宣撫司不得輕易進兵，而和議之使紛然於道矣。既而徐處仁、吳敏罷相，而相唐恪；許翰罷同知樞密院事，而進用聶山、陳過庭、李回等。吳敏復以內禪事，責授散官，安置涪州。公竊歎曰：“事亡可爲者矣！”因入表劄奏狀乞罷。初，唐恪謀出公於外，則處仁、敏、翰可以計去之；數人者去，則公亦不能留也。至是皆如其策。章數上，猶降詔批答不允。公具奏力道所以材能不勝任者，且得昏憒之疾，不罷決誤國事，並敘曩日榻前之語。於是淵聖命种師道以同知樞密院事巡邊，交割宣撫司職事，召公赴闕，且俾沿河巡視防守之具。

公連上章乞罷知樞密院事，守本官致仕。九月初，交割宣撫司職事與折彥質，公行至封丘縣。十八日，除觀文殿學士，知揚州，具奏辭免不敢當，且上疏言：“所以力丐罷者，非愛身怯敵之故，特事有不可爲者，難以虛受其責。始宣撫司得兵若干，並防秋之兵若干，今屯駐某處，皆不曾用。始朝廷應副銀絹錢若干，又御前降到若干，除支官兵食錢並犒賞外，今皆樁留懷州及在京降賜庫，具有籍可考按也。臣既罷去，恐不知者謂臣喪師費財，惟陛下遣使核實。雖臣自以不材乞罷，願益擇將帥，撫馭士卒，與之捍敵。金人狡獪，謀慮不淺，和議不可專恃，一失士卒心，無與禦侮，則天下之勢去矣。臣自此不復與國論，敢冒死以聞。”既而言者果謂公專主戰議，喪師費財。於是著落職，提舉亳州明道宮，責授保靜軍節度副使，建昌軍安置。又以公上疏辨論，謂退有後言，再謫寧江。

李綱行狀中

建炎元年春，行次長沙。被閏十一月三日指揮，復元官，除資政殿大學士，領開封府事。時金寇再犯闕，前日以和議爲然者，舉皆誤國。淵聖感悟，故復召公。然都城圍閉，道路阻絕，久之方聞命，即率湖南勤王之師入援王室。傳元帥府檄，方審都城不守，二聖播遷，號慟幾絕。次太平州，睹上登寶位赦書，悲喜交集。是時金陵爲叛卒周德所據，囚帥臣，殺吏民，焚舟船，劫官府。公即遣使臣齎文檄諭之，令聽稟節制勤王，乃肯釋甲。然桀驁不以時登舟，擅驅當行士卒，欲乘間遁去。既次金陵，因與權安撫使李彌遜謀，誅其首惡四十六人。而以其徒千餘人令提舉常平官王枋統之以行。因奉表詣行在賀登極，且辭領開封之命，上書論時事。次寶應，聞降麻告，廷除正議大夫、尚書右僕射、兼中書侍郎、隴西郡開國侯、加食邑七百戶、食實封三百戶。公荷上特達之知，感極而繼之以泣。行次虹縣，始被受尚書省劄子，有旨趣召，蓋行在前此不知公由江淮來也。次會亭，上遣中使王嗣昌傳宣撫問，賜銀合茶藥。次穀熟，御史中丞顏岐遣人投文字，封以御史臺印，乃論公不當爲宰相章疏，大意謂：張邦昌爲金人所喜，雖已爲三公真王，宜更加同平章事，增重其禮。公爲金人所惡，雖已命相，宜及其未到罷之，置之閑地。前後凡五章，皆不降出。故岐封以示公，欲公之留外而不進也。公乃知命相蓋出於淵衷獨斷，而外庭所以沮之者無所不至，益以感懼。會復遣使趣召遂行，有旨賜御筵於金果園。

龍圖閣學士、兼侍讀董耘來傳上旨云：“嘗遣從事郎劉默齎御書由湖北迓卿，書中有‘學窮天人，忠貫金石。方今生民之命，急於倒懸。諒非不世之才，何以協濟事功’之語。”公感泣流涕，遂如行在。上遣使趣見，進對於內殿，見上敘致，不覺涕泗之橫流。上亦感動，因奏曰：“金人不道，專以詐謀取勝中國，而朝廷不悟，一切墮其計中。自古夷狄之禍中國，未有若此之甚。賴天祐我宋，大命未改，故使陛下總師於外，爲天下臣民之所推

戴，興衰撥亂，持危扶顛，内修政事，外攘夷狄，以還二聖，以撫萬邦，皆
責在陛下與宰相。而考慎之際，首及微臣，自視闕然，不足以仰副陛下知
遇之意。伏望追寢成命。"上曰："朕知卿忠義智略甚久。在靖康時，宣力爲
多，特爲同列所不容，故使卿以非罪去國，而國家有禍故如此。朕嘗欲言於
淵聖，欲使夷狄畏服，四方安寧，非相卿不可。今朕此志已定，卿其勿辭。"
公頓首泣謝，且道："董耘所傳聖語，荷知如此，雖糜捐不足以報德。然臣
未到行在數十里間，御史中丞顏岐封示論臣章疏，謂臣爲金人所惡，不當爲
相。如臣愚戇，但知有趙氏，不知有金人，固宜爲其所惡。然岐之論臣，謂
材不足以任宰相則可，謂爲金人之所惡，不當爲相則不可。臣愚不知其所
喜者爲趙氏耶？其所惡者爲趙氏耶？今陛下用臣，斷自淵衷，而岐之論如
此。如臣迂疏，自知不足以當重任，但願一望清光，乞身以歸田里。至於陛
下命相於金人所喜所惡之間，更望聖慮有以審處於此。"上笑曰："岐嘗有此
言，朕告之以如朕之立，恐亦非金人之所喜者。岐無辭而退，此不足恤。"
公奏曰："陛下天縱聖明，固不難察此。然臣材力綿薄，實不足以勝任。"因
出劄子，再拜力辭。上慰諭久之，遣御藥邵成章宣押赴都堂治事，時六月一
日也。

翌日，有旨，立新班奏事，對於内殿，同執政奏事訖，力陳不敢當一相
之任。上曰："卿素以忠義自許，豈可於國家艱危之時，而自圖安閑。朕決
意用卿，非在今日，社稷生靈賴卿以安，卿其無辭。"公感泣再拜曰："臣愚
陋無取，不意陛下知臣之深也。然今日之事，持危扶顛，以創業爲法，而圖
中興之功，在陛下而不在臣。昔管仲語桓公曰：'不能知人，害霸也；知而
不能用，害霸也；用而不能任，害霸也；任而不能信，害霸也；能信而又使
小人參之，害霸也。'夫知人能信任之，而參以小人，猶足以害霸，況於爲
天下而欲建中興之業乎！方靖康之初，淵聖皇帝慨然有圖治之意，而金人退
師之後，漸謂無事，是非雜揉，且和且戰，初無定議。如臣者，徒以愚直好
論事，爲眾人不容於朝，使總兵於外。而又不使之得節制諸將；自度不足以
任責，乞身以退，而讒譖竄逐，必欲殺之而後已。賴淵聖察臣孤忠，特保全
之，卒復召用，然已無及矣。不謂今日遭遇陛下龍飛，初無左右先容之助，
徒採虛聲，首加識擢，付以宰柄，顧臣區區，何足以仰副圖任責成之意？然

靡不有初，鮮克有終，如臣孤立寡與，更望聖慈察管仲害霸之言，留神於君子小人之間，使臣得以盡志畢慮，圖報涓埃，雖死無憾。昔唐明皇欲相姚崇，崇以十事要説，皆中一時之病，類多施行，後世美之。臣嘗慕其爲人，今臣亦敢以十事仰干天聽，陛下度其可行者，願賜施行，臣乃敢受命；其未合聖意者，願賜折難，臣得以盡其説。"上可之。

公因出劄子奏陳：一曰議國是。大略謂：中國之御夷狄，能守而後可戰，能戰而後可和。而靖康之末皆失之。今欲戰則不足，欲和則不可，莫若自治，專以守爲策。俟吾政事修，士氣振，然後可議大舉。其二曰議巡幸。大略謂：車駕不可不一到京師見宗廟，以慰都人之心，度未可居，則爲巡幸之計，以天下形勢觀之，長安爲上，襄陽次之，建康又次之，皆當詔有司預爲之備。其三曰議赦令。大略謂：祖宗登極，赦令皆有常式，前日赦書一切以張邦昌僞赦爲法，如赦惡逆，選人循資責降，罪廢官盡復官職，皆泛濫不可行，謂當改正，以法祖宗。其四曰議僭逆。大略謂：張邦昌爲國大臣，不能臨難死節，而挾金人之勢，易姓建號，其後不得已乃始奉迎，朝廷尊崇之爲三公真王，參與大政非是；宜正典刑，垂戒萬世。其五曰議僞命。大略謂：國家更大變故，鮮仗節死義之士，而奉賊旨，受僞官，以屈膝於其庭者，不可勝數。昔肅宗平賊，而汙僞命者，以六等定罪。今宜仿之，以勵士風。其六曰議戰。大略謂：軍政久廢，士氣怯惰，宜一新紀律，信賞必罰，以作其氣。其七曰議守。大略謂：賊情狡獪，勢須復來，宜於沿河、江、淮，措置控禦，以扼其衝。其八曰議本政。大略謂：崇觀以來，政出多門，綱紀紊亂，宜一歸之於中書，則朝廷尊。其九曰議責成。大略謂：靖康間進退大臣太速，功效蔑著，宜慎擇而久任之，以責成功。其十曰議修德。大略謂：上初膺天命，宜益修孝悌恭儉之德，以副四海之望，而致中興。

翌日，降出《議國是》《巡幸》《赦令》《戰》《守》五劄子，餘皆留中。次日，與執政同奏事於內殿，進呈《議國是》劄子。上曰："今日之策，正當如此。"以次進呈四劄子奏事訖，公留身，奏上曰："臣愚瞽，輒以管見十事冒瀆天聽，已蒙施行五事。如議本政、責成、修德三事，無可施行，自應留中。所有議張邦昌僭逆及受僞命臣寮二事，皆今日政刑之大者，乞早降處分。"上曰："執政中有與卿議論不同者，更俟款曲商量。"公曰："張邦昌僭逆之罪，顯然明白，無可疑者。當道君朝，邦昌在政府者幾十年，淵聖即位，首擢爲相，奉使虜中。方國家禍難之時，如能以死守節，推明天下所以戴宋之義，以感動其心，虜人未必不悔過而存趙氏。邦昌方自以爲得計，偃然當之，正位號，處宮禁者月有餘日。虜騎既退，四方勤王之師集，邦昌擅降僞詔止之，又遣郎官，分使趙野、翁彥國等，皆齎空名告身數百道以行，迨彥國等囚其使，而四方勤王之師日進。邦昌知天下之不與也，不得已乃請元祐太后垂簾聽政，而議奉迎。邦昌僭逆本末如此，而議者不同，臣請備論，而以《春秋》之法斷之：若都城之人，則謂因邦昌立而得生，且免再科取金銀而德之；若元帥府，則謂邦昌不待征伐，遣使奉迎而恕之；若天下，則謂邦昌建號易姓，其奉迎特出於不得已而憤嫉之。都城德之，元帥府恕之者，私也；天下憤嫉之者，公也。《春秋》之法，人臣無將，將而必誅。趙盾不討賊，則書以弑君。今邦昌已僭位號，賊退而止勤王之師，非特將與不討賊而已，其罪爲何如？昔劉盆子以宗室當漢室中衰，爲赤眉所立，其後以十萬衆降光武，而光武祇待之以不死。今邦昌以臣易君，其罪大於盆子，不得已以身自歸，朝廷既不正其罪，而又尊崇之以爲三公真王，參與國政，此何理也？

議者又謂邦昌能全都城之人與宗廟宮室，不爲無功；而陛下登極，緣邦昌之奉迎。臣皆以爲不然。譬之巨室之家，偶遭寇盜，主人之戚屬悉爲驅虜，而其僕欲奄家室奴婢而有之，幸主人者有子自外歸，迫於衆議，不得已而歸所有，乃欲遂以爲功，其可乎？陛下之立，乃天下臣民之所推戴，邦昌何力之有？臣於劄子中論之詳矣。方國家艱危，陛下欲建中興之業，當先正朝廷，而尊崇僭逆之臣以示四方，其誰不解體？又僞命臣僚，一切置而不問，何以勵天下士大夫之節？執政中有議論不同者，乞降旨宣召，臣得與之廷辨；如臣理屈，豈敢復言！」

上許之，乃令小黃門宣召黃潛善、呂好問、汪伯彥再對，上語之故，而潛善主之甚力，詰難數四乃屈服。然猶持在遠不若在近之説。公曰：「邦昌當正典刑，何遠近之有！借使在近，當幽縶，而反尊崇之如此，何也？」潛善不能對。上顧呂好問曰：「卿在城中知其詳，謂當如何？」好問曰：「邦昌僭竊位號，人所共知，既已自歸，惟陛下裁處之。」又引德宗幸奉天不挾朱泚行，後以爲悔，以附會潛善"不若在近"之説。公曰："吕好問援朱泚爲例非是。方德宗之狩奉天，朱泚蓋未反也。姜公輔以其得涇軍心，恐資以爲變，請挾以行，德宗不聽，而其後果然。今邦昌已僭逆，豈可使之在朝廷，使道路指目曰：'此亦一天子哉！'"因泣拜曰："臣不可與邦昌同列，正當以笏擊之。陛下必欲用邦昌，第罷臣勿以爲相，無不可者。"上頗感動。而汪伯彦亦曰："李某氣直，臣等不及。"上乃曰："卿欲如何措置？"公曰："邦昌之罪，理當誅夷。陛下以其嘗自歸，貸其死而遠竄之。受僞命者，等第謫降可也。"上曰："俟降出卿劄子，來日將上取旨。"翌日，同執政進呈，潛善猶左右之，乃以散官安置潭州。

次呈《議僞命》劄子，上曰："國家顛覆，士大夫不聞死節，往往因以爲利，如王及之坐蕃衍宅門，訴晉諸王；余大均誘取宮嬪以爲妾，卿知之否？"公奏曰："自崇觀以來，朝廷不復敦尚名節，故士大夫鮮廉寡恥，不知君臣之義。靖康之禍，視兩宮播遷如路人然，罕有能仗節死義者。在内惟李若水，在外惟霍安國，死節顯著，餘未有聞。願詔京畿諸路詢訪，優加贈恤。如王及之、余大均，朝廷見付御史臺推鞫，必得其實。臣聞方金人欲廢趙氏，立張邦昌，令吳開[1]、莫儔傳道意旨，往返數四，王時雍、徐秉哲奉金人旨，追捕宗室戚里，令居民結保，不得容隱，以衣袂聯屬以往，若囚繫然。其後迫道君、東宮后妃、親王出郊，皆臣子之所不忍言。又受僞命皆爲執政，此四人者，當爲罪首。"上以詢吕好問，而好問以爲有之。得旨，皆散官廣南遠惡州軍安置，餘以次謫降，内王及之、余大均、胡思、陳沖等，以贓濫繫御史臺，候結案日取旨。李若水贈官外，霍安國贈延康殿學士。有死節者，令諸路詢訪以聞。上曰："卿昨日内殿爭張邦昌事，内侍輩皆泣涕，卿今可以受命矣。"公拜謝曰："自非陛下英睿天縱，豈能決斷如此？天下不勝幸甚，臣雖愚陋，敢不黽勉自力，以圖報稱。"因爲上言："今日國勢，比之創業爲尤難。正賴陛下剛健不息，以至誠惻怛之意加之，不爲群議所動搖，先其大者、急者，而小者、緩者徐圖之，信任而責成功，臣乃得以竭盡愚慮，以裨補萬一。"復奏曰："人主莫大於兼聽廣視，使下情得以上通。陛

---

[1] "開"當爲"开"。見脱脱等《宋史》卷三五八《李綱傳上》，第32冊第11259頁。

下即大位已逾月，而檢鼓院猶未置，恐非所以通下情而急先務者。”上曰：“屢語執政，猶未措置，卿可即施行。”

公因請置看詳官兩員，於侍從職事官中選兼；應士民上封事，俟降出簽擬，可施行者將上取旨。有旨兼充御營使，以覃恩告廷，轉正奉大夫，進封開國公，加食邑一千戶，食實封四百戶，時六月六日也。是日，同執政對於內殿，公奏上曰：“以今日國勢而視靖康間，其不逮遠甚。然而有可爲者，陛下英斷於上，而群臣輯睦於下，庶幾革靖康之風，而中興可圖。然今日之事，須有規模而知先後緩急之序。所謂規模者，外禦強敵，內銷盜賊，修軍政，变士風，裕邦財，寬民力，改弊法，省冗官，誠號令以感人心，信賞罰以作士氣，擇帥臣以任方面，選監司郡守以奉行新政。俟吾所以自治者，政事已修，然後可以議興舉，而問罪金人，迎還二聖，此規模之大略也。至於所當急而先者，莫先於料理河北、河東兩路；夫河北、河東者，國家之屏蔽也，料理稍就，然後中原可保，而東南可安。今河東所失者，忻、代、太原、澤、潞、汾、晉，其餘猶存也；河北所失者，不過真定、懷、衛、濬四州而已，其餘中山、河間、慶源、保塞、雄、霸、深、祁、恩、冀、邢、洺、磁、相、信安、廣信二十餘郡，皆爲朝廷守。兩路士民、兵將所以戴宋者其心甚堅，皆推豪傑以爲頭領，多者數萬，少者亦不下萬人，如此知名字者已十數處。朝廷不因此時置司遣使，有以大慰撫之，分兵以援其危急。臣恐爲金人所迫，糧盡力困，坐受其弊。兩路軍民，雖懷忠義之心，使救援之兵久而不至，危急無告，必且憤怨朝廷，使金人因得撫而用之，皆精兵也。莫若於河北置招撫司，河東置經制司，擇有材略者爲之使，宣諭陛下德意，所以不忍棄兩河於夷狄之意。朝廷應副錢糧、告敕，有功者即命之以官；其能保全一州，收復一郡，隨其高下以爲節度、防禦、團練使，如唐方鎮之制，使自爲守，非特絕其從賊之心，又可資其力以禦敵。朝廷久遠無北顧之憂，此最今日之先務也。”僉議亦頗以爲然。

上曰：“誰可任此者？”公奏曰：“陛下倘採用臣策，臣當詢訪其人，續具奏聞。”既退，詢於士大夫間，多謂張所可以招撫河北，傅亮可以經制河東；公亦頗聞其爲人。張所者，山東人，當靖康間爲監察御史。朝廷以金人再犯闕，欲割棄河北，既遣使矣，虜騎薄城，京師圍閉，所在圍城中，獨上言乞以蠟書募河北兵，淵聖許之。蠟書至河北，士民皆喜曰："朝廷欲棄我於夷狄，猶有一張察院欲救我而用之乎！"應募者凡十七萬人，故所之聲滿河北。部勒既定，會都城破，謀弗果用。上即位於南都，所首至行在，見上論列且條具應募首領姓名人數，合措置事件以聞。朝廷欲以爲郎官，奉使河北以董其事。會所以察官上章論黃潛善及兄潛厚姦邪不可用，恐害新政。潛善引去，上留之，乃謫所鳳州團練副使，江州安置。是時公尚未至行在也。故衆謂招撫河北非所不可，然公以所嘗論潛善之故頗難之。不得已，一日過潛善閣子中，相與款語曰："前日議置河北招撫司，搜訪殊無人可以承當，獨一張所可用。又以狂妄有言得罪，倘能先國事，後私怨，爲古人之所難，不亦美乎！"潛善欣然許諾，乃薦之於上，且道潛善意。上悅，有旨：借所通直郎、直龍圖閣，充河北招撫使。遣使臣齎劄子召對，摹畫稱旨，錫五品服，内府賜緡錢百萬，以備募兵半年錢糧，給空名告千餘道；以京畿兵千人爲衛，將佐官屬聽自辟置；一切許以便宜從事。有朝請郎王圭者，真定府人，真定府既破，率衆數萬保西山，屢勝金賊。聞上登極，自山寨間道來獻其所謀，正與朝廷同，能道河北事尤詳。有旨：除直秘閣、招撫司參謀官，使佐所。

傅亮者，陝西人，以邊功得官，諳練兵事。靖康初至京師上封事，請以親王爲元帥，治兵於河朔。其冬，復有薦者，再召之，亮至而都城已破，率陝右、京西勤王兵三萬人，首至城下，屢立功；統御將佐士兵，如古人斬斬然整一，無敢犯令者。上即位，亮詣行在，召對，除通直郎、直秘閣。而亮之爲人，氣勁言直，議論不能屈折，執政不喜之，除知滑州。滑兩經殘破，無城壁。亮上疏自陳曰："陛下復歸東都，則臣能守滑；陛下未歸，則臣亦不能守也。"執政摘其語以爲悖傲不遜，降通判河陽府。公至行在，亮已行，使人召之，乃來與語；連日觀其智略氣節，真可以爲大將者。欲且試之，乃薦於上，以爲河東經制副使。而以觀察使王瓚爲使。瓚亦陝西人，累立邊功，僉謂在武臣中可用者。上宣諭亮前疏中語，公廣上意而奏曰："人臣論事，言不激切不足以感動人主；激切則近謗訕。故昔之聽言者，必察其所以，如果出於謗訕，何所逃罪！至於有所激而云，則必恕之，以來讜言，如周昌之對高祖，劉毅之答武帝，皆人之所難堪者，而二主恕之，以其有所激故也。亮之言如此，但欲激陛下以歸京師耳，非有他故，願聖度有以含容之。且人材難得，而將帥之材爲尤難。如亮者，今未見其比，異日必能爲朝廷立大功，氣勁言直，乃關陝氣俗之常，不足深責。”上乃許如所請，並召對，賜亮五品服，與兵萬人、告敕、銀絹，與川綱之在陝西者。詔京西、陝西漕臣應副糧草，餘如張所已得旨而遣之。

初，公建議以料理河北、河東爲所當先者，適後宮降誕皇子，率執政入賀，公奏上曰：“皇子降誕，考祖宗故事，當肆赦。陛下登寶位赦已曠蕩，獨遺河北、河東，而不及勤王之師，天下尚缺望。夫兩路爲朝廷堅守，而赦令不及，人皆謂已棄之，何以慰忠臣義士之心！而勤王之師雖不曾用，在道路半年，擐甲荷戈，冒犯霜雪，亦已勞矣。疾病死亡者不可勝數，恩恤不及，後日復有急難，何以使人！願因今赦，該載德意。”上嘉納。故皇子赦於二者尤詳。又請降詔褒慰兩路守臣、將佐、軍民，諭以朝廷措置救援不棄之意。又詔自今有能收復兩路已陷州軍，及救解危急，保全一方，功效顯著者，並除本處節度、觀察、防禦、團練，依方鎮法。命使臣齎夏藥遍賜兩河守臣、將佐；命權貨務印造見錢鈔，遣使齎送兩河州郡；命降見錢鈔三百萬貫，付河北、河東、陝西路漕司，廣羅應副兩路；命起京東路夏稅絹，於大名府樁管，川綱河東衣絹於永興軍樁管，以待兩路支俵。於是兩路知天子德意，人情翕然，蠟書日至，間有破賊捷報。虜人圍守諸郡者，往往抽退。且山寨應招撫、經制司募者甚衆。而潛善建議，令馬忠將所部兵，以會雄州弓箭手李成所募兵凡五萬人，擣虛入界，虜必釋諸郡之圍以自解救。公曰：“今日士怯兵弱，恐未可深入，莫若使之與張所協力，先復濬、衛、懷三州，而真定可復。”潛善堅執其議，上可之。公不欲力爭，乃以忠爲河北經制使，而以張換副之。換者，陝西人，質樸有謀而善戰，其材遠勝於忠，既使副忠，又令與張所相應援。而換亦以公之策爲然。

公嘗論京西、湖北[1]爲金人、盜賊侵犯，有能以死固守，而保全一方者；有賊未至而先遁，遂失守者。謂宜褒黜。有旨：各增一官，或與職名，或落職。有許高、許亢者，防河而逃遁，會言者論列，編管嶺南，至南康

---

[1]“湖北”應爲“河北”。見李綱《梁溪集》，景印文淵閣《四庫全書》，第1126冊第911頁。

軍，且欲爲變，守倅以便宜誅之而待罪。衆謂擅殺爲非是。公曰："淵聖委高、亢防河，付以兵將甚衆，賊將至而先走，以鐵騎五百自潁昌趨江南，沿路劫掠甚於盜賊，朝廷不能正軍法，而一軍疊守倅敢誅之，必健吏也。使後日受命捍賊者知退走，而郡縣之吏有敢誅之者，其亦少知所戒乎！是當賞。"上以爲然，乃命各轉一官。時開封留守闕官，公以爲留守非宗澤不可，力薦之。澤至京師，果能彈壓撫循，軍民畏愛，修治城池、樓櫓，不勞而辦，屢出師以挫賊鋒。雖嫉之者深，竟莫能易其任也。是時除侍從、卿、監、郎官、館職，以補班列之闕，及召赴行在者多未至；而行在官出自圍城中者，多求東南差遣。上命公草詔以戒諭之。其後許翰至，公薦之於上，謂翰內剛外柔，學行純美，謀議明決，宜在左右參決大政。上亦喜其論事，乃以爲尚書右丞。

初，汴河上流爲賊所決者數處，閉塞久不合，綱運不通，命都水使者陳求道等措置，凡二十餘日，而水復舊，綱運沓來，間撥入京師，米價始平。又於兩京城外，及沿汴至泗增設巡檢，商賈始通，人情漸復舊。命進奏院邸吏分番赴行在，朝廷差除，鏤板傳報外路，增置馬遞鋪，命令始通，綱運入京者，還載諸郡公案圖籍赴行在，官府始有稽考。蓋行在草創，凡百皆逐一施行措置，悉類此也。

又進呈三劄子：一曰《募兵》，二曰《買馬》，三曰《募民出財以助兵費》。上皆以爲然。又議措置控禦修舉軍政，謂宜於沿河、沿江、沿淮諸路置帥府、要郡、次要郡，使帶總管、鈐轄、都監，以寓方鎮之法，許其便宜行事，辟置僚屬將佐以治兵。又命招置新軍及御營司兵，並依新法團結，五人爲伍，伍長以牌書同伍四人姓名；二十五人爲甲，甲正以牌書伍長五人姓名；百人爲隊，隊將以牌書甲正四人姓名；五百人爲部，部將以牌書隊將正副十人姓名；二千五百人爲軍，統制官以牌書部將正副十人姓名。有所呼召使令，按牌以遣，而逃亡死傷皆可周知。三省、樞密院同置賞功司，置籍以受功狀，三日不捡舉施行者必罰，受略乞取者行軍法；許人告；遇敵逃潰者斬；因而爲盜賊者誅其家屬。凡軍政申明約束，及更改法制者數十條，皆敕榜通衢，將士觀者皆奮勵。公又奏："宜詔諸路州縣，以漸修葺城池，繕治器械。"有旨依奏。又奏："步不足以勝騎，而騎不足以勝車，請以車制頒於京東西，使製造而教閱之。”因繪圖進呈。有旨令御營司製造閱習，諸將皆以爲可用，乃頒降兩路，委提刑司總領之。又奏：“於沿江、沿淮州郡置造戰船，因其俗之所宜，招募水軍，平居許其自便，有故則糾集而用之，逐時教閱，量行激賞。”得旨如所請。又詢訪陝西、山東及諸路武臣材略可用者，以備將佐偏裨之用。有旨皆召赴行在。自六月初至是凡四十餘日，措置邊防軍政之類，始漸就緒。

是時，朝廷議遣使金國。公奏上曰：“堯舜之道，孝悌而已。孝悌之至，可以通於神明。今陛下以上皇淵聖遠狩沙漠，食不甘味，寢不安席，思迎還兩宮，致天下養，此孝悌之至，而堯舜之用心也。今日之事，正當枕戈嘗膽，內修政事，外攘夷狄，使刑政修，中國強，則二聖不俟迎請而自歸。不然，雖使冠蓋相望，卑辭厚禮，朝迎暮請，恐亦無益。今所遣使，但當奉表通問兩宮，致思慕之意可也。”上以爲然，命公草表，並致書二虜酋。乃以周望、傅雱皆借一官爲二聖通問使，齎表及書以往。公奏曰：“陛下當艱難之時，爲臣民之所欣戴，纂承大統，宜降哀痛之詔，以感動天下。”且言：“金賊不道，賴天下士民同心協力，相與扶持保安以致中興者，按其所言次第行之，無爲虛文，務施實惠。”上乃命公撰擬詔文進呈頒降。又具劄子，乞省冗員以節浮費。上命中書條具，乃詔省臺寺監官，以繁簡相兼，復開封府官舊制，減學官員額；罷提舉常平司，併歸提刑司；罷兩浙、福建市舶司，併歸轉運司；復幕職曹官舊制；非萬戶縣不置丞；罷吏員三分之一。又請以三省堂吏依祖宗法轉官，不得過朝請大夫。初，陳乞出官，止爲通判，應宰執子弟以恩數帶貼職，及侍御以上並罷；宰執及見任宮觀，待闕未有差遣，京朝官以上，俸錢並減三分之一。有旨從之。

是時，劇賊李昱擾山東，杜用起淮寧，李孝忠亂襄陽，皆遣將討平之，其餘降者十餘萬。論及靖康間事，上曰：“淵聖勤於政事，省覽章奏，有至於終夜不寢，而卒有播遷之禍，何也？”公奏曰：“淵聖在東宮，令德聞於天下，及即大位，適當國步艱難之時，勤儉有餘，而爲小人之所惑，故卒誤大事。人主之職，但能知人，雖不親細務，大功可成。”上以爲然。公因論“靖康之初，金人犯闕，中國所以應之者，得策凡二：道君內禪一也；淵聖固守二也。使其後更得一策，中國可以無事，而和戰兩者皆失之，遂致大故。而夷狄之患，至今爲梗。方金人初犯闕，提兵不過六萬人，既薄城下，累日攻擊，知都城堅而士卒奮勵，不可攻，則遣使厚有所邀求而請和。臣獻策淵聖，以謂金人之所邀求，有可許者，有不可許者；宜遣使者往來款曲與之商議，俟吾勤王之師既集，然後與之約，其可與者許之，其不可與者堅執而勿許。則約易成，而和可久。當時不以爲然，一切許之。其後，果不能如約，遂再入寇，此失其所以和也。勤王之師，集於都城者三十餘萬，臣獻策淵聖，以謂兵家忌分，宜使節制歸一，用周亞夫困七國之策，以重兵與之相臨，而分兵收復畿邑，使無所得糧，俟其困而擊之，一舉可破。當時不以爲然，置宣撫司，盡以勤王之師屬之，故姚平仲得先期舉事，而朝廷懲劫寨小衄，不復議兵；賊退又不肯邀擊，遂使金人有輕中國之心，而中國之勢日弱，此失其所以戰也。一失機會，悔不可追。今日機會尤不可失。願陛下以靖康爲鑑，審處而決斷以應之，庶幾可以成功。"

上曰："靖康之初能守，而金人再來，遂不能守，何也？"公奏曰："靖康之初，與靖康之末，其勢不同，條目甚多，臣請論其大者。金人初入寇，未知中國虛實，亦無必犯京闕之意，特中國失備，無兵以禦之，故使得渡河以至城下，而粘罕之兵，亦失期不至；及其再來，兩路並進，遂有吞噬中原之心，此其不同者一也。靖康之初，賊至城下，不數日間，勤王之兵已集；及其再來，賊已圍城，始以蠟書募天下之兵，遂不及事，此其不同者二也。靖康初，賊寨於西北隅，而行營司出兵屯於城外要害之地，四方音問絡繹不絕，勤王之兵既集，賊遂斂兵不敢復出；其後再來，朝廷遂決水以淹浸京城西北，彌漫數十里，而東南不屯一兵，使賊反得以據之，故城中音問不傳於外，而外兵亦不得以進，此其不同者三也。淵聖即位之初，將士奮勵用命；其後賞刑失當，人心稍解體，此其不同者四也。金人圍城之初，城中措置有敘，號令嚴肅，晝夜撫循，未嘗少休；聞其後無任其責者，賊至，造橋渡壕，恬不加恤，以十數人登城，將士遂潰，此其不同者五也。臣在樞密院時，措置起天下防秋之兵，降詔書已累月。及臣宣撫河北，即詔減罷大半，蓋朝廷專恃和議，以謂金人必不再來，一切不爲之備。故靖康之末不能守者，勢不同而患禍生於所忽也。"

翌日奏事，因裒聚靖康初建議措置與金人約和用兵次第劄子，及朝廷分置宣撫司指揮後，在宣撫司論不當減罷防秋之兵章疏進呈，上皆命留中。公因奏上曰：“靖康間雖號爲通言路，然臺諫官議論鯁峭者皆遠貶，其實塞之也。”乃納劄子勸上，以明恕盡人言，以恭儉足國用，以英果斷大事。上皆嘉納。與執政同奏事，因納劄子，乞減上供之數，以寬州縣；修茶鹽之法，以通商賈；劃東南官田，募民給地，仿弓箭刀弩手法，養兵於農；籍陝西保甲、京東西弓箭社，免支移折變，而官教閱之。又請於陝西、河北東路、京東西置制置使，以遠近相應援。有旨皆付中書省條具進呈取旨。其後遂置諸路制置使，而餘事以公罷政皆不果行。

初，公嘗從容奏上曰：“朝廷外則經營措置河北、河東以爲藩籬，葺治軍馬，討平賊盜；内則修政事，明賞刑，皆漸就緒。獨車駕巡幸所詣未有定所，中外人心未安。夫中原者，天下形勢根本，一去中原，則人心搖而形勢傾矣。臣嘗建巡幸之策，以關中爲上，襄陽次之，建康爲下。今縱未能行上策，猶當適襄、鄧間，示不去中原，以係天下之心。近日外議紛紜，皆謂陛下將幸東南。果如所言，臣恐中原非復我有，車駕還關無期，而天下之勢遂傾，難復振矣。”上曰：“但欲迎奉元祐太后，及津遣六宫往東南耳。朕當與卿等獨留中原，訓練將士，益兵聚馬，雖都城可守，雖金賊可滅矣。”公再拜，贊上曰：“陛下英斷如此，乞降詔以告諭之。”乃命公擬撰詔文，頒降榜之兩京，讀者皆感泣。後半月，上忽降出手詔，欲巡幸東南以避狄，令三省、樞密院條具合行事件以聞。公極論其不可，且言：“自古中興之主，起於西北，則足以據中原而有東南；起於東南，則不足以復中原而有西北。蓋天下之精兵健馬皆出於西北，一委中原而棄之，豈惟金人將乘間以擾關輔，盜賊且將蜂起，跨州連邑。陛下雖欲還關，且不可得，況治兵勝敵，以歸二聖哉！惟南陽，光武之所以興，有高山峻嶺可事控扼，有寬城平野可屯重兵；西通關中，可召將士；南通荆湖、巴蜀，可取財貨；東達江淮，可運糧餉；北距三都，可遣救援。暫議駐蹕，自冬徂春，俟兩河措置就緒，即還汴都。策無出於此者。”上乃取還巡幸東南手詔，令與宰執商議。翌日，再具劄子，援楚漢滎陽、成皋間，曹操、袁紹官渡事，論天下形勢於上前，且曰：“今乘舟順流而適東南，固甚安便，但中原安則東南安，失中原，則東南豈能必其無事？一失機會，雖欲保一隅，恐亦未易。臣誠不敢任此責。且陛下既已降詔獨留中原，人心悅服，奈何詔墨未乾，失大信於天下。願斷自淵衷，以定大計。"上乃許幸南陽，將以秋末冬初擇日啓行。而潛善、伯彥陰以巡幸東南之計動上意，其議頗傳於外。客或謂公曰："士論洶洶，咸謂密有建議者，東幸已決，南陽聊復爾耳。盍且從其議乎？不然，事將變。"公曰："天下大計，在此一舉，國之安危存亡於是乎分。成命已行，倘或改易，吾當以去就爭之。且上英睿，必不爲異議所惑。不然，吾可貪祿保身，虛受天下之責哉！"然自是雖未嘗有改議巡幸之命，然公初相時，每因留身奏事，從容論治體，及有所規諫，雖苦言逆耳，上皆嘉納。至是，奏陳當世急務，擬進指揮，多不降出；及每批出，改易已行指揮頗多。

公知譖訴之言，其入已深。一日留身，奏上曰："臣近日屢煩宸翰，改正已行事件，臣逐一按據辨明，幸蒙聖察。又所進擬措置機務，多未蒙降出。顧臣孤拙寡與，獨荷陛下特達之知，忌媢者多，恐陰有譖訴而離間臣者。夫君子小人，勢不兩立，治亂安危，係其進退，在人主有以察之而已。"因出劄子極論君子小人之理以謂："臣昨日奏事，論及人主之職在知人，雖堯舜猶以爲難，誠能別白邪正，使君子小人不至於混淆，然後天下可爲。伏蒙宣諭：'知人亦非難事，但考其素行則知之。'竊仰聖訓，誠得知人之要，且言：疑則當勿任，任則當勿疑，持狐疑之心者，來讒賊之口。願致察於此。"上慰諭曰："無此，但朕思慮偶及之耳。其餘章疏，見省覽，非晚降出。"公拜謝而退。

至八月五日，告廷遷公銀青光祿大夫、尚書左僕射、兼門下侍郎，加食邑七百戶，食實封三百户。而除潛善右僕射、兼中書侍郎。既命兩相，則潛善顯沮張所而罷傳亮。公以去就爭之，遂定進退。雖知墮潛善策中，蓋勢不得不然也。

初，張所既受招撫使之命，建言乞置司北京，候措置就緒，即渡河移司恩、冀，以圖收復。而權北京留守張益謙奏："招撫司搔擾，不當置司北京。"故附潛善、伯彥，相與謀爲此奏，以沮張所而惑上意也。公奏曰："張所畫一乞置司北京，候措置就緒日渡河。今所尚留京師，以招集將佐，故未行。不知益謙何以知其搔擾，而言不當置司。時方艱危，朝廷欲有所經略，益謙小臣，乃敢非理公然沮抑，此必有以使之者。"上乃令降旨招撫司，依畫一置司北京就緒日，疾速渡河。張益謙令分析以聞。尚書省既劄下矣，樞密院復以益謙申狀將上取旨，凡千餘言，痛詆招撫司。後數日，乃關過尚書省，公始見之。乃以樞密院畫旨，並尚書省元降指揮同將上進呈，與伯彥、愨爭於上前。公奏曰："張益謙所奏，尚書省已得旨行下，而樞密院又別取旨痛詆訾之，不過欲與益謙相表裏，以細故而害大計，沮抑張所耳。沮抑張所有何所難，致誤國家之大計，將誰任其責？"伯彥、愨無以對，第云："初不知尚書省已降指揮。"上乃令樞密院改正，依前降指揮施行。

　　既不得逞，即又爲傅亮之事。初，王瓊、傅亮既受命爲經制使副，即具畫一申朝廷，謂："河東州縣，多爲金人所陷沒，至與陝西接連，如河中府解州亦爲所據，與陝府相對，以河爲界。今經制司所得兵纔及萬人，皆烏合之衆，其間多招安盜賊、潰散之兵，未經訓練拊循，難以取勝。乞於陝府置司訓練措置，招募陝西正兵及將家子弟，結連河東山寨豪傑，度州縣可復即復之，可以渡河即乘機進討收復。"有旨從之。纔十餘日，樞密院取旨，令留守宗澤節制，即日過河。亮申："今欲即令過河，無不可者。但河外皆金人界分，本司措置，全未就緒。既過河後，何地可爲家計，何處可以得糧？烏合之衆，使復爲金人之所潰散，何自可以得兵？亮等不足惜，第恐有誤國事。"公將上進呈奏曰："經制司軍旅未集，遽違前議，不恤其措置未辦集，而驅之使渡河，正所以爲賊餌，不見其利也。且亮等受命而行，纔十餘日，豈可便以爲逗遛！不若祇依前降指揮爲便！"潛善、伯彥執議，聖意頗惑，依違不決者數日。公留身，極論其理，具言："潛善、伯彥始極力以沮張所，賴聖鑑察之，不得行其志。又極力以沮傅亮，蓋招撫河北，經制河東，皆臣所建明，而張所、傅亮又臣所薦用，力沮二人，乃所以沮臣，使不安其職。臣每鑑靖康大臣不和之失，凡事未嘗不與潛善、伯彥商議而後行，不期二臣乃誤用心如此，如傅亮事理明白，願陛下虛心以觀之，則情狀自見。"上曰："朕批出，祇令依元降指揮於陝府置司。"至翌日批出，乃云："傅亮兵少，不可渡河，可罷經制司，赴行在。"公留御批將上奏曰："臣昨日論傅亮事，已蒙宣諭'朕批出，依元降指揮'。繼奉御批，乃罷傅亮經制使，不知聖意所謂。"上曰："亮既以兵少不可渡河，不如且已。"公奏曰："臣論傅亮，乞依元降指揮，非謂不使之渡河。緣軍旅未集，驅烏合之衆渡河即成孤軍，必爲金人所潰。此必潛善等以私害公，陰有以熒惑聖聽，欲以沮臣使去耳。聖意必欲罷亮，乞以御批降付潛善施行，臣得乞骸骨歸田里，非敢輕爲去就。更望陛下留神熟思之，使亮不罷，則臣何敢決去？"因再拜榻前，上猶慰諭謂"不須如此"。

公退，聞亮竟罷，乃入表劄求去，上遣御藥宣押赴都堂治事。復入第二表劄，皆批答不允。翌日，遣御藥宣押赴後宮起居，隨宰執奏事訖，公留身。上曰："卿所爭事小，何須便爲去就。"公奏曰："人主之職，在論一相。宰相之職，在薦人材。方今人材以將帥爲急，恐不可謂之小事。倘以爲小，臣以去就爭之，而天意必不可回，臣亦安敢不去乎！"因再拜榻前，復奏曰："臣以愚戇仰荷眷知，初無左右先容之助。龍飛之初，首命爲相，潛善、伯彥自以謂有攀附之功，方虛位以召臣，蓋以切齒。及臣至而議論僢楚，建請料理河北、河東兩路，車駕巡幸宜留中原，皆與之不同，而獨陛下嘉納聽從，固宜爲其媢嫉無所不至。臣獨立群枉之中，獨賴陛下察之，得以盡其區區之愚。如傅亮之事，曉然無可疑者，又不蒙聖察，是臣薦進人材不足用，議論國事不足採，其失職大矣，豈敢復任宰相哉！方朝廷承平無事之時，宰相猶可尸祿，今艱難多故之秋，當惜分陰，臣自度終無以當陛下之委任，而負天下之責望，敢久居此以妨賢路哉！且臣嘗建議車駕巡幸，不可以去中原，潛善等必以此動搖聖意，故力沮張所、傅亮而去臣。臣東南人，豈不願奉陛下順流東下爲安便哉！顧車駕巡幸，實天下人心之所係，中國形勢之所在，一去中原，則後患有不可勝言者。故不敢雷同衆説，以誤大事。願陛下以宗社爲心，以生靈爲意，以二聖未還爲念，留神於此，勿以臣去而其議遂改也。臣仰荷天地之德，雖去左右，豈敢一日忘陛下？不勝犬馬依戀激切之至。"因泣辭而退，遂上第三表劄。客或謂公曰："公決於進退，於義得矣。顧讒者不止，將有禍患不測，奈何！"公曰："大臣以道事君，不可則止，吾知盡事君之道，不可，則全吾進退之節而已，禍患非所恤也。畏禍患而不去，彼獨不能諷言者詆訾而逐之哉！天下自有公議，此不足慮。"翌日，降麻告，廷除觀文殿大學士，提舉杭州洞霄宮，加實邑七百户，食實封三百户，時八月十八日也。

以九月半抵鎮江府，聞辛道宗之兵變於秀州，宿留不行者半月，聞其掠毗陵，焚丹陽，遂以客舟由外江以歸梁溪。而言者又言公遣弟綸與賊通，且傾家資以犒賊，爲緋巾數千頂與之，朝廷不復究問其實。有旨落職，令鄂州居住。附會時宰者，盡形於制詞，讒謗如此，自非上恩保全，有以照見其無他，雖欲處江湖善地，豈復可得？而綸亦且死於非辜矣。公荷上知遇，付以國事，當軸秉鈞纔七十有五日而罷。既罷之後，張所亦以罪去，傅亮辭以母病，不赴行在，而歸陝西，招撫、經制司皆廢，車駕遂東幸，而兩河郡縣皆陷於賊。金人以次年春擾京東西，深入關輔，殘破尤甚，凡募兵、買馬、團結訓練、車戰、水軍之類，一切廢罷。中原盜賊蜂起，跨州連邑，朝廷不能制，率如公之所料也。二年十月，有旨：謫降官不許同在一州，移公澧州居住。會有上書訟公之冤者，復有論列。十一月，責授單州團練使，移萬安軍安置。三年，行次瓊州三日，而德音放還，任便居住。四年，自嶺表訪家鄱陽，未幾挈家還邵武。七月，復銀青光禄大夫。紹興元年三月，提舉杭州洞霄宮。九月，復資政殿大學士。

李綱行狀下

紹興二年二月八日，除觀文殿學士，充荊湖廣南路宣撫使，兼知潭州。公以憂患之餘，哀病日加，不敢祗受，具奏辭免，且致書宰執，力陳所以不敢當之意。四月七日，內侍于蓋傳宣撫問，敦遣令視上道乃還。公迫不得已，祗受告命。密院差任仕安兵三千人，以二十四日假福州貢院開司。五月六日啓行，有旨將孟庚、韓世忠下撥統制辛企宗、郝晸兩軍，及令見在湖南岳飛、韓京、吳錫、吳全等軍聽受節制。初，荊湖自庚戌春爲金人蹂踐，土賊如鍾相、雷進、楊華、鄧裝、李冬至等，各擁數萬之衆，殘破州縣，保據巢穴。東北流移之人，相率渡江，州縣不能制御，孔彥舟據潭州，後爲馬友所逐；李宏據岳州；劉忠寨於江、湖兩界，出没數路；而曹成兵犯郴、衡、永、道以及二廣。湖南安撫使向子諲爲曹成虜置軍中。民不聊生。韓世忠原留統制官董旼招曹成，成雖受招，而焚掠如故。公是時總師由廬陵入本路界，聞曹成將自邵入衡，以趨江西。而董旼所帶親兵纔數百人，勢不足以彈壓，即駐泊衡陽，先遣使臣齎榜約束，令放散驅虜老幼，及嚴戒其徒不得作過。曹成至邵，以公狀申稱放散三萬餘人，尚有四萬；至衡，率頭首百餘赴本司公參。公召與語，且以善言慰撫之，戒以所至不得搔擾，俟出境寧肅，當爲保奏。成感泣聽命，一路遂以無事。曹成既出境，長沙報馬友之黨頭首步諒等，其衆二萬餘人，自筠、袁還，犯本路，焚掠醴陵、攸縣、衡山，屯泊於魚集市，放兵四出，人情震動。公乃留統制官韓京屯茶陵，統領陳照屯安仁，統領湯尚之及將官白德屯衡州，以備賊。公乃親率大軍趨衡山，有獻策者謂：自衡山至魚集市三十餘里，隔湘江及茶陵江，凡兩涉水，不若自白沙濟師，即一涉水。白沙在衡州，來路去衡山三十里，去賊壘亦三十餘里，賊無斥堠，必不虞官軍之來，可以得志。公從其言，乃約衡州備舟檝於白沙岸下，駐衡山之次日，遣統制官任仕安、吳錫、王俊率將佐軍馬，還自白沙，連夜渡江，凌晨叩賊壘，賊衆初不之覺，倉卒出拒，見官軍遍滿山谷，戈甲旗幟鮮明，知勢不敵乃降。盡得其輜重、兵仗、老小等，並釋器甲，押赴本司公參。

先是，賊遣四千餘人出掠，欲犯衡、郴諸郡，爲陳照、湯尚之等所遏。公遣使臣齎榜，諭以步諒等已降，老小盡在本司存恤，宜早自歸。亦令步諒遣人同往招之，出掠之衆悉還聽命，凡得首領、統制、統領官十餘人，將佐五十餘人，使臣五百餘人，其衆萬有九千餘人。應江、湖間驅虜人，並疾病老弱者，並給公據放散；擇强壯精銳得七千餘人，分隸諸將。既揀汰放散訖，即令精强者每五百人爲一部，擺列於湘江灘磧中，公御中軍帳，具軍容，乘高以臨之，諭以“爾等皆朝廷赤子，失業至此，良可矜憫。今既歸降，並令與舊軍相雜團結，祇刺手背。應新軍所得財物輜重，預行約束，並不得毫髮侵動。本司自以三萬緡及所獲牛畜等犒賞”。以故人情安帖，自衡山趨長沙道中無散逸者。其後措置招降，並皆仿此。入長沙，交割潭州職事。時湖南頻年爲盜賊所據，州縣官類多權攝，乘時爲姦。公於視事日，枷項巨猾付獄，得入己贓凡三萬六千緡，具案上之。其餘州縣權攝官，以漸易置，爲民所訴訟者，乃按治之。於是望風引退者甚衆，贓吏稍戢矣。方入境之初，趨見長老，問民所疾苦，皆謂：“所苦者，無甚於盜賊與科須。”公既措置招捕群盜，而科須之弊，一縣至有十萬緡者。公即移檄州縣，盡罷科率，非奉使司指揮，而擅科率者，以軍法從事。應日前科須之奉，並以正賦率折。又荊、湘間民戶輸納稅米，率四石始了納一石，百姓窮困。仍檄漕司行下州縣，除官耗外，不許轉增加升合。以故流移歸業，民皆樂輸。是冬，長沙頗稔，得稅米四十餘萬石，軍需遂以足用。

　　方李宏之殺馬友也，王進、王俊以五千餘人遁去，據七星寨，在湘鄉、安化、寧鄉三縣之間，日肆焚掠，一方爲之騷然。公抵長沙之次日，命郝晸出師，次七星寨。進以衆三千納降，俊以二千餘人犯安化，及破邵州、新化以逼邵陽。公遣吳錫以其麾下由徑路趨邵陽以討王俊。錫率所部倍道兼程，自潭五日而至邵。王俊之衆去邵纔數十里，而錫兵至，適雪作，錫乘其不備，縱兵掩擊，殺千餘人，生擒俊，餘衆悉降。自是湖南境内，潰兵爲盜者悉平，民漸安居。惟江西接境，間有出没，如劉超、張成等，多者數千人，少者亦不下千數。遂檄江西會合夾擊，且招且捕，節次悉降，揀汰放散外，得精壯又數千人。郴州土賊鄧裝、彭鐵大，攸縣土賊王順等，分遣韓京等討殺，以故境内悉平。獨湖北楊么者，鍾相餘黨，以左道惑民，據洞庭重湖之險，北達荊南、公安，西及鼎、澧，東至岳陽，南抵長沙之湘陰、益陽。周環千里，出没作過，有衆數萬。於是旋創戰艦，命統領官李進屯湘陰，馬準屯益陽以備之，吳錫屯橋口，破其數寨。么不敢犯。

　　先是，長沙遭兵火，官府之屬，尺椽無有，市井蕭然。公留衡陽日，先遣官造州宅、便廳、門廡、堂屋之類；既入城，始及甲杖庫、州官廨舍、兩獄、倉庫等，又造營房六千餘間。民稍歸業，易草舍以瓦屋，城市始就緒。帥府制度，日以備具。時有統制官張忠彦者，緣討捕駐軍廣州，脅制州縣供億以萬計，一路爲之震擾，屢欲爲變，撥隸孟庚、韓世忠、岳飛，並不稟命。至是撥隸公麾下，遣使臣召之不報。忠彦意樂爲郡，公因檄令權知岳陽。忠彦果來，即械送所司。取旨諸路帥臣帶宣撫者並罷。公止帶湖南路安撫使。公嘗建議以謂："荊湖之地，綿數千里，南通二廣，北控襄、漢，東接江、淮，自昔號爲上流，諸葛亮謂之用武之國。今朝廷保有東南，制御西北。荊湖諸郡，如鼎、澧、岳、鄂，連荊南一帶，皆當屯宿重兵，倚爲形勢，使西川之號令可通，襄、漢之聲援可接，乃有恢復中原之漸。"蓋公之志氣其素所蓄積也。丐祠得請，乃以節次招降到潰兵盜賊人數，及見管軍馬數目，打造戰船，教習水戰次第，並見在金銀錢物，與江西廣南未支撥到錢米之數，逐一具奏即行。

　　四年四月得旨，令省記編類建炎元年三月以後《時政記》。公乃以昨任宰相日，得聖語及所行政事、賞刑、黜陟之大略，著《建炎時政記》以進。有旨宣付史館。是冬，虜僞入寇，侵犯淮甸，邸報既傳，中外憂憤。公具奏以今日捍禦賊馬事勢，陳爲三策以獻，其大略曰：“今僞齊悉兵南下，其境內必虛，倘命信臣乘此機會擣潁昌，以臨畿甸，電發霆擊，出其不意，則僞齊必大震懼，呼還醜類以自營救。王師追躡，必有可勝之理。非惟牽制南牧之兵，亦有恢復中原之兆，此上策也。朝廷或以茲事體大，則鑾輿駐蹕江上，勢須號召上流之兵順流而下，旌旗金鼓千里相望以助聲勢，則敵人雖衆，豈敢南渡？仍詔大將帥其全師，進屯淮南要害之地，設奇邀擊，絕其糧道，賊必退遁。保全東南，徐議攻討，此中策也。萬一有借親征之名，爲順動之計，委一二大將捍敵於後，則臣恐車駕既遠，號令不行，賊得乘間深入，州縣望風奔潰，其爲吾患有不可勝言者矣，此最下策也。往歲金人南渡，利在侵掠，既得子女玉帛，而時方暑則勢必還師。今僞齊使之渡江而南，必謀割據，將何以爲善後之計哉！故今日爲退避之計則不可，朝廷措置得宜，將士用命，則安知此賊非送死於我？顧一時機會所以應之者如何耳！望降臣章，與二三大臣熟議之。”有旨以公所陳皆今日之急務也，已付三省、樞密院施行，降詔獎諭，有“卿忠貫神明，慮先蓍蔡，料敵於千里之外，制勝於三策之間”之語。公既以三策奏陳，時又報韓世忠統全軍於淮楚間，迎擊賊兵，連獲勝捷。有旨令遣臺臣督劉光世、張俊統兵渡河應援。車駕已發，進臨江上，撫勞諸軍。公又條奏，宜備者有四：曰生兵，曰海道，曰上流，曰四川。至於保據淮南，調和諸將，增置禁衛，廣備糧食，措置戰艦水軍，及措置楊么，凡十事以獻廟堂。

五年春，詔問“凡今攻戰之利，守備之宜，措置之方，綏懷之略，可悉條具來上”。公乃條對以獻，其略曰：“議者或謂，賊馬既退，當遂用兵，爲大舉之計。臣竊以爲不然，今朝廷以東南爲根本，倘不先爲自固之計，將何以能萬全勝敵？又況將士暴露之久，財用調度之煩，民力科取之困，謂宜大爲守備，痛自料理，使之蘇息，乃爲得計。議者又謂，賊馬既退，當且保據一隅，以苟目前之安。臣又以爲不然，宜於防守既固，軍政既修之後，即議攻討，乃爲得計。此二者，守備攻戰之序也。至於守備之宜，則當料理荊、襄以爲藩籬，葺理淮南以爲家計，異時可省經費，爲無窮之利；守備之宜，莫大於是。有守備矣，然後可以議攻戰之利，亦當分責於諸路大帥，謂如淮東之帥，則當責以收復京東東路；淮西之帥，則當責以收復京東西路；荊、襄之帥，則當責以收復京西南北路；川陝之帥，則當責以收復陝西五路。諸路克捷，因利乘便，收京畿，復故都，至於臨事制變，不可預圖，願勿失機會而已。若夫措置之方，則臣願駐蹕建康；綏懷之略，則臣願先爲自強之計。大概近年所操之説有二：閑暇則以和議爲得計，而以治兵爲失策；倉猝則以退避爲愛君，而以進禦爲誤國。衆口和之，牢不可破。今天啓宸衷，親臨大敵，逆臣悍虜數十萬衆，潛師宵遁。則和議之與治兵，退避之與進禦，其效概可睹矣。臣願自今以往，不復爲退避之計可乎？古者敵國善鄰則有和親，仇讎之邦鮮復遣使。今使輶往來，邀我以必不敢爲之事，於吾自治自強之計，動輒相妨。金人二十餘年以此策破契丹、困中國，曾不知其害。臣願自今以往，勿復遣和議之使可乎？二説既定，藩方協力，將士用命，雖強虜不足畏，雖逆臣不足憂，特在陛下方寸間耳。臣昧死條上六事：一曰信任輔弼，二曰公選人才，三曰變革士風，四曰愛惜日力，五曰務盡人事，六曰寅畏天戒。”

反複議論幾萬言，皆切中時病，內變革士風，尤爲著明，其略曰：“夫用兵之際，似與士風初不相及，然士風淳厚，則論議正而是非明，朝廷賞罰功罪當，而人心服。士風澆薄，則議論不正，而是非不明，朝廷賞罰功罪不當，而人心不服。晉之士風，尚虛浮而不事事，當時措置乖謬，盜賊並起，而有五胡亂華之禍。本朝嘉祐治平以前，士風何其淳厚也！自數十年來，非特不事事而已，奔競爭進，議論徇私，邪説利口，足以惑人主之聽。元祐大臣，如司馬光之流，皆持正論，而群枉嫉之，指爲姦黨。士風遞相仿傚，顛倒是非，變亂白黑，政事大壞，以馴致靖康之變，逮今數十年，愛憎之情銷盡。然後朝廷始知元祐群臣之忠，褒贈官秩，錄用子孫，然已何補於事！曷若早變此風，則忠臣無誅謫之冤，國家有治安之實，兩受其利，豈不美哉！臣觀近年士風尤薄，不顧國體，惟欲進身，不核實事，惟欲傷人，大罟則大進，小罟則小遷，瀆訕成風，此非朝廷之福也。陛下得一張浚，付以重權，使禦強敵於關、陝，雖以忠許國，事失機會，不爲無過。言者痛繩醜詆，誣以大惡，豈不太甚歟！浚有浴日之功，足以結陛下之知；有大臣之辯，足以回陛下之聽。故得自洗濯，復侍清光於帷幄之中，然其所傷已多矣。藉使遭謗困讒之臣，無浚之功，又無大臣之辯白，而有下石以擠之者，則何以自雪於君父，冀察其不然哉！夫朝廷設耳目及獻納論思之官，以廣視聽，固許之以風聞。至於大故，亦須核實，使果如其言，則誅責所加，豈宜止從輕典；使言而無實，則誣人之罪，伏讒蒐慝，得以中害善良，皆非所以修政也。臣願陛下降明詔以戒諭士大夫，使體德意，從忠厚，變近年澆薄之風，將見士風淳厚，而中興之業不難致矣。"又曰："陛下視建炎以來，其所措置是耶？非耶？以為是，則何以不見其效？以為非，則安可復蹈其轍？臣前所陳，皆改轍之道，非循舊迹所能為也。擇善而從，斟酌而行，則在陛下，所謂善後之策，何以加之！"

閏二月，復觀文殿大學士，再任提舉西京嵩山崇福宮。七月十七日，蒙降親筆手詔，以公條具賊退事宜已施行外，特賜褒諭，有"卿首陳三策，適投卻敵之機；繼上六條，大闡經邦之略。意拳拳而曲折，言凜凜而高明。有發予衷，如對卿語，此乃卿精忠許國，義節表時，雖在燕閑之中，不忘開濟之事"之語。十月十六日，除江南西路安撫制置大使，兼知洪州。公兩具辭免，復賜親筆，勉公使行。公辭尤力，亦不允。且得旨許赴行在奏事畢之官。

六年二月三日，准告兼營田大使。二十四日，到國門。翌日，內殿引對，上慰勞再四，以己見利害並本路職事，再對於內殿。三月一日，朝辭，得旨引見上殿。三對之間，所進呈劄子凡十有六，而論中興、及金人失信、襄陽形勝、與夫和戰、朋黨五事，皆利害之大者，其詳具奏疏。有旨令申世景一軍前去洪州駐紮，聽江西安撫制置大使司節制使喚。先是，公以靖康間道君、淵聖所賜御書刻石，因呂祉以示張浚，浚以上聞。至是因蒙宣諭，欲見道君御書真迹，具奏以進外，又以劄子繳進靖康間《奉迎錄》曰："臣靖康初任知樞密院事，被淵聖皇帝旨，奉迎道君太上皇帝於南京，蒙道君賜對，聽納其說，罷幸亳社西洛，旋歸京師。二聖重歡，四海胥慶。道君察臣之忠，賜以御筆，禮數優異。淵聖察臣之忠，賜以親筆，褒諭再三。而靖康之末，臣既去位，群枉當國，與臣為仇，顛倒是非，變亂黑白。孫覿因召試中書舍人，作《戒勵詔》，顯詆臣為指天畫地，睥睨兩宮。唐恪因令榜於朝堂，士大夫信以爲然，罕有知其實者。銜冤抱憤，順受黯暗，不敢自明。伏遇皇帝陛下盛德日躋，大明旁燭，凡臣子之忠於所事，而爲回邪之所誣蔽，有迹可考者悉蒙昭雪，君人之道，孰先於此。臣近嘗以二聖所賜御筆，刻之琬琰，蓋欲侈大其賜，因自辯白，以裝成碑本，託給事中臣祉以示右僕射臣浚，遂獲上聞。伏蒙宣諭，欲見道君御筆真迹，臣已恭依聖訓，具奏繳納外，有臣靖康間編修到《奉迎録》並臣進呈劄子二首，徐處仁等表一道，道君御製青詞一首，淵聖御筆宣諭一首，繕寫合成一軸，謹具劄子繳進，仰塵天聽，伏望聖慈特加睿察。"三月六日得旨送史館。

是時朝廷銳意大舉，既遣相臣張浚視師川、陝、荆、襄，又降制命，以韓世忠、岳飛爲京東西路宣撫使。上嘗面諭公以十數年來，訓練士卒，今方可用。公既陛辭以行，因極論所以進兵者，具劄子以奏，大略謂："今日主兵者之失，大略有四：兵貴精不貴多；多而不精，反以爲累；陣貴分合，合而不能分，分而不能合，皆非善置陣者。是四者今日諸將之失。願陛下明詔之，使知古人用兵之深意，非小補也。朝廷近來措置恢復，有未盡善者五；有宜預備者三；有當善後者二。何謂有未盡善者五？善制國用者，有生財之道，有節用之法，有救弊之説，有核實之政，有懋遷之術，有闔辟之權，審此六者，則雖養兵之多，何患乎財用之不足？而朝廷初不留意於此，惟務降官告，給度牒，賣户帖，理積欠，折帛、博糴、預借、和買，名雖不同，其取於民一也，此未盡善者一也；議者謂當因糧於敵，臣以爲敵人聚糧，或有敗北，焚蕩而去，必不使爲我有，若欲取於偽地之民，則官軍抄掠甚於寇盜，有違吊伐之義，失民望而堅從賊之心，非計之得，此未盡善者二也；金人專以鐵騎勝中國，而吾平時不務爲可以制鐵騎之術，此未盡善者三也；今朝廷與諸路之兵，悉付諸將，外重内輕，緩急何以使之捍患而卻敵哉！此未盡善者四也；臣於陛辭日，竊聞麻制，以韓世忠、岳飛爲京東京西路宣撫使，聖意可謂斷矣，然兵家之事行詭道，今吾軍初未嘗有其實，而遽以先聲臨之，其可乎？此未盡善者五也。

何謂宜預備者三？中軍既行，宿衛單弱，肘腋之變，不可不虞，此行在不可不預備者一也；江東東西、荆湖南北，兵將盡行，屯戍鮮少，敵人或有乘間擣虛之謀，則將何以待之？此上流不可不預備者二也；海道去京東不

遠，乘風而來，一日千里，蘇、秀、明、越全無水軍，則下流不可不預備者
三也。何謂當善後者二？使王師克捷，能復京東西地，則當屯以何兵，守以
何將？金人來援，當何以待之？兩路之民懷戴宋之心堅甚，萬有一得其地而
不能守，得其民而不能保，兩路生靈虛就屠戮，而使兩河之民絕望於本朝，
則恢復之功難爲力矣，勝猶如此，則所以圖爲善敗之計者宜何如哉！此當善
後者二也。”

二十三日，至撫州金谿界，交割本路安撫制置大使職事。是時，朝廷以
本路旱災，饑民闕食，御筆詔書令帥守監司多方勸誘積米之家，以其食用之
餘，盡數出糶，濟此流殍數月之苦。公即條具畫一措置事件具奏，又延見父
老，詢問疾苦，乞將災傷路分第三等以下人戶四年積欠特與蠲免。又奏乞
旋賜本錢十萬貫，以爲營田之本。有旨並依洪州月支官兵米五十餘碩、料錢
六千餘貫，諸縣及泛支在外。而見在米止四碩餘，錢祇五百餘貫。公具奏急
闕。得旨令都轉運司應副一月。朝廷以財用闕乏，建議欲推行交子之法。公
因致書時宰，以謂交子之法，初若可行，其後官司皆受其弊，而卒至不可
行。朝廷遂改爲關子。先是，降詔以六月乙巳地震求直言，公應奏陳八事。
時虔、吉盜賊爲患數路，有旨令公與連南夫、張致遠相度申奏樞察院。公以
爲虔寇巢穴多在江西、福建、廣東三路界首，置立寨柵，爲三窟之計，一處
有兵，則散往他處，官軍既退，則又復團聚。遣發軍馬，不能窮討，正以節
制不一之故。若節制歸一，使其不能散逸，且捕且招，威令既行，則窮寇別
無他策，必須自歸。然後結以恩信，使之改過自新，將賊首及徒黨桀黠之人
盡赴軍前使用，以除後患，此最策之上者。乞於江西路置都統制一員，節制
三路軍馬，以招捕虔賊。至於盜賊衰息之後，又須縣令得人，勞心撫字，使
作過桀黠之人既去，良民得以復業，安於田畝，乃可以化盜區復爲樂土。然
虔之諸縣，多是煙瘴之地，盜賊出沒不常，朝廷初無賞格，士大夫之有材者
多不願就，又難強之使行，欲望朝廷優立賞格，將來辟置知縣，到任半年，
盜賊消除，良民復業，選人特與改官，京朝官與轉一官，候任滿日各再轉一
官。其賊平定之後，量與蠲免租稅，以前欠負並免催科，庶幾官吏盡心，民
庶安業，復有承平之象。得旨並依。

初，洪州城池遭金人殘破之後，城壁摧毀，壕塹堙塞，兼地步闊遠，緩

急難以防守。嘗有旨，令逐路帥司督責州郡，點檢城壁，若城大難以因舊，即隨宜減蹙。公恭依指揮，相度裁減畫圖帖說，繳申尚書省，並乞修城。用度既省，處畫有序，不擾而辦，城高池深，民有所賴。是年，王師與虜僞相持於淮、泗幾半年。公具奏以謂：「自古用兵，相持既久，則非出奇不足以取勝。願速遣得力兵將，自淮南前來蘄、黃間，約岳飛兵以爲犄角以夾擊之，大功可成。」既而王師屢捷，劉光世、張俊、楊沂中大破僞齊賊馬於淮、泗之上，斬馘擒捕甚衆，殘黨遁歸淮北。公又奏陳利害，大略以謂：「切見間探所報，僞齊乞兵於虜人，頭項頗多，未聞有渡淮而南者。其侵犯淮、泗及光山、六安等處作過，祇有李成、孔彥舟叛將簽軍，深慮賊情狡猾，匿重兵於後，而以簽軍來嘗我師。若一勝之後，兵驕將惰，爲患有不可勝言者。伏望降詔諸將，益務淬礪，以待大敵，仍命朝廷按圖以視諸路，某路固實，當設疑以款賊兵；某路空虛，當增兵以禦侵掠。使江、淮之間，表裏相資，首尾相應。」有旨：以公奏陳防秋利害，切中事機，降詔獎諭。公再陳己見劄子，願降哀痛之詔，憫將士罹兵革之苦，凡死於戰陳，先加封爵，厚給賵贈，收恤其家，死者襃則生者勸矣。然後明詔統帥，審定功狀，俟防冬解嚴，慶賜兼行，其誰曰不然？

七年正月，以公賑濟饑民，招還流亡，降詔獎諭。會左司諫陳公輔以靖康間士庶伏闕，爲人誣其鼓唱，至今猶未辯白，以此求去，具奏乞宮觀謂：「臣當時遭謗尤甚，雖嘗蒙淵聖皇帝特降詔書宣示四方，而仇怨至今以之藉口。臣以積年往事，不敢復自辨明，至使諫臣援以求去。在臣愚分，其何敢安！」降詔不允，訓辭有云：「且伏闕之往事，皆不根之浮辭。排邪議以用卿，斷由朕志；守乃心而自信，無恤人言。」及車駕將幸建康，公具劄子，乞益修戰守之具，沿淮、漢修築城壘。二月，報徽宗皇帝升遐，寧德皇后上仙。公既奉慰表，又具劄子，乞推廣孝思，益修軍政。二十七日，車駕進發，巡幸建康。三月，公遣本司幹辦公事韓岊奉表起居，又具劄子論建中興之功，大概曰：「願陛下益廣聖志，擴而充之，與神爲謀，日新其德，勿以去冬驟勝而自怠，勿以目前粗定而自安。凡可以致中興之治者無不爲，凡可以害中興之功者無不去。有所規畫措置，必以天下爲度，必以施於長久可傳於後世爲法，則中興不難致矣。夫中興之於用兵，止是一事，要以修政事，信賞罰，明是非，別邪正，招徠人材，鼓作士氣，愛惜民力，順導衆心爲先。數者既備，則士奮於朝，農安於野，穀粟充盈，財用不匱，將帥輯睦，士卒樂戰，用兵其有不勝者哉！”繼進《論舉直言極諫之士》《乞不必遠召將帥》二劄子。

四月十六日，有旨以公“典藩逾年，民安盜息，寬朕憂顧，宜有褒嘉，可特轉左金紫光禄大夫”。六月，上遣中使傳宣撫問，賜夏藥兼銀合茶藥。先是，虔寇以守臣失於撫循，致已受招安人蜂起爲盜，雖官軍屢捷，賊黨甚衆。公致書宰相，以張嶤材術正可任此，所以薦之者甚力。其後朝廷果命嶤自鼎移守虔州，招安說諭，並令放散徒黨赴州公參，與免罪犯。八月，諸路大旱，江、湖、淮、浙被害甚廣。公具劄子，乞益修政事，以救今日之弊，大略以謂：“前年江、湖、閩、浙，嘗苦大旱，殍路相望。陛下軫慮之深，親灑宸翰，勸誘賑濟，其所存活，不知其幾千萬人。至誠動天，報以休應，曰雨而雨，曰暘而暘，歲大豐穰，民以安樂。自經一稔之後，上下恬嬉，不復勤恤民隱，朝廷百色誅求，上供不以實數，而以虛額。和糴不以本錢，而以關子。絲蠶未生，已督供輸；禾穀未秀，已催裝發。州縣困於征輸，文移急於星火。官吏愁歎，閭里怨咨，感動天心，旱災復作。然則陛下欲消弭災異，導迎吉祥，不必他求，但如前日之用心，自然感召和氣，休應立臻，繼旱暵復爲豐年矣。夫今日之患，欲民力寬，則軍食闕矣；欲軍儲裕，則民財匱矣。二者如鐵炭之低昂，此首重，則彼尾輕，非有術以權之，使斂不及民，而軍食足，不可得而均也。惟陛下留神邦本，天下幸甚。”

及探報酈瓊叛逆，擁淮西全軍、並都督行府、廬州官吏兵民等，盡歸僞齊。公具奏指陳朝廷措置失當者五，深可痛惜者五，及鑑前失以圖將來者五，凡十有五事。且言：“天地之變，不足爲災；人不盡言，國之大患。侍從者，獻納論思之官也；臺諫者，耳目心腹之寄也。今侍從、臺諫以言爲職，類皆毛舉細故以塞責，所論不過簿書、資格，守倅、令丞除授之失當。至於國家大計，係社稷之安危，生靈之休戚者，初未嘗聞有一言及之。陛下試察如淮西之變，侍從、臺諫之臣，亦有見危納忠，爲陛下言之者乎？大臣懷禄而不敢諫，小臣畏罪而不敢言，此最今日之可憂者。仍具奏以論列淮西叛將事宜，其言指陳朝廷措置失當。但欲納忠於國，情迫言切，必有抵忤，難以復當帥守之寄。乞降旨黜責，或除一外任宮觀。”

九月，又具奏乞外祠，且以到任以來，賑濟饑民，招填軍額，建置營房，修築城池，繕治器甲，增修官府，創蓋倉庫，催發錢糧，招捕盜賊，並逐一躬親措置，處畫事件，釐爲六狀繳奏。有旨：以公奏陳淮西事宜，切中事機，降詔獎諭。時張浚既罷相，外議皆謂車駕將幸平江，公以謂平江去建康不遠，徒有退避之名。而言者引漢武誅王恢事以爲比非是，乃復奏陳利害，大略曰：“臣切見張浚罷相，言者引漢武誅王恢事以爲比，臣恐智謀之士卷舌而不談兵，忠義之士扼腕而無所發憤，將士解體而不用命，州郡望風而無堅城。陛下將誰與立國哉！伏望陛下堅聖心而勿動，修軍政以自強，無爲趣時獻言者之所搖動。古語曰：‘臨大難而不懼，聖人之勇也。’夫張浚措置失當，誠有罪矣。然其區區徇國之心有可矜者，願少寬假以責來效。”

又具奏乞宮祠。十月，被詔書不允，准告以明堂赦恩，加食邑五百户，食實封三百户。時建康移蹕之謀既審，公具奏陳車駕不宜輕動利害，大略曰：“臣聞自昔用兵以成大業者，必先固人心，作士氣，據地利而不肯先退，盡人事而不肯先屈。是以楚、漢相距於滎陽、成皋間，高祖雖屢敗，不退寸尺之地；既割鴻溝，羽引而東，遂有垓下之亡。曹操、袁紹戰於官渡，操雖兵弱糧乏，苟或止其退師，既焚紹輜重，紹引而歸，遂喪河北。由是觀之，今日之事，豈可因一叛將之故，望風怯敵，遽自屈退。果出此謀，六飛回馭之後，人情動搖，莫有固志。士氣銷縮，莫有鬬心。我退彼進，使賊馬南渡，得一邑則守一邑，得一州則守一州，得一路則守一路；亂臣賊子，黠吏姦氓，從而附之，虎踞鴟張；雖欲如前日返駕還轅，復立朝廷於荊棘瓦礫之中，不可得也。借使虜騎衝突，不得已權宜避之，猶爲有説。今幸疆場未有警急之報，兵將無不利之失，朝廷止可懲往事，修軍政，審號令，明賞刑，益務固守。而遽爲此擾擾，棄前功，蹈後患，以自趨於禍敗，豈不重可惜哉！臣故曰：車駕不宜輕動，静以鎮之者也。”又具防冬畫一事件奏請，方欲俟報措置間，而以論列淮西，言及臺諫，遂犯臺諫之怒，竟以言者之故，檢會累乞宮觀奏章，提舉臨安府洞霄宮，時未有代者，懲靖康之故，具以本司積蓄財穀之數申奏，既而除端明殿學士，李光爲代。公貽書具言所以措置之意。

八年正月，還次長樂。是冬，以王倫使事具劄子奏陳，大略曰："臣竊見朝廷遣王倫使金國，奉迎梓宮，往返屢矣。今倫之歸，與虜使偕，乃以江南詔諭爲名，不著國號，而曰江南；不曰通問，而曰詔諭；此何禮也！臣請試爲陛下言之。金人毀宗社，逼二聖，而陛下應天順人，光復舊業，自我視彼，則仇讎也；自彼視我，則腹心之疾也。豈復有可和之理。然而朝廷遣使通問，冠蓋相望於道，卑詞厚幣，無所愛惜者，正以二聖在其域中，爲親屈己，不得已而然，猶有説也。至去年春，兩宮凶問既至，遣使以迎梓宮，亟往遄返，初不得其要約。今倫使事，初以奉迎梓宮爲指，而虜使之來，乃以江南詔諭爲名，循名責實，已自乖戾。則其所以罔朝廷而生後患者，不待詰而可知。臣在遠方，不足以知其曲折，然以愚意料之，虜以此名遣使，其邀求大略有五：必降詔書，欲陛下屈體降禮以聽受，一也；必有赦文，欲朝廷宣布，頒示郡縣，二也；必立約束，欲陛下奉藩稱臣，稟其號令，三也；必求歲賂，廣其數目，使我坐困，四也；必求割地，以江爲界，淮南、荊、襄、四川盡欲得之，五也。此五者，朝廷從其一，則大事去矣。金人變詐不測，貪婪無厭，縱使聽其詔令，奉藩稱臣，其志猶未已也。必繼有號召，或使親迎梓宮，或使單車入覲，或使移易將相，或改革政事，或竭取賦稅，或朘削土宇，從之則無有紀極，一不從則前功盡廢，反爲兵端。以謂權時之宜，聽其邀求，可以無後悔者，非愚則誣也。使國家之勢單弱，果不足以自振，不得已而爲此，固亦無可奈何。今土宇之廣，猶半天下，臣民之心戴宋不忘，與有識者謀之，尚足以有爲，豈可忘祖宗之大業、生靈之屬望，弗慮弗圖，遽自屈服，祈哀乞憐，冀延旦暮之命哉！臣願陛下特留聖意，且勿輕許，深詔群臣講明利害，可以久長之策，擇其善者而從之。"疏奏雖與衆論不合，上不以爲忤，嘗降玉音謂宰執曰："大臣當如此矣！"

九年二月，除知潭州，荊湖南路安撫大使。公累具辭免，悉降詔不允。又具奏力辭曰："臣迂疏無周身之術，動致煩言。今者罷自江西，爲日未久。又蒙渙洗，畀以帥權。昔漢文帝聞季布賢，召之，既而罷歸。布曰：'陛下以一人譽召臣，一人毀去臣。臣恐天下有識者，有以窺陛下也。顧臣區區進退，如雙鳧隻雁之去來，何足少多。然數年之間，亟奮亟躓，上累陛下知人任使之明，實有繫於國體。'"有旨，以公累具奏陳，可依所請，依舊提舉臨安府洞霄宮。仍降詔，示不欲重違之意。

十年正月十一日，中使徐珣傳宣撫問。初，公之叔弟經，博學多識，公所以期之者甚遠，不幸早世，公悼恨不能自已。適上元日具家饌致祭，公撫几號慟，不勝手足之痛，倉卒感疾，是日薨於叔弟之居。除特進致仕，特贈少師，官其親族十人，命公之仲弟維自浙東提點刑獄移閩部，以營葬事。公命相日，合得支賜銀絹，方時艱難，國用正闕，力辭不受。至是給還，及依條給賜賻贈，以爲葬事之費。三省、樞密院遣官致祭，所以存恤者甚厚。是年十二月十四日，葬於福州懷安縣桐口大家山之原。十三年，以長子儀之升朝，遇郊祀恩，贈太保。十六年，再贈太傅。

公娶鄱陽張氏，故直龍圖閣、贈左金紫光禄大夫根之女，故資政殿大學士、會稽郡公黃公履之外孫，累封越國夫人，以長子進封魯國太夫人，後公十二年薨。子男八人，長曰儀之，奉議郎，主管南外敦宗院，後公九年卒；次曰宗之，右宣教郎，主管台州崇道觀，後公十一年卒；次曰集之，右通直郎，新差充福建路提點刑獄司幹辦公事；次曰潤之，早卒；次曰望之，早卒；次曰茂之，後公一百餘日卒；次曰秀之，右宣義郎，新差充福建路轉運司幹辦公事；次曰申之。女七人，長早卒；次適右宣教郎、前福建路轉運司主管文字黃訒；次曰住，早卒；次曰惠，早卒；次適右從政郎、福建路安撫司准備差遣張坦；次適進士范端贄；次許嫁右承務郎、監潭州南嶽廟常袗。孫男九人，長曰震，右承務郎、監潭州南嶽廟；次曰泰，右承務郎，後公十年卒；次曰升，右承務郎；次曰晉，右承務郎；次曰蒙；次曰同；次曰謙；次曰需；次曰頤。孫女六人，長適進士鄒煜，早卒；次適右宣義郎、通判溫州軍州事呂虛己；次適進士張蒙；次適右迪功郎、新德安府司戶參軍余永弼；次許嫁將仕郎傅伯高；餘尚幼。

公資父事君，移孝爲忠，一心不忘所以爲天下國家者，誠意所至，是非利害，焕然明白，直道而行，無毫髮自爲心，所爲所言，合於往古，驗於方來，天下之人，信之如蓍龜，仰之如太山、北斗，名動夷貊，況於華夏。受知三朝，以身之用捨，爲社稷生民安危，其所論列，無非天下大計，勤勤懇懇，古人所謂慟哭流涕長太息者，其事未足道也。自爲御史，一對而罷，既爲識者之所推與，至以左史論暴水，遠謫閩嶠，故老前輩，莫不爲之咨嗟歎服，固以任天下之重期之。去國七年，賜環未幾，虜騎果至，宛若疇昔巨浸之環都城，爰從庶僚，建大策，畫長算，外捍點虜，内釋群疑，雖小人共朝，所以摧沮敗壞者無所不至。然而卒全都城，安宗社，使點虜引而北歸，惟淵聖能用公於倉卒之際故也。道直則身危，功高則謗多，群姦方以公去位爲得計，而國家之事，有不可勝諱者矣。嗚呼！此天耶？其人耶？

聖主嗣興，公膺爰立之拜，制書遠布，歡喜一辭，公所以爲上處畫者，規模宏遠矣！同列害成，少日竟罷，讒言巧詆，人爲寒心。惟聖主察其精忠，每躓輒起，忠言嘉謨，遇事憤發，中心精微，罔不展盡，感激深切，不復顧身，其挺挺之節如此，然且時被褒嘉之寵命，非公莫之能言，非聖主莫之能用也。與公深交，間有見其奏議者，必且爲之涕下沾襟。閑居無事，一話一言，未嘗不在國家也。迨將薨謝，爲綸論天下事，且以比者奏疏爲言，悵然久之，言猶在耳。起奠叔兄，一慟而絕，嗚呼！痛心之極，豈特爲吾家也哉！昔韓魏公稱司馬温公大忠大義，充塞天地，橫絕古今，但當與有志之士，同有執鞭之願。使魏公尚在，睹公之所爲所守，則其所稱道將如何耶！公於諸弟友愛既篤，相知尤深，嘗有國士之稱。然而，未始效世俗相推挽也。

紹興七年，郊祀恩當奏子，公之子未官者三人，乃以仲兄之子琳之名聞。至叔兄不幸，悼其無子，欲以茂之爲之嗣，事有齟齬，抱恨邅終。嗚呼痛哉！可以興百世之下矣。而綸之不肖無狀，蒙公之所以愛憐者蓋蔑以加。未薨半月，抱送幼子，殆預識去期，聞者驚歎。方先衛公無恙時，每欲於邵武置義莊，以賙宗族，有志未就。公晚年乃決意成之，遠邇歡欣，非獨被惠者懷感也。公平生交遊皆一時名士，其所薦進，不可勝言，故有聞其名稱，初未識面，而既蒙引拔者矣。然而與其進，不保其往，既而以怨報德，負公蓋多，而公未始以此怠於待士也。陳少陽平生未始識面，其慕公之誠，至爲公死，而公每以謂“幽冥之間，痛此良友”。若少陽與公，真不愧古人矣。若乃放意山林，昆弟朋友把酒賦詩，談笑酬唱，動盈卷軸；每有奏議，下筆數千言，俄頃而就。蓋公平日以愛君憂國爲心，籌畫計策，胸中素定，故遇事成章，如是之易也。晚於《易》尤有所得，著《易傳内篇》十卷，《外篇》十二卷，其言微妙，有深長之味，頗取卦變互體爲説，動有所稽，異於今世君子之所辨釋。又著《論語詳説》十卷，所以發明聖賢之意甚備。而文章、歌詩、奏議凡百有餘卷。其在政府帥閫，紀一時之事，則有《靖康傳信録》《奉迎録》《建炎時政記》《建炎進退志》《建炎制詔表劄集》《宣撫荊廣記》《制置江右録》。

惟公勳在王室，德在生民，至忠大節，孝誠友愛，罔不具備。雖身或不用，用或不久，其光明傑出，故已如此。而薨謝有年，未克銘諸幽宮，是敢輒狀公之行事，有求於大君子。惟其文辭鄙拙，無敍次之能，不足以發揚公之盛德，不勝愧懼，謹狀。

紹興二十六年六月　日，弟右奉議郎、通判洪州軍州主管學事、賜緋魚袋綸狀。

《宋丞相隴西郡開國公、贈太師、謚忠定李公行狀》終。公以紹興二十八年戊寅歲，第三子集之遇郊祀恩，贈太師。淳熙十六年己酉歲，第五子申之有請於上，蒙恩賜謚忠定。

魯國太夫人張氏，後以第四子秀之遇郊祀恩，贈秦國夫人。

引 用 文 獻

北京大學古文獻研究所編《全宋詩》，北京大學出版社 1991—1998 年版。

北京圖書館金石組編《中國歷代石刻拓本彙編》，中州古籍出版社 1989 年版。

蔡懋昭《隆慶趙州志》，《天一閣藏明代方志選刊》，上海古籍書店 1962 年版。

陳邦瞻《宋史紀事本末》，中華書局 1977 年版。

陳策《正德饒州府志》，《天一閣藏明代方志選刊續編》，上海書店 1990 年版。

陳定榮《李綱書丹的宋張由墓誌銘》，《文物》1986 年第 1 期。

陳東《少陽集》，景印文淵閣《四庫全書》，臺灣商務印書館 1986 年版。

陳嘉榆等修，王闓運等纂《光緒湘潭縣志》，《中國地方志集成》，江蘇古籍出版社 2002 年版。

陳均《九朝編年備要》，景印文淵閣《四庫全書》，臺灣商務印書館 1986 年版。

陳夢雷等編纂，蔣廷錫重校《古今圖書集成·方輿彙編·職方典》，縮小影印康有爲所藏銅活字原印本，中華書局 1934 年版。

陳能修，鄭慶雲、辛紹佐纂《嘉靖延平府志》，《天一閣藏明代方志選刊》，上海古籍書店 1961 年版。

陳舜俞《廬山記》，景印文淵閣《四庫全書》，臺灣商務印書館 1986 年版。

陳思編，陳世隆補《兩宋名賢小集》，景印文淵閣《四庫全書》，臺灣商務印書館 1986 年版。

陳文新《中國文學編年史·宋遼金卷》，湖南人民出版社 2006 年版。

陳宣子編，吳洪澤校點《陳了翁年譜》，吳洪澤、尹波主編《宋人年譜叢刊》，四川大學出版社 2002 年版。

陳淵《默堂集》，景印文淵閣《四庫全書》，臺灣商務印書館 1986 年版。

陳垣《二十史朔閏表》，中華書局 1962 年版。

程俱《北山小集》，影印清抄本，《宋集珍本叢刊》，綫裝書局 2004 年版。

戴熺等修，蔡光前等纂《萬曆瓊州府志》，《日本藏中國罕見地方志叢刊》，書目文獻出版社 1990 年版。

戴肇辰、蘇佩訓修，史澄、李光廷纂《光緒廣州府志》，《中國地方志集成》，上海書店出版社 2003 年版。

鄧肅《栟櫚先生文集》，影印明正德十四年（1519）刻本，《宋集珍本叢刊》，綫裝書局 2004 年版。

鄧肅《栟櫚先生文集》，影印明萬曆鄧崇純刻本，《宋集珍本叢刊》，綫裝書局 2004 年版。

董天工《武夷山志》，《中國方志叢書》，成文出版社 1974 年版。

范成大《吳郡志》，《宋元方志叢刊》，中華書局 1990 年版。

方星移《宋四家詞人年譜》，黑龍江人民出版社 2008 年版。

馮繼科《嘉靖建陽縣志》，《天一閣藏明代方志選刊》，上海古籍書店 1962 年版。

馮曾修，李汛纂《嘉靖九江府志》，《天一閣藏明代方志選刊》，上海古籍書店 1962 年版。

高佐廷修，傅燮鼎纂《同治崇陽縣志》，《中國地方志集成》，江蘇古籍出版社 2001 年版。

龔嘉儁修，李榕纂《杭州府志》，《中國方志叢書》，成文出版社 1974 年版。

龔明之撰，孫菊園校點《中吳紀聞》，上海古籍出版社編《宋元筆記小說大觀》，上海古籍出版社 2012 年版。

顧炎武撰，黃珅等校點《天下郡國利病書》，上海古籍出版社 2012 年版。

顧祖禹撰，賀次君、施和金點校《讀史方輿紀要》，中華書局 2005 年版。

韓駒《陵陽集》，景印文淵閣《四庫全書》，臺灣商務印書館 1986 年版。

郝玉麟等修，魯曾煜等纂《廣東通志》，景印文淵閣《四庫全書》，臺灣商務印書館 1986 年版。

郝玉麟等修，謝道承等纂《福建通志》，景印文淵閣《四庫全書》，臺灣商務印書館 1986 年版。

何聖庠、傅喚民《李綱的鄉里、出生地考》，《福建論壇》1986 年第 2 期。

何玉棻修，魏式曾纂《同治直隸澧州志》，《中國地方志集成》，江蘇古籍出版社 2002 年版。

胡寅《斐然集》，景印文淵閣《四庫全書》，臺灣商務印書館 1986 年版。

胡仔纂集，廖德明校點《苕溪漁隱叢話》，郭紹虞主編《中國古典文學理論批評專著選輯》，人民文學出版社 1984 年版。

胡宗憲修，薛應旂等纂《嘉靖浙江通志》，《天一閣藏明代方志選刊續編》，上海書店 1990 年版。

黃去疾編，刁忠民校點《龜山先生文靖楊公年譜》，吳洪澤、尹波主編《宋人年譜叢刊》，四川大學出版社 2002 年版。

黃㽦、齊碩修，陳耆卿纂《嘉定赤城志》，《宋元方志叢刊》，中華書局 1990 年版。

黃以周等輯注，顧吉辰點校《續資治通鑑長編拾補》，中華書局 2004 年版。

黃宅中輯，王景賢、謝宗本編《李忠定公年譜》，影印清道光十五年（1835）黃宅中刻本，《無錫文庫》，鳳凰出版社 2012 年版。

簡錦松《歷代中西對照節氣儒略每日曆表》，財團法人古典詩學文教基金會網站。

金鉷等《廣西通志》，景印文淵閣《四庫全書》，臺灣商務印書館 1986 年版。

金文凱《鄧肅與李綱的翰墨交遊述略》，《龍巖學院學報》2011 年第 1 期。

覺羅石麟等《山西通志》，景印文淵閣《四庫全書》，臺灣商務印書館 1986 年版。

康河修，董天錫纂《嘉靖贛州府志》，《天一閣藏明代方志選刊》，上海古籍書店 1962 年版。

雷學海修，陳昌齊等纂《嘉慶雷州府志》，《中國地方志集成》，上海書店出版社 2003 年版。

黎靖德編，王星賢點校《朱子語類》，中華書局 1986 年版。

李白著，王琦注《李太白全集》，中華書局 1977 年版。

李綱《梁溪集》，景印文淵閣《四庫全書》，臺灣商務印書館 1986 年版。

李綱著，王瑞明點校《李綱全集》，岳麓書社 2004 年版。

李光《莊簡集》，景印文淵閣《四庫全書》，臺灣商務印書館 1986 年版。

李吉甫撰，賀次君點校《元和郡縣圖志》，中華書局 1983 年版。

李濂《汴京遺迹志》，景印文淵閣《四庫全書》，臺灣商務印書館 1986 年版。

李綸《李綱行狀》，李綱著，王瑞明點校《李綱全集》附錄二，岳麓書社 2004 年版。

李綸編，彭邦明校點《梁溪先生年譜》，吳洪澤、尹波主編《宋人年譜叢刊》，四川大學出版社 2002 年版。

李彌遜《筠溪集》，景印文淵閣《四庫全書》，臺灣商務印書館 1986 年版。

李清馥撰，徐公喜等點校《閩中理學淵源考》，鳳凰出版社 2011 年版。

李世椿修，鄭獻甫纂《象州志》，《中國方志叢書》，成文出版社 1968 年版。

李燾撰，上海師範大學古籍整理研究所，華東師範大學古籍整理研究所點校《續資治通鑑長編》，中華書局 1992 年版。

李賢等《明一統志》，景印文淵閣《四庫全書》，臺灣商務印書館 1986 年版。

李心傳編撰，胡坤點校《建炎以來繫年要錄》，中華書局 2013 年版。

李心傳撰，徐規點校《建炎以來朝野雜記》，中華書局 2000 年版。

李欣、王兆鵬《程俱年譜（上）》，《中國韻文學刊》2006 年第 2 期。

李欣、王兆鵬《程俱年譜（下）》，《中國韻文學刊》2006 年第 3 期。

李永錫、程廷栻修，徐觀海等纂《乾隆將樂縣志》，《中國地方志集成》，上海書店出版社 2000 年版。

李兆洛編，張尚英校點《道鄉先生年譜》，吳洪澤、尹波主編《宋人年譜叢刊》，四川大學出版社 2002 年版。

梁伯蔭修，羅克涵纂《民國沙縣志》，《中國地方志集成》，上海書店出版社 2000 年版。

梁克家《淳熙三山志》，《宋元方志叢刊》，中華書局 1990 年版。

梁克家《淳熙三山志》，景印文淵閣《四庫全書》，臺灣商務印書館 1986 年版。

凌迪知《萬姓統譜》，景印文淵閣《四庫全書》，臺灣商務印書館 1986 年版。

劉昒纂修，趙良生續纂修《康熙武平縣志》，《中國地方志集成》，上海書店出版社 2000 年版。

劉琳等校點《宋會要輯稿》，上海古籍出版社 2014 年版。

劉時舉撰，王瑞來點校《續宋中興編年資治通鑑》，中華書局 2014 年版。

劉溎年、張聯桂修，鄧掄斌、陳新銓纂《光緒惠州府志》，《中國地方志集成》，上海書店出版社 2003 年版。

劉一止《苕溪集》，景印文淵閣《四庫全書》，臺灣商務印書館 1986 年版。

劉子翬《屏山集》，景印文淵閣《四庫全書》，臺灣商務印書館 1986 年版。

陸心源輯撰《宋史翼》，影印清光緒三十二年（1906）初刊朱印本，中華書局 1991 年版。

陸增祥《八瓊室金石補正》，文物出版社 1985 年版。

呂本中《東萊詩集》，景印文淵閣《四庫全書》，臺灣商務印書館 1986 年版。

呂本中《師友雜志》，上海師範大學古籍整理研究所編《全宋筆記》，大象出版社 2008 年版。

呂頤浩《忠穆集》，景印文淵閣《四庫全書》，臺灣商務印書館 1986 年版。

馬光祖修，周應合纂《景定建康志》，《宋元方志叢刊》，中華書局 1990 年版。

馬光祖修，周應合纂《景定建康志》，景印文淵閣《四庫全書》，臺灣商務印書館 1986 年版。

馬蓉等點校《永樂大典方志輯佚》，中華書局 2004 年版。

馬玉良《李綱在紹興二年的行蹤——寧化草蒼祠詩碑考辨》,《福建師大學報》1983 年第 4 期。

邁柱等修,夏力恕等纂《湖廣通志》,景印文淵閣《四庫全書》,臺灣商務印書館 1986 年版。

孟元老撰,鄧之誠注《東京夢華錄注》,中華書局 1982 年版。

莫尚簡修,張嶽纂《嘉靖惠安縣志》,《天一閣藏明代方志選刊》,上海古籍書店 1963 年版。

穆彰阿等《嘉慶重修一統志》,中華書局 1986 年版。

歐陽忞撰,李勇先、王小紅校注《輿地廣記》,四川大學出版社 2003 年版。

歐仰羲修,梁崇鼎等纂《貴縣志》,《中國方志叢書》,成文出版社 1967 年版。

裴天錫修,羅人龍等纂《康熙湖廣武昌府志》,《中國地方志集成》,鳳凰出版社 2013 年版。

普濟著,蘇淵雷點校《五燈會元》,中華書局 1984 年版。

潛説友《咸淳臨安志》,《宋元方志叢刊》,中華書局 1990 年版。

喬行簡編,尹波校點《忠簡公年譜》,吳洪澤、尹波主編《宋人年譜叢刊》,四川大學出版社 2002 年版。

沈秉成修,蘇宗經、羊復禮纂《廣西通志輯要》,《中國方志叢書》,成文出版社 1967 年版。

沈傑修,吾㝧、吳夔纂《弘治衢州府志》,《天一閣藏明代方志選刊續編》,上海書店 1990 年版。

沈與求《龜溪集》,景印文淵閣《四庫全書》,臺灣商務印書館 1986 年版。

沈治宏、王蓉貴編撰《中國地方志宋代人物資料索引》,四川辭書出版社 1997 年版。

施宿等撰,李能成點校《南宋會稽二志點校》,安徽文藝出版社 2012 年版。

史彌堅修,盧憲纂《嘉定鎮江志》,《宋元方志叢刊》,中華書局 1990 年版。

史能之《咸淳毗陵志》，《宋元方志叢刊》，中華書局 1990 年版。

宋三平、張濤《論兩宋江西地區的交通及其影響》，《南昌大學學報》2009 年第 6 期。

蘇軾著，張志烈等校注《蘇軾全集校注》，河北人民出版社 2010 年版。

孫承平《〈甲道張氏宗譜〉和張潛的散佚著作》，《黃山學院學報》2006 年第 6 期。

孫爾準等修，陳壽祺纂《道光重纂福建通志》，《中國地方志集成》，鳳凰出版社 2011 年版。

譚其驤主編《中國歷史地圖集》，中國地圖出版社 1982 年版。

湯華泉輯撰《全宋詩輯補》，黃山書社 2016 年版。

唐圭璋編纂，王仲聞參訂，孔凡禮補輯《全宋詞》，中華書局 1999 年版。

田琯《萬曆新昌縣志》，《天一閣藏明代方志選刊》，上海古籍書店 1964 年版。

脱脱等《宋史》，中華書局 1977 年版。

汪藻《浮溪集》，景印文淵閣《四庫全書》，臺灣商務印書館 1986 年版。

汪藻著，王智勇箋注《靖康要錄箋注》，四川大學出版社 2008 年版。

王鏊等《正德姑蘇志》，《天一閣藏明代方志選刊續編》，上海書店 1990 年版。

王琛、徐兆豐修，張景祁等纂《光緒重纂邵武府志》，《中國地方志集成》，上海書店出版社 2000 年版。

王稱撰，孫言誠、崔國光點校《東都事略》，齊魯書社 2000 年版。

王存撰，王文楚、魏嵩山點校《元豐九域志》，中華書局 1984 年版。

王克生修，王用佐等纂《鄱陽縣志》，《清代孤本方志選》，綫裝書局 2001 年版。

王路璐《〈梁溪先生文集〉版本概述》，《黑龍江史志》2013 年第 23 期。

王明清《揮塵後錄》，上海師範大學古籍整理研究所編《全宋筆記》，大象出版社 2013 年版。

王明清《揮塵錄餘話》，上海師範大學古籍整理研究所編《全宋筆記》，大象出版社 2013 年版。

王晴《李綱與蔡京父子關係考辨》，《浙江學刊》2013 年第 5 期。

王蓉貴、沈治宏編撰《中國地方志宋代人物資料索引續編》，四川辭書出版社 2002 年版。

王庭珪《盧溪文集》，景印文淵閣《四庫全書》，臺灣商務印書館 1986 年版。

王象之著，李勇先校點《輿地紀勝》，四川大學出版社 2005 年版。

王洋《東牟集》，景印文淵閣《四庫全書》，臺灣商務印書館 1986 年版。

王有慶等《道光泰州志》，《中國地方志集成》，江蘇古籍出版社 1991 年版。

王兆鵬《兩宋詞人年譜》，文津出版社（臺北）1994 年版。

王兆鵬《王以寧生平事迹考略》，《中國文學研究》1988 年第 1 期。

王兆鵬《張元幹年譜》，吳洪澤、尹波主編《宋人年譜叢刊》，四川大學出版社 2002 年版。

王兆鵬、陳爲民編《鄧肅年譜》，吳洪澤、尹波主編《宋人年譜叢刊》，四川大學出版社 2002 年版。

王梓材、馮雲濠編撰，沈芝盈、梁運華點校《宋元學案補遺》，中華書局 2012 年版。

伍聯群《論南宋李綱入瓊州之行驛詩》，《海南師範大學學報》2014 年第 3 期。

錫德修，石景芬纂《饒州府志》，《中國方志叢書》，成文出版社 1975 年版。

夏玉麟等修，汪佃等纂《嘉靖建寧府志》，《天一閣藏明代方志選刊》，上海古籍書店 1964 年版。

蕭東海《王庭珪年譜簡編（上）》，《吉安師專學報》1994 年第 2 期。

蕭東海《王庭珪年譜簡編（下）》，《吉安師專學報》1994 年第 3 期。

謝旻等《江西通志》，景印文淵閣《四庫全書》，臺灣商務印書館 1986 年版。

邢址修，陳讓纂《嘉靖邵武府志》，《天一閣藏明代方志選刊》，上海古籍書店 1964 年版。

熊克著，顧吉辰、郭群一點校《中興小紀》，福建人民出版社 1985 年版。

徐景熹修，魯曾煜等纂《乾隆福州府志》，《中國地方志集成》，上海書店出版社 2000 年版。

徐夢莘《三朝北盟會編》，影印清光緒三十四年（1908）許涵度刻本，上海古籍出版社 2019 年版。

徐自明撰，王瑞來校補《宋宰輔編年錄校補》，中華書局 1986 年版。

徐作梅修，李士琨纂《北流縣志》，《中國方志叢書》，成文出版社 1975 年版。

許翰《襄陵文集》，景印文淵閣《四庫全書》臺灣商務印書館 1986 年版。

許應鑅修，謝煌纂《撫州府志》，《中國方志叢書》，成文出版社 1975 年版。

嚴正身、王德讓修，金嘉琰等纂《乾隆桐廬縣志》，《中國地方志集成》，上海書店出版社 1993 年版。

楊時《龜山集》，景印文淵閣《四庫全書》，臺灣商務印書館 1986 年版。

楊文駿修，朱一新纂《光緒德慶州志》，《中國地方志集成》，上海書店出版社 2003 年版。

楊希閔編，彭邦明校點《李忠定公年譜》，吳洪澤、尹波主編《宋人年譜叢刊》，四川大學出版社 2002 年版。

楊仲良《續資治通鑑長編紀事本末》，影印《宛委別藏》本，北京圖書館出版社 2003 年版。

葉適《水心集》，景印文淵閣《四庫全書》，臺灣商務印書館 1986 年版。

佚名《藤縣志》，《中國方志叢書》，成文出版社 1968 年版。

佚名《無錫縣志》，景印文淵閣《四庫全書》，臺灣商務印書館 1986 年版。

佚名編，刁忠民校點《呂忠穆公年譜》，吳洪澤、尹波主編《宋人年譜叢刊》，四川大學出版社 2002 年版。

佚名撰，孔學輯校《皇宋中興兩朝聖政輯校》，中華書局 2019 年版。

易紹德修，封祝唐纂《容縣志》，《中國方志叢書》，成文出版社 1974 年版。

應先烈修，陳楷禮纂《嘉慶常德府志》，《中國地方志集成》，江蘇古籍出版社 2002 年版。

　　永瑢等《四庫全書總目提要》，中華書局 1965 年版。

　　岳珂《寶真齋法書贊》，景印文淵閣《四庫全書》，臺灣商務印書館 1986年版。

　　樂史撰，王文楚等點校《太平寰宇記》，中華書局 2007 年版。

　　贊寧撰，范祥雍點校《宋高僧傳》，中華書局 1987 年版。

　　賾藏主編集，蕭萐父等點校《古尊宿語錄》，中華書局 1994 年版。

　　曾棗莊、吳洪澤《宋代文學編年史》，鳳凰出版社 2010 年版。

　　翟汝文《忠惠集》，景印文淵閣《四庫全書》，臺灣商務印書館 1986 年版。

　　詹繼良編，彭邦明校點《屏山先生年譜》，吳洪澤、尹波主編《宋人年譜叢刊》，四川大學出版社 2002 年版。

　　張丑《清河書畫舫》，景印文淵閣《四庫全書》，臺灣商務印書館 1986年版。

　　張嵲《紫微集》，景印文淵閣《四庫全書》，臺灣商務印書館 1986 年版。

　　張士鎬等《嘉靖廣信府志》，《天一閣藏明代方志選刊續編》，上海書店1990 年版。

　　張守《毗陵集》，景印文淵閣《四庫全書》，臺灣商務印書館 1986 年版。

　　張熙惟、閻鋼《歷代張氏望族》，山東人民出版社 1997 年版。

　　張鉉《至正金陵新志》，《宋元方志叢刊》，中華書局 1990 年版。

　　張元幹《蘆川歸來集》，上海古籍出版社 1978 年版。

　　張元幹《蘆川歸來集》，景印文淵閣《四庫全書》，臺灣商務印書館 1986年版。

　　趙不悔修，羅願纂《新安志》，《宋元方志叢刊》，中華書局 1990 年版。

　　趙鼎《忠正德文集》，景印文淵閣《四庫全書》，臺灣商務印書館 1986年版。

　　趙弘恩等修，黃之雋等纂《乾隆江南通志》，《中國地方志集成》，鳳凰出版社 2011 年版。

　　趙效宣《李綱年譜長編》，臺灣商務印書館 1980 年版。

　　趙彥衛《雲麓漫鈔》，上海師範大學古籍整理研究所編《全宋筆記》，大象出版社 2013 年版。

鄭昌齡編《梁溪先生年譜》，影印明萬曆三十九年（1611）趙琦美抄本《梁溪先生文集》，《無錫文庫》，鳳凰出版社 2012 年版。

鄭剛中《北山集》，景印文淵閣《四庫全書》，臺灣商務印書館 1986 年版。

鄭淑榕《福州西湖李綱祠修建始末及桂齋舊址考證》，《嘉應學院學報》2012 年第 6 期。

鄭淑榕《李綱與福州天寧寺之考論》，《閩江學院學報》2012 年第 3 期。

鄭淑榕《宣和初李綱沙縣交遊考》，《東南學術》2010 年第 3 期。

仲振履原本，張鶴齡續纂《興寧縣志》，《中國方志叢書》，成文出版社1967 年版。

周必大《文忠集》，景印文淵閣《四庫全書》，臺灣商務印書館 1986 年版。

朱懷幹修，盛儀纂《嘉靖惟揚志》，《天一閣藏明代方志選刊》，上海古籍書店 1963 年版。

朱松《韋齋集》，景印文淵閣《四庫全書》，臺灣商務印書館 1986 年版。

朱熹《晦庵集》，景印文淵閣《四庫全書》，臺灣商務印書館 1986 年版。

祝穆撰，祝洙增訂，施和金點校《方輿勝覽》，中華書局 2003 年版。

祝尚書《宋人別集敘錄（增訂本）》，中華書局 2020 年版。

索　引

人名索引

地名索引

編年繫地作品篇名索引

後　記

我的治學之路始於考據。2002 年，有幸成爲王兆鵬先生的第一屆博士生，我非常珍惜這來之不易的學習機會。就讀期間，在恩師的悉心指導下，我先後發表《北宋詞人王觀生平事迹考》《程俱年譜》《戴表元詩文集版本研究》等論文，初步掌握了考辨的方法。撰寫的博士學位論文修訂後得以出版，這也是我的第一本學術專著《宋南渡詩壇的格局與變遷》。

兩宋之際，風雲激蕩。金人鐵蹄踏碎中原，直逼京師。李綱積極籌備京城保衛戰，逼退金兵，後成爲南宋第一任宰相，位居“南宋四名臣”之首。無論政治、軍事還是文學方面，李綱都取得了卓越的成就。

在撰寫博士學位論文期間，我對李綱就有詳細瞭解，但當時並沒有做深入研究。機緣巧合，在加入恩師“唐宋文學編年繫地信息平臺建設”科研團隊時，我負責整理宋南渡時期李綱等人的資料庫，發現李綱作品的編年繫地還有很大的挖掘空間。在恩師的鼓勵下，我決定撰寫《李綱作品編年繫地譜》，此書係教育部人文社會科學研究規劃基金項目“宋南渡文學編年繫地研究”（14YJA751014）之成果。

從李綱作品編年繫地信息庫的資料搜輯到本書的最終寫定，前後耗費六年。其間我詳徵史乘方志，對李綱行迹、作品及其交遊予以考訂。李綱行迹，一是增補。如李綱青少年行迹，學界皆略而不論，據本書推斷，李綱應隨父居秀州華亭、邵武、松溪、池州、杭州、延安、蘇州等地。又如李綱宣和元年（1119）赴沙縣行蹤，李綸《梁溪先生年譜》、趙效宣《李綱年譜長編》都簡略提及，然經本書考訂，是年秋天，李綱從開封出發，過蘇州、吳江、嘉禾、臨平、杭州、富陽，冬渡浙江至桐廬、蘭溪、衢州、玉山、信州、鉛山、鵝湖、紫溪、分水嶺、大安驛、武夷山、建陽、建安、劍浦，十二月抵沙縣。

地點的增補使李綱行迹更加具體。二是考辨，史乘有誤或相互齟齬處，則予以考訂。如《李綱全集》卷一八《過苦竹嶺二首》中苦竹嶺，趙效宣《李綱年譜長編》謂"今湖南省平江縣東北"。然據本書考辨，苦竹嶺有二，一在通城，一在崇陽，此處當指湖北通城苦竹嶺。李綱作品，傳世之作近三千篇，原集大體編年排列，但具體創作時地，多模糊不清，故本書力圖探本尋源，求真證僞，一一予以考實。如《李綱全集》卷四《乘桴浮於海賦》，趙效宣《李綱年譜長編》重複繫於建炎三年（1129）、紹興四年（1134），據本書考證，實作於建炎三年十一月二十五日次雷州地角場時。對《李綱全集》未收作品，本書則予以勾稽。如增補李綱《近被詔書帖》《單騎帖》及石刻題跋等作品。對李綱已佚之作，則予以考訂説明。如據李彌遜和詞知，大約紹興元年至五年間，李綱嘗作《驀山溪》《洞仙歌》《臨江仙》《訴衷情》《好事近》詞，然詞作已佚。李綱交遊之親友同僚有三百多人，交遊者生平事迹、唱和作品也是本書考察的內容，希求在群體交往和互動中展現李綱的日常生活與文學創作，從而爲研究宋代文學史、文化史、學術史提供一些有益的經過甄別的史料。

初稿寫成以後，還歷經多次修訂，恩師王兆鵬先生傾注了大量的心血和精力。除文稿批注、綫上答疑外，我清晰地記得兩次長時間的電話交流。我們對著文稿，探討著述存在的問題，並提出改進措施，每次近兩小時的通話時間，讓我仿佛又回到攻讀博士學位的時代。記得我發表的第一篇論文，先生也是耐心地幫我指出問題，六易其稿。可以説，我在學術上的點滴成長都離不開恩師的關懷與幫助，對恩師的諄諄教誨我常懷感激之情。本書在定稿與出版過程中，陳冠明先生提出了許多中肯的修改意見，高等教育出版社的領導與編輯也給予了大力支持，在此一並感謝！

我曾經憧憬潛心治學的自由之境，但繁重的教學工作、瑣雜的家庭生活分散了很多精力，時有心有餘而力不足之感慨。記得當初挺著孕肚開題，等博士學位論文修訂出版時，小女即將成爲一名小學生。本書也伴隨著她小升初、初升高的關鍵階段，故雖有沿李綱行迹做實地考證的強烈欲望，但因種種牽絆難以成行。友人劉倩、江卉、張忠智慷慨相助，他們就近取材，提供的插圖爲本書增色不少，在此致以誠摯的謝意！

　　不忘初心，方得始終。初心易得，始終難守。雖然我資質平平，但值得欣慰的是，我始終沒有放棄對學術的追求，終究還是收穫了迄今爲止用力最勤、最爲滿意的學術成果。以書自勉，豈不快哉！

李欣

2021 年 8 月 18 日